交通运输企业安全生产标准化考评丛书

城市客运企业安全生产标准化考评指南

交通运输部安全监督司 编

人民交通出版社

内 容 提 要

本书为城市客运企业安全生产标准化考评指南，阐述了城市公共汽车客运企业、城市轨道交通运输企业、出租汽车企业安全生产标准化考评的知识与方法。

本书适合城市客运企业安全生产管理人员学习参考，也可供城市客运企业安全生产标准化考评员学习使用。

图书在版编目(CIP)数据

城市客运企业安全生产标准化考评指南 / 交通运输部安全监督司编. --北京：人民交通出版社，2012.9

ISBN 978-7-114-10034-5

Ⅰ.①城… Ⅱ.①交… Ⅲ.①城市运输－旅客运输－交通运输企业－安全生产－标准化管理－中国－指南 Ⅳ.①F572.6-62

中国版本图书馆 CIP 数据核字(2012)第 205488 号

Chengshi Keyun Qiye Anquan Shengchan Biaozhunhua Kaoping Zhinan

书　　名：城市客运企业安全生产标准化考评指南
著 作 者：交通运输部安全监督司
责任编辑：林宇峰
出版发行：人民交通出版社
地　　址：(100011) 北京市朝阳区安定门外外馆斜街 3 号
网　　址：http://www.ccpress.com.cn
销售电话：(010) 85285969，85285966
总 经 销：北京金飞图书发行中心
经　　销：各地新华书店
印　　刷：北京市密东印刷有限公司
开　　本：787×1092　1/16
印　　张：40.5
字　　数：1037 千
版　　次：2012 年 9 月　第 1 版
印　　次：2013 年 6 月　第 3 次印刷
书　　号：ISBN 978-7-114-10034-5
定　　价：100.00 元

序 XU

近年来,党和国家越来越重视安全生产工作,把安全生产置于前所未有的高度。交通运输作为国民经济和社会发展的基础和先导性行业,其安全生产是我国安全生产的重要组成部分,直接关系到人民群众生命财产安全,关系到改革发展稳定大局,关系到党和政府形象及声誉。

交通运输部一直高度重视安全生产工作,坚决贯彻党和国家关于安全生产一系列决策部署,坚持科学发展安全发展,坚持以人为本,坚持把安全生产工作放在首位,并作为推进现代交通运输事业发展的重要前提。

企业安全生产标准化是通过建立安全生产责任制,规范生产行为,健全长效管理机制,使各生产环节中的人、机、物、环处于良好状态,并持续改进,从而不断提升企业本质安全生产水平。

为更好地指导和推动全国交通运输企业安全生产标准化建设工作,按照国务院相关部署,交通运输部相继出台了交通运输企业安全生产标准化建设实施方案、考评管理办法、考评发证实施办法、考评机构管理实施办法和考评员管理实施办法,制定了达标考评指标。并组织有关单位和专家编写了交通运输企业安全生产标准化考评丛书。该丛书共13册,主要供各级交通运输主管部门、交通运输企业、考评机构和考评员学习使用。

希望全国交通运输系统各部门、各单位和从事安全生产标准化考评工作的人员按照交通运输部的统一部署,把加强企业安全生产标准化建设工作作为当前和今后一个时期的重要工作任务,抓好抓细抓实、抓出成效,进一步推进交通运输安全生产持续稳定好转。

交通运输部部长 李盛霖

2012年7月27日

交通运输企业安全生产标准化考评丛书

本书编写组

赵旭光　许书英　岳跃军　宋宏图　任　晓　宋佳森　赵　岩
陈佳元　曹文生　汪　彤　杨云超　吕良海　戴广超　代宝乾
张　赫　王培怡　褚冠全　白　光　马云飞

鸣　谢

北京市交通委员会

湖北省交通运输厅

重庆市交通委员会

江苏省交通运输厅

山西省交通运输厅

福建省交通运输厅

江西省交通运输厅

河南省交通运输厅

长江航务管理局

交通运输部水运科学研究院

中国船级社

中国交通建设集团

中远集团

中国外运长航集团

中国交通企业管理协会

北京交运安全卫生技术咨询中心

目 录 MULU

上篇 基础知识

中篇 专业知识

第一部分 城市公共汽车客运企业

下篇　考评知识

上篇　基础知识

第一章 概 述

第一节 企业安全生产标准化的背景与意义

企业安全生产标准化就是依据国家、行业的法律、法规、规程、规章和标准制定本企业安全生产方面的规章、制度、规程、标准、办法，使企业的各项活动、工序及各个环节、岗位都规范化、制度化、标准化、科学化和法制化。安全生产标准化包括企业安全管理标准化、安全技术标准化、安全装备标准化、现场（环境）安全管理标准化和岗位作业安全标准化五大方面，重点是把握企业安全管理标准化、现场安全管理标准化和岗位作业安全标准化。

一、企业安全生产标准化建设的背景

安全生产事关人民群众生命财产安全，事关改革开放、经济发展和社会稳定大局，事关党和政府的形象和声誉。党中央、国务院一直高度重视安全生产工作，新中国成立后，特别是改革开放以来，采取了一系列重大举措加强安全生产工作，颁布实施了《中华人民共和国安全生产法》（2002 年颁布）等法律法规，明确了安全生产责任，初步建立了安全生产监管体系，对重点行业和领域集中开展了安全生产专项整治，我国安全生产状况持续稳定好转。

早在新中国成立初期，我国就开始了安全生产标准化的研究和建设工作。2004 年，国务院发布《关于进一步加强安全生产工作的决定》（国发〔2004〕2 号），提出“在全国所有的工矿、商贸、交通、建筑施工等企业普遍开展安全质量标准化活动”。为了贯彻落实国发〔2004〕2 号文件，国家安全生产监督管理总局下发了相关指导文件，并陆续在煤矿、金属非金属矿山、危险化学品、烟花爆竹、冶金、机械等行业开展了安全生产标准化创建活动，有效地提升了企业的安全生产管理水平。

与此同时，组织和制度建设也在同步进行。国家安全生产监督管理局于 2004 年在政策法规司设立了标准处。在国家质量监督检验检疫总局、国家标准化管理委员会的大力支持下，多年来安全生产标准一直没有代号的难题终于得以解决，安全生产标准化的领域逐步确定，为安全生产标准化工作的开展打下了良好基础。安全生产各领域都开展了卓有成效的工作，制定了大量的安全生产标准，在保障生产经营单位安全生产中发挥了重要作用，也为政府部门进行安全生产监督监察提供了重要的技术依据。

在国家标准化管理委员会的领导和支持下，经过国务院各有关部门、协会以及各标准化技术委员会的共同努力，我国制定了一大批安全生产国家标准和行业标准，基本涵盖了各有关生产领域和作业场所。安全生产作为“十一五”期间国家标准化工作的重点领域，纳入了国家《标准化“十一五”发展规划》和《安全生产“十一五”规划》。为了进一步加强安全生产标准化工作，国家标准化管理委员会会同国家安全生产监督管理总局组织编制了《全国安全生产 2007—2010 年标准化发展规划》（后根据安全工作实际需要更名为《2008—2010 年全

国安全生产(主要工业领域)标准化发展规划》)。

近年来,全国生产安全事故逐年减少,安全生产状况总体稳定、趋于好转,但生产安全形势依然十分严峻,事故总量仍然很大,非法、违法生产现象严重,重特大事故多发频发,给人民群众生命财产安全造成重大损失。同时,暴露出一些企业重生产轻安全、安全管理薄弱、主体责任不落实,一些地方和部门安全监管不到位等突出问题。

为进一步加强安全生产工作,全面提高企业安全生产水平,2010 年国务院印发了《国务院关于进一步加强企业安全生产工作的通知》(国发〔2010〕23 号),其中要求"全面开展安全达标,深入开展以岗位达标、专业达标和企业达标为内容的安全生产标准化建设,凡在规定时间内未实现达标的企业要依法暂扣其生产许可证、安全生产许可证,责令停产整顿;对整改逾期未达标的,地方政府要依法予以关闭",同时,要求"安全生产监管监察部门、负有安全生产监管职责的有关部门和行业管理部门要按职责分工,对当地企业包括中央、省属企业实行严格的安全生产监督检查和管理,组织对企业安全生产状况进行安全标准化分级考核评价,评价结果向社会公开,并向银行业、证券业、保险业、担保业等主管部门通报,作为企业信用评级的重要参考依据"。同年,国家安全生产监督管理总局发布了行业标准《企业安全生产标准化基本规范》(AQ/T 9006—2010),在形式要求、基本内容、考评办法等方面进一步规范了企业安全生产标准化工作。

2011 年 5 月,国务院安全生产委员会发布了《关于深入开展企业安全生产标准化建设的指导意见》(安委〔2011〕4 号),阐明了深入开展企业安全生产标准化建设的重要意义,提出了总体要求、目标任务、实施方法和工作要求。

为贯彻落实国务院《关于进一步加强企业安全生产工作的通知》(国发〔2010〕23 号)精神和国务院安委会《关于深入开展企业安全生产标准化建设的指导意见》(安委〔2011〕4 号)的总体要求,全面推进交通运输企业安全生产标准化建设工作,2011 年 7 月,交通运输部印发了《交通运输企业安全生产标准化建设实施方案》,明确了交通运输企业安全生产标准化建设的指导思想、工作目标,确定了实施范围、管理分工和工作内容,提出了具体工作要求。

2011 年 11 月,国务院出台了《关于坚持科学发展安全发展促进安全生产形势持续稳定好转的意见》(国发〔2011〕40 号),明确要求"推进安全生产标准化建设。在工矿商贸和交通运输行业领域普遍开展岗位达标、专业达标和企业达标建设,对在规定期限内未实现达标的企业,要依据有关规定暂扣其生产许可证、安全生产许可证,责令停产整顿;对整改逾期仍未达标的,要依法予以关闭。加强安全标准化分级考核评价,将评价结果向银行、证券、保险、担保等主管部门通报,作为企业信用评级的重要参考依据"。

为规范交通运输企业安全生产标准化考评及其管理行为,2012 年 4 月,交通运输部印发了《交通运输企业安全生产标准化考评管理办法》,对交通运输企业安全生产标准化达标等级分类、形式、考评机构与考评员条件、考评、发证、换证等做了规定;同时,印发了《交通运输企业安全生产标准化达标考评指标》,给出了 5 大类、共计 16 类企业的考评指标。另外,交通运输部还制定了《交通运输企业安全生产标准化考评发证实施办法》、《交通运输企业安全生产标准化考评机构管理实施办法》、《交通运输企业安全生产标准化考评员管理实施办法》等。至此,企业安全生产标准化建设及达标考评工作在交通运输领域全面展开。

二、交通运输行业安全生产标准化的现状及存在的问题

据统计，现行的企业安全生产国家标准有近1500项，内容涉及许多行业。除国家标准外，还有数千项有关安全生产的行业标准，其中涉及交通运输安全方面的标准有50多项，针对交通运输基础设施、交通运输工具、交通运输驾驶和操作人员、交通运输环境与条件、交通运输营运管理等多个领域。

交通运输安全法律法规的贯彻实施迫切需要交通运输安全生产标准作为支撑。交通运输安全法律法规多为原则性规定，要付诸实施，必须有更为具体、更为详尽的技术性标准和规程予以支持。交通运输安全生产标准具有交通运输安全技术性法律规定的作用，是交通运输安全法律规定的延伸。交通运输安全评价需要以交通运输标准作为依据。认定交通运输企业是否具备安全条件，交通运输产品设备等是否符合安全要求，也需要交通运输标准规范和技术规程为依据。交通运输安全标准是交通运输市场准入的必要条件。标准化是交通运输社会化国际化的要求，是社会生产力发展水平的反映。

在党和政府有关部门的支持和领导下，我国交通运输企业安全生产标准化工作取得了很大的成绩，在规范交通运输生产经营单位安全生产和安全生产监管监察中发挥了重要作用，但是仍然存在如下一些问题：

(1)交通运输安全生产标准的种类太过庞杂、系统性差，缺少部分安全生产标准，如安全监管监察部门装备配备标准、安全生产应急救援装备配备标准等，而且很多标准与其他行业的安全生产标准体系之间存在着内容重复、交叉等问题。

(2)部分交通运输安全生产标准老化、内容过时。目前，我国仍存在部分标龄超过5年甚至10年以上未修订的安全生产标准。

(3)国际化程度低，采用国际标准和国外发达国家标准的交通运输安全生产标准的比率较低。

(4)交通运输安全生产标准化体系、方法和技术等基础理论研究不足，在标准制定之前没有进行足够的、系统的研究。许多标准的体系混乱，方法也欠科学，缺乏逻辑性，技术上也不太成熟，导致实施起来有困难。

三、企业安全生产标准化建设的重要意义

企业安全生产标准化建设对于进一步规范我国企业安全生产行为，改善安全生产条件，强化安全基础管理，有效防范和坚决遏制重特大事故的发生，具有十分重要的意义。

(1)落实企业安全生产主体责任的必要途径。国家有关安全生产法律法规和规定明确要求，要严格企业安全管理制度，全面开展安全达标工作。企业是安全生产的责任主体，也是安全生产标准化建设的主体，要通过加强企业每个岗位和环节的安全生产标准化建设，不断提高安全管理水平，促进企业安全生产主体责任落实到位。

(2)强化企业安全生产基础工作的长效制度。安全生产标准化建设涵盖了增强人员安全素质、提高装备设施水平、改善作业环境、强化岗位责任落实等各个方面，是一项长期的、基础性的系统工程，有利于全面促进企业提高安全生产保障水平。

(3)政府实施安全生产分类指导、分级监管的重要依据。实施安全生产标准化建设考

评，将企业划分为不同等级，能够客观真实地反映出各地区企业安全生产状况和不同安全生产水平的企业数量，为加强安全监管提供有效的基础数据。

(4)有效防范事故发生的重要手段。深入开展安全生产标准化建设，能够进一步规范从业人员的安全行为，提高机械化和信息化水平，促进现场各类隐患的排查治理，推进安全生产长效机制建设，有效防范和坚决遏制事故发生，促进全国安全生产状况持续稳定好转。

第二节　企业安全生产标准化的工作原理

一、企业安全生产标准化的内涵

标准化是指通过制定、实施国家及行业等标准，来规范各种生产行为，以获得最佳生产秩序和社会效益的过程。它是一个有目的的过程，是现代化大生产的必要条件。

安全生产标准化是指通过建立安全生产责任制，制定安全管理制度和操作规程，排查治理隐患和监控重大危险源，建立预防机制，规范生产行为，使各生产环节符合有关安全生产法律法规和标准规范的要求，人、机、物、环境处于良好的生产状态，并持续改进，不断加强企业安全生产规范化建设。它涵盖了企业安全生产工作的全局，是企业开展安全生产工作的基本要求和衡量尺度，也是企业加强安全管理的重要方法和手段。

安全生产标准化的目的是严格落实企业安全生产责任制，加强安全科学管理，实现企业安全管理的规范化。加强安全教育培训，强化安全意识、技术操作和防范技能，杜绝“三违”。加大安全投入，提高专业技术装备水平，深化隐患排查治理，改进现场作业条件。通过安全生产标准化建设，实现岗位达标、专业达标和企业达标，实现各行业(领域)企业的安全生产水平明显提高，安全管理和事故防范能力明显增强的目的。

企业开展安全生产标准化工作，遵循“安全第一、预防为主、综合治理”的方针，以隐患排查治理为基础，提高安全生产水平，减少事故发生，保障人身安全健康，保证生产经营活动的顺利进行。

企业安全生产标准化工作采用“策划、实施、检查、改进”动态循环的模式，依据相关要求，结合自身特点，建立并保持安全生产标准化系统；通过自我检查、自我纠正和自我完善，建立安全绩效持续改进的安全生产长效机制。

企业安全生产标准化工作实行企业自主评定、外部考评的方式组织实施。

二、企业安全生产标准化的基本原理

企业安全生产标准化是科学系统的目标管理模式和管理体系建设模式，它要求生产经营单位分析生产安全风险，建立预防机制，健全科学的安全生产责任制、管理制度和操作规程；各生产环节和相关岗位的安全工作符合法律法规、规章规程和标准，并持续改进，控制生产安全风险，始终处于安全生产的良好状态。安全生产标准化建设，从内容上看，是具有战略性系统整合能力的动态管理过程，是全面开发企业安全管理潜能、提高企业安全管理全水平、促进企业建立安全生产长效机制的有效途径。

企业安全生产标准化管理工作包括四大基本内容：

1. 明确目标,整合企业资源

要搞好企业安全生产标准化管理工作,首先要确定目标和理念,整合企业资源,将企业安全生产提升到战略高度。

(1)树立安全管理理念是企业安全生产标准化的最终目标。

树立安全管理理念是安全生产标准化的最终目标,是站在健康和环境的高度,超出企业追求利益最大化的角度,抛开了企业作为个体的角度,将企业个体放大到整体的层面上来谋划和设计。实际上,这个终极目标也是一个企业发展壮大,或者说是企业能长久生存的至高法则。

安全生产标准化体系的建设,是以突出“安全第一、预防为主、综合治理”的方针和以人为本为宗旨,注重科学性、规范性和系统性,立足危害辨识、风险评价和隐患治理、风险管理和预防事故发生的思想,充分体现安全与效益、安全与健康、安全与环境之间的内在联系,并与生产经营单位其他方面的基础管理有机结合,是长远性战略意义的安全管理理念,通过制定、传达、评审、修订、识别、提升、跟踪和沟通等方式,使组织战略逐步得以定位和实现。它要求企业以发挥协同效应为原则,梳理部门职能和关键岗位职责,设立安全管理方针和目标,建立起安全生产标准化管理体系。

(2)安全生产标准化管理的优势是整合企业资源。

安全生产标准化与传统的安全管理本质的差别在于与战略的关系不同。传统的安全管理是一个相对独立的系统,通常与组织战略、组织文化、管理者的承诺和支持等相脱离。但这些组织中的背景因素,对于成功实施安全管理的影响越来越大,安全管理必须能够衔接组织战略和企业日常管理工作。安全生产标准化系统能够完成这一任务,并且能够将企业所有的资源整合起来,做到有的放矢、齐心协力,实现安全与效益、安全与健康、安全与环境的和谐统一,为企业发展壮大保驾护航。

2. 动态循环,推行全程沟通

安全生产标准化体系是由若干个元素组成,这些元素又划分为若干个子元素;它是根据系统原理和持续改进的要求而进行的动态管理。

(1)安全生产标准化体系是一个动态循环的管理系统。

安全生产标准化体系是由若干个元素组成,这些元素又划分为若干子元素,是根据系统原理和持续改进的要求,引用管理学中的一个通用模型 PDCA(Plan-Do-Check-Action,计划、执行、检查、处置)循环进行动态的循环管理。动态循环管理的理念使安全生产标准化系统蕴涵着不竭的动力。

PDCA 循环,可以使我们的思想方法和工作步骤更加条理化、系统化、图像化和科学化,是质量管理的基本方法;它既适用于整个工程项目,也适用于整个企业及内部科室、工段、班组和个人。安全标准化各子元素的策划、执行、符合、绩效四个方面,都有自己的 PDCA 循环,层层循环,形成大环套小环、小环又套更小的环的模式。大环是小环的母体和依据,小环是大环的分解和保证。各子元素的小环都围绕着上层元素的要求朝着同一方向转动,通过循环把企业安全生产管理的各项工作有机地联系起来,彼此协同和促进。

(2)安全生产标准化体系是一个全程沟通的管理系统。

安全生产标准化的科学性体现在:它建立了一个高效的沟通平台,沟通贯穿整个安全生产标准化管理系统，且形成闭环，问题能够有条理、按程序地解决。该机制传达信息及时，能有效落实法律法规、制度、标准；信息的及时传达和管理的高效、通畅，使生产过程各种风险得到有效的掌控。安全生产标准化体系的沟通系统能充分发挥员工的聪明才智，员工们能主动参与管理，积极提出意见和建议。

3. 科学评价，发挥员工潜能

(1)安全生产标准化体系的全面评价功能，为企业安全管理精细化提供了条件。

安全标准化的全面评价功能，塑造了企业员工的精神面貌。安全生产标准化评定的实质是对企业安全管理的全面评价，涵盖企业所有生产经营活动和人员。该标准化作为评价体系，为全面、准确、真实地认识安全现状提供了有效方法，为发现和解决问题打下了良好基础。该评价方法改变了传统安全管理中模糊定性认识的评价方法，引入了新的准确定量认识的评价方法，全面掌握了企业的安全现状，使安全管理工作尽快转移到以危险预防、预控为中心的现代化安全管理轨道上来，实现对危险的有效控制和安全管理的持续改进，企业在人、机、物、环境等环节处于良好的运行状态，为企业安全管理精细化打下坚实的基础。

(2)实施安全生产标准化体系使员工潜能得到充分释放。

通过安全标准化体系的有效运行，开展全面的安全评价，职工的潜能被激发出来。安全标准化体系对员工的培训不生硬，员工不是填鸭式的被动接受，而是人性化、自愿的接受，并积极主动地参与管理，员工安全意识和素质得到提高。

4. 全员参与，全面提升安全生产目标

安全标准化全员参与的要求，体现了该标准化建设过程中员工素质的提升是跨越式的，安全绩效是显著的。安全标准化是一个系统工程，从管理层到普通员工，两者在安全标准化运行过程中均有不可替代的作用。标准化的建设工作不是一蹴而就的，要长期不懈努力。从安全目标和方针的建立到生产工艺环节、从高层管理到基层员工，都是安全生产标准化工作的在控对象。方针和目标的变化、生产工艺的变化、法律法规的变化、制度的变化、规程的变化等，都需要企业员工了解和掌握。在系统运行过程中，能有效检索出薄弱环节，发现问题能及时修正，保证全体员工能力的有效提升。安全标准化的良好运行，能确保企业员工每天做好每一件事，能真正达到全员、全过程、全方位的安全管理要求，形成横向到边、纵向到底的安全管理状态。

三、交通运输企业安全生产标准化的内容和程序

根据2012年交通运输部印发的《交通运输企业安全生产标准化考评管理办法》、《交通运输企业安全生产标准化达标考评指标》、《交通运输企业安全生产标准化考评发证实施办法》、《交通运输企业安全生产标准化考评机构管理实施办法》、《交通运输企业安全生产标准化考评员管理实施办法》等相关规定，达标考评指标共有5大类16个交通运输业被纳入安全生产标准化考评工作。

交通运输企业安全生产标准化达标等级由高到低分为一级、二级、三级(除城市轨道交通企业外)。交通运输部负责一级达标企业的考评工作；省级交通运输主管部门和长江航务管理局、珠江航务管理局负责二、三级达标企业的考评工作；主管机关或其认定的考评机构负责对交通运输企业实施考评。考评机构资质类别分为道路运输、水路运输、港口码头、城

市客运、交通运输工程建设5类，资质分为一、二、三级；考评员专业类型分为道路运输、水路运输、港口码头、城市客运、交通运输工程建设5大类。交通运输企业安全生产标准化考评的基本程序是：企业自评、企业提出申请、主管机关指定考评机构受理、考评机构核查、考评机构考评（或告知核查未通过）、考评机构提出整改意见、企业整改（或提出复核申请，主管机关组织复核）、考评机构核实、主管机关公示企业达标等级、发证（或核查）。

第三节　交通运输企业安全生产标准化的工作任务

为贯彻落实国务院《关于进一步加强企业安全生产工作的通知》（国发〔2010〕23号）的精神和国务院安委会《关于深入开展企业安全生产标准化建设的指导意见》（安委〔2011〕4号）的总体要求，全面推进交通运输企业安全生产标准化建设工作，2011年以来，交通运输部出台了《交通运输企业安全生产标准化建设实施方案》等一系列文件，对交通运输企业安全生产标准化建设的指导思想和工作目标、实施范围、管理分工、主要内容、工作任务以及工作要求等作了具体规定。

一、指导思想和工作目标

交通运输企业安全生产标准化建设的指导思想是：以科学发展观为统领，坚持“安全第一、预防为主、综合治理”的方针，牢固树立以人为本、安全发展的理念，全面贯彻国发〔2010〕23号和安委〔2011〕4号文件精神，以落实企业安全生产主体责任为主线，以强化安全生产“双基”（基层、基础）为重点，通过开展企业安全生产标准化建设，全面提升交通运输企业安全生产水平，为构建便捷、安全、经济、高效的综合运输体系、发展现代交通运输业提供可靠的安全保障。

交通运输企业安全生产标准化建设的工作目标：

（1）企业安全生产水平明显提升。通过开展交通运输企业安全生产标准化建设，体制机制不断完善，主体责任进一步落实，员工素质稳步提高，科技装备水平和管理能力明显提升，突出问题有效解决，企业安全生产形势持续稳定好转。

（2）各类事故明显下降。重大以上事故明显下降，到2015年，营运车辆万车死亡事故件数和死亡人数平均每年下降3%；运输船舶百万吨港口吞吐量水上交通事故件数和死亡人数平均每年下降5%；城市客运百万车公里死亡事故件数和死亡人数平均每年下降1%；公路水运工程建设百亿元投资死亡事故件数和死亡人数平均每年下降1%。

（3）推进企业全面达标。交通运输企业全面开展安全生产标准化建设工作，实现企业安全管理标准化、作业现场标准化和操作过程标准化。力争使从事客运、危险化学品和烟花爆竹等重点运输企业在2013年年底前达标，其他交通运输企业在2015年年底前达标。

二、实施范围和管理分工

（1）实施范围。具有独立法人资格，具体从事公路水路运输、城市客运和公路水运工程施工等生产经营建设活动的交通运输企业。

（2）管理分工。交通运输企业安全生产标准化达标分一级、二级、三级，其中一级最高，三级最低。交通运输部负责一级企业的达标评审管理，省级交通运输主管部门和长江航务管理局、珠江航务管理局负责二级、三级企业的达标评审管理。

三、工作任务

交通运输企业安全生产标准化建设的工作任务是根据交通运输部关于企业达标的目标安排，在2015年以前对全国交通运输企业进行分批、分类达标考评，并做好以后的考评工作。

1. 主管机关的工作任务

交通运输部主管全国交通运输企业安全生产标准化工作并负责一级达标企业的考评工作；省级交通运输主管部门负责本管辖范围内交通运输企业安全生产标准化工作和二、三级达标企业的考评工作；长江航务管理局、珠江航务管理局分别负责长江干线、西江干线跨省航运企业安全生产标准化工作和二、三级达标企业的考评工作。

主管机关负责对考评机构的认可、资质证书的发放和监督管理；负责考评员适任条件的审核、考试发证、注册登记等管理工作，并建立档案；负责指定企业申请受理考评机构，对企业提出的复核申请及时组织复核，向社会公示考评结果，并核查公示期间的实名举报，达标证书发放。

2. 考评机构的工作任务

按照考评管理的有关办法和程序，对申请达标的企业核查、考评，对考评员进行管理，建立考评员档案，将考评员有关材料报主管机关，进行年度考评工作总结并报主管机关。

3. 考评员的工作任务

按照考评管理的有关办法和程序，在主管机关和考评机构的统一管理下，对申请达标企业进行考评，并自觉接受主管机关、考评机构的监督管理，年度继续教育时间不少于8学时。

4. 交通运输企业的工作任务

按照主管机关的有关要求，深入开展企业安全生产标准化建设，并按照考评管理的有关办法和程序，申请达标等级。

四、主要工作内容

(1)制定工作方案。各部门、各单位要根据本方案的内容和要求，结合本地区、本单位实际情况，制定实施方案，明确目标、任务、责任，确定标准化示范企业名单，确保标准化建设有计划、有步骤顺利开展。

(2)建立相关制度和标准。根据国家和交通运输安全生产相关法律法规、标准和规范，制定交通运输企业安全生产标准化达标管理办法、评级程序和达标标准，明确工作流程，细化安全生产达标标准。

(3)确定考评机构和考评员。一级安全生产标准化企业的考评机构由交通运输部确定；二级、三级安全生产标准化企业的考评机构由省级交通运输主管部门、长江航务管理局、珠江航务管理局确定，并报交通运输部备案，确定的考评机构应向社会公布。考评一级企业的考评员资质由交通运输部认可，评审二级、三级企业的考评员资质由省级交通运输主管部门、长江航务管理局、珠江航务管理局确定，并报交通运输部备案。

(4)示范推广。交通运输部确定于2012年内在公路水路运输、城市客运和公路水运工程施工企业各选择1~2家作为示范,以总结经验、深入推广。省级交通运输管理部门和长江航务管理、珠江航务管理局也应结合实际,做好示范推广工作。

五、工作要求

(1)加强组织领导。部安全委员会负责全国交通运输企业安全生产标准化建设工作的组织领导,交通运输部安全委员会办公室具体负责日常工作。各部门、各单位要结合实际,明确相应的组织领导机构,认真制定工作方案,合理确定阶段目标,分阶段、分步骤实施。2011年和2012年重点抓好政策法规、考评管理办法和达标考评指标(即达标考评标准)的制定及宣传推广等工作。2013年年底前完成客运、危险化学品和烟花爆竹等重点运输企业达标评级工作,其他交通运输企业成熟一批、评审一批,确保2015年年底以前达标。

(2)加强工作指导。各部门、各单位要按照方案要求,指导和督促企业、评审单位积极开展安全生产标准化建设和评审工作,按期完成工作任务,确保工作质量。要实行分类指导,加强对评审单位和评审人员的专题培训,研究解决安全生产标准化建设工作中的新问题;要开展示范推广,发挥榜样作用,创新体制机制,加强经验交流,以点带面、推动企业全面达标,为企业安全生产标准化建设提供有效的指导服务。

(3)加强跟踪管理。各部门、各单位要加强跟踪和监督检查,不断巩固建设成果,坚持与时俱进、突出建设重点、解决突出问题,做到持续改进和升级,切实提高企业安全生产标准化建设水平。要将安全达标与行政许可、日常安全监管工作有机结合起来,凡不符合安全生产条件的企业,一律不得批准从事交通运输生产经营建设活动;凡在规定的时间内仍不能达标的企业,一律依法停业整顿直至吊扣或注销经营许可证,并在媒体公开曝光。要加强相关立法工作,以法律手段督促达标;完善考核制度,落实工作责任,以行政手段推进达标;建立有效的激励机制,激发企业自觉性,以经济手段引导企业达标。要建立安全生产标准化建设工作信息化管理平台,加强对工作进度的实时管理,及时掌握动态信息,提高工作效率和服务水平。

(4)加大宣传力度。各部门、各单位要采取多种形式,大力开展安全生产标准化建设宣传教育活动,充分利用各种媒体,及时广泛宣传工作进展情况和好的经验做法,为企业安全生产标准化建设工作营造良好的氛围。凡经考评达标的企业,要向社会公告,通过加大正面宣传力度,带动其他企业做好安全生产达标工作。

第二章　综合法律法规

第一节　企业安全生产标准化法律法规体系架构

一、企业安全生产标准化的概念

企业安全生产标准化是指通过建立安全生产责任制，制定安全管理制度和操作规程，排查治理隐患和监控重大危险源，建立预防机制，规范生产行为，使各生产环节符合有关安全生产法律法规和标准规范的要求，人员、设备、设施、环境等处于良好的生产状态，并持续改进，不断加强企业安全生产规范化建设。

企业安全生产标准化建设体现了“安全第一、预防为主、综合治理”的方针和“以人为本”的科学发展观，强调企业安全生产工作的科学化、规范化、系统化和法制化，强化风险管理和过程控制，注重绩效管理和持续改进，符合安全管理的基本规律，代表了现代企业安全管理的发展方向，是先进的安全管理思想与我国传统安全管理方法、企业具体实际的有机结合，能有效提高企业安全生产水平，从而推动我国安全生产状况的根本好转。

企业安全生产标准化主要内容包括：企业安全生产标准化的目标、组织机构和职责、安全生产投入、法律法规与安全管理制度、教育培训、生产设备设施、作业安全、隐患排查和治理、重大危险源监控、职业健康、应急救援、事故报告和调查处理、绩效评定和持续改进13个方面。

二、企业安全生产管理的组织领导

交通运输企业安全生产管理体制是由交通运输部安全生产委员会统一领导、交通运输部安全监督司具体实施的组织形式。

为加强对交通运输企业安全生产工作的统一领导，促进安全生产形势的稳定好转，保护国家财产和人民生命安全，交通运输部成立了交通运输安全生产委员会。同时，办公室设立交通运输部安全监督司作为安委会的日常办事机构。

为贯彻落实国务院《关于进一步加强企业安全生产工作的通知》（国发〔2010〕23号）精神和国务院安委会《关于深入开展企业安全生产标准化建设的指导意见》（安委〔2011〕4号）的总体要求，全面推进交通运输企业安全生产标准化建设工作，交通运输部制定了《交通运输企业安全生产标准化建设实施方案》，并发布了一系列交通运输企业安全生产标准化建设和考评的文件。

三、企业安全生产标准化法律法规体系

“法”是特殊的社会规范，一般是指广义的法，即法的整体。在我国，安全生产管理的法

律法规的整体主要由法律法规和国家行政机关颁布的规章制度所构成，一般称为群法。安全生产管理法律法规是在国家安全生产方面的法律、法规，国家行政机关颁布规章以及纳入地方法律、法规要强制执行的各种法律法规的集合。

我国的企业安全生产标准化法律法规体系大致分为5个方面：①全国人民代表大会及其常务委员会颁布的法律；②国务院颁布的行政法规及国务院文件；③地方人民代表大会及其常务委员会颁布的法规；④国家有关部委颁布的规章；⑤各安全生产标准化技术委员会公布的标准规范。

表2-1所示为与企业安全及安全生产标准化有关的法律法规列表。

国家有关安全生产的重要法律法规列表 表2-1

法律法规名称	颁布机关	颁布时间
中华人民共和国刑法	全国人大	1979年通过，1997年修订
中华人民共和国刑法修正案（八）	全国人大常委会	2011年通过
中华人民共和国突发事件应对法	全国人大常委会	2007年通过
中华人民共和国消防法	全国人大常委会	1998年通过，2008年修订
中华人民共和国安全生产法	全国人大常委会	2002年通过
中华人民共和国道路交通安全法	全国人大常委会	2003年通过，2011年修订
中华人民共和国海洋环境保护法	全国人大常委会	1982年通过，1999年修订
中华人民共和国职业病防治法	全国人大常委会	2001年通过
中华人民共和国劳动法	全国人大常委会	1994年通过
中华人民共和国标准化法	全国人大常委会	1988年通过
中华人民共和国道路交通安全法实施条例	国务院	2004年通过
中华人民共和国道路运输条例	国务院	2004年通过
生产安全事故报告和调查处理条例	国务院	2007年通过
危险化学品安全管理条例	国务院	2011年通过
烟花爆竹安全管理条例	国务院	2006年通过
易制毒化学品管理条例	国务院	2005年通过
中华人民共和国标准化法实施条例	国务院	1990年通过
关于特大安全事故行政责任追究的规定	国务院	2001年通过
关于进一步加强安全生产工作的决定	国务院	国发〔2004〕2号
关于进一步加强企业安全生产工作的通知	国务院	国发〔2010〕23号
关于坚持科学发展安全发展促进安全生产形势持续稳定好转的意见	国务院	国发〔2011〕40号

第二节 企业安全生产标准化主要法律法规

一、《中华人民共和国刑法》

《中华人民共和国刑法》（以下简称《刑法》）于1979年7月1日第五届全国人民代表大

会第二次会议通过,1997 年 3 月 14 日第八届全国人民代表大会第五次会议修订。修订后的《刑法》自 1997 年 10 月 1 日起施行。

《刑法》的任务是用刑罚同一切犯罪行为作斗争,以保卫国家安全,保卫人民民主专政的政权和社会主义制度,保护国有财产和劳动群众集体所有的财产,保护公民私人所有的财产,保护公民的人身权利、民主权利和其他权利,维护社会秩序、经济秩序,保障社会主义建设事业的顺利进行。

《刑法》中有关安全生产的内容主要体现在以下几个条款中:

第一百二十五条　非法制造、买卖、运输、邮寄、储存枪支、弹药、爆炸物的,处三年以上十年以下有期徒刑;情节严重的,处十年以上有期徒刑、无期徒刑或者死刑。

非法买卖、运输核材料的,依照前款的规定处罚。

单位犯前两款罪的,对单位判处罚金,并对其直接负责的主管人员和其他直接责任人员,依照第一款的规定处罚。

第一百三十一条　航空人员违反规章制度,致使发生重大飞行事故,造成严重后果的,处三年以下有期徒刑或者拘役;造成飞机坠毁或者人员死亡的,处三年以上七年以下有期徒刑。

第一百三十二条　铁路职工违反规章制度,致使发生铁路运营安全事故,造成严重后果的,处三年以下有期徒刑或者拘役;造成特别严重后果的,处三年以上七年以下有期徒刑。

第一百三十三条　违反交通运输管理法规,因而发生重大事故,致人重伤、死亡或者使公私财产遭受重大损失的,处三年以下有期徒刑或者拘役;交通运输肇事后逃逸或者有其他特别恶劣情节的,处三年以上七年以下有期徒刑;因逃逸致人死亡的,处七年以上有期徒刑。

第一百三十四条　工厂、矿山、林场、建筑企业或者其他企业、事业单位的职工,由于不服管理、违反规章制度,或者强令工人违章冒险作业,因而发生重大伤亡事故或者造成其他严重后果的,处三年以下有期徒刑或者拘役;情节特别恶劣的,处三年以上七年以下有期徒刑。

第一百三十五条　工厂、矿山、林场、建筑企业或者其他企业、事业单位的劳动安全设施不符合国家规定,经有关部门或者单位职工提出后,对事故隐患仍不采取措施,因而发生重大伤亡事故或者造成其他严重后果的,对直接责任人员,处三年以下有期徒刑或者拘役;情节特别恶劣的,处三年以上七年以下有期徒刑。

第一百三十六条　违反爆炸性、易燃性、放射性、毒害性、腐蚀性物品的管理规定,在生产、储存、运输、使用中发生重大事故,造成严重后果的,处三年以下有期徒刑或者拘役;后果特别严重的,处三年以上七年以下有期徒刑。

第一百三十七条　建设单位、设计单位、施工单位、工程监理单位违反国家规定,降低工程质量标准,造成重大安全事故的,对直接责任人员,处五年以下有期徒刑或者拘役,并处罚金;后果特别严重的,处五年以上十年以下有期徒刑,并处罚金。

第三百九十七条　国家机关工作人员滥用职权或者玩忽职守,致使公共财产、国家和人民利益遭受重大损失的,处三年以下有期徒刑或者拘役;情节特别严重的,处三年以上七年以下有期徒刑。本法另有规定的,依照规定。

国家机关工作人员徇私舞弊,犯前款罪的,处五年以下有期徒刑或者拘役;情节特别严重的,处五年以上十年以下有期徒刑。本法另有规定的,依照规定。

《刑法》自1997年10月1日起施行后至2011年2月25日,全国人民代表大会常务委员会通过了8个《修正案》,其中《中华人民共和国刑法修正案(六)》(2006年6月29日第十届全国人民代表大会常务委员会第二十二次会议通过)涉及安全生产的内容有如下条款:

(1)将《刑法》第一百三十四条修改为:"在生产、作业中违反有关安全管理的规定,因而发生重大伤亡事故或者造成其他严重后果的,处三年以下有期徒刑或者拘役;情节特别恶劣的,处三年以上七年以下有期徒刑。"

"强令他人违章冒险作业,因而发生重大伤亡事故或者造成其他严重后果的,处五年以下有期徒刑或者拘役;情节特别恶劣的,处五年以上有期徒刑。"

(2)将刑法第一百三十五条修改为:"安全生产设施或者安全生产条件不符合国家规定,因而发生重大伤亡事故或者造成其他严重后果的,对直接负责的主管人员和其他直接责任人员,处三年以下有期徒刑或者拘役;情节特别恶劣的,处三年以上七年以下有期徒刑。"

二、《中华人民共和国安全生产法》

《中华人民共和国安全生产法》(以下简称《安全生产法》)是我国安全生产领域的综合性基本法,它是我国第一部全面规范安全生产的专门法律,是我国安全生产法律体系的主体法,是各类生产经营单位及其从业人员实现安全生产必须遵循的行为准则,是各级人民政府及其有关部门进行监督管理和行政执法的依据,是制裁各种安全生产违法犯罪的有力武器。

《安全生产法》由中华人民共和国第九届全国人民代表大会常务委员会第二十八次会议于2002年6月29日通过,自2002年11月1日起施行。

《安全生产法》的立法目的在于加强安全生产监督管理,防止和减少生产安全事故,保障人民群众生命和财产安全,促进经济发展。《安全生产法》确定了我国安全生产管理的基本方针。《安全生产法》包括七章共九十七条,从生产经营单位的安全生产保障、从业人员的权利和义务、安全生产的监督管理、生产安全事故的应急救援与调查处理四个主要方面作出了规定。

(一)生产经营单位的安全生产保障

1.从事生产经营活动应当具备的安全生产条件

1)生产经营单位是生产经营活动的基本单元

《安全生产法》作为我国安全生产的基本法律,其法律关系主体是比较广泛。该法第二条规定:"在中华人民共和国领域内从事生产经营活动的单位(以下统称生产经营单位)的安全生产,适用本法。"这里所称的生产经营单位,是指从事各类生产经营活动的基本单元,具体包括:各类生产经营企业、个体工商户、公民以及其他生产经营单位。

2)法定安全生产基本条件

《安全生产法》第十六条规定:"生产经营单位应当具备本法和有关法律、行政法规和国家标准或者行业标准规定的安全生产条件;不具备安全生产条件的,不得从事生产经营活动。"安全生产条件,从广义上讲是指在安全生产过程中,其生产的各个系统、生产作业环境、生产设备和设施,以及与生产相适应的管理组织、管理制度、责任制度、技术措施等,应能满足生产的安全需要,不能导致人员伤害或财产损失。具备安全生产条件是预防和减少安全事故的前提。本法和其他有关法律、行政法规对生产经营单位必须具备的安全生产条件作了规定。例如,本法规定,生产经营单位的主要负责人必须保证本单位安全生产所必需的资金投入;生产经营单位新建、改建、扩建工程项目的安全设施,应当与主体工程同时设计、同时施工、同时投入生产和使用;生产经营单位安全设备的设计、制造、安装、使用、检测、改造和报废,应当符合国家标准或者行业标准;生产经营单位必须对安全设备进行经常性维护、保养,并定期检测,保证正常运转;生产经营单位必须按照规定配备安全生产管理机构或管理人员等。其他有关法律、行政法规、国家标准或行业标准,也针对不同行业安全生产的不同特点,对相关行业生产经营单位应当具备的安全生产条件作了规定。如《安全生产许可证条例》对五类高危行业企业设定了13个安全生产条件。

不具备安全生产条件的是指不具备本法和有关法律、行政法规和国家标准或者行业标准规定的安全生产条件。为了防止和减少生产安全事故,保障人民群众生命和财产安全,对于这一类的生产经营单位,法律取消其从业资格,即不得从事生产经营活动。

2. 生产经营单位主要负责人的安全生产职责

《安全生产法》对生产经营单位主要负责人的安全生产职责的规定主要体现在第五条、第十七条、第四十二条中,对此,生产经营单位主要负责人必须要全面完整地把握。

《安全生产法》第五条明确规定:"生产经营单位主要负责人对本单位的安全生产工作全面负责。"对于出租汽车企业来说,主要指董事长、总经理、分公司经理等。

《安全生产法》第十七条第一次以法律形式确定了生产经营单位主要负责人的6大安全生产职责:

(1)建立、健全本单位安全生产责任制。

(2)组织制定本单位安全生产规章制度和操作规程。

(3)保证本单位安全生产投入的有效实施。

(4)督促、检查本单位的安全生产工作,及时消除生产安全事故隐患。

(5)组织制定并实施本单位的生产安全事故应急救援预案。

(6)及时、如实报告生产安全事故。

同时,《安全生产法》第四十二条规定:"生产经营单位发生重大生产安全事故时,单位的主要负责人应当立即组织抢救,并不得在事故调查处理期间擅离职守。"生产经营单位的主要负责人作为本单位的首要领导以及安全生产的第一责任人,在事故发生后,应当坚守岗位,组织事故抢救,并积极配合有关部门进行事故调查和处理。这一方面是因为,单位的主要负责人对单位的场地、布局、设备、人员以及其他生产经营状况比较熟悉,有其在场,可以比较顺利地进行事故抢救、事故原因的调查和对事故的处理。另一方面,单位的主要负责人是单位安全生产方面的第一责任人,应对单位发生的生产安全事故负责。特别是如果单位发生的生产安全事故属于重大责任事故,且有关人员的行为构成《刑法》规定的重大责任事故罪、重大劳动安全事故罪以及其他犯罪的规定,还可能要追究单位主要负责人的刑事责任。

3. 安全生产资金投入的规定

《安全生产法》将安全投入列为保障安全生产的必要条件之一,从3个方面作出严格的规定。

1)生产经营单位安全投入的标准

具备法定安全生产条件所必需的资金投入标准,应以安全生产法律、行政法规和国家标准或者行业标准规定生产经营单位应当具备的安全生产条件为基础进行计算。具备法定安全生产条件所需要的安全资金数额,就是生产经营单位应当投入的资金标准。如果投入的资金不能保障生产经营单位符合法定安全生产条件,就是资金投入不足并对其后果承担责任。

2)安全投入的决策和保障

《安全生产法》第十八条规定根据不同生产经营单位安全投入的决策主体的不同,按公司法成立的公司制生产经营单位,由其决策机构董事会决定投入资金;非公司制生产经营单位,由其主要负责人决定安全投入的资金;个人投资并由他人管理生产经营单位,由其投资人即股东决定投入的资金。

3)安全投入不足的法律责任

《安全生产法》第八十条规定,生产经营单位的决策机构、主要负责人、个人经营的投资人不依照本法规定保证安全生产所必需的资金投入,致使生产经营单位不具备安全生产条件的,责令限期改正,提供必需的资金;逾期未改正的,责令生产经营单位停产停业整顿。有前款违法行为,致发生生产安全事故,构成犯罪的,依照刑法有关规定追究刑事责任;尚不够刑事处罚的,对生产经营单位的主要负责人给予撤职处分,对个人经营的投资人处 2 万元以上 20 万元以下的罚款。

4. 安全生产管理机构和安全生产管理人员的配置

(1)高危行业的生产经营单位必须配置安全生产管理机构或者专职管理人员。

《安全生产法》第十九条第一款:“矿山、建筑施工单位和危险物品生产、经营、储存单位,应当设置安全生产管理机构或者配备专职安全管理人员。”

(2)非高危行业,按照从业人员的数量,配置安全生产管理机构或者安全生产管理人员。

《安全生产法》对此又分两种情况分别作出规定,一是强制性规定必须配置机构或者专门人员的,即除矿山、建筑施工和危险物品生产、经营、储存单位以外的其他生产经营单位,其从业人员超过 300 人以上的,应当设置安全生产管理机构或配备专职安全生产管理人员。二是选择性规定,即从业人员在 300 人以下的,可以不设专门机构,但应当配备专职或者兼职的安全生产管理人员,或委托具有国家规定的相关专业技术资格的工程技术人员提供安全生产管理服务。出租汽车企业属于非高危行业,应根据企业从业人员数量,配置安全生产管理机构或者安全生产管理人员。

5. 生产经营单位主要负责人、安全生产管理人员资格的规定

《安全生产法》从 3 个方面对此作出了规定:一是生产经营单位的主要负责人和安全生产管理人员必须具备与本单位所从事的生产经营活动相应的安全生产知识和管理能力;二是危险物品的生产、经营、储存单位以及矿山、建筑施工单位的主要负责人和安全生产管理人员,应当由有关主管部门对其安全生产知识和管理能力考核合格后方可任职;三是生产经营单位的特种作业人员必须按照国家有关规定经专门的安全作业培训,取得特种作业操作资格证书,方可上岗作业。

6. 从业人员安全生产培训的规定

(1)学习必要的安全生产知识。

(2)熟悉有关安全生产规章制度和安全操作规程。

(3)掌握本岗位安全操作技能。

(4)从业人员须经培训合格方可上岗作业。

《安全生产法》要求从业人员不但要进行安全教育和培训,而且还要经过考试合格才能确认其具备上岗作业的资格。从业人员只有经过考试合格的,才能上岗作业。未经安全生产教育和培训合格的从业人员,不得上岗作业。

7.特种作业人员的范围和资格

《安全生产法》第二十三条第二款规定:"特种作业人员的范围由国务院负责安全生产监督管理的部门会同国务院有关部门确定。"

《安全生产法》第二十三条第一款规定:"生产经营单位的特种作业人员必须按照国家有关规定经专门的安全作业培训,取得特种作业操作资格证书,方可上岗作业。"

8.安全警示标志的规定

《安全生产法》第二十八条规定:"生产经营单位应当在有较大危险因素的生产经营场所和有关设施、设备上,设置明显的安全警示标志。"

9.安全设备达标和管理的规定

《安全生产法》规定,安全设备的设计、制造、安装、使用、检测、维修、改造和报废,应当符合国家标准或者行业标准。生产经营单位必须对安全设备进行经常性维护、保养,并定期检测,保证正常运转。维护、保养、检测应当做好记录,并由有关人员签字。

10.特种设备检测、检验的规定

《安全生产法》第三十条规定,生产经营单位使用的涉及生命安全、危险性较大的特种设备,以及危险物品的容器、运输工具,必须按照国家有关规定,由专业生产单位生产,并经取得专业资质的检测、检验机构检测、检验合格,取得安全使用证或者安全标志,方可投入使用。

11.生产安全工艺、设备管理的规定

《安全生产法》明确规定国家对严重危及生产安全的工艺、设备实行淘汰制度。生产经营单位不得使用国家明令淘汰、禁止使用的危及生产安全的工艺、设备。

12.危险物品管理的规定

(1)危险物品安全管理。《安全生产法》规定,生产经营单位生产、经营、运输、储存、使用危险物品或处置废弃危险物品的,必须执行有关法律、法规和国家标准或行业标准,建立专门的安全管理制度,采取可靠的安全措施,接受有关主管部门依法实施的监督管理。

(2)危险物品的审批监管。《安全生产法》第三十二条规定:"生产、经营、运输、储存、使用危险物品或者处置废弃危险物品的,由有关主管部门依照有关法律、法规的规定和国家标准或者行业标准审批并实施监督管理。"目前我国已有一些相关法律、法规对此作出了规定,如《化学危险品安全管理条例》、《民用爆炸物品管理条例》等。

13.重大危险源管理的规定

生产经营单位对重大危险源实施及时、有效的监控,是《安全生产法》设定的法律义务。《安全生产法》规定了重大危险源的备案制度。《安全生产法》第三十三条规定:生产经营单位对重大危险源应当登记建档,进行定期检测、评估、监控,并制定应急预案,告知从业人员和相关人员在紧急情况下应当采取的应急措施。这种备案制度不是一般的告知制度,而是一种审查监管制度:一是生产经营单位必须依法备案。二是负责安全生产监管职责的部门有权进行审查、检查。三是发现生产经营单位违法的,有权依法实施行政处罚。

14. 生产设施、场所安全距离和紧急疏散的规定

《安全生产法》第三十四条规定,生产、经营、储存、使用危险物品的车间、商店、仓库不得与员工宿舍在同一座建筑物内,并应当与员工宿舍保持安全距离。生产经营场所与员工宿舍应当设有符合紧急疏散要求、标志明显、保持畅通的出口。禁止封闭、堵塞生产经营场所或者员工宿舍的出口。

15. 劳动防护用品的规定

《安全生产法》明确要求,一是生产经营单位必须为从业人员提供符合国家标准或者行业标准的劳动防护用品。二是生产经营单位应当监督、教育从业人员按照使用规则佩戴、使用劳动防护用品。

16. 交叉作业的安全管理的规定

《安全生产法》第四十条规定,两个以上生产经营单位在同一作业区域内进行生产经营活动,可能危及对方生产安全的,应当签订安全生产管理协议,明确各自的安全生产管理职责和应当采取的安全措施,并指定专职安全生产管理人员进行安全检查与协调。

17. 生产经营项目、场所、设备发包或者出租的安全管理

《安全生产法》规定,生产经营单位不得将生产经营项目、场所、设备发包或者出租给不具备安全生产条件或者相应资质的单位或者个人。生产经营项目、场所有多个承包单位、承租单位的,生产经营单位应当与承包单位、承租单位签订专门的安全生产管理协议,或者在承包合同、租赁合同中约定各自的安全生产管理职责;生产经营单位对承包单位、承租单位的安全生产工作统一协调、管理。

18. 工伤保险的规定

《安全生产法》明确规定生产经营单位必须依法参加工伤社会保险,为从业人员缴纳保险费。

(1)保障从业人员的人身安全,是生产经营单位义不容辞的责任。

(2)工伤社会保险是人身保障的经济基础。

(3)民事赔偿是工伤社会保险的必要补充。

(4)工伤社会保险与民事赔偿相互补充,不可替代。

(二)从业人员的权利和义务

1. 从业人员的权利

(1)知情权。生产经营单位从业人员有权了解其作业场所和工作岗位存在的危险因素及事故应急措施。

(2)建议权。生产经营单位从业人员有权对本单位的安全生产工作提出建议。

(3)批评权和检举、控告权。生产经营单位从业人员有权对本单位安全生产管理工作中存在的问题提出批评、检举、控告。

(4)拒绝权。生产经营单位从业人员有权拒绝违章作业指挥和强令冒险作业。

(5)紧急避险权。生产经营单位从业人员发现直接危及人身安全的紧急情况时,有权停

止作业或者在采取可能的应急措施后撤离作业场所。

(6)依法向本单位提出要求赔偿的权利。

(7)获得符合国家标准或者行业标准劳动防护用品的权利。

(8)获得安全生产教育和培训的权利。

2. 从业人员的安全生产义务

(1)自律遵规的义务,即从业人员在作业过程中,应当遵守本单位的安全生产规章制度和操作规程,服从管理,正确佩戴和使用劳动防护用品。

(2)自觉学习安全生产知识的义务,要求掌握本职工作所需的安全生产知识,提高安全生产技能,增强事故预防和应急处理能力。

(3)危险报告义务,即发现事故隐患或者其他不安全因素时,应当立即向现场安全生产管理人员或者本单位负责人报告。

(三)安全生产的监督管理

1. 负有安全生产监督管理职责的部门的行政许可职责

《安全生产法》第五十四条将负有安全生产监督管理职责的政府部门统称为“负有安全生产监督管理职责的部门”。

《安全生产法》第五十四条、第五十五条对负有安全生产监督管理职责的部门的行政许可职责从4个方面作出了规定。

(1)依照法律、法规的规定,对涉及安全生产的事项需要审查批准(包括批准、核准、许可、注册、认证、颁发证照等)或者验收的,必须严格依照有关法律、法规和国家标准或者行业标准规定的条件和程序进行审查;不符合法律、法规和国家标准或者行业标准规定的安全生产条件的,不得批准或者验收通过。这项职责主要是通过行政许可解决安全生产主体的市场准入问题。

(2)对未依法取得批准或者验收合格的单位擅自从事有关活动的,负责行政审批的部门发现或者接到举报后应当立即予以取缔,并依法予以处理。

(3)对已经依法取得批准的单位,负责行政审批的部门发现其不再具备安全生产条件的,应当撤销原批准。这是对已经取得安全生产事项行政许可的生产经营单位安全生产条件的动态监督管理职责。

(4)规范行政许可的特别规定。《安全生产法》第五十五条规定,负有安全生产监督管理职责的部门对涉及安全生产的事项进行审查、验收,不得收取费用;不得要求接受审查、验收的单位购买其指定品牌或者指定生产、销售单位的安全设备、器材或者其他产品。

2. 负有安全生产监督管理职责的部门依法监督检查时行使的职权

《安全生产法》第五十六条对负有安全生产监督管理职责的部门依法对生产经营单位执行有关安全生产的法律、法规和国家标准或行业标准的情况进行监督检查,赋予了3项职权。

(1)现场调查取证权,即安全生产监督检查人员可以进入生产经营单位进行现场调查,单位不得拒绝,有权向被检查单位调阅资料,向有关人员(负责人、管理人员、技术人员)了解情况。

(2)现场处理权,即对安全生产违法作业当场纠正权;对现场检查出的隐患,责令限期改正、停产停业或停止使用的职权；责令紧急避险权和依法行政处罚权。

(3)查封、扣押行政强制措施权，其对象是安全设施、设备、器材、仪表等；依据是不符合国家或行业安全标准；条件是必须按程序办事、有足够证据、经部门负责人批准、通知被查单位负责人到场、登记记录等，并必须在15日内作出决定。

3. 安全生产监督检查人员依法履行职责的要求

《安全生产法》对安全生产监督检查人员履行职责提出了要求。一是坚持履行安全生产监督检查人员履行监管执法的行为准则，执政为民，忠于法律，不玩忽职守，不徇私情，不贪赃枉法。二是严格按程序履行职责，规范执法，持证执法，保守秘密。三是监督检查不得影响被检查单位的正常生产经营活动。四是应将检查的时间、地点、内容、发现的问题及其处理情况，作出书面纪录，并由检查人员和被检查单位的负责人签字；被检查单位的负责人拒绝签字的，检查人员应当将情况记录在案，并向负有安全生产监督管理职责的部门报告。

4. 安全生产监督管理部门和人员进行监督检查的规定

《安全生产法》要求生产经营单位对负有安全生产监督管理职责的部门的监督检查人员依法履行监督检查职责，应当予以配合，不得拒绝、阻挠。

5. 行政监察机关的职责

《安全生产法》第六十一条规定：监察机关依照行政监察法的规定，对负有安全生产监督管理职责的部门及其工作人员履行安全生产监督管理职责实施监察。发现违法违纪的，要依法处理。

6. 安全生产中介机构的监督管理

《安全生产法》关于安全生产中介机构的监督管理的规定主要包括资质认可和责任追究两个方面。

1)安全生产中介机构资质的认可

依照《安全生产法》第六十二条的规定，承担安全评价、认证、监测、检验的机构应当具备国家规定的资质条件。

只有符合国家规定或者国家授权部门规定的资质条件，按照法定程序申请登记并获得批准的，方可从事安全生产中介服务活动。

2)安全生产中介服务的责任

《安全生产法》第六十二条规定，承担安全评价、认证、检测、检验的机构对其作出的安全评价、认证、检测、检验的结果负责。

7. 安全生产违法行为举报的规定

《安全生产法》关于安全生产违法行为举报的规定包括社会举报和举报受理两个方面。

(1)社会举报。《安全生产法》第六十四条规定："任何单位和个人对事故隐患或者安全生产违法行为，均有权向负有安全生产监督管理职责的部门报告或者举报。"

(2)举报受理。《安全生产法》第六十三条规定，负有安全生产监督管理职责的部门应当建立举报制度，公开举报电话、信箱或者电子邮件地址，受理有关安全生产的举报；受理的举报事项经调查核实后，应当形成书面材料；需要落实整改措施的，报经有关负责人签字并督促落实。

8. 安全生产社会监督、舆论监督的规定

(1)社会监督。《安全生产法》规定，居民委员会、村民委员会发现其所在区域内的生产经营单位存在事故隐患和安全生产违法行为时,应当向当地人民政府或者有关部门报告。

(2)舆论监督。新闻、出版、广播、电影、电视等单位有进行安全生产宣传教育的义务,有对违反安全生产法律、法规的行为进行舆论监督的权利。

9. 对举报安全生产违法行为有功人员的奖励

《安全生产法》第六十六条规定:“县级以上人民政府及有关部门对报告重大事故隐患或举报安全生产违法行为的有功人员,给予奖励。具体奖励办法由国务院负责安全生产监督管理的部门会同国务院财政部门制定。”

(四)生产安全事故的应急救援与调查处理

《安全生产法》确立的事故应急救援和调查处理制度,对事故发生前应急救援的准备和事故发生后调查处理的组织分别进行了规范,体现了重在预防的指导思想。事故应急和处理制度主要包括事故应急预案的制定和事故应急体系的建立、高危生产经营单位的应急救援、事故报告、重大事故的应急抢救、调查处理的原则、事故责任的追究、事故统计和公布等内容。

《安全生产法》突破了“重视事后调查处理,忽视事前应急准备”的旧模式,将应急救援纳入事故调查处理制度之中,这对保护人民群众生命和财产安全具有重要意义。

1. 地方政府应急救援工作职责

《安全生产法》第六十八条规定:“县级以上地方各级人民政府应当组织有关部门制定本行政区域内特大生产安全事故应急预案,建立应急救援体系。”

事故应急预案应当包括可能发生的特大事故的种类,事故发生的地区、地段、地点或者单位,事故波及地区的人员、道路交通、消防设施和通道,事故可能造成的危害及其应对措施,事故救援的组织指挥,抢救伤害人员的措施以及设施、设备、器材和物品的组织供应,事故现场秩序维持和后期处理措施等。

事故救援体系是实施应急预案的组织保证,应当明确各级救援组织机构的建立及其领导人员,确定内部分设的专门救援组织,如维持现场秩序、疏导交通、消防急救、现场处理、提供医疗和生活物品、发布信息的组织或者部门,明确各自的岗位及其职责,形成一个能够处理突发事故的救援体系。如果发生特大事故,这个体系立即启动,各级领导和工作人员能以最快速度各就各位,各司其职,统一领导,分工负责,有条不紊地开展救援工作,最大限度地救治人员和保护财产,减少损失。

2. 生产经营单位生产安全事故的应急救援

1)高危生产经营单位的事故应急救援

《安全生产法》将事故应急救援的重点放在高危生产经营单位,作出了强制性的规定。《安全生产法》第六十九条规定:“危险物品的生产、经营、储存单位以及矿山、建筑施工单位应当建立应急救援组织;生产经营规模较小,可以不设应急救援组织的,应当指定兼职的应急救援人员。危险物品的生产、经营、储存单位以及矿山、建筑施工单位应当配备必要的应急救援器材、设备,并进行经常性维护、保养,保证正常运转。”对于这些生产经营单位来说,原则上都要设立应急救援组织,配备应急救援器材、设备,保证其经常处于完好状态。一些小规模并且不适宜建立应急救援组织的小型生产经营单位,如小加油站、化工用品零售商店等,也必须由专人负责应急救援工作并配备相应的应急救援器材和设备。

2）重大事故的应急抢救

《安全生产法》第七十一条规定，负有安全生产监督管理职责的部门接到事故报告后，应当立即按照国家有关规定上报事故情况。负有安全生产监督管理职责的部门和有关地方人民政府对事故情况不得隐瞒不报、谎报或者拖延不报。《安全生产法》第七十二条规定，有关地方人民政府和负有安全生产监督管理职责的部门的负责人接到重大生产安全事故报告后，应当立即赶到事故现场，组织事故抢救。任何单位和个人都应当支持、配合事故抢救，并提供一切便利条件。

3.生产安全事故报告和处置的规定

迅速、及时、准确地报告发生生产安全事故，是生产经营单位和各级地方人民政府及其负有安全生产监督管理职责的部门的法定义务和责任。只有这样，才能尽快组织救援，防止扩大事故，挽回或者减少人员和财产损失。《安全生产法》第七十条和第七十一条对此作出了明确的法律规定。

1）现场有关人员应当立即报告本单位负责人

生产经营单位发生生产安全事故后，在事发现场的从业人员、管理人员和其他人员有义务采用任何方式以最快的速度立即报告，既可以逐级报告，也可以越级报告，不得耽误。

2）生产经营单位应当组织抢救并报告事故

生产经营单位负责人接到事故报告后，应当迅速采取有效措施组织抢救，防止事故扩大，减少人员伤亡和财产损失，并按照国家有关规定立即如实报告当地负有安全生产监督管理职责的部门，不得隐瞒不报、谎报或者拖延不报，不得故意破坏事故现场、毁灭有关证据。生产经营单位主要负责人在事故报告和抢救中负有主要领导责任，必须履行及时、如实报告生产安全事故的法定职责。

4.生产安全事故调查处理的规定

1）事故调查处理的原则

鉴于法律授权国务院制定专门的事故调查处理行政法规，所以，《安全生产法》没有对事故报告和调查处理作出详细的规定。但是法律确定了事故调查处理的原则，即应当按照实事求是、尊重科学的原则，及时、准确地查清事故原因，查明事故性质和责任，总结事故教训，提出整改措施，并对事故责任者提出处理意见。针对事故调查处理工作存在的地方保护、避重就轻、逃脱责任等突出问题，《安全生产法》第七十五条同时规定，任何单位和个人不得阻挠和干涉对事故的依法调查处理。

2）事故责任的追究

《安全生产法》第七十四条规定："生产经营单位发生生产安全事故，经调查确定责任事故的，除了应当查明事故单位的责任并依法予以追究外，还应当查明对安全生产有关事项负有审查批准和监督职责的行政部门的责任，对有失职、渎职行为的，依照本法第七十七条的规定追究法律责任。"本条规定的责任主体包括生产经营单位的主要负责人、个人经营的投资人和负有安全生产监督管理职责的部门的工作人员。如果违反法律规定应予追究责任的，将要受到法律的制裁。

3）事故统计和公布

《安全生产法》第七十六条规定："县级以上各级地方人民政府负责安全生产监督管理

的部门应当定期统计分析本行政区域内发生生产安全事故的情况,并定期向社会公布。”按照这条规定,凡是发生生产安全事故的单位及各有关部门,都应当依照有关事故报告、统计分析的规定,及时、准确地向当地安全生产监管部门报告,由县级以上地方人民政府安全生产监管部门逐级进行汇总、统计和分析,定期通过公共传媒予以公布。

三、《中华人民共和国劳动法》

《中华人民共和国劳动法》(以下简称《劳动法》)于 1994 年 7 月 5 日由第八届全国人民代表大会第八次会议通过,1995 年 1 月 1 日起施行。劳动法是调整劳动关系以及与劳动关系密切联系的其他关系的法律规范。

相关的安全规定:

1. 用人单位在职业安全卫生方面的职责

《劳动法》第五十二条规定:“用人单位必须建立、健全职业安全卫生制度,严格执行国家职业安全卫生规程和标准,对劳动者进行职业安全卫生教育,防止劳动过程中的事故,减少职业危害。”根据本条款的规定,职业安全卫生制度包括以下几项内容:用人单位必须建立、健全职业安全卫生制度;用人单位必须执行国家职业安全卫生规程和标准;用人单位必须对劳动者进行职业安全卫生教育。

《劳动法》第五十三条规定:“职业安全卫生设施必须符合国家规定的标准。新建、改建、扩建工程的职业安全卫生设施必须与主体工程同时设计、同时施工、同时投入生产和使用。”“职业安全卫生设施”是指安全技术方面的设施、劳动卫生方面的设施、生产性辅助设施(如女工卫生室、更衣室、饮水设施等)。“国家规定的标准”是指行政主管部门和各行业主管部门制定的一系列技术标准。

2. 职业安全卫生条件及劳动防护用品要求

《劳动法》第五十四条规定:“用人单位必须为劳动者提供符合国家规定的职业安全卫生条件和必要的劳动防护用品。对从事有职业危害作业的劳动者应当定期进行健康检查。”

3. 建立伤亡事故和职业病统计报告和处理制度

在劳动生产过程中,由于各种原因发生伤亡事故,产生职业病是不可避免的,为了真实地掌握情况,有效地采取对策,预防或防止事故隐患和职业病的发生。在《劳动法》中特别提出了“建立伤亡事故和职业病统计报告的处理制度”。

4. 对劳动者的职业培训

《劳动法》第五十五条规定:“从事特种作业的劳动者必须经过专门培训并取得特种作业资格。”

5. 劳动者在职业安全卫生方面的权利和义务

《劳动法》第五十六条规定:“劳动者在劳动过程中必须严格遵守安全操作规程。劳动者对用人单位管理人员违章指挥、强令冒险作业,有权拒绝执行;对危害生命安全和身体健康的行为,有权提出批评、检举和控告。”

四、《中华人民共和国劳动合同法》

2007 年 6 月 29 日第十届全国人民代表大会常务委员会第二十八次会议通过了《中华人

民共和国劳动合同法》(以下简称《劳动合同法》),自2008年1月1日起施行。其立法目的是为了保护劳动者的合法权益,调整劳动关系,建立和维护适应社会主义市场经济的劳动制度,促进经济发展和社会进步。

相关的安全规定:

(1)用人单位在制定、修改或者决定有关劳动报酬、工作时间、休息休假、劳动安全卫生、保险福利、职工培训、劳动纪律以及劳动定额管理等直接涉及劳动者切身利益的规章制度或者重大事项时,应当经职工代表大会或者全体职工讨论,提出方案和意见,与工会或者职工代表平等协商确定。

(2)用人单位招用劳动者时,应当如实告知劳动者工作内容、工作条件、工作地点、职业危害、安全生产状况、劳动报酬,以及劳动者要求了解的其他情况;用人单位有权了解劳动者与劳动合同直接相关的基本情况,劳动者应当如实说明。

(3)劳动者拒绝用人单位管理人员违章指挥、强令冒险作业的,不视为违反劳动合同。劳动者对危害生命安全和身体健康的劳动条件,有权对用人单位提出批评、检举和控告。

(4)用人单位违章指挥、强令冒险作业危及劳动者人身安全的,劳动者可以立即解除劳动合同,不需事先告知用人单位。

(5)违章指挥或者强令冒险作业危及劳动者人身安全的或劳动条件恶劣、环境污染严重,给劳动者身心健康造成严重损害的,依法给予行政处罚;构成犯罪的,依法追究刑事责任;给劳动者造成损害的,应当承担赔偿责任。

五、《中华人民共和国突发事件应对法》

1.立法过程与重要意义

1)立法过程

近年来,我国重大突发事件频繁发生。各级人民政府在积极应对突发事件的过程中总结出了丰富经验,得到了许多教训。2003年,抗击"非典"的过程给了各级人民政府许多重要启示,其中重要的一点就是要依靠法制应对突发事件。自2003年5月起,国务院有关部委成立了法律起草领导小组,着手《中华人民共和国突发事件应对法》(以下简称《突发事件应对法》)的研究起草工作。法律起草小组重点研究了美、俄、德、意、日等十多个国家应对突发事件的法制制度,深入全国各地开展调研,举办了多次学术研讨会,对法制基本结构和内容进行了深入研究。《突发事件应对法》草案广泛征求了全国人大、全国政协有关单位、有关社会团体、各省(自治区、直辖市)人民政府、国务院各部委,以及各方面专家学者的意见。国务院第83次、第138次常务会议,十届全国人大常委会第22次、第28次、第29次会议,多次深入讨论和审议《突发事件应对法》草案,对法律草案进行了大量修改和完善。因此,《突发事件应对法》的立法过程体现了党和政府对突发事件应对工作的高度重视,体现了各级各部门对突发事件应对工作规律性的认识,很好地保证了这部法律的权威性、实用性和科学性。

2)重要意义

突发事件应急管理是一项内容庞杂、情况多变,涉及各方面利益又需要各方面参与,理论性和实践性都很强的工作,必须在法律上对这项工作的各个方面、各个环节进行严格规范。据统计,在《突发事件应对法》出台前,全国已经制定涉及突发事件应对的法律35件、行政法规37件、部门规章55件。而制定和实施《突发事件应对法》,是国务院进一步加强应急管理法制建设的又一重要举措,使我国基本形成了以《突发事件应对法》为核心,以相关法律、法规和规章为基础,门类齐全、覆盖面广的应急管理法律体系。《突发事件应对法》的核心作用主要体现在以下几个方面:

(1)《突发事件应对法》是我国应急管理长期实践的高度总结。《突发事件应对法》提炼了近几年应急管理实践创新和理论创新的最新成果,很好地贯彻了科学发展观的基本内涵和根本要求。

(2)《突发事件应对法》确立了我国应急管理的基本制度。《突发事件应对法》从法律层面明确了我国统一领导、综合协调、分类管理、分级负责、属地为主的应急管理体制,以制度的形式建立了预防与应急准备、监测与预警、应急处置与救援等方面的机制,促进了党委领导下的行政领导责任制的进一步落实,从而在法律上确立了应急管理工作的基本制度。

(3)《突发事件应对法》是规范各方应对突发事件行为的基本法律。《突发事件应对法》既明确了政府在应急管理工作中的主体地位和作用,也规定了社会、公民参与突发事件应对活动的责任、权利和义务,形成了政府主导、社会支持、公众参与的应急管理工作基本格局。

(4)《突发事件应对法》是推动应急体系建设的强大动力。《突发事件应对法》对应急救援队伍、应急基础设施、物资储备、科技保障能力等应急体系建设工作作出了明确规定,这必将有力地推动各级人民政府应急体系建设。

2.《突发事件应对法》的主要内容

1)《突发事件应对法》的立法宗旨和适用范围

根据《突发事件应对法》第一条规定,该法的立法宗旨是预防和减少突发事件的发生,控制、减轻和消除突发事件引起的严重社会危害,规范突发事件应对活动,保护人民生命财产安全,维护国家安全、公共安全、环境安全和社会秩序。这充分体现了我国宪法确立的"国家尊重和保障人权"的人权原则,反映了贯彻科学发展观、推进构建社会主义和谐社会的必然要求。

根据《突发事件应对法》第二条规定,该法的适应范围是突发事件的预防与应急准备、监测与预警、应急处置与救援、事后恢复与重建等应对活动,也就是把应对突发事件的事前、事中、事后的全过程活动纳入该法的调整范围之内。

2)突发事件的内涵及其分类分级

根据《突发事件应对法》第三条规定,突发事件是指突然发生,造成或者可能造成严重社会危害,需要采取应急处置措施予以应对的自然灾害、事故灾难、公共卫生事件和社会安全事件。这一概念具有几个核心要素:一是突发事件具有明显的公共性或社会性,即属于公共危机;二是突发事件具有突发性和紧迫性;三是突发事件具有危害性和破坏性;四是突发事件必须借助于公权力(即政府权力)的介入,运用社会人力、物力才能解决。

突发事件按照其性质、过程和发生机理的不同,可以分为自然灾害、事故灾难、公共卫生事件和社会安全事件。自然灾害主要包括水旱灾害、气象灾害、地震灾害、地质灾害、海洋灾害、生物灾害和森林草原火灾等;事故灾难主要包括工矿商贸等企业的各类安全事故、交通运输事故,公共设施和设备事故,环境污染和生态破坏事件等;公共卫生事件主要包括传染病疫情、群体性不明原因疾病、食品安全和职业危害、动物疫情,以及其他严重影响公众健康和生命安全的事件;社会安全事件主要包括严重危害社会治安秩序的突发事件。按照突发事件的社会危害程度、影响范围,以及性质、可控性、行业特点等因素,原则上将各类突发事件分为特别重大、重大、较大和一般四个等级。突发事件的分级标准由国务院或国务院确定的部门制定。

3)建立健全突发事件应急预案体系

根据《突发事件应对法》第十七条和第十八条规定,国家建立健全突发事件应急预案体系。

国务院制定国家突发事件总体应急预案,组织制定国家突发事件专项应急预案;国务院有关部门根据各自的职责和国务院相关应急预案,制定国家突发事件部门应急预案。

地方各级人民政府和县级以上地方各级人民政府有关部门根据有关法律、法规、规章、上级人民政府及其有关部门的应急预案以及本地区的实际情况,制定相应的突发事件应急预案。

应急预案制定机关应当根据实际需要和情势变化,适时修订应急预案。应急预案的制定、修订程序由国务院规定。

应急预案应当根据本法和其他有关法律、法规的规定,针对突发事件的性质、特点和可能造成的社会危害,具体规定突发事件应急管理工作的组织指挥体系与职责和突发事件的预防与预警机制、处置程序、应急保障措施以及事后恢复与重建措施等内容。

4)建立全国统一的突发事件信息系统和监测预警制度

按照《突发事件应对法》,突发事件监测与预警工作主要包括建立突发事件信息系统、突发事件监测制度、突发事件预警制度等三个方面内容。

《突发事件应对法》规定,县级以上人民政府及其有关部门应当根据突发事件的类型和特点,建立完善监测网络,划分监测区域,确定监测站点,明确监测项目,安排必要装备,配备专门人员,对可能发生的突发事件进行密切监测。

县级以上地方各级人民政府应当建立本地区统一的突发事件信息系统,汇集、储存、分析、传输突发事件信息。县级以上人民政府及其有关部门、专业机构应当在当地居民委员会、村民委员会和有关单位建立专、兼职信息报告员制度,多种途径收集突发事件信息。

获悉突发事件信息的公民、法人或者其他组织,应当立即向当地人民政府及有关主管部门或者指定的专业机构报告。有关单位和人员报送、报告突发事件信息,应当做到及时、客观、真实,不得迟报、谎报、瞒报、漏报。地方各级人民政府应当及时汇总分析突发事件信息,会商、评估突发事件状态和影响,并按照规定向上级人民政府报送突发事件信息,并实时预警。

《突发事件应对法》规定,可以预警的突发事件的预警级别,按照突发事件的紧急程度、发展势态和可能造成的危害程度分为一级、二级、三级和四级,分别用红色、橙色、黄色和蓝色标示,一级为最高级别。预警级别的划分标准由国务院或国务院确定的部门制定。

可以预警的突发事件即将发生或发生概率较大时,县级以上地方各级人民政府应当根据权限和程度,发布相应级别的警报,决定并宣布有关地区进入预警期,同时向上一级人民政府报告。

发布三级、四级警报,宣布进入预警期后,县级以上地方各级人民政府应当根据情况采取相应措施：一是启动应急预案；二是加强有关突发事件监测、预报和信息收集、报告工作；三是组织有关方面对突发事件信息进行分析评估，预测其发生概率、影响范围与强度；四是定时向社会发布与公众有关的突发事件预测信息和评估情况；五是向社会发布咨询电话和相关警示，宣传相关防灾、避灾常识。

发布一级、二级警报，宣布进入预警期后，县级以上地方各级人民政府除采取以上措施外，还可根据情况采取以下相应措施：一是责令应急救援队伍及相关人员进入待命状态，做好应急救援和处置准备；二是调集应急救援、处置所需物资，准备应急设施和避难场所；三是加强对重点单位、重要部位和重要基础设施的安全保卫，维护社会治安秩序；四是采取必要措施，确保城市交通、通信等生命线工程安全和正常运行；五是及时发布防灾、避灾的警示、劝告；六是转移、疏散危险地区人员和重要财产；七是关闭易受突发事件危害的场所，控制或限制公共场所活动。

5）单位和个人违反《突发事件应对法》应负的法律责任

《突发事件应对法》规定，有关单位凡未按规定及时消除已发现的可能引发突发事件的隐患，未采取预防措施，导致发生严重突发事件的；未做好应急设备、设施日常维护、检测工作，导致发生严重突发事件或突发事件危害扩大的；不及时组织开展应急救援工作，造成严重后果的，由所在地负责应对突发事件的人民政府责令停产停业，暂扣或者吊销许可证或者营业执照，并处五万元以上二十万元以下的罚款，构成违反治安管理行为的，由公安机关依法给予处罚。

编造并传播有关突发事件事态发展或者应急处置工作的虚假信息，或者明知是突发事件虚假信息仍然传播的，责令改正，并给予警告；造成严重后果的，依法暂停其业务活动或者吊销其执业许可证；是国家工作人员的，要依法对其给予处分；构成违反治安管理行为的，由公安机关依法给予处罚。

单位或个人不服从所在地人民政府及其有关部门发布的决定、命令或者不配合其依法采取的措施，构成违反治安管理行为的，由公安机关依法给予处罚。单位或个人违反《突发事件应对法》规定，导致突发事件发生或者危害扩大，给他人人身、财产造成损害的，应当依法承担民事责任。

六、《中华人民共和国消防法》

1.立法背景与意义

《中华人民共和国消防法》（以下简称《消防法》）由中华人民共和国第十一届全国人民代表大会常务委员会第五次会议于2008年10月28日修订通过，自2009年5月1日起施行。

《消防法》自1998年9月1日施行以来，有力地推动了我国消防法治建设、社会化消防管理、公共消防设施建设以及消防监督执法规范化、提升政府应急救援能力、火灾隐患整改等方面的工作，对预防和减少火灾危害，保护人身、财产安全，维护公共安全，发挥了重要作用。

近年来，随着我国经济社会的发展和政府职能的转变，特别是在贯彻落实党的十七大精神的新阶段，面临着社会和广大人民群众对消防安全的新需求、新期待，面对着以人为本、保障和改善民生、强化社会管理和公共服务的新要求,原有的《消防法》的一些规定已经难以适应新时期消防工作的需要。主要表现在:一是对消防工作责任主体规定不够全面,责任不够完善和清晰,制约和影响了消防工作责任制的落实,不适应消防工作社会化的需要;二是对消防监督管理制度的设置不适应形势需要,计划经济时期包揽式管理的色彩较浓,公安机关消防机构监督职责与有关责任主体的消防安全职责不明晰,不适应转变政府职能的要求;三是缺乏运用市场机制和经济手段防范火灾风险的规定,不利于发挥市场主体在保障消防安全方面的作用;四是对违反消防法规危害公共安全的行为规定不全,处罚力度不够,缺乏必要的强制措施,不能有效消除和制止违反消防法规行为和严重危及公共安全的火灾隐患。

《消防法》的修订和重新颁布实施,有利于保障消防工作与经济建设和社会发展相适应,不断提高社会公共消防安全水平;有利于全面落实消防安全责任制,建立健全社会化的消防工作网络;有利于加强和改革消防工作制度,有效预防火灾和减少火灾危害;有利于推进市场机制和经济手段防范火灾风险,切实发挥市场主体在保障消防安全方面的作用;有利于加强应急救援工作,推进消防力量建设,提升火灾扑救和应急救援能力;有利于完善消防执法监督工作机制,促进公正、严格、文明、高效执法。

《消防法》是预防火灾和减少火灾危害,加强应急救援工作,维护公共安全的重要法律。《消防法》的修订和颁布实施,对加强我国消防法治建设,推进消防事业科学发展,维护公共安全,促进社会和谐,具有十分重要的意义。

2. 主要内容

《消防法》包括 7 章 74 条,包括总则、火灾预防、消防组织、灭火救援、监督检查、法律责任、附则等内容。

与企业安全生产有关的内容节选如下:

第二条　消防工作贯彻预防为主、防消结合的方针,按照政府统一领导、部门依法监管、单位全面负责、公民积极参与的原则,实行消防安全责任制,建立健全社会化的消防工作网络。

第十六条　机关、团体、企业、事业等单位应当履行下列消防安全职责:①落实消防安全责任制,制定本单位的消防安全制度、消防安全操作规程,制定灭火和应急疏散预案;②按照国家标准、行业标准配置消防设施、器材,设置消防安全标志,并定期组织检验、维修,确保完好有效;③对建筑消防设施每年至少进行一次全面检测,确保完好有效,检测记录应当完整准确,存档备查;④保障疏散通道、安全出口、消防车通道畅通,保证防火防烟分区、防火间距符合消防技术标准;⑤组织防火检查,及时消除火灾隐患;⑥组织进行有针对性的消防演练;⑦法律、法规规定的其他消防安全职责。

单位的主要负责人是本单位的消防安全责任人。

消防安全重点单位除应当履行本法第十六条规定的职责外,还应当履行下列消防安全职责:①确定消防安全管理人,组织实施本单位的消防安全管理工作;②建立消防档案,确定消防安全重点部位,设置防火标志,实行严格管理;③实行每日防火巡查,并建立巡查记录;④对职工进行岗前消防安全培训,定期组织消防安全培训和消防演练。

第十九条　生产、储存、经营易燃易爆危险品的场所不得与居住场所设置在同一建筑物内,并应当与居住场所保持安全距离。

生产、储存、经营其他物品的场所与居住场所设置在同一建筑物内的,应当符合国家工程建设消防技术标准。

第二十二条　生产、储存、装卸易燃易爆危险品的工厂、仓库和专用车站、码头的设置,应当符合消防技术标准。易燃易爆气体和液体的充装站、供应站、调压站,应当设置在符合消防安全要求的位置,并符合防火防爆要求。

第二十三条　生产、储存、运输、销售、使用、销毁易燃易爆危险品,必须执行消防技术标准和管理规定。

进入生产、储存易燃易爆危险品的场所,必须执行消防安全规定。禁止非法携带易燃易爆危险品进入公共场所或者乘坐公共交通工具。

储存可燃物资仓库的管理,必须执行消防技术标准和管理规定。

七、《中华人民共和国职业病防治法》

《中华人民共和国职业病防治法》(以下简称《职业病防治法》)于2001年10月27日通过第九届全国人民代表大会常务委员会第二十四次会议通过,自2002年5月1日起施行。2011年12月31日第十一届全国人民代表大会常务委员会第二十四次会议通过《关于修改〈中华人民共和国职业病防治法〉的决定》,其立法目的是为了预防、控制和消除职业病危害,防治职业病,保护劳动者健康及其相关权益,促进经济社会发展。

相关的安全规定:

1. 用人单位的主要职责

健康保障义务,为劳动者创造符合国家职业卫生标准和卫生要求的工作环境和条件,并采取措施保障劳动者获得职业卫生保护。职业病防治的管理义务。用人单位的主要负责人对本单位的职业病防治工作全面负责。保险义务,用人单位必须依法参加工伤保险。用人单位工作场所存在职业病目录所列职业病的危害因素的,应当及时、如实向所在地安全生产监督管理部门申报危害项目,接受监督。用人单位应当保障职业病防治所需的资金投入。用人单位必须采用有效的职业病防护设施,并为劳动者提供个人使用的职业病防护用品。用人单位应当定期对工作场所进行职业病危害因素检测、评价,并定期公布结果。告知义务。用人单位对劳动者进行培训。用人单位不得安排未成年工从事接触职业病危害的作业;不得安排孕期、哺乳期的女职工从事对本人和胎儿、婴儿有危害的作业。用人单位应当保障职业病病人依法享受国家规定的职业病待遇。用人单位应当按照国家有关规定,安排职业病病人进行治疗、康复和定期检查。劳动者申请职业病诊断或鉴定时,用人单位应当如实提供职业病诊断所需的有关职业卫生和健康监护等资料。

2. 劳动者的权利

1)知情权

根据《职业病防治法》的规定,产生职业病危害的用人单位,应当在醒目位置设置公告栏,公布有关职业病防治的规章制度、操作规程、职业病危害事故应急救援措施和工作场所职业病危害因素检测结果。对产生严重职业病危害的作业岗位,应当在其醒目位置,设置警示标志和中文警示说明。向用人单位提供可能产生职业病危害的设备、化学品、放射性同位素和含有放射性物质的材料的,应当提供中文说明书,并在设备的醒目位置设置警示标志和中文警示说明。《职业病防治法》还规定,用人单位与劳动者订立劳动合同(含聘用合同)时,应当将工作过程中可能产生的职业病危害及其后果、职业病防护措施和待遇等如实告知劳动者,并在劳动合同中写明,不得隐瞒或者欺骗。对从事接触职业病危害的作业的劳动者,用人单位应当组织上岗前、在岗期间和离岗时的职业健康检查,并将检查结果如实告知劳动者。劳动者有权了解工作场所产生或者可能产生的职业病危害因素、危害后果和应当采取的职业病防护措施。

2)培训权

用人单位应当对劳动者进行上岗前的职业卫生培训和在岗期间的定期职业卫生培训,普及职业卫生知识,督促劳动者遵守职业病防治法律、法规、规章和操作规程,指导劳动者正确使用职业病防护设备和个人使用的职业病防护用品。劳动者应当学习和掌握相关的知识,遵守相关的法律、法规、规章和操作规程,正确使用、维护职业病防护设备和个人使用的职业病防护用品。劳动者有权获得职业卫生教育、培训。这些都是职业病防治法规定的内容。

3)拒绝违章冒险权

根据《职业病防治法》的规定,劳动者有权拒绝在没有职业病防护措施下从事职业危害作业,有权拒绝违章指挥和强令的冒险作业。用人单位若与劳动者设立劳动合同时,没有将可能产生的职业病危害及其后果等告知劳动者,劳动者有权拒绝从事存在职业病危害的作业,用人单位不得因此解除或者终止与劳动者所订立的劳动合同。

4)检举控告权

《职业病防治法》总则中明确规定,任何单位和个人有权对违反本法的行为进行检举和控告。对违反职业病防治法律、法规以及危及生命健康的行为提出批评、检举和控告,是职业病防治法赋予劳动者一项职业卫生保护权利。用人单位若因劳动者依法行使检举、控告权而降低其工资、福利等待遇或者解除、终止与其订立劳动合同,职业病防治法明确规定这种行为是无效的。

5)特殊保障权

未成年人、女职工、有职业禁忌的劳动者,在《职业病防治法》中享有特殊的职业卫生保护的权利。根据《职业病防治法》规定,产生职业病危害的用人单位在工作场所应有配套的更衣间、洗浴间、孕妇休息间等卫生设施。国家对从事放射、高毒等作业实行特殊管理。用人单位不得安排未成年工从事接触职业病危害的作业,不得安排孕期、哺乳期的女职工从事对本人和胎儿、婴儿有危害的作业,不得安排有职业禁忌的劳动者从事其所禁忌的作业。

6)参与决策权

参与用人单位职业卫生工作的民主管理,对职业病防治工作提出意见和建议,是职业病防治法规定的劳动者所享有的一项职业卫生保护权利。劳动者参与用人单位职业卫生工作的民主管理,是职业病防治工作的特点所决定的,也是确保劳动者权益的有效措施。劳动者本着搞好职业病防治工作,应对所在的用人单位的职业病防治管理工作是否符合法律法规规定、是否科学合理等方面,直接或间接地提出意见和建议。

7)职业健康权

对于从事接触职业病危害的作业的劳动者,用人单位除了应组织职业健康检查外,《职业病防治法》还规定了用人单位应为劳动者建立职业健康监护档案，并按照规定的期限妥善保存。对遭受或者可能会遭受急性职业病危害的劳动者，用人单位应及时组织救治，进行健康检查和医学观察，所需费用由用人单位承担。获得职业健康检查、职业病诊疗、康复等职业病防治服务，是劳动者依法享有的一项职业卫生保护权利。

当劳动者被疑患有职业病时，《职业病防治法》规定用人单位应及时安排对病人进行诊断，在病人诊断或者医学观察期间，不得解除或者终止与其订立的劳动合同。根据这个法律的规定，职业病病人依法享受国家规定的职业病待遇。用人单位应按照国家有关规定，安排病人进行治疗、康复和定期检查；对不适宜继续从事原工作的病人，应调离原岗位，并妥善安置；对从事接触职业病危害作业的劳动者，应给予适当岗位津贴。职业病病人的诊疗、康复费用，伤残以及丧失劳动能力职业病病人的社会保障，按照国家有关工伤社会保障的规定执行。

8）损害赔偿权

用人单位应当建立、健全职业病防治责任制，加强对职业病防治的管理，提高职业病防治水平，对本单位产生的职业病危害承担责任，这是《职业病防治法》总则中的一项规定。根据这个规定，职业病病人除依法享有工伤社会保险外，依照有关民事法律，尚有获得赔偿权利的，有权向用人单位提出赔偿要求。

3. 劳动者的义务

《职业病防治法》也对劳动者的相关义务作出了规定，如履行劳动合同、遵守职业病防治法律法规规定、遵守用人单位工农业卫生规章、接受职业卫生培训、按规定使用职业卫生防护设施及个人防护用品、遵守操作规程等义务。

八、《中华人民共和国环境保护法》

《中华人民共和国环境保护法》是我国第一部关于环境保护的综合性的基本法，对于保护和改善环境，防止污染，创造有利于经济建设和社会发展的良好环境，具有十分重要的意义。

相关的安全规定：

1. 环境保护责任制度

产生环境污染和其他公害的单位，必须把环境保护工作纳入计划，建立环境保护责任制度；采取有效措施，防治在生产建设或者其他活动中产生的废气、废水、废渣、粉尘、恶臭气体、放射性物质以及噪声振动、电磁波辐射等对环境的污染和危害。

2. 推广环保设备、工艺和技术

新建工业企业和现有工业企业的技术改造，应当采用资源利用率高、污染物排放量少的设备和工艺，采用经济合理的废弃物综合利用技术和污染物处理技术。

3. 环境保护的“三同时制度”

建设项目中防治污染的措施，必须与主体工程同时设计、同时施工、同时投产使用。防治污染的设施必须经原审批环境影响报告书的环境保护行政主管部门验收合格后，该建设项目方可投入生产或者使用。防治污染的设施不得擅自拆除或者闲置，确有必要拆除或者闲置的，必须征得所在地的环境保护行政主管部门的同意。

4. 环境污染的处理报告制度

因发生事故或者其他突然性事件，造成或者可能造成污染事故的单位，必须立即采取措施处理，及时通报可能受到污染危害的单位和居民，并向当地环境保护行政主管部门和有关部门报告，接受调查处理。

九、《生产安全事故报告和调查处理条例》

《生产安全事故报告和调查处理条例》于2007年3月28日国务院第172次常务会议通过，自2007年6月1日起施行（中华人民共和国国务院令第493号）。主要内容如下：

为了规范生产安全事故的报告和调查处理，落实生产安全事故责任追究制度，防止和减少生产安全事故，根据《安全生产法》和有关法律，制定本条例。

生产经营活动中发生的造成人身伤亡或者直接经济损失的生产安全事故的报告和调查处理，适用本条例；环境污染事故、核设施事故、国防科研生产事故的报告和调查处理不适用本条例。

1. 生产安全事故等级划分

根据生产安全事故（以下简称事故）造成的人员伤亡或者直接经济损失，事故一般分为以下等级：

（1）特别重大事故，是指造成30人以上死亡，或者100人以上重伤（包括急性工业中毒，下同），或者1亿元以上直接经济损失的事故；

（2）重大事故，是指造成10人以上30人以下死亡，或者50人以上100人以下重伤，或者5000万元以上1亿元以下直接经济损失的事故；

（3）较大事故，是指造成3人以上10人以下死亡，或者10人以上50人以下重伤，或者1000万元以上5000万元以下直接经济损失的事故；

（4）一般事故，是指造成3人以下死亡，或者10人以下重伤，或者1000万元以下直接经济损失的事故。

国务院安全生产监督管理部门可以会同国务院有关部门，制定事故等级划分的补充性规定。

2. 事故报告

事故发生后，事故现场有关人员应当立即向本单位负责人报告；单位负责人接到报告后，应当于1小时内向事故发生地县级以上人民政府安全生产监督管理部门和负有安全生产监督管理职责的有关部门报告。

情况紧急时，事故现场有关人员可以直接向事故发生地县级以上人民政府安全生产监督管理部门和负有安全生产监督管理职责的有关部门报告。

安全生产监督管理部门和负有安全生产监督管理职责的有关部门接到事故报告后，应当依照下列规定上报事故情况，并通知公安机关、劳动保障行政部门、工会和人民检察院：

（1）特别重大事故、重大事故逐级上报至国务院安全生产监督管理部门和负有安全生产监督管理职责的有关部门；

（2）较大事故逐级上报至省、自治区、直辖市人民政府安全生产监督管理部门和负有安全生产监督管理职责的有关部门；

(3)一般事故上报至设区的市级人民政府安全生产监督管理部门和负有安全生产监督管理职责的有关部门。

安全生产监督管理部门和负有安全生产监督管理职责的有关部门依照前款规定上报事故情况,应当同时报告本级人民政府。国务院安全生产监督管理部门和负有安全生产监督管理职责的有关部门以及省级人民政府接到发生特别重大事故、重大事故的报告后,应当立即报告国务院。

必要时,安全生产监督管理部门和负有安全生产监督管理职责的有关部门可以越级上报事故情况。

3. 事故报告时效

单位负责人接到报告后,应当于 1 小时内向事故发生地县级以上人民政府安全生产监督管理部门和负有安全生产监督管理职责的有关部门报告。

安全生产监督管理部门和负有安全生产监督管理职责的有关部门逐级上报事故情况,每级上报的时间不得超过 2 小时。

事故报告后出现新情况的,应当及时补报。自事故发生之日 30 日内,事故造成的伤亡人数发生变化的,应当及时补报。道路交通事故、火灾事故自发生之日起 7 日内,事故造成的伤亡人数发生变化的,应当及时补报。

4. 事故调查

(1)特别重大事故由国务院或者国务院授权有关部门组织事故调查组进行调查。

(2)重大事故、较大事故、一般事故分别由事故发生地省级人民政府、设区的市级人民政府、县级人民政府负责调查。省级人民政府、设区的市级人民政府、县级人民政府可以直接组织事故调查组进行调查,也出可以授权或者委托有关部门组织事故调查组进行调查。

(3)未造成人员伤亡的一般事故,县级人民政府也可以委托事故发生单位组织事故调查组进行调查。

(4)上级人民政府认为必要时,可以调查由下级人民政府负责调查的事故。

根据事故的具体情况,事故调查组由有关人民政府、安全生产监督管理部门、负有安全生产监督管理职责的有关部门、监察机关、公安机关以及工会派人组成,并应当邀请人民检察院派人参加。

5. 事故处理

重大事故、较大事故、一般事故,负责事故调查的人民政府应当自收到事故调查报告之日起 15 日内作出批复;特别重大事故,30 日内作出批复,特殊情况下,批复时间可以适当延长,但延长的时间最长不超过 30 日。

有关机关应当按照人民政府的批复,依照法律、行政法规规定的权限和程序,对事故发生单位和有关人员进行行政处罚,对负有事故责任的国家工作人员进行处分。

事故发生单位应当按照负责事故调查的人民政府的批复,对本单位负有事故责任的人员进行处理。

负有事故责任的人员涉嫌犯罪的,依法追究刑事责任。

6. 法律责任

(1)根据违规行为,对事故发生单位主要负责人、直接负责的主管人员和其他直接责任人员处上一年年收入的30%至100%的罚款。

(2)事故发生单位对事故发生负有责任的,依照下列规定处以罚款:①发生一般事故的,处10万元以上20万元以下的罚款;②发生较大事故的,处20万元以上50万元以下的罚款;③发生重大事故的,处50万元以上200万元以下的罚款;④发生特别重大事故的,处200万元以上500万元以下的罚款。

同时,该条例还对其他违规行为规定了处罚。

十、《危险化学品安全管理条例》

《危险化学品安全管理条例》(中华人民共和国国务院令第591号)经2011年2月16日国务院第144次常务会议修订通过,修订后的自2011年12月1日起施行。

这次对原《危险化学品安全管理条例》的修订,是一次比较全面的修改,对危险化学品安全管理各个环节的制度和措施,都作了相应的补充、修改和完善,篇幅由原来的7章74条,修改为8章102条,修改的内容很丰富,既有填补空白、堵塞漏洞的新增制度和措施,也有对原有规定的调整和完善。主要包括以下8个方面:

(1)在行政法规层面明确了安监部门在危险化学品安全监督管理方面的职责。按照原条例规定,国务院经济贸易综合管理部门(原国家经贸委),负责危险化学品安全监督管理综合工作,地方政府经济贸易管理部门或者负责危险化学品安全监督管理综合工作的部门承担危险化学品监督管理的相关职责。根据安全生产监管体制以及国务院机构改革后有关部门职责分工的变化,上述职责已经转到了安监部门,新条例将原条例中所有的经济贸易综合管理部门、经济贸易管理部门、负责危险化学品安全监督管理综合工作的部门等称呼,统一改成了"安全生产监督管理部门",从行政法规层面明确了安监部门的监督管理职责。

(2)建立了统一的危险化学品目录的确定和调整机制。原条例中是没有"危险化学品目录"这个概念,危险化学品被分成两部分:一部分是列入《危险货物品名表》(GB 12268)的危险化学品,另一部分则是剧毒化学品和没有列入《危险货物品名表》的其他危险化学品,其目录由国务院经济贸易综合管理部门会同国务院公安、环保、卫生、质检、交通部门确定并公布。《危险货物品名表》是从运输安全角度着眼的,而危险化学品安全管理则涉及生产、储存、经营、运输等多个环节,因此危险化学品与危险货物的范围并不完全一致,新条例明确提出了"危险化学品目录"的概念,建立了统一的危险化学品目录确定、调整机制,明确规定:危险化学品目录,由国务院安全生产监督管理部门会同国务院工信、公安、环保、卫生、质检、交通、铁路、民航、农业部门,根据化学品危险特性的鉴别和分类标准确定、公布,并适时调整。

(3)将危险化学品生产、储存企业设立审批制度,修改为危险化学品生产、储存建设项目安全条件审查制度。原条例对设立危险化学品生产企业、储存企业实行审批制度,并规定由省级人民政府或者设区的市级人民政府负责审批,目的是严格危险化学品生产企业、储存企业的市场准入,从源头上保证危险化学品生产、储存安全。实际上,从源头上保障危险化学品生产、储存安全,关键不在于对危险化学品生产企业、储存企业的设立进行审批,而在于严格把住生产、储存危险化学品的建设项目的安全条件。同时,由省级政府或者设区的市级政府作为企业设立的审批机关,没有一个明确的部门具体负责。新条例把危险化学品生产、储存企业设立审批制度改成了生产、储存危险化学品的建设项目安全条件审查制度,规定新建、改建、扩建生产、储存危险化学品的建设项目,应当由安全生产监督管理部门进行安全条件审查,同时对安全条件审查的实施程序作了明确规定。

(4)调整了原条例关于生产、储存、使用危险化学品的单位应当对本单位的生产、储存装置定期进行安全评价的规定。生产、储存过程中的安全评价,对于保证危险化学品单位持续具备相应的安全条件非常重要。为了使安全评价制度更具有针对性,新条例对安全评价制度作了较大程度的调整完善。首先,安全评价的对象不再局限于"本单位的生产、储存装置",而是调整为"本单位的安全生产条件",使安全评价的对象更加全面;其次是将安全评价制度适用的主体范围限定为生产、储存危险化学品的企业,以及使用危险化学品从事生产的企业,对企业以外的储存、使用危险化学品的单位,包括教学科研医疗单位等,不再要求进行安全评价,这样更加符合实际情况。第三是明确规定安全评价需要由具备国家规定的资质条件的机构承担,进一步规范了安全评价活动,有利于安全评价的客观、公正、权威。第四是将安全评价的周期统一确定为3年,有利于减轻企业负担,也与《安全生产许可证条例》的有关规定相衔接。

(5)进一步强化了危险化学品使用的安全管理,确立了危险化学品安全使用许可制度。原条例对危险化学品生产、储存的安全管理制度和措施,规定得比较全面,也比较具体,对危险化学品使用的安全管理制度,则规定得相对薄弱一些。近年来的实践证明,使用危险化学品特别是使用危险化学品从事生产,在危险程度上并不亚于生产危险化学品,由此引发的事故也比较多,使用危险化学品成了危险化学品安全管理中的薄弱环节。所以,新条例对"使用安全"单设一章作了规定,突出和强调危险化学品使用的安全管理。其中更为重要的是,确立了危险化学品安全使用许可制度,从源头上保障使用危险化学品从事生产的企业的安全条件。这是条例修改中新增加的唯一一项行政许可。新条例对安全使用许可证制度的适用范围从两个方面作了限制:一是企业性质的限制。必须是使用危险化学品从事生产的化工企业;二是使用量的限制。使用量必须达到规定的数量标准。同时具有这两种情形的企业,才需要取得危险化学品安全使用许可证。

(6)进一步完善了危险化学品经营安全的制度措施。这次修改条例主要从进一步完善的角度,对有关危险化学品经营安全的规定作了相应调整。其中比较重要的有三点:

一是明确把危险化学品仓储经营纳入了危险化学品经营的范围。

二是进一步严格市场准入,在危险化学品经营企业应当具备的条件中,增加了必须有专职安全管理人员、有应急救援预案和应急救援器材设备两项条件,进一步加强了危险化学品经营企业的安全保障。

三是为方便企业办事,适当下放了危险化学品经营许可证的审批权限,将发证机关由原来的"省级政府经济贸易管理部门"和"设区的市级政府负责危化品监管综合部门",分别下放到"设区的市级政府安全生产监督管理部门"和"县级政府安全生产监督管理部门",并明确规定了审批的时限。同时,为减少环节,避免对同一个企业重复许可,减轻企业负担,新条例还明确规定,依法取得危险化学品安全生产许可证、危险化学品安全使用许可证、危险化学品经营许可证、民用爆炸物品生产许可证的企业,可以直接凭相应的许可证件购买剧毒化学品、易制爆危险化学品。

(7)调整完善了危险化学品内河运输安全的管理制度。新条例既没有绝对禁止通过内河运输危险化学品，也没有明确放开内河运输危险化学品，而是建立了一个科学合理并且较为严密的机制，规定由交通运输部、环境保护部、工业和信息化部、安全监管总局四个部门，根据危险化学品的危险特性、对人体和水环境的危害程度以及消除危害后果的难易程度等因素，规定禁止通过内河运输的剧毒化学品以及其他危险化学品的范围。这个机制既能满足保障人民生命健康和内河水环境安全的需要，也能顾及到企业生产经营的实际需要。对于允许通过内河运输的危险化学品，新条例还从运输企业的资质条件，运输船舶和专用码头、泊位的安全条件，各类危险化学品的运输方式、包装规范和安全防护措施，运输危险化学品的船舶的警示标志悬挂和进出港管理等，补充规定了相关的安全保障措施，以从制度上确保通过内河运输危险化学品的安全。

(8)进一步完善了危险化学品登记制度。危险化学品登记是一项基础性、长远性的工作，这项制度虽然不是一线的监管制度，但对于强化危险化学品安全管理的基础，提升危险化学品安全管理的层次和水平，具有不可或缺的重要作用。危险化学品登记工作已经开展了几年时间，取得明显成效，但仍需要进一步加强和规范。新条例对危险化学品登记制度作了进一步完善。主要有三点：

一是原条例规定需要办理危险化学品登记的主体范围是危险化学品生产企业、储存企业以及使用剧毒化学品和数量构成重大危险源的其他危险化学品的单位。考虑到危险化学品登记属于产品信息登记，为了使登记范围既全面、没有遗漏，又避免重复登记，给企业带来不必要的负担，新条例一方面增加规定危险化学品进口企业需要办理危险化学品登记，同时不再规定危险化学品储存企业以及使用剧毒化学品和数量构成重大危险源的其他危险化学品的单位办理危险化学品登记。

二是原条例没有规定危险化学品登记的具体内容，新条例增加规定了危险化学品登记的具体内容，包括危险化学品的分类和标签信息，物理、化学性质，主要用途，危险特性以及储存、使用、运输的安全要求和出现危险情况时的应急处置措施等，进一步规范危险化学品登记。

三是新条例明确规定对同一企业生产、进口的同一品种的危险化学品，不进行重复登记，避免给企业造成不必要的负担。同时，为保证实现危险化学品登记的目的，又增加规定，危险化学品生产企业、进口企业发现其生产、进口的危险化学品有新的危险特性时，应当及时办理登记内容变更手续，从而将危险化学品登记变成了一项动态性的制度。

十一、《特种设备安全监察条例》

《特种设备安全监察条例》2003 年 3 月 11 日中华人民共和国国务院令第 373 号公布，2009 年 1 月 24 日修订，于 2009 年 5 月 1 日正式施行。

《特种设备安全监察条例》是一部关于我国特种设备安全监督管理的专门法规。该条例规划了“企业全面负责，部门依法监管，检验技术把关，政府督促协调，社会广泛监督”的特种设备安全工作新格局，确立了行政许可和监督检查两大基本制度，使我国特种设备安全监察工作步入了法制化管理轨道，并进入了创新发展阶段，是特种设备安全监察工作的里程碑。该《条例》的颁布实施对于加强特种设备的安全管理，防止和减少事故，保障人民群众生命和财产安全发挥了重要作用。

相关的安全规定：

(1)特种设备的使用单位应当建立健全特种设备安全管理制度和岗位安全责任制度。特种设备使用单位的主要负责人应当对本单位特种设备的安全全面负责。

(2)特种设备的使用单位应当保证必要的安全和节能投入。

(3)特种设备使用单位，应当严格执行本条例和有关安全生产的法律、行政法规的规定，保证特种设备的安全使用。

(4)特种设备使用单位应当使用符合安全技术规范要求的特种设备。特种设备投入使用前，使用单位应当核对其是否附有安全技术规范要求的设计文件、产品质量合格证明、安装及使用维修说明、监督检验证明等文件。

(5)特种设备使用单位应当建立特种设备安全技术档案。安全技术档案应当包括以下内容：

①特种设备的设计文件、制造单位、产品质量合格证明、使用维护说明等文件以及安装技术文件和资料；

②特种设备的定期检验和定期自行检查的记录；

③特种设备的日常使用状况记录；

④特种设备及其安全附件、安全保护装置、测量调控装置及有关附属仪器仪表的日常维护保养记录；

⑤特种设备运行故障和事故记录；

⑥高耗能特种设备的能效测试报告、能耗状况记录以及节能改造技术资料。

(6)特种设备使用单位应当对在用特种设备进行经常性日常维护保养，并定期自行检查。特种设备使用单位对在用特种设备应当至少每月进行一次自行检查，并作出记录。特种设备使用单位在对在用特种设备进行自行检查和日常维护保养时发现异常情况的，应当及时处理。特种设备使用单位应当对在用特种设备的安全附件、安全保护装置、测量调控装置及有关附属仪器仪表进行定期校验、检修，并作出记录。

(7)特种设备使用单位应当按照安全技术规范的定期检验要求，在安全检验合格有效期届满前1个月向特种设备检验检测机构提出定期检验要求。检验检测机构接到定期检验要求后，应当按照安全技术规范的要求及时进行安全性能检验和能效测试。未经定期检验或者检验不合格的特种设备，不得继续使用。

(8)特种设备出现故障或者发生异常情况，使用单位应当对其进行全面检查，消除事故隐患后，方可重新投入使用。特种设备不符合能效指标的，特种设备使用单位应当采取相应措施进行整改。特种设备存在严重事故隐患，无改造、维修价值，或者超过安全技术规范规定使用年限，特种设备使用单位应当及时予以报废，并应当向原登记的特种设备安全监督管理部门办理注销。

(9)特种设备的安全管理人员应当对特种设备使用状况进行经常性检查，发现问题的应当立即处理；情况紧急时，可以决定停止使用特种设备并及时报告本单位有关负责人。

(10)锅炉、压力容器、电梯、起重机械、客运索道、大型游乐设施、场(厂)内专用机动车辆的作业人员及其相关管理人员(以下统称特种设备作业人员)，应当按照国家有关规定经特种设备安全监督管理部门考核合格，取得国家统一格式的特种作业人员证书，方可从事相应的作业或者管理工作。特种设备使用单位应当对特种设备作业人员进行特种设备安全、节能教育和培训,保证特种设备作业人员具备必要的特种设备安全、节能知识。特种设备作业人员在作业中应当严格执行特种设备的操作规程和有关的安全规章制度。特种设备作业人员在作业过程中发现事故隐患或者其他不安全因素,应当立即向现场安全管理人员和单位有关负责人报告。

十二、《特种作业人员安全技术培训考核管理规定》

2010年4月26日《特种作业人员安全技术培训考核管理规定》通过了国家安全生产监督管理总局局长办公会议审议,并以家安全生产监督管理总局令第30号文件公布,自2010年7月1日起施行。1999年7月12日原国家经济贸易委员会发布的《特种作业人员安全技术培训考核管理办法》同时废止。该规定在特种作业人员从业条件、培训、考核发证、操作证复审、监督管理、罚则等几个方面做了明确的规定。

相关的安全规定:

1.特种作业人员从业条件

特种作业人员应当符合下列条件:

(1)年满18周岁,且不超过国家法定退休年龄;

(2)经社区或者县级以上医疗机构体检健康合格,并无妨碍从事相应特种作业的器质性心脏病、癫痫病、美尼尔氏症、眩晕症、癔病、震颤麻痹症、精神病、痴呆症以及其他疾病和生理缺陷;

(3)具有初中及以上文化程度;

(4)具备必要的安全技术知识与技能;

(5)相应特种作业规定的其他条件。

(6)危险化学品特种作业人员除符合前款第(1)项、第(2)项、第(4)项和第(5)项规定的条件外,应当具备高中或者相当于高中及以上文化程度。

(7)特种作业人员必须经专门的安全技术培训并考核合格,取得《中华人民共和国特种作业操作证》(以下简称特种作业操作证)后,方可上岗作业。

2.特种作业人员培训

特种作业人员应当接受与其所从事的特种作业相应的安全技术理论培训和实际操作培训。

已经取得职业高中、技工学校及中专以上学历的毕业生从事与其所学专业相应的特种作业,持学历证明经考核发证机关同意,可以免予相关专业的培训。

跨省、自治区、直辖市从业的特种作业人员,可以在户籍所在地或者从业所在地参加培训。

3.特种作业人员考核发证

特种作业人员的考核包括考试和审核两部分。考试由考核发证机关或其委托的单位负责;审核由考核发证机关负责。

安全监管总局、煤矿安监局分别制定特种作业人员、煤矿特种作业人员的考核标准,并建立相应的考试题库。

考核发证机关或其委托的单位应当按照安全监管总局、煤矿安监局统一制定的考核标准进行考核。

参加特种作业操作资格考试的人员，应当填写考试申请表，由申请人或者申请人的用人单位持学历证明或者培训机构出具的培训证明向申请人户籍所在地或者从业所在地的考核发证机关或其委托的单位提出申请。

考核发证机关或其委托的单位收到申请后，应当在60日内组织考试。

特种作业操作资格考试包括安全技术理论考试和实际操作考试两部分。考试不及格的，允许补考1次。经补考仍不及格的，重新参加相应的安全技术培训。

考核发证机关委托承担特种作业操作资格考试的单位应当具备相应的场所、设施、设备等条件，建立相应的管理制度，并公布收费标准等信息。

考核发证机关或其委托承担特种作业操作资格考试的单位，应当在考试结束后10个工作日内公布考试成绩。

经考试合格的特种作业人员，应当向其户籍所在地或者从业所在地的考核发证机关申请办理特种作业操作证，并提交身份证复印件、学历证书复印件、体检证明、考试合格证明等材料。

收到申请的考核发证机关应当在5个工作日内完成对特种作业人员所提交申请材料的审查，作出受理或者不予受理的决定。能够当场作出受理决定的，应当当场作出受理决定；申请材料不齐全或者不符合要求的，应当当场或者在5个工作日内一次告知申请人需要补正的全部内容，逾期不告知的，视为自收到申请材料之日起即已被受理。

对已经受理的申请，考核发证机关应当在20个工作日内完成审核工作。符合条件的，颁发特种作业操作证；不符合条件的，应当说明理由。

特种作业操作证有效期为6年，在全国范围内有效。

特种作业操作证由安全监管总局统一式样、标准及编号。

种作业操作证遗失的，应当向原考核发证机关提出书面申请，经原考核发证机关审查同意后，予以补发。

特种作业操作证所记载的信息发生变化或者损毁的，应当向原考核发证机关提出书面申请，经原考核发证机关审查确认后，予以更换或者更新。

4.特种作业操作证复审

特种作业操作证每3年复审1次。特种作业人员在特种作业操作证有效期内，连续从事本工种10年以上，严格遵守有关安全生产法律法规的，经原考核发证机关或者从业所在地考核发证机关同意，特种作业操作证的复审时间可以延长至每6年1次。

特种作业操作证需要复审的，应当在期满前60日内，由申请人或者申请人的用人单位向原考核发证机关或者从业所在地考核发证机关提出申请，并提交下列材料：

(1)社区或者县级以上医疗机构出具的健康证明；

(2)从事特种作业的情况；

(3)安全培训考试合格记录。

特种作业操作证有效期届满需要延期换证的，应当按照上述的规定申请延期复审。

特种作业操作证申请复审或者延期复审前，特种作业人员应当参加必要的安全培训并考试合格。安全培训时间不少于8个学时,主要培训法律、法规、标准、事故案例和有关新工艺、新技术、新装备等知识。

申请复审的,考核发证机关应当在收到申请之日起20个工作日内完成复审工作。复审合格的,由考核发证机关签章、登记,予以确认;不合格的,说明理由。申请延期复审的,经复审合格后,由考核发证机关重新颁发特种作业操作证。

特种作业人员有下列情形之一的,复审或者延期复审不予通过:

(1)健康体检不合格的;

(2)违章操作造成严重后果或者有2次以上违章行为,并经查证确实的;

(3)有安全生产违法行为,并给予行政处罚的;

(4)拒绝、阻碍安全生产监管监察部门监督检查的;

(5)未按规定参加安全培训,或者考试不合格的;

特种作业操作证复审或者延期复审符合上述第(2)项、第(3)项、第(4)项、第(5)项情形的,经重新安全培训考试合格后,再办理复审或者延期复审手续。再复审、延期复审仍不合格,或者未按期复审的,特种作业操作证失效。申请人对复审或者延期复审有异议的,可以依法申请行政复议或者提起行政诉讼。

5.特种作业人员监督管理

特种作业人员有下列情形之一的,考核发证机关应当撤销特种作业操作证:

(1)超过特种作业操作证有效期未延期复审的;

(2)特种作业人员的身体条件已不适合继续从事特种作业的;

(3)对发生生产安全事故负有责任的;

(4)特种作业操作证记载虚假信息的;

(5)以欺骗、贿赂等不正当手段取得特种作业操作证的。

特种作业人员违反上述第(4)项、第(5)项规定的,3年内不得再次申请特种作业操作证。

特种作业人员有下列情形之一的,考核发证机关应当注销特种作业操作证:

(1)特种作业人员死亡的;

(2)特种作业人员提出注销申请的;

(3)特种作业操作证被依法撤销的。

离开特种作业岗位6个月以上的特种作业人员,应当重新进行实际操作考试,经确认合格后方可上岗作业。

生产经营单位应当加强对本单位特种作业人员的管理,建立健全特种作业人员培训、复审档案,做好申报、培训、考核、复审的组织工作和日常的检查工作。

特种作业人员在劳动合同期满后变动工作单位的,原工作单位不得以任何理由扣押其特种作业操作证。

跨省、自治区、直辖市从业的特种作业人员应当接受从业所在地考核发证机关的监督管理。

生产经营单位不得印制、伪造、倒卖特种作业操作证,或者使用非法印制、伪造、倒卖的特种作业操作证。

特种作业人员不得伪造、涂改、转借、转让、冒用特种作业操作证或者使用伪造的特种作业操作证。

6. 处罚规定

生产经营单位未建立健全特种作业人员档案的,给予警告,并处1万元以下的罚款。

生产经营单位使用未取得特种作业操作证的特种作业人员上岗作业的,责令限期改正;逾期未改正的,责令停产停业整顿,可以并处2万元以下的罚款。

生产经营单位非法印制、伪造、倒卖特种作业操作证,或者使用非法印制、伪造、倒卖的特种作业操作证的,给予警告,并处1万元以上3万元以下的罚款;构成犯罪的,依法追究刑事责任。

特种作业人员伪造、涂改特种作业操作证或者使用伪造的特种作业操作证的,给予警告,并处1000元以上5000元以下的罚款。

特种作业人员转借、转让、冒用特种作业操作证的,给予警告,并处2000元以上10000元以下的罚款。

十三、《安全生产培训管理办法》

新修订的《安全生产培训管理办法》(国家安全生产监督管理总局令第44号),于2011年12月31日国家安全生产监督管理总局局长办公会议审议通过,于2012年1月19日发布,自2012年3月1日起施行。为了加强安全生产培训管理,规范安全生产培训秩序,保证安全生产培训质量,促进安全生产培训工作健康发展,根据《安全生产法》和有关法律、行政法规的规定,制定本办法。

该办法从安全培训机构管理、安全培训的实施、安全培训的考核、安全培训的考核、监督管理、法律责任五个方面对企业主要负责人、安全生产管理人员、特种作业人员以及其他从业人员的安全培训做了明确的规定。

相关的安全规定:

1. 安全培训机构资质

第五条规定:安全培训机构从事安全培训活动,必须取得相应的资质证书。资质证书分三个等级。

一级资质证书,由国家安全监管总局审批、颁发;二级、三级资质证书,由省、自治区、直辖市人民政府安全生产监督管理部门(以下简称省级安全生产监督管理部门)审批、颁发。设立煤矿安全监察机构的省、自治区、直辖市,由省级煤矿安全监察机构负责所辖区域内从事煤矿安全培训活动的培训机构二级、三级资质证书的审批、颁发。

第六条规定:取得一级资质证书的安全培训机构,可以承担省级以上安全生产监督管理部门、煤矿安全监察机构的安全生产监管人员、煤矿安全监察人员,中央企业的总公司、总厂或者集团公司的主要负责人和安全生产管理人员,以及安全培训机构教师的培训工作。

取得二级资质证书的安全培训机构,可以承担设区的市、县级人民政府安全生产监督管理部门(以下简称市级、县级安全生产监督管理部门)的安全生产监管人员,省属生产经营单位和中央企业的分公司、子公司及其所属单位主要负责人和安全生产管理人员,危险物品的生产、经营、储存单位和矿山企业的主要负责人,危险化学品登记机构的登记人员,承担安全评价、咨询、检测、检验工作的人员，以及注册安全工程师和三级安全培训机构教师的培训工作。

取得三级资质证书的安全培训机构，可以承担除中央企业、省属生产经营单位的主要负责人、安全生产管理人员以及危险物品的生产、经营、储存单位和矿山企业的主要负责人以外的生产经营单位从业人员的培训工作。

上一级安全培训机构可以承担下一级安全培训机构的培训工作。

安全培训机构具备本办法第十条规定条件的，可以承担相应作业类别特种作业人员的培训工作。

第七条规定：安全培训机构申请一级资质证书，应当具备下列条件：

(1)能够独立或者经授权承担法律责任，注册资金或者开办费500万元以上；

(2)有专职的管理人员；

(3)有健全的机构章程、管理制度、工作规则；

(4)有15名以上具有本科以上学历的专职或者兼职教师，其中至少有10名具有高级以上职称并且经国家安全监管总局考核合格的专职教师，专职教师中至少有5名取得注册安全工程师执业资格；

(5)有固定、独立和相对集中并且能够满足同期100人以上规模培训需要的教学及生活设施，其中专用教室使用面积150平方米以上；

(6)安全培训需要的其他条件。

第八条规定：安全培训机构申请二级资质证书，应当具备下列条件：

(1)能够独立或者经授权承担法律责任，注册资金或者开办费300万元以上；

(2)有专职的管理人员；

(3)有健全的机构章程、管理制度、工作规则；

(4)有10名以上具有本科以上学历的专职或者兼职教师，其中至少有6名具有中级以上职称并且经省级安全生产监督管理部门或者省级煤矿安全监察机构考核合格的专职教师，专职教师中至少有3名取得注册安全工程师执业资格；

(5)有固定、独立和相对集中并且能够满足同期80人以上规模培训需要的教学及生活设施，其中专用教室使用面积120平方米以上；

(6)安全培训需要的其他条件。

第九条规定：安全培训机构申请三级资质证书，应当具备下列条件：

(1)能够独立或者经授权承担法律责任，注册资金或者开办费100万元以上；

(2)有专职的管理人员；

(3)有健全的机构章程、管理制度、工作规则；

(4)有8名以上具有本科以上学历的专职或者兼职教师，其中至少有5名具有中级以上职称并且经省级安全生产监督管理部门或者省级煤矿安全监察机构考核合格的专职教师，专职教师中至少有2名取得注册安全工程师执业资格；

(5)有能够满足同期60人以上规模培训需要的教学及生活设施，其中专用教室使用面积100平方米以上；

(6)安全培训需要的其他条件。

第十条规定:安全培训机构申请承担特种作业人员安全技术培训的,除符合本办法第七、八、九条规定的条件外,还应当具备下列条件:

(1)每个作业类别不得少于2名专科以上学历、相应专业的专职教师,从事实际操作教学的教师应当有相应专业技师以上等级证书;

(2)具备相应作业类别的实际操作条件。

第十一条规定:申请一级资质证书,按照下列程序办理:

(1)具备资质条件的申请人将安全培训机构资质申请书、安全培训机构设置批准文件或者企事业单位法人登记证和本办法第七条规定的材料,报省级安全生产监督管理部门或者省级煤矿安全监察机构进行初审;

(2)省级安全生产监督管理部门或者省级煤矿安全监察机构自受理之日起20个工作日内完成初审工作,并将符合条件的申请材料报国家安全监管总局;

(3)国家安全监管总局自受理申请之日起20个工作日内完成审查工作。符合条件的,颁发相应的资质证书;不符合条件的,书面通知申请人并说明理由。

第十二条规定:申请二、三级资质证书,按照下列程序办理:

(1)具备资质条件的申请人将安全培训机构资质申请书、安全培训机构设置批准文件或者企事业单位法人登记证和本办法第八、九条规定的材料,报省级安全生产监督管理部门或者省级煤矿安全监察机构;

(2)省级安全生产监督管理部门或者省级煤矿安全监察机构应当自受理申请之日起20个工作日内完成审查工作。符合条件的,颁发相应的资质证书,并报国家安全监管总局备案;不符合条件的,书面通知申请人并说明理由。

第十三条规定:申请承担特种作业人员安全技术培训的,除按照本办法第十一、十二条的规定提交相关材料外,还应当提交符合第十条规定的材料。

申请人整改问题所需的时间,不计算在本办法第十一、十二条规定的时间内。

第十四条规定:安全培训机构的专职教师应当接受专门的培训,经考核合格后,方可上岗执教。专职教师应当每年接受不少于40学时的继续教育。

第十五条规定:安全培训机构资质证书不得出借、出租给其他机构或者个人。

安全培训机构资质证书的有效期为3年。安全培训机构资质证书有效期届满需要延期的,应当于安全培训机构资质证书有效期届满30日前向原颁发证书的机构办理延期手续。

2. 安全培训

第十七条规定:安全培训应当按照规定的安全培训大纲进行。

安全监管监察人员,危险物品的生产、经营、储存单位与非煤矿山企业的主要负责人、安全生产管理人员和特种作业人员及从事安全生产工作的相关人员的安全培训大纲,由国家安全监管总局组织制定。

煤矿企业的主要负责人、安全生产管理人员和特种作业人员的培训大纲由国家煤矿安监局组织制定。

除危险物品的生产、经营、储存单位和矿山企业以外其他生产经营单位的主要负责人、安全生产管理人员及其他从业人员的安全培训大纲,由省级安全生产监督管理部门、省级煤矿安全培训监管机构组织制定。

第十八条规定：国家安全监管总局、省级安全生产监督管理部门定期组织优秀安全培训教材的评选。

安全培训机构应当优先使用优秀安全培训教材。

第十九条规定：国家安全监管总局负责省级以上安全生产监督管理部门的安全生产监管人员、各级煤矿安全监察机构的煤矿安全监察人员的培训工作；组织、指导和监督中央企业总公司、总厂或者集团公司的主要负责人和安全生产管理人员的培训工作。

省级安全生产监督管理部门负责市级、县级安全生产监督管理部门的安全生产监管人员的培训工作；组织、指导和监督省属生产经营单位、所辖区域内中央企业的分公司、子公司及其所属单位的主要负责人和安全生产管理人员的培训工作；组织、指导和监督特种作业人员的培训工作。

市级、县级安全生产监督管理部门组织、指导和监督本行政区域内除中央企业、省属生产经营单位以外的其他生产经营单位的主要负责人和安全生产管理人员的安全培训工作。

省级煤矿安全培训监管机构组织、指导和监督所辖区域内煤矿企业的主要负责人、安全生产管理人员和特种作业人员的培训工作。

危险化学品登记机构的登记人员和承担安全评价、咨询、检测、检验的人员及注册安全工程师、安全生产应急救援人员的安全培训按照有关法律、法规、规章的规定进行。

除主要负责人、安全生产管理人员、特种作业人员以外的生产经营单位的从业人员的安全培训，由生产经营单位负责。

第二十条规定：生产经营单位应当建立安全培训管理制度，保障从业人员安全培训所需经费，对从业人员进行与其所从事岗位相应的安全教育培训；从业人员调整工作岗位或者采用新工艺、新技术、新设备、新材料的，应当对其进行专门的安全教育和培训。未经安全教育和培训合格的从业人员，不得上岗作业。

从业人员安全培训情况，生产经营单位应当建档备查。

第二十一条规定：下列从业人员应当由取得相应资质的安全培训机构进行培训：

(1)依照有关法律、法规应当取得安全资格证的生产经营单位主要负责人；

(2)安全生产管理人员；

(3)特种作业人员；

(4)井工矿山企业的生产、技术、通风、机电、运输、地测、调度等职能部门的负责人。

前款规定以外的从业人员的安全培训，由生产经营单位组织培训，或者委托安全培训机构进行培训。

生产经营单位从业人员的培训内容和培训时间，应当符合《生产经营单位安全培训规定》和有关标准的规定。

第二十二条规定：中央企业的分公司、子公司及其所属单位和其他生产经营单位，发生造成人员死亡的生产安全事故的，其主要负责人和安全生产管理人员应当重新参加安全培训。

特种作业人员对造成人员死亡的生产安全事故负有直接责任的，应当按照《特种作业人员安全技术培训考核管理规定》重新参加安全培训。

第二十四条规定：国家鼓励生产经营单位招录职业院校毕业生。

职业院校毕业生从事与所学专业相关的作业,可以免予参加初次培训,实际操作培训除外。

第二十五条规定:安全培训机构应当建立安全培训工作制度和人员培训档案,落实安全培训计划。安全培训相关情况,应当记录备查。

第二十七条规定:国家鼓励安全培训机构和生产经营单位利用现代信息技术开展安全培训,包括远程培训。

3. 安全培训的考核

第二十八条规定:安全监管监察人员、从事安全生产工作的相关人员、依照有关法律法规应当取得安全资格证的生产经营单位主要负责人和安全生产管理人员、特种作业人员的安全培训的考核,应当坚持教考分离、统一标准、统一题库、分级负责的原则,分步推行有远程视频监视的计算机考试。

第二十九条规定:安全监管监察人员,危险物品的生产、经营、储存单位及非煤矿山企业主要负责人、安全生产管理人员和特种作业人员,以及从事安全生产工作的相关人员的考核标准,由国家安全监管总局统一制定。

煤矿企业的主要负责人、安全生产管理人员和特种作业人员的考核标准,由国家煤矿安监局制定。

除危险物品的生产、经营、储存单位和矿山企业以外其他生产经营单位主要负责人、安全生产管理人员及其他从业人员的考核标准,由省级安全生产监督管理部门制定。

第三十条规定:国家安全监管总局负责省级以上安全生产监督管理部门的安全生产监管人员、各级煤矿安全监察机构的煤矿安全监察人员的考核;负责中央企业的总公司、总厂或者集团公司的主要负责人和安全生产管理人员的考核。

省级安全生产监督管理部门负责市级、县级安全生产监督管理部门的安全生产监管人员的考核;负责省属生产经营单位和中央企业分公司、子公司及其所属单位的主要负责人和安全生产管理人员的考核;负责特种作业人员的考核。

市级安全生产监督管理部门负责本行政区域内除中央企业、省属生产经营单位以外的其他生产经营单位的主要负责人和安全生产管理人员的考核。

省级煤矿安全培训监管机构负责所辖区域内煤矿企业的主要负责人、安全生产管理人员和特种作业人员的考核。

除主要负责人、安全生产管理人员、特种作业人员以外的生产经营单位的其他从业人员的考核,由生产经营单位按照省级安全生产监督管理部门公布的考核标准,自行组织考核。

第三十一条规定:安全生产监督管理部门、煤矿安全培训监管机构和生产经营单位应当制定安全培训的考核制度,建立考核管理档案备查。

4. 安全培训的发证

第三十二条规定:接受安全培训人员经考核合格的,由考核部门在考核结束后 10 个工作日内颁发相应的证书。

第三十三条规定:安全生产监管人员经考核合格后,颁发安全生产监管执法证;煤矿安全监察人员经考核合格后,颁发煤矿安全监察执法证;危险物品的生产、经营、储存单位和矿山企业主要负责人、安全生产管理人员经考核合格后,颁发安全资格证;特种作业人员经考核合格后，颁发《中华人民共和国特种作业操作证》（以下简称特种作业操作证）；危险化学品登记机构的登记人员经考核合格后，颁发上岗证；其他人员经培训合格后，颁发培训合格证。

第三十四条规定：安全生产监管执法证、煤矿安全监察执法证、安全资格证、特种作业操作证和上岗证的式样，由国家安全监管总局统一规定。培训合格证的式样，由负责培训考核的部门规定。

第三十五条规定：安全生产监管执法证、煤矿安全监察执法证、安全资格证的有效期为3年。有效期届满需要延期的，应当于有效期届满30日前向原发证部门申请办理延期手续。

特种作业人员的考核发证按照《特种作业人员安全技术培训考核管理规定》执行。

第三十六条规定：特种作业操作证和省级安全生产监督管理部门、省级煤矿安全培训监管机构颁发的主要负责人、安全生产管理人员的安全资格证，在全国范围内有效。

第三十七条规定：承担安全评价、咨询、检测、检验的人员和安全生产应急救援人员的考核、发证，按照有关法律、法规、规章的规定执行。

5. 监督管理

第三十八条规定：安全生产监督管理部门、煤矿安全培训监管机构应当依照法律、法规和本办法的规定，加强对安全培训工作的监督管理，对生产经营单位、安全培训机构违反有关法律、法规和本办法的行为，依法作出处理。

省级安全生产监督管理部门、省级煤矿安全培训监管机构应当定期统计分析本行政区域内安全培训、考核、发证情况，并报国家安全监管总局。

第三十九条规定：安全生产监督管理部门、煤矿安全监察机构及其工作人员应当坚持公开、公平、公正的原则，严格按照法律、法规和本办法的规定审查、颁发安全培训机构的资质证书。对已经取得资质证书的安全培训机构，安全生产监督管理部门、煤矿安全监察机构应当每年进行一次评估检查。安全生产监督管理部门、煤矿安全监察机构应当定期向社会公布已经取得资质证书的安全培训机构名单，接受社会监督。

对安全培训机构的年度评估检查，应当征求生产经营单位和参加培训人员对培训质量的意见。

第四十条规定：安全生产监督管理部门和煤矿安全培训监管机构应当对安全培训机构开展安全培训活动的情况进行监督检查，检查内容包括：

（1）按照资质许可范围开展培训的情况；

（2）建立培训管理制度和专兼职教师配备的情况；

（3）执行培训大纲、建立培训档案和培训保障的情况；

（4）培训收费的情况；

（5）法律法规规定的其他内容。

第四十一条规定：安全生产监督管理部门、煤矿安全培训监管机构应当对生产经营单位的安全培训情况进行监督检查，检查内容包括：

（1）安全培训制度、年度培训计划、安全培训管理档案的制定和实施的情况；

（2）安全培训经费投入和使用的情况；

（3）主要负责人、安全生产管理人员和特种作业人员安全培训和持证上岗的情况；

(4)应用新工艺、新技术、新材料、新设备以及转岗前对从业人员安全培训的情况；

(5)其他从业人员安全培训的情况；

(6)法律法规规定的其他内容。

第四十二条规定：任何单位或者个人对生产经营单位、安全培训机构违反有关法律、法规和本办法的行为，均有权向安全生产监督管理部门、煤矿安全监察机构、煤矿安全培训监管机构报告或者举报。

接到举报的部门或者机构应当为举报人保密，并按照有关规定对举报进行核查和处理。

第四十三条规定：监察机关依照《中华人民共和国行政监察法》等法律、行政法规的规定，对安全生产监督管理部门、煤矿安全监察机构、煤矿安全培训监管机构及其工作人员履行安全培训工作监督管理职责情况实施监察。

6. 法律责任

第四十四条规定：安全生产监督管理部门、煤矿安全监察机构、煤矿安全培训监管机构的工作人员在安全培训监督管理工作中滥用职权、玩忽职守、徇私舞弊的，依照有关规定给予处分；构成犯罪的，依法追究刑事责任。

第四十五条规定：安全培训机构有下列情形之一的，责令限期改正，处 1 万元以下的罚款；逾期未改正的，给予警告，处 1 万元以上 3 万元以下的罚款；情节严重的，撤销其资质证书，并处 3 万元以下的罚款：

(1)未按照资质许可的范围开展培训的；

(2)未按照统一的培训大纲组织教学培训的；

(3)专职教师未经考核，或者考核不合格而从事安全培训工作的；

(4)未建立培训档案或者培训档案管理不规范的；

(5)将安全培训资质证书出借、出租给其他机构或者个人的。

安全培训机构采取不正当竞争手段，故意贬低、诋毁其他安全培训机构的，依照前款规定处罚。

第四十六条规定：安全培训机构评估检查不合格继续从事安全培训活动的，责令改正，处 1 万元以下的罚款；逾期不改正的，处 1 万元以上 3 万元以下的罚款；情节严重的，撤销其资质证书。

安全培训机构未按照有关规定进行安全培训，生产经营单位和参加安全培训的人员对其培训质量意见较大的，给予警告，处 3 万元以下的罚款；情节严重的，撤销其资质证书。

第四十七条规定安全培训机构隐瞒有关情况或者提供虚假材料申请安全培训机构资质的，不予受理或者不予颁发安全培训机构资质证书，并自发现之日起 1 年内不得再次申请安全培训机构资质。

第四十八条规定：安全培训机构以欺骗、贿赂等不正当手段取得安全培训机构资质证书的，除撤销安全培训机构资质证书外，处 1 万元以上 3 万元以下的罚款，并自撤销其安全培训机构资质证书之日起 3 年内不得再次申请安全培训机构资质。

第四十九条规定：生产经营单位主要负责人、安全生产管理人员、特种作业人员以欺骗、贿赂等不正当手段取得安全资格证或者特种作业操作证的，除撤销其相关资格证外，处 3 千元以下的罚款，并自撤销其相关资格证之日起 3 年内不得再次申请该资格证。

第五十条规定:生产经营单位有下列情形之一的,责令改正,处3万元以下的罚款:

(1)相关人员未按照本办法第二十一条第一款规定由相应资质安全培训机构培训的;

(2)从业人员安全培训的时间少于《生产经营单位安全培训规定》或者有关标准规定的;

(3)矿山新招的井下作业人员和危险物品生产经营单位新招的危险工艺操作岗位人员,未经实习期满独立上岗作业的;

(4)相关人员未按照本办法第二十二条规定重新参加安全培训的。

第五十一条规定:生产经营单位存在违反有关法律、法规中安全生产教育培训的其他行为的,依照相关法律、法规的规定予以处罚。

十四、《生产经营单位安全培训规定》

2005年12月28日《生产经营单位安全培训规定》通过了国家安全生产监督管理总局局长办公会议审议,以国家安全生产监督管理总局令第3号文件发布,于2006年3月1日起施行。该规定的目的是用于加强和规范生产经营单位安全培训工作,提高从业人员安全素质,防范伤亡事故,减轻职业危害。

该规定对工矿商贸生产经营单位从业人员的培训内容、学时、培训的组织实施、监督管理以及相关的罚则做了明确的规定。

相关的安全规定:

1.基本要求

第三条规定:生产经营单位负责本单位从业人员安全培训工作。

生产经营单位应当按照安全生产法和有关法律、行政法规和本规定,建立健全安全培训工作制度。

第四条规定:生产经营单位应当进行安全培训的从业人员包括主要负责人、安全生产管理人员、特种作业人员和其他从业人员。

生产经营单位从业人员应当接受安全培训,熟悉有关安全生产规章制度和安全操作规程,具备必要的安全生产知识,掌握本岗位的安全操作技能,增强预防事故、控制职业危害和应急处理的能力。

未经安全生产培训合格的从业人员,不得上岗作业。

2.主要负责人、安全生产管理人员安全培训的要求

生产经营单位主要负责人是指有限责任公司或者股份有限公司的董事长、总经理,其他生产经营单位的厂长、经理、(矿务局)局长、矿长(含实际控制人)等。

生产经营单位安全生产管理人员是指生产经营单位分管安全生产的负责人、安全生产管理机构负责人及其管理人员,以及未设安全生产管理机构的生产经营单位专、兼职安全生产管理人员等。

第六条规定:生产经营单位主要负责人和安全生产管理人员应当接受安全培训,具备与所从事的生产经营活动相适应的安全生产知识和管理能力。

第七条规定:生产经营单位主要负责人安全培训应当包括下列内容:

(1)国家安全生产方针、政策和有关安全生产的法律、法规、规章及标准;

(2)安全生产管理基本知识、安全生产技术、安全生产专业知识；

(3)重大危险源管理、重大事故防范、应急管理和救援组织以及事故调查处理的有关规定；

(4)职业危害及其预防措施；

(5)国内外先进的安全生产管理经验；

(6)典型事故和应急救援案例分析；

(7)其他需要培训的内容。

第八条规定:生产经营单位安全生产管理人员安全培训应当包括下列内容：

(1)国家安全生产方针、政策和有关安全生产的法律、法规、规章及标准；

(2)安全生产管理、安全生产技术、职业卫生等知识；

(3)伤亡事故统计、报告及职业危害的调查处理方法；

(4)应急管理、应急预案编制以及应急处置的内容和要求；

(5)国内外先进的安全生产管理经验；

(6)典型事故和应急救援案例分析；

(7)其他需要培训的内容。

第九条规定:生产经营单位主要负责人和安全生产管理人员初次安全培训时间不得少于 32 学时。每年再培训时间不得少于 12 学时。

第十条规定:生产经营单位主要负责人和安全生产管理人员的安全培训必须依照安全生产监管监察部门制定的安全培训大纲实施。

第十二条规定:煤矿、非煤矿山、危险化学品、烟花爆竹等生产经营单位主要负责人和安全生产管理人员,经安全资格培训考核合格,由安全生产监管监察部门发给安全资格证书。

其他生产经营单位主要负责人和安全生产管理人员经安全生产监管监察部门认定的具备相应资质的培训机构培训合格后,由培训机构发给相应的培训合格证书。

3. 其他从业人员安全培训的要求

生产经营单位其他从业人员是指除主要负责人、安全生产管理人员和特种作业人员以外,该单位从事生产经营活动的所有人员,包括其他负责人、其他管理人员、技术人员和各岗位的工人以及临时聘用的人员。

第十四条规定:加工、制造业等生产单位的其他从业人员,在上岗前必须经过厂(矿)、车间(工段、区、队)、班组三级安全培训教育。

生产经营单位可以根据工作性质对其他从业人员进行安全培训,保证其具备本岗位安全操作、应急处置等知识和技能。

第十五条规定:生产经营单位新上岗的从业人员,岗前培训时间不得少于 24 学时。

第十六条规定:厂(矿)级岗前安全培训内容应当包括：

(1)本单位安全生产情况及安全生产基本知识；

(2)本单位安全生产规章制度和劳动纪律；

(3)从业人员安全生产权利和义务；

(4)有关事故案例等。

第十七条规定:车间(工段、区、队)级岗前安全培训内容应当包括：

(1)工作环境及危险因素;

(2)所从事工种可能遭受的职业伤害和伤亡事故;

(3)所从事工种的安全职责、操作技能及强制性标准;

(4)自救互救、急救方法、疏散和现场紧急情况的处理;

(5)安全设备设施、个人防护用品的使用和维护;

(6)本车间(工段、区、队)安全生产状况及规章制度;

(7)预防事故和职业危害的措施及应注意的安全事项;

(8)有关事故案例;

(9)其他需要培训的内容。

第十八条规定:班组级岗前安全培训内容应当包括:

(1)岗位安全操作规程;

(2)岗位之间工作衔接配合的安全与职业卫生事项;

(3)有关事故案例;

(4)其他需要培训的内容。

第十九条规定:从业人员在本生产经营单位内调整工作岗位或离岗一年以上重新上岗时,应当重新接受车间(工段、区、队)和班组级的安全培训。

生产经营单位实施新工艺、新技术或者使用新设备、新材料时,应当对有关从业人员重新进行有针对性的安全培训。

第二十条规定:生产经营单位的特种作业人员,必须按照国家有关法律、法规的规定接受专门的安全培训,经考核合格,取得特种作业操作资格证书后,方可上岗作业。

特种作业人员的范围和培训考核管理办法,另行规定。

4. 安全培训组织实施的要求

第二十一条规定:国家安全生产监督管理总局组织、指导和监督中央管理的生产经营单位的总公司(集团公司、总厂)的主要负责人和安全生产管理人员的安全培训工作。

省级安全生产监督管理部门组织、指导和监督省属生产经营单位及所辖区域内中央管理的工矿商贸生产经营单位的分公司、子公司主要负责人和安全生产管理人员的培训工作;组织、指导和监督特种作业人员的培训工作。

市级、县级安全生产监督管理部门组织、指导和监督本行政区域内除中央企业、省属生产经营单位以外的其他生产经营单位的主要负责人和安全生产管理人员的安全培训工作。

生产经营单位除主要负责人、安全生产管理人员、特种作业人员以外的从业人员的安全培训工作,由生产经营单位组织实施。

第二十二条规定:具备安全培训条件的生产经营单位,应当以自主培训为主;可以委托具有相应资质的安全培训机构,对从业人员进行安全培训。

不具备安全培训条件的生产经营单位,应当委托具有相应资质的安全培训机构,对从业人员进行安全培训。

第二十三条规定:生产经营单位应当将安全培训工作纳入本单位年度工作计划。保证本单位安全培训工作所需资金。

第二十四条规定:生产经营单位应建立健全从业人员安全培训档案,详细、准确记录培训考核情况。

第二十五条规定:生产经营单位安排从业人员进行安全培训期间,应当支付工资和必要的费用。

5. 监督管理要求

第二十六条规定:安全生产监管监察部门依法对生产经营单位安全培训情况进行监督检查,督促生产经营单位按照国家有关法律法规和本规定开展安全培训工作。

第二十七条规定:各级安全生产监管监察部门对生产经营单位安全培训及其持证上岗的情况进行监督检查,主要包括以下内容:

(1)安全培训制度、计划的制定及其实施的情况;

(2)煤矿、非煤矿山、危险化学品、烟花爆竹等生产经营单位主要负责人和安全生产管理人员安全资格证持证上岗的情况;其他生产经营单位主要负责人和安全生产管理人员培训的情况;

(3)特种作业人员操作资格证持证上岗的情况;

(4)建立安全培训档案的情况;

(5)其他需要检查的内容。

6. 相关罚则

第二十九条规定:生产经营单位有下列行为之一的,由安全生产监管监察部门责令其限期改正,并处2万元以下的罚款:

(1)未将安全培训工作纳入本单位工作计划并保证安全培训工作所需资金的;

(2)未建立健全从业人员安全培训档案的;

(3)从业人员进行安全培训期间未支付工资并承担安全培训费用的。

第三十条规定:生产经营单位有下列行为之一的,由安全生产监管监察部门责令其限期改正;逾期未改正的,责令停产停业整顿,并处2万元以下的罚款:

(1)煤矿、非煤矿山、危险化学品、烟花爆竹等生产经营单位主要负责人和安全管理人员未按本规定经考核合格的;

(2)非煤矿山、危险化学品、烟花爆竹等生产经营单位未按照本规定对其他从业人员进行安全培训的;

(3)非煤矿山、危险化学品、烟花爆竹等生产经营单位未如实告知从业人员有关安全生产事项的;

(4)生产经营单位特种作业人员未按照规定经专门的安全培训机构培训并取得特种作业人员操作资格证书,上岗作业的。

县级以上地方人民政府负责煤矿安全生产监督管理的部门发现煤矿未按照本规定对井下作业人员进行安全培训的,责令限期改正,处10万元以上50万元以下的罚款;逾期未改正的,责令停产停业整顿。

煤矿安全监察机构发现煤矿特种作业人员无证上岗作业的,责令限期改正,处10万元以上50万元以下的罚款;逾期未改正的,责令停产停业整顿。

第三十一条规定:生产经营单位有下列行为之一的,由安全生产监管监察部门给予警告,吊销安全资格证书,并处3万元以下的罚款:

(1)编造安全培训记录、档案的;

(2)骗取安全资格证书的。

十五、《安全生产事故隐患排查治理暂行规定》

《安全生产事故隐患排查治理暂行规定》(国家安全生产监督管理总局令16号)于2007年12月22日国家安全生产监督管理总局局长办公会议审议通过,于2007年12月28日公布,自2008年2月1日起施行。为了建立安全生产事故隐患排查治理长效机制,强化安全生产主体责任,加强事故隐患监督管理,防止和减少事故,保障人民群众生命财产安全,根据安全生产法等法律、行政法规,制定本规定。

该规定所称安全生产事故隐患(以下简称事故隐患),是指生产经营单位违反安全生产法律、法规、规章、标准、规程和安全生产管理制度的规定,或者因其他因素在生产经营活动中存在可能导致事故发生的物的危险状态、人的不安全行为和管理上的缺陷。

事故隐患分为一般事故隐患和重大事故隐患。一般事故隐患,是指危害和整改难度较小,发现后能够立即整改排除的隐患。重大事故隐患,是指危害和整改难度较大,应当全部或者局部停产停业,并经过一定时间整改治理方能排除的隐患,或者因外部因素影响致使生产经营单位自身难以排除的隐患。

该规定在安全生产事故隐患排查治理方面对生产经营单位的职责、安全监管监察部门职责以及相应的罚则三个方面做了明确规定。

相关的安全规定:

1. 生产经营单位职责的要求

第七条规定:生产经营单位应当依照法律、法规、规章、标准和规程的要求从事生产经营活动。严禁非法从事生产经营活动。

第八条规定:生产经营单位是事故隐患排查、治理和防控的责任主体。

生产经营单位应当建立健全事故隐患排查治理和建档监控等制度,逐级建立并落实从主要负责人到每个从业人员的隐患排查治理和监控责任制。

第九条规定:生产经营单位应当保证事故隐患排查治理所需的资金,建立资金使用专项制度。

第十条规定:生产经营单位应当定期组织安全生产管理人员、工程技术人员和其他相关人员排查本单位的事故隐患。对排查出的事故隐患,应当按照事故隐患的等级进行登记,建立事故隐患信息档案,并按照职责分工实施监控治理。

第十一条规定:生产经营单位应当建立事故隐患报告和举报奖励制度,鼓励、发动职工发现和排除事故隐患,鼓励社会公众举报。对发现、排除和举报事故隐患的有功人员,应当给予物质奖励和表彰。

第十二条规定:生产经营单位将生产经营项目、场所、设备发包、出租的,应当与承包、承租单位签订安全生产管理协议,并在协议中明确各方对事故隐患排查、治理和防控的管理职责。生产经营单位对承包、承租单位的事故隐患排查治理负有统一协调和监督管理的职责。

第十三条规定:安全监管监察部门和有关部门的监督检查人员依法履行事故隐患监督检查职责时,生产经营单位应当积极配合,不得拒绝和阻挠。

第十四条规定:生产经营单位应当每季、每年对本单位事故隐患排查治理情况进行统计分析,并分别于下一季度15日前和下一年1月31日前向安全监管监察部门和有关部门报送书面统计分析表。统计分析表应当由生产经营单位主要负责人签字。

对于重大事故隐患,生产经营单位除依照前款规定报送外,应当及时向安全监管监察部门和有关部门报告。重大事故隐患报告内容应当包括:

(1)隐患的现状及其产生原因;

(2)隐患的危害程度和整改难易程度分析;

(3)隐患的治理方案。

第十五条对于一般事故隐患,由生产经营单位(车间、分厂、区队等)负责人或者有关人员立即组织整改。

对于重大事故隐患,由生产经营单位主要负责人组织制定并实施事故隐患治理方案。重大事故隐患治理方案应当包括以下内容:

(1)治理的目标和任务;

(2)采取的方法和措施;

(3)经费和物资的落实;

(4)负责治理的机构和人员;

(5)治理的时限和要求;

(6)安全措施和应急预案。

第十六条规定:生产经营单位在事故隐患治理过程中,应当采取相应的安全防范措施,防止事故发生。事故隐患排除前或者排除过程中无法保证安全的,应当从危险区域内撤出作业人员,并疏散可能危及的其他人员,设置警戒标志,暂时停产停业或者停止使用;对暂时难以停产或者停止使用的相关生产储存装置、设施、设备,应当加强维护和保养,防止事故发生。

第十七条规定:生产经营单位应当加强对自然灾害的预防。对于因自然灾害可能导致事故灾难的隐患,应当按照有关法律、法规、标准和本规定的要求排查治理,采取可靠的预防措施,制定应急预案。在接到有关自然灾害预报时,应当及时向下属单位发出预警通知;发生自然灾害可能危及生产经营单位和人员安全的情况时,应当采取撤离人员、停止作业、加强监测等安全措施,并及时向当地人民政府及其有关部门报告。

第十八条规定:地方人民政府或者安全监管监察部门及有关部门挂牌督办并责令全部或者局部停产停业治理的重大事故隐患,治理工作结束后,有条件的生产经营单位应当组织本单位的技术人员和专家对重大事故隐患的治理情况进行评估;其他生产经营单位应当委托具备相应资质的安全评价机构对重大事故隐患的治理情况进行评估。

经治理后符合安全生产条件的,生产经营单位应当向安全监管监察部门和有关部门提出恢复生产的书面申请,经安全监管监察部门和有关部门审查同意后,方可恢复生产经营。申请报告应当包括治理方案的内容、项目和安全评价机构出具的评价报告等。

2. 处罚规定

第二十五条规定:生产经营单位及其主要负责人未履行事故隐患排查治理职责,导致发生生产安全事故的,依法给予行政处罚。

第二十六条规定:生产经营单位违反本规定,有下列行为之一的,由安全监管监察部门给予警告,并处三万元以下的罚款:

(1)未建立安全生产事故隐患排查治理等各项制度的;

(2)未按规定上报事故隐患排查治理统计分析表的;

(3)未制定事故隐患治理方案的;

(4)重大事故隐患不报或者未及时报告的;

(5)未对事故隐患进行排查治理擅自生产经营的;

(6)整改不合格或者未经安全监管监察部门审查同意擅自恢复生产经营的。

第二十八条规定:生产经营单位事故隐患排查治理过程中违反有关安全生产法律、法规、规章、标准和规程规定的,依法给予行政处罚。

十六、《工作场所职业卫生监督管理规定》

《工作场所职业卫生监督管理规定》(国家安全生产监督管理总局令第47号)于2012年3月6日国家安全生产监督管理总局局长办公会议审议通过,于2012年4月27日公布,自2012年6月1日起施行。为了加强职业卫生监督管理工作,强化用人单位职业病防治的主体责任,预防、控制职业病危害,保障劳动者健康和相关权益,根据《职业病防治法》等法律、行政法规,制定本规定。

该规定在职业病防治方面对用人单位的职责、安全生产监督管理部门监督管理职责、法律责任三个方面作了明确规定。

相关的安全规定:

1.基本要求

第三条规定:用人单位应当加强职业病防治工作,为劳动者提供符合法律、法规、规章、国家职业卫生标准和卫生要求的工作环境和条件,并采取有效措施保障劳动者的职业健康。

第四条规定:用人单位是职业病防治的责任主体,并对本单位产生的职业病危害承担责任。用人单位的主要负责人对本单位的职业病防治工作全面负责。

第七条规定:任何单位和个人均有权向安全生产监督管理部门举报用人单位违反本规定的行为和职业病危害事故。

2.用人单位的职责要求

第八条规定:职业病危害严重的用人单位,应当设置或者指定职业卫生管理机构或者组织,配备专职职业卫生管理人员。

其他存在职业病危害的用人单位,劳动者超过100人的,应当设置或者指定职业卫生管理机构或者组织,配备专职职业卫生管理人员;劳动者在100人以下的,应当配备专职或者兼职的职业卫生管理人员,负责本单位的职业病防治工作。

第九条规定:用人单位的主要负责人和职业卫生管理人员应当具备与本单位所从事的生产经营活动相适应的职业卫生知识和管理能力,并接受职业卫生培训。

用人单位主要负责人、职业卫生管理人员的职业卫生培训,应当包括下列主要内容:

(1)职业卫生相关法律、法规、规章和国家职业卫生标准;

(2)职业病危害预防和控制的基本知识;

(3)职业卫生管理相关知识;

(4)国家安全生产监督管理总局规定的其他内容。

第十条规定:用人单位应当对劳动者进行上岗前的职业卫生培训和在岗期间的定期职业卫生培训,普及职业卫生知识,督促劳动者遵守职业病防治的法律、法规、规章、国家职业卫生标准和操作规程。

用人单位应当对职业病危害严重的岗位的劳动者,进行专门的职业卫生培训,经培训合格后方可上岗作业。

因变更工艺、技术、设备、材料,或者岗位调整导致劳动者接触的职业病危害因素发生变化的,用人单位应当重新对劳动者进行上岗前的职业卫生培训。

第十一条规定:存在职业病危害的用人单位应当制定职业病危害防治计划和实施方案,建立、健全下列职业卫生管理制度和操作规程:

(1)职业病危害防治责任制度;

(2)职业病危害警示与告知制度;

(3)职业病危害项目申报制度;

(4)职业病防治宣传教育培训制度;

(5)职业病防护设施维护检修制度;

(6)职业病防护用品管理制度;

(7)职业病危害监测及评价管理制度;

(8)建设项目职业卫生"三同时"管理制度;

(9)劳动者职业健康监护及其档案管理制度;

(10)职业病危害事故处置与报告制度;

(11)职业病危害应急救援与管理制度;

(12)岗位职业卫生操作规程;

(13)法律、法规、规章规定的其他职业病防治制度。

第十二条规定:产生职业病危害的用人单位的工作场所应当符合下列基本要求:

(1)生产布局合理,有害作业与无害作业分开;

(2)工作场所与生活场所分开,工作场所不得住人;

(3)有与职业病防治工作相适应的有效防护设施;

(4)职业病危害因素的强度或者浓度符合国家职业卫生标准;

(5)有配套的更衣间、洗浴间、孕妇休息间等卫生设施;

(6)设备、工具、用具等设施符合保护劳动者生理、心理健康的要求;

(7)法律、法规、规章和国家职业卫生标准的其他规定。

第十三条规定:用人单位工作场所存在职业病目录所列职业病的危害因素的,应当按照《职业病危害项目申报办法》的规定,及时、如实向所在地安全生产监督管理部门申报职业病危害项目,并接受安全生产监督管理部门的监督检查。

第十四条规定:新建、改建、扩建的工程建设项目和技术改造、技术引进项目(以下统称建设项目)可能产生职业病危害的,建设单位应当按照《建设项目职业卫生"三同时"监督管理暂行办法》的规定,向安全生产监督管理部门申请备案、审核、审查和竣工验收。

第十五条规定:产生职业病危害的用人单位,应当在醒目位置设置公告栏,公布有关职业病防治的规章制度、操作规程、职业病危害事故应急救援措施和工作场所职业病危害因素检测结果。

存在或者产生职业病危害的工作场所、作业岗位、设备、设施,应当按照《工作场所职业病危害警示标识》(GBZ 158)的规定,在醒目位置设置图形、警示线、警示语句等警示标识和中文警示说明。警示说明应当载明产生职业病危害的种类、后果、预防和应急处置措施等内容。

存在或产生高毒物品的作业岗位,应当按照《高毒物品作业岗位职业病危害告知规范》(GBZ/T 203)的规定,在醒目位置设置高毒物品告知卡,告知卡应当载明高毒物品的名称、理化特性、健康危害、防护措施及应急处理等告知内容与警示标识。

第十六条规定:用人单位应当为劳动者提供符合国家职业卫生标准的职业病防护用品,并督促、指导劳动者按照使用规则正确佩戴、使用,不得发放钱物替代发放职业病防护用品。

用人单位应当对职业病防护用品进行经常性的维护、保养,确保防护用品有效,不得使用不符合国家职业卫生标准或者已经失效的职业病防护用品。

第十七条规定:在可能发生急性职业损伤的有毒、有害工作场所,用人单位应当设置报警装置,配置现场急救用品、冲洗设备、应急撤离通道和必要的泄险区。

现场急救用品、冲洗设备等应当设在可能发生急性职业损伤的工作场所或者临近地点,并在醒目位置设置清晰的标识。

在可能突然泄漏或者逸出大量有害物质的密闭或者半密闭工作场所,除遵守本条第一款、第二款规定外,用人单位还应当安装事故通风装置以及与事故排风系统相连锁的泄漏报警装置。

生产、销售、使用、贮存放射性同位素和射线装置的场所,应当按照国家有关规定设置明显的放射性标志,其入口处应当按照国家有关安全和防护标准的要求,设置安全和防护设施以及必要的防护安全联锁、报警装置或者工作信号。放射性装置的生产调试和使用场所,应当具有防止误操作、防止工作人员受到意外照射的安全措施。用人单位必须配备与辐射类型和辐射水平相适应的防护用品和监测仪器,包括个人剂量测量报警、固定式和便携式辐射监测、表面污染监测、流出物监测等设备,并保证可能接触放射线的工作人员佩戴个人剂量计。

第十八条规定:用人单位应当对职业病防护设备、应急救援设施进行经常性的维护、检修和保养,定期检测其性能和效果,确保其处于正常状态,不得擅自拆除或者停止使用。

第十九条规定:存在职业病危害的用人单位,应当实施由专人负责的工作场所职业病危害因素日常监测,确保监测系统处于正常工作状态。

第二十条规定:存在职业病危害的用人单位,应当委托具有相应资质的职业卫生技术服务机构,每年至少进行一次职业病危害因素检测。

职业病危害严重的用人单位,除遵守前款规定外,应当委托具有相应资质的职业卫生技术服务机构,每三年至少进行一次职业病危害现状评价。

检测、评价结果应当存入本单位职业卫生档案,并向安全生产监督管理部门报告和劳动者公布。

第二十一条规定：存在职业病危害的用人单位，有下述情形之一的，应当及时委托具有相应资质的职业卫生技术服务机构进行职业病危害现状评价：

(1)初次申请职业卫生安全许可证，或者职业卫生安全许可证有效期届满申请换证的；

(2)发生职业病危害事故的；

(3)国家安全生产监督管理总局规定的其他情形。

用人单位应当落实职业病危害现状评价报告中提出的建议和措施，并将职业病危害现状评价结果及整改情况存入本单位职业卫生档案。

第二十二条规定：用人单位在日常的职业病危害监测或者定期检测、现状评价过程中，发现工作场所职业病危害因素不符合国家职业卫生标准和卫生要求时，应当立即采取相应治理措施，确保其符合职业卫生环境和条件的要求；仍然达不到国家职业卫生标准和卫生要求的，必须停止存在职业病危害因素的作业；职业病危害因素经治理后，符合国家职业卫生标准和卫生要求的，方可重新作业。

第二十三条规定：向用人单位提供可能产生职业病危害的设备的，应当提供中文说明书，并在设备的醒目位置设置警示标识和中文警示说明。警示说明应当载明设备性能、可能产生的职业病危害、安全操作和维护注意事项、职业病防护措施等内容。

用人单位应当检查前款规定的事项，不得使用不符合要求的设备。

第二十四条规定：向用人单位提供可能产生职业病危害的化学品、放射性同位素和含有放射性物质的材料的，应当提供中文说明书。说明书应当载明产品特性、主要成分、存在的有害因素、可能产生的危害后果、安全使用注意事项、职业病防护和应急救治措施等内容。产品包装应当有醒目的警示标识和中文警示说明。贮存上述材料的场所应当在规定的部位设置危险物品标识或者放射性警示标识。

用人单位应当检查前款规定的事项，不得使用不符合要求的材料。

第二十五条规定：任何用人单位不得使用国家明令禁止使用的可能产生职业病危害的设备或者材料。

第二十六条规定：任何单位和个人不得将产生职业病危害的作业转移给不具备职业病防护条件的单位和个人。不具备职业病防护条件的单位和个人不得接受产生职业病危害的作业。

第二十七条规定：用人单位应当优先采用有利于防治职业病危害和保护劳动者健康的新技术、新工艺、新材料、新设备，逐步替代产生职业病危害的技术、工艺、材料、设备。

第二十八条规定：用人单位对采用的技术、工艺、材料、设备，应当知悉其可能产生的职业病危害，并采取相应的防护措施。对有职业病危害的技术、工艺、设备、材料，故意隐瞒其危害而采用的，用人单位对其所造成的职业病危害后果承担责任。

第二十九条规定：用人单位与劳动者订立劳动合同(含聘用合同，下同)时，应当将工作过程中可能产生的职业病危害及其后果、职业病防护措施和待遇等如实告知劳动者，并在劳动合同中写明，不得隐瞒或者欺骗。

劳动者在履行劳动合同期间因工作岗位或者工作内容变更，从事与所订立劳动合同中未告知的存在职业病危害的作业时，用人单位应当依照前款规定，向劳动者履行如实告知的义务，并协商变更原劳动合同相关条款。

用人单位违反本条规定的,劳动者有权拒绝从事存在职业病危害的作业,用人单位不得因此解除与劳动者所订立的劳动合同。

第三十条规定:对从事接触职业病危害因素作业的劳动者,用人单位应当按照《用人单位职业健康监护监督管理办法》、《放射工作人员职业健康管理办法》、《职业健康监护技术规范》(GBZ 188)、《放射工作人员职业健康监护技术规范》(GBZ 235)等有关规定组织上岗前、在岗期间、离岗时的职业健康检查,并将检查结果书面如实告知劳动者。

职业健康检查费用由用人单位承担。

第三十一条规定:用人单位应当按照《用人单位职业健康监护监督管理办法》的规定,为劳动者建立职业健康监护档案,并按照规定的期限妥善保存。

职业健康监护档案应当包括劳动者的职业史、职业病危害接触史、职业健康检查结果、处理结果和职业病诊疗等有关个人健康资料。

劳动者离开用人单位时,有权索取本人职业健康监护档案复印件,用人单位应当如实、无偿提供,并在所提供的复印件上签章。

第三十二条规定:劳动者健康出现损害需要进行职业病诊断、鉴定的,用人单位应当如实提供职业病诊断、鉴定所需的劳动者职业史和职业病危害接触史、工作场所职业病危害因素检测结果和放射工作人员个人剂量监测结果等资料。

第三十三条规定:用人单位不得安排未成年工从事接触职业病危害的作业,不得安排有职业禁忌的劳动者从事其所禁忌的作业,不得安排孕期、哺乳期女职工从事对本人和胎儿、婴儿有危害的作业。

第三十四条规定:用人单位应当建立健全下列职业卫生档案资料:

(1)职业病防治责任制文件;

(2)职业卫生管理规章制度、操作规程;

(3)工作场所职业病危害因素种类清单、岗位分布以及作业人员接触情况等资料;

(4)职业病防护设施、应急救援设施基本信息,以及其配置、使用、维护、检修与更换等记录;

(5)工作场所职业病危害因素检测、评价报告与记录;

(6)职业病防护用品配备、发放、维护与更换等记录;

(7)主要负责人、职业卫生管理人员和职业病危害严重工作岗位的劳动者等相关人员职业卫生培训资料;

(8)职业病危害事故报告与应急处置记录;

(9)劳动者职业健康检查结果汇总资料,存在职业禁忌证、职业健康损害或者职业病的劳动者处理和安置情况记录;

(10)建设项目职业卫生"三同时"有关技术资料,以及其备案、审核、审查或者验收等有关回执或者批复文件;

(11)职业卫生安全许可证申领、职业病危害项目申报等有关回执或者批复文件;

(12)其他有关职业卫生管理的资料或者文件。

第三十五条规定:用人单位发生职业病危害事故,应当及时向所在地安全生产监督管理部门和有关部门报告,并采取有效措施,减少或者消除职业病危害因素,防止事故扩大。对遭受或者可能遭受急性职业病危害的劳动者,用人单位应当及时组织救治、进行健康检查和医学观察,并承担所需费用。

用人单位不得故意破坏事故现场、毁灭有关证据,不得迟报、漏报、谎报或者瞒报职业病危害事故。

第三十六条规定:用人单位发现职业病病人或者疑似职业病病人时,应当按照国家规定及时向所在地安全生产监督管理部门和有关部门报告。

第三十七条规定:工作场所使用有毒物品的用人单位,应当按照有关规定向安全生产监督管理部门申请办理职业卫生安全许可证。

第三十八条规定:用人单位在安全生产监督管理部门行政执法人员依法履行监督检查职责时,应当予以配合,不得拒绝、阻挠。

3. 处罚规定

第四十八条规定:用人单位有下列情形之一的,给予警告,责令限期改正,可以并处5千元以上2万元以下的罚款:

(1)未按照规定实行有害作业与无害作业分开、工作场所与生活场所分开的;

(2)用人单位的主要负责人、职业卫生管理人员未接受职业卫生培训的。

第四十九条规定:用人单位有下列情形之一的,给予警告,责令限期改正;逾期未改正的,处10万元以下的罚款:

(1)未按照规定制定职业病防治计划和实施方案的;

(2)未按照规定设置或者指定职业卫生管理机构或者组织,或者未配备专职或者兼职的职业卫生管理人员的;

(3)未按照规定建立、健全职业卫生管理制度和操作规程的;

(4)未按照规定建立、健全职业卫生档案和劳动者健康监护档案的;

(5)未建立、健全工作场所职业病危害因素监测及评价制度的;

(6)未按照规定公布有关职业病防治的规章制度、操作规程、职业病危害事故应急救援措施的;

(7)未按照规定组织劳动者进行职业卫生培训,或者未对劳动者个体防护采取有效的指导、督促措施的;

(8)工作场所职业病危害因素检测、评价结果未按照规定存档、上报和公布的。

第五十条规定:用人单位有下列情形之一的,责令限期改正,给予警告,可以并处5万元以上10万元以下的罚款:

(1)未按照规定及时、如实申报产生职业病危害的项目的;

(2)未实施由专人负责职业病危害因素日常监测,或者监测系统不能正常监测的;

(3)订立或者变更劳动合同时,未告知劳动者职业病危害真实情况的;

(4)未按照规定组织劳动者进行职业健康检查、建立职业健康监护档案或者未将检查结果书面告知劳动者的;

(5)未按照规定在劳动者离开用人单位时提供职业健康监护档案复印件的。

第五十一条规定:用人单位有下列情形之一的,给予警告,责令限期改正;逾期未改正的,处5万元以上20万元以下的罚款;情节严重的,责令停止产生职业病危害的作业,或者提请有关人民政府按照国务院规定的权限责令关闭：

(1)工作场所职业病危害因素的强度或者浓度超过国家职业卫生标准的；

(2)未提供职业病防护设施和劳动者使用的职业病防护用品，或者提供的职业病防护设施和劳动者使用的职业病防护用品不符合国家职业卫生标准和卫生要求的；

(3)未按照规定对职业病防护设备、应急救援设施和劳动者职业病防护用品进行维护、检修、检测，或者不能保持正常运行、使用状态的；

(4)未按照规定对工作场所职业病危害因素进行检测、现状评价的；

(5)工作场所职业病危害因素经治理仍然达不到国家职业卫生标准和卫生要求时，未停止存在职业病危害因素的作业的；

(6)发生或者可能发生急性职业病危害事故，未立即采取应急救援和控制措施或者未按照规定及时报告的；

(7)未按照规定在产生严重职业病危害的作业岗位醒目位置设置警示标识和中文警示说明的；

(8)拒绝安全生产监督管理部门监督检查的；

(9)隐瞒、伪造、篡改、毁损职业健康监护档案、工作场所职业病危害因素检测评价结果等相关资料，或者不提供职业病诊断、鉴定所需要资料的；

(10)未按照规定承担职业病诊断、鉴定费用和职业病病人的医疗、生活保障费用的。

第五十二条规定：用人单位有下列情形之一的，责令限期改正，并处5万元以上30万元以下的罚款；情节严重的，责令停止产生职业病危害的作业，或者提请有关人民政府按照国务院规定的权限责令关闭：

(1)隐瞒技术、工艺、设备、材料所产生的职业病危害而采用的；

(2)隐瞒本单位职业卫生真实情况的；

(3)可能发生急性职业损伤的有毒、有害工作场所或者放射工作场所不符合本规定第十七条规定的；

(4)使用国家明令禁止使用的可能产生职业病危害的设备或者材料的；

(5)将产生职业病危害的作业转移给没有职业病防护条件的单位和个人，或者没有职业病防护条件的单位和个人接受产生职业病危害的作业的；

(6)擅自拆除、停止使用职业病防护设备或者应急救援设施的；

(7)安排未经职业健康检查的劳动者、有职业禁忌的劳动者、未成年工或者孕期、哺乳期女职工从事接触产生职业病危害的作业或者禁忌作业的。

(8)违章指挥和强令劳动者进行没有职业病防护措施的作业的。

第五十三条规定：用人单位违反《中华人民共和国职业病防治法》的规定，已经对劳动者生命健康造成严重损害的，责令停止产生职业病危害的作业，或者提请有关人民政府按照国务院规定的权限责令关闭，并处10万元以上50万元以下的罚款。

造成重大职业病危害事故或者其他严重后果，构成犯罪的，对直接负责的主管人员和其他直接责任人员，依法追究刑事责任。

第五十四条规定：向用人单位提供可能产生职业病危害的设备或者材料，未按照规定提供中文说明书或者设置警示标识和中文警示说明的，责令限期改正，给予警告，并处5万元以上 20 万元以下的罚款。

第五十五条规定:用人单位未按照规定报告职业病、疑似职业病的,责令限期改正,给予警告,可以并处 1 万元以下的罚款;弄虚作假的,并处 2 万元以上 5 万元以下的罚款。

第五十七条规定:本规定所规定的行政处罚,由县级以上安全生产监督管理部门决定。法律、行政法规和国务院有关规定对行政处罚决定机关另有规定的,依照其规定。

十七、《用人单位职业健康监护监督管理办法》

《用人单位职业健康监护监督管理办法》(国家安全生产监督管理总局令 49 号)于 2012 年 3 月 6 日国家安全生产监督管理总局局长办公会议审议通过,于 2012 年 4 月 27 日公布,自 2012 年 6 月 1 日起施行。为了规范用人单位职业健康监护工作,加强职业健康监护的监督管理,保护劳动者健康及其相关权益,根据《职业病防治法》,制定本办法。

该规定在职业健康监护工作方面对用人单位的职责、安全生产监督管理部门监督管理职责、法律责任三个方面做了明确规定。

相关的安全规定:

1. 基本要求

第四条规定:用人单位应当建立、健全劳动者职业健康监护制度,依法落实职业健康监护工作。

第五条规定:用人单位应当接受安全生产监督管理部门依法对其职业健康监护工作的监督检查,并提供有关文件和资料。

第六条规定:对用人单位违反本办法的行为,任何单位和个人均有权向安全生产监督管理部门举报或者报告。

2. 用人单位的职责要求

第七条规定:用人单位是职业健康监护工作的责任主体,其主要负责人对本单位职业健康监护工作全面负责。

用人单位应当依照本办法以及《职业健康监护技术规范》(GBZ 188)、《放射工作人员职业健康监护技术规范》(GBZ 235)等国家职业卫生标准的要求,制定、落实本单位职业健康检查年度计划,并保证所需要的专项经费。

第八条规定:用人单位应当组织劳动者进行职业健康检查,并承担职业健康检查费用。劳动者接受职业健康检查应当视同正常出勤。

第九条规定:用人单位应当选择由省级以上人民政府卫生行政部门批准的医疗卫生机构承担职业健康检查工作,并确保参加职业健康检查的劳动者身份的真实性。

第十条规定:用人单位在委托职业健康检查机构对从事接触职业病危害作业的劳动者进行职业健康检查时,应当如实提供下列文件、资料:

(1)用人单位的基本情况;

(2)工作场所职业病危害因素种类及其接触人员名册;

(3)职业病危害因素定期检测、评价结果。

第十一条规定:用人单位应当对下列劳动者进行上岗前的职业健康检查:

(1)拟从事接触职业病危害作业的新录用劳动者,包括转岗到该作业岗位的劳动者;

(2)拟从事有特殊健康要求作业的劳动者。

第十二条规定:用人单位不得安排未经上岗前职业健康检查的劳动者从事接触职业病危害的作业,不得安排有职业禁忌的劳动者从事其所禁忌的作业。

用人单位不得安排未成年工从事接触职业病危害的作业,不得安排孕期、哺乳期的女职工从事对本人和胎儿、婴儿有危害的作业。

第十三条规定:用人单位应当根据劳动者所接触的职业病危害因素,定期安排劳动者进行在岗期间的职业健康检查。

对在岗期间的职业健康检查,用人单位应当按照《职业健康监护技术规范》(GBZ 188)等国家职业卫生标准的规定和要求,确定接触职业病危害的劳动者的检查项目和检查周期。需要复查的,应当根据复查要求增加相应的检查项目。

第十四条规定:出现下列情况之一的,用人单位应当立即组织有关劳动者进行应急职业健康检查:

(1)接触职业病危害因素的劳动者在作业过程中出现与所接触职业病危害因素相关的不适症状的;

(2)劳动者受到急性职业中毒危害或者出现职业中毒症状的。

第十五条规定:对准备脱离所从事的职业病危害作业或者岗位的劳动者,用人单位应当在劳动者离岗前30日内组织劳动者进行离岗时的职业健康检查。劳动者离岗前90日内的在岗期间的职业健康检查可以视为离岗时的职业健康检查。

用人单位对未进行离岗时职业健康检查的劳动者,不得解除或者终止与其订立的劳动合同。

第十六条规定:用人单位应当及时将职业健康检查结果及职业健康检查机构的建议以书面形式如实告知劳动者。

第十七条规定:用人单位应当根据职业健康检查报告,采取下列措施:

(1)对有职业禁忌的劳动者,调离或者暂时脱离原工作岗位;

(2)对健康损害可能与所从事的职业相关的劳动者,进行妥善安置;

(3)对需要复查的劳动者,按照职业健康检查机构要求的时间安排复查和医学观察;

(4)对疑似职业病病人,按照职业健康检查机构的建议安排其进行医学观察或者职业病诊断;

(5)对存在职业病危害的岗位,立即改善劳动条件,完善职业病防护设施,为劳动者配备符合国家标准的职业病危害防护用品。

第十八条规定:职业健康监护中出现新发生职业病(职业中毒)或者两例以上疑似职业病(职业中毒)的,用人单位应当及时向所在地安全生产监督管理部门报告。

第十九条规定:用人单位应当为劳动者个人建立职业健康监护档案,并按照有关规定妥善保存。职业健康监护档案包括下列内容:

(1)劳动者姓名、性别、年龄、籍贯、婚姻、文化程度、嗜好等情况;

(2)劳动者职业史、既往病史和职业病危害接触史;

(3)历次职业健康检查结果及处理情况;

(4)职业病诊疗资料;

(5)需要存入职业健康监护档案的其他有关资料。

第二十条规定:安全生产行政执法人员、劳动者或者其近亲属、劳动者委托的代理人有权查阅、复印劳动者的职业健康监护档案。

劳动者离开用人单位时,有权索取本人职业健康监护档案复印件,用人单位应当如实、无偿提供,并在所提供的复印件上签章。

第二十一条规定:用人单位发生分立、合并、解散、破产等情形时,应当对劳动者进行职业健康检查,并依照国家有关规定妥善安置职业病病人;其职业健康监护档案应当依照国家有关规定实施移交保管。

3. 处罚规定

第二十六条规定:用人单位有下列行为之一的,给予警告,责令限期改正,可以并处3万元以下的罚款:

(1)未建立或者落实职业健康监护制度的;

(2)未按照规定制定职业健康监护计划和落实专项经费的;

(3)弄虚作假,指使他人冒名顶替参加职业健康检查的;

(4)未如实提供职业健康检查所需要的文件、资料的;

(5)未根据职业健康检查情况采取相应措施的;

(6)不承担职业健康检查费用的。

第二十七条规定:用人单位有下列行为之一的,责令限期改正,给予警告,可以并处5万元以上10万元以下的罚款:

(1)未按照规定组织职业健康检查、建立职业健康监护档案或者未将检查结果如实告知劳动者的;

(2)未按照规定在劳动者离开用人单位时提供职业健康监护档案复印件的。

第二十八条规定:用人单位有下列情形之一的,给予警告,责令限期改正,逾期不改正的,处5万元以上20万元以下的罚款;情节严重的,责令停止产生职业病危害的作业,或者提请有关人民政府按照国务院规定的权限责令关闭:

(1)未按照规定安排职业病病人、疑似职业病病人进行诊治的;

(2)隐瞒、伪造、篡改、损毁职业健康监护档案等相关资料,或者拒不提供职业病诊断、鉴定所需资料的。

第二十九条规定:用人单位有下列情形之一的,责令限期治理,并处5万元以上30万元以下的罚款;情节严重的,责令停止产生职业病危害的作业,或者提请有关人民政府按照国务院规定的权限责令关闭:

(1)安排未经职业健康检查的劳动者从事接触职业病危害的作业的;

(2)安排未成年工从事接触职业病危害的作业的;

(3)安排孕期、哺乳期女职工从事对本人和胎儿、婴儿有危害的作业的;

(4)安排有职业禁忌的劳动者从事所禁忌的作业的。

第三十条规定:用人单位违反本办法规定,未报告职业病、疑似职业病的,由安全生产监督管理部门责令限期改正,给予警告,可以并处1万元以下的罚款;弄虚作假的,并处2万元以上5万元以下的罚款。

十八、《企业安全生产费用提取和使用管理办法》

为了建立企业安全生产投入长效机制，加强安全生产费用管理，保障企业安全生产资金投入，维护企业、职工以及社会公共利益，财政部、国家安全生产监督管理总局于 2012 年 2 月 14 日联合制定了《企业安全生产费用提取和使用管理办法》，公布之日起施行。

（一）企业应当建立安全生产费用管理制度

安全生产费用（以下简称安全费用）是指企业按照规定标准提取在成本中列支，专门用于完善和改进企业或者项目安全生产条件的资金。安全费用按照“企业提取、政府监管、确保需要、规范使用”的原则进行管理。

（二）安全费用的提取标准

交通运输企业以上年度实际营业收入为计提依据，按照以下标准平均逐月提取：

（1）普通货运业务按照 1% 提取；

（2）客运业务、管道运输、危险品等特殊货运业务按照 1.5% 提取。

（三）安全费用的使用

交通运输企业安全费用应当按照以下范围使用：

（1）完善、改造和维护安全防护设施设备支出（不含“三同时”要求初期投入的安全设施），包括道路、水路、铁路、管道运输设施设备和装卸工具安全状况检测及维护系统、运输设施设备和装卸工具附属安全设备等支出；

（2）购置、安装和使用具有行驶记录功能的车辆卫星定位装置、船舶通信导航定位和自动识别系统、电子海图等支出；

（3）配备、维护、保养应急救援器材、设备支出和应急演练支出；

（4）开展重大危险源和事故隐患评估、监控和整改支出；

（5）安全生产检查、评价（不包括新建、改建、扩建项目安全评价）、咨询和标准化建设支出；

（6）配备和更新现场作业人员安全防护用品支出；

（7）安全生产宣传、教育、培训支出；

（8）安全生产适用的新技术、新标准、新工艺、新装备的推广应用支出；

（9）安全设施及特种设备检测检验支出；

（10）其他与安全生产直接相关的支出。

十九、《劳动防护用品监督管理规定》

《劳动防护用品监督管理规定》于 2005 年 7 月 8 日国家安全生产监督管理总局局务会议审议通过，自 2005 年 9 月 1 日起施行，是目前我国关于劳动防护用品监督管理的重要部门规章。

（一）劳动防护用品违法行为

生产经营单位使用劳动防护用品的情况，是监督管理的重点。生产经营单位有下列违法行为之一的，应当受到依法查处：

（1）不配发劳动防护用品；

(2)不按有关规定或者标准配发劳动防护用品;

(3)配发无安全标志的特种劳动防护用品;

(4)配发不合格的劳动防护用品;

(5)配发超过使用期限的劳动防护用品;

(6)劳动防护用品管理混乱,由此对从业人员造成事故伤害及职业危害;

(7)生产或者经营假冒伪劣劳动防护用品和无安全标志的特种劳动防护用品;

(8)其他违反劳动防护用品管理法律、法规、规章、标准的行为。

(二)监管监察部门的监督检查

各级安全生产监督管理部门和煤矿安全监察部门依法负有对生产经营单位配备和使用劳动防护用品的情况进行监督管理的职责。对发现的违法行为,有权予以纠正或者实施行政处罚。《劳动防护用品监督管理规定》要求安全生产监督管理部门、煤矿安全监察机构依法对劳动防护用品使用情况和特种劳动防护用品安全标志进行监督检查,督促生产经营单位按照国家有关规定为从业人员配备符合国家标准或者行业标准的劳动防护用品。

劳动防护用品主要是国内生产,但也有一些劳动防护用品需要从国外进口。为了加强对进口劳动防护用品的监督管理,《劳动防护用品监督管理规定》第二十九条规定:"进口的一般劳动防护用品的安全防护性能不得低于我国相关标准,并向国家安全生产监督管理总局指定的特种劳动防护用品安全标志管理机构申请办理准用手续;进口的特种劳动防护用品应当按照本规定取得安全标志。"

(三)从业人员的监督

从业人员是企业的主人,依法享有获得劳动防护用品的权利和对本单位配备劳动防护用品及其管理的情况进行监督的权利。他们是劳动防护用品受益者,当然有权维护自身的利益。《劳动防护用品监督管理规定》第二十三条规定:"生产经营单位的从业人员有权依法向本单位提出配备所需劳动防护用品的要求;有权对本单位劳动防护用品管理的违法行为提出批评、检举、控告。安全生产监督管理部门、煤矿安全监察机构对从业人员提出的批评、检举、控告,经查实后应当依法处理。"

(四)工会的监督

工会是维护从业人员权益的群众性组织,依法享有对生产经营单位为从业人员配备劳动防护用品的行为进行监督的权利。为了发挥工会的监督作用,加强对劳动防护用品使用的监督,《劳动防护用品监督管理规定》第二十四条规定:"生产经营单位应当接受工会的监督。工会对生产经营单位劳动防护用品管理的违法行为有权要求纠正,并对纠正情况进行监督。"

二十、《〈生产安全事故报告和调查处理条例〉罚款暂行办法》

为防止和减少生产安全事故,严格追究生产安全事故发生单位及其有关责任人员的法律责任,正确适用事故罚款的行政处罚,依照《生产安全事故报告和调查处理条例》的规定,制定《〈生产安全事故报告和调查处理条例〉罚款处罚暂行规定》。该规定于2007年7月12日以国家安全生产监督管理总局令第13号公布;根据2011年9月1日《国家安全监管总局关于修改〈〈生产安全事故报告和调查处理条例〉罚款处罚暂行规定〉的决定》修订。该规定共22条，自公布之日起施行。主要内容有：

(1)对事故发生单位及其有关责任人员处以罚款的行政处罚，依照下列规定决定：

①对发生特别重大事故的单位及其有关责任人员罚款的行政处罚，由国家安全生产监督管理总局决定；

②对发生重大事故的单位及其有关责任人员罚款的行政处罚，由省级人民政府安全生产监督管理部门决定；

③对发生较大事故的单位及其有关责任人员罚款的行政处罚，由设区的市级人民政府安全生产监督管理部门决定；

④对发生一般事故的单位及其有关责任人员罚款的行政处罚，由县级人民政府安全生产监督管理部门决定。

上级安全生产监督管理部门可以指定下一级安全生产监督管理部门对事故发生单位及其有关责任人员实施行政处罚。

(2)事故发生单位主要负责人有《条例》第三十五条规定的行为之一的，依照下列规定处以罚款：

①事故发生单位主要负责人在事故发生后不立即组织事故抢救的，处上一年年收入80%的罚款；

②事故发生单位主要负责人迟报或者漏报事故的，处上一年年收入40%至60%的罚款；

③事故发生单位主要负责人在事故调查处理期间擅离职守的，处上一年年收入60%至80%的罚款。

(3)事故发生单位有《条例》第三十六条第一项规定行为之一的，处200万元的罚款；同时贻误事故抢救或者造成事故扩大或者影响事故调查的，处300万元的罚款；同时贻误事故抢救或者造成事故扩大或者影响事故调查，手段恶劣，情节严重的，处500万元的罚款。

事故发生单位有《条例》第三十六条第二至六项规定行为之一的，处100万元以上200万元以下的罚款；同时贻误事故抢救或者造成事故扩大或者影响事故调查的，处200万元以上300万元以下的罚款；同时贻误事故抢救或者造成事故扩大或者影响事故调查，手段恶劣，情节严重的，处300万元以上500万元以下的罚款。

事故发生单位的主要负责人、直接负责的主管人员和其他直接责任人员有《条例》第三十六条规定的行为之一的，依照下列规定处以罚款：

①伪造、故意破坏事故现场，或者转移、隐匿资金、财产、销毁有关证据、资料，或者拒绝接受调查，或者拒绝提供有关情况和资料，或者在事故调查中作伪证，或者指使他人作伪证的，处上一年年收入80%至90%的罚款；

②谎报、瞒报事故或者事故发生后逃匿的，处上一年年收入100%的罚款。

(4)事故发生单位对造成3人以下死亡，或者3人以上10人以下重伤(包括急性工业中毒)，或者300万元以上1000万元以下直接经济损失的事故负有责任的，处10万元以上20万元以下的罚款。

事故发生单位有本条第一款规定的行为且谎报或者瞒报事故的，处20万元的罚款。

(5)事故发生单位对较大事故发生负有责任的，依照下列规定处以罚款：

①造成3人以上6人以下死亡,或者10人以上30人以下重伤(包括急性工业中毒),或者1000万元以上3000万元以下直接经济损失的,处20万元以上30万元以下的罚款;

②造成6人以上10人以下死亡,或者30人以上50人以下重伤(包括急性工业中毒),或者3000万元以上5000万元以下直接经济损失的,处30万元以上50万元以下的罚款。

事故发生单位对较大事故发生负有责任且有谎报或者瞒报行为的,处50万元的罚款。

(6)事故发生单位对重大事故发生负有责任的,依照下列规定处以罚款:

①造成10人以上15人以下死亡,或者50人以上70人以下重伤(包括急性工业中毒),或者5000万元以上7000万元以下直接经济损失的,处50万元以上100万元以下的罚款;

②造成15人以上30人以下死亡,或者70人以上100人以下重伤(包括急性工业中毒),或者7000万元以上1亿元以下直接经济损失的,处100万元以上200万元以下的罚款。

事故发生单位对重大事故发生负有责任且有谎报或者瞒报行为的,处200万元的罚款。

(7)事故发生单位对特别重大事故发生负有责任的,处200万元以上500万元以下的罚款。

事故发生单位有本条第一款规定的行为且谎报或者瞒报事故的,处500万元的罚款。

(8)事故发生单位主要负责人未依法履行安全生产管理职责,导致事故发生的,依照下列规定处以罚款:

①发生一般事故的,处上一年年收入30%的罚款;

②发生较大事故的,处上一年年收入40%的罚款;

③发生重大事故的,处上一年年收入60%的罚款;

④发生特别重大事故的,处上一年年收入80%的罚款。

二十一、《安全生产违法行为行政处罚办法》

新修订的《安全生产违法行为行政处罚办法》于2007年12月11日以国家安监总局15号令公布,自2008年1月1日起施行。它的公布实施,是健全安全生产法律法规规章体系,加快形成规范的安全生产法治秩序的重要环节,对于进一步惩治安全生产违法行为,规范安全生产行政处罚,促进安全生产状况稳定好转具有重要意义。

(一)修订的必要性

一是适应当前安全生产行政执法工作的需要。2003年5月19日,原国家局第1号令公布了《安全生产违法行为行政处罚办法》(以下简称原《办法》)。当时,地方各级安全监管部门陆续组建,原《办法》对规范行政处罚实施,制裁安全生产违法行为,发挥了积极作用。但是,随着安全生产工作进入攻坚阶段,各项治本措施的逐步落实,安全生产违法行为日益多样化、复杂化和隐蔽化。因此,需要及时修订原《办法》,强化安全生产行政执法工作。

二是更好地贯彻执行新近出台的安全生产法律、行政法规的需要。原《办法》施行四年来,国家又出台了一些新的安全生产法律和行政法规。其中,有的法律、行政法规及其法条对行政处罚的规定比较原则,处罚幅度较大,需要通过修订原《办法》加以量化、细化,增强可操作性,以保障法律、行政法规的顺利实施。

三是总结行政执法经验,提高行政执法能力的需要。近年来,各地在安全生产执法工作中，积累和创造了一些行之有效的经验和做法，需要上升为规章，为制裁安全生产违法行为提供新的法律武器。另外，各地在执行原《办法》过程中出现并提出了一些具体适用问题，需要通过修订原《办法》加以解决，以保障法律、行政法规的正确实施。

四是进一步严格规范行政处罚程序的需要。从近年发生的行政复议和应诉案例看，有的安全监管监察部门及其执法人员重实体、轻程序，重结果、轻过程的问题仍然比较突出，行政处罚事实不清、证据不足、依据不准、处罚过当等现象时有发生。需要进一步明确并严格行政处罚程序，规范行政处罚行为，增强行政处罚决定的确定力和执行力。

（二）修订的主要内容

新修订的《办法》从执法需要出发，本着量化处罚、细化程序、强化执法，增强可操作性的原则，对原《办法》作出了较大幅度的修订。特别是对行政处罚的程序、适用和执行方面作了进一步补充和完善。对法律、行政法规已有明确规定，不需要进一步量化、细化的条文，进行了删减；对法律、行政法规已经作出的处罚规定（如对事故责任者的处罚），作出了衔接性规定。

1. 补充了行政处罚的种类

《办法》第五条规定的九种行政处罚，主要依据来自《安全生产法》、《国务院关于预防煤矿生产安全事故的特别规定》和《生产安全事故报告和调查处理条例》等法律、行政法规。如“没收开采出的煤炭以及采掘设备”出自《国务院关于预防煤矿生产安全事故的特别规定》第五条第二款。“责令改正、责令限期改正、责令停止违法行为”是《安全生产法》规定的行政处罚，但鉴于现行法律、行政法规对上述三种行政行为既有规定为行政处罚的，又有规定为现场处理措施的，两种规定极易混淆。为便于区别适用，《办法》第五条第二款增加了“法律、行政法规将前款的责令改正、责令限期改正、责令停止违法行为规定为现场处理措施的除外”的规定，即安全监管监察部门作出此类现场处理措施不需要走行政处罚的程序。

2. 统一了暂扣有关许可证、暂停有关执业资格、岗位证书的期限

对暂扣许可证处罚的期限，由于法律规定不明确，执行中不好掌握。有的地方久扣不决，甚至变相为吊销许可证，致使生产经营单位被迫关停，并由此引发了行政复议和行政诉讼。为此，《规定》第六条第三款增加了“暂扣、吊销有关许可证和暂停、撤销有关执业资格、岗位证书的行政处罚，由发证机关决定。其中，暂扣有关许可证和暂停有关执业资格、岗位证书的期限一般不得超过 6 个月；法律、行政法规另有规定的，依照其规定”的规定。

3. 允许行政处罚委托乡镇、街办安监机构实施

为了加强安全监管监察行政执法工作，截至 2007 年 6 月底，全国省、市、县三级安全监管部门组建了专门的执法机构 1387 个（执法总队、支队、大队），共核定编制 12241 名，其中约 75% 属于事业单位和使用事业编制。此外，一些地方的乡镇和城市街道办事处设立的安监机构也承担了一定的安全监管职责，但却没有相应的行政处罚权。为解决这些执法机构和执法人员的行政处罚权问题，依照《行政处罚法》第十九条的授权，《办法》第十二条规定：“安全监管监察部门根据需要，可以在其法定职权范围内委托符合行政处罚法第十九条规定条件的组织或者乡镇人民政府、城市街道办事处设立的安全生产监督管理机构实施行政处罚。受委托的单位在委托范围内，以委托的安全监管监察部门名义实施行政处罚。委托的安全监管监察部门应当监督检查受委托的单位实施行政处罚，并对其实施行政处罚的后果

承担法律责任。”

4. 完善了与行政处罚相关的一些程序

一是现场处理措施。《办法》第十四条规定，在监督检查中发现事故隐患后，为排除治理事故隐患，防止事故发生和人员伤亡，安全监管监察部门及其行政执法人员应当采取现场处理措施，包括责令立即排除、责令从危险区域撤出作业人员，以及责令暂时停产停业、停止建设、停止施工或者停止使用等。法律、行政法规对责令暂时停产停业、停止建设、停止施工或者停止使用没有规定期限的，其期限一般不超过 6 个月。这是对《安全生产法》第五十六条第一款第(三)项规定的补充和完善。

二是查封、扣押等行政强制措施。对《安全生产法》第五十六条第一款第(四)项规定的查封、扣押等行政强制措施，《办法》第十五条补充了后续处理的规定。

三是隐患排除治理及其验收。《办法》第十六条规定增加了生产经营单位在隐患排除或者治理后申请验收，以及安全监管监察部门进行验收的程序。

四是《办法》第二十四条至第二十七条，对开展现场检查笔录、证据的调取、证据的先行登记保存、有关物品和场所的勘验检查等工作，作出了更明确的规定。

五是《办法》第三十九条、第四十条分别增加了听证中止和终止的规定。

5. 规范了行政处罚的具体适用

一是对《安全生产法》、《安全生产许可证条例》等法律、行政法规中罚款幅度较大的处罚，《办法》第四十六条、第四十八条进行了分档，以保证处罚的正确、适当。

二是对原《办法》规定的部分安全生产违法行为提高了罚款的额度。《办法》第四十四条、第四十五条将原《办法》第三十七条、第三十八条和第四十七条规定的罚款额度，由 1 万元以下提高到 1 万元以上 3 万元以下。

三是对现行法律、行政法规尚未规定处罚但又常见的违法行为增设了罚款的处罚。主要有：《办法》第四十四条规定的“三违”、“三超”行为，第四十九条规定的为无安全生产许可证非法生产的单位提供生产经营条件的行为，第五十条规定的有关单位及其人员弄虚作假、骗取安全生产许可证及有关批准文件，以及不依法办理安全生产许可证书变更手续的行为，第五十一条规定的未取得相应资格、资质证书从事中介活动的行为。

四是为了精简条文、压缩篇幅，对地方各级安全监管监察部门已经比较熟悉，在法律、行政法规中已有规定，且不需要细化的内容作了删除。它们是：原《办法》第三十九条至第四十六条、第五十条至第六十一条、第六十九条。

6. 明确了安全生产违法所得的计算方法

在具体处罚过程中，一些地方安全监管监察部门对如何计算违法所得，希望国家安监总局规定可操作的计算标准。为此，《办法》第五十七条规定，生产、加工产品的，以生产、加工产品的销售收入作为违法所得；销售商品的，以销售收入作为违法所得；提供安全生产中介、租赁等服务的，以服务收入或者报酬作为违法所得。此外，销售收入无法计算的，按当地同类同等规模生产经营单位平均销售收入计算；服务收入、报酬无法计算的，按照当地同行业同种服务平均收入或者报酬计算。需要指出的是，本条规定的销售收入、服务收入和报酬等指的是不扣除成本，全部予以没收。

二十二、《安全生产领域违法违纪行为政纪处分暂行规定》

《安全生产领域违法违纪行为政纪处分暂行规定》(以下简称《暂行规定》),是我国第一部关于安全生产领域政纪处分方面的部门规章。这部规章对安全生产领域各类违法违纪行为及其处分量纪标准作出明确规定,是查处安全生产领域违法违纪案件的重要依据。《暂行规定》体现了预防为主,是从源头上强化政府安全监管主体、企业安全责任主体应负责任的重要措施。它的颁布实施,对于切实加强安全生产工作,惩处安全生产领域违法违纪行为,促进安全生产法律法规的贯彻实施,落实各级安全生产责任制,保障人民群众生命财产安全,落实科学发展观,构建社会主义和谐社会,具有重要意义。《暂行规定》共21条,可归纳为5个层面。

(一)立法的宗旨及其法律依据

《暂行规定》第一条开宗明义,指出制定这部规章的目的是"为了加强安全生产工作,惩处安全生产领域违法违纪行为,促进安全生产法律法规的贯彻实施,保障人民群众生命财产和公共财产安全。"它所依据的法律,主要是《行政监察法》《安全生产法》及其他有关法律法规。

(二)适用范围及其执行主体

《暂行规定》明确了"国家行政机关及其公务员,企业、事业单位中由国家行政机关任命的人员有安全生产领域违法违纪行为,应当给予处分的,适用本规定,"明确了"法律法规授权的具有管理公共事务职能的组织以及国家行政机关依法委托的组织及其工勤人员以外的工作人员有安全生产领域违法违纪行为,应当给予处分的,参照本规定执行"。此外,还明确了"企业、事业单位中除由国家行政机关任命的人员外,其他人员有安全生产领域违法违纪行为,应当给予处分的,由企业、事业单位参照本规定执行。"这实际了涵盖了国家行政机关、企事业单位和中介组织中的所有人员。

(三)安全生产领域违法违纪行为的类别和表现

这是《暂行规定》的主体内容,从第四条到第十六条,分国家行政机关及其公务员、国有企业及其工作人员和事业单位、中介组织及其工作人员3个层面作出规事实上。

(1)对国家行政机关及其公务员归纳为7类25种表现:

一是不执行或者违背安全生产法律法规的行为;

二是违法违规实施的行政行为;

三是违法违规批准向生产经营单位提供剧毒品、火工品等危险物资或者其他生产经营条件的;

四是干预插手安全生产经营活动以及安全生产行政许可、监督执法、中介活动等行为;

五是对工程项目未按照"三同时"规定组织审查验收,对生产安全事故瞒报、谎报,或者不及时组织抢救等行为;

六是妨碍事故调查处理和不执行事故处理决定的行为;

七是违反规定在煤矿等企业投资入股或者在安全生产领域经商办企业以及徇私舞弊等行为。

(2)对国有企业及其工作人员归纳为5类18种表现:

一是生产经营和新建、改扩建等环节的违法违纪行为；

二是由于不履行或者不正确履行安全生产管理职责，导致生产安全事故发生的违法违纪行为；

三是瞒报、谎报事故、擅离职守、逃匿以及妨碍事故调查的违法违纪行为；

四是不执行或者擅自改变事故处理决定的违法违纪行为；

五是违反规定在煤矿等企业投资入股或者安全生产领域经商办企业的行为。事业单位及中介组织比较突出的违法违纪行为，就是出具虚假报告与事实不符的文件、资料，造成安全生产隐患。

(四)政纪处分的种类

针对安全生产领域违法违纪行为的类别和表现，《暂行规定》依据有关法律法规，对公务员的处分种类分为6种：即警告、记过、记大过、降级、撤职、开除。对国有企业工作人员的处分种类分为7种：即警告、记过、记大过、降级、撤职、留用察看、开除。

(五)与相关法律法规作了衔接

《暂行规定》第十八条规定："有安全生产领域违法违纪行为，需在给予组织处理的，按照有关规定办理。"这一条主要是依据有关党政干部引咎辞职的规定作出的。该规定第十九条还规定："有关安全生产领域违法违纪行为，涉嫌犯罪的，移送司法机关依法处理。"

《暂行规定》的颁布实施，不仅是从源头上加强安全生产工作的重大举措，也是在安全生产领域深入开展反腐败斗争的迫切要求。对安全生产监管、煤矿安全监察系统来说，是强化安全监督管理执法的一把利剑，有利于规范安全执法行为，有利于打击失职渎职和权钱交易、官商勾结等腐败行为，有利于从源头上防范生产安全事故的发生。因此，我们要认真学习，积极宣传，严格执行，对安全生产领域违法违纪行为坚决打击，决不手软，推进安全生产状况进一步稳定好转。

二十三、《生产经营单位瞒报谎报事故行为查处办法》

为了促进生产经营单位依法依规报告生产安全事故(以下简称事故)，严肃查处瞒报、谎报事故行为，根据《安全生产法》、《生产安全事故报告和调查处理条例》(国务院令第493号)等法律、行政法规和《国务院关于进一步加强企业安全生产工作的通知》(国发〔2010〕23号)等有关规定，国家安全监管总局于2011年6月15日印发了《生产经营单位瞒报谎报事故行为查处办法》，印发之日起施行。

对生产经营单位及其人员瞒报、谎报事故(包括涉险事故，下同)行为的举报、受理和查处，适用本办法。国家机关工作人员参与瞒报、谎报事故的，依照有关法律、行政法规和纪律处分规定由监察机关或者任免机关按照干部管理权限给予处理。单位主要负责人对事故报告负总责，并对瞒报、谎报事故行为承担法律责任。

(一)瞒报、谎报事故行为的认定

(1)隐瞒已经发生的事故，超过规定时限未向安全监管监察部门和有关部门报告，并经查证属实的，属于瞒报；

(2)故意不如实报告事故发生的时间、地点、初步原因、性质、伤亡人数和涉险人数、直接经济损失等有关内容的，属于谎报。

(二)瞒报、谎报事故行为的举报

(1)对瞒报、谎报事故的行为,任何单位和个人均有权向县级以上安全监管监察部门举报。

(2)举报人应当实事求是、客观公正地反映有关事故情况,故意捏造或者歪曲事实、诬告或者陷害他人的,应当承担相应的法律责任。

(3)安全监管监察部门应当向社会公布举报电话、电子信箱、通信地址及邮政编码,设立举报箱,畅通社会公众和职工群众的举报渠道。严禁将举报人的有关信息和举报事项透露给被举报人或者有可能对举报人产生不利后果的其他人员、单位以及与案件查处无关的人员。

(4)对已经受理的举报,安全监管监察部门应当按照下列规定处理:

①对实名举报的,立即组织查证。查证结束后,及时将查证及处理情况反馈举报人;

②对匿名举报的,根据举报具体情况决定是否进行查证。有具体的事故单位和伤亡人员姓名、联系方式等线索的,立即组织查证;

③举报事项经查证属实的,依照有关规定对举报有功人员给予奖励;

④举报事项经查证不属实的,以适当方式在一定范围内予以澄清,并依法保护被举报人的合法权益。

安全监管监察部门对查证瞒报、谎报事故确有困难的,可以提请本级人民政府组织查证。

(三)瞒报、谎报事故行为的处理和处罚

(1)调查瞒报、谎报事故行为,应当重点查明瞒报、谎报事故的原因、过程,是否贻误事故抢救造成人员伤亡扩大和严重社会危害,参与瞒报、谎报事故的单位和有关人员等情况。瞒报、谎报事故涉嫌犯罪的,负责事故调查的部门应当及时移送司法机关处理。

(2)事故发生单位主要负责人瞒报或者谎报事故的,处上一年年收入100%的罚款,并由公安机关依照《安全生产法》第九十一条的规定处十五日以下拘留;属于国家工作人员的,并依照法律、行政法规和纪律处分规定由监察机关或者任免机关按照干部管理权限给予处理;构成犯罪的,依法追究刑事责任。

(3)事故发生单位直接负责的主管人员和其他直接责任人员瞒报或者谎报事故的,处上一年年收入100%的罚款;属于国家工作人员的,并依照法律、行政法规和纪律处分规定由监察机关或者任免机关按照干部管理权限给予处理;构成犯罪的,依法追究刑事责任。

(4)事故发生单位瞒报或者谎报事故的,依照下列规定处以罚款:

①没有贻误事故抢救的,处200万元的罚款;

②贻误事故抢救或者造成事故扩大或者影响事故调查的,处300万元的罚款;

③贻误事故抢救或者造成事故扩大或者影响事故调查的,手段恶劣,情节严重的,处500万元的罚款。

(5)事故发生单位对事故发生负有责任且存在瞒报、谎报情形的,依照下列规定处以罚款:

①发生一般事故的,处20万元的罚款;

②发生较大事故的,处50万元的罚款;

③发生重大事故的,处200万元的罚款;

④发生特别重大事故的,处500万元的罚款。

(6)事故发生单位瞒报、谎报事故的,由有关部门依法暂扣或者吊销有关证照;负有事故责任的事故发生单位有关人员瞒报、谎报事故的,依法暂停或者撤销其与安全生产有关的执业资格、岗位证书。对重大、特别重大事故负有主要责任的生产经营单位,其主要负责人终身不得担任本行业生产经营单位的矿长、厂长、经理。

(7)因瞒报、谎报事故,事故发生单位及其有关责任人员违反不同的法律规定,有两个以上应当给予行政处罚的违法行为的,应当适用不同的法律规定,分别裁量,合并处罚。

(四)公告和社会监督

瞒报、谎报事故行为调查处理结案后,承办事故调查处理的安全监管监察部门应当向上级安全监管监察部门报告事故的查处情况,并将查处结果在当地主要新闻媒体和本级政府网站、安全监管监察部门网站上予以公告,接受社会监督。

第三节　企业安全生产标准化相关规定

一、《国务院关于进一步加强企业安全生产工作的通知》

近年来,全国生产安全事故逐年减少,安全生产状况总体稳定、趋于好转,但形势依然十分严峻,事故总量仍然很大,非法违法生产现象严重,重特大事故多发频发,给人民群众生命财产安全造成重大损失,暴露出一些企业重生产轻安全、安全管理薄弱、主体责任不落实,一些地方和部门安全监管不到位等突出问题。为进一步加强安全生产工作,全面提高企业安全生产水平,国务院于2010年出台了《关于进一步加强企业安全生产工作的通知》(国发〔2010〕23号,以下简称《通知》),并要求各地区、各部门和各有关单位要做好对加强企业安全生产工作的组织实施,制定部署本地区本行业贯彻落实本通知要求的具体措施,加强监督检查和指导,及时研究、协调解决贯彻实施中出现的突出问题。国务院安全生产委员会办公室和国务院有关部门要加强工作督查,及时掌握各地区、各部门和本行业(领域)工作进展情况,确保各项规定、措施执行落实到位。省级人民政府和国务院有关部门要将加强企业安全生产工作情况及时报送国务院安全生产委员会办公室。

《通知》的相关内容如下:

(一)总体要求

(1)工作要求。深入贯彻落实科学发展观,坚持以人为本,牢固树立安全发展的理念,切实转变经济发展方式,调整产业结构,提高经济发展的质量和效益,把经济发展建立在安全生产有可靠保障的基础上;坚持"安全第一、预防为主、综合治理"的方针,全面加强企业安全管理,健全规章制度,完善安全标准,提高企业技术水平,夯实安全生产基础;坚持依法依规生产经营,切实加强安全监管,强化企业安全生产主体责任落实和责任追究,促进我国安全生产形势实现根本好转。

(2)主要任务。以煤矿、非煤矿山、交通运输、建筑施工、危险化学品、烟花爆竹、民用爆炸物品、冶金等行业(领域)为重点,全面加强企业安全生产工作。要通过更加严格的目标考核和责任追究，采取更加有效的管理手段和政策措施，集中整治非法违法生产行为，坚决遏制重特大事故发生；要尽快建成完善的国家安全生产应急救援体系，在高危行业强制推行一批安全适用的技术装备和防护设施，最大程度减少事故造成的损失；要建立更加完善的技术标准体系，促进企业安全生产技术装备全面达到国家和行业标准，实现我国安全生产技术水平的提高；要进一步调整产业结构，积极推进重点行业的企业重组和矿产资源开发整合，彻底淘汰安全性能低下、危及安全生产的落后产能；以更加有力的政策引导，形成安全生产长效机制。

（二）严格企业安全管理

（3）进一步规范企业生产经营行为。企业要健全完善严格的安全生产规章制度，坚持不安全不生产。加强对生产现场监督检查，严格查处违章指挥、违规作业、违反劳动纪律的"三违"行为。凡超能力、超强度、超定员组织生产的，要责令停产停工整顿，并对企业和企业主要负责人依法给予规定上限的经济处罚。对以整合、技改名义违规组织生产，以及规定期限内未实施改造或故意拖延工期的矿井，由地方政府依法予以关闭。要加强对境外中资企业安全生产工作的指导和管理，严格落实境内投资主体和派出企业的安全生产监督责任。

（4）及时排查治理安全隐患。企业要经常性开展安全隐患排查，并切实做到整改措施、责任、资金、时限和预案"五到位"。建立以安全生产专业人员为主导的隐患整改效果评价制度，确保整改到位。对隐患整改不力造成事故的，要依法追究企业和企业相关负责人的责任。对停产整改逾期未完成的不得复产。

（5）强化生产过程管理的领导责任。企业主要负责人和领导班子成员要轮流现场带班。煤矿、非煤矿山要有矿领导带班并与工人同时下井、同时升井，对无企业负责人带班下井或该带班而未带班的，对有关责任人按擅离职守处理，同时给予规定上限的经济处罚。发生事故而没有领导现场带班的，对企业给予规定上限的经济处罚，并依法从重追究企业主要负责人的责任。

（6）强化职工安全培训。企业主要负责人和安全生产管理人员、特殊工种人员一律严格考核，按国家有关规定持职业资格证书上岗；职工必须全部经过培训合格后上岗。企业用工要严格依照劳动合同法与职工签订劳动合同。凡存在不经培训上岗、无证上岗的企业，依法停产整顿。没有对井下作业人员进行安全培训教育，或存在特种作业人员无证上岗的企业，情节严重的要依法予以关闭。

（7）全面开展安全达标。深入开展以岗位达标、专业达标和企业达标为内容的安全生产标准化建设，凡在规定时间内未实现达标的企业要依法暂扣其生产许可证、安全生产许可证，责令停产整顿；对整改逾期未达标的，地方政府要依法予以关闭。

（三）建设坚实的技术保障体系

（8）加强企业生产技术管理。强化企业技术管理机构的安全职能，按规定配备安全技术人员，切实落实企业负责人安全生产技术管理负责制，强化企业主要技术负责人技术决策和指挥权。因安全生产技术问题不解决产生重大隐患的，要对企业主要负责人、主要技术负责人和有关人员给予处罚；发生事故的，依法追究责任。

（9）强制推行先进适用的技术装备。煤矿、非煤矿山要制定和实施生产技术装备标准，安装监测监控系统、井下人员定位系统、紧急避险系统、压风自救系统、供水施救系统和通信联络系统等技术装备,并于3年之内完成。逾期未安装的,依法暂扣安全生产许可证、生产许可证。运输危险化学品、烟花爆竹、民用爆炸物品的道路专用车辆,旅游包车和三类以上的班线客车要安装使用具有行驶记录功能的卫星定位装置,于2年之内全部完成;鼓励有条件的渔船安装防撞自动识别系统,在大型尾矿库安装全过程在线监控系统,大型起重机械要安装安全监控管理系统;积极推进信息化建设,努力提高企业安全防护水平。

(10)加快安全生产技术研发。企业在年度财务预算中必须确定必要的安全投入。国家鼓励企业开展安全科技研发,加快安全生产关键技术装备的换代升级。进一步落实《国家中长期科学和技术发展规划纲要(2006—2020年)》等,加大对高危行业安全技术、装备、工艺和产品研发的支持力度,引导高危行业提高机械化、自动化生产水平,合理确定生产一线用工。"十二五"期间要继续组织研发一批提升我国重点行业领域安全生产保障能力的关键技术和装备项目。

(四)实施更加有力的监督管理

(11)进一步加大安全监管力度。强化安全生产监管部门对安全生产的综合监管,全面落实公安、交通、国土资源、建设、工商、质检等部门的安全生产监督管理及工业主管部门的安全生产指导职责,形成安全生产综合监管与行业监管指导相结合的工作机制,加强协作,形成合力。在各级政府统一领导下,严厉打击非法违法生产、经营、建设等影响安全生产的行为,安全生产综合监管和行业管理部门要会同司法机关联合执法,以强有力措施查处、取缔非法企业。对重大安全隐患治理实行逐级挂牌督办、公告制度,重大隐患治理由省级安全生产监管部门或行业主管部门挂牌督办,国家相关部门加强督促检查。对拒不执行监管监察指令的企业,要依法依规从重处罚。进一步加强监管力量建设,提高监管人员专业素质和技术装备水平,强化基层站点监管能力,加强对企业安全生产的现场监管和技术指导。

(12)强化企业安全生产属地管理。安全生产监管监察部门、负有安全生产监管职责的有关部门和行业管理部门要按职责分工,对当地企业包括中央、省属企业实行严格的安全生产监督检查和管理,组织对企业安全生产状况进行安全标准化分级考核评价,评价结果向社会公开,并向银行业、证券业、保险业、担保业等主管部门通报,作为企业信用评级的重要参考依据。

(13)加强建设项目安全管理。强化项目安全设施核准审批,加强建设项目的日常安全监管,严格落实审批、监管的责任。企业新建、改建、扩建工程项目的安全设施,要包括安全监控设施和防瓦斯等有害气体、防尘、排水、防火、防爆等设施,并与主体工程同时设计、同时施工、同时投入生产和使用。安全设施与建设项目主体工程未做到同时设计的一律不予审批,未做到同时施工的责令立即停止施工,未同时投入使用的不得颁发安全生产许可证,并视情节追究有关单位负责人的责任。严格落实建设、设计、施工、监理、监管等各方安全责任。对项目建设生产经营单位存在违法分包、转包等行为的,立即依法停工停产整顿,并追究项目业主、承包方等各方责任。

(14)加强社会监督和舆论监督。要充分发挥工会、共青团、妇联组织的作用,依法维护和落实企业职工对安全生产的参与权与监督权,鼓励职工监督举报各类安全隐患,对举报者予以奖励。有关部门和地方要进一步畅通安全生产的社会监督渠道,设立举报箱,公布举报电话,接受人民群众的公开监督。要发挥新闻媒体的舆论监督,对舆论反映的客观问题要深查原因,切实整改。

(五)建设更加高效的应急救援体系

(15)加快国家安全生产应急救援基地建设。按行业类型和区域分布,依托大型企业,在中央预算内基建投资支持下,先期抓紧建设7个国家矿山应急救援队,配备性能可靠、机动性强的装备和设备,保障必要的运行维护费用。推进公路交通、铁路运输、水上搜救、船舶溢油、油气田、危险化学品等行业(领域)国家救援基地和队伍建设。鼓励和支持各地区、各部门、各行业依托大型企业和专业救援力量,加强服务周边的区域性应急救援能力建设。

(16)建立完善企业安全生产预警机制。企业要建立完善安全生产动态监控及预警预报体系,每月进行一次安全生产风险分析。发现事故征兆要立即发布预警信息,落实防范和应急处置措施。对重大危险源和重大隐患要报当地安全生产监管监察部门、负有安全生产监管职责的有关部门和行业管理部门备案。涉及国家秘密的,按有关规定执行。

(17)完善企业应急预案。企业应急预案要与当地政府应急预案保持衔接,并定期进行演练。赋予企业生产现场带班人员、班组长和调度人员在遇到险情时第一时间下达停产撤人命令的直接决策权和指挥权。因撤离不及时导致人身伤亡事故的,要从重追究相关人员的法律责任。

(六)严格行业安全准入

(18)加快完善安全生产技术标准。各行业管理部门和负有安全生产监管职责的有关部门要根据行业技术进步和产业升级的要求,加快制定修订生产、安全技术标准,制定和实施高危行业从业人员资格标准。对实施许可证管理制度的危险性作业要制定落实专项安全技术作业规程和岗位安全操作规程。

(19)严格安全生产准入前置条件。把符合安全生产标准作为高危行业企业准入的前置条件,实行严格的安全标准核准制度。矿山建设项目和用于生产、储存危险物品的建设项目,应当分别按照国家有关规定进行安全条件论证和安全评价,严把安全生产准入关。凡不符合安全生产条件违规建设的,要立即停止建设,情节严重的由本级人民政府或主管部门实施关闭取缔。降低标准造成隐患的,要追究相关人员和负责人的责任。

(20)发挥安全生产专业服务机构的作用。依托科研院所,结合事业单位改制,推动安全生产评价、技术支持、安全培训、技术改造等服务性机构的规范发展。制定完善安全生产专业服务机构管理办法,保证专业服务机构从业行为的专业性、独立性和客观性。专业服务机构对相关评价、鉴定结论承担法律责任,对违法违规、弄虚作假的,要依法依规从严追究相关人员和机构的法律责任,并降低或取消相关资质。

(七)加强政策引导

(21)制定促进安全技术装备发展的产业政策。要鼓励和引导企业研发、采用先进适用的安全技术和产品,鼓励安全生产适用技术和新装备、新工艺、新标准的推广应用。把安全检测监控、安全避险、安全保护、个人防护、灾害监控、特种安全设施及应急救援等安全生产专用设备的研发制造,作为安全产业加以培育,纳入国家振兴装备制造业的政策支持范畴。大力发展安全装备融资租赁业务,促进高危行业企业加快提升安全装备水平。

(22)加大安全专项投入。切实做好尾矿库治理、扶持煤矿安全技改建设、瓦斯防治和小煤矿整顿关闭等各类中央资金的安排使用,落实地方和企业配套资金。加强对高危行业企业安全生产费用提取和使用管理的监督检查,进一步完善高危行业企业安全生产费用财务管理制度,研究提高安全生产费用提取下限标准,适当扩大适用范围。依法加强道路交通事故社会救助基金制度建设,加快建立完善水上搜救奖励与补偿机制。高危行业企业探索实行全员安全风险抵押金制度。完善落实工伤保险制度,积极稳妥推行安全生产责任保险制度。

(23)提高工伤事故死亡职工一次性赔偿标准。从2011年1月1日起,依照《工伤保险条例》的规定,对因生产安全事故造成的职工死亡,其一次性工亡补助金标准调整为按全国上一年度城镇居民人均可支配收入的20倍计算,发放给工亡职工近亲属。同时,依法确保工亡职工一次性丧葬补助金、供养亲属抚恤金的发放。

(24)鼓励扩大专业技术和技能人才培养。进一步落实完善校企合作办学、对口单招、订单式培养等政策,鼓励高等院校、职业学校逐年扩大采矿、机电、地质、通风、安全等相关专业人才的招生培养规模,加快培养高危行业专业人才和生产一线急需技能型人才。

(八)更加注重经济发展方式转变

(25)制定落实安全生产规划。各地区、各有关部门要把安全生产纳入经济社会发展的总体布局,在制定国家、地区发展规划时,要同步明确安全生产目标和专项规划。企业要把安全生产工作的各项要求落实在企业发展和日常工作之中,在制定企业发展规划和年度生产经营计划中要突出安全生产,确保安全投入和各项安全措施到位。

(26)强制淘汰落后技术产品。不符合有关安全标准、安全性能低下、职业危害严重、危及安全生产的落后技术、工艺和装备要列入国家产业结构调整指导目录,予以强制性淘汰。各省级人民政府也要制定本地区相应的目录和措施,支持有效消除重大安全隐患的技术改造和搬迁项目,遏制安全水平低、保障能力差的项目建设和延续。对存在落后技术装备、构成重大安全隐患的企业,要予以公布,责令限期整改,逾期未整改的依法予以关闭。

(27)加快产业重组步伐。要充分发挥产业政策导向和市场机制的作用,加大对相关高危行业企业重组力度,进一步整合或淘汰浪费资源、安全保障低的落后产能,提高安全基础保障能力。

(九)实行更加严格的考核和责任追究

(28)严格落实安全目标考核。对各地区、各有关部门和企业完成年度生产安全事故控制指标情况进行严格考核,并建立激励约束机制。加大重特大事故的考核权重,发生特别重大生产安全事故的,要根据情节轻重,追究地市级分管领导或主要领导的责任;后果特别严重、影响特别恶劣的,要按规定追究省部级相关领导的责任。加强安全生产基础工作考核,加快推进安全生产长效机制建设,坚决遏制重特大事故的发生。

(29)加大对事故企业负责人的责任追究力度。企业发生重大生产安全责任事故,追究事故企业主要负责人责任;触犯法律的,依法追究事故企业主要负责人或企业实际控制人的法律责任。发生特别重大事故,除追究企业主要负责人和实际控制人责任外,还要追究上级企业主要负责人的责任;触犯法律的,依法追究企业主要负责人、企业实际控制人和上级企业负责人的法律责任。对重大、特别重大生产安全责任事故负有主要责任的企业,其主要负责人终身不得担任本行业企业的矿长(厂长、经理)。对非法违法生产造成人员伤亡的,以及瞒报事故、事故后逃逸等情节特别恶劣的,要依法从重处罚。

(30)加大对事故企业的处罚力度。对于发生重大、特别重大生产安全责任事故或一年内发生2次以上较大生产安全责任事故并负主要责任的企业,以及存在重大隐患整改不力的企业,由省级及以上安全监管监察部门会同有关行业主管部门向社会公告,并向投资、国土资源、建设、银行、证券等主管部门通报,一年内严格限制新增的项目核准、用地审批、证券融资等,并作为银行贷款等的重要参考依据。

(31)对打击非法生产不力的地方实行严格的责任追究。在所辖区域对群众举报、上级督办、日常检查发现的非法生产企业(单位)没有采取有效措施予以查处,致使非法生产企业(单位)存在的,对县(市、区)、乡(镇)人民政府主要领导以及相关责任人,根据情节轻重,给予降级、撤职或者开除的行政处分,涉嫌犯罪的,依法追究刑事责任。国家另有规定的,从其规定。

(32)建立事故查处督办制度。依法严格事故查处,对事故查处实行地方各级安全生产委员会层层挂牌督办,重大事故查处实行国务院安全生产委员会挂牌督办。事故查处结案后,要及时予以公告,接受社会监督。

二、《国务院安委会关于深入开展企业安全生产标准化建设的指导意见》

为深入贯彻落实《国务院关于进一步加强企业安全生产工作的通知》(国发〔2010〕23号,以下简称《国务院通知》)和《国务院办公厅关于继续深化“安全生产年”活动的通知》(国办发〔2011〕14号,以下简称《国办通知》)精神,全面推进企业安全生产标准化建设,进一步规范企业安全生产行为,改善安全生产条件,强化安全基础管理,有效防范和坚决遏制重特大事故发生,经报国务院领导同志同意,国务院安全生产委员会于2011年出台了《关于深入开展企业安全生产标准化建设的指导意见》(安委〔2011〕4号,以下简称《指导意见》)。

《指导意见》的相关内容如下:

(一)充分认识深入开展企业安全生产标准化建设的重要意义

一是落实企业安全生产主体责任的必要途径。国家有关安全生产法律法规和规定明确要求,要严格企业安全管理,全面开展安全达标。企业是安全生产的责任主体,也是安全生产标准化建设的主体,要通过加强企业每个岗位和环节的安全生产标准化建设,不断提高安全管理水平,促进企业安全生产主体责任落实到位。

二是强化企业安全生产基础工作的长效制度。安全生产标准化建设涵盖了增强人员安全素质、提高装备设施水平、改善作业环境、强化岗位责任落实等各个方面,是一项长期的、基础性的系统工程,有利于全面促进企业提高安全生产保障水平。

三是政府实施安全生产分类指导、分级监管的重要依据。实施安全生产标准化建设考评,将企业划分为不同等级,能够客观真实地反映出各地区企业安全生产状况和不同安全生产水平的企业数量,为加强安全监管提供有效的基础数据。

四是有效防范事故发生的重要手段。深入开展安全生产标准化建设,能够进一步规范从业人员的安全行为,提高机械化和信息化水平,促进现场各类隐患的排查治理,推进安全生产长效机制建设,有效防范和坚决遏制事故发生,促进全国安全生产状况持续稳定好转。

各地区、各有关部门和企业要把深入开展企业安全生产标准化建设的思想行动统一到《国务院通知》的规定要求上来,充分认识深入开展安全生产标准化建设对加强安全生产工作的重要意义,切实增强推动企业安全生产标准化建设的自觉性和主动性,确保取得实效。

(二)总体要求和目标任务

(1)总体要求。深入贯彻落实科学发展观,坚持"安全第一、预防为主、综合治理"的方针,牢固树立以人为本、安全发展理念,全面落实《国务院通知》和《国办通知》精神,按照《企业安全生产标准化基本规范》(AQ/T 9006—2010,以下简称《基本规范》)和相关规定,制定完善安全生产标准和制度规范。严格落实企业安全生产责任制,加强安全科学管理,实现企业安全管理的规范化。加强安全教育培训,强化安全意识、技术操作和防范技能,杜绝"三违"。加大安全投入,提高专业技术装备水平,深化隐患排查治理,改进现场作业条件。通过安全生产标准化建设,实现岗位达标、专业达标和企业达标,各行业(领域)企业的安全生产水平明显提高,安全管理和事故防范能力明显增强。

(2)目标任务。在工矿商贸和交通运输行业(领域)深入开展安全生产标准化建设,重点突出煤矿、非煤矿山、交通运输、建筑施工、危险化学品、烟花爆竹、民用爆炸物品、冶金等行业(领域)。其中,煤矿要在2011年年底前,危险化学品、烟花爆竹企业要在2012年年底前,非煤矿山和冶金、机械等工贸行业(领域)规模以上企业要在2013年年底前,冶金、机械等工贸行业(领域)规模以下企业要在2015年年底前实现达标。要建立健全各行业(领域)企业安全生产标准化评定标准和考评体系;进一步加强企业安全生产规范化管理,推进全员、全方位、全过程安全管理;加强安全生产科技装备,提高安全保障能力;严格把关,分行业(领域)开展达标考评验收;不断完善工作机制,将安全生产标准化建设纳入企业生产经营全过程,促进安全生产标准化建设的动态化、规范化和制度化,有效提高企业本质安全水平。

(三)实施方法

(1)打基础,建章立制。按照《基本规范》要求,将企业安全生产标准化等级规范为一、二、三级。各地区、各有关部门要分行业(领域)制定安全生产标准化建设实施方案,完善达标标准和考评办法,并于2011年5月底以前将本地区、本行业(领域)安全生产标准化建设实施方案报国务院安委会办公室。企业要从组织机构、安全投入、规章制度、教育培训、装备设施、现场管理、隐患排查治理、重大危险源监控、职业健康、应急管理以及事故报告、绩效评定等方面,严格对应评定标准要求,建立完善安全生产标准化建设实施方案。

(2)重建设,严加整改。企业要对照规定要求,深入开展自检自查,建立企业达标建设基础档案,加强动态管理,分类指导,严抓整改。对评为安全生产标准化一级的企业要重点抓巩固、二级企业着力抓提升、三级企业督促抓改进,对不达标的企业要限期抓整顿。各地区和有关部门要加强对安全生产标准化建设工作的指导和督促检查,对问题集中、整改难度大的企业,要组织专业技术人员进行"会诊",提出具体办法和措施,集中力量,重点解决;要督促企业做到隐患排查治理的措施、责任、资金、时限和预案"五到位",对存在重大隐患的企业,要责令停产整顿,并跟踪督办。对发生较大以上生产安全事故、存在非法违法生产经营建设行为、重大隐患限期整顿仍达不到安全要求,以及未按规定要求开展安全生产标准化建设且在规定限期内未及时整改的,取消其安全生产标准化达标参评资格。

(3)抓达标,严格考评。各地区、各有关部门要加强对企业安全生产标准化建设的督促检查,严格组织开展达标考评。对安全生产标准化一级企业的评审、公告、授牌等有关事项,由国家有关部门或授权单位组织实施;二级、三级企业的评审、公告、授牌等具体办法,由省级有关部门制定。各地区、各有关部门在企业安全生产标准化创建中不得收取费用。要严格达标等级考评,明确企业的专业达标最低等级为企业达标等级,有一个专业不达标则该企业不达标。

各地区、各有关部门要结合本地区、本行业(领域)企业的实际情况,对安全生产标准化建设工作作出具体安排,积极推进,成熟一批、考评一批、公告一批、授牌一批。对在规定时间内经整改仍不具备最低安全生产标准化等级的企业,地方政府要依法责令其停产整改直至依法关闭。各地区、各有关部门要将考评结果汇总后报送国务院安委会办公室备案,国务院安委会办公室将适时组织抽检。

(四)工作要求

(1)加强领导,落实责任。按照属地管理和"谁主管、谁负责"的原则,企业安全生产标准化建设工作由地方各级人民政府统一领导,明确相关部门负责组织实施。国家有关部门负责指导和推动本行业(领域)企业安全生产标准化建设,制定实施方案和达标细则。企业是安全生产标准化建设工作的责任主体,要坚持高标准、严要求,全面落实安全生产法律法规和标准规范,加大投入,规范管理,加快实现企业高标准达标。

(2)分类指导,重点推进。对于尚未制定企业安全生产标准化评定标准和考评办法的行业(领域),要抓紧制定;已经制定的,要按照《基本规范》和相关规定进行修改完善,规范已达标企业的等级认定。要针对不同行业(领域)的特点,加强工作指导,把影响安全生产的重大隐患排查治理、重大危险源监控、安全生产系统改造、产业技术升级、应急能力提升、消防安全保障等作为重点,在达标建设过程中切实做到"六个结合",即与深入开展执法行动相结合,依法严厉打击各类非法违法生产经营建设行为;与安全专项整治相结合,深化重点行业(领域)隐患排查治理;与推进落实企业安全生产主体责任相结合,强化安全生产基层和基础建设;与促进提高安全生产保障能力相结合,着力提高先进安全技术装备和物联网技术应用等信息化水平;与加强职业安全健康工作相结合,改善从业人员的作业环境和条件;与完善安全生产应急救援体系相结合,加快救援基地和相关专业队伍标准化建设,切实提高实战救援能力。

(3)严抓整改,规范管理。严格安全生产行政许可制度,促进隐患整改。对达标的企业,要深入分析二级与一级、三级与二级之间的差距,找准薄弱点,完善工作措施,推进达标升级;对未达标的企业,要盯住抓紧,督促加强整改,限期达标。通过安全生产标准化建设,实现"四个一批":对在规定期限内仍达不到最低标准、不具备安全生产条件、不符合国家产业政策、破坏环境、浪费资源,以及发生各类非法违法生产经营建设行为的企业,要依法关闭取缔一批;对在规定时间内未实现达标的,要依法暂扣其生产许可证、安全生产许可证,责令停产整顿一批;对具备基本达标条件,但安全技术装备相对落后的,要促进达标升级,改造提升一批;对在本行业(领域)具有示范带动作用的企业,要加大支持力度,巩固发展一批。

(4)创新机制,注重实效。各地区、各有关部门要加强协调联动,建立推进安全生产标准化建设工作机制,及时发现解决建设过程中出现的突出矛盾和问题,对重大问题要组织相关部门开展联合执法,切实把安全生产标准化建设工作作为促进落实和完善安全生产法规规章、推广应用先进技术装备、强化先进安全理念、提高企业安全管理水平的重要途径,作为落实安全生产企业主体责任、部门监管责任、属地管理责任的重要手段,作为调整产业结构、加快转变经济发展方式的重要方式,扎实推进。要把安全生产标准化建设纳入安全生产"十二五"规划及有关行业(领域)发展规划。要积极研究采取相关激励政策措施,将达标结果向银行、证券、保险、担保等主管部门通报,作为企业绩效考核、信用评级、投融资和评先推优等的重要参考依据,促进提高达标建设的质量和水平。

(5)严格监督,加强宣传。各地区、各有关部门要分行业(领域)、分阶段组织实施,加强对安全生产标准化建设工作的督促检查,严格对有关评审和咨询单位进行规范管理。要深入基层、企业,加强对重点地区和重点企业的专题服务指导。加强安全专题教育,提高企业安全管理人员和从业人员的技能素质。充分利用各类舆论媒体,积极宣传安全生产标准化建设的重要意义和具体标准要求,营造安全生产标准化建设的浓厚社会氛围。国务院安委会办公室以及各地区、各有关部门要建立公告制度,定期发布安全生产标准化建设进展情况和达标企业、关闭取缔企业名单;及时总结推广有关地区、有关部门和企业的经验做法,培育典型,示范引导,推进安全生产标准化建设工作广泛深入、扎实有效开展。

三、《国务院关于坚持科学发展安全发展促进安全生产形势持续稳定好转的意见》

2011年11月26日,国务院印发了《国务院关于坚持科学发展安全发展促进安全生产形势持续稳定好转的意见》(以下简称《意见》)。这是继2004年《国务院关于进一步加强安全生产工作的决定》(以下简称《决定》)、2010年《国务院关于进一步加强企业安全生产工作的通知》(以下简称《通知》)之后,以国务院名义下发的关于安全生产工作的又一重要文件。《意见》是在"十一五"时期安全生产工作取得显著成效,"十二五"开局之年全国安全生产状况继续保持稳定好转的发展态势,但形势依然严峻、安全发展任务十分艰巨繁重的背景下出台的。《意见》是与国务院2004年《决定》相继承,与国务院2010年《通知》相补充,与《安全生产"十二五"规划》相配套,对"十二五"乃至更长时间内的安全生产工作具有重要指导作用,从全局和整体上推进加强安全生产工作的纲领性、规范性文件。《意见》坚持以科学发展观为指导和统揽,通篇贯穿着"以人为本、安全发展"的理念,贯穿着党的"安全第一、预防为主、综合治理"的方针,充分体现了党中央、国务院在安全生产上的一系列决策部署和重要指示精神,是指导当前和今后一个时期安全生产工作的纲领性文件。全文共十部分,三十三条。

(一)充分认识坚持科学发展安全发展的重大意义

(1)坚持科学发展安全发展是对安全生产实践经验的科学总结。多年来,各地区、各部门、各单位深入贯彻落实科学发展观,按照党中央、国务院的决策部署,大力推进安全发展,全国安全生产工作取得了积极进展和明显成效。"十一五"期间,事故总量和重特大事故大幅度下降,全国各类事故死亡人数年均减少约1万人,反映安全生产状况的各项指标显著改善,安全生产形势持续稳定好转。实践表明,坚持科学发展安全发展,是对新时期安全生产客观规律的科学认识和准确把握,是保障人民群众生命财产安全的必然选择。

(2)坚持科学发展安全发展是解决安全生产问题的根本途径。我国正处于工业化、城镇化快速发展进程中,处于生产安全事故易发多发的高峰期,安全基础仍然比较薄弱,重特大事故尚未得到有效遏制,非法违法生产经营建设行为屡禁不止,安全责任不落实、防范和监督管理不到位等问题在一些地方和企业还比较突出。安全生产工作既要解决长期积累的深层次、结构性和区域性问题，又要应对不断出现的新情况、新问题，根本出路在于坚持科学发展安全发展。要把这一重要思想和理念落实到生产经营建设的每一个环节，使之成为衡量各行业领域、各生产经营单位安全生产工作的基本标准，自觉做到不安全不生产，实现安全与发展的有机统一。

(3)坚持科学发展安全发展是经济发展社会进步的必然要求。随着经济发展和社会进步，全社会对安全生产的期待不断提高，广大从业人员“体面劳动”意识不断增强，对加强安全监管监察、改善作业环境、保障职业安全健康权益等方面的要求越来越高。这就要求各地区、各部门、各单位必须始终把安全生产摆在经济社会发展重中之重的位置，自觉坚持科学发展安全发展，把安全真正作为发展的前提和基础，使经济社会发展切实建立在安全保障能力不断增强、劳动者生命安全和身体健康得到切实保障的基础之上，确保人民群众平安幸福地享有经济发展和社会进步的成果。

(二)指导思想和基本原则

(4)指导思想。坚持以邓小平理论和“三个代表”重要思想为指导，深入贯彻落实科学发展观，牢固树立以人为本、安全发展的理念，始终把保障人民群众生命财产安全放在首位，大力实施安全发展战略，紧紧围绕科学发展主题和加快转变经济发展方式主线，自觉坚持“安全第一、预防为主、综合治理”方针，坚持速度、质量、效益与安全的有机统一，以强化和落实企业主体责任为重点，以事故预防为主攻方向，以规范生产为保障，以科技进步为支撑，认真落实安全生产各项措施，标本兼治、综合治理，有效防范和坚决遏制重特大事故，促进安全生产与经济社会同步协调发展。

(5)基本原则。——统筹兼顾，协调发展。正确处理安全生产与经济社会发展、与速度质量效益的关系，坚持把安全生产放在首要位置，促进区域、行业领域的科学、安全、可持续发展。——依法治安，综合治理。健全完善安全生产法律法规、制度标准体系，严格安全生产执法，严厉打击非法违法行为，综合运用法律、行政、经济等手段，推动安全生产工作规范、有序、高效开展。——突出预防，落实责任。加大安全投入，严格安全准入，深化隐患排查治理，筑牢安全生产基础，全面落实企业安全生产主体责任、政府及部门监管责任和属地管理责任。——依靠科技，创新管理。加快安全科技研发应用，加强专业技术人才队伍和高素质的职工队伍培养，创新安全管理体制机制和方式方法，不断提升安全保障能力和安全管理水平。

(三)进一步加强安全生产法制建设

(6)健全完善安全生产法律制度体系。加快推进安全生产法等相关法律法规的修订制定工作。适应经济社会快速发展的新要求，制定高速铁路、高速公路、大型桥梁隧道、超高层建筑、城市轨道交通和地下管网等建设、运行、管理方面的安全法规规章。根据技术进步和产业升级需要，抓紧修订完善国家和行业安全技术标准，尽快健全覆盖各行业领域的安全生产标准体系。进一步建立完善安全生产激励约束、督促检查、行政问责、区域联动等制度，形成规范有力的制度保障体系。

(7)加大安全生产普法执法力度。加强安全生产法制教育，普及安全生产法律知识，提高全民安全法制意识，增强依法生产经营建设的自觉性。加强安全生产日常执法、重点执法和跟踪执法，强化相关部门及与司法机关的联合执法，确保执法实效。继续依法严厉打击各类非法违法生产经营建设行为，切实落实停产整顿、关闭取缔、严格问责的惩治措施。强化地方人民政府特别是县乡级人民政府责任，对打击非法生产不力的，要严肃追究责任。

(8)依法严肃查处各类事故。严格按照"科学严谨、依法依规、实事求是、注重实效"的原则，认真调查处理每一起事故，查明原因，依法严肃追究事故单位和有关责任人的责任，严厉查处事故背后的腐败行为，及时向社会公布调查进展和处理结果。认真落实事故查处分级挂牌督办、跟踪督办、警示通报、诫勉约谈和现场分析制度，深刻吸取事故教训，查找安全漏洞，完善相关管理措施，切实改进安全生产工作。

(四)全面落实安全生产责任

(9)认真落实企业安全生产主体责任。企业必须严格遵守和执行安全生产法律法规、规章制度与技术标准，依法依规加强安全生产，加大安全投入，健全安全管理机构，加强班组安全建设，保持安全设备设施完好有效。企业主要负责人、实际控制人要切实承担安全生产第一责任人的责任，带头执行现场带班制度，加强现场安全管理。强化企业技术负责人技术决策和指挥权，注重发挥注册安全工程师对企业安全状况诊断、评估、整改方面的作用。企业主要负责人、安全管理人员、特种作业人员一律经严格考核、持证上岗。企业用工要严格依照劳动合同法与职工签订劳动合同，职工必须全部经培训合格后上岗。

(10)强化地方人民政府安全监管责任。地方各级人民政府要健全完善安全生产责任制，把安全生产作为衡量地方经济发展、社会管理、文明建设成效的重要指标，切实履行属地管理职责，对辖区内各类企业包括中央、省属企业实施严格的安全生产监督检查和管理。严格落实地方行政首长安全生产第一责任人的责任，建立健全政府领导班子成员安全生产"一岗双责"制度。省、市、县级政府主要负责人要定期研究部署安全生产工作，组织解决安全生产重点难点问题。

(11)切实履行部门安全生产管理和监督职责。健全完善安全生产综合监管与行业监管相结合的工作机制，强化安全生产监管部门对安全生产的综合监管，全面落实行业主管部门的专业监管、行业管理和指导职责。相关部门、境内投资主体和派出企业要切实加强对境外中资企业安全生产工作的指导和管理。要不断探索创新与经济运行、社会管理相适应的安全监管模式，建立健全与企业信誉、项目核准、用地审批、证券融资、银行贷款等方面相挂钩的安全生产约束机制。

(五)着力强化安全生产基础

(12)严格安全生产准入条件。要认真执行安全生产许可制度和产业政策，严格技术和安全质量标准，严把行业安全准入关。强化建设项目安全核准，把安全生产条件作为高危行业建设项目审批的前置条件，未通过安全评估的不准立项；未经批准擅自开工建设的，要依法取缔。严格执行建设项目安全设施"三同时"(同时设计、同时施工、同时投产和使用)制度。制定和实施高危行业从业人员资格标准。加强对安全生产专业服务机构管理，实行严格的资格认证制度，确保其评价、检测结果的专业性和客观性。

(13)加强安全生产风险监控管理。充分运用科技和信息手段，建立健全安全生产隐患排查治理体系，强化监测监控、预报预警，及时发现和消除安全隐患。企业要定期进行安全风险评估分析，重大隐患要及时报安全监管监察和行业主管部门备案。各级政府要对重大隐患实行挂牌督办，确保监控、整改、防范等措施落实到位。各地区要建立重大危险源管理档案，实施动态全程监控。

(14)推进安全生产标准化建设。在工矿商贸和交通运输行业领域普遍开展岗位达标、专业达标和企业达标建设，对在规定期限内未实现达标的企业，要依据有关规定暂扣其生产许可证、安全生产许可证，责令停产整顿；对整改逾期仍未达标的，要依法予以关闭。加强安全标准化分级考核评价，将评价结果向银行、证券、保险、担保等主管部门通报，作为企业信用评级的重要参考依据。

(15)加强职业病危害防治工作。要严格执行职业病防治法，认真实施国家职业病防治规划，深入落实职业危害防护设施"三同时"制度，切实抓好煤(矽)尘、热害、高毒物质等职业危害防范治理。对可能产生职业病危害的建设项目，必须进行严格的职业病危害预评价，未提交预评价报告或预评价报告未经审核同意的，一律不得批准建设；对职业病危害防控措施不到位的企业，要依法责令其整改，情节严重的要依法予以关闭。切实做好职业病诊断、鉴定和治疗，保障职工安全健康权益。

(六)深化重点行业领域安全专项整治

(16)深入推进煤矿瓦斯防治和整合技改。加快建设"通风可靠、抽采达标、监控有效、管理到位"的瓦斯综合治理工作体系，完善落实瓦斯抽采利用扶持政策，推进瓦斯防治技术创新。严格控制高瓦斯和煤与瓦斯突出矿井建设项目审批。建立完善煤矿瓦斯防治能力评估制度，对不具备防治能力的高瓦斯和煤与瓦斯突出矿井，要严格按规定停产整改、重组或依法关闭。继续运用中央预算内投资扶持煤矿安全技术改造，支持煤矿整顿关闭和兼并重组。加强对整合技改煤矿的安全管理，加快推进煤矿井下安全避险系统建设和小煤矿机械化改造。

(17)加大交通运输安全综合治理力度。加强道路长途客运安全管理，修订完善长途客运车辆安全技术标准，逐步淘汰安全性能差的运营车型。强化交通运输企业安全主体责任，禁止客运车辆挂靠运营，禁止非法改装车辆从事旅客运输。严格长途客运、危险品车辆驾驶人资格准入，研究建立长途客车驾驶人强制休息制度，持续严厉整治超载、超限、超速、酒后驾驶、高速公路违规停车等违法行为。加强道路运输车辆动态监管，严格按规定强制安装具有行驶记录功能的卫星定位装置并实行联网联控。提高道路建设质量，完善安全防护设施，加强桥梁、隧道、码头安全隐患排查治理。加强高速铁路和城市轨道交通建设运营安全管理。继续强化民航、农村和山区交通、水上交通的安全监管，特别要抓紧完善校车安全法规和标准，依法强化校车安全监管。

(18)严格危险化学品安全管理。全面开展危险化学品安全管理现状普查评估，建立危险化学品安全管理信息系统。科学规划化工园区，优化化工企业布局，严格控制城镇涉及危险化学品的建设项目。各地区要积极研究制定鼓励支持政策，加快城区高风险危险化学品生产、储存企业搬迁。地方各级人民政府要组织开展地下危险化学品输送管道设施安全整治，加强和规范城镇地面开挖作业管理。继续推进化工装置自动控制系统改造。切实加强烟花爆竹和民用爆炸物品的安全监管，深入开展"三超一改"(超范围、超定员、超药量和擅自改变工房用途)和礼花弹等高危产品专项治理。

(19)深化非煤矿山安全整治。进一步完善矿产资源开发整合常态化管理机制，制定实施非煤矿山主要矿种最小开采规模和最低服务年限标准。研究制定充填开采标准和规定。积极推行尾矿库一次性筑坝、在线监测技术，搞好尾矿综合利用。全面加强矿井安全避险系统建设，组织实施非煤矿山采空区监测监控等科技示范工程。加强陆地和海洋石油天然气勘探开采的安全管理，重点防范井喷失控、硫化氢中毒、海上溢油等事故。

(20)加强建筑施工安全生产管理。按照“谁发证、谁审批、谁负责”的原则，进一步落实建筑工程招投标、资质审批、施工许可、现场作业等各环节安全监管责任。强化建筑工程参建各方企业安全生产主体责任。严密排查治理起重机、吊罐、脚手架等设施设备安全隐患。建立建筑工程安全生产信息系统，健全施工企业和从业人员安全信用体系，完善失信惩戒制度。建立完善铁路、公路、水利、核电等重点工程项目安全风险评估制度。严厉打击超越资质范围承揽工程、违法分包转包工程等不法行为。

(21)加强消防、冶金等其他行业领域的安全监管。地方各级人民政府要把消防规划纳入当地城乡规划，切实加强公共消防设施建设。大力实施社会消防安全“防火墙”工程，落实建设项目消防安全设计审核、验收和备案抽查制度，严禁使用不符合消防安全要求的装修装饰材料和建筑外保温材料。严格落实人员密集场所、大型集会活动等安全责任制，严防拥挤踩踏事故。加强冶金、有色等其他工贸行业企业安全专项治理，严格执行压力容器、电梯、游乐设施等特种设备安全管理制度，加强电力、农机和渔船安全管理。

(七)大力加强安全保障能力建设

(22)持续加大安全生产投入。探索建立中央、地方、企业和社会共同承担的安全生产长效投入机制，加大对贫困地区和高危行业领域倾斜。完善有利于安全生产的财政、税收、信贷政策，强化政府投资对安全生产投入的引导和带动作用。企业在年度财务预算中必须确定必要的安全投入，提足用好安全生产费用。完善落实工伤保险制度，积极稳妥推行安全生产责任保险制度，发挥保险机制的预防和促进作用。

(23)充分发挥科技支撑作用。整合安全科技优势资源，建立完善以企业为主体、以市场为导向、产学研用相结合的安全技术创新体系。加快推进安全生产关键技术及装备的研发，在事故预防预警、防治控制、抢险处置等方面尽快推出一批具有自主知识产权的科技成果。积极推广应用安全性能可靠、先进适用的新技术、新工艺、新设备和新材料。企业必须加快国家规定的各项安全系统和装备建设，提高生产安全防护水平。加强安全生产信息化建设，建立健全信息科技支撑服务体系。

(24)加强产业政策引导。加大高危行业企业重组力度，进一步整合浪费资源、安全保障低的落后产能，加快淘汰不符合安全标准、职业危害严重、危及安全生产的落后技术、工艺和装备。地方各级人民政府要制定相关政策，遏制安全水平低、保障能力差的项目的建设和延续。对存在落后技术设备、构成重大安全隐患的企业，要予以公布，责令其限期整改，逾期未整改的依法予以关闭。把安全产业纳入国家重点支持的战略产业，积极发展安全装备融资租赁业务，促进企业加快提升安全装备水平。

(25)加强安全人才和监管监察队伍建设。加强安全科学与工程学科建设，办好安全工程类高等教育和职业教育，重点培养中高级安全工程与管理人才。鼓励高等院校、职业学校进一步落实完善校企合作办学、对口单招、订单式培养等政策，加快培养高危行业专业人才和生产一线急需技能型人才。加快建设专业化的安全监管监察队伍，建立以岗位职责为基础的能力评价体系，加强在岗人员业务培训。进一步充实基层监管力量，改善监管监察装备和条件，创新安全监管监察机制，切实做到严格、公正、廉洁、文明执法。

（八）建设更加高效的应急救援体系

（26）加强应急救援队伍和基地建设。抓紧7个国家级、14个区域性矿山应急救援基地建设，加快推进重点行业领域的专业应急救援队伍建设。县级以上地方人民政府要结合实际，整合应急资源，依托大型企业、公安消防等救援力量，加强本地区应急救援队伍建设。建立紧急医学救援体系，提升事故医疗救治能力。建立救援队伍社会化服务补偿机制，鼓励和引导社会力量参与应急救援。

（27）完善应急救援机制和基础条件。健全省、市、县及中央企业安全生产应急管理体系，加快建设应急平台，完善应急救援协调联动机制。建立健全自然灾害预报预警联合处置机制，加强安监、气象、地震、海洋等部门的协调配合，严防自然灾害引发事故灾难。建立完善企业安全生产动态监控及预警预报体系。加强应急救援装备建设，强化应急物资和紧急运输能力储备，提高应急处置效率。

（28）加强预案管理和应急演练。建立健全安全生产应急预案体系，加强动态修订完善。落实省、市、县三级安全生产预案报备制度，加强企业预案与政府相关应急预案的衔接。定期开展应急预案演练，切实提高事故救援实战能力。企业生产现场带班人员、班组长和调度人员在遇到险情时，要按照预案规定，立即组织停产撤人。

（九）积极推进安全文化建设

（29）加强安全知识普及和技能培训。加强安全教育基地建设，充分利用电视、互联网、报纸、广播等多种形式和手段普及安全常识，增强全社会科学发展、安全发展的思想意识。在中小学广泛普及安全基础教育，加强防灾避险演练。全面开展安全生产、应急避险和职业健康知识进企业、进学校、进乡村、进社区、进家庭活动，努力提升全民安全素质。大力开展企业全员安全培训，重点强化高危行业和中小企业一线员工安全培训。完善农民工向产业工人转化过程中的安全教育培训机制。建立完善安全技术人员继续教育制度。大型企业要建立健全职业教育和培训机构。加强地方政府安全生产分管领导干部的安全培训，提高安全管理水平。

（30）推动安全文化发展繁荣。充分利用社会资源和市场机制，培育发展安全文化产业，打造安全文化精品，促进安全文化市场繁荣。加强安全公益宣传，大力倡导“关注安全、关爱生命”的安全文化。建设安全文化主题公园、主题街道和安全社区，创建若干安全文化示范企业和安全发展示范城市。推进安全文化理论和建设手段创新，构建自我约束、持续改进的长效机制，不断提高安全文化建设水平，切实发挥其对安全生产工作的引领和推动作用。

（十）切实加强组织领导和监督

（31）健全完善安全生产工作格局。各地区要进一步健全完善政府统一领导、部门依法监管、企业全面负责、群众参与监督、全社会广泛支持的安全生产工作格局，形成各方面齐抓共管的合力。要切实加强安全生产工作的组织领导，充分发挥各级政府安全生产委员会及其办公室的指导协调作用，落实各成员单位工作责任。县级以上人民政府要依法健全完善安全生产、职业健康监管体系，安全生产任务较重的乡镇要加强安全监管力量建设，确保事有人做、责有人负。

(32)加强安全生产绩效考核。把安全生产考核控制指标纳入经济社会发展考核评价指标体系,加大各级领导干部政绩业绩考核中安全生产的权重和考核力度。把安全生产工作纳入社会主义精神文明和党风廉政建设、社会管理综合治理体系之中。制定完善安全生产奖惩制度,对成效显著的单位和个人要以适当形式予以表扬和奖励,对违法违规、失职渎职的,依法严格追究责任。

(33)发挥社会公众的参与监督作用。推进安全生产政务公开,健全行政许可网上申请、受理、审批制度。落实安全生产新闻发布制度和救援工作报道机制,完善隐患、事故举报奖励制度,加强社会监督、舆论监督和群众监督。支持各级工会、共青团、妇联等群众组织动员广大职工开展群众性安全生产监督和隐患排查,落实职工岗位安全责任,推进群防群治。

四、《国务院关于特大安全事故行政责任追究的规定》

《国务院特大安全事故行政责任追究的规定》于 2001 年 4 月 21 日由国务院公布,自公布之日起施行。它是我国第一部专门规范各级人民政府和有关部门安全事故行政责任追究的行政法规。这部行政法规的核心,是建立了事故行政责任追究法律制度,把特大事故责任追究纳入法制化轨道,使之有法可依,是安全生产立法的重大突破。《国务院特大安全事故责任追究规定》是在认真分析我国的安全生产现状,深刻反思近几年重特大事故惨痛教训的基础上出台的,具有很强的针对性。特大事故行政责任追究规定的实施,规范了各级人民政府和有关部门领导的安全生产行为,增强了安全生产的责任感和使命感,促进了安全生产法制建设,为推动全国安全生产形势的根本好转发挥了不可替代的、重大的作用。

(一)制定本规定的主要目的以及特大安全事故的类别

1. 制定本规定的主要目的

为了有效地防范特大安全事故的发生,严肃追究特大安全事故的行政责任,保障人民群众生命、财产安全,制定本规定。

2. 特大安全事故的类别

地方人民政府主要领导人和政府有关部门正职负责人对下列特大安全事故的防范、发生,依照法律、行政法规和本规定的规定有失职、渎职情形或者负有领导责任的,依照本规定给予行政处分;构成玩忽职守罪或者其他罪的,依法追究刑事责任:特大火灾事故;特大交通安全事故;特大建筑质量安全事故;民用爆炸物品和化学危险品特大安全事故;煤矿和其他矿山特大安全事故;锅炉、压力容器、压力管道和特种设备特大安全事故;其他特大安全事故。

(二)地方各级政府和政府有关部门防范特大安全事故的职责

1. 地方各级政府和政府有关部门防范特大安全事故的一般性职责

地方各级人民政府及政府有关部门应当依照有关规定,采取行政措施,对本地区实施安全监督管理,对本地区或者职责范围内防范特大安全事故的发生、特大安全事故发生后的迅速和妥善处理负责;应当组织有关部门按照职责分工对本地区容易发生特大安全事故的单位、设施和场所安全事故的防范明确责任、采取措施,并组织有关部门对上述单位、设施和场所进行严格检查;必须制定本地区特大安全事故应急处理预案。本地区特大安全事故应急处理预案经政府主要领导人签署后,报上一级人民政府备案。

2. 市(地、州)、县(市、区)人民政府的职责

市(地、州)、县(市、区)人民政府应当组织有关部门对本规定所列各类特大安全事故的隐患进行查处;发现特大安全事故隐患的,责令立即排除;特大安全事故隐患排除前或者排除过程中,无法保证安全的,责令暂时停产、停业或者停止使用。

市(地、州)、县(市、区)人民政府及其有关部门对本地区存在的特大安全事故隐患,超出其管辖或者职责范围的,应当立即向有管辖权或者负有职责的上级人民政府或者政府有关部门报告;情况紧急的,可以立即采取包括责令暂时停产、停业在内的紧急措施,同时报告;有关上级人民政府或者政府有关部门接到报告后,应当立即组织查处。

(三)在发生特大事故后,有关方面应采取的措施以及对有关事故责任人的处罚

1. 在发生特大事故后,有关方面应采取的措施

1)上报事故情况

特大安全事故发生后,有关地区人民政府及政府有关部门应当按照国家规定的程序和时限立即上报,不得隐瞒不报、谎报或者拖延报告。

2)协助事故调查

特大安全事故发生后,有关地区人民政府及政府有关部门应当配合、协助事故调查,不得以任何方式阻碍、干涉事故调查。

3)组织救助

特大安全事故发生后,有关地方人民政府应当迅速组织救助,有关部门应当服从指挥、调度,参加或者配合救助,将事故损失降到最低限度;省(自治区、直辖市)人民政府应当按照国家有关规定迅速、如实发布事故消息;按照国家有关规定组织调查组对事故进行调查。事故调查工作应当在规定期限内完成,并由调查组提出调查报告。调查报告应当包括依照本规定对有关责任人员追究行政责任或者其他法律责任的意见。省(自治区、直辖市)人民政府应当自调查报告提交之日起30日内,对有关责任人员作出处理决定;必要时,国务院可以对特大安全事故的有关责任人员作出处理决定。

2. 重大事故的责任人应受到的行政处罚和应承担的刑事责任

1)安全生产事项负责行政审批的政府部门或者机构的责任人的法律责任

依法对涉及安全生产事项负责行政审批(包括批准、核准、许可、注册、认证、颁发证照、竣工验收等,下同)的政府部门或者机构,必须严格依照法律、法规和规章规定的安全条件和程序进行审查;不符合法律、法规和规章规定的安全条件的,不得批准;弄虚作假,骗取批准或者勾结串通行政审批工作人员取得批准的,负责行政审批的政府部门或者机构除必须立即撤销原批准外,应当对弄虚作假骗取批准或者勾结串通行政审批工作人员的当事人依法给予行政处罚;构成行贿罪或者其他罪的,依法追究刑事责任。负责行政审批的政府部门或者机构对不符合法律、法规和规章规定的安全条件予以批准的,对部门或者机构的正职负责人,根据情节轻重,给予降级、撤职直至开除公职的行政处分;与当事人勾结串通的,应当开除公职;构成受贿罪、玩忽职守罪或者其他罪的,依法追究刑事责任。

2)市(地、州)、县(市、区)人民政府责任人的法律责任

市(地、州)、县(市、区)人民政府未依照本规定履行职责,本地区发生特大安全事故的,对政府主要领导人,根据情节轻重,给予降级或者撤职的行政处分;构成玩忽职守罪的,依法

追究刑事责任。负责行政审批的政府部门或者机构、负责安全监督管理的政府有关部门,未依照本规定履行职责,发生特大安全事故的,对部门或者机构的正职负责人,根据情节轻重,给予撤职或者开除公职的行政处分;构成玩忽职守罪或者其他罪的,依法追究刑事责任。

3)发生社会影响特别恶劣的特大安全事故时,对负有领导责任的人员的行政处罚

发生特大安全事故,社会影响特别恶劣或者性质特别严重的,由国务院对负有领导责任的省长(自治区主席、直辖市市长)和国务院有关部门正职负责人给予行政处分。

地方人民政府或者政府部门阻挠、干涉对特大安全事故有关责任人员追究行政责任的,对该地方人民政府主要领导人或者政府部门正职负责人,根据情节轻重,给予降级或者撤职的行政处分。

4)任何单位和个人均有举报权

任何单位和个人均有权向有关地方人民政府或者政府部门报告特大安全事故隐患,有权向上级人民政府或者政府部门举报地方人民政府或者政府部门不履行安全监督管理职责或者不按照规定履行职责的情况。接到报告或者举报的有关人民政府或者政府部门,应当立即组织对事故隐患进行查处,或者对举报的不履行、不按照规定履行安全监督管理职责的情况进行调查处理。

第四节　交通运输部《安全生产“十二五”规划》的基本思路

一、概述

“十一五”时期是我国国民经济快速发展,也是交通运输大建设、大发展的重要时期,交通运输企业安全生产和应急工作成绩显著。“十一五”期间,我国交通运输企业安全生产工作成绩显著,法制和预案体系基本形成,体制机制逐步建立,人员队伍初具规模,装备设施建设明显加强,安全生产形势保持了总体稳定,为我国交通运输快速、健康发展提供了坚强保障。“十二五”时期是全面建设小康社会的关键时期,是深化改革开放、加快转变经济发展方式的攻坚时期,交通运输发展仍处于重要战略机遇期和科学发展的关键时期。

交通运输安全生产和应急体系是我国安全生产和应急体系重要的组成部分,是推动现代交通业发展的重要保障。随着我国经济社会的快速发展,公众对安全和应急的关注度和要求越来越高。为了进一步加强交通运输行业的安全生产和应急工作,建设畅通高效、安全绿色交通运输体系,切实保障人民群众出行安全,转变交通运输发展方式,促进国家经济社会又好又快发展,交通运输部制定印发了《交通运输安全生产和应急体系“十二五”发展规划》,该规划是《交通运输“十二五”发展规划》的重要组成部分,明确了未来五年交通运输安全生产和应急发展的指导思想、基本原则、发展目标和主要任务,并从指导“十二五”交通运输行业安全生产和应急体系发展的角度,对法规和预案体系建设、体制机制建设、信息化建设、基础设施安全保障能力建设、装备设施建设、安全生产与应急队伍建设六个方面进行了规划。

二、交通运输安全生产和应急工作总体情况

在“十一五”期间,我国交通运输的大建设大发展取得了不平凡的成就,公路水路完成固

定资产投资4.7万亿元，是“十五”的2倍多；新增公路63.9万km，沿海港口新增通过能力30亿t，内河新增及改善航道里程4181km，分别是“十一五”规划目标的1.7倍、1.4倍和1.1倍。这些成绩的取得得益于安全与应急的坚强保障。

交通运输安全生产和应急体系是我国安全生产和应急体系重要的组成部分，是推动现代交通业发展的重要保障。随着我国经济社会的快速发展，公众对安全和应急的关注度和要求越来越高。交通运输部安全生产和应急工作主要涉及水路、公路交通运输、城市客运、工程建设的安全生产和应急等方面。当前，交通运输部安全生产工作格局是由安全监督司综合管理，各业务司局根据职责分工合作。

(一)“十一五”期间交通运输安全生产形势具体情况

“十一五”期末与“十一五”初期相比，全国水上交通运输事故件数和死亡人数分别下降42.7%和30.5%，百万吨吞吐量死亡率下降68.9%。五年来，水上共成功救助101812人，搜救成功率96.3%。全国道路运输和交通运输工程建设领域安全生产形势保持了总体稳定。

“十一五”期间，我们主要做好了四个方面的工作：

(1)法规和预案体系基本形成。制定并颁布了《防治船舶污染海洋管理条例》、《道路旅客运输及客运站管理规定》、《道路危险货物运输管理规定》、《国内水路运输经营资质管理规定》《老旧运输船舶管理规定》等法规和规章，出台了公路水运工程建设、养护和质量监管等一系列标准规范，修订并完善了公路、水路、海上搜救等应急预案。地方各级交通运输部门也加强了法规建设，颁布了公路桥梁养护、航道航标、渡船渡口管理、建设工程安全监管等管理规定。

(2)体制机制逐步建立。各级交通运输管理部门成立了专门负责安全生产监督和应急管理的机构，进一步加强了与外交、公安、农业、国土、水利、安监、环保等部门在安全应急工作中的协调联动。海事、救捞、搜救体制不断推进，进一步完善了国家海上搜救部际联席会议制度下的协调机制。2009年经国务院和中央军委批准，军队和武警交通部队正式纳入国家交通运输应急救援力量体系。

(3)人员队伍初具规模。直属海事系统共有25000多人，直属救捞系统共有8000多人，直属航道部门15000多人，直属航运公安2700多人。各级交通运输主管部门配备了专职安全和应急管理人员，各级公路和港航管理部门初步建立了专兼职安全生产监管与应急队伍，全国已初步建立了一支年龄结构合理、专业结构基本配套、以技术骨干为主的交通运输建设安全管理和监理专业队伍，部分交通运输企业建立了专兼职安全管理队伍。

(4)装备设施建设明显加强。“十一五”期间，直属系统共增加各类监管救助船舶400余艘、直升飞机12架、基地58处，在沿海和长江干线建设了船舶溢油应急设备库15个，已建成38个重点水域船舶交通管理系统(VTS)，沿海近岸和长江干线通信系统和船舶自动识别系统(AIS)基本实现连续覆盖，海事卫星地面站和搜救卫星任务中心已改造升级，立体监管救助体系初步形成。地方各级交通运输主管部门也加强了安全设施装备的建设，全国长途客车、旅游包车和危险化学品运输车辆基本安装了自动行车记录仪，内河通航水域建设了一定数量的监管救助船艇和基地，航道应急疏通工程船舶和备用航标。运输企业也加大了相关安全生产和设施装备的投入。

(二)“十二五”期间交通运输安全生产与应急工作面临的新挑战

“十二五”时期，我国经济社会发展既面临着难得的发展机遇，也面临着诸多风险挑战，各类不确定因素将对我国经济社会发展产生深刻影响,交通运输安全生产和应急工作将主要面临四个方面的新挑战。

(1)我国经济社会和现代交通业的发展对交通运输安全生产和应急工作提出了新要求。"十二五"时期,我国将以科学发展为主题,以加快转变经济发展方式为主线,以调整结构为主攻方向,加快改革开放和现代化建设,全面建设小康社会,这对建设安全、畅通、便捷、绿色的现代交通运输业提出更高要求。而且,随着综合交通运输体系建设的加快推进,不同运输方式将进一步有效衔接,交通运输安全生产和应急工作跨行业、跨地域、相互交叉的特征更加明显。这就要求交通运输安全生产和应急工作必须适应时代发展需要,进一步拓宽安全监管覆盖面,实现由单一监管到综合监管的转变,建立交通运输安全监管全天候、全方位、全过程无缝衔接的新模式,进一步提升应对各类突发事件的能力,建立健全反应快捷、处置高效的应急保障体系。

(2)体制改革对交通运输安全生产和应急工作提出了新要求。随着大部制改革的深入推进,交通运输部新增了城市客运(含公交车、轨道交通、出租车)的运营管理职责。预计到2015年,我国城镇化率将达53%以上,城市客运量迅猛增加,特别是到2015年我国25个大中型城市将拥有72条地铁线路,城市轨道交通系统运行环境封闭、人员密集、疏散通道狭窄,运营安全防范和应急救援困难,安全保障压力越来越大。这就要求交通运输安全工作必须认真履行新的职能,借鉴国内外成功经验,加强对新领域运营安全监管的研究,不断提高安全保障能力。

(3)交通运输的快速发展对交通运输安全监管和应急工作提出了新挑战。"十二五"时期是交通运输大建设大发展的重要时期。"十二五"期间,交通运输基础设施建设规模大、项目多、任务重、战线长,且建设项目中的山区公路、桥隧工程比例高、分布广、情况复杂,农村公路建设规模大、差异性大,港口工程远海孤岛分布多,处在生产安全事故的易发期和多发期。这些都给"十二五"时期的交通运输安全生产和应急工作带来巨大压力和挑战。

(4)非传统安全压力对交通运输安全生产和应急工作提出了新挑战。近年来,气候变化异常,极端自然灾害频繁,给交通运输安全生产带来了极大影响。我国正处于社会转型期,影响经济安全和社会稳定的因素很多,恐怖袭击、人为破坏、公共安全等突发事件时有发生,而目前安全和应急保障的基础比较薄弱,防范和抵御非传统安全的能力比较脆弱,道路、桥梁等交通基础设施老化现象严重,各类灾害引起的次生灾害的影响大,面临着许多潜在风险和现实威胁。此外,人民的物质和文化需求不断扩大,社会交流更加频繁,各种大型公共活动越来越多,人们的安全权利意识越来越强,更加追求安全稳定、高质量的现代生活,交通运输安全已成为社会公众共同关心的重要内容,交通运输安全生产和应急工作责任越来越大。

(三)"十二五"期间交通运输安全生产和应急工作的总体目标

"十二五"期间,交通运输安全生产和应急工作要坚持以人为本、全面落实科学发展观,贯彻"安全第一、预防为主、综合治理"的方针,围绕建设安全、畅通、便捷、绿色现代交通运输业的目标,以提高安全监管和应急能力为重点,构建组织健全、职责明确、覆盖全面、装备精良、监管有力、反应快捷、运转高效的交通运输安全生产和应急体系,不断提高保障人民群众安全出行和经济社会安全发展的能力。

"十二五"期间,交通运输安全生产和应急工作的总体目标是:到2015年,交通运输安全生产和应急法制更加完善,体制机制更加健全,装备手段更加先进,队伍素质整体提高,安全形势总体稳定,应急能力显著增强,基本建成适应现代交通运输业发展需要的安全生产和应急体系。

公路交通运输方面要实现:营运车辆万车死亡事故件数和死亡人数平均每年下降3%;一般灾害情况下公路抢通时间不超过24h;12h内可集结车辆200辆以上;国省干线公路重点路段运行监测覆盖率达到60%以上。

水路交通运输方面要实现:运输船舶百万吨港口吞吐量水上交通事故件数和死亡人数平均每年下降5%,较大以上事故件数每年下降3%,特别重大事故实行零控制;24h内可调集电煤船舶运力沿海100万载重吨、长江干线30万载重吨以上;内河航道抢通应急到达时间不超过1h;沿海船舶整体打捞能力由目前的5万t提高到8万t以上,水下探摸打捞深度由目前的200m提升到300m;沿海通航水域一次船舶溢油清除控制能力由200t提高到500t,重点水域一次船舶溢油清除控制能力达到1000t;人命救助成功率大于93%。

城市客运方面:百万车千米死亡事故件数和死亡人数平均每年下降1%。工程建设方面:百亿元投资死亡事故件数和死亡人数平均每年下降1%;工程抢险救援应急联动时间不超过120min。

(四)"十二五"交通运输安全生产和应急工作的对策措施

(1)要将安全生产和应急体系建设内容纳入相关规划和建设工程。各级交通运输主管部门要将安全生产和应急信息平台以及装备设施建设等作为强制性建设项目,纳入规划年度实施计划,加快相关工程的立项、投资和建设,并与公路、水路交通其他专项建设规划和建设工程相衔接,同步规划设计、同步建设施工、同步验收运行,保证规划的实施。各地方交通运输主管部门应根据规划的要求,制定本地规划,做好与区域规划、部门规划的衔接,并逐条细化、逐年落实安全生产与应急具体建设任务。

(2)加大安全生产和应急体系建设投入。各级政府、交通运输主管部门、交通运输企业应加大对安全生产和应急体系建设的投入,将交通运输安全生产和应急工程建设投入纳入交通运输基础设施建设总体和年度预算;将安全生产和应急方面的运行维护、科学研究、宣传教育、培训演练、应急补偿等资金纳入各级政府财政预算和企业的专项支出。按照事权划分原则,交通运输安全生产和应急工程建设项目由中央、地方和企业分别承担,并积极引导社会资金投入。

(3)加大安全生产和应急工作的政策支持力度。各级政府和交通运输主管部门应加大对安全生产和应急的立法支持,切实加快相关法律立法进程;在职责配置、机构设置、人员编制、工作条件等方面给予充分支持,进一步建立健全组织机构,提高管理效能;强化队伍的培训和演练,加强人才队伍的培养和选拔,提高队伍的整体素质,并建立相应的激励约束机制,充分调动从业人员的工作积极性。

(4)加强安全生产和应急方面的科学研究。要加强交通运输行业安全生产和应急管理科研,鼓励有关交通院校设立安全生产和应急相关学科。加大对交通运输生产和应急管理理论和关键技术研究开发力度,重点支持相关标准规范的制订修订和防灾抗灾、应急抢险的科学研究。积极鼓励和支持研究、开发交通运输安全生产和应急领域的新产品、新工艺和新技术,实现交通运输安全生产和应急方面核心技术与重大装备研制的突破,促进科研成果的转化和推广应用。

(5)加强组织领导和监督检查。交通运输部和各省级交通运输主管部门应进一步加强对本规划实施的组织领导、监督落实和沟通协调,确保本规划按进度实施,力争早完成、早见效。确保规划所有工程建设项目的落实,加强建设项目全过程有效监管,保证工程建设的规范化和制度化。2015 年前,全面实现和完成各项建设目标和任务;加强对规划执行情况的评估,各省级交通运输主管部门每年要会同有关部门组织一次督促检查。2013 年,交通运输部将组织对本规划实施情况进行中期评估。

第三章　安全管理内涵与基本方法

安全管理是管理科学的一个重要分支，它是为实现安全目标而进行的有关决策、计划、组织和控制等方面的活动，主要是运用现代管理原理、方法和手段，在生产过程所有环节和流程，分析和研究各种不安全因素，从技术上、组织上和管理上采取有力的措施，减少和消除各种不安全因素，防止事故的发生。安全管理也是企业生产管理的重要组成部分，其对象是生产体系中一切人、物、环境的状态管理与控制，安全管理是一种动态管理，是一门综合性的系统科学。本章主要对安全管理中的战略管理、目标管理、危机管理、隐患及危险源监控、预案编制及实施管理进行介绍。

第一节　安全管理概述

20 世纪初，现代工业兴起并快速发展，重大生产事故和环境污染相继发生，造成了大量人员伤亡和巨大财产损失，给社会带来了极大危害，使人们不得不在一些企业设置专职安全人员，对工人进行安全教育。20 世纪 30 年代，很多国家设立了安全生产管理的政府机构，发布了劳动安全卫生的法律法规，逐步建立了较完善的安全教育、管理、技术体系，呈现了现代安全生产管理雏形。进入 20 世纪 50 年代，经济快速增长，人们生活水平迅速提高，就业机会创造、工作条件改进、社会财富公平分配等问题，引起了越来越多经济学家、管理学家和安全工程专家和安全管理政治家的注意。劳动者强烈要求不仅有工作机会，还要有安全健康的工作环境。一些工业化国家，进一步加强了安全生产法律法规体系建设，在安全生产方面投入大量的资金进行科学研究，加强企业安全生产管理的制度化建设，产生了安全生产管理原理、事故致因理论和事故预防原理等风险管理理论，以系统安全理论为核心的现代安全管理方法、模式、思想、理论基本形成。到 20 世纪末，随着现代制造业和航空航天技术的飞跃发展，人们对职业安全卫生问题的认识也发生了很大变化，安全生产成本、环境成本等成为产品成本的重要组成部分，职业安全卫生问题成为非官方贸易壁垒的利器。在这种背景下，"持续改进"、"以人为本"的安全健康管理理念逐渐被企业管理者所接受，以职业安全健康管理体系为代表的企业安全生产风险管理思想开始形成，现代安全生产管理的内容更加丰富，现代安全生产管理理论、方法、模式以及相应的标准、规范更成熟。

安全管理的主要目标是减少乃至消除事故，遵循特定的管理原理和原则，内容涵盖事故理论、战略管理、目标管理和危机管理，分别针对安全管理中出现的不同问题采取不同方法进行应对。事故理论分析事故特征和发生机理，找寻事故根源，为事故预防、事故应对提供理论支撑；安全战略管理为组织机构进行合理的安全战略定位及决策提供科学有效的工具；安全目标管理确保组织机构实施安全战略、开展日常安全生产管理，实现安全生产战略目标；危机管理使组织机构面临意外或极端危险情境时，冷静应对、积极行动，有效化解危机。

一、事故理论、应对策略、安全管理的基本原理以及安全管理原则

(一)事故理论、应对策略

1. 事故与事故理论

事故(Accident)是以人体为主,在与能量系统有关的系列上,突然发生的与人的希望和意志相反的事件。事故可能导致人员伤亡、职业病或设备设施等财产损失以及环境污染。事故也可以定义为:个人或集体在时间的进程中,在为了实现某一意图而采取行动的过程中,突然发生了与人的意志相反的情况,迫使这种行动暂时地或永久地停止的事件。美国安全工程师海因里希(Heinrich)认为:"事故是非计划的、失去控制的事件。"并根据后果的严重程度把事故分为三个层次,分别是:严重伤害事故、轻微伤害事故和无伤害事故,通过统计指出,三种事故发生的概率存在着一般规律——1:29:300。

事故现象是在人们的行动过程中发生的,如以人为中心来考察事故后果,大致有如下两种情况:伤亡事故(Injury);一般事故(Incident)。

1)伤亡事故

伤亡事故,简称伤害,是个人或集体在行动过程中接触了与周围条件有关的外来能量,该能量若作用于人体,致使人体生理机能部分或全部丧失。这种事故的后果,严重时会决定一个人一生的命运,所以习惯称为不幸事故。人体本身就是一个能量体系,它把能量吸收在人体的生理机构中,并通过自身的新陈代谢消耗能量以进行各种活动,当人的行动超出了正常状态,且与生产设备的能量流动发生接触、碰撞以致遭受打击而蒙受伤害。这时也就妨碍了行动的正常进行。在生产区域中发生的和生产有关的伤亡事故,叫工伤事故。

2)一般事故

指人身没有受到伤害或受伤轻微,停工短暂或与人的生理机能障碍无关的事故。由于传给人体的能量很小,尚不足以构成伤害,习惯上称为微伤;另一种是对人身而言的未遂事故,也称为无伤害事故。

事故发生时,其结果到底是伤亡事故,还是一般事故,这完全是一个受偶然性支配的、只有毫厘之差的问题。两者的分界线不明显。把两者分开的可能性,从本质上说是一个偶然性的问题,只能用概率来加以论述。

国内一般把事故分为生产事故和企业职工伤亡事故。生产事故是指生产经营活动(包括与生产经营有关的活动)过程中,突然发生的伤害人身安全和健康或者损坏设备、设施或者造成经济损失,导致原活动暂时中止或永远终止的意外事件。而企业职工伤亡事故在《企业职工伤亡事故报告和处理规定》中将企业职工伤亡事故规定为:企业职工在劳动过程中发生的人身伤害、急性中毒事故。它的发生可能会导致生产、科研活动的暂停或造成财产损失或人身伤亡,形成某种程度的灾害,因此事故与灾害往往连在一起,所以事故也称为事故灾害。

2. 事故的基本特征

通过对各种事故数据的分析,人们意识到事故有其自身特性。了解、把握事故特征对于了解事故、预防事故具有重要意义。从一般意义上来看,事故具备以下特征:

1)事故的因果性

所谓因果性就是某一现象作为另一现象发生的根据的两种现象之关联性。事故的起因

是它和其他事物相联系的一种形式。事故是相互联系的诸原因的结果。事故的这一现象都和其他现象有着直接的或间接的联系。在这一关系上看来是"因"的现象,在另一关系上却会以"果"出现,反之亦然。

因果关系有继承性,或称非单一性,也就是多层次的,即第一阶段的结果往往是第二阶段的原因。

给人造成直接伤害的原因(或物体)是比较容易掌握的,这是由于它所产生的某种后果显而易见。然而,要寻找出究竟为何种原因又是经过何种过程而造成这样的结果,却非易事。因为随着时间的推移,会有种种因素同时存在。并且它们之间尚有某种相互关系,同时还可能由于某种偶然机会而造成了事故后果。因此,在制定预防措施时,应尽最大努力掌握造成事故的直接和间接的原因,深入剖析其根源,防止同类事故重演。

2)事故的偶然性、必然性和规律性

从本质上讲,伤亡事故属于随机事件,其在一定条件下可能发生,也可能不发生。事故的发生包含着诸多偶然因素。事故的偶然性是客观存在的,与我们是否明了现象的原因没有关联。

事故是由于客观某种不安全因素的存在,随时间进程产生某些意外情况而显现出的一种现象。因它或多或少地含有偶然的本质,故不易决定它所有的规律。但在一定范畴内,用一定的科学仪器或手段,却可以找出近似的规律。从外部和表面上的联系,找到内部的决定性的主要关系。虽不详尽,却可知其近似规律。如应用偶然性定律,即采用概率论的分析方法,收集尽可能多的事故案例进行统计处理,并应用大数定律❶,找出带根本性的特征。

从偶然性中找出必然性,认识事故发生的规律性,把事故消除在萌芽状态之中,变不安全条件为安全条件,化险为夷。这就是防患未然、预防为主的科学意义。科学的安全管理就是从事故合乎规律的发展过程中去认识它、改造它,实现安全生产。

3)事故的潜在性、再现性和可预测性

在时间的推移中,事故会突然违反人的意愿而发生。时间,实质上是存在于一切过程的始终,是一去不复返的。无论是人的全部活动还是机械作业时的运动,在其所经过的时间内,不安全的因素是潜在的,条件成熟就会显现,决不会脱离时间而存在。事故潜在于"绝对时间"之中;也可以说,事故是潜在于空间之中的。人行动在外界条件的空间中,空间又是"相互外在性"的东西。这一本质一经破坏,在其特有的时间、场所就显现为事故。

事故包含在绝对时间之中,我们不能认识绝对时间,因而也不能认识绝对时间中的某些事故。但是,我们却可能认识在相对时间轨迹上相继展开的相对时间及在其中显现的事故。时间是一去不复返的,完全相同的事件也不会重复显现。只能说,对于类似的事故,阻挡其再现是可能的。

基于人们对过去的事故所积累的经验,把人作为主体,可以在自然的客体中进行预测。人们在进行有目的的活动时,也一定对自己的行动能否达到目的而进行种种预测。这种预

❶ 有些随机事件无规律可循,但不少却是有规律的,这些"有规律的随机事件"在大量重复出现的条件下,往往呈现几乎必然的统计特性,这个规律就是大数定律。

测是根据以往积累的经验和知识，通过研究所构思出来的一个模型，即所谓“预测模型”。若“预测模型”的准确性高，在实际进行中，其活动过程或结果就会接近于预测的模型。但是，如果在未来的时间里出现了与最初设想的初始条件不一致的变化情况，当对这种变化情况应对或控制不当时，活动进程相应发生变化，使外界的能量传递给人体而造成人的伤害或机械的损坏。因此，为防止事故发生，在进行生产活动开始之时，就应正确掌握当时的条件，充分运用已有的经验和知识，及时加以调整，以便将未来时间里的情况预测得更加准确。

但是，事故有其突然性，突然出现在相对时间上的事故，往往难于预测。意想不到的偶然性是存在的。集体劳动中的个人，不常是按照自然环境中的客观规律去干，而是有不少人工环境，这与人们在生活环境中所积累的经验有不同之处，有不少新的经验尚未取得，故也有难于预测之处。另外，人们通过五感（视、听、嗅、味、触）感知外界条件并取得信息，再经大脑综合判断而预测其结果。这种判断也离不开过去的经验。但在自然环境中，经验不起作用的事是存在的。例如，煤矿的瓦斯是无色、无味、无臭的，单凭人的五感是无力预测的，只有用科学仪器来扩大人的五感的灵敏度。所以使用科学仪器和科学方法是提高预测可靠性的重要途径。

3. 事故致因理论

从事故的定义和特性可知，事故是违背人的意愿而发生的意外事件，事故具有明显的因果性和规律性。要想找出事故的根本原因，进而预防和控制事故，就必须在千变万化、各种各样的事故中发现共性的东西，把其抽象出来，即把感性的认识与积累的经验升华到理论的水平，反过来指导实践，并在此基础上，制定出事故控制的最有效的方案。阐明事故为什么会发生，是怎样发生事故的以及如何防止事故发生的理论，被称为事故致因理论，或事故发生及预防理论。

事故致因理论是从大量典型事故的本质原因的分析中所提炼出的事故机理和事故模型。这些机理和模型反映了事故发生的规律性，能够为事故的定性定量分析、预测预防、为改进安全管理工作等从理论上提供科学的、完整的依据。随着科技和生产力水平的提升，事故发生的类型、规律不断变化，人们对事故原因的认识也不断深入，先后出现了十几种具有一定代表性的事故致因理论和事故模型，下面对其作简要介绍。

1）海因里希因果连锁论

海因里希因果连锁论又称海因里希模型或多米诺骨牌理论。在该理论中，海因里希借助多米诺骨牌形象地描述了事故的因果连锁关系，即事故的发生是一连串事件按一定顺序互为因果依次发生的结果。如一块骨牌倒下，则将发生连锁反应，使后面的骨牌依次倒下。海因里希模型中的这5块骨牌依次是：

①遗传及社会环境：遗传及社会环境是造成人的缺点的原因。遗传因素可能使人具有鲁莽、固执、粗心等不良性格；社会环境可能妨碍教育，助长不良性格的发展。这是事故因果链上最基本的因素。

②人的缺点：人的缺点是由遗传和社会环境因素所造成，是使人产生不安全行为或使物产生不安全状态的主要原因。这些缺点既包括各类不良性格，也包括缺乏安全生产知识和技能等后天的不足。

③人的不安全行为和物的不安全状态：即造成事故的直接原因。

④事故：即由物体、物质或放射线等，对人体发生作用使人体受到伤害的、出乎意料的、失去控制的事件。

⑤伤害：直接由于事故而产生的人身伤害。

该理论的积极意义在于，如果移去因果连锁中的任一块骨牌，则连锁被破坏，事故过程即被中止，达到控制事故的目的。海因里希还强调指出，企业安全工作的中心就是要移去中间的骨牌，即防止人的不安全行为和物的不安全状态，从而中断事故的进程，避免伤害的发生。当然，通过改善社会环境，使人具有更为良好的安全意识，加强培训，使人具有较好的安全技能，或者加强应急抢救措施，也都能在不同程度上移去事故连锁中的某一骨牌或增加该骨牌的稳定性，使事故得到预防和控制。

海因里希理论不足之处在于，对事故致因连锁关系描述过于简单化、绝对化，也过多地考虑了人的因素。尽管如此，由于其形象化和在事故致因研究中的先导作用，使其有着重要的历史地位。后来，博德、亚当斯等人都在此基础上进行了进一步的修改和完善，形成了博德事故因果连锁理论、亚当斯事故因果连锁理论、北川彻三事故因果连锁理论等。

2）亚当斯的事故因果连锁论

亚当斯提出了一种与博德事故因果连锁理论类似的因果连锁模型，在该理论中，事故和损失因素与博德理论相似。该模型内容见表3-1。

亚当斯因果连锁模型 表3-1

管理体制	管理失误		现场失误	事故	伤害或损坏
目标组织机能	领导者在下述方面决策错误或没做决策： 政策； 目标； 权威； 责任； 职责； 注意范围； 权限授予	安全技术人员在下述方面管理失误或疏忽： 行为； 责任； 权威； 规则； 指导主动性； 积极性； 业务活动	不安全行为； 不安全状态	伤亡事故； 损坏事故； 无伤害事故	对人； 对物

在该因果连锁理论中，第四、五个因素基本上与博德的事故因果连锁理论相似。这里把事故的直接原因，即人的不安全行为及物的不安全状态称作现场失误。不安全行为和不安全状态是操作者在生产过程中的错误行为及生产条件方面的问题，采用现场失误这一术语，其主要目的在于提醒人们注意不安全行为及不安全状态的性质。

该理论的核心在于，对现场失误的背后原因进行了深入的研究。操作者的不安全行为及生产作业中的不安全状态等现场失误，是由于企业领导者及事故预防工作人员的管理失误造成的。管理人员在管理工作中的差错或疏忽，企业领导人决策错误或没有作出决策等失误，对企业经营管理及事故预防工作具有决定性的影响。管理失误反映了企业管理系统中的问题，它涉及管理体制，即有组织地进行管理工作，确定怎样的管理目标，如何计划、实现确定的目标等方面的问题。管理体制反映作为决策中心的领导人的信念、目标及规范，它决定各级管理人员安排工作的轻重缓急，工作基准及指导方针等重大问题。

3)博德事故因果连锁理论

博德在海因里希事故因果连锁理论的基础上,提出了现代事故因果连锁理论。博德事故因果连锁理论认为:事故的直接原因是人的不安全行为、物的不安全状态;间接原因包括个人因素及与工作有关的因素。根本原因是管理的缺陷,即管理上存在的问题或缺陷是导致间接原因存在的原因,间接原因的存在又导致直接原因存在,最终导致事故发生。

博德的事故因果连锁过程同样为五个因素,但每个因素的含义与海因里希的都有所不同。

①管理缺陷。对于大多数企业来说,由于各种原因,完全依靠工程技术措施预防事故既不经济也不现实,只能通过完善安全管理工作,并经过较大的努力,才能防止事故的发生。企业管理者必须认识到,只要生产没有实现本质安全化,就有发生事故及伤害的可能性,因此,安全管理是企业管理的重要一环。安全管理系统要随着生产的发展变化而不断调整完善,十全十美的管理系统不可能存在。由于安全管理上的缺陷,致使能够造成事故的其他原因相继出现。

②个人及工作条件的原因。这方面的原因是由于管理缺陷造成的。个人原因包括缺乏安全知识或技能,行为动机不正确,生理或心理有问题等;工作条件原因包括安全操作规程不健全,设备、材料不合适,以及存在温度、湿度、粉尘、气体、噪声、照明、工作场地状况(如打滑的地面、障碍物、不可靠支撑物)等有害作业环境因素。只有找出并控制这些原因,才能有效地防止后续原因的发生,从而防止事故的发生。

③直接原因。人的不安全行为或物的不安全状态是事故的直接原因。这种原因是安全管理中必须重点加以追究的原因。但是,直接原因只是一种表面现象,是深层次原因的表征。在实际工作中,不能停留在这种表面现象上,而要追究其背后隐藏的管理上的缺陷原因,并采取有效的控制措施,从根本上杜绝事故的发生。

④事故。这里的事故被看做是人体或物体与超过其承受阈值的能量接触,或人体与妨碍正常生理活动的物质的接触。因此,防止事故就是防止接触。可以通过对装置、材料、工艺等的改进来防止能量的释放,或者操作者提高识别和回避危险的能力,通过佩戴个人防护用具等来防止接触。

⑤损失。人员伤害及财物损坏统称为损失。人员伤害包括工伤、职业病、精神创伤等。在许多情况下,可以采取恰当的措施使事故造成的损失最大限度地减小。例如,对受伤人员进行迅速正确地抢救,对设备进行抢修以及平时对有关人员进行应急训练等。

博德的事故理论也被称为“4M”理论,因其将事故连锁反应理论中的“深层原因”进一步分析,将其归纳为四大因素,即人的因素(Man)、设备的因素(Machine)、作业环境的因素(Media)、管理的因素(Management)。

4)北川彻三事故因果连锁理论

之前几种事故因果连锁理论(海因里希因果连锁论、亚当斯事故因果连锁、博德事故因果连锁理论)把考察的范围局限在企业内部。日本的北川彻三认为,工业伤害事故发生的原因是很复杂的,企业是社会的一部分,一个国家、一个地区的政治、经济、文化、科技发展水平等诸多社会因素,对企业内部伤害事故的发生和预防有着重要的影响。北川彻三正是基于这种考虑,对海因里希的理论进行了一定的修正,提出了另一种事故因果连锁理论。该模型见表3-2。

北川彻三事故因果连锁理论 表3-2

基本原因	间接原因	直接原因		
学校教育的原因； 社会的原因； 历史的原因	技术的原因； 教育的原因； 身体的原因； 精神的原因； 管理的原因	不安全行为； 不安全状态	事故	伤害

北川彻三事故因果连锁理论认为：事故的间接原因包括技术、教育、身体、精神上的原因。技术原因指机械、装置、设施的设计、建造、维护有缺陷；教育原因指因教育培训不充分而导致人员缺乏安全知识及操作经验；身体原因指人员的身体状况不佳；精神原因指人员的不良态度、不良性格、不稳定情绪。而事故的根本原因是管理、学校教育、社会和历史的原因。管理原因指领导者不重视，作业标准不明，制度有缺陷，人员安排不当；学校教育原因指教育机构的教育不充分；社会和历史的原因指安全观念落后，法规不全，监管不力。

在北川彻三的因果连锁理论中，基本原因中的各个因素，已经超出了企业安全工作的范围。但是，充分认识这些基本原因因素，对综合利用可能的科学技术、管理手段来改善间接原因因素，从而达到预防伤害事故发生的目的，是十分重要的。

除因果连锁理论外，对于事故致因，人们也提出了其他一些不同角度的模型和观点，如能量意外转移理论❶，基于人体信息处理的人为失误事故模型（威格尔斯沃思模型、瑟利模型、劳伦斯模型等），动态变化理论（扰动起源事故理论、变化—失误理论），轨迹交叉论❷等。不同理论从不同角度对事故致因或事故演变机理进行分析，这对安全生产管理都具有一定的指导意义。

（二）安全管理的基本原理

安全管理（Safety Management 或 Security Management）是管理科学的一个重要分支，安全管理是企业生产管理的重要组成部分，是一门综合性的系统科学。安全管理的对象是生产中一切人、物、环境的状态管理与控制，安全管理是一种动态管理。安全管理，主要是组织实施企业安全管理规划、指导、检查和决策，同时，又是保证生产处于最佳安全状态的根本环节。安全管理原理是对管理学基本原理的应用和发展，主要包括系统原理、人本原理、预防原理等。

---

❶ 1961年吉布森（Gibson）提出了事故是一种不正常的或不希望的能量释放，意外释放的各种形式的能量是构成伤害的直接原因。因此，应该通过控制能量，或控制作为能量达及人体媒介的能量载体来预防伤害事故。

在吉布森的研究基础上，1966年美国运输部安全局局长哈登（Haddon）完善了能量意外释放理论，提出"人受伤害的原因只能是某种能量的转移。"并提出了能量逆流使人体受到伤害的分类方法，将伤害分为两类：第一类伤害是由于施加了局部或全身性损伤阈值的能量引起的；第二类伤害是由于影响了局部或全身性能量交换引起的，主要指中毒窒息和冻伤。

❷ 在事故发展进程中，人的因素运动轨迹与物的因素运动轨迹的交点就是事故发生的时间和空间，即人的不安全行为和物的不安全状态发生于同一时间、同一空间，或者说人的不安全行为与物的不安全状态相遇，则将在此时间、空间发生事故。

1. 系统原理

系统原理是现代管理学的一个最基本原理,是指人们在管理工作中,运用系统论的观点、理论和方法,对管理活动进行充分的系统分析,以达到管理的优化目标,即用系统论的原理和方法来认识和处理管理中出现的问题。

系统是由相互作用和相互依赖的若干部分组合的,具有特定功能并处于一定环境中的有机整体。任何管理对象都可以看做一个系统,系统可以分为若干个子系统,子系统可以分为若干个要素,即系统是由要素组成的。按照系统论的观点,管理系统具有六个特征,即集合性、相关性、目的性、整体性、层次性和适应性。安全生产管理系统是生产管理的一个子系统,它包括各级安全管理人员、安全防护设备与设施、安全管理规章制度、安全生产操作规范和规程以及安全生产管理信息等。安全贯穿生产活动的方方面面,安全生产管理是全方位、全天候和涉及全体人员的管理。在安全管理活动中,应用系统原理应遵循以下原则:

1)整分合原则

高效的现代安全管理必须整体规划,明确分工,在分工基础上进行有效的综合,这就是整分合原则。

整体规划就是在对系统进行深入、全面分析的基础上,把握系统的全貌及其运动规律,确定整体目标,制定规划与计划及各种具体规范。明确分工就是确定系统的构成,明确各个局部的功能,把整体的目标分解,确定各个局部的目标以及相应的责、权、利,使各局部都明确自己在整体中的地位和作用,从而为实现最佳的整体效应最大限度地发挥作用。有效综合就是对各个局部必须进行强有力的组织管理,在各纵向分工之间建立起紧密的横向联系,使各个局部协调配合,综合平衡地发展,从而保证最佳整体效应的圆满实现。

整体把握、科学分解、组织综合是整分合原则的主要含义。运用整分合原则,要求企业管理者在制定整体目标和宏观决策时,必须将安全生产纳入其中,资金、人员和体系都必须将安全生产作为一项重要内容考虑。

2)反馈原则

反馈控制论和系统论的基本概念之一,是指控制过程中对控制机构的反作用。反馈普遍存在于各种系统之中,也是管理中的一种普遍现象,是管理系统达到预期目标的主要条件。由于负反馈是抵消外界因素的干扰,维持系统的稳定性,因此,为了使系统做合乎目的的运动,一般均采用负反馈。

成功的高效安全管理,离不开灵活、准确、快速的反馈。企业生产的内部条件和外部环境在不断变化,所以必须及时捕获、反馈各种安全生产信息,及时采取行动。

3)封闭原则

任何一个管理系统的管理手段、管理过程等必须构成一个连续封闭的回路,才能形成有效的管理活动,这就是封闭原则。

封闭就是把管理手段、管理过程等加以分割,使各部分、各环节相对独立,各行其是,充分发挥自己的功能。然而各部分各环节又互相衔接,互相制约,并且首尾相连,形成一条封闭的管理链。对于企业管理来说,管理系统的组织结构体系必须是封闭的,管理法规的建立和实施也必须封闭。

在企业安全生产中,各管理机构之间、各种管理制度和方法之间,必须具有紧密的联系,形成相互制约的回路，才能使管理活动更为有效。

4）动态相关性原则

构成系统的各个要素是运动和发展的，而且是相互关联的，它们之间既相互联系又相互制约，这就是动态相关性原则。

该原则是指任何企业管理系统的正常运转，不仅要受到系统本身条件的限制和制约，还要受到其他有关系统的影响和制约，并随着时间、地点以及人们的不同努力程度而发生变化。企业管理系统内部各部分的动态相关性是管理系统向前发展的根本原因。所以，要提高安全管理的效果，必须掌握个管理对象要素之间的动态相关特征，充分利用相关因素的作用。

5）弹性原则

在对系统外部环境和内部情况的不确定性给予事先考虑并对未来演变的各种可能性及其概率分布，做较为充分认识、预判的基础上，在制定目标、计划、策略等方面，相适应地留有余地，以增强组织系统的可靠性和管理活动对未来态势的应变能力，这就是弹性原则。

弹性原则对于安全管理具有重要意义。安全管理面对的形势错综复杂，在当下的社会转型阶段，事故致因日趋多变，因此安全管理必须尽可能保持良好、积极的弹性。一方面不断推进安全管理科学化、现代化，加强安全分析和危险评价，尽量做到对风险因素的充分识别、应对和控制；另一方面也要采取全方位、多层次的事故预防策略，实现全面、全员及全流程的安全管理。

2. 人本原理

在过去相当长的时间内，人们曾经热衷于片面追求产值和利润，却忽视了创造产值、创造财富的人和使用产品的人。在生产经营实践中，人们越来越认识到，决定一个企业、一个社会发展能力的，主要并不在于机器设备，而在于人们拥有的知识、智慧、才能和技巧。人是社会经济活动的主体，是一切资源中最重要的资源。归根到底，一切经济行为，都是由人来进行的；人没有活力，企业就没有活力和竞争力。组织本身是一个生命体，组织中的每一个人不过是这有机生命体中的一分子，所以，管理不仅要研究每一成员的积极性、创造力和素质，还要研究整个组织的凝聚力与向心力，形成整体的强大合力。从这一本质要求出发，一个有竞争力的现代企业，就应当是齐心合力、配合默契、协同作战的团队。因此，安全管理需要以人为本。人本原理有两层含义：

（1）一切管理活动都是以人为本展开的，人既是管理的主体，又是管理的客体，每个人都处在一定的管理层面上。

（2）管理活动中，管理对象的诸要素和管理系统各环节，都是需要人去掌管、运作、推动和实施。

人本原理的前提是：人不是单纯的“经济人”，而是具有多种需要、复杂的“社会人”。以人为本的原理要求管理者研究人的行为，理解人的各种需要，掌握激励、沟通、领导规律和技巧；关注人、尊重人、激励人，开发利用人的创造力，满足员工合理需要，开发人的潜能，实现人的价值。在安全管理活动中，必须把人的因素放在首位，体现以人为本的指导思想。具体在管理中，人本原理表现为若干原则，即是动力原则、能级原则和激励原则。

①动力原则。推动管理活动的基本力量是人，管理必须有能够激发人的工作能力的动

力,这就是动力原则。对于管理系统,有3种动力,即物质动力、精神动力和信息动力。

②能级原则。现代管理认为,单位和个人都具有一定的能量,并且可按照能量的大小顺序排列,形成管理的能级,就像原子中电子的能级一样。在管理系统中,建立一套合理能级,根据单位和个人能量的大小安排其工作,发挥不同能级的能量,保证结构的稳定性和管理的有效性,这就是能级原则。

③激励原则。管理中的激励就是利用某种外部诱因的刺激,调动人的积极性和创造性。以科学的手段,激发人的内在潜力,使其充分发挥积极性、主动性和创造性,这就是激励原则。人的工作动力来源于内在动力、外部压力和工作吸引力。

人本原理在安全管理中,应体现在对以人为本的安全理念的贯彻上。实现以人为本的安全管理,需要加强企业安全文化建设,严格执行各项安全生产法律法规,使安全生产成为员工的共识和主动需求,同时也要改善生产条件,加大安全投资,以保障以人为本的理念落到实处。

3.预防原理

安全管理工作应当以预防为主,即通过有效的管理和技术手段,防止人的不安全行为和物的不安全状态出现,从而使事故发生的概率降到最低,这就是预防原理。

预防,其本质是在有可能发生意外人身伤害或健康损害的场合,采取事前的预防措施,防止伤害的发生。预防与善后是安全管理的两种工作方法。善后是针对事故发生以后所采取的措施和进行的处理工作,在这种情况下,无论处理工作如何完善,事故造成的伤害和损失已经发生,这种完善也只能是相对的。显然,预防的工作方法是主动的、积极的,是安全管理应该采取的主要方法。

安全管理以预防为主,其基本出发点源自生产过程中的事故是能够预防的观点。除了自然灾害以外,凡是由于人类自身的活动而造成的危害,总有其产生的因果关系,探索事故的原因,采取有效的对策,原则上讲就能够预防事故的发生。

由于预防是事前的工作,因此正确性和有效性就十分重要。生产系统一般都是较复杂的系统,事故的发生既有物的方面的原因,又有人的方面的原因,事先很难估计充分。有时重点预防的问题没有发生,但未被重视的问题却酿成大祸。为了使预防工作真正起到作用,一方面要重视经验的积累,对既成事故和大量的未遂事故(险肇事故)进行统计分析,从中发现规律,做到有的放矢;另一方面要采用科学的安全分析、评价技术,对生产中人和物的不安全因素及其后果作出准确的判断,从而实施有效的对策,预防事故的发生。应用预防原理应遵循以下原则:

1)偶然损失原则

事故所产生的后果(人员伤亡、健康损害、物质损失等),以及后果的程度如何,都是随机的,是难以预测的。反复发生的同类事故,并不一定产生相同的后果,这就是事故损失的偶然性。

关于人身事故,美国学者海因里希调查指出:对于跌倒这样的事故,如果反复发生,则存在这样的后果,在330次跌倒中,无伤害300次,轻伤29次,重伤1次。这就是著名的海因里希法则,或者称为1:29:300法则。日本学者青岛贤司的调查表明,伤亡事故与无伤亡事故的比例:重型机械和材料工业为1:8;轻工业为1:32。上述比率均是调查统计的结果。实际上，这些比率随事故种类、工作环境和调查方法等的不同而不同。它们的重要意义在于指出事故与伤害后果之间存在着偶然性的概率原则。根据事故损失的偶然性，可得到安全管理上的偶然损失原则：无论事故是否造成了损失，为了防止事故损失的发生，唯一的办法是防止事故再次发生。

2)因果关系原则

因果，即原因和结果。因果关系就是事物之间存在着一事物是另一事物发生的原因这种关系。事故是许多因素互为因果连续发生的最终结果。一个因素是前一因素的结果，而又是后一因素的原因，环环相扣，导致事故的发生。事故的因果关系决定了事故发生的必然性，即事故因素及其因果关系的存在决定了事故或迟或早必然要发生。掌握事故的因果关系，切断事故因素的环链，就消除了事故发生的必然性，就可能防止事故的发生。

事故的必然性中包含着规律性。必然性来自于因果关系，深入调查、了解事故因素的因果关系，就可以发现事故发生的客观规律，从而为防止事故发生提供依据。应用整理统计方法，收集尽可能多的事故案例进行统计分析，就可以从总体上找出带有规律性的问题，为宏观安全决策奠定基础，为改进安全工作指明方向，从而做到"预防为主"，实现安全生产。

从事故的因果关系中认识必然性，发现事故发生的规律性，变不安全条件为安全条件，把事故消灭在早期起因阶段，这就是因果关系原则。

3)3E 原则

造成人的不安全行为和物的不安全状态的主要原因可归结为四个方面：

(1)技术的原因。其中包括：作业环境不良(照明、温度、湿度、通风、噪声、振动等)，物料堆放杂乱，作业空间狭小，设备、工具有缺陷并缺乏保养，防护与报警装置的配备和维护存在技术缺陷。

(2)教育的原因。其中包括：缺乏安全生产的知识和经验，作业技术、技能不熟练等。

(3)身体和态度的原因。其中包括：生理状态或健康状态不佳，如听力、视力不良，反应迟钝，疾病、醉酒、疲劳等生理机能障碍；怠慢、反抗、不满等情绪，消极或亢奋的工作态度等。

(4)管理的原因。其中包括：企业主要领导者对安全不重视，人事配备不完善，操作规程不合适，安全规程缺乏或执行不力等。

针对这四个方面的原因，可以采取三种预防对策，即工程技术(Engineering)对策、教育(Education)对策和法制(Enforcement)对策。这三种对策就是 3E 原则。

技术对策是运用工程技术手段消除生产设施设备的不安全因素，改善作业环境条件，完善防护与报警装置，实现生产条件的安全和卫生。教育对策是提供各种层次的、各种形式和内容的教育和训练，使职工牢固树立"安全第一"的思想，掌握安全生产所必需的知识和技能。法制对策是利用法律、规程、标准以及规章制度等必要的强制性手段约束人们的行为，从而达到消除不重视安全、违章作业等现象的目的。

在应用 3E 原则时，应该针对人的不安全行为和物的不安全状态的四种原因，综合地、灵活地运用这三种对策，不要片面强调其中某一个对策。具体改进的顺序是：首先是工程技术措施，其次是教育训练，最后才是法制。

4)本质安全化原则

本质安全化原则来源于本质安全化理论。该原则的含义是指，如果从一开始和从本质上实现了安全化,就可从根本上消除事故发生的可能性,从而达到预防事故发生的目的。所谓本质上实现安全化(本质安全化)指的是:设备、设施或技术工艺含有内在的能够从根本上防止发生事故的功能,具体地讲,包含两个方面的内容:

(1)失误—安全(Fool-Proof)功能,指操作者即使操纵失误也不会发生事故和伤害,或者说设备、设施具有自动防止人的不安全行为的功能。

(2)故障—安全(Fail-Safe)功能,指设备、设施发生故障或损坏时还能暂时维持正常工作或自动转变为安全状态。

上述两种安全功能应该是设备、设施本身固有的,即在规划设计阶段就被纳入其中,而不是事后补偿的。

本质安全化是安全管理预防原理的根本体现,也是安全管理的最高境界,实际上目前还很难做到,但是我们应该坚持这一原则。

(三)安全管理的基本原则

加强安全管理工作,应当坚持以下六项基本原则:

1.管生产同时管安全

安全寓于生产之中,并对生产起到促进与保证作用。因此,安全与生产虽有时会出现矛盾,但在安全管理及生产管理的目标、目的上,表现出高度的一致和完全的统一。安全管理是生产管理的重要组成部分,安全与生产在实施过程,两者存在着密切的联系,存在着进行共同管理的基础。国务院在《关于加强企业生产中安全工作的几项规定》中明确指出:各级领导人员在管理生产的同时,必须负责管理安全工作。企业中各有关专职机构,都应该在各自业务范围内,对实现安全生产的要求负责。

管生产同时管安全,不仅是对各级领导人员明确安全管理责任,同时,也向一切与生产有关的机构、人员,明确了业务范围内的安全管理责任。由此可见,一切与生产有关的机构、人员,都必须参与安全管理并在管理中承担责任。认为安全管理只是安全部门的事,是一种片面的、错误的认识。各级人员安全生产责任制度的建立、管理责任的落实,都体现了管生产同时管安全的原则。

2.坚持安全管理的目的性

安全管理的内容是对生产中的人、物、环境因素状态的管理,有效控制人的不安全行为和物的不安全状态,消除或避免事故。达到保护劳动者的安全与健康的目的。没有明确目的的安全管理是一种盲目行为。盲目的安全管理,充其量只能算作花架子,危险因素依然存在。在一定意义上,盲目的安全管理,只能纵容威胁人的安全与健康的状态,使其向更为严重的方向发展或转化。

3.必须贯彻预防为主的方针

安全生产的方针是"安全第一、预防为主、综合治理"。安全第一是从保护生产力的角度和高度,表明在生产范围内安全与生产的关系,肯定安全在生产活动中的位置和重要性。

进行安全管理不是处理事故,而是在生产活动中,针对生产的特点,对生产因素采取管理措施,有效控制不安全因素的发展与扩大,把可能发生的事故消灭在萌芽状态,以保证生产活动中,人的安全与健康。

贯彻预防为主,首先要端正对生产中不安全因素的认识,端正消除不安全因素的态度,选准消除不安全因素的时机。在安排与布置生产内容的时候,针对施工生产中可能出现的危险因素,采取措施予以消除是最佳选择。在生产活动过程中,经常检查、及时发现不安全因素,采取措施、明确责任,尽快、坚决地予以消除,这是安全管理应有的鲜明态度。

4. 坚持“四全”动态管理

安全管理不是少数人和安全机构的事,而是一切与生产有关的人共同的事。缺乏全员的参与,安全管理不会有生气、不会出现好的管理效果。当然,这并非否定安全管理第一责任人和安全机构的作用。生产组织者在安全管理中的作用固然重要,全员性参与管理也十分重要。

安全管理涉及生产活动的方方面面,涉及从物料采购到售后服务的全部过程,涉及全部的生产时间,涉及一切变化着的生产因素。因此,生产活动中必须坚持全员、全过程、全方位、全天候的动态安全管理。

只抓住一时一事、一点一滴,简单草率、一阵风式的安全管理,是走过场、形式主义,不是我们提倡的安全管理作风。

5. 安全管理重在控制

进行安全管理的目的是预防、消灭事故,防止或消除事故伤害,保护劳动者的安全与健康。安全管理的四项主要内容,虽然都是为了达到安全管理的目的,但是对生产因素状态的控制,与安全管理目的关系更直接,显得更为突出。因此,对生产中人的不安全行为和物的不安全状态的控制,必须看做是动态安全管理的重点。事故的发生,是由于人的不安全行为运动轨迹与物的不安全状态运动轨迹的交叉。从事故发生的原理也表明对生产因素状态的控制应该作为安全管理的重点,而不能把约束当做安全管理的重点,这是因为约束缺乏带有强制性的手段。

6. 在管理中发展、提高

安全管理是变化着的生产活动管理,是一种动态过程。这就意味着安全管理本身是不断发展变化的,以适应不断变化的生产特征,消除新的危险因素;更为重要的是,应不间断地分析新情况、摸索新规律,总结管理、控制的措施与经验,指导新的环境、条件下的安全管理,从而使安全管理不断提升到新的水平。

二、安全生产战略管理

战略一词,古代就有,战略原来是军事方面的术语,指的是将帅的智谋、筹划以及军事力量的运用。西方的战略概念起源于古代的战术,原指将帅本身,后来指军事指挥中的活动英语中,战略一词来源于希腊文“Strategos”,其含义是“将军”。当时这个词的意义是指挥军队的克敌制胜艺术和科学。战略一词引入到企业管理中来也只有几十年的时间。在企业管理这个范畴中,究竟什么是战略目前尚无一个统一的定义。不同的学者与企业管理人员给战略赋予不同的含义。有的认为战略应该包括目标,即广义的战略;有的则认为战略不应该包括目标,即主张狭义的战略。企业经营战略一词最早由安索夫在1976年出版的《从战略规划到战略管理》中提出:战略是一套指导企业行为的决策准则,贯穿企业活动与产品/市场之间的连线:产品/市场范围、增长向量、竞争优势、协同作用等。钱德勒的定义是:确定企业基本长期目标,选择决策行动路径和为实现这些目标进行的资源的分配。明茨博格提出战略从五个不同方面的定义，即战略是：计划（Plan）、计谋（Ploy）、模式（Pattern）、定位（Position）和观念（Perspective）即5P模型。

企业生产经营过程充满各种大大小小，不同种类的风险，既有来自企业内部环境的，也有来自企业外部的；既有企业发展战略决定主动面对的风险，也有企业无法规避，无法转嫁而不得不被动面对的风险。企业生产经营安全是企业稳定发展的基础。对于安全生产管理部门而言，根本使命在于通过各种管理措施和手段确保国家法律法规和标准规定在企业得以遵守、实施，监督机构员工做好安全生产工作。随着社会经济进入新的发展阶段，对安全生产要求将更严格，如何在新形势下做好安全生产管理工作成为广大安全生产监督和管理人员必须面对的问题。战略管理与传统安全生产管理相比，视野更宽广，立足点更高，将战略管理导入安全生产管理将拓展安全生产管理理念，使得安全生产管理与机构的总体发展战略高度统一，使机构对安全生产管理的意义更加清晰。

不仅如此，安全战略同样是各类企业整体发展战略的必要组成部分。企业战略管理近期的趋势是强调企业的可持续发展，对企业员工健康和生命安全，对企业财产安全，对利益相关者（产品和劳务的购买者，股东，债权人等）和环境安全的承诺是企业可持续发展的基础条件，也是企业履行社会责任的重要内容。从更大的层面上看，生产安全战略是行业稳定发展和区域经济稳定运行的基础，同时也是行业发展战略和区域发展战略的必要组成部分。

1. 安全生产战略管理的特点

企业安全生产战略管理是关系到企业安全长期性，全局性和方向性的重大问题，是企业在复杂多变的风险环境中谋求生存和发展的一种管理方式，同一般的安全生产管理方法相比而言，企业安全生产战略管理具有如下特点：

(1)全局性。

企业安全生产战略是全局性的策略，确定企业安全生产战略必须从整个企业的生存和发展来加以考虑，是以企业全局为对象，根据企业经营发展的总体发展需要而制定的。涉及企业生产经营全过程的各种活动，追求的是总体安全效果。全局性表现在两个方面，一方面，企业安全生产战略必须以企业全局分析为基础，既要分析企业内部的目标、条件，又要分析企业外部竞争威胁和机会，还要分析企业内部自身的优势和弱点，把各方面的分析结合起来才能形成制定企业安全生产战略的可靠基础；另一方面，企业安全生产战略必须是针对企业经营中涉及生产安全的全局性问题而提出来的，如果没有全局的思想，也就谈不上企业安全生产战略。

(2)长期性。

企业安全生产战略决策者面临的问题并不是企业明天在生产经营安全问题上应该怎么办，而是为了应付不确定的风险环境下，我们今天应该如何做？企业安全生产战略是着眼于未来，是根据过去较长一段时间企业在经营活动中总结出来的安全生产经验和教训，以及市场环境变化的总体趋势，为保障企业未来发展的可持续性而制定的安全生产长期方针和政策。其长期性表现在三个方面：一是安全目标的长期性，二是风险环境的长期性，三是安全措施的长期性。为了企业长远的生存和发展目标，要克服急功近利的短期行为，尤其是在安全目标设置和安全投入方面不能存在短视和侥幸，在长期安全与短期利益发生冲突时，要着眼于企业的未来安全，自觉地放弃无助于企业长远发展，损害企业生产安全的短期做法，而谋求企业安全生产的长期可持续性。

(3)权变性。

企业的经济活动就是把现在的资源运用于不确定的未来。经济活动的本质就是冒险。企业安全生产战略不能消灭风险,也难以把风险降到最小,重要的是要冒该冒之险。成功的安全生产战略具有承受更大风险的能力。所谓权变,是指要对可能发生哪些变化,各种变化将对企业安全生产形势形成何种后果,从而应采取哪些应变的战略方案都要有足够的了解和准备,并要求具备相应的应变能力。安全生产战略制定后不是一成不变的,应根据企业外部环境和内部条件的变化,适时地对其加以调整,以适应变化后的情况,这就是安全生产战略的权变性。

(4)政策性。

安全生产战略对企业安全生产各方面的工作具有指导意义。安全生产战略一经制定,企业上下就要为完成这个战略目标而努力。安全生产战略的政策性就是指一方面企业作为现代社会的经济细胞,企业战略应该同区域安全生产战略和国家总体安全生产战略的要求相适应,不能违反政府相关安全生产法律的规定;另一方面,企业安全生产战略确定后,还要进一步在企业内部通过宣传、培训等方式阐明企业安全生产战略的一系列政策,以保证其能正确无误地加以执行。

(5)有限合理性。

从企业总体出发对安全生产战略进行优化是一个重要原则,但在贯彻中必然涉及诸多复杂因素,其中还会有相当多的因素是不确定的。由于安全生产战略决策受到时间和信息不完备的限制,往往只能在可取得的信息及时间许可的范围内寻求令人满意的方案(可能不是理论上的最优方案),此外,安全生产战略决策除理性因素外,还要受非理性因素(如组织结构和人的行为因素)的制约。以有限合理性为基础,考虑到非理性的因素,是一个重要的战略观念。

(6)资源有限性。

企业在经营中具有的和可取得的资源(人力、物力、财力)总是有限的。为此,在安全生产战略决策中必须有所取舍,不应贪多求全,应把有限的资源有重点地用在建立一些具有关键作用的安全生产保障能力上,而不应去过度追求建立"100%安全"。把有限的资源用于追求"100%安全",就可能使安全生产管理和其他生产经营任务产生激烈矛盾,在集中使用资源的诸多重点中,还应进一步分清轻重缓急,对资源的调配使用制定出优先顺序,避免因某些偶然事件的发生而导致偏离企业安全生产的方向与战略部署。

2. 安全生产战略管理的作用

(1)安全生产战略是决定企业经营成败的关键。

作为一项十分重大的决策,战略本身直接关系企业的成败和兴衰,一个企业战略方向选择的正确与否,是决定企业经营成败的关键所在。正如美国未来学家托夫勒所说:"如果对将来没有一个长期明确的方向,对本企业的未来形式没有一个实在的指导方针,不管企业的规模多大,地位多稳定,都将在新的革命性的技术和经济的大变革中失去生存条件。"安全生产战略为企业未来的安全生产设定总的方针和任务,对企业持续平稳健康发展具有重要的保障作用。

(2)安全生产战略是编制安全生产工作计划和制定安全生产各项制度措施的依据。

从根本上来说,战略本身也是一个属于计划范畴内的概念,但战略作为企业未来发展方向的远景规划,与具体的经营计划有本质区别。一方面,战略具有方向性、长远性和不确定性,因此战略只能是一种概括性、粗线条的长远规划,并且包括许多事先难以确定的因素;而安全生产工作计划具有具体性、稳定性和可操作性,因此必须是一种明确而细致的行动计划,其中所包含的不确定因素相应也少得多。另一方面,安全生产战略作为一种远景规划,最重要地规定了企业安全生产工作长远发展方向,而安全生产工作计划作为一种执行计划,侧重于各个具体时期内沿着既定的安全生产战略方向应该达到的目标。

(3)安全生产战略管理有利于企业从社会的角度来审视自身,从而建立起与社会共同发展的和谐关系。

安全生产战略管理中规定了企业对员工及环境的安全责任,包括确保各种利益相关者安全的行为准则,规定了安全生产目标和安全生产关键领域,规定了企业在哪些方面应满足社会对企业安全生产经营水平的预期,所以企业安全生产战略的整个过程始终体现着企业在满足社会需求和履行社会责任的基础上,谋求自身和社会共同发展的和谐关系。

3. 安全生产战略管理过程

安全生产管理的战略管理包括四个模块:环境分析、战略的制定、战略的实施以及战略的评估与控制。安全生产战略管理过程基本模块如图3-1所示。在战略的最初阶段是进行环境分析,然后制定合适自己的战略,接下来就是积极推进战略的实施,最后还要对战略的成效进行评估,然后重新回到环境分析部分,对安全生产战略进行调整和控制。很显然,这是一个循环的过程,而且是一种螺旋上升式的前进,这种模式能够保证安全生产战略与整个社会的发展同步。

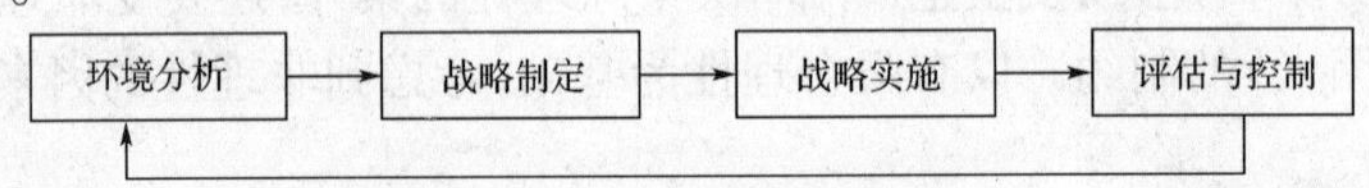

图3-1　安全生产战略管理过程模块

1)安全管理环境分析

环境分析是从外部与内部环境中监测、评估与提取信息,它是安全生产战略管理的关键因素。安全生产战略管理所面对的外部环境包括国家对安全生产总的方针政策,本地安全生产管理部门的具体措施,以及本地安全生产状况等。这里必须明确的是,只有充分了解安全生产的外界环境及其变化和发展趋势后才有可能制定出符合实际的战略目标。

进行安全生产外界环境的分析主要是为了发现机会和威胁。目前国家对安全生产很重视,如何将安全生产方针政策落实为具体的工作就是安全生产管理部门的重要使命。当然,安全生产管理还要面对各种威胁,安全生产工作本身就存在一些基本理论的不完善,再加上各种事故,突发事件的发生,所以安全生产管理部门所面对的是一个动荡的环境,其中有很多威胁,这也是安全生产管理部门必须明确的。

安全生产管理工作不仅要了解外界的环境,同时也要清楚自身的资源。安全生产战略管理的制定者和执行者,如果不了解自身的资源,那么任何的决策都是没有意义的。安全生产管理工作是通过安全生产管理职能部门有限的人力、物力和资金等投入,完成企业和社会对安全生产的工作要求,而且还必须经过不断的努力才能完成安全生产的战略目标。

通过分析自身现有的资源,识别出安全生产管理职能部门的优势和劣势,安全生产管理的战略管理才找到了真正的出发点。强化已有的优势,改进存在的劣势就成为最基本的工作起点。

通过分析外界环境和自身资源,安全生产管理部门必须重新评价安全生产战略目标。这样的方法被称为 SWOT 分析,它把对安全生产管理部门的优势(Strengths)、劣势(Weakness)、机会(Opportunities)和威胁(Threats)的分析结合在一起,以便安全生产管理部门能够制定出更有效可行的战略管理方案。在制定安全生产战略时,也需要将企业社会责任❶的要求纳入其中,并凸显企业理念中的核心价值观❷。

2)安全生产战略管理制定和实施

安全生产管理战略的制定是综合考虑安全生产管理部门的优势与劣势,为了更有效地把握机会,消除或回避危险,而开展制定的中长期安全生产规划。这个规划主要包括安全生产管理的目标、战略和政策等。

安全生产战略管理总的目标是确保广大企业的人员的安全和健康,同时还要确保国家和企业的财产不受损失。这是一个总体的概念,或者是一个最终的结果。具体的目标就还要加上完成时间、量化的指标等具体内容。

安全生产管理的战略管理简单说就是表明如何达到目标,如何完成使命的综合计划。一般来说,安全生产的战略管理是分层次性的,主要包括:国际安全生产管理层次、国家安全生产管理层次和地方安全生产管理层次。

安全生产战略管理的政策是把战略制定与实施连接起来指导决策的指南。安全生产管理部门正是通过一系列的政策来支持安全生产的战略管理目标。

安全生产管理战略的实施是通过安全生产的一系列行动和检查,将安全生产的战略和政策推向行动之中。这个过程涉及安全生产的各个环节,一般是由地方的安全生产管理部门和企业共同完成,更高级别的部门主要是负责评估和控制他们完成的工作。

安全生产管理战略的实施首先需要一个完整的安全生产行动计划,它描述的是安全生产战略的行动步骤,是战略实施的指导。安全生产管理战略的实施还包括各种形式的安全检查。由于安全生产所要处理问题的复杂性,再加上安全生产管理部门人力、物力、财力等的限制,安全生产战略的实施更多地只能是设计制定出标准的检查表进行,而且很多具体的检查和评估要让安全生产中介机构来完成,政府职能部门主要还是从整体上把握和控制。

安全生产战略管理的评估与控制实际上就是将安全生产的实际情况与期望的安全状况进行比较,其实这就是一个反馈与学习的过程。安全生产战略 SWOT 分析及决策过程如图 3-2 所示。

---

❶ 企业社会责任(英文:Corporate social responsibility,简称 CSR),是指企业在其商业运作里对其利害关系人应负的责任。企业社会责任的概念是基于商业运作必须符合可持续发展的想法,企业除了考虑自身的财政和经营状况外,也要加入其对社会和自然环境所造成的影响的考虑。

❷ 核心价值观就是指企业在经营过程中坚持不懈,努力使全体员工都必须信奉的信条。是企业哲学的重要组成部分,它是解决企业在发展中如何处理内外矛盾的一系列准则,如企业对市场、对客户、对员工等的看法或态度,它是企业表明企业如何生存的主张。企业的"核心价值观"是"一个企业本质的和持久的一整套"原则。它既不能被混淆于特定企业文化或经营实务,也不可以向企业的财务收益和短期目标妥协。

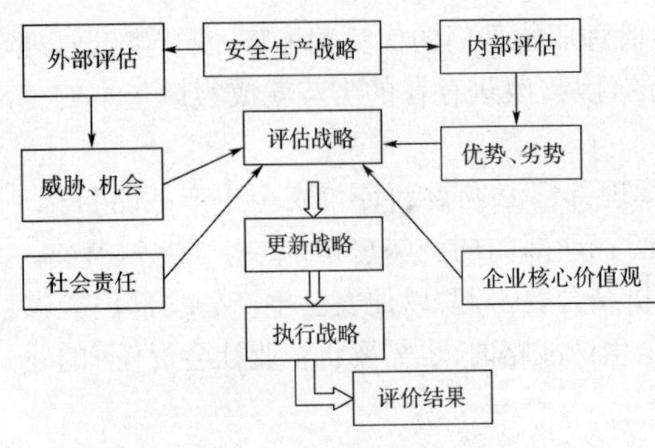

图3-2　安全生产战略SWOT分析及决策过程

4. 安全生产战略管理的基本工具和技术

1)计划工具

安全生产管理需要通过对时间进行科学合理的分配以达到战略管理所确定的目标。具体的技术包括:"甘特图"、计划评审技术等。"甘特图"是由亨利·甘特在20世纪初提出的,其实就是通过纵向的线条表示完成工作的情况。"甘特图"直观地表明了任务计划在什么时候开始,以及目前的进度情况。❶

随着科学技术和生产的迅速发展,出现了许多庞大而复杂的科研和工程项目,它们工序繁多,协作面广,常常需要动用大量人力、物力、财力。因此,如何合理而有效地把它们组织起来,使之相互协调,在有限资源下,以最短的时间和最低的费用,最好地完成整个项目就成为一个重要问题。

计划评审技术❷就是在这种背景下出现的。这种计划方法是利用网络图来表达项目中各项活动的进度和它们之间的相互关系,并在此基础上,进行网络分析,确定关键活动与关键路线,利用时差不断地调整与优化网络,以求得最短周期。然后,还可将成本与资源问题考虑进去,以求得综合优化的项目计划方案。因为这种方法都是通过网络图和相应的计算来反映整个项目的全貌,所以又叫做"网络计划技术"❸。

2)环境扫描

安全生产管理工作的实践性特别强,不同的社会环境对安全生产管理所提的要求是不同的,所以必须进行全面的环境扫描❹。环境扫描(Environment Scanning)是指浏览大量的信息以察觉正在出现的趋势和形成一套设想。

由于生产过程可能出现的事故具有一个重要特征就是潜在性。在没有发生事故的时候,看上去一切都似乎"风平浪静",但实际已经存在各种事故隐患,这里的关键问题是作为管理者是否能够及时发现并进行处理。所以,对于安全生产战略管理过程的环境扫描来说,最重要的问题就是对事故隐患的检查和扫描,这是整个环境扫描的中心环节。由于事故呈

---

❶ 甘特图,也称为条状图(Bar chart),是在1917年由亨利·甘特开发的,其内在思想简单,基本是一条线条图,横轴表示时间,纵轴表示活动(项目),线条表示在整个期间上计划和实际的活动完成情况。它直观地表明任务计划在什么时候进行,及实际进展与计划要求的对比。管理者由此极为便利地弄清一项任务(项目)还剩下哪些工作要做,并可评估工作是提前还是滞后,抑或正常进行。甘特图事实上仅仅部分地反映了项目管理的三重约束(时间、成本和范围),因为它主要关注进程管理(时间)。

❷ PERT(Program Evaluation and Review Technique)即计划评审技术,最早是由美国海军在计划和控制北极星导弹的研制时发展起来的。PERT技术使研制北极星潜艇的时间缩短了两年。简单地说,PERT是利用网络分析制定计划以及对计划予以评价的技术。它能协调整个计划的各道工序,合理安排人力、物力、时间、资金,加速计划的完成。在计划的编制和分析上,PERT被广泛的使用,是管理的重要手段和方法。

❸ 1956年,美国杜邦公司在制定企业不同业务部门的系统规划时,制定了第一套网络计划。这种计划借助于网络表示各项工作与所需要的时间,以及各项工作的相互关系。通过网络分析研究工程费用与工期的相互关系,并找出在编制计划及计划执行过程中的关键路线。这种方法称为关键路线法(CPM)。

❹ 环境扫描的概念最早是由美国哈佛商学院教授Francis Aguilar在1967年提出的,他认为环境扫描是指获取和利用外部环境中有关事件信息、趋势信息和关系信息的行为,以协助企业的高级管理层制定其未来行动计划。

现的多样性，所以，隐患的形式也是多种多样的，如何发现这些隐患不仅是一个战略问题，同时也是一个现场安全管理的问题，这需要丰富的经验和长期知识的积累。目前安全生产中最常见的环境扫描手段就是安全检查表，这是最基本的一种系统安全工具。经过环境扫描后，安全生产战略制定者还需要对今后可能出现的问题有一个连贯性的思考，这可以称为设想方案。因为环境扫描只是找到了一些隐患，而且这些隐患暂时不会对生产过程造成危害，但今后如何消除或减弱各个隐患之间的关联以及这些隐患今后的发展趋势就是安全生产战略制定前必须全面考虑的，否则环境扫描就没有任何作用。

3）安全生产工作的预测

环境扫描为安全生产工作的预测奠定了良好的基础，安全生产战略制定者从扫描到的大量信息中找出各种隐患信息，然后进行全面的设想，这成为安全生产工作预测的前提，而预测就是对未来可能发生事故的提前预计。安全生产工作需要做大量的事前的预防工作，至于工作的最终结果如何，在很大程度上需要科学的预测技术。

选择科学合理的预测技术对安全生产管理工作十分重要。具体说来，安全生产管理工作中的评价审核，安全检查在一定程度上都属于预测工作。选择科学合理的预测技术是安全生产管理工作的重点和难点。从这个角度上说，安全技术和安全管理具有同等的重要性。

安全生产管理工作中的预测技术主要有定量预测和定性预测。定量预测是将一组数学规律运用到环境扫描所获取的信息上，目的是得到今后可能的结果。定性预测主要根据个人的知识和经验对环境扫描所获得的信息进行分析和判断。定性预测一般运用于缺乏或难以获得精确信息的场合。

定量预测技术主要包括时间序列分析和回归预测，它需要数理统计的知识、专业知识以及大量实际数据，而且对于回归分析来说，一般是不能随意外推的。虽然有很多的局限，但定量预测的最大优势就是结果比较客观、直接，对安全生产战略的制定有直接的影响。

定性预测技术主要通过专家或小组的经验和知识来进行判断，其优点是预测速度很快，可以获得多种有价值的观点和意见，适合中长期的预测。其缺点在于可能完全没有发现真正的隐患，最终导致事故发生的时候没有相应的准备。

4）安全生产工作的预算

安全生产工作需要投入各种人力、物力和财力，而且这些投入很难直接变成收入，使公司或企业的利润增加。正因为这样的原因，不少单位的安全生产预算长期不能得到有效的保证，这也是困扰安全生产工作健康发展的重要因素。安全生产战略必须对安全生产工作的预算进行明确和保证，这是开展安全生产工作的基本条件。

目前安全生产工作中最常见的预算方法是传统预算，也称为增量预算。这种预算方法具有两个显著特征。首先，资金被分配到安全生产部门，然后安全生产部门的管理者再次对有限的资金进行分配；其次，预算资金的增减是根据上一次的预算值作为参考。传统预算的不足在于，安全工作千头万绪，无论什么项目都有充分理由要求给予资金支持，如何确定各项工作的先后顺序是很困难的。安全生产涉及方面多，如果平均分配资金可能导致预算针对性不强，结果就是安全生产问题长期存在而得不到解决；如果资金采取倾斜做法，突出重点领域，可能导致原本不突出的安全隐患可能成为事故的源头，形成资金的浪费和低效率。

安全生产预算关键问题在于采取合理的排序标准，把有限的预算资金依次投入到最需

要的地方，减少或消除可能出现的针对性不强或低效率问题。

5)安全生产管理投入产出分析

安全生产管理属于管理过程，为确保安全生产战略目标的实现，构建安全生产管理体系，组织人手，进行相关安全设备采购和安全设施投资，开展安全生产监督检查、宣传、培训及演练，遭遇安全生产事故时采取有效应对都需要资源投入。企业内部所掌握的资源是有限的，无论是资金、技术还是人力资源。企业安全生产管理方面的资源投入是为了获得安全保障角度的产出，或者说是安全程度的提高。了解一些安全经济学方面的内容，理解安全投入与安全产出之间的经济关系，有助于企业管理层进行合理的安全生产决策❶。

(1)安全生产管理经济分析。

安全对企业的生产和经济效益的取得具有确定的作用，安全活动应被看成一种能创造价值的活动，一种能带来经济效益的活动。从理论上讲，安全具有两大经济功能：第一，安全能直接减轻或免除事故或危害事件给人、社会和自然造成的损害，实现保护人类财富，减少无益消耗和损失的功能。第二，安全能保障生产经营劳动条件、服务过程，提升企业信誉，改善企业形象，实现其间接为企业和社会提供价值增值的功能。

第一种功能实际是预防事故及减少损失，可用损失函数 $L(S)$ 来表达：一般情况下，损失幅度将随着安全程度的提高而不断减少。当系统无任何安全性时($S=0$)，从理论上讲损失趋于无穷大，具体值取决于机会因素；当 S 趋于100%时，损失趋于零。但损失减少的趋势逐渐放缓，呈递减模式。

第二种功能是通过企业内部环境及企业与社会交互界面、过程安全程度的提高来优化企业社会责任的履行绩效，提升利益相关群体对企业的总体评价，从而间接提升企业总体价值，用增值函数 $I(S)$ 来表达：增值函数 $I(S)$ 随安全性 S 的增大而增大，但是有限的，最大值取决于社会技术系统特定时期具体特征。同样，增值幅度增加趋势逐渐放缓、呈递减模式。

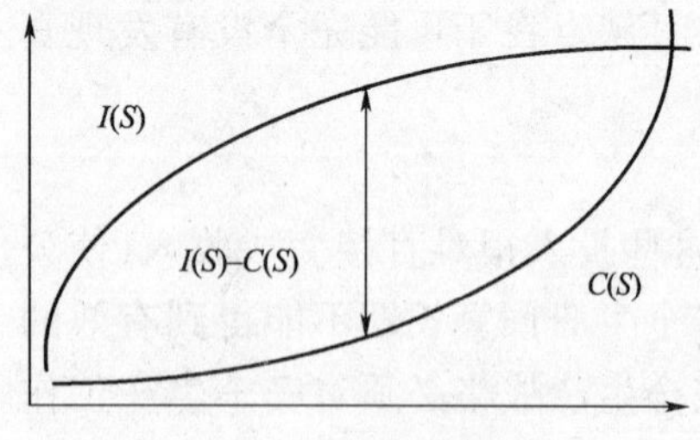

图3-3　安全经济参数曲线图

提高或改变安全性，需要投入，即付出代价或成本。并安全性要求越大，需要成本越高。从理论上讲，要达到100%的安全(绝对安全)，所需投入趋于无穷大。由此可有安全的成本函数 $C(S)$。而且，一般情况下，安全投入与安全程度之间并非线性关系，随着安全水平提升，所需的安全投入往往呈递增趋势。安全经济参数曲线如图3-3所示。

综合安全投入和安全产出两个方面的变化趋势，可以认为，如果在特定时空条件下，只从经济角度考虑，安全投入存在一个合理区间，以使安全效益为正值。并使安全效益尽可能极大化。

---

❶ 安全经济学是研究安全的经济(利益、投资、效益)形式和条件，通过对人类安全活动的合理组织、控制和调整，达到人、技术、环境的最佳安全效益的科学。这一定义具有如下几点内涵：(1)安全经济学的研究对象是安全的经济形式和条件，即通过理论研究和分析，揭示和阐明安全利益、安全投资、安全效益的表达形式和实现条件；(2)安全经济学的目的是实现人、技术、环境三者的最佳安全效益；(3)安全经济学的目标是通过控制和调整人类的安全活动来实现的。

(2)安全成本分析方法。

交通企业尤其是水路运输企业,近10余年来SMS运行的实践证明。安全成本管理已经成为企业进行改进安全质量管理、降低成本、提高效益特别是衡量安全管理体系有效运行的重要指标。

安全成本是指为了确保安全而发生的费用以及没有达到安全所造成的成本。安全成本不同于产品的制造成本,而是为确保安全的成本。一般由以下几个部分构成:①预防成本,指用于预防产生不符合规定情况或因发生设备故障而停航所需的各项费用,包括安全管理体系中为预防、保证和控制安全质量、开展安全管理所需的费用。②鉴定成本,指评定产品是否满足安全质量要求所需的费用,包括试验设备校准维护费等。③内部损失成本,指因不满足规定的安全技术质量要求而支付的费用。④外部损失成本。一般指修理费用,也包括因PSC检查不符而导致的滞港及船期损失等。

一般以为不合格率越低越好作为考核企业的安全指标,甚至以为不出现一个不符合更好,但实际上在企业经济效益上,不一定是最合理的。如图所示,曲线A代表内部损失成本+外部损失成本。曲线B代表预防成本+鉴定成本,曲线C代表安全总成本。当A与B相交点之对应点D,这便是代表最适宜的安全总成本,则其对应的安全质量最适宜水平P应是作为考核企业的安全指标。见图3-4所示。

(3)安全投入的优化。

安全活动是以投入一定的人力、物力、财力为前提。把投入安全活动的一切人力、物力和财力的总和称为安全投资,也称为安全资源。因此,在安全活动实践中,安全专职人员的配备、安全与卫生技术措施的投入、安全设施维护、保养及改造的投入、安全教育及培训的花费、个体劳动防护及保健费用、事故援救及预防、事故伤亡人员的救治花费等,都是安全投资。而事故导致的财产损失、劳动力的工作日损失、事故赔偿等,非目的性(提高安全活动效益的目的)的被动和无益的消耗,则不属于安全投资的范畴。

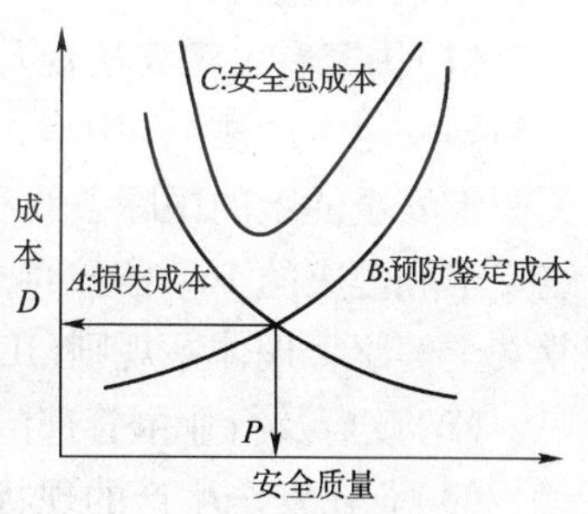

图3-4　安全成本与安全质量关系图

根据不同的目的和用途,各种各样分类的安全投资。如按投资的作用划分,有预防性投资,包括安全措施费、防护用品费、保健费、安全奖金等超前预防性投入;控制性投资,事故营救、职业病诊治、设备(或设施)修复等。按投资的时序划分,有事前投资,指在事故发生前所进行的安全投入;事中投资,指事故发生中的安全消费,如事故或灾害抢险、伤亡营救等事故发生中的投入费用;事后投资,指事故发生后的处理、赔偿、治疗、修复等费用。按投资所形成的技术"产品"划分,有硬件投资;软件投资。按安全工作的专业类型划分,有安全技术投资;工业卫生技术投资;辅助设施投资;宣传教育投资(含奖励经费);防护用品投资;职业病诊治费;保健投资;事故处理费用;修复投资等。

科学地进行安全投资,进行安全投资技术的研究是提高社会或企业有限安全投入效益的重要方面。要研究不同时期、不同行业和不同安全生产水平企业的安全投资强度和结构问题,如研究国家或行业的安全投资指数;预防性投资与事故投资的结构,安措经费与个人防护品费用的比例结构,安全技术投资与工业卫生投资的比例结构等。

三、安全生产目标管理

目标管理是以目标为导向,以人为中心,以成果为依据,而使企业和个人取得最佳业绩的现代管理方法。目标管理亦称“成果管理”,也称责任制。是指在企业员工的积极参与下,自上而下确定工作目标,并在工作中实行“自我控制”,自下而上地保证目标实现的一种管理办法。安全目标管理是目标管理在安全管理方面的应用,它是指企业内部各个部门以至每个员工,从上到下围绕企业安全生产总目标,层层展开各自的目标,确定行动计划,安排安全生产工作进度,制定实施有效管控措施,并对安全绩效严格考核的一种管理制度。安全目标管理是参与管理的一种形式,是根据企业安全工作目标来实现企业安全生产的一种科学有效的管理方法。安全目标管理的实施过程可分为四个阶段,即安全管理目标决策、建立安全目标指标体系、安全目标管理的实施、安全绩效的评价与考核。

1. 安全生产管理目标决策

安全生产目标是企业实施安全生产目标管理,控制企业安全生产活动的首要依据。确定企业安全生产目标,实际上是一个完整的决策过程,它包括收集情报信息、拟定目标方案、评估目标方案并选择最优方案等一系列的步骤。

1)决策的依据

(1)国家有关法律法规及安全技术标准。例如,《中华人民共和国劳动法》、《中华人民共和国安全生产法》、《中华人民共和国职业病防治法》、《危险化学品安全管理条例》等;有关职工安全健康的国际条约和公约,例如,国际劳工组织关于化学品的 170 号公约,关于建筑安全和健康的 167 号公约,关于职工安全的 155 号公约和 161 号公约,国际劳工组织的职业安全健康管理体系规则(ILO—OSH 2001)等,都是设定安全生产目标的重要参考。

(2)政府及行业主管部门下达的安全生产五年计划、考核指标,尘毒达标等的要求。

(3)企业安全生产的现状,是指企业生产技术状况,技术装备的安全程度,人员的情况,安全生产管理的薄弱环节,主要危险因素及危险程度,企业改制的有关新情况、新问题等。

(4)企业中、长期安全规划、同类企业安全情况,行业安全水平,行业标杆企业安全水平等。

(5)工伤事故和职业病统计资料和数据,企业上一年度安全目标的实施情况。

(6)企业的经济条件及技术条件。

2)目标决策的原则

设定安全生产目标结合体现先进性、可行性与科学性。目标值定得过低,不经过努力就可达到,缺乏激励作用,失去了目标管理的意义。目标值定得过高,可望而不可即,作出最大努力也无法达到,就会使人丧失信心、挫伤积极性。要做到先进性和可行性的正确结合,就必须把目标值建立在科学分析论证的基础上,要充分了解自身条件和状况,要对未来作出科学的预测和决策。为此,安全生产目标的制定应遵守以下原则[1]。

(1)符合性。安全生产目标必须符合国家法律法规和安全技术标准的要求。安全生产

[1] 有管理者认为设定目标应符合 SMART 原则:明确的(specific)、可测量的(measurable)、行动导向的(action-oriented)、务实的(realistic)、有时间表的(time-related)。

目标要确保政府和行业上级部门下达的安全生产考核指标能够实现。

(2)可行性。应该充分认识达到目标的有利条件和充分估计困难,目标水平不宜太低,也不宜太高,要经过一定的努力才能达到。太低,目标无刺激性,职工的潜力不能充分发挥;太高,虽经再三努力却无法实现,只会打击员工的积极性。

(3)明确性。安全生产目标必须具体化、定量化、数据化,不能模棱两可,目标数目不宜过多,以免努力过于分散,要突出重点、集中明确、有度量性。使目标的预期结果各种指标做到比去年降低,安全系数提高,以利于进行同期比较、检查和评价。

(4)科学性。目标应具有科学预见性,即目标高度是根据需要与可能两方面进行平衡确定,既先进又可行。

(5)系统性。目标的制定要考虑系统性,即充分考虑到企业内部上下左右之间内在联系与分工协作的关系,使目标具有可分性,而且能体现系统的组合性,以实现目标的优化。

3)目标决策的过程

确定安全目标,实际上是一个完整的决策过程,绝非是指拍板定案的瞬间,而是指制定目标前后所需进行的大量具体工作的过程。包括分析、预测、模拟、论证、定案等一系列步骤,往往是一个反复优化、逐步完善的过程。

目标决策过程中主要步骤如下:

(1)掌握情报信息。全面收集、掌握企业的外部资料和内部资料。如国家方针、政策、法规,上级部门下达的安全指标,同行业各企业的安全生产状况;本企业管理水平、人员素质、安全生产的现状及存在的问题,历年的事故统计资料等。

(2)拟定目标方案。在充分地分析及整理情报信息的基础上,提出若干个目标方案。这一工作应注意充分发动群众,找目标、提方案,并及时综合、鉴别。

(3)评估目标方案。即对目标进行可行性论证,这是决策的关键环节。一般采用专家意见与群众讨论相结合的方式,对拟定的多个目标方案逐一就限制因素(如经济条件、技术条件、人员素质、安全水平等)、综合效益、潜在的问题等方面广泛地征集意见,进行研究、分析、评价和估算。

(4)选择最优方案。在评估目标方案的基础上,用定性分析与定量分析相结合的方法,在众多方案中选出最优者。这一环节应全面权衡方案的利弊得失,有时还需要在综合原拟方案的基础上设立新方案。

4)安全生产目标的内容

制定安全生产目标包括确定企业安全生产目标方针、总体目标和制定实现目标的对策措施等三个方面。

(1)企业安全生产目标方针。

企业安全目标方针就是用简明扼要且振奋人心的文字、数字对企业安全生产目标所进行的高度概括,它是企业安全生产工作的指南和行动纲领。制定企业的安全生产目标方针一般首先呼应企业的经营方针目标,符合企业实际性和政府及行业上级有关部门的具体要求。

(2)总体目标。

总体目标是企业安全生产目标的具体化。它具体地规定了为实现目标方针在各主要方面应达到的要求和水平。只有目标方针而没有总目标,方针就成了一句空话,也只有根据目标方针确定总目标,总目标才能有正确的方向,才能保证方针的实现。目标方针与总体目标是紧密联系、不可分割的。

总体目标由若干目标项所组成,这些目标项应既能全面反映安全工作在各个方面的要求,又能适用于国家的实际情况。

每一个目标项都应规定达到的标准,而达到的标准必须数据化,即一定要有成果的目标标准。因为只有这样才能使员工的行动方向明确具体,在实施过程中便于检查控制,在考核评比时有准确的依据。

一般来说,目标项目可以包括以下几个方面。

①各类企业职工伤亡事故指标。企业职工伤亡事故指标有千人死亡率、千人重伤率、伤害率等。根据行业特点,也可选用以产品、产量计算的死亡率(百万吨死亡率、百万千米事故率等)。

②企业职工伤亡事故造成的经济损失指标。这类指标有千人经济损失率和百万元产值经济损失率。根据企业的实际情况,为了便于统计计算,也可以只考虑直接经济损失,而以直接经济损失作为控制目标。

③尘、毒、噪声、辐射等职工危害作业点合格率。

④日常安全生产管理工作指标。对于安全生产管理的组织机构、安全生产责任制、安全生产规章制度、安全技术措施计划、安全生产培训、安全生产检查、隐患整改、安全生产档案、安全生产班组建设,以及"三同时"、"五同时"日常安全生产管理工作的各个方面均按设定目标并确定目标数值。

在具体确定安全生产目标值时可以有三种情况。

⑤如果只有近几年统计数据(如经济损失率最近几年才比较重视,过去数据比较少,也不准确),可以取其中均值作为初始目标值。

⑥对于数据比较齐全的目标项目(如千人死亡率等)可以用统计方法或其他预测方法进行定量的预测。

对于日常安全生产管理工作的目标值,可以结合对安全生产工作的考核评价加以确定。也就是说,把对安全生产工作考核评价的指标作为安全生产管理工作的目标值。

(3)确保目标实现的对策措施。

为了保证安全生产目标的实现,在制定目标时必须制定相应的对策措施,作为安全生产目标的不可缺少的组成部分,制定对策措施应该注意重点,针对影响实现目标的关键问题,集中力量加以解决。一般而言,对策措施可以从以下方面加以考虑:组织制度;安全技术;安全教育;安全检查;隐患整改;班组建设;信息管理;竞赛、考核和评价;奖惩;其他。

制定对策措施要重视研究新的情况。对等措施逐项列出规定的措施内容、完成日期,并落实责任。

2. 安全生产目标的实施

1)目标分解的措施

安全生产目标的分解又称安全生产目标的展开,是安全生产目标的重要环节,目标的展开应遵循以下原则。

(1)安全生产目标的展开,在指导思想上要以能充分调动全体人员的主观能动性,保证实现总目标为前提。上下级之间、部门之间,必须相互理解,积极支援,一起平等协商,取得平衡,避免相互牵制或脱节。例如,不同的企业、部门,因工作任务、性质、作业条件不同,危险因素的程度会有异,达到目标的难易程度也会有所区别,那么,目标值就应体现差异,与各企业、部门的实际情况一致。同时,每一级在进行安全生产目标展开时,都要核算自己的目标值对上一级目标的保证程度。检查各种标准是否订在适当的幅度,分析主要措施的可靠性,使每一级目标既具有挑战性,又具有可行性,能够激发各个部门和员工的工作欲望,充分发挥其工作能力,真正发挥目标的激励作用。

(2)安全生产目标的展开要纵向到底,横向到边,不应遗漏任何部门和个人。且越往下目标措施应越具体,易于实施,责任明确。充分发挥每个人的智慧和力量,去实现每个人最直接的措施和目标。

(3)目标展开要贯彻责、权、利统一,使方针目标跟责任、权限、义务等密切结合,各层有各层的自主性。实行责任、权限、义务三等边的原则,这三者大小必须是像正三角形那样三条边相等。

(4)方针目标展开要结合落实安全生产责任制。在目标展开的同时要逐级签订安全生产责任状,把安全生产目标内容纳入其中,以确保目标的实现。

(5)各企业、部门在制定本单位的方针目标时,必须以总目标为依据,但不能照抄照搬,选择的问题点应是上级方针目标中问题点的展开。

安全生产目标的展开,在方法上应按企业组织结构自上而下层层展开,自下而上层层保证,展开必须纵向到底,横向到边,纵横联系,贯穿整个体系。形成层层互保的安全生产目标体系。制定切实可行的实现目标的措施,是实现安全生产目标的重要保证。企业必须从自身实际出发,对企业现状的有关数据进行充分分析、比较,应用现代管理方法和手段,进行客观的判断与科学的预测,找出影响安全生产目标实现的关键问题点,然后对存在的问题点"一追到底":是什么性质的问题,是哪个环节的问题,这个问题对安全生产的影响程度等,把问题的现状分析透彻,在此基础上提出解决问题的方法。对应达到的安全标准,负责具体工作的主办、协办单位,完成日期提出明确的要求。使制定的对策措施既科学又可行,为实现安全生产目标提供制度上的保证。

要实现总目标,关键在于科学分解。若目标分解不合适,有的完成了,有的完不成,就会造成总目标完不成。因为目标分解是"自上而下",目标的实现则是"自下而上",从个别目标的达成开始,逐级累积为部门目标与企业总目标的预期成果。目标的分解要做到人尽其才、物尽其用,要根据各部门及各人的具体情况设立分目标。因此,确定分目标时,不能领导说了算,而必须是由分目标执行部门负责人或执行者根据上一级目标及本部门或本人的工作内容、工作能力自己制定,提出具体措施,然后由上一级领导全面考虑,综合协调,最后共同确定分目标。

安全生产目标制定后,目标执行部门上下级之间应签订安全生产目标责任书。

2)实施目标管理

实施目标应与经济挂钩,每个分目标都要有具体的保证措施、责任承担者及相应的权重系数,一般保证措施由下级站在本部门的立场上,根据本部门的现状,按部门、设备、环境、工种、人员等进行展开，找出实现本部门目标的问题点，然后采取措施制定本部门的活动计划，以确保目标的实现。只有下级的保证措施做好了，分目标实现了，才有可能实现总目标。因此，目标是由上而下的层层分解，保证措施是由下而上的层层保证。

实施目标管理有一整套管理控制方法，其要点是实行自主管理和自主控制，充分放权使每个人都能发挥自己的积极性、创造性。领导主要起宏观控制作用，注意协调，防止相互干扰。

在目标管理中，上级对下级部门不是监督、干涉，下级部门也不必事事向上级请示，时时汇报工作情况。但是，"放权"不等于撒手不管。上级要对下级目标的实施进度和状况进行管理，定期深入下级部门，了解和检查目标的完成情况，与其交换意见，对其工作进行必要的具体指导。特别是出现与上下左右部门有联系、易扯皮的问题，更要发挥领导作用，进行协调，以保证目标管理的顺利实施。另外，在目标管理的实施过程中，下级执行者如遇到自己不能独立解决、对全过程有影响的问题时，应及时向上级汇报，使上级及时了解情况，尽快帮助解决，保证目标管理实施的连续性。

3. 安全生产管理绩效指标体系与考核

安全绩效是指基于安全生产理念、方针和目标，控制和消除风险取得的可测量结果。企业要保证安全理念、方针得以推行、安全目标得以现实，就必须对各级机构和人员的安全绩效进行适时考核，不断修正实施过程中的偏差，不断总结推广安全生产管理经验，不断激励各级领导干部和员工奋发进取，自觉地搞好安全生产工作。

1）建立安全绩效考核制度必须满足的要求

安全绩效考核制度必须有助于对人们的安全意识和理念的积极强化。对于安全绩效的考核可以产生两方面的效果，其一是有助于让被考核部门和人员了解什么有效、什么无效，从而有助于改进其安全工作过程。其次，有助于保持动机和努力，可以起到鼓舞作用。但并非所有的考核都会产生正面作用[1]，其效果受多个因素影响，如所用指标的类型、衡量指标的特性，以及企业使用这些指标的方式等。因此，一个合理的安全绩效考核制度必须满足几方面的要求。

(1)一致性。考核的指标必须与企业安全目标是一致的。如果我们希望通过考核来引导人们的努力，那么对于所选指标的首要要求是它与企业安全目标的一致性。也就是说，我们所建立的考核指标体系必须能够促进企业安全目标的实现。

在现实中，有些企业并没有明确的取得共识的安全理念和方针，因此也谈不上有一套能够反应企业的安全理念、方针和目标的绩效指标。有的企业建立了整体的安全理念和方针，但却不能将其分解为一套协调一致的任务安排和评价指标。下级部门自行建立的安全绩效指标未必与企业的安全理念、方针和目标一致，因而其努力就不可能有整体的安全绩效。也有很多企业虽有明确的安全理念和方针，并分解成了一套协调一致的任务安排和绩效指标，但却未随着时间的变化而变化。安全绩效指标的一致性不是静止不变的，当环境变化时，安全理念、方针和目标都要发生相应变化。因此，必须通过定期的评审来保证安全绩效指标的

[1] 安全绩效考核如果不考虑企业实际状况、安全绩效考核方法的选择以及企业文化特征，安全绩效考核将流于形式，甚至引发员工内部冲突，不仅妨碍安全生产目标完成，而且对企业发展产生阻碍。

有效性。

(2)完整性。安全绩效指标必须具有完整性,也就是要能够全面反映出被考核部门和人员的绩效情况。缺乏完整性的指标只能反映被考核部门和人员的安全活动及其影响的局部。而未被衡量的方面往往会受不到重视,从而导致安全管理上的漏洞和隐患,可能影响企业整体目标的实现。

(3)可控性。安全考核指标还必须具有可控性。衡量指标如果只受到被考核部门和人员可控制因素的影响,这个安全绩效指标就是可控的,它对被考核部门和人员的安全绩效的反映就是可靠的。很多情况下,这种理想状况是难以实现的。例如,一个岗位的安全运行状况受该岗位管理和操作人员的影响,但也受到相关联岗位波动的影响,而这种波动是前者所无法控制的。在其他条件相同的情况下,衡量指标受到的"外部"因素影响越大,人们的努力就越容易被这些不可控因素所压倒,这些指标所反映出的绩效状况与被考核对象的努力之间的关联性就会越差。因此,从道理上而言,对被考核部门和人员的考评只应针对他们所能控制的部分。但是,确定绩效的某个方面是否可控并非易事。绩效指标的完整性和可控性之间经常存在着矛盾。不同工作之间的依存度越高,各自的绩效就越是难以衡量。另外,绩效指标数量的增加会降低其边际效益。在有些情况下,过多的指标反而会引起负面的效果。人们只能对有限的信息加以理解和作出反应,从而只会认真对待有限的几个绩效指标。

(4)激励性和时效性。无论任何形式的考核起到的作用都是外在的激励。通过外部考核激发被考核单位和人员的内在动力,安全绩效考核才更具有意义,因此一旦被考核部门和人员作出了预期的行为就应当给予强化。对预期行为的强化,告诉了被考核部门和人员该行为是重要的。中止了对某一行为的强化,会使被考核单位和人员认为该行为已不再重要。良好的强化对于预期行为应当是积极的、具体的,应真心实意且在行为之后迅速进行。积极的后果应当成为鼓励高绩效的工作环境的组成部分。

根据实施的频次和范围,可将安全绩效考核分为日常考核、季度考核和年度考核:a. 日常考核:通过日常监测、观察,对各级组织和人员的安全绩效进行评价,目的在于促进各级组织和员工自我管理;b. 季度考核:每季度末,对各级组织和员工该季度的安全绩效进行考核;c. 年度考核:每年底,对各级组织和员工全年的安全绩效进行总体考评。

(5)系统的固有危险性。应考虑被考核部门和员工所管理(控制)对象(装置)的固有危险程度。对于所管理(控制)对象(装置)固有危险程度大的部门和员工比所管理(控制)对象(装置)固有危险程度小的部门和人员,取得相同的控制结果,付出的努力需要更大。在确定安全绩效指标时,合理考虑控制对象的固有危险程度,对被考核部门和人员更公平,也更能激发其安全管理热情。

2)安全绩效考核制度实施过程应注意的问题

在安全绩效考核制度实施过程中,应注意以下几个问题。

(1)正确制定安全绩效考核标准。考核标准是评价安全生产目标执行结果的基本依据,能否制定出符合客观实际的考核标准,是做好安全绩效考核工作的关键。应广泛发动员工,群策群力,做到考核尺度明确具体、项目内容全面正确,且与安全生产目标体系一直,时限要求与目标计划期一致,奖惩规定体现奖优惩劣原则。

(2)做好日常考核记录。日常考核记录是在安全生产目标实施过程中对各部门和个人实施目标情况的文字记载。是正确考核安全绩效的基础性资料。认真做好日常考核记录,才能使负责安全生产目标考核的管理者和有关部门及时正确了解各目标责任者的目标实施情况。

(3)综合采用多种考核办法。每一种安全绩效考核方法都有其优点和局限性,不太可能完全准确地反映集体或个人的工作绩效。须综合运用多种考核方法,做到上级考核与本级考核相结合,自我评价和部门评价相结合,才能达到考核目的,发挥激励作用。

(4)及时实施奖惩。奖励先进,鞭策落后,是调动员工安全生产参与积极性的重要手段。安全绩效考核结果公布后,应立即实施奖惩,做到奖惩兑现。

(5)定期总结。定期公布某个阶段的安全生产目标进展情况,考核绩效,认真总结经验、教训,把合理、可行的措施加以肯定,规范化、制度化、标准化。定期进行交叉绩效评估,对照自评结果,根据既定目标和对策措施表所须承担的内容进行经验教训总结,查找可能存在的问题,及时采取补救措施。

3)基于"平衡计分卡理论"建立安全绩效考核模式的探讨

"平衡计分卡理论"是近年来企业界非常流行的一种绩效考评模式,主张任何单一的绩效指标都难以反映出组织的绩效全貌,必须用一套"平衡的"指标体系来要求组织才能使之健康地发展。利用"平衡计分卡理论",建立安全绩效考核模式,得到由6大类别、22个着重方面所构成的一个指标体系(如表3-3)构成,这6类要求分为2种类型,第1类称为"结果"型的要求,其余5类为"对策—展开"型的要求。

借助现代信息技术,平衡计分卡将企业的安全绩效状况综合地反映在了一份简单的电子表格上,一目了然;更为重要的是,平衡计分卡中的安全绩效指标来自于企业的安全理念、方针和目标。

安全绩效考核指标例表 表3-3

序号	类别	着重方面
1	安全目标(50分)	1.1 是否发生工亡事故、重伤事故、重大火灾事故、重大危化品事故、重大特种设备事故、重大交通事故
		1.2 火灾事故直接经济损是否失超出企业下达的考核指标
		1.3 设备事故直接经济损失是否超出企业下达的考核指标
		1.4 环境污染事件直接经济损失是否超出企业下达的考核指标
		1.5 轻伤事故(含中毒、窒息)是否超出企业下达的考核指标
		1.6 职业病发生率是否超出企业下达的考核指标
2	安全基础管理(15分)	2.1 层层签订安全目标责任书,严格执行安全生产组织人员保证体系
		2.2 安全台账、记录等基础资料齐全、记录真实完整
		2.3 各种计划、总结、报表上报及时
		2.4 安全教育
3	安全检查和隐患治理(10分)	3.1 按规定的频次和项目要求进行安全检查,发现问题和隐患及时整改,并按要求上报
		3.2 对上级下达的隐患整改项目,落实"五定"责任制,按计划完成治理
		3.3 对暂时不具备整改条件的隐患,制定可靠的监控措施和应急方案

续上表

序 号	类 别	着 重 方 面
4	现场(作业)安全管理(15分)	4.1 严格执行危险作业许可制度,作业前进行风险分析,制定控制措施
		4.2 作业现场警示标志符合要求,配备了必要的安全防护用品(具)及消防设施与器材
		4.3 严格执行操作规程,不违章作业,不违反安全纪律、工艺纪律、劳动纪律和环保纪律
		4.4 严格进行检修作业前的安全条件确认及作业完成后的安全验收,并做到"工完、料尽、场地清"
5	职业卫生管理(5分)	5.1 做好清洁文明生产,严防"跑、冒、滴、漏",保证岗位职业有害因素监测合格率达100%
		5.2 按要求(组织)参加职业性健康检查
		5.3 按要求对职业卫生设施进行定期检查,落实专人维护保养
6	应急管理(5分)	6.1 建立完善应急指挥与救援系统,明确职责。按照事故处理原则,对事故进行调查处理和总结
		6.2 准备足够适用的应急资源,按要求对安全防护设施及应急设施进行定期检查,落实专人维护保养
		6.3 按要求制定应急预案,定期进行应急培训和演练,并对演练效果进行评价、对预案进行评审和修订
注:总分合计100分		

平衡计分卡在企业中层层展开,从而能够使得企业的各个部门的安全管理置于企业的安全理念、方针和目标的指导之下。通过这种展开,各部门确立了适应本单位情况的绩效指标。平衡计分卡的展开一般涉及两个相关联的过程,一是直接采用有关整体安全目标的指标和本单位适用的指标;二是重新设计反映本单位特殊需要的指标。平衡计分卡就其概念而言,意味着对于安全理念、方针和目标的分解,它可以一直分解到每个员工头上。

平衡计分卡具体的评分主要依据三个尺度,这便是安全对策、展开和结果。

所谓"安全对策"便是"应对类别要求的诸方法"。对于安全对策的评估主要从四个方面来进行:

(1)安全对策相对于要求的适当性;

(2)安全对策应用的有效性及可重复、协调、一致地应用的程度,体现计划、实施、检查、改进这一循环的程度,基于可靠的信息和数据的程度;

(3)与企业的安全需要的协调一致;

(4)有益的安全创新的变革的证据。

"展开"是指"安全对策应用的程度"。对于展开的评估主要从两个方面来进行:

(1)安全对策在对你的组织相关且重要的类别要求方面的应用;

(2)所有相关的工作单位对于该安全对策应用。

"结果"是评价所依据的第三个尺度,它指的是实现1.1-1.6中的目的的成果。对于结果的评价主要从四个方面来进行:

(1)当前安全绩效;

(2)相对(他人或标杆)的安全绩效;

(3)安全绩效改进的速率和范围;

(4)安全绩效指标与基础管理、安全检查与隐患治理、现场(作业)安全、职业卫生、应急管理等方面的绩效要求之间的联系。

四、安全生产危机管理

1. 危机管理的含义

危机管理是企业为应对各种危机情境所进行的规划决策、动态调整、化解处理及员工培训等活动过程,其目的在于消除或降低危机所带来的威胁和损失。通常可将危机管理分为两大部分:危机爆发前的预计,预防管理和危机爆发后的应急善后管理。危机管理是专门的管理科学,它是为了应对突发的危机事件,抗拒突发的灾难事变,尽量使损害降至最低点而事先建立的防范、处理体系和应对的措施。对一个企业而言,可以称之为企业危机的事项是指当企业面临与社会大众或顾客有密切关系且后果严重的重大事故,而为了应付危机的出现,在企业内预先建立防范和处理这些重大事故的体制和措施,则称为企业的危机管理。

企业安全管理最常见的活动在于对各种风险源或事故征兆进行日常的监控,一方面对风险因素或针对事故征兆(现象)进行纠正活动,防止该风险程度增加或现象的扩展蔓延,逐渐使其恢复到正确状态;另一方面则在日常对策活动中发现难以有效控制的风险源或事故征兆(现象)后对可能发生的事故状态进行假设与模拟活动,并提出对策方案,为进入"事故危机管理"阶段做好准备。

危机管理是企业日常监控活动无法有效扭转危险状态的发展,企业生产活动陷入危机状态时采取的一种特殊性质的管理,只有在特殊情况下才采用的特别管理方式。它是在企业生产安全管理系统已无法控制事故状态或企业领导层基本丧失指挥能力的情况下,以特别的危机计划、特别领导小组、紧急救援体系等介入企业领导管理过程。一旦危机状态恢复到可控状态,危机管理的任务便告完成,由日常监控环节继续履行预控对策的任务。

预控对策活动中的组织准备与日常监控活动,是执行预控对策任务的主体;危机管理活动,是特殊情况下对"日常监控"活动的一种扩展。日常监控和危机管理工作都要以"组织准备"活动为前提。而组织准备活动,不仅是联结预警分析与预控对策活动的环节,它也为整个事故预警管理系统提供组织运行规范。

2. 危机的特征

危机是危机管理的对象或所面临的处境。危机具备如下特征:

(1)突发性。危机往往都是不期而至,令人措手不及。危机发生的时候一般是在企业毫无准备的情况下瞬间发生,给企业带来的是混乱和惊恐。

(2)破坏性。危机发生后可能会带来比较严重的物质损失和负面影响,有些危机用毁于一旦来形容一点不为过。

(3)不确定性。事件爆发前的征兆一般不是很明显,企业难以作出预测。危机出现与否与出现的时机是无法完全确定的。

(4)急迫性。危机的突发性特征决定了企业对危机作出的反应和处理的时间十分紧迫,任何延迟都会带来更大的损失。危机的迅速发生引起了各大传媒以及社会大众对于这些意外事件的关注,使得企业必须立即进行事件调查与对外说明。

(5)信息资源紧缺性。危机往往突然降临,决策者必须作出快速决策,在时间有限的条件下,混乱和惊恐的心理使得获取相关信息的渠道出现瓶颈现象,决策者很难在众多的信息中发现准确的信息。

(6)舆论关注性。危机事件的爆发能够刺激人们的好奇心理,常常成为人们谈论的热门话题和媒体跟踪报道的内容。企业越是束手无策,危机事件越会增添神秘色彩,从而引起各方的关注。

3. 危机管理的原则

企业在经营与发展过程中遇到挫折和危机是正常和难免的,危机是企业生存和发展中的一种普遍现象。那么如何建立一个有效的危机管理体系,从而能够成功地预防危机,处理危机,甚至反败为胜,在危机中恢复并得到发展,需要把握危机管理的一些基本原则。由于不同国家历史文化及企业管理理念的差异,学者和业者对于危机管理基本原则提出不同看法。比较有代表性的有6C原则和6F原则。

(1)危机管理6C原则。

①全面化(Comprehensive)。

危机管理的目标不仅仅是“使公司免遭损失”,而是“能在危机中发展”。很多企业将危机管理与业务发展看成是一对相互对立的矛盾,认为危机管理必然阻碍业务发展,业务发展必定排斥危机管理。从而导致危机管理与业务发展被割裂开来,形成“两张皮”。危机管理机构在制定规章制度时往往不考虑其对业务发展的可能影响;而业务部门在开拓业务时则是盲目地扩张,根本不顾及危机问题。

全面化可归纳为三个“确保”,即首先应确保企业危机管理目标与业务发展目标相一致;二是确保企业危机管理能够涵盖所有业务和所有环节中的一切危机,即所有危机都有专门的、对应的岗位来负责;三是应确保危机管理能够识别企业面临的一切危机。

②价值观的一致性(Consistentvalues)。

危机管理有道亦有术。危机管理的“道”是根植于企业的价值观与社会责任感,是企业得到社会尊敬的根基。危机管理的“术”是危机管理的操作技术与方法,是需要通过学习和训练来掌握的。危机管理之“道”是企业危机之“术”的纲。

从根本上讲,危机就其本质而言,是无法预知的,如何处理危机根植在企业的价值体系中。

③关联化(Correlative)。

有效的危机管理体系是一个由不同的子系统组成的有机体系,如信息系统、沟通系统、决策系统、指挥系统、后勤保障系统、财物支持系统等。因而,企业危机管理的有效与否,除了取决于危机管理体系本身,在很大程度上还取决于它所包含的各个子系统是否健全和有效运作。任何一个子系统的失灵都有可能导致整个危机管理体系的失效。

④集权化(Centralized)。

集权化的实质就是要在企业内部建立起一个职责清晰、权责明确的危机管理机构。因为清晰的职责划分是确保危机管理体系有效运作的前提。同时,企业应确保危机管理机构具有高度权威性,并尽可能不受外部因素的干扰,以保持其客观性和公正性。危机的集权管理有利于从整体上把握企业面临的全部危机,从而将危机策略与经营策略统一起来。但值得注意的是,为了提高危机管理的效率和水平,不同领域的危机应由不同的部门来负责,即危机的分散管理。危机的分散管理有利于各相关部门集中力量将各类危机控制好。但不同的危机管理部门最终都应直接向高层的专门管理人员负责,即实现危机的集中管理。

⑤互通化(Communicating)。

从某种意义上讲,危机战略的出台在很大程度上依赖于其所能获得的信息是否充分。而危机战略能否被正确执行则受制于企业内部是否有一个充分的信息沟通渠道。如果信息传达渠道不畅通,执行部门很可能会曲解上面的意图,进而作出与危机战略背道而驰的行为。

有效的信息沟通可以确保所有的工作人员都能充分理解其工作职责与责任,并保证相关信息能够传递给适当的工作人员,从而使危机管理的各个环节正常运行。企业内部信息的顺畅流通在很大程度上取决于企业信息系统是否完善。因此企业应加强危机管理的信息化建设。以任何理由瞒报、迟报,甚至不报的行为都是致命的。

⑥创新化(Creative)。

危机管理既要充分借鉴成功的经验,也要根据危机的实际情况,尤其要借助新技术、新信息和新思维,进行大胆创新。切不可墨守成规,固步自封。

(2)危机管理6F原则:事先预测原则;迅速反应原则;尊重事实原则;承担责任原则;坦诚沟通原则;灵活变通原则。

①事先预测原则(Forecast)。

“防火”胜于“灭火”,当危机发生以后,对公众利益的伤害和企业组织形象的损失往往已经造成。这时再尽力去“补救”,是作为“消防员”在挽回损失。因而,对于任何组织和个人,最大程度减少危机损失和影响的做法便是避免危机的发生。在危机事件爆发后频频露面四处扑火的公众焦点和危急时刻挺身而出力挽狂澜的风云人物,虽然会给人留下深刻的印象,但也只是作为“消防员”在控制事态和避免损失的加剧。而危机管理的真正高手,则是通过事先分析、科学预测,防范“火警”发生的“安全员”。

管理者们应该及早发现危机的端倪,防患未然。在危机应对中通过科学分析作出事前预测和判断,从而将事件控制在酝酿、萌芽状态,在不被人察觉中将危机化解。

危机应对的预见性原则首先体现在组织必须对可能发生危机的各个领域和环节作出事先预测和分析,制定全面、可行的危机预案和计划。危机预测原则还体现为危机事件发展前期决策者对态势的把握。在危机发展初期组织决策者必须要能够准确判断危机发展态势、影响程度和社会公众的反应,从而将危机控制在萌芽期,避免危机的进一步扩大。

②迅速反应原则(Fast)。

危机的解决,速度是关键。危机降临时,企业高层管理人员应当保持冷静,采取有效的措施,隔离危机,要在第一时间查出原因,找准危机的根源,以便迅速、快捷地消除公众的疑虑。同时,企业必须以最快的速度启动危机应变计划并立刻制定相应的对策。如果是内因就要下狠心处置相应的责任人,给舆论和受害者一个合理的交代;如果是外因要及时调整企业战略目标,重新考虑企业发展方向;在危机发生后要时刻同新闻媒体保持密切的联系,借助公证、权威性的机构来帮助解决危机,承担起给予公众的精神和物质的补偿责任,做好恢复企业的事后管理,从而迅速有效的解决企业危机。

③尊重实事原则(Fact)。

任何组织在处理危机过程中,都必须坚持实事求是的原则,这是妥善解决危机的最根本原则。犯了错误并不可怕,可怕的是不敢承认错误。从危机公关的角度来说,只有坚持实事求是、不回避问题,勇于承担责任,向公众表现出充分的坦诚,才能获得公众的同情、理解、信任和支持。

对于处在危机风波中的企业来说,最大的致命伤便是失信于民,一旦媒体和公众得知企业在撒谎,新的危机又会马上产生。世上没有不透风的墙,违背事实原则弄虚作假、封锁消息、愚弄公众,往往会产生一系列连锁反应,进一步加重危机的负面作用,以至给组织造成不可挽回的损失。

④承担责任原则(Face)。

是否遵循危机管理中的承担责任原则,实质上是考验陷于危机中的企业对于组织利益选择的不同态度。危机发生后,公众关注的焦点往往集中在两个方面:一方面是利益的问题,另一方面则是感情问题。利益是公众关注的焦点。危机事件往往会造成组织利益和公众利益的冲突激化,从危机管理的角度来看,无论谁是谁非,组织应该主动承担责任。

目光短浅的企业,为了保护自身、获取短期利益,在危机管理中往往将公众利益和社会责任为代价,最终却为之付出巨大代价。而具有强烈责任感的企业,宁愿以牺牲自身短暂利益换来良好的社会声誉,树立和不断提升组织和品牌形象,从而实现企业发展的可持续性。

⑤坦诚沟通原则(Frank)。

危机管理中的坦诚沟通原则是指处于危机中的企业组织要高度重视做好信息的传递发布并在组织内外部进行积极、坦诚、有效的沟通公关,充分体现出组织在危机应对中的社会责任感,从而为妥善处理危机创造良好的氛围和环境,达到维护和重树形象的目标。危机处理中,组织遵循坦诚沟通原则、及时向公众发布信息的意义在于:保障社会公众的知情权、体现组织的社会责任感、为危机应对创造良好的外部环境、维护和树立组织的良好形象。

危机沟通包含两个方面:一是危机事件中组织内部的沟通问题,二是组织与社会公众和利益相关者之间的沟通公关。概括来说,企业组织危机沟通的覆盖范围主要有:企业内部管理层和员工、直接消费者及客户、产业链上下游利益相关者、政府权威部门和行业组织、新闻媒体和社会公众五类群体。

⑥灵活变通原则(Flexible)。

危机管理,既是一门科学,又是一门艺术。企业危机管理和危机公关,既是关系到组织生存与发展的严肃话题,又给管理者们提供了一个管理智慧和创新才能发挥的广阔空间。事实上,从危机事件爆发前的预防、危机事件发生后的应对和危机后期处理环节,既要遵循一些危机管理的基本程序和规则,又无绝对统一的模式可以照搬。危机管理高手们能结合事态形势的变化、组织自身优弱势、内外部资源条件等进行灵活处理和应对,不仅能力挽狂澜、成功跨越危机,甚至还将危机事件转变成提升企业形象的契机。

4. 危机管理对策

企业在生产经营中面临着多种危机,并且无论哪种危机发生,都有可能给企业带来致命的打击。企业通过危机管理把一些潜在的危机消灭在萌芽状态,把必然发生的危机损失减少到最小的程度。虽然危机具有偶然性,但是危机管理并不是无章可循。危机管理对策主要包括如下几个方面:

(1)做好危机预防工作。

危机产生的原因是多种多样的,不排除偶然的原因,多数危机的产生有一个变化的过程。如果企业管理人员有敏锐的洞察力,根据日常收集到的各方面信息,能够及时采取有效的防范措施,完全可以避免危机的发生或使危机造成的损害和影响尽可能减少到最小程度。因此,预防危机是危机管理的首要环节。

①树立强烈的危机意识。企业进行危机管理应该树立一种危机理念,营造一个危机氛围,使企业的员工面对激烈的市场竞争,充满危机感,将危机的预防作为日常工作的组成部分。

②建立预防危机的预警系统。预防危机必须建立高度灵敏、准确的预警系统。信息监测是预警的核心,随时搜集各方面的信息,及时加以分析和处理,把隐患消灭在萌芽状态。

③建立危机管理机构。这是企业危机管理有效进行的组织保证,不仅这是处理危机时必不可少的组织环节,而且在日常危机管理中也非常重要的。危机发生之前,企业要做好危机发生时的准备工作,建立起危机管理机构,制定出危机处理工作程序,明确主管领导和成员职责。危机管理机构的具体组织形式,可以是独立的专职机构,也可以是一个跨部门的管理小组,还可以在企业战略管理部门设置专职人员来代替。企业可以根据自身的规模以及可能发生的危机的性质和概率灵活决定。

④制定危机管理计划。企业应该根据可能发生的不同类型的危机制定一整套危机管理计划,明确怎样防止危机爆发,一旦危机爆发立即作出针对性反应等。事先拟定的危机管理计划应该囊括企业多方面的应酬预案。在计划中要重点体现危机的传播途径和解决办法。

(2)进行准确的危机确认。

危机管理人员要做好日常的信息收集、分类管理,建立起危机防范预警机制。危机管理人员要善于捕捉危机发生前的信息,在出现危机征兆时,尽快确认危机的类型,为有效的危机控制做好前期工作。

(3)危机处理。

危机发生后,危机管理机构快速调查事件原因,弄清事实真相,尽可能把真实的、完整的情况公布于众,各部门保证信息的一致性,避免公众的各种无端猜疑。配合有关调查小组的调查,并做好应对有关部门和媒体的解释工作以及事故善后处理工作。速度是危机控制阶段的关键,决策要快速,行动要果断,力度要到位。

迅速拿出解决方案。企业以最快的速度启动危机处理计划。每次危机各不相同,应该针对具体问题,随时修正和充实危机处理对策。主动、真诚、快速反应、公众利益至上是企业面对危机最好的策略。企业应该掌握宣传报道的主动权,通过召开新闻发布会,向公众告知危机发生的具体情况,企业解决问题的措施等内容,发布的信息应该具体、准确,随时接受媒体和有关公众的访问,以公众利益至上的原则解决问题。还可以利用权威性的机构对解决危机的作用,处理危机时,最好邀请权威人士辅助调查,以赢取公众的信任,这往往对企业危机的处理能够起到决定性的作用。

(4)危机的善后工作。

危机的善后工作主要是消除危机处理后遗留问题和影响。危机发生后,企业形象受到了影响,公众对企业会非常敏感,要靠一系列危机善后管理工作来挽回影响。

①进行危机总结、评估。对危机管理工作进行全面的评价，包括对预警系统的组织和工作程序、危机处理计划、危机决策等各方面的评价，要详尽地列出危机管理工作中存在的各种问题。

②对问题进行整顿。多数危机的爆发与企业管理不善有关，通过总结评估提出改正措施，责成有关部门逐项落实，完善危机管理内容。

③寻找商机。危机给企业制造了另外一种环境，企业管理者要善于利用危机探索经营的新路子，进行重大改革。这样，危机可能会给企业带来商机。

总之，危机并不等同于企业失败，危机之中往往孕育着转机。危机管理是一门艺术，是企业发展战略中的一项长期规划。企业在不断谋求技术、市场、管理和组织制度等一系列创新的同时，应将危机管理创新放到重要的位置上。一个企业在危机管理上的成就能够显示出它的整体素质和综合实力。成功的企业不仅能够妥善处理危机，而且能够化危机为商机。

第二节　安全隐患排查与治理

近年来，国家出台了一系列关于加强安全生产工作，开展各类事故隐患排查治理政策措施。事故隐患的排查和治理，已经成为提高社会和企业本质安全水平、确保社会经济和谐稳定发展的一项有效措施。随着社会经济快速发展，企业单位迅猛扩张，与此同时，由于人们安全意识淡薄、安全管理制度的缺失、日常监管手段的局限，事故隐患以各种形态大量存在。事故隐患的排查整改显得尤为重要。

一、隐患定义与分类分级

隐患是在某个条件、事物以及事件中所存在的不稳定并且影响到个人或者他人安全利益的因素，它是一种潜藏着的因素，“隐”字体现了潜藏、隐蔽，而“患”字则体现了祸患，不好的状况。《安全生产事故隐患排查治理暂行规定》将隐患定义为：企业违反安全生产法律、法规、规章、标准、规程和安全生产管理制度的规定，或者因其他因素在生产经营活动中存在可能导致事故发生的物的危险状态、人的不安全行为和管理上的缺陷。将各种“违反”的概念规定为事故隐患，为安全生产管理领域加强对遵守各种规定的“执行力”奠定了坚实的基础。

隐患从性质上分为一般事故隐患和重大事故隐患。

一般事故隐患是指危害和整改难度较小，发现后能够立即整改排除的隐患。

重大事故隐患是指危害和整改难度较大，依照法律、法规规定应当全部或者局部停产停业，并经过一定时间整改治理方能排除的隐患，或者因外部因素影响致使企业自身难以排除隐患。是可能导致重大人身伤亡或者重大经济损失的事故隐患。

重大事故隐患根据作业场所、设备及设施的不安全状态，人的不安全行为和管理上的缺陷，可能导致事故损失的程度分为两级：

一级重大隐患，是指可能造成30人以上死亡，或者100人以上重伤，或者1亿元以上直接经济损失的事故隐患。

二级重大隐患，是指可能造成10人以上30人以下死亡，或者50人以上100人以下重伤，或者5000万元以上1亿元以下直接经济损失的事故隐患。

三级重大隐患，是指可能造成3人以上10人以下死亡，或者10人以上50人以下重伤，或者1000万元以上5000万元以下直接经济损失的事故隐患。

事故隐患的分级是以隐患的整改、治理和排除的难度及其影响范围为标准的。根据这个分级标准，在企业中通常将隐患分为班组级、车间（车队）级、分厂（分公司）级直至厂（公司）级，其含义是在相应级别的组织（单位）中能够整改、治理和排除。其中的厂（公司）级隐患中的某些隐患如果属于应当全部或者局部停产停业，并经过一定时间整改治理方能排除的隐患，或者因外部因素影响致使企业自身难以排除的隐患应当列为重大事故隐患。

二、隐患排查及隐患治理

1. 隐患排查及治理的重要性

《安全生产法》第十七条规定企业主要负责人有“督促、检查本单位的安全生产工作，及时消除生产安全事故隐患”的职责；

《国务院关于进一步加强企业安全生产工作的通知（国发〔2010〕23号）》进一步强调了及时排查治理安全隐患的重要性。

《通知》第4条要求：企业要经常性开展安全隐患排查，并切实做到整改措施、责任、资金、时限和预案“五到位”。建立以安全生产专业人员为主导的隐患整改效果评价制度，确保整改到位。对隐患整改不力造成事故的，要依法追究企业和企业相关负责人的责任。对停产整改逾期未完成的不得复产。

《通知》第8条要求：因安全生产技术问题不解决产生重大隐患的，要对企业主要负责人、主要技术负责人和有关人员给予处罚。

《通知》第14条要求：依法维护和落实企业职工对安全生产的参与权与监督权，鼓励职工监督举报各类安全隐患，对举报者予以奖励。

《通知》第16条要求：对重大危险源和重大隐患要报当地安全生产监管监察部门、负有安全生产监管职责的有关部门和行业管理部门备案。

《通知》第26、30条要求：对存在落后技术装备、构成重大安全隐患的企业，要予以公布，责令限期整改，逾期未整改的依法予以关闭；存在重大隐患整改不力的企业，由省级及以上安全监管监察部门会同有关行业主管部门向社会公告，并向投资、国土资源、建设、银行、证券等主管部门通报，一年内严格限制新增的项目核准、用地审批、证券融资等，并作为银行贷款等的重要参考依据。

《国务院安委会办公室关于实行安全生产事故隐患排查治理情况月通报的通知（安委办〔2012〕23号）》要求：自2012年7月1日起，对全国安全生产事故隐患排查治理情况实行月通报。月通报主要内容是：每月汇总各地区、各有关部门和单位开展安全生产事故隐患排查治理情况，重点分析开展隐患排查治理企业和单位、一般事故隐患排查治理、重大事故隐患排查治理、重大事故隐患挂牌督办以及落实隐患治理资金等情况，查找存在的问题，提出下一阶段的工作措施。启用安全生产事故隐患排查治理信息统计网上报送系统。

可见，对于企业而言，隐患排查和治理已经成为安全生产管理的核心内容之一，企业隐患治理整改情况也是政府安全生产监督部门关注的焦点之一，企业应从安全生产制度上确保隐患排查治理的经常化，通过安全生产技术创新提高隐患排查治理绩效。

2. 隐患排查治理与安全生产标准化的关系

1)隐患排查治理是安全生产标准化工作的重要组成部分

安全生产标准化工作是我国安全生产领域在当前一段时间内的重点工作,其实施的主要依据是以《企业安全生产标准化基本规范》为主的各行业的安全生产标准化评定标准❶。在《规范》中提出了十三项核心要求,其他行业的相关标准也大体相似。其中第八项核心要求即为隐患排查和治理,对隐患排查、排查范围与方法、隐患治理和预测预警等四个方面作出了原则性规定。

2)隐患排查治理是安全生产标准化有关内容的具体化

隐患排查治理可以成为一个具有依据明确、结构完整、内容充实和可操作性强的独立运行的系统,是安全生产标准化的进一步细化和深化,也为安全生产标准化其他部分的核心要求开创了一个深入和具体化的先例。

3)突出了企业是隐患排查治理工作的责任主体

安全生产标准化工作所涉及的部门和单位比较多,如安全监管部门、评审组织单位、评审单位还有专业技术服务机构等,尽管企业仍是安全生产标准化的责任主体,但还需要其他部门和单位的具体动作和参与才能共同完成此项工作。而隐患排查治理工作则突出了企业的主体责任,自建体系、自查自改以及自己上报等工作均是其职责,还要接受政府有关监管部门的监督管理以及核查,充分体现了"安全生产法"所规定的企业对其安全生产工作负主体责任的精神。

4)隐患排查治理体系有更强的及时性

建立隐患排查治理体系的主要目的是为了更好地促进企业做好隐患排查治理工作,使政府有关监管部门能及时、准确地掌握其安全生产状况。按照《国务院安委会办公室关于实行安全生产事故隐患排查治理情况月通报的通知》要求,隐患排查治理整改情况的评估开始按月开展,并及时上报。安全生产标准化工作通常要求企业每年至少进行一次自评,安全生产标准化企业证书和牌匾有效期为 3 年,到期时企业可按有关规定申请延期,换发证书、牌匾。

3. 隐患排查治理措施与方法

隐患排查是指企业组织安全生产管理人员、工程技术人员和其他相关人员对本单位的事故隐患进行排查的行为。隐患治理就是指消除或控制隐患的活动或过程。

企业是隐患排查工作的责任主体,方法是定期组织安全生产管理人员、工程技术人员和其他相关人员排查本单位的事故隐患和鼓励、发动职工发现事故隐患,鼓励社会公众举报。此项工作通常与企业的各种安全生产检查工作相结合。根据上述要求,隐患排查的过程就是企业定期组织所属人员主动、全面地查找并发现隐患、确定其等级、建立事故隐患信息档案,同时鼓励社会公众举报。

企业对于排查出的事故隐患,应当按照事故隐患的等级进行登记,建立事故隐患信息档

---

❶ 交通运输部的安全生产标准化工作是在国务院安委会的指导下展开,《企业安全生产标准化基本规范》作为一个推荐性标准,对于交通运输行业的安全生产标准化工作有一定的参考意义。尤其在隐患排查治理方面,到目前为止,交通运输部并没有制定相关标准、规范或指南,在安全生产标准化推进过程中,考虑交通行业特征,有选择地借鉴《规范》的做法是可行的。

案,并按照职责分工实施监控治理。对于一般事故隐患,由于其危害和整改难度较小,发现后应当立即整改排除。对于重大事故隐患,由应企业主要负责人组织制定并实施事故隐患治理方案;在事故隐患治理过程中,应采取相应的安全防范措施,防止事故发生。

1)企业隐患排查治理工作的主要内容

企业是隐患排查治理工作的最直接和最重要的主体,是隐患排查治理工作的直接实施者。企业隐患排查治理工作主要包括三个方面:自查隐患、治理隐患和自报隐患。自查是为了发现自身所存在的隐患,保证全面而减少遗漏;治理是为了将自查中发现的隐患控制住,防止引发后果,尽可能从根本上解决问题;自报是为了将自查和治理情况报送政府有关部门,以使其了解企业在排查和治理方面的信息,提供监管和帮助,从企业的外部获得相关的服务。

企业在政府及其部门的统一安排和指导下,确定自身的分类分级的定位,采用其适用的隐患排查治理标准,通过全面准备、制度建设、实施排查、分析改进等步骤形成完整的系统的企业自查机制。

(1)全面准备。

为保证隐患自查工作从一开始就能够打下坚实的基础,企业必须做好与之相关的全面准备工作。隐患排查治理是涉及企业所有部门、所有生产流程、所有人员的一项系统工程,如果不做好全面的准备,那么所建立的隐患排查治理机制肯定缺乏系统性并且可操作性差,结果必然是"一阵风"式的开展一次"运动",不能做到深入持久地开展自查工作。

(2)制度建设。

制度是企业管理的基本依据,需要企业将法律法规和标准规范以及上级和外部的其他要求全面掌握,吃透其精神和实质,将其各项具体的规定结合自身的实际情况,通过编制工作将外部的规定转化为企业内部的各项规章制度,再经过全面地执行和落实,变成企业的管理行动。隐患排查治理工作也不例外,也基本上按这一思路展开。

(3)实施排查。

排查的实施是一个涉及企业所有管理范围的工作,不能是"一窝蜂"式的运动式排查,需要有计划、按部就班地开展。排查的实施阶段主要工作包括:排查计划、首次会议、实施排查、总结分析、末次会议和隐患治理等。

(4)上报。

企业隐患排查治理主管部门将有关排查记录等材料整理后,在企业信息管理部门的配合下,应用隐患排查治理信息管理系统,向上级单位和有关政府监管部门的上报规定的信息。

(5)改进。

全面总结分析隐患排查治理工作的情况,重点关注实际工作中的情况与隐患排查治理制度所规定的内容不相符合的地方,对制度文件进行修订,为隐患排查治理工作的常规化奠定基础。

2)隐患的日常自查

企业通过前一阶段的隐患排查治理初期工作已经初步形成了一个隐患排查治理工作框架,但还需要通过更多的日常工作才能建立比较完善、正常运转的隐患排查治理工作的实施机制,以保证此项工作的常态化和持续改进。

(1)组织机构。

形成从主要负责人到一线员工的隐患排查治理工作网络,确定各个层级的隐患排查治理职责。

领导层:主要负责人是隐患排查治理工作的第一责任人,通过安委会、办公会等形式,将隐患排查治理工作纳入到其日常工作的范围中,亲自定期组织和参与检查,及时准确把握情况,发出明确的指令。确定主管负责人,当然常见的就是主管安全生产工作的副职,要在其职责中明确有关隐患排查治理的内容,将有关情况上传下达,做好主要负责人的帮手。其他有关领导也要在各自管辖范围内做好隐患排查治理工作,至少要知道、过问、督促、确认。

管理层:安全生产管理机构和人员是隐患排查治理工作的骨干力量,编制有关制度、培训各类人员、组织检查排查、下达整改指令、验证整改效果等是主要的工作内容,还要通过监督方式对各级管理人员在隐患排查治理工作方面的履职情况进行了解,纳入考核,避免将隐患排查治理工作只限于安全部门的范围,而是要全力推动全方位和全员化。

操作层:在责任制和操作规程中明确隐患排查治理是其工作内容的不可或缺的重要组成部分,在日常的各项工作中,要有高度的隐患意识,随时发现和处理各种隐患和事故苗头,自己不能解决的及时上报,并采取临时性的控制措施,并注意做好记录,为统计分析隐患问题留下第一手资料。

(2)规章制度。

与隐患排查治理工作相关的内容应包含在安全生产责任制中,并有专门的隐患排查治理制度,还要在操作规程中有所体现。

(3)隐患排查的主体。

隐患排查的主体是企业的所有人员,从领导到一线员工直到在企业工作范围内的外部人员。因为隐患的存在是广泛的,而所有人员能够在各自工作岗位上及时发现之,才能保证排查的全面性和有效性。所有人员能不能或者会不会隐患排查是有前提的,必须对其进行有针对性和有效果的教育培训,在各种安全生产教育培训工作中要将隐患排查的内容纳入,并根据需要做专门的培训,还要确认培训的效果,以保证所有人员有意识、有能力地开展隐患排查。

隐患排查的主体重点在专业技术人员和班组的一线员工。

3)隐患排查的方式方法

排查隐患前要制定隐患排查方案,明确排查的目的、范围,选择合适的排查和方法。排查方案应根据:有关安全生产法律、法规要求;涉及规范、管理标准、技术标准,行业安全生产目标。

隐患排查方式是由其组织方式决定的,主要的隐患排查方式如下:

(1)综合检查,综合性安全检查是以落实岗位安全责任制为重点、各专业共同参与的全面检查。企业至少每年组织检查或抽查一次,基础单位、班组可以增加综合检在的频次。

(2)专业检查。专业性检查主要是对锅炉、压力容器、电器设备、机械设备、安全装备、监测仪器、危险物品等系统分别进行的专业检查,及在开行前、新装置竣工及试运转等时期进行的专项安全检查。

(3)季节性检查。季节性检查是根据各季节特点开展的专项检查。春季安全大检查以防雷、防静电、防解冻跑漏为重点;夏季安全大检查以防暑降温、防食物中毒、防台风、防洪防汛为重点;秋季安全大检查以防火、防冻保温为重点;冬季安全大检查以防火、防爆、防煤气中毒、防冻防滑、防滑为重点。

(4)节假日检查。节假日检查主要是节前对安全、保卫、消防、生产设备、备用设备、应急预案等进行的检查,特别是对节日干部、检维修队伍的值班安排和原辅料、备品备件、应急预案的落实情况等应进行重点检查。

(5)日常检查。日常检查包括班组、岗位员工的交接班检查和班中巡回检查,以及基层单位领导和生产、设备、安全等专业技术人员的经常性检查。各岗位应严格履行日常检查制度,特别应对关键装置要害部位的危险点、源进行重点检查和巡查。

事故隐患排查方法有很多,有群查、点查、循章排查和类比复查等,实际排查中,可以将这几种方法组合运用。

(1)群查。群查是指调动员工预防事故的积极性和能动性,同心协力查找生产(工作)中的事故隐患,它包括部门、车间、班组内的自查互查、基层工会的监督检查等形式。群查的优点是把排查事故隐患的视线从身边逐步向远处延伸,既要做好自身岗位设备设施以及周边作业环境中事故隐患的排查,又要以此为基本依据,撒开"大网",把平时那些司空见惯、习以为常的问题都网在其中,逐一排查,防止出现漏洞。

(2)点查。点查是采取抽样的方式、不定期的"突袭排查",也可以针对容易形成重大事故隐患的重要部位组织专人进行排查。"点查"能够发现一些平时不容易暴露或预先检查中被"掩饰"的事故隐患,掌握其真实情况,有利于纠偏和事故隐患的治理;也可以突出重点,强化地重要部位的控制和防范。

(3)循章排查。循章排查是遵循法律、法规、标准、条例和操作规程等规定,排查生产过程中的事故隐患,凡不符合法规、标准规定的,都是事故隐患,都是可能出现事故或导致伤亡,必须立即制止,坚决纠正。"循章排查"能提高企业遵纪守法的自觉性,使排查内容"合规合法"。

(4)类比复查。类比复查是借鉴事故案例,复查本单位有没有类似情况,确定事故隐患。企业应善于吸取其他单位的事故案例,将导致事故的原因"对号入座",排查本单位是否存在这类情况,是否构成了事故隐患。同时,企业要"借题发挥",要及时将事故案例当作一面镜子,衍射到安全生产的方方面面,反复进行排查。

"群查"与"点查"相结合的事故隐患排查方法,既可以扩大排查的面,又能突出排查中的重点:无论是"群查"还是"点查",都应针对生产工艺和作业方式的实际,编制事故隐患排查标准,其基本内容为:排查时间、排查内容、执行人、信息交流和反馈的方式和程序等。"循章排查"和"类比复查"相结合的事故隐患排查方法,可以提高排查的科技含量和排查的合规性及针对性。

4)隐患排查的范围

交通运输企业营运过程风险种类复杂,既涉及法律风险、市场风险,也较为频繁收到自然灾害、恶劣天气和人为因素的影响,此外,设备设施的运转状态等也是重要因素。因此,交通运输企业隐患排查范围可以进行如下界定:

(1)经营资质:企业是否取得合法许可证照,经营资质,经营范围是否合法合规。

(2)人员资质及设备设施标准:各级各类从业人员是否取得合法证照及资质,各种设备设施是否符合相关法规、规范及标准要求。

(3)安全生产管理制度合规性:安全生产管理责任制建立与否,安全主体责任是否落实,是否逐级签订责任书,安全生产台账、安全生产费用是否制度化。

(4)挂靠或代管运输设备安全管理:非本企业运输设备安全管理是否落实。

(5)设备设施及作业场所、作业活动安全管理:是否制定、落实设备、设施、作业场所及关键作业活动安全管理制度。

(6)人员安全管理:是否通过培训、教育、检查及奖惩等各项措施落实安全文化建设。

(7)重大危险源管理:是否建立危险源辨识、分级及监控制度,执行是否到位,整改要求是否切实执行。

(8)应急管理:是否针对企业具体情况制定相关预案体系或专项预案,应急人员是否配备并执行应急值班、应急设备、物资是否齐备及状态正常,应急演练是否按期开展等。

(9)事故管理:是否严格执行安全生产事故责任制度。

交通运输企业在进行隐患排查时,应结合企业具体情况,针对企业业务特征科学合理确定隐患排查项目。下面以一个出租汽车企业的隐患排查项目表为例进行说明。见表3-4。

隐患排查项目表 表3-4

隐患排查项目
(1)企业市场准入的资质条件是否合法有效,安全生产规章制度、机构设置、人员、设备设施等符合要求;主要管理人员、专职管理人员的资质和配备情况,人证是否相符
(2)企业自查和上级部门的年度核查提出的整改方案是否得到切实执行
(3)企业安全主体责任是否落实,是否逐级签订安全生产责任书
(4)是否按规定提取安全生产经费,专款专用
(5)车辆技术、驾驶员行车安全档案等安全制度的建立和落实情况,安全设备维护情况,设备设施维护、保养计划制定和落实情况
(6)安全管理体系建立和执行情况,营运车辆的各种证书是否齐全、有效
(7)出租汽车企业对代管车辆实施安全管理情况,是否存在只收取管理费用未实施安全管理问题
(8)重大危险源监控情况,重大活动安全措施部署和落实情况
(9)安全培训教育和日常安全生产检查开展情况
(10)应急救援物资、设备配备及维护情况,应急救援预案制定及演练情况,应急值班情况

5)隐患治理与持续改进

隐患排查的目的不仅是要发现隐患,更要消除隐患,并不断改进企业安全生产水平。针对隐患排查结果,企业应采取合理的隐患治理措施进行应对。

(1)制定隐患治理方案。

制定隐患治理方案主要针对重大事故隐患来讲的。对于一般事故隐患,由企业或部门负责人或者有关人员立即组织整改。对于重大事故隐患,由企业主要负责人组织制定并实施事故隐患治理方案。重大事故隐患治理方案应当包括以下内容:

①治理的目标和任务;

②采取的方法和措施;

③经费和物资的落实；

④负责治理的机构和人员；

⑤治理的时限和要求；

⑥安全措施和应急预案。

(2)采取隐患治理措施。

在事故隐患治理过程中,应当采取相应的安全防范措施,防止事故发生。事故隐患排除前或者排除过程中无法保证安全的,应当从危险区域内撤出作业人员,并疏散可能危及的其他人员,设置警戒标志,暂时停产停业或者停止使用;对暂时难以停产或者停止使用的相关生产储存装置、设施、设备,应当加强维护和保养,防止事故发生。

重大事故隐患在治理前应采取临时控制措施并制定应急预案。

一般而言,隐患治理措施应包括:

①工程技术措施；

②管理措施；

③教育措施；

④防护措施和应急措施。

(3)自然灾害或极端环境的预防。

对于因自然灾害或极端环境可能导致事故灾难的隐患,应当按照有关法律、法规、标准和本规定的要求排查治理,采取可靠的预防措施,制定应急预案。在接到有关自然灾害或极端环境预报时,应当及时向下属单位发出预警通知;发生自然灾害或极端环境可能危及企业和人员安全情况时,应当采取撤离人员、停止作业、加强监测等安全措施,并及时向当地人民政府及其有关部门报告。

(4)验证和评估。

隐患治理情况验证和评估。治理完成后,应对治理情况进行验证和效果评估,验证治理的措施是否得当,是否达到了预期效果,隐患是否已经消除,是否满足生产安全运行,是否产生新的安全隐患等。

隐患排查治理机制的各个方面都不是一成不变的,也要随着安全生产管理水平的提高而与时俱进,借助安全生产标准化的自评和评审、职业健康安全管理体系的合规性评价、内部审核与认证审核等外力的作用,实现企业在此工作方面的持续改进。另外隐患排查治理也为整体安全生产管理提供了持续改进的信息资源,通过对隐患排查治理情况的统计、分析,能够为预测预警输入必要的信息,能够为管理的改进提供方向性的资料。这种资源在当前还没有得到充分的认识和重视,应当给予特别的关注。

6)企业隐患排查治理的制度及相关措施

企业应建立完备的隐患排查及治理制度。内容应涉及:事故隐患排查治理的档案台账制度、监控和应急管理制度、挂牌制度、限期整改销号制度、专项资金使用制度、岗位责任制度、统计分析制度、公告公示制度、定期报告和举报奖励等制度,组织事故隐患排查,及时发现并排除从业人员存在的各类违章行为和带病运行的设备、设施及场所的各类事故隐患。具体而言,需要做好以下几个方面的工作。

(1)企业主要负责人对本单位事故隐患排查治理工作全面负责。定期组织安全生产管理人员和其他相关人员排查本单位的事故隐患，并逐级落实从主要负责人到每个从业人员的隐患排查治理的范围和责任，保证不留空当，不留死角。

(2)依照有关法律法规和文件要求制定具体方案，对安全生产规章制度、落实责任、安全管理体系、资金投入、人员培训、劳动纪律、现场管理、防控手段、事故查处以及安全生产基本条件、基础设施、技术、作业环境等方面组织自查。

(3)企业接到有关部门下达的责令停产整改指令，必须立即停止经营，由主要负责人组织制定方案，并及时报送有关部门。停产整改方案应确定整改项目、整改目标、整改时限、整改作业范围、从事整改的作业人员，落实整改责任人、资金，还应包括安全技术措施和应急预案，以及职工安全教育和培训等内容。

(4)定期召开例会，企业主要负责人和内设机构负责人参加，通报隐患排查治理工作，研究解决隐患排查工作中存在的问题，安排隐患排查治理阶段性工作；安全生产小组应结合安全生产日常监管工作，组织人员，定期对企业安全生产事故隐患进行检查，发现问题及时依法查处。

(5)对本企业自查和有关部门检查发现的重大事故隐患要予以公示。对本企业存在的重大事故隐患应当在排查或检查发现的3日内进行公示。出现重大隐患，应主动接受社会舆论监督，及时公开重大事故隐患的治理情况。

(6)安全生产小组对单位重大事故隐患整改，要落实跟踪督办的内设机构和责任人，督促企业落实各项防范措施，对单位重大事故隐患的治理情况进行跟踪督办。督促整改的责任人应当定期进入作业现场，跟踪检查有关防范和监控措施落实情况，及时掌握重大事故隐患整改进度，督促相关部门按整改方案对重大事故隐患进行治理，彻底消除重大事故隐患。

(7)重大事故隐患整改结束后，整改单位应向督办单位提出复产验收申请。接受申请的部门组织有关人员进行现场核查。

(8)重大事故隐患在整改期限内彻底治理，经有关部门验收合格后，将有关档案整理后归档管理。

(9)应当建立隐患排查治理工作奖惩机制，对未定期排查事故隐患或未及时有效整改事故隐患的部门和个人，实施责任追究；对在隐患排查治理工作中成效突出的部门和个人给予奖励。

第三节　危险源分析与辨识

一、风险与风险管理概述

1. 风险与危险

“风险”一词的由来，最为普遍的一种说法是，在远古时期，以打鱼捕捞为生的渔民们，每次出海前都要祈祷，祈求神灵保佑自己能够平安归来，其中主要的祈祷内容就是让神灵保佑自己在出海时能够风平浪静、满载而归；他们在长期的捕捞实践中，深深地体会到“风”给他们带来的无法预测无法确定的危险，他们认识到，在出海捕捞打鱼的生活中，“风”即意味着“险”，因此有了“风险”一词的由来。比较权威的说法是来源于意大利语的“RISQUE”一词。

在早期的运用中,也是被理解为客观的危险,体现为自然现象或者航海遇到礁石、风暴等事件。大约到了19世纪,在英文的使用中,风险一词常常用法文拼写,主要是用于与保险有关的事情上。现代意义上的风险一词,已经大大超越了“遇到危险”的狭义含义。经过两百多年的演化,风险一词越来越被概念化,并随着人类活动的复杂性和深刻性而逐步深化,并被赋予了从哲学、经济学、社会学、统计学甚至文化艺术领域的更广泛更深层次的含义,且与人类的决策和行为后果联系越来越紧密,风险一词也成为人们生活中出现频率很高的词汇。

一般认为,风险是指在某一特定环境下,在某一特定时间段内,某种损失发生的可能性。风险是由风险因素、风险事故和风险损失等要素组成。换句话说,是在某一个特定时间段里,人们所期望达到的目标与实际出现的结果之间产生的距离称之为风险。就出租汽车营运而言,风险主要有行车风险(marinerisks)和维护风险。行车风险包括发生的自然灾害和意外事故。自然灾害是指由于自然界的变异引起破坏力量所造成的灾害。

意外事故是指由于意料不到的原因所造成的事故。外来风险其实是指由于外来原因引起的风险。它有一般和特殊之分。比如在行车营运途中遭到劫持,乘客不负车费等是一般外来风险。而由于战争,罢工等政治,军事,国家禁令及管制措施所造成的风险与损失是特殊外来风险。

风险与危险两者的相同点都是可能对行为主体发生损害,不同点在于,风险是抽象的概念,由多个因素构成,其结果导致损害,也可能导致获利;但是危险通常指一种具体的概念,其结果导致损害。客观上风险或危险可能给企业或个体带来利益损失,凸显风险管理或危险因素管理的必要性。

2. 风险管理

对于风险管理,不同学者或机构有不同理解。有的认为,风险管理是指通过风险识别、风险估计、风险驾驭、风险监控等一系列活动来防范风险的管理工作。有的则认为风险管理是指如何在一个肯定有风险的环境里把风险减至最低的管理过程。

风险管理作为企业的一种管理活动,起源于20世纪50年代的美国。当时美国一些大公司发生了重大损失使公司高层决策者开始认识到风险管理的重要性。其中一次是1953年8月12日通用汽车公司在密歇根州的一个汽车变速箱厂因火灾损失了5000万美元,成为美国历史上损失最为严重的15起重大火灾之一。这场大火与50年代其他一些偶发事件一起,推动了美国风险管理活动的兴起。后来,随着经济、社会和技术的迅速发展,人类开始面临越来越多、越来越严重的风险。科学技术的进步在给人类带来巨大利益的同时,也给社会带来了前所未有的风险。1979年3月美国三里岛核电站的爆炸事故,1984年12月3日美国联合碳化物公司在印度的一家农药厂发生了毒气泄漏事故,1986前苏联乌克兰切尔诺贝利核电站发生的核事故等一系列事件,大大推动了风险管理在世界范围内的发展,同时,在美国的商学院里首先出现了一门涉及如何对企业的人员、财产、责任、财务资源等进行保护的新型管理学科,这就是风险管理。目前,风险管理已经发展成企业管理中一个具有相对独立职能的管理领域,在围绕企业的经营和发展目标方面,风险管理和企业的经营管理、战略管理一样具有十分重要的意义。

风险管理目标由两个部分组成:损失发生前的风险管理目标和损失发生后的风险管理目标,前者的目标是避免或减少风险事故形成的机会,包括节约经营成本、减少忧虑心理;后者的目标是努力使损失的标的恢复到损失前的状态，包括维持企业的继续生存、生产服务的持续、稳定的收入、生产的持续增长、社会责任。二者有效结合，构成完整而系统的风险管理目标。

风险管理的基本程序包括风险识别、风险估测、风险评价、风险控制和风险管理效果评价等环节。

(1)风险的识别：是经济单位和个人对所面临的以及潜在的风险加以判断、归类整理，并对风险的性质进行鉴定的过程。风险识别过程的活动是将不确定性转变为明确的风险陈述。

(2)风险估测或风险分析：是指在风险识别的基础上，通过对所收集的大量的详细损失资料加以分析，运用概率论和数理统计，估计和预测风险发生的概率和损失程度。风险估测的内容主要包括损失频率和损失程度两个方面。风险分析过程的活动是将风险陈述转变为按优先顺序排列的风险列表。包括确定风险的驱动因素、分析风险来源、预测风险影响、对风险按照风险影响进行优先排序。

(3)风险管理方法：分为控制法和财务法两大类，前者的目的是降低损失频率和损失程度，重点在于改变引起风险事故和扩大损失的各种条件；后者是事先做好吸纳风险成本的财务安排。

(4)风险管理效果评价：是分析、比较已实施的风险管理方法的结果与预期目标的契合程度，以此来评判管理方案的科学性、适应性和收益性。

二、重大危险源概念及辨识

20 世纪 80 年代以来，预防重大工业事故已成为各国社会、经济和技术发展的重点研究对象之一，引起了国际社会的广泛重视。欧盟、美国、澳大利亚、印度、泰国等国家和地区都颁布了一系列有关预防重大工业事故的法规和标准，1993 年第 80 届国际劳工大会通过了《预防重大工业事故公约》。预防重大工业事故的核心要求是辨识、评价和控制重大危险源或称重大危害设施(majorhazard installations)。改革开放进入新阶段的中国，经济发展水平逐步进入中等发达国家行列，伴随生产技术水平的提高，生产过程安全管理的压力也与日俱增。重大危险源管理也开始得到广泛重视。20 世纪和 90 年代初，我国开始了重大危险源辨识、评价与控制技术研究，国家“八五”科技攻关计划中列入了“重大危险源评价和宏观控制技术研究”课题，“九五”科技攻关计划中列入了“矿山重大危险源辨识评价技术”课题，“十五”科技攻关计划中研究了“重大危险源安全规划与应急预案编制技术”。通过科技攻关和试点研究，提出了一套适合中国国情的重大事故预防体系思想和重大危险源辨识、评价、控制技术。《安全生产法》第 33 条规定：“企业对重大危险源应登记建档，进行定期检测、评估、监控，并制定应急预案，告知从业人员和相关人员在紧急情况下应当采取的应急措施。”强调了企业对重大危险源辨识、控制、告知的责任和义务。为全面推进企业安全生产标准化建设，进一步规范企业安全生产行为，改善安全生产条件，强化安全基础管理，有效防范和坚决遏制重特大事故发生，国务院安委会在《国务院安委会关于深入开展企业安全生产标准化建设的指导意见》(安委〔2011〕4 号)中指出危险源监控属于基础性工作。

在《安全生产法》和《重大危险源辨识》(GB 18218—2000)中，均把重大危险源定义为：

长期地或临时地生产、搬运、使用或者储存危险物品,且危险物品的数量等于或者超过临界量的单元(包括场所和设施)。可见重大危险源是生产活动中危险物质或能量超过临界量的设备、设施或场所。重大危险源同重大事故隐患是两个既有联系又有区别的概念,前者强调设备、设施、场所中存在或固有的危险物质(能量)的多少,后者可以认为是出现明显缺陷(人的不安全行为,物的不安全状态或管理上的缺陷)的重大危险源。预防重大生产事故的基础是辨识或确认重大危险源。政府主管部门和权威机构在物质毒性、燃烧、爆炸特性基础上,规定出要重点监控的危险物质及其临界量标准。通过危险物质及其临界量标准,可以确定出要重点监控的设备、设施和场所。国际劳工组织建议:各国应根据具体的特定行业生产情况制定合适的危险物质及其临界量标准。标准的定义应能反映出当地急需解决的问题以及一个国家的行业生产模式,可能需要有一个特指的或是一般类别或是两者兼有的危险物质一览表,并列出每个物质的限额或允许的数量,设施现场的危险物质数量超过这个数量,就可以定为重大危险源。

1. 危险源辨识概述

危险源管理和风险管理类似,首先需要对危险源进行识别,这涉及危险源识别过程及识别标准,然后进行危险源监控和隐患排查。危险源识别标准是关键,但是不同行业生产过程存在差异,生产设备千差万别,很难有一个具体详细且适用所有行业的危险源识别标准。海上运输或内河运输过去有自己的安全管理体系,体系中并未明确提出重大危险源的概念和标准,因此只能借鉴其他行业的安全生产管理标准化做法进行适当的风险源辨识。

在国家标准重大危险源辨识(GB 18218—2000)中,重大危险源被定义分为生产场所重大危险源和贮存区重大危险源两种,并给出定量标准。对于普通货物运输而言,无法适用。因此,需要对危险源进行重新定义。危险源是指可能导致死亡、伤害、职业病、财产损失、工作环境破坏或上述情况组合形成的根源和状态。危险源不同于隐患,隐患是在一定程度上已经暴露出来、如不及时采取措施就会引发的不安全因素,而危险源是潜在的暂时还没有暴露出来,应当预料到,需预先采取控制措施,加以预防的不安全因素。对事故隐患的控制管理总是与一定的危险源联系在一起,因为没有危险的隐患也就谈不上要去控制它;而对危险源的控制,实际就是消除其存在的事故隐患或防止其出现事故隐患。

危险源存在于确定的系统中,不同的系统范围,危险源的区域也不同。例如,从全国范围来说,对于危险行业(如石油、化工等)具体的一个企业(如炼油厂)就是一个危险源。而从一个企业系统来说,可能是某个车间、仓库就是危险源,一个车间系统可能是某台设备是危险源;因此,分析危险源应按系统的不同层次来进行。一般来说,危险源可能存在事故隐患,也可能不存在事故隐患,对于存在事故隐患的危险源一定要及时加以整改,否则随时都可能导致事故。

根据上述对危险源的定义,危险源应由三个要素构成:潜在危险性、存在条件和触发因素。危险源的潜在危险性是指一旦触发事故,可能带来的危害程度或损失大小,或者说危险源可能释放的能量强度或危险物质量的大小。危险源的存在条件是指危险源所处的物理、化学状态和约束条件状态。例如,物质的压力、温度、化学稳定性,盛装压力容器的坚固性,周围环境障碍物等情况。触发因素虽然不属于危险源的固有属性,但它是危险源转化为事故的外因,而且每一类型的危险源都有相应的敏感触发因素。如易燃、易爆物质,热能是其敏感的触发因素,又如压力容器,压力升高是其敏感触发因素。因此,一定的危险源总是与相应的触发因素相关联。在触发因素的作用下,危险源转化为危险状态,继而转化为事故。

2. 危险源辨识方法

重大危险源在没有触发之前是潜在的,常不被人们所认识和重视,因此需要通过一定的方法进行辨识。重大危险源辨识的目的就是通过对系统的分析,界定出系统的哪些区域、部分是危险源,其危险的性质、危险程度、存在状况、危险源能量、事故触发因素等。

重大危险源辨识的程序如图3-5所示:

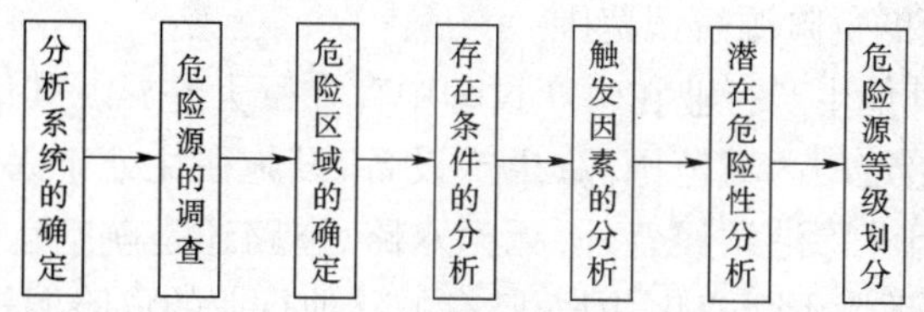

图3-5 危险源辨识程序图

一个更为完整的危险源辨识监控流程如图3-6所示:

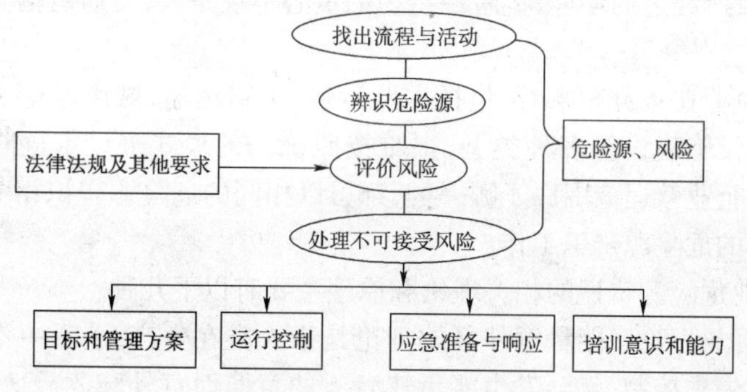

图3-6 危险源辨识监控流程图

1)危险源辨识范围

(1)一般行业的危险源辨识范围

危险源的辨识范围要考虑各种状态和时态及参照《企业伤亡事故分类》(GB 6441—86)中分为16类危险源和《职业病范围和职业病处理办法的规定》中分为7类的危险源即:物体打击、车辆伤害、机械伤害、起重伤害、触电、淹溺、灼烫、火灾、高处坠落、坍塌、放炮、火药爆炸、化学性爆炸、物理性爆炸、中毒和窒息以及其他伤害。危险源的识别还应包括所有进入作业场所人员的活动、作业场所内的设施,无论是企业内部的还是外部场所提供的设施均应纳入危险源的控制管理,并将已识别的危险源填入危险源调查表。

危险源辨识的范围应覆盖:

①常规和非常规活动;

②所有进入工作场所的人员(包括承包方人员和访问者)的活动;

③人员行为、能力和其他人为因素;

④已识别的源于工作场所外、能够对工作场所内组织控制下的人员的健康安全产生不

利影响的危险源；

⑤在工作场所附近，由组织控制下的工作相关活动所产生的危险源；

⑥由本组织或外界所提供的工作场所的基础设施、设备和材料；

⑦组织及其活动的变更、材料的变更，或计划的变更；

⑧职业健康安全管理体系的更改包括临时性变更等，以及对运行、过程和活动的影响；

⑨所有与风险评价和实施必要控制措施相关的适用法律义务；

⑩对工作区域、过程、装置、机器和(或)设备、操作程序和工作组织的设计，包括其对人的能力的适应性。

(2)交通运输行业的危险源辨识范围

交通运输行业和其他生产行业在生产过程中存在巨大差异。其他行业的生产作业活动往往发生在一个相对给定的区域范围内，生产设备、设施往往处于固定状态，所处的环境相对静止。而交通运输行业除港站经营外，无论水路、道路还是航空运输，主要生产设备往往处于运动状态，所处的环境不断变化，因而已有的其他行业的危险源辨识范围很难应用于交通运输行业。此外，其他行业危险源辨识较多关注人的健康与安全，交通运输行业由于企业资产主要以运输设备的形态存在，且单价巨大，承担的外部责任较多指向承运的旅客、货物，所利用的设施以及所经过的环境，危险源辨识的重心不仅是人，交通运输企业财产损失及责任同等重要。

从交通运输企业业务分布来看，包括水路运输、道路运输、城市客运、航空运输、港口站场经营、交通基础设施建设等多种类型，很难按照统一的模式来设定危险源辨识范围。但是，无论交通运输企业营运范围属于哪一类，都可以相同的危险源辨识相关理论和原理为指导，开展行之有效的危险源辨识工作。

交通运输行业危险源辨识的相关理论和原理主要有以下几种：

①能量意外释放理论。能量意外释放理论是指人类在生产、生活中不可缺少的各种能量，如因某种原因失去控制，就会发生能量违背人的意愿而意外释放或逸出，使进行中的活动中止而发生事故，导致人员伤害或财产损失。

②4M 理论。博德对于事故的深层原因进行总结，归纳 4 个方面：即人的因素(Man)、设备的因素(Machine)、作业环境的因素(Media)、管理的因素(Management)。交通行业一些学者和专家将其应用于具体实践，总结出人—船—环境—管理或人—车—道路—管理的交通事故致因理论。

③人—机—环境系统工程。运用系统科学理论和系统工程方法，正确处理人、机、环境三大要素的关系，深入研究人—机—环境系统最优组合的一门科学，其研究对象为人—机—环境系统。系统中的“人”，是指作为工作主体的人(如操作人员或决策人员)；“机”，是指人所控制的一切对象(如汽车、飞机、生产过程等)的总称；“环境”，是指人、机共处的特定工作条件。系统最优组合的基本目标是“安全、高效、经济”。

基于以上理论，交通行业危险源辨识范围主要涉及两个方面：一是系统中存在的、可能发生意外释放的能量或危险物质(包括各种能量源和能量载体)；二是导致约束、限制能量措施失效破坏的各种不安全因素(包括人—运输及相关设备—管理—环境)。

第一类危险源在事故时放出的能量是导致人员伤害或财产损失的能量主体，决定事故后果的严重程度,是事故发生的前提;第二类危险源的出现破坏了对第一类危险源的控制,使能量或危险物质意外释放,是第一类危险源导致事故的必要条件。第二类危险源的出现的难易程度决定事故发生的可能性的大小。第二类危险源是围绕第一类危险源随机出现的人—运输及相关设备—管理—环境方面的问题,其辨识、评价和控制应在第一类危险源辨识、评价和控制的基础上进行;第二类危险源的辨识、评价和控制比第一类危险源辨识、评价和控制更为困难。

需要指出的是,第一类危险源属于各个不同行业带有共性的因素,第二类危险源则与具体行业、具体企业和具体业务的特征紧密联系。因此,交通行业企业危险源辨识范围应着重关注第二类危险源。如高速公路运输企业危险源辨识就应关注:

①人的因素:包含驾驶员、乘客及路人。与驾驶员有关的包括疲劳驾驶,无证驾驶、酒后开车、超速行驶、违章超车及违章装载、车辆间距过近等;乘客携带危险物品;乘车人在高速公路上随意上下车以及行为擅自在高速公路上穿行等。

②车的因素:如轮胎爆裂、发动机故障、发动机过热、电气故障、燃料用尽等。除此之外超载,偏载也是重要因素。

③路的因素:高速公路的线形设计和道路结构。其中线形设计如道路的曲率半径过小、直线距离过长、视距过小、纵坡过大、平纵线形不协调等都易引发事故。路面的强度稳定性、平整度和抗滑性也是影响高速公路安全原因。

④管理的因素:由于"一路两制",公安部门和交通部门职责不清,使得管理容易问题。此外管理硬件设施落后,科学化管理水平低,也是影响高速公路安全的因素。

在辨识过程中,要考虑三种状态(正常、异常和紧急)和三种时态(过去、现在和将来)。三种时态包括:过去的作业活动、系统或设备等安全控制状态及发生过的人身伤害事故,并延续到现在的;作业活动、系统或设备等现在的安全状态;可以预见的作业活动发生变化、系统、设备等新产生或在维护、改进、报废等活动时产生的安全控制状态。三种状态涉及:正常状态即正常、持续的生产运行;异常状态即指生产的开车、停车、检修等情况;紧急状态指发生爆炸、火灾、洪水等重大突发性事件。危险源辨识要包括:四个方面:物的不安全状态;人的不安全行动;作业环境因素;安全健康管理因素。

2)危险源辨识方法

危险源辨识的途径主要有:

①询问和交流:与作业人员交流,获取信息。

②现场观察:通过观察现状,进行辨识。

③查阅记录:包括事故、事件、健康安全检查、设备检修记录。

④向外部有关机构、上级主管部门咨询。

危险源辨识的方法很多,理论方法主要有系统危险分析、危险评价等方法和技术。表3-5列举了部分系统分析方法的目的、分析结果、所需资料和特点。实际中可根据生产系统特点选用合适的分析方法。

这里介绍的是基本分析法和工作安全分析法。

(1)基本分析法。

对于某项作业活动,依据"作业活动信息"(作业经过的描述),对照危险源分类和事故类型(或职业相关病症的类型),确定本项作业活动中具体的危险源。

危险源辨识方法一览表

表 3-5

安全检查表	目的	主要用于确保有关规定和标准得以实施,某些情况下,将检查表分析方法与其他安全分析方法结合起来去发现只用安全检查表分析可能无法发现的危险
	分析结果	分析人员确定标准的设计或操作以建立安全检查表,然后用它产生一系列基于缺陷或差异的问题,所完成的安全检查表包括对所提问题的回答,分析结果将作出与标准或规程是否一致的结论。此外,安全检查表分析通常提出一系列提高安全性的可靠性的可能途径
	所需资料	一份适当的安全检查表、工程设计程序和操作方法,待分析系统的基本知识
	特点	方法简单,用途广泛,没有任何限制
事故树分析	目的	识别导致(设想)事故的设备故障和人为失误的组合
	分析结果	发现事故发生的基本原因(人、环境和部件等方面)以及相互关系,从而(可定性和定量的)得出系统失败的可能方式和防止事故的可能措施(途径)
	所需资料	详细的装置或系统功能图、工艺图和操作程序,以及各种故障模式和它们的结果;系统培训和富有经验的分析人员
	特点	使用布尔逻辑门产生系统故障模型来描述事故的各种原因及其之间的逻辑关系,简明形象。FTA 非常适合高度复杂性的系统
原因后果分析	目的	同时识别潜在事故的原因和后果
	分析结果	描述事故顺序图和对潜在事故的定性说明
	所需资料	可能导致事故故障的工艺过程的波动知识;影响事故后果的安全系统和紧急处理预案资料;产生所有故障的原因
	特点	将 FA 和 ET 组合而成的分析方法,可作为一种交流工具;原因—后果图显示事故发展(后果)与它们的基本事件之间的关系

(2)工作安全分析法。

①如果某个作业活动可以分解为若干个相连接的作业步骤:

对每个作业步骤,参考危险源类别中前两大类的分类内容,辨识出与此步骤有关的物的不安全状态和人的不安全行为,然后将各步骤中的危险源汇总。

将整个作业活动作为一个整体,参考危险源类别中后两大类的分类内容,辨识出与此作业活动有关的作业环境的缺陷和安全健康管理上的缺陷。

将上述辨识出的危险源汇总,汇总合并同类项。

②如果某作业活动不能分解成若干个相连接的作业步骤,就直接参考危险源分类的内容,辨识出与此作业活动有关的物的不安全状态、人的不安全行为、作业环境的缺陷和安全健康管理上的缺陷,确定在此活动中存在的危险源。

一个典型的危险源调查表格如表 3-6 所示:

危险源调查样表　　表 3-6

作业活动	考虑方面	危险源	可能导致的事故	时态	状态
车辆营运	物的不安全状态	车辆未定期维护保养	抛锚		
	人的不安全行动	与前车未保持安全间距	追尾		
	作业环境因素	大雾天气	追尾		
	安全健康管理因素	驾驶员突发心脏病	碰撞		

在进行危险源评价前应对危险源辨识充分性进行确认，确认标准是以下两个：覆盖已发生的事故的原因（通过查阅事故档案、资料和员工的回忆，列出所有曾发生过的事故的原因。辨识出危险源应覆盖所有事故的原因，以及同行业企业已发生事故的原因）；覆盖法规要求（将辨识出的危险源与所有适用的法律、法规和其他要求相对照。除辨识出的危险源之外，不应存在其他的违法现象）。

3. 危险源评价方法

危险源评价方法很多，根据企业现状有不同选择。一般可以采取采用定性法和半定量法（LEC 法）相结合的评价方法。

（1）先用定性评价，满足下列任意一项时，可直接判断为重大风险。

①严重不符合法律法规及其他要求；

②涉及发生过死亡事故、重伤事故、三次及以上轻伤事故的风险，且未采取有效的控制措施；

③相关方合理抱怨或要求。

（2）直接判断无法判断时用半定量法进行评价（LEC 法）。

计算公式是：

$$D = L \times E \times C$$

式中：L——发生事故的可能性大小；

E——人体暴露在这种风险环境中的频繁程度；

C——一旦发生事故会造成后果的严重程度；

D——风险性分值。

参数 L 一般根据发生事故的可能性大小来赋值。分值见表 3-7：

参数 L 赋值表　　表 3-7

事故发生的可能性大小	分　值	事故发生的可能性大小	分　值
完全可以预料	10	很不可能，可以设想	0.5
相当可能	6	极不可能	0.2
可能，但不经常	3	实际不可能	0.1
可能性小，完全意外	1		

参数 E 一般根据暴露于危险环境的频繁程度来赋值，分值见表 3-8。

参数 E 赋值表 表 3-8

频繁程度	分值	频繁程度	分值
连续处于危害环境	10	每月几次	2
每天处于危害环境	6	每年几次	1
每周几次	3	几年一次处于危害环境	0.5

注:8 小时不离岗,为"连续处在危险环境中";8 小时内暴露 1 ~ 几次,为"每天在有危险环境中工作"。

参数 C 一般根据发生事故可能造成的后果来赋值,分值见表 3-9。

参数 C 赋值表 表 3-9

发生事故产生的后果	分值	发生事故产生的后果	分值
10 人以上死亡	100	重伤	7
3 ~ 9 人死亡	40	轻伤	3
1 ~ 2 人死亡	15	微伤	1

根据事故的定义,仅有财产损失列入危害辨识的范围时,按财产损失评价,E 统一取固定值 1。

仅有财产损失评价时,C 的赋值,如表 3-10 所示。

仅发生财产损失条件下参数 C 赋值表 表 3-10

财产损失金额	分数值	财产损失金额	分数值
100 万元以上	110	>3 万 ~ 8 万元	7
>20 万 ~ 100 万元	55	>1 万 ~ 3 万元	3
>8 万 ~ 20 万元	25	1 万元以下	1

当人员伤害与财产损失同时存在时,以人员伤害为主进行评价。

4. 危险源等级的判断

根据经验,危险性分数在 70 以下的因素被认为是低危险性的,一般说来可以被人们所接受,定为 4、5 级。危险性分数为 70 以上,定为 1、2、3 级是不可容许的风险。危险性程度分级分数如表 3-11 所示。

危险源等级分级表 表 3-11

D 值	危险程度	危险源等级	是否重大危险源	应对策略
> 320	极高危险	1	是	极其危险,停止工作
161 ~ 320	高度危险	2	是	高度危险,要立即整改
71 ~ 160	显著危险	3	否	显著的危险,需要整改
20 ~ 70	一般危险	4	否	一般危险,需要注意
<20	稍有危险	5	否	—

对危险源进行等级判定后,对于危险性程度分值大于 70 的危险源应填写《重大危险源清单》。对小于 70 的危险源填写《一般危险源清单》,发放到各相关部门。相应表格可参照

表3-12,表3-13,表3-14所示。

安全风险评价样表 表3-12

序号	危险源名称	可能发生的事故	工序/活动	岗位	主要关键设备	涉及场所	风险评价得分				等级	是否重大危险源
							L	E	C	D		

一般危险源清单 表3-13

序号	危险源名称	可能发生的事故	作业名称	涉及工序/活动	涉及岗位	控制措施

重大危险源清单 表3-14

序号	危险源名称	可能发生的事故	作业名称	涉及工序/活动	涉及岗位	控制措施

同时,对于各种重大危险源应制定管理方案来落实安全技术措施或采取管理措施。管理方案表格可参照表3-15所示。

危险源管理方案 表3-15

目标					
存在问题 薄弱环节					
序号	措施内容	启动时间	完成时间	责任部门	经费预算
编制:			日期:		
实施验证: 验证人:			日期:		

对各部门的危险源辨识和评价结果进行确认后应汇总成公司危险源清单,并报公司决策部门批准。此外,随着认识的提高、生产的发展和危险控制措施的落实,危险源会发生变化,因此,需每年组织各部门对危险源再次采用作业条件危险性评价法(LEC法)进行一次动态辨识和评价,同时修订危险源辨识与评价表、一般危险源清单、重大危险源清单、管理方案。

5. 危险源控制办法

人的失误,管理上的疏忽,设备状态不良是重大事故发生的主要原因。为了有效地控制重大危险源,避免重大货物运输生产事故的发生,必须严格实施危险源管理。危险源的控制可从三方面进行,即技术控制、人行为控制和管理控制。

1)技术控制

即采用技术措施对固有危险源进行控制,主要技术有消除、控制、防护、隔离、监控、保留和转移等。

2)人行为控制

即控制人为失误,减少人不正确行为对危险源的触发作用。人为失误的主要表现形式有:操作失误、指挥错误、不正确的判断或缺乏判断、粗心大意、厌烦、懒散、疲劳、紧张、疾病或生理缺陷、错误使用防护用品和防护装置等。人行为的控制首先是加强教育培训,做到人的安全化;其次应做到操作安全化。

(1)加强教育培训,做到人的安全化。

危险源控制的各项措施能否得到贯彻执行,执行质量的高低,很大程度上取决于公司和作业人员的安全意识和对危险源控制的认识程度及有关的安全知识和操作技能的掌握程度,因此,必须对涉及危险源控制的有关管理和作业人员进行专门的安全教育和培训。培训内容应包括:危险源控制管理的意义,本单位(岗位)的主要危险类型,产生危险的主要原因,控制事故发生的主要方法及日常的安全操作要求,应急措施和各种具体的管理要求,通过教育培训使他们提高实行危险源控制管理的自觉性,掌握进行控制管理的方法和技术。

对作业人员的要求是,首先要合理选用作业人员,由于危险源多涉及重要岗位,有的操作管理技术比较复杂,对作业人员的要求较高,因此应选拔那些认真负责、技术高、能力强的人来从事重大危险源相关岗位的作业。其次应严格培训考核,加强上岗前的教育,从事危险源相关岗位工作的人员要作专门培训,加强技能训练以及提高文化素质,加强法制教育和职业道德教育等。

再次,切实做好作业人员的健康管理,减少职业病的发生率,确保交通运输的生产安全,重点是要严格把好作业人员体检质量关,正确评估其健康体能,加大健康宣教力度,普及基本急救知识,提高作业人员自我保健意识和疾病防范意识,确保生命安全和健康。

(2)操作安全化。

研究企业各项作业性质和操作的运作规律;制定合理的操作内容、形式及频次;运用正确的信息流控制操作设计;合理操作力度及方法,以减少疲劳;利用形状、颜色、光线、声响、温度、压力等因素的特点,提高操作的准确性及可靠性。

3)管理控制

可采取以下管理措施,对危险源实行控制。

(1)建立健全危险源管理的规章制度。

危险源确定后,在对危险源进行系统危险性分析的基础上建立健全各项规章制度,包括岗位安全生产责任制、危险源重点控制实施细则、安全操作规程、操作人员培训考核制度、日常管理制度、交接班制度、检查制度、信息反馈制度、危险作业审批制度、异常情况应急措施、考核奖惩制度等。

(2)明确责任,定期检查。

应根据各危险源的等级,分别确定各级负责人,并明确他们应负的具体责任。特别是要明确各级危险源的定期检查责任。除了作业人员必须每天自查外,还要规定各级管理者定期参加检查。对于重点危险源,应做到定期检查。对于低级别的危险源也应制定出详细的检查安排计划。

对危险源的检查要对照检查表逐条逐项,按规定的方法和标准进行检查,并作记录。如发现隐患则应按信息反馈制度及时反馈，促使其及时得到消除。凡未按要求履行检查职责而导致事故者，要依法追究其责任。规定各级管理者参加定期检查，有助于增强他们的安全责任感，体现管生产必须管安全的原则。也有助于重大事故隐患的及时发现和得到解决。专职安技人员要对各级人员实行检查的情况定期检查、监督并严格进行考评，以实现管理的封闭。

(3)加强危险源的日常管理。

要严格要求作业人员贯彻执行有关危险源日常管理的规章制度。搞好安全值班、交接班，按安全操作规程进行操作；按安全检查表进行日常安全检查；危险作业经过审批等。所有活动均应按要求认真做好记录。管理者和安技部门定期进行严格检查考核，发现问题及时给以指导教育，根据检查考核情况进行奖惩。

(4)抓好信息反馈，及时整改隐患。

要建立健全危险源信息反馈系统，制定信息反馈制度并严格贯彻实施。对检查发现的事故隐患，应根据其性质和严重程度，按照规定分级实行信息反馈和整改，做好记录，发现重大隐患应立即向安技部门和行政第一领导报告。信息反馈和整改的责任应落实到人。对信息反馈和隐患整改的情况各级管理者和安技部门要进行定期考核和奖惩。安技部门要定期收集、处理信息，及时提供给各级管理者研究决策，不断改进危险源的控制管理工作。

(5)搞好危险源控制管理的基础建设工作。

危险源控制管理的基础工作除建立健全各项规章制度外，还应建立健全危险源的安全档案和设置安全标志牌。应按安全档案管理的有关内容要求建立危险源的档案，并指定人专门保管，定期整理。应在危险源的显著位置悬挂安全标志牌，标明危险等级，注明负责人员，按照国家标准的安全标志表明主要危险，并扼要注明防范措施。

(6)搞好危险源控制管理的考核评价和奖惩

应对危险源控制管理的各方面工作制定考核标准，并力求量化，划分等级。定期严格考核评价，给予奖惩并与班组升级和评先进结合起来。逐年提高要求，促使危险源控制管理的水平不断提高。

第四节 应急预案与管理

一、应急管理概述

1. 突发事件简介

应急管理的对象是突发事件。广义上，突发事件可被理解为突然发生的事情：第一层的含义是事件发生、发展的速度很快，出乎意料；第二层的含义是事件难以应对，必须采取非常规方法来处理。狭义上，突发事件就是意外地突然发生的重大或敏感事件，简言之，就是天灾人祸。前者即自然灾害，后者如恐怖事件、社会冲突、丑闻、大量谣言等，专家将其称为“危机”。

根据中国2007年11月1日起施行的《中华人民共和国突发事件应对法》的规定，突发事件，是指突然发生，造成或者可能造成严重社会危害，需要采取应急处置措施予以应对的自然灾害、事故灾难、公共卫生事件和社会安全事件。

突发公共事件主要分成4类：自然灾害——主要包括水旱灾害、气象灾害、地震灾害、地质灾害、海洋灾害、生物灾害和森林草原火灾等；事故灾难——主要包括工矿商贸等企业的各类安全事故、交通运输事故、公共设施和设备事故、环境污染和生态破坏事件等；公共卫生事件——主要包括传染病疫情、群体性不明原因疾病、食品安全和职业危害、动物疫情以及其他严重影响公众健康和生命安全的事件；社会安全事件——主要包括恐怖袭击事件、经济安全事件、涉外突发事件等。按照各类突发公共事件的性质、严重程度、可控性和影响范围等因素，总体预案将突发公共事件分为四级，即Ⅰ级（特别重大）、Ⅱ级（重大）、Ⅲ级（较大）和Ⅳ级（一般）。

根据《交通运输突发事件应急管理规定》，交通运输突发事件，是指突然发生，造成或者可能造成交通运输设施毁损，交通运输中断、阻塞，重大船舶污染及海上溢油应急处置等，需要采取应急处置措施，疏散或者救援人员，提供应急运输保障的自然灾害、事故灾难、公共卫生事件和社会安全事件。《交通运输突发事件应急管理规定》中，交通运输突发事件并未进行分类、分级。

2. 应急管理

应急管理是指政府部门及其他机构在突发事件的事前预防、事发应对、事中处置和善后管理过程中，通过建立必要的应对机制，采取一系列必要措施，保障公众生命财产安全；促进社会和谐健康发展的有关活动。危险包括人的危险、物的危险和责任危险三大类。首先，人的危险可分为生命危险和健康危险；物的危险指威胁财产和火灾、雷电、台风、洪水等事故；责任危险是产生于法律上的损害赔偿责任，一般又称为第三者责任险。其中，危险是由意外事故、意外事故发生的可能性及蕴藏意外事故发生可能性的危险状态构成。

事故应急管理的内涵，包括预防、预备、响应和恢复四个阶段。尽管在实际情况中，这些阶段往往是重叠的，但他们中的每一部分都有自己单独的目标，并且成为下个阶段内容的一部分。

1）应急管理工作的意义

做好应急管理，是出租汽车企业健康成长的一种标志和能力，更是企业承担社会责任的重要表现。同时政府在道路交通应急管理中，也需要借助出租汽车企业资源，满足应急处置救援要求、物资需求和重建需求。对于企业来说应急管理系统是企业发展的必备系统和保障，应急管理要体现长期性、主动性及前瞻性，才能在危急关头发挥最好的作用。前瞻性要求企业提前介入，变事后应急为事前预防；主动性是对企业事故发生的可能性、强度、范围作出判断，主动作为；长期性意味着应急准备是一项长期的工作，目前不发生不等于永远没有事故。

应建立健全企业内部应急机制。要牢固树立风险意识，做到有备无患。首先要建立企业应急管理组织体系，大型出租汽车企业应成立应急管理机构，配备专职人员，形成总经理全面负责、分管副总具体负责、相关部门具体实施的企业应急管理组织体系。制定企业应急预案，将企业应急管理纳入企业管理的各个环节，形成上下畅通、多方联动、运转高效的企业应急管理机制，使企业应急管理工作规范化、制度化。

2）应急管理的原则

国家突发公共事件总体应急预案提出了多项应急管理工作的基本原则,即:以人为本,减少危害;居安思危,预防为主;统一领导,分级负责;依法规范,加强管理;快速反应,协调应对;依靠科技,提高素质。

①加强预防。增强忧患意识,高度重视应急管理工作,居安思危,常抓不懈,防患于未然。坚持预防与应急相结合,常态与非常态相结合,做好应对突发事件的思想准备、预案准备、组织准备以及物资准备等。企业应重视企业突发事件的预防。预防是突发事件事前、事中、事后应急管理三个阶段的第一道防线。是在事件的潜伏或出现征兆阶段,通过采取有力措施,实施预警预控,防范和阻止突发事件的发生。

②快速反应。突发事件应急处置的各环节都要坚持效率原则,建立健全快速反应机制,及时获取充分而准确的信息,跟踪研判,果断决策,迅速处置,最大程度地减少危害和影响。

③以人为本。把保障人员健康和生命安全作为首要任务。凡是可能造成人员伤亡的突发事件发生前,要及时采取人员避险措施;突发事件发生后,要优先开展抢救人员的紧急行动;要加强抢险救援人员的安全防护,最大程度地避免和减少突发事件造成的人员伤亡和危害。

④损益合理。处置突发事件所采取的措施应该与突发事件造成的危害的性质、程度、范围和阶段相适应;处置突发事件有多种措施可供选择的,应选择对公众利益损害较小的措施;对公众权利与自由的限制,不应超出控制和消除突发事件造成的危害所必要的限度,并应对利益相关者的合法利益所造成的直接损失给予适当的补偿。

⑤资源整合。整合现有突发事件的监测、预测、预警等信息系统,建立网络互联、信息共享、科学有效的防范体系;整合现有突发事件应急指挥和组织网络,建立统一、科学、高效的指挥体系;整合现有突发事件应急处置资源,建立分工明确、责任落实、常备不懈的保障体系。

⑥依法规范。坚持依法行政,妥善处理应急措施和常规管理的关系,合理把握非常措施的运用范围和实施力度,使应对突发事件的工作规范化、制度化、法制化。

⑦责权一致。实行应急处置工作责任制,依法保障责任单位、责任人员按照有关法律法规和规章以及预案的规定行使权力;在必须立即采取应急处置措施的紧急情况下,有关责任单位、责任人员应视情临机决断,控制事态发展;对不作为、延误时机、组织不力等失职、渎职行为追究责任。

3)应急管理工作的内容

应急管理工作内容概括起来叫做“一案三制”。“一案”是指应急预案,就是根据发生和可能发生的突发事件,事先研究制定的应对计划和方案。应急预案包括各级政府总体预案、专项预案和部门预案,以及基层单位的预案和大型活动的单项预案。“三制”是指应急工作的管理体制、运行机制和法制。

①应急管理体制(或称应急体制)也可称为行政应急管理体制,是行政管理管理体制的重要组成部分。通常是指应急管理机构的组织形式,也就是综合性应急管理机构、各专项应急管理机构以及各地区、各部门的应急管理机构各自的法律地位、相互间的权力分配关系及其组织形式等。应急管理体制是一个由横向机构和纵向机构、政府机构与社会组织相结合的复杂系统,包括应急管理的领导指挥机构、专项应急指挥机构以及日常办事机构等不同层

次。应急管理体制决定了应急管理体系的静态结构,规定了应急管理体系的潜在功能。

②应急管理机制可以界定为:突发事件预防与应急准备、监测与预警、应急处置与救援以及善后回复与重建等全过程中各种制度化、程序化的应急管理方法与措施。从内涵看,应急管理机制是一组以相关法律、法规和部门规章等为基础的政府应急管理工作流程;从外在形式看,应急管理机制体现了政府应急管理的各项具体职能;从功能作用看,应急管理机制侧重在突发事件防范、处置和善后处理的整个过程中,各部门和单位如何通过科学地组织和协调各方面的资源和能力,以更好地防范与应对突发事件。总的来看,应急管理机制以应急管理全过程为主线,涵盖事前、事发、事中和事后各个时间段,包括预防与应急准备、监测与预警、应急处置与救援、善后恢复与重建等多个环节。

根据国家《突发事件应对法》的相关规定,结合应急管理工作流程,可把我国应急管理机制分成如下九大部分:

一是预防与应急准备机制:通过预案编制管理、宣传教育、培训演练、应急能力和脆弱性评估等,做好各项基础性、常态性的管理工作,从更基础的层面改善应急管理。

二是监测与预警机制:通过危险源监控、风险排查和重大风险隐患治理,尽早发现导致产生突发事件苗头的信息并及时预警,减少事件产生的概率及其可能造成的损失。

三是信息报告与通报机制:按照信息先行的要求,建立统一的突发事件信息系统,有效整合现有的信息资源,拓宽信息报送渠道,规范信息传递方式,做好信息备份,实现上下左右互联互通和信息的及时交流。

四是应急指挥协调机制:通过信息搜集、专家咨询来制定与选择方案,实现科学果断、综合协调、经济高效的应急决策和处置。

五是信息发布与舆论引导机制:在第一时间通过主动、及时、准确地向公众发布警告以及有关突发事件和应急管理方面的信息,宣传避免、减轻危害的常识,提高主动引导和把握舆论的能力,增强信息透明度,把握舆论主动权。

六是社会动员机制:在日常和紧急情况下,动员社会力量进行自救、互救或参与政府应急管理行动,在应急处置过程中对民众善意疏导、正确激励、有序组织,提高全社会的安全意识和应急技能。

七是善后恢复与重建机制:积极稳妥地开展生产自救,做好善后处置工作,把损失降到最低,让受灾地区和民众尽快恢复正常的生产、生活和工作秩序,实现常态管理与非常态管理的有机转换。

八是调查评估和学习机制:遵循公平、公开、公正的原则,引入第三方评估机制,开展应急管理过程、灾后损失和需求等方面的评估,以查找、发现工作中的问题和薄弱环节,提出防范和改进措施,不断完善应急管理工作。

九是应急保障机制:建立人财物等资源清单,明确资源的征用、调用、发放、跟踪等程序,规范管理应急资源在常态和非常态下的分类与分布、生产和储备、监控与储备预警、运输与配送等,实现对应急资源供给和需求的综合协调和与优化配置。

③应急管理法制一般分为广义与狭义两种。广义的法制是静态和动态的有机统一。从静态来看,法制是指法律和制度的总称,包括法律规范,法律组织,法律设施等。从动态来看,法制是指各种法律活动的总称,包括法的制定、实施、监督等。狭义的法制是指建立在民

主制度基础上的法律制度和普遍手法，严格依法办事的原则。

④应急预案即预先制定的紧急行动方案，指根据国家和地方的法律、法规和各项规章制度，综合本部门、本单位的历史经验、实践积累和当地特殊的地域、政治、民族、民俗等实际情况，针对各种突发事件而事先制定的一套能切实迅速、有效、有序解决突发事件的行动计划或方案，从而使政府应急管理工作更为程序化、制度化，做到有法可依、有据可查。应急预案要求在辨识和评估潜在的重大危险、事故类型、发生的可能性、发生过程、事故后果及影响严重程度的基础上，对应急管理机构与职责、人员、技术、装备、设施（备）、物资、救援行动及其指挥与协调等预先作出具体安排，用以明确事前、事发、事中、事后各个进程中，谁来做、怎样做、何时做以及相应的资源和策略等。简言之，应急预案是针对可能发生的突发事件，为迅速、有效、有序地开展应急行动，政府组织管理、指挥协调应急资源和应急行动的整体计划和程序规范。应急预案的主要功能是以确定性应对不确定性，针对最坏的情况做最好的打算，化不确定性的突发事件为确定性的常规事件，转应急管理为常规管理。一般说来，一个完善的预案体系应包括预案制定管理、预案评估管理、基于预案的辅助决策技术等，同时预案的制定应该具有针对性、可行性、及时性和全面性等特点。

根据责任主体的不同，我国的应急预案体系包括国家总体应急预案、专项应急预案、部门应急预案、地方应急预案、企事业单位应急预案以及针对大型聚会/活动的预案等六个层次。其中，国家总体应急预案是国家应急管理的行动纲要，也是全国应急预案体系的总纲，为各地区各部门的预案提供了行动准则和基本思路。目前已完成的国家总体应急预案、25件专项应急预案、80件部门应急预案，基本覆盖了经常发生的突发事件的主要方面。此外，目前各省（区、市）也完成了省级总体应急预案编制工作，许多市、区（县）也纷纷制定了应急预案。2006年1月8日，国务院发布了《国家突发公共事件总体应急预案》，随后陆续发布了事故灾难类、自然灾害类、突发公共卫生事件类等专项应急预案。按照2006年7月《国务院关于全面加强应急管理工作的意见》所提出的要求，在“十一五”期间，我国将建成覆盖各地区、各行业、各单位的“横向到边、纵向到底”的应急预案体系。交通运输部陆续制定并发布了《水路交通突发事件应急预案》、《公路交通突发事件应急预案》、《民用航空器海上遇险应急预案》、《公路水运工程生产安全事故应急预案》等专项预案及应急处置管理规定。

3. 应急预案简介

积极有效应对突发事件有三层含义：一是预防，“凡事预则立，不预则废。”将突发事件消灭在萌芽状态，不让其发生。做好突发事件处置工作的关键和前提是思想认识的高低。二是预警。就是将一切可能导致突发事件的隐患、重大事件一一列出来，确立突发事件发生的指标体系，防止信息不对称现象发生，并将这些方面实施重点监控。在此基础上，建立健全并完善突发事件预警机制，将监督与预防措施结合起来，做到防微杜渐，“防患于未然”；三是预案。突发事件既有人为因素，也有非人为因素（包括不可抗拒的自然因素），从这个意义上说，要想完全避免突发事件是不可能的。因此必须把防范突发事件的基点放在准备工作上，其中制定应急预案是重中之重的工作。

应急预案指面对突发事件如自然灾害、重特大事故、环境公害及人为破坏的应急管理、指挥、救援计划等。是针对具体设备、设施、场所和环境，在安全评价的基础上，为降低事故造成的人身、财产与环境损失，就事故发生后的应急救援机构和人员，应急救援的设备、设施、条件和环境,行动的步骤和纲领,控制事故发展的方法和程序等,预先作出的科学而有效的计划和安排。它一般应建立在综合防灾规划上。其几大重要子系统为:完善的应急组织管理指挥系统;强有力的应急工程救援保障体系;综合协调、应对自如的相互支持系统;充分备灾的保障供应体系;体现综合救援的应急队伍等。

应急预案可以分为企业预案和政府预案,企业预案由企业根据自身情况制定,由企业负责,政府预案由政府组织制定,由相应级别的政府负责。应急预案根据内容也可以分为以下四类:

①应急行动指南或检查表。针对已辨识的危险制定应采取的特定的应急行动。指南简要描述应急行动必须遵从的基本程序,如发生情况向谁报告,报告什么信息,采取哪些应急措施。这种应急预案主要起提示作用,对相关人员要进行培训,有时将这种预案作为其他类型应急预案的补充。

②应急响应预案。针对现场每项设施和场所可能发生的事故情况,编制的应急响应预案。应急响应预案要包括所有可能的危险状况,明确有关人员在紧急状况下的职责。这类预案仅说明处理紧急事务的必需的行动,不包括事前要求(如培训、演练等)和事后措施。

③互助应急预案。相邻企业为在事故应急处理中共享资源,相互帮助制定的应急预案。这类预案适合于资源有限的中、小企业以及高风险的大企业,需要高效的协调管理。

④应急管理预案。应急管理预案是综合性的事故应急预案,这类预案详细描述事故前、事故过程中和事故后何人做何事、什么时候做,如何做。这类预案要明确制定每一项职责的具体实施程序。应急管理预案包括事故应急的 4 个逻辑步骤:预防、预备、响应、恢复。

二、交通运输企业预案编制

各类交通运输企业营运过程中,面对包括自然灾害及意外事故等各种复杂风险状况,随时有可能发生交通运输突发事件,企业层面的交通运输应急能力显得尤为重要。对于交通运输企业来说,提升应急能力需要做好几个方面的工作,如加强作业过程中的危险源辨识和分析,据此制定事故应急救援预案和措施,强化事故应急管理,使其成为安全生产的最后一道“防火墙”。企业应急能力的一个重要元素是应急预案。如果应急预案形式化,只注重有预案,预案要件齐全,至于预案是否切合本企业实际,是否是从本企业的事故和伤害诊断情况作出,是否具有针对性等不管不问,应急预案不是为出现事故救援设置,是为检查准备。企业应急能力将存在重大缺陷。

交通运输部 2011 年第 9 号令公布了《交通运输突发事件应急管理规定》,对于交通运输企业的应急管理工作提出了指导性意见,《规定》中对于交通运输企业预案编制及应急准备工作提出了明确要求。

第七条:交通运输企业应当按照所在地交通运输主管部门制定的交通运输突发事件应急预案,制定本单位交通运输突发事件应急预案。

第八条:应急预案应当根据有关法律、法规的规定,针对交通运输突发事件的性质、特点、社会危害程度以及可能需要提供的交通运输应急保障措施,明确应急管理的组织指挥体系与职责、监测与预警、处置程序、应急保障措施、恢复与重建、培训与演练等具体内容。

第九条:应急预案的制定、修订程序应当符合国家相关规定。应急预案涉及其他相关部门职能的,在制定过程中应当征求各相关部门的意见。

第十一条:公共交通工具、重点港口和场站的经营单位以及储运易燃易爆物品、危险化学品、放射性物品等危险物品的交通运输企业所制定的应急预案,应当向所属地交通运输主管部门备案。

第十二条:应急预案应当根据实际需要、情势变化和演练验证,适时修订。

第十三条:交通运输企业应当按照有关规划和应急预案的要求,根据应急工作的实际需要,建立健全应急装备和应急物资储备、维护、管理和调拨制度,储备必需的应急物资和运力,配备必要的专用应急指挥交通工具和应急通信装备,并确保应急物资装备处于正常使用状态。

第十四条:交通运输企业应当根据实际需要,建立由本单位职工组成的专职或者兼职应急队伍。

第十六条:交通运输企业应当将本单位应急装备、应急物资、运力储备和应急队伍的实时情况及时报所在地交通运输主管部门备案。

第二十条:交通运输企业应当按照交通运输主管部门制定的应急预案的有关要求,制定年度应急培训计划,组织开展应急培训工作。

第二十一条:交通运输企业应当根据本地区、本单位交通运输突发事件的类型和特点,制定应急演练计划,定期组织开展交通运输突发事件应急演练。

第二十三条:交通运输企业应当安排应急专项经费,保障交通运输突发事件应急工作的需要。应急专项资金和经费主要用于应急预案编制及修订、应急培训演练、应急装备和队伍建设、日常应急管理、应急宣传以及应急处置措施等。

三、预案实施与管理

在《交通运输突发事件应急管理规定》中,交通运输部对于企业预案实施与管理提出了明确意见。包括如下几个方面:

(1)交通运输企业应当组织开展企业内交通运输突发事件危险源辨识、评估工作,采取相应安全防范措施,加强危险源监控与管理,并按规定及时向交通运输主管部门报告。

(2)交通运输企业应当建立应急值班制度,根据交通运输突发事件的种类、特点和实际需要,配备必要值班设施和人员。

(3)交通运输企业应当加强对本单位应急设备、设施、队伍的日常管理,保证应急处置工作及时、有效开展。

(4)交通运输突发事件应急处置过程中,交通运输企业应当接受交通运输主管部门的组织、调度和指挥。

从企业层面来看,交通运输企业应急预案的实施与管理主要涉及以下几个方面的具体工作。

(1)建立组织,明确职责:

企业应明确本企业应急组织形式,如领导小组、专家小组、现场处置小组等。应指明各级应急指挥机构的构成部门(单位)或人员,并明确每一级机构负责单位或人员和每一具体行动的负责人及替代关系。并尽可能以结构图的形式表示出来。

明确应急指挥机构的主要职责,以及总指挥和副总指挥的相应职责。企业视情可建立应急抢险专家库,以便指挥机构在必要时成立专家小组,为现场应急工作提供应急救援建议和技术支持。指挥机构的职责主要包括:研究政策、落实措施、批准预案、启动和终止预案、协调和指挥抢险、发布信息和组织演练等。应急指挥机构根据事故类型和应急工作需要,可以设置相应的专项应急处置工作小组,并明确各小组负责人和各小组的工作任务及职责。

(2)严密监控,科学预警,及时响应:

明确本企业对危险源监测监控的方式、方法,以及采取的预防措施。企业应针对可能发生的各类突发事件,完善预防与预警机制,开展安全风险评估,做到早发现、早报告、早处置并制定有效的预防措施。按职开展安全监督、检查,坚决制止"三违"行为。对可能引发各类突发事件的预测、预警信息要及时上报。明确事故预警的条件、方式、方法和信息的发布程序。企业可通过搜集和研究可能导致安全生产突发事件的内部信息和外部信息,及早提示、预警并采取有效的应对措施,以预防事件的发生。

当发生突发事件时,应密切跟踪事态发展,做好应急准备工作,并向有关单位发布预警信息。当事件发展符合本级预案启动条件时立即发出启动本预案指令,按照预案程序和规定通知相关机构或部门立即进入应急工作状态。当事态发展认为需要支持时应及时请求上一级应急救援指挥机构协调和指导。

根据本企业的组织结构、职能分配和所属单位情况,明确已划分各级别突发事件响应程序。包括明确各级别事件应急预案的启动条件、响应的基本原则、突发事件响应等级递进规定和响应过程的联系方式等,以及明确各响应等级的应急指挥、应急行动、资源调配、应急避险等响应程序。在制定响应程序时应当注意,如果超出本级应急处置能力时,要及时请求上一级应急指挥机构启动应急预案实施救援。

(3)及时上报,信息通畅:

各企业要建立、完善先进的应急通信系统,并做好平时的管理和维护工作,确保应急通信24小时畅通。明确企业24小时应急值守电话、事故信息接收和通报程序。包括公示企业全天候值班电话、明确员工报警的标准、方式、信号、相互认可的报告、报警形式和内容(避免误解)、应急反应人员向外求援的方式以及信息在事发企业与上一级企业和事发企业内部各级应急机构间的传递和处置等;报告内容包括常规信息、事件信息、人员信息、措施信息等。

明确事故发生后向上级主管部门和地方人民政府,以及有关单位报告事故信息的流程、内容和时限。当突发事件发生后,企业在视情启动应急预案的同时,应按照有关规定及时如实向上一级企业和当地政府或主管部门报告,不得迟报、谎报、瞒报和漏报。报告内容主要包括时间、地点、信息来源、事件性质、危害程度、事件发展趋势和已经采取的措施等。

(4)合理配员,保障物资及经费:

明确各类应急响应的人力资源,包括专业应急队伍、兼职应急队伍的组织与保障方案。企业应按照各行业有关规定配备应急救援队伍,以专职和兼职应急救援队伍为基础,加强应急队伍业务培训和演练,强化全员应急能力建设。加强对外交流和与合作,不断提高本企业应急队伍综合素质。

明确应急救援需要使用的应急物资和装备的类型、数量、性能、存放位置、管理责任人及其联系方式等内容。明确应急专项经费来源、使用范围、数量和监督管理措施，保障应急状态时企业应急经费的及时到位。

(5)强化训练，及时更新：

明确对本企业人员开展的应急培训计划、方式和要求。企业每年应按照有关规定结合本单位实际情况制定应急培训计划，对全体员工进行应急培训教育（包括应急预防、避险、避灾、自救、互救等有关应急综合素质培训）。应急指挥机构负责制定专职或兼职应急人员培训计划，并列入各级行政管理培训课程计划。如果预案涉及社区和居民，要做好宣传教育和告知等工作。

明确应急演练的规模、方式、频次、范围、内容、组织、评估、总结等内容。企业各级应急指挥机构应结合本单位的实际情况按照国际公约、法规及有关规定，定期或不定期组织应急演习以保证各级应急预案的有效实施，如应规定每年至少进行一次专项应急演练。要做好应急演练的组织、策划、实施工作，并做好演练结束后的总结评估及改进等各项工作。演练的总结和评估要向上一级单位报告。

明确应急预案维护和更新的基本要求，定期进行评审，实现可持续改进。本预案所依据的公约、法律法规、所涉及的机构和人员发生重大改变或在执行中发现存在重大缺陷时，本企业应及时组织修订，定期组织对本预案进行评审。并将预案纳入企业的日常管理规章，并接受有关机构的监督、审核和检查，不断自我改进。当本预案有变动时应重新向上一级单位和主管机构报备。

此外，在应急预案的实施过程中，应明确事故应急救援工作中奖励和处罚的条件和内容。企业突发事件应急处置工作，应实行行政领导负责制和责任追究制。对突发事件应急管理工作中作出突出贡献的先进集体和个人要给予表彰和奖励。对迟报、谎报、瞒报和漏报突发事件重要情况或者应急管理工作中有其他失职、渎职行为的，按照企业有关规定对有关责任人给予行政处分。构成犯罪的移送司法机关依法追究刑事责任。

中篇　专 业 知 识

第一部分 城市公共汽车客运企业

第四章 法律法规

第一节 城市公共汽车客运企业安全生产法律法规概述

一、我国城市公共汽车客运企业安全生产立法概述

随着我国城市道路交通的快速发展,相应的城市道路交通法规建设也取得了长足的发展,现已有《道路交通安全法》、《道路交通安全法实施条例》、《机动车登记规定》、《机动车驾驶证申领和使用规定》、《道路交通安全违法行为处理程序规定》、《道路交通事故处理程序规定》、《城市公共交通管理条例》等法律法规,但与日、美、欧等交通发达国家和地区相比,我国目前与城市道路交通安全相关的法律法规,无论是体系的系统性、完备性,还是内容的科学性、规范性都较欠缺,特别是在道路建设、道路维修、道路运输、停车场建设、道路投资来源、公交车损坏赔偿、城市道路交通事故紧急救援、自行车道建设、公交车与其他运输工具之间相互关系等诸多方面尚存在许多法律与法规建设的空白点,亟待规范与完善。在城市公共交通管理方面,不少国家出台了专门的城市公共交通法。目前我国交通立法中已有《铁路法》、《海运法》、《内河运输法》、《公路法》等,尚无城市公共交通法。现行的依据是国务院建设行政主管部门制定的一些政策和办法,如《城乡建设环境保护部关于改革城市公共交通工作报告》、《城市公共交通当前产业政策实施办法》、《城市公共交通管理条例》以及地方政府出台的一些城市公共交通安全管理条例等。这些政策、办法和条例对于加强城市公共交通管理,促进城市公共交通发展发挥了重要作用。但是,由于它们的法律层次低,因而在执行中法律效用较差,且缺少统一和规范。

二、我国城市公共汽车客运安全生产法律体系基本框架

安全生产法是调整安全生产人身关系、安全生产财产关系以及安全生产管理关系等有关安全生产方面社会关系的法律规范的总和。安全生产法律体系是由母系统与若干个子系统共同组成的,安全生产法律规范的层级、内容和形式虽然有所不同,但它们之间相互依存、相互联系、相互衔接、相互协调。法根据层级不同可分为上位法与下位法。不同层级安全生产法律构成了的城市公共汽车客运安全生产法律体系。

(一)法律

法律是安全生产法律体系中的上位法,居于整个体系的最高层,其法律地位和效力高于行政法规、地方性法规、部门规章、地方政府规章等下位法。法律是由全国人大或其常委会

制定和修改。国家现行的城市公共汽车客运安全生产涉及的法律法规包括:《安全生产法》、《消防法》、《道路交通安全法》、《劳动法》、《职业病防治法》、《工会法》等。

(二)法规

安全生产法规分为行政法规和地方性法规。

1. 行政法规

行政法规由国务院制定或修改。安全生产行政法规的法律地位和法律效力低于有关安全生产的法律,高于地方性安全生产法规、地方政府安全生产规章等下位法,如《中华人民共和国道路运输条例》(中华人民共和国国务院令第405号)、《生产安全事故报告和调查处理条例》(中华人民共和国国务院令第493号)、《特种设备安全监察条例》(中华人民共和国国务院令第549号)、《国务院关于进一步加强安全生产工作的决定》(国发〔2004〕2号)、《国务院关于进一步加强企业安全生产工作的通知》(国发〔2010〕23号)等。

2. 地方性法规

地方性法规由地方各级人大(包括省、自治区、直辖市、省自治区人民政府所在地的市、国务院批准的较大的市)制定和修改。地方性安全生产法规的法律地位和法律效力低于有关安全生产的法律、行政法规,高于地方政府安全生产规章。城市公共汽车客运安全生产涉及的地方性法规包括:各省市制定的《安全生产条例》、《道路运输条例》、《公共汽车客运管理条例》等。

(三)规章

安全生产行政规章分为部门规章和地方政府规章。

1. 部门规章

国务院有关部门依照安全生产法律、行政法规的规定或者国务院的授权制定发布安全生产规章。城市公共汽车客运安全生产涉及的部门规章包括:原建设部颁布的《城市公共汽电车客运管理办法》、《企业安全生产费用提取和使用管理办法》、《劳动防护用品监督管理规定》、《〈生产安全事故报告和调查处理条例〉罚款暂行办法》、《安全生产违法行为行政处罚办法》、《安全生产领域违法违纪行为政纪处分暂行规定》等。

2. 地方政府规章

由地方各级人民(包括省、自治区、直辖市、省自治区人民政府所在地的市、国务院批准的较大的市)政府制定,如《上海市公共汽车和电车客运管理条例(2010年修正)》、《广州市公共汽车电车客运管理条例》、《重庆市公共汽车客运管理办法》等。

(四)法定安全生产标准

目前,我国没有技术法规的正式用语且未将其纳入法律体系的范畴,但是国家制定的许多安全生产立法将安全生产标准作为生产经营单位必须执行的技术规范载入法律。法定安全生产标准分为国家标准和行业标准,两者对生产经营单位安全生产具有同样的约束力。法定的安全生产标准主要是指强制性安全生产标准。

1. 国家标准

安全生产国家标准是指国家标准化行政主管部门依照《标准化法》制定的在全国范围内适用的安全生产技术规范。城市公共汽车客运安全生产涉及的国家强制性标准,如《机动车运行安全技术条件》(GB 7258—2012)、《汽车库、修车库、停车场设计防火规范》(GB

50067—1997）等，其中涉及车辆安全的技术标准包括《汽车内饰的燃烧特性》（GB 8410—2006）、《客车结构安全要求》（GB 13094—2007）等一系列标准。

2. 行业标准

安全生产行业标准国务院有关部门和直属机构按照《标准化法》制定的在安全生产领域内适用的安全生产技术规范。行业安全生产标准对同一安全生产事项的技术要求，可以高于国家安全生产标准，但不得相抵触。城市公共汽车客运安全生产涉及的行业标准如：《城市公共交通站、场、厂设计规范》（CJJ 15—1987）。

第二节　城市公共汽车客运企业安全生产相关法律法规与规章

一、《道路交通安全法》

《道路交通安全法》由中华人民共和国第十届全国人民代表大会常务委员会第五次会议于 2003 年 10 月 28 日通过，予以公布，自 2004 年 5 月 1 日起施行。道路交通安全法主要内容包括：总则、车辆和驾驶人、道路通行条件、道路通行规定、交通事故处理、执法监督、法律责任等。

（一）道路交通安全法的立法目的、适用范围和基本原则

1. 立法目的

制定道路交通安全法是为了维护道路交通秩序，预防和减少交通事故，保护人身安全，保护公民、法人和其他组织的财产安全及其他合法权益，提高通行效率。

2. 适用范围

道路交通安全法规定：中华人民共和国境内的车辆驾驶人、行人、乘车人以及与道路交通活动有关的单位和个人，都应当遵守道路交通安全法。

3. 基本原则

道路交通安全工作，应当遵循依法管理、方便群众的原则，保障道路交通有序、安全、畅通。

（二）道路交通安全法相关安全规定

1. 机动车

第八条规定：国家对机动车实行登记制度。机动车经公安机关交通管理部门登记后，方可上道路行驶。尚未登记的机动车，需要临时上道路行驶的，应当取得临时通行牌证。

第十条规定：准予登记的机动车应当符合机动车国家安全技术标准。申请机动车登记时，应当接受对该机动车的安全技术检验。但是，经国家机动车产品主管部门依据机动车国家安全技术标准认定的企业生产的机动车型，该车型的新车在出厂时经检验符合机动车国家安全技术标准，获得检验合格证的，免予安全技术检验。

第十一条规定：驾驶机动车上道路行驶，应当悬挂机动车号牌，放置检验合格标志、保险标志，并随车携带机动车行驶证。机动车号牌应当按照规定悬挂并保持清晰、完整，不得故意遮挡、污损。

第十三条规定：对登记后上道路行驶的机动车，应当依照法律、行政法规的规定，根据车

辆用途、载客载货数量、使用年限等不同情况,定期进行安全技术检验。

第十四条规定:国家实行机动车强制报废制度,根据机动车的安全技术状况和不同用途,规定不同的报废标准。

应当报废的机动车必须及时办理注销登记。

达到报废标准的机动车不得上道路行驶。报废的大型客、货车及其他营运车辆应当在公安机关交通管理部门的监督下解体。

第十六条规定:任何单位或者个人不得有下列行为:

(1)拼装机动车或者擅自改变机动车已登记的结构、构造或者特征;

(2)改变机动车型号、发动机号、车架号或者车辆识别代号;

(3)伪造、变造或者使用伪造、变造的机动车登记证书、号牌、行驶证、检验合格标志、保险标志;

(4)使用其他机动车的登记证书、号牌、行驶证、检验合格标志、保险标志。

第十七条规定:国家实行机动车第三者责任强制保险制度,设立道路交通事故社会救助基金。

第四十二条规定:机动车上道路行驶,不得超过限速标志标明的最高时速。在没有限速标志的路段,应当保持安全车速。

夜间行驶或者在容易发生危险的路段行驶,以及遇有沙尘、冰雹、雨、雪、雾、结冰等气象条件时,应当降低行驶速度。

第四十三条规定:同车道行驶的机动车,后车应当与前车保持足以采取紧急制动措施的安全距离。有下列情形之一的,不得超车:

(1)前车正在左转弯、掉头、超车的;

(2)与对面来车有会车可能的;

(3)前车为执行紧急任务的警车、消防车、救护车、工程救险车的;

(4)行经铁路道口、交叉路口、窄桥、弯道、陡坡、隧道、人行横道、市区交通流量大的路段等没有超车条件的。

第四十四条规定:机动车通过交叉路口,应当按照交通信号灯、交通标志、交通标线或者交通警察的指挥通过;通过没有交通信号灯、交通标志、交通标线或者交通警察指挥的交叉路口时,应当减速慢行,并让行人和优先通行的车辆先行。

第四十五条规定:机动车遇有前方车辆停车排队等候或者缓慢行驶时,不得借道超车或者占用对面车道,不得穿插等候的车辆。

在车道减少的路段、路口,或者在没有交通信号灯、交通标志、交通标线或者交通警察指挥的交叉路口遇到停车排队等候或者缓慢行驶时,机动车应当依次交替通行。

第四十六条规定:机动车通过铁路道口时,应当按照交通信号或者管理人员的指挥通行;没有交通信号或者管理人员的,应当减速或者停车,在确认安全后通过。

第四十七条规定:机动车行经人行横道时,应当减速行驶;遇行人正在通过人行横道,应当停车让行。

机动车行经没有交通信号的道路时,遇行人横过道路,应当避让。

第四十九条规定:机动车载人不得超过核定的人数。

第五十一条规定:机动车行驶时,驾驶人、乘坐人员应当按规定使用安全带。

第五十二条规定:机动车在道路上发生故障,需要停车排除故障时,驾驶人应当立即开启危险报警闪光灯,将机动车移至不妨碍交通的地方停放;难以移动的,应当持续开启危险报警闪光灯,并在来车方向设置警告标志等措施扩大示警距离,必要时迅速报警。

第五十六条规定:机动车应当在规定地点停放。禁止在人行道上停放机动车;但是,按规定施划的停车泊位除外。

在道路上临时停车的,不得妨碍其他车辆和行人通行。

2. 驾驶员

第十九条规定:驾驶机动车,应当依法取得机动车驾驶证。

申请机动车驾驶证,应当符合国务院公安部门规定的驾驶许可条件;经考试合格后,由公安机关交通管理部门发给相应类别的机动车驾驶证。

驾驶人应当按照驾驶证载明的准驾车型驾驶机动车;驾驶机动车时,应当随身携带机动车驾驶证。

第二十一条规定:驾驶人驾驶机动车上道路行驶前,应当对机动车的安全技术性能进行认真检查;不得驾驶安全设施不全或者机件不符合技术标准等具有安全隐患的机动车。

第二十二条规定:机动车驾驶人应当遵守道路交通安全法律、法规的规定,按照操作规范安全驾驶、文明驾驶。

饮酒、服用国家管制的精神药品或者麻醉药品,或者患有妨碍安全驾驶机动车的疾病,或者过度疲劳影响安全驾驶的,不得驾驶机动车。

任何人不得强迫、指使、纵容驾驶人违反道路交通安全法律、法规和机动车安全驾驶要求驾驶机动车。

3. 交通事故处理

第七十条规定:在道路上发生交通事故,车辆驾驶人应当立即停车,保护现场;造成人身伤亡的,车辆驾驶人应当立即抢救受伤人员,并迅速报告执勤的交通警察或者公安机关交通管理部门。因抢救受伤人员变动现场的,应当标明位置。乘车人、过往车辆驾驶人、过往行人应当予以协助。

在道路上发生交通事故,未造成人身伤亡,当事人对事实及成因无争议的,可以即行撤离现场,恢复交通,自行协商处理损害赔偿事宜;不即行撤离现场的,应当迅速报告执勤的交通警察或者公安机关交通管理部门。

在道路上发生交通事故,仅造成轻微财产损失,并且基本事实清楚的,当事人应当先撤离现场再进行协商处理。

第七十六条规定:机动车发生交通事故造成人身伤亡、财产损失的,由保险公司在机动车第三者责任强制保险责任限额范围内予以赔偿;不足的部分,按照下列规定承担赔偿责任:

(1)机动车之间发生交通事故的,由有过错的一方承担赔偿责任;双方都有过错的,按照各自过错的比例分担责任。

(2)机动车与非机动车驾驶人、行人之间发生交通事故,非机动车驾驶人、行人没有过错的,由机动车一方承担赔偿责任;有证据证明非机动车驾驶人、行人有过错的,根据过错程度适当减轻机动车一方的赔偿责任;机动车一方没有过错的,承担不超过百分之十的赔偿责任。

交通事故的损失是由非机动车驾驶人、行人故意碰撞机动车造成的,机动车一方不承担赔偿责任。

4. 法律责任

第八十八条规定:对道路交通安全违法行为的处罚种类包括:警告、罚款、暂扣或者吊销机动车驾驶证、拘留。

第九十条规定:机动车驾驶人违反道路交通安全法律、法规关于道路通行规定的,处警告或者20元以上200元以下罚款。本法另有规定的,依照规定处罚。

第九十一条规定:饮酒后驾驶机动车的,处暂扣6个月机动车驾驶证,并处1000元以上2000元以下罚款。因饮酒后驾驶机动车被处罚,再次饮酒后驾驶机动车的,处10日以下拘留,并处1000元以上2000元以下罚款,吊销机动车驾驶证。醉酒驾驶机动车的,由公安机关交通管理部门约束至酒醒,吊销机动车驾驶证,依法追究刑事责任;5年内不得重新取得机动车驾驶证。

饮酒后驾驶营运机动车的,处15日拘留,并处5000元罚款,吊销机动车驾驶证,5年内不得重新取得机动车驾驶证。

醉酒驾驶营运机动车的,由公安机关交通管理部门约束至酒醒,吊销机动车驾驶证,依法追究刑事责任;10年内不得重新取得机动车驾驶证,重新取得机动车驾驶证后,不得驾驶营运机动车。

饮酒后或者醉酒驾驶机动车发生重大交通事故,构成犯罪的,依法追究刑事责任,并由公安机关交通管理部门吊销机动车驾驶证,终生不得重新取得机动车驾驶证。

第九十三条规定:对违反道路交通安全法律、法规关于机动车停放、临时停车规定的,可以指出违法行为,并予以口头警告,令其立即驶离。

机动车驾驶人不在现场或者虽在现场但拒绝立即驶离,妨碍其他车辆、行人通行的,处20元以上200以下罚款,并可以将该机动车拖移至不妨碍交通的地点或者公安机关交通管理部门指定的地点停放。公安机关交通管理部门拖车不得向当事人收取费用,并应当及时告知当事人停放地点。

因采取不正确的方法拖车造成机动车损坏的,应当依法承担补偿责任。

第九十五条规定:上道路行驶的机动车未悬挂机动车号牌,未放置检验合格标志、保险标志,或者未随车携带行驶证、驾驶证的,公安机关交通管理部门应当扣留机动车,通知当事人提供相应的牌证、标志或者补办相应手续,并可以依照本法第九十条的规定予以处罚。当事人提供相应的牌证、标志或者补办相应手续的,应当及时退还机动车。

故意遮挡、污损或者不按规定安装机动车号牌的,依照本法第九十条的规定予以处罚。

第九十六条规定:伪造、变造或者使用伪造、变造的机动车登记证书、号牌、行驶证、驾驶证的,由公安机关交通管理部门予以收缴,扣留该机动车,处15日以下拘留,并处2000元以上5000元以下罚款;构成犯罪的,依法追究刑事责任。

伪造、变造或者使用伪造、变造的检验合格标志、保险标志的,由公安机关交通管理部门予以收缴,扣留该机动车,处10日以下拘留,并处1000元以上3000元以下罚款;构成犯罪的，依法追究刑事责任。

使用其他车辆的机动车登记证书、号牌、行驶证、检验合格标志、保险标志的，由公安机关交通管理部门予以收缴，扣留该机动车，处2000元以上5000元以下罚款。

当事人提供相应的合法证明或者补办相应手续的，应当及时退还机动车。

第九十七条规定：非法安装警报器、标志灯具的，由公安机关交通管理部门强制拆除，予以收缴，并处200元以上2000元以下罚款。

第九十八条规定：机动车所有人、管理人未按照国家规定投保机动车第三者责任强制保险的，由公安机关交通管理部门扣留车辆至依照规定投保后，并处依照规定投保最低责任限额应缴纳的保险费的2倍罚款。

依照前款缴纳的罚款全部纳入道路交通事故社会救助基金。具体办法由国务院规定。

第九十九条规定：有下列行为之一的，由公安机关交通管理部门处200元以上2000元以下罚款：

(1)未取得机动车驾驶证、机动车驾驶证被吊销或者机动车驾驶证被暂扣期间驾驶机动车的；

(2)将机动车交由未取得机动车驾驶证或者机动车驾驶证被吊销、暂扣的人驾驶的；

(3)造成交通事故后逃逸，尚不构成犯罪的；

(4)机动车行驶超过规定时速50%的；

(5)强迫机动车驾驶人违反道路交通安全法律、法规和机动车安全驾驶要求驾驶机动车，造成交通事故，尚不构成犯罪的；

(6)违反交通管制的规定强行通行，不听劝阻的；

(7)故意损毁、移动、涂改交通设施，造成危害后果，尚不构成犯罪的；

(8)非法拦截、扣留机动车辆，不听劝阻，造成交通严重阻塞或者较大财产损失的。

行为人有前款第二项、第四项情形之一的，可以并处吊销机动车驾驶证；有第一项、第三项、第五项至第八项情形之一的，可以并处15日以下拘留。

第一百条规定：驾驶拼装的机动车或者已达到报废标准的机动车上道路行驶的，公安机关交通管理部门应当予以收缴，强制报废。

对驾驶前款所列机动车上道路行驶的驾驶人，处200元以上2000元以下罚款，并吊销机动车驾驶证。

出售已达到报废标准的机动车的，没收违法所得，处销售金额等额的罚款，对该机动车依照本条第一款的规定处理。

第一百零一条规定：违反道路交通安全法律、法规的规定，发生重大交通事故，构成犯罪的，依法追究刑事责任，并由公安机关交通管理部门吊销机动车驾驶证。

造成交通事故后逃逸的，由公安机关交通管理部门吊销机动车驾驶证，且终生不得重新取得机动车驾驶证。

第一百零二条规定：对6个月内发生2次以上特大交通事故负有主要责任或者全部责任的专业运输单位，由公安机关交通管理部门责令消除安全隐患，未消除安全隐患的机动车，禁止上道路行驶。

第一百零八条规定：当事人应当自收到罚款的行政处罚决定书之日起15日内，到指定的银行缴纳罚款。

第一百零九条规定:当事人逾期不履行行政处罚决定的,作出行政处罚决定的行政机关可以采取下列措施:

(一)到期不缴纳罚款的,每日按罚款数额的3%加处罚款;

(二)申请人民法院强制执行。

二、《道路交通安全法实施条例》

2004年4月28日《道路交通安全法实施条例》通过了国务院第49次常务会议,以中华人民共和国国务院令第405号文件发布,于2004年5月1日起施行。该条例是我国行人、非机动车、机动车参与交通行为的基本法律规范,是交通警察对交通行为作出处罚的依据。

道路交通安全法实施条例主要从四个方面体现与安全法的配套:一是对道路交通基本法律制度作了概括性规定的,如车辆登记制度、检验制度,机动车驾驶人累积记分制度,驾驶证定期审验制度,这些制度的实施需要有具体的配套规定;二是授权国务院对有关内容制定具体办法的,如道路通行规则、机动车安全技术检验社会化等作出具体的配套规定;三是将有关道路交通事故处理的内容进行细化,增强操作性;四是将行人、乘车人、非机动车、机动车的道路通行违法行为作了授权性处罚规定,实施条例的法律责任部分不再区分具体的违法行为并规定处罚,而是对安全法规定的处罚以及强制措施的实施作了程序性规定。

1.政府部门的职责

(1)制定道路交通安全规划实施方案。第三条规定,县级以上地方各级政府应当建立、健全道路交通安全工作协调机制,组织有关部门对城市建设项目进行交通影响评价,制定道路交通安全管理规划,确定管理目标,制定实施方案。

(2)维护道路交通通行条件。第三十二条规定,道路交叉路口和行人横过道路较为集中的路段应当设置人行横道、过街天桥或者过街地下通道。在盲人通行较为集中的路段,人行横道信号灯应当设置声响提示装置。第三十四条规定,开辟或者调整公共汽车、长途汽车的行驶路线或者车站,应当符合交通规划和安全、畅通的要求。第三十六条规定,道路或者交通设施养护部门、管理部门应当在急弯、陡坡、临崖、临水等危险路段,按照国家标准设置警告、减速标志和安全防护设施。第三十七条规定,道路交通标志、标线不规范,机动车驾驶人容易发生辨认错误的,交通标志、标线的主管部门应当及时予以改善。道路照明设施应当符合道路建设技术规范,保持照明功能完好。

2.社会企业的权利和义务

在实施条例第二章、第三章及第七章对企业的权利和义务作出规定,主要有:

(1)对运输企业权利和义务的规定。如第十四条规定,公路载客汽车不得超过核定的载客人数。超过核定的载客人数的,公安机关交通管理部门应当扣留机动车,由驾驶人转运超载的乘客。营运机动车在规定检验期限内经安全技术检验合格的,不再重复进行安全技术检验。

(2)对机动车安全技术检验权利和义务的规定。如第十五条、第十六条、第十七条规定,安全技术检验机构对机动车进行检验,并对检验结果承担法律责任。机动车检验应按下列标准进行:一是营运载客汽车5年以内每年检验1次;超过5年的,每6个月检验1次;二是载货汽车和大型、中型非营运载客汽车10年以内每年检验1次;超过10年的,每6个月检验1次;三是小型、微型非营运载客汽车6年以内每2年检验1次;超过6年的,每年检验1次;超过15年的,每6个月检验1次;四是摩托车4年以内每2年检验1次;超过4年的,每年检验1次;五是拖拉机和其他机动车每年检验1次。

(3)对道路养护施工单位权利和义务的规定。如第三十五条、第三十六条、第三十七条规定,道路养护施单位在道路上进行养护、维修时,应当按照规定设置规范的安全警示标志和安全防护设施。道路养护施工作业车辆、机械应当安装示警灯,喷涂明显的标志图案,作业时应当开启示警灯和危险报警闪光灯。道路施工需要车辆绕行的,施工单位应当在绕行处设置标志;不能绕行的,应当修建临时通道,保证车辆和行人通行。需要封闭道路中断交通的,除紧急情况外,应当提前5日向社会公告。

3. 公民的权利和义务

实施条例体现了《道路交通安全法》保障道路交通有序、安全、畅通的指导思想和依法管理、方便群众的基本原则,进一步明确了公民参与交通活动的权利和义务。主要有以下五个方面:

(1)学习驾驶机动车。第九条至第二十二条规定,符合国务院公安部门规定的驾驶许可条件的人,可以向公安机关交通管理部门申请机动车驾驶证。学习机动车驾驶,应当先学习道路交通安全法律、法规和相关知识,考试合格后,再学习机动车驾驶技能。在道路上学习驾驶,应当按照公安机关交通管理部门指定的路线、时间进行。在道路上学习机动车驾驶技能应当使用教练车,在教练员随车指导下进行,与教学无关的人员不得乘坐教练车。学员在学习驾驶中有道路交通安全违法行为或者造成交通事故的,由教练员承担责任。申请机动车驾驶证的人经公安机关交通管理部门对考试合格的,在5日内可领取机动车驾驶证。

(2)接受交通安全教育。第二十三条、第二十四条规定,机动车驾驶人驾驶证违法行为记录累积记分达到12分的,应当接受道路交通安全法律、法规教育,重新考试;考试合格的,发还其机动车驾驶证。对遵守道路交通安全法律、法规,在一年内无累积记分的机动车驾驶人,可以延长机动车驾驶证的审验期。

(3)遵守道路通行规则。实施条例第四章共48条,对道路通行作了全面细致的规定,主要有以下几个方面:一是机动车车速、让车、超车、会车、掉头、倒车、停车、装载、安全视距以及非机动车驾驶人、行人、乘车人应当按照规定通行。二是驾驶机动车不得手持接听拨打移动电话的规定。三是在单位院内、居民居住区内,机动车应当低速行驶,避让行人,有限速标志的,按照限速标志行驶。四是在高速公路上行驶的小型载客汽车最高车速不得超过120km/h,其他机动车不得超过10km/h,摩托车不得超过80km/h。五是行人横过道路时,应当走人行横道、人行过街天桥或者人行过街地下通道等行人过街设施。六是车辆依法载人、载物。规定机动车载物不得超过机动车行驶证上核定的载质量,装载长度、宽度不得超出车厢,并相应规定了对超载的货运机动车扣车卸载的规定。

(4)公民发生交通事故后的权利与义务。实施条例第五章对事故处理进行了详细规定,其中机动车与机动车、机动车与非机动车在道路上发生未造成人身伤亡的交通事故,当事人对事实及成因无争议的,可以在记录交通事故的时间、地点、对方当事人的姓名和联系方式、机动车牌号、驾驶证号、保险凭证号、碰撞部位,并共同签名后,撤离现场,自行协商损害赔偿事宜。

(5)对交警执法行为进行监督。实施条例在各章节中对交警执法行为都有明确规定,在第六章执法监督作出明确规定,保障公民合法权利。如第一百零七条,对扣留机动车的处理作出规定:驾驶人或者所有人、管理人30日内没有提供被扣留机动车的合法证明,没有补办相应手续,或者不前来接受处理,经公安机关交通管理部门通知并且经公告3个月仍不前来接受处理的,由公安机关交通管理部门将该机动车送交有资格的拍卖机构拍卖,所得价款上缴国库;非法拼装的机动车予以拆除;达到报废标准的机动车予以报废;机动车涉及其他违法犯罪行为的,移交有关部门处理。此条款,很明确地规定了交警对扣留机动车处理程序,便于公开公正执法,更有利于公民监督。

三、《城市公共汽电车客运管理办法》

《城市公共汽电车客运管理办法》(中华人民共和国建设部令第138号,以下简称《办法》)于2005年3月1日经第53次建设部常务会议讨论通过,自2005年6月1日起施行。该办法适用于城市公共汽电车专项规划的编制、城市公共汽电车客运服务设施的建设及城市公共汽电车客运管理。《办法》中明确了城市公共汽电车营运的安全管理和应急管理方面的内容,是国家行政管理部门制定的部门规章。

在安全管理方面,《办法》明确了城市公共汽电车经营者对安全客运工作负有的职责。在应急管理方面明确了城市公共交通客运主管部门应当制定城市公共汽电车重大突发事件的应急预案;发生城市公共汽电车客运安全事故后城市公共汽电车经营者、有关管理部门的职责。

《城市公共汽电车客运管理办法》

第一条　为了优先发展城市公共交通,加强城市公共汽电车客运管理,规范城市公共汽电车客运市场秩序,维护乘客、经营者及从业人员的合法权益,制定本办法。

第二条　城市公共汽电车专项规划的编制、城市公共汽电车客运服务设施的建设及城市公共汽电车客运管理,应当遵守本办法。

第三条　本办法所称城市公共汽电车,是指在城市中按照规定的线路、站点和时间营运,供公众乘坐的客运车辆。

本办法所称城市公共汽电车客运服务设施,是指为城市公共汽电车客运服务的停车场、站务用房、候车亭、站台、站牌以及供配电等设施。

第四条　城市公共汽电车是城市公共交通的重要组成部分。国家实行优先发展城市公共交通战略,对城市公共汽电车客运服务设施建设和投资等方面实施相应的扶持政策。

第五条　城市公共汽电车客运应当服从规划、公平竞争、安全营运、规范服务、便利乘客。

第六条　国务院建设主管部门负责全国城市公共汽电车客运的管理工作。

省、自治区人民政府建设主管部门负责本行政区域内城市公共汽电车客运的管理工作。

直辖市、市、县人民政府城市公共交通客运主管部门(以下简称城市公共交通客运主管部门)负责本行政区域内城市公共汽电车客运的管理工作。

第七条 城市公共交通客运主管部门按照《行政许可法》及有关市政公用事业特许经营管理的规定,依法确定城市公共汽电车经营者。

第八条 城市公共汽电车专项规划应当纳入城市公共交通规划。未经法定程序,任何单位和个人不得擅自变更城市公共汽电车专项规划。

第九条 新建、扩建、改建城市道路,应当确定城市公共汽电车客运服务设施用地,配套建设候车亭、站台等城市公共汽电车客运服务设施。

第十条 城市公共交通客运主管部门应当依据城市公共汽电车专项规划,在具备条件的城市道路设置城市公共汽电车专用道、公交港湾和优先通行信号系统。

第十一条 航空港、铁路客运站、居住区、长途汽车站、客运码头、大型商业中心、大型文化娱乐场所、旅游景点和体育场馆等建设项目,应当按照规划标准确定配套的城市公共汽电车客运服务设施用地。

第十二条 城市公共汽电车客运服务设施用地的确定、建设工程项目的设计和施工,应当符合国家有关规定及技术标准。

第十三条 城市公共交通客运主管部门应当按照城市公共汽电车专项规划和公众出行的需要,设置城市公共汽电车客运线路和站点。需要调整城市公共汽电车客运线路和站点设置的,城市公共交通客运主管部门应当在调整前将调整方案向社会公布,征求公众意见。

第十四条 城市公共汽电车经营者应当按照规定在城市公共汽电车站点设置站牌。

城市公共汽电车站牌应当标明线路名称、始末班车时间、所在站点和沿途停靠站点名称等内容。

第十五条 城市公共汽电车经营者,应当遵守下列规定:

(一)执行城市公共汽电车服务标准,向乘客提供安全、方便、稳定的服务;

(二)按照规定的线路、站点、班次及时间组织营运;

(三)不得擅自停业、歇业或者终止营运;

(四)不得强迫从业人员违章作业;

(五)按照规定设置线路客运服务标志;

(六)在客运车辆内设置老、弱、病、残、孕专用座位和禁烟标志;

(七)按照国家有关规定加强对客运车辆的维护和检测,保持车辆技术、安全性能符合有关标准。

第十六条 因市政工程建设、大型公益活动等特殊情况需要临时变更城市公共汽电车客运线路或者站点的,城市公共汽电车经营者应当提前10天在站点张贴公告;必要时,应当通过新闻媒体向社会公告。

第十七条 城市公共汽电车在营运中发生故障不能正常行驶时,驾驶员、乘务员应当及时向乘客说明原因;城市公共汽电车经营者应当安排乘客免费换乘后续同线路同方向车辆或者调派车辆;后续车辆驾驶员、乘务员不得拒载。

第十八条 城市公共汽电车在营运过程中不得到站不停,不得在规定站点范围外上下客,不得无正当理由拒载乘客、中途逐客、滞站揽客。

第十九条 任何单位和个人不得违反法律法规的规定,阻拦、扣押营运中的城市公共汽电车。

第二十条　城市公共汽电车服务价格依据地方定价目录确定。

第二十一条　城市公共汽电车经营者应当定期对其管理的城市公共汽电车客运服务设施进行维修、保养，保持城市公共汽电车客运服务设施技术、安全性能符合国家规定的标准。

城市公共汽电车客运服务设施发生故障时，城市公共汽电车经营者应当及时抢修，有关单位和个人应当积极配合，不得干扰和妨碍抢修作业。

第二十二条　任何单位和个人都有保护城市公共汽电车客运服务设施的义务，不得有下列行为：

（一）损坏城市公共汽电车客运服务设施；

（二）擅自关闭、拆除城市公共汽电车客运服务设施或者将城市公共汽电车客运服务设施移做他用；

（三）在城市公共汽电车站停放非公共汽电车客运车辆、设置摊点、堆放物品；

（四）在电车架线杆、馈线安全保护范围内修建建筑物、构筑物或者堆放、悬挂物品，或者搭设管线、电（光）缆；

（五）覆盖、涂改、污损、毁坏或者迁移、拆除站牌；

（六）其他影响城市公共汽电车客运服务设施使用安全的行为。

第二十三条　城市公共交通客运主管部门应当制定城市公共汽电车重大突发事件的应急预案。

第二十四条　发生灾害以及其他突发事件，城市公共汽电车经营者应当服从县级以上人民政府或者有关部门对车辆的统一调度、指挥，政府或者有关部门应当给予合理补偿。

第二十五条　城市公共汽电车经营者对安全客运工作负有下列职责：

（一）建立、健全本单位的安全客运责任制；

（二）组织制定本单位安全规章制度和操作规程；

（三）保证本单位安全投入的有效实施，为从业人员提供必要的安全客运条件；

（四）督促、检查本单位的安全客运工作，及时消除客运安全事故隐患；

（五）加强对从业人员的安全客运教育与培训，组织制定并实施本单位的客运安全事故应急救援预案；

（六）及时、如实报告客运安全事故。

第二十六条　发生城市公共汽电车客运安全事故后，城市公共汽电车经营者应当按照国家有关规定及时报告。有关部门应当按照国家事故调查处理有关规定及时调查处理。

发生城市公共汽电车客运安全事故后，有关部门以及城市公共汽电车经营者应当按照有关规定及时启动应急救援预案。

第二十七条　城市公共汽电车客运过程中发生乘客伤亡的，城市公共汽电车经营者应当依法承担相应的损害赔偿责任；能够证明伤亡人员故意或者自身健康原因造成的除外。

第二十八条　乘客享有获得安全便捷客运服务的权利，有按照规定支付车费、不得携带危险品乘车、遵守乘坐规则的义务。

第二十九条　城市公共交通客运主管部门应当加强对城市公共汽电车客运活动的监督检查，维护正常的城市公共汽电车客运市场秩序。

第三十条　城市公共交通客运主管部门应当建立投诉受理和处理制度，公开投诉电话号码、通信地址和电子邮件信箱。

任何单位和个人对城市公共汽电车客运活动中的违法行为，都有权投诉。城市公共交通客运主管部门收到投诉后，应当及时核实，并在20日内将处理意见答复投诉人。

第三十一条　城市公共交通客运主管部门依法对城市公共汽电车经营者的经营活动进行监督检查时，应当有两名以上的执法人员参加，并向当事人出示执法证件；监督检查人员应当如实记录监督检查的情况和处理结果，并签字后归档。公众有权要求查阅行政机关监督检查记录。

第三十二条　城市公共交通客运主管部门应当建立城市公共汽电车经营者的信用档案，并以适当的方式向社会公布。城市公共汽电车经营者的基本情况、服务质量、经营中的不良行为等应当记入信用档案。

城市公共交通客运主管部门应当建立服务质量监管制度，组织有乘客代表参加的对城市公共汽电车经营者服务状况的年度评议，评议结果应当向社会公布。

第三十三条　城市公共交通客运主管部门实施监督检查，不得妨碍城市公共汽电车经营者正常的经营活动，不得索取或者收受财物，不得谋取其他利益。

第三十四条　违反本办法规定，城市公共汽电车经营者有下列行为之一的，由城市公共交通客运主管部门责令改正，并处以1万元以上3万元以下罚款：

（一）未按照规定的线路、站点、班次及时间组织营运的；

（二）擅自停业、歇业或者终止营运的；

（三）强迫从业人员违章作业的；

（四）未按照国家有关规定维护和检测客运车辆，车辆技术、安全性能不符合有关标准的。

第三十五条　违反本办法规定，城市公共汽电车经营者有下列行为之一的，由城市公共交通客运主管部门责令改正，并处以1000元以上5000元以下罚款：

（一）未按照规定设置线路客运服务标志的；

（二）未在客运车辆内设置老、弱、病、残、孕专用座位和禁烟标志的；

（三）客运线路或者站点临时变更，未按照规定提前告知公众的；

（四）客运车辆在营运中发生故障不能正常行驶时，未按照规定安排乘客换乘或者后续车辆驾驶员、乘务员拒载的；

（五）客运车辆到站不停或者在规定站点范围外停车上下客的；

（六）客运车辆无正当理由拒载乘客、中途逐客、滞站揽客的。

第三十六条　违反本办法规定，有下列行为之一的，由城市公共交通客运主管部门责令改正，并处以500元以上3000元以下罚款；造成损失的，依法承担赔偿责任：

（一）损坏城市公共汽电车客运服务设施的；

（二）擅自关闭、拆除城市公共汽电车客运服务设施或者将城市公共汽电车客运服务设施移做他用的；

（三）在城市公共汽电车站停放非公共汽电车客运车辆、设置摊点、堆放物品的；

（四）在电车架线杆、馈线安全保护范围内修建建筑物、构筑物或者堆放、悬挂物品，或者搭设管线、电（光）缆的；

(五)覆盖、涂改、污损、毁坏或者迁移、拆除站牌的;

(六)其他影响城市公共汽电车客运服务设施使用安全的行为。

第三十七条　城市公共交通客运主管部门工作人员玩忽职守、滥用职权、徇私舞弊,构成犯罪的,依法追究刑事责任;尚不构成犯罪的,依法给予行政处分。

第三十八条　本办法自2005年6月1日施行。

四、地方城市公共汽车客运管理办法

上海市、重庆市以及一些省会城市或地级市制定了符合城市特点和便于管理的地方公共汽车客运管理条例或管理办法。北京市、天津市对公共汽车客运的管理或服务已经形成地方标准,如北京市对公共汽车的系列管理标准包括:《公共汽车通用技术条件》(DB11T 532—2008)、《公共交通客运标志　第3部分:公共汽电车》(DB11T 657.3—2009)、《公共汽电车客运服务规范》(DB11T 648—2009)、《公共汽电车运营安全管理规范》(DB11T 649—2009)、《公共汽电车站台规范》(DB11T 650—2009)、《快速公共汽车交通系统　第1部分:工程建设技术规范》(DB11T 651.1—2009)、《快速公共汽车交通系统　第2部分:运营管理规范》(DB11T 651.2—2009)等。

第三节　城市公共汽车客运企业安全生产相关标准规范与要求

一、城市公共汽电车通用标准

城市公共汽电车通用标准包括设计和运营管理类标准,见表4-1。

公共汽电车行业通用标准　　表4-1

类　别	标准名称
设计	《城市公共交通站、场、厂设计规范》(CJJ 15—1987)
	《快速公共汽车交通系统设计规范》(CJJ 136—2010)
	《汽车库、修车库、停车场设计防火规范》(GB 50067—1997)
运营管理	《城市公共汽电车客运服务》(GB/T 22484—2008)
	《城市公共交通标志　第1部分:总标志和分类标志》(GB/T 5845.1—2008)
	《城市公共交通标志　第2部分:一般图形符号和安全标志》(GB/T 5845.2—2008)
	《城市公共交通标志　第3部分:公共汽电车站牌和路牌》(GB/T 5845.3—2008)
	《城市公共交通标志　第4部分:运营工具、站(码头)和线路图形符号》(GB/T 5845.4—2008)

城市公共汽电车通用标准规定了城市公共交通站、场、厂、汽车库等规划、设计要求及对城市公共汽电车客运服务的要求。

《城市公共交通站、场、厂设计规范》(CJJ 15—1987)规定了公共汽车、无轨电车及出租汽车新建、扩建和改建的站、场、厂的规划和设计要求。城市公共电、汽车首末站、中途站、停

车场的功能和选址、停车场的用地和布置、停车场的进出口、低级维护、工间、油料管理、清扫机械、维护场平面布置和用地、油库、维护中心、修理厂建厂与用地等方面的规划、距离等方面进行规定。

《快速公共汽车交通系统设计规范》(CJJ 136—2010)规定了快速公共汽车交通系统设计,包括运营设计、车道、车站及驻车场、运营调度与控制、车辆、运营设备等方面技术要求。

《城市公共汽电车客运服务》(GB/T 22484—2008)规定了城市公共汽电车客运服务的基本内容和质量要求,对车站设施、运营车辆、运营服务人员、运营调度、行车服务、车厢服务、信息服务、服务评价提出了相关要求,特别规定了运营安全中涉及的驾驶员安全行车要求、乘务员安全要求、运营中突发事件的处置等要求。

1. 一般要求

(1)高峰时间应能满足乘客上车需求。

(2)低谷时间不宜大于15 ~20min。

(3)高峰小时平均满载率不宜大于80%。

(4)线路的运营时间应能满足公众日常出行的需要。

2. 车站设施

(1)站台。

①根据需要在站台边缘应设置安全护栏。

②排队上车的车站应按线路设置排队标志和标线。

③候车亭的技术要求应符合 CJ/T 107 的规定。

④顶篷限界与路缘石外缘的水平距离不应小于0.4m。

(2)首末站应设置下列设施。

①线路管理、行车调度的工作用房和相应设施。

②运营车回车道和停车坪。

③车辆检修和保洁的场地和设施。

④运营服务人员休息、餐饮、卫生等场所和设施。

(3)消防设施。

3. 运营车辆

(1)车辆的等级和配置应符合 CJ/T 162 的规定。

(2)车辆的安全性能应符合 GB 7258 的规定。

(3)服务设施。

①车门、车窗、顶窗设施应完好,开关应灵活,应安全可靠。

②车身顶篷及内外皮无破损、无变形。

③地板、踏步、坐椅、车内扶握设施应完整、牢靠。

④电脑报站器、读卡机、投币箱(机)、电子显示屏、视频监视器、车内照明等设施应完好有效。

(4)安全提示标志。

①在驾驶区应设置“禁止与驾驶员谈话”标志。

②在车门内侧设置“请勿倚靠”、“当心夹手”标志。

③在乘客门旋转立柱上和铰接护栏上应设置“请勿触摸”标志。

④在醒目位置应设置“请勿吸烟”、“禁止头手伸出窗外”及“请勿乱扔废弃物”标志等。

⑤在快速公共汽车车门处应设置“请注意地板间隙”标志。

⑥各种标志应分别符合 GB/T 5845.2、GB/T 5845.3 和 GB/T 5845.4 的要求。

(5)车容和卫生。

①车身外表漆面整洁、完好、无剐痕、无污垢。

②车外顶无污垢、堆积物。

③车门及周边无污垢、油污。

④地板、踏步无污垢、尘土和垃圾。

⑤车厢内壁无污垢。

⑥车窗玻璃清洁、明亮。

⑦座椅无尘土和积水。

⑧扶手杆、环无污垢。

⑨驾驶舱无尘土、杂物。

⑩轮胎、轮毂无积泥、油污。

⑪车内外各种标志清晰、无破损。

⑫车内垃圾箱应及时清理、无异味。

4.运营服务人员基本要求

(1)身体条件符合岗位工作的要求。

(2)遵纪守法,具有良好的职业道德。

(3)具有相应的职业资格。

(4)岗位培训合格。

(5)工作时按规定着装,佩戴或放置服务证、卡。

(6)衣着整洁、仪表端庄、举止大方、文明礼貌。

(7)使用普通话服务,吐字清楚,语速适中,用语文明。

(8)在少数民族地区、地方话较难懂的地区及外宾较多的地区,宜使用双语服务。

(9)尊重乘客,态度和蔼,耐心解答乘客的询问。

(10)在服务过程中,不吸烟、不吃零食、不与他人闲谈,不做其他与本职工作无关的事,不擅离工作岗位。

5.运营调度

(1)编制线路运行计划及应急调度预案。

①根据需要对线路进行客流调查。

②根据客流数据按季度编制平日和节假日行车时刻表。

③根据行车时刻表、运营车和人员出勤情况编排车次配班计划。

④编制突发事件时的应急调度预案。

(2)行车调度。

①按计划发车。

②提示车组提前进站，准时发车。

③保证首、末班车正点发车。

④掌握车辆运行状况，及时采取调度措施，保证正常的行车间隔。

⑤客流意外增大、受阻时，及时增发车次。

⑥遇突发事件和恶劣天气，启动应急调度预案。

⑦记录发车及运行情况信息。

(3)接待乘客咨询和投诉。

6. 行车服务

(1)每日出车前应按附录 B 规定的内容进行车辆例行检查，确认车辆性能完好，符合运营安全要求。

(2)按调度指令提前进站，准时发车。

(3)按规定的线路和站点行车。不得擅自越站甩客、改道行驶。

(4)按安全行车要求(见 12.1)行车。

(5)车辆进站时，避让出站车辆，按规定位置停靠。

(6)平稳停车，车停稳后开车门。乘客上下车完毕并关好车门后平稳起步。

(7)停车时靠近路边，车身与道路平行。雨天停车时车门宜避开积水。

(8)在不影响正常运行的情况下，应等候跑来的乘客上车，但不得滞站揽客。

(9)交接班时，应交代车况和路况。在中途交接班的，接班人员未到时，应继续行驶到终点。

7. 运营安全

(1)驾驶员安全行车要求。

①遵守交通安全法规。

②熟悉车辆性能，集中精力，文明驾驶，礼让行车。

③按规定车速驾驶，保持安全车距。

④超车和会车时注意车头和车尾、让车时应让道减速。

⑤通过人行横道时，应减速行驶或停车让行。

⑥通过繁华路段、交叉路口和拐弯时应提前减速，谨慎驾驶，不与行人和自行车抢行。

⑦熟悉本线路所经事故多发路段和限高部位，谨慎驾驶。

⑧通过铁道口时要做到一停二看三通过。

⑨站外非故障停车，不得开门上下乘客。

⑩能见度较差的风雾雨雪天气及在冰雪路面行车时，保持安全车速，禁止超车。

⑪在冰雪路面行车时，应点踩制动踏板制动，配备缓速器的车辆宜使用缓速器辅助制动。

⑫遇积水路面，水情不明和积水深度超过车轮半径时，不宜通过。涉水通过后，及时采取点踩制动踏板的措施。

⑬无轨电车通过分线器、并线器、交叉器时应减速行驶。

⑭随时查看气压是否正常，如低于规定值时应补足气量到规定值后再行车。

⑮发现异响或异味时，靠路边停车查验，在判明原因并排除故障前，不得继续行车。

⑯车辆发生故障时,立即靠路边停车,开启危险报警闪光灯,并在车后方向设置警示标志。

⑰故障车被拖走时,应采取硬拖方式,同时开启危险报警闪光灯。

⑱行车中不与他人闲谈和使用手机。

⑲停车场内限速15km/h,出入口限速5km/h。

⑳离开车辆时,拉好驻车制动器操纵杆。收车时,关闭电源和燃气总开关。

㉑如遇突发事件,按应急预案的规定执行。

(2)乘务员安全要求。

①维护乘车秩序,劝解乘客纠纷。

②配合驾驶员开关车门防止夹摔乘客。

③进出站、拐弯、经过繁华地段及能见度较差时,提醒乘客扶好、坐好,注意乘车安全,提醒车旁行人和非机动车注意安全。

④关照老幼病残孕乘客乘车安全。

⑤运营中不与驾驶员闲谈。

⑥发现乘客携带易燃、易爆、危险、有毒及其他禁带物品乘车时应及时制止。

⑦每一单程运营结束时,应检查车内有无乘客遗留物品。

⑧如遇突发事件,按应急预案的规定执行。

(3)运营中突发事件的处置。

①运营车发生冒烟、起火、漏电事故时,立即停车,打开车门,切断电、气源,疏散乘客,用消防器材灭火,及时报警。

②发生客伤事故时,积极抢救受伤人员,保护现场,寻找证人,及时向相关部门报告。

③发现可能造成严重损害人身安全的可疑危险物品(例如爆炸物、剧毒物等),立即组织乘客离车疏散,迅速报警。

④遇有持械抢劫伤人等事件时,保持冷静,并寻机报警。

⑤发生重大盗窃事件时,协助失主报警。

⑥遇有严重传染病流行时,按传染病防治法的要求处理。

⑦遇有突发严重病人时,立即向急救中心呼救,协助医务人员抢救病人。

⑧发生交通事故时,按交通法规处置。

《城市公共交通标志　第1部分:总标志和分类标志》(GB/T 5845.1—2008)、《城市公共交通标志　第2部分:一般图形符号和安全标志》(GB/T 5845.2—2008)、《城市公共交通标志　第3部分:公共汽电车站牌和路牌》(GB/T 5845.3—2008)《城市公共交通标志　第4部分:运营工具、站(码头)和线路图形符号》(GB/T 5845.4—2008)系列标准规范了公共交通中车辆、线路、车站等所设置的各种专用标记,其中涉及公共交通中涉及的各类安全、警示标志。

二、公共汽电车行业营运技术标准

公共汽电车行业运营技术常用标准现有13个,见表4-2。其中:车辆标准有8个;候车亭标准有1个;供电与通信系统标准有4个。

公共汽电车行业营运技术标准　　表4-2

类　别	标准名称
车辆	《机动车运行安全技术条件》(GB 7258—2012)
	《客车结构安全要求》(GB 13094—2007)
	《电动公共汽车通用技术条件》(CJ/T 350—2010)
	《双层客车技术条件》(CJ/T 5022—1997)
	《汽车内饰的燃烧特性》(GB 8410—2006)
	《汽车用压缩天然气钢瓶定期检验与评定》(GB 19533—2004)
	《营运车辆综合性能要求和检验方法》(GB 18565—2001)
	《城市客车分等级技术要求与配置》(CJ/T 162)
候车亭	《城市公共交通客运设施城市公共汽车、电车候车亭》(CJ/T 107—1999)
供电与通信系统	《城市无轨电车和有轨电车供电系统》(CJ/T 1—1999)
	《城市公共交通通信系统》(CJ/T 2—1999)
	《城市无轨电车和有轨电车供电线网电杆》(CJ/T 3—1999)
	《无轨电车和有轨电车整流站》(GB/T 14428—1993)

车辆安全是公共汽电车行业安全运营的关键因素，国家颁布了一系列的标准对车辆从设计、检测、使用、维护等方提出技术性要求。《机动车运行安全技术条件》(GB 7258—2012)规定了机动车的整车及主要总成、安全防护装置等有关运行安全的基本技术要求。《客车结构安全要求》(GB 13094—2007)规定了客车结构的安全要求。《电动公共汽车通用技术条件》(CJ/T 350—2010)对电动公共汽车的基本要求、车辆、车辆管理系统与安全设施，试验方法、检验规则、标志、包装、运输和储存方面进行了规范。《营运车辆综合性能要求和检验方法》(GB 18565—2001)规定了营运车辆的动力性、燃料经济性、制动性、转向操纵性、照明和信号装置及其他电气设备、排放与噪声控制、密封性、整车装备的基本技术要求和检验方法。

(一)《机动车运行安全技术条件》(GB 7258—2012)

《机动车运行安全技术条件》规定了整车、发动机、转向系、制动系、照明、信号装置和其他电气设备、行驶系、传动系、车身、安全防护装置等方面机动车运行安全的技术要求。

对安全防护装置的要求如下：

1. 汽车安全带

(1)乘用车、公路客车、旅游客车、未设置乘客站立区的公共汽车、专用校车和旅居车的所有座椅、其他汽车(低速汽车除外)的驾驶人座椅和前排乘员座椅均应装置汽车安全带。

(2)所有驾驶人座椅、前排乘员座椅(货车前排乘员座椅的中间位置及设有乘客站立区的公共汽车除外)、客车位于踏步区的车组人员座椅以及乘用车除第二排及第二排以后的中间位置座椅外的所有座椅，装置的汽车安全带均应为三点式(或四点式)汽车安全带。

(3)专用校车和专门用于接送学生上下学的非专用校车的每个学生座位(椅)及卧铺客车的每个铺位均应安装两点式汽车安全带。

(4)汽车安全带应可靠有效，安装位置应合理，固定点应有足够的强度。

(5)乘用车应装备驾驶人汽车安全带佩戴提醒装置。当驾驶人未按规定佩戴汽车安全带时,应能通过视觉或声觉信号报警。

(6)乘用车(单排座的乘用车除外)应至少有一个座椅配置符合规定的 ISOFIX 儿童座椅固定装置,或至少有一个后排座椅能使用汽车安全带有效固定儿童座椅。

2. 车外后视镜和前下视镜

(1)机动车(挂车除外)应在左右至少各设置一面后视镜,总质量大于 7500kg 的货车和货车底盘改装的专项作业车还应在右侧至少设置广角后视镜和补盲后视镜各一面。

(2)机动车(不带驾驶室的摩托车除外)外后视镜的安装位置和角度,应保证驾驶人能在水平路面上看见车身左侧宽度为 2.5m、车后 10m 以外区域及车身右侧宽度为 4.0m、车后 20m 以外区域的交通情况;专用校车应保证驾驶人能看清乘客门关闭后乘客门车外附近的情况及后窗玻璃后下方地面上长 3.6m、宽 2.5m 范围内的情况,并且在正常驾驶状态下能通过内视镜观察到车内所有乘客区。对于汽车列车,当所牵引挂车的宽度超过牵引车宽度时,牵引车应加装后视镜加长架(延长支架)以保证其后视镜的视野仍满足要求。

(3)汽车及车身部分或全部封闭驾驶人的摩托车的后视镜的性能和安装要求应符合 GB 15084 的规定,摩托车(车身部分或全部封闭驾驶人的摩托车除外)后视镜的性能和安装要求应符合 GB 17352 的规定,轮式拖拉机运输机组后视镜的性能和安装要求应符合 GB 18447.1 的规定。

(4)车长大于等于 6m 的平头汽车车前应至少设置一面前下视镜或相应的监视装置,以保证驾驶人能看清风窗玻璃前下方长 1.5m、宽 3m 范围内的情况。

(5)车外后视镜和前下视镜应易于调节,并能有效保持其位置。

(6)安装在外侧距地面 1.8m 以下的后视镜,当行人等接触该镜时,应具有能缓和冲击的功能。

(7)教练车(三轮汽车除外)应安装有符合规定的辅助后视镜,以使教练员能有效观察到车辆周围的交通状态。

3. 前风窗玻璃刮水器

(1)机动车的前风窗玻璃应装备刮水器,其刮刷面积应确保驾驶人具有良好的前方视野。

(2)刮水器应能正常工作。

(3)刮水器关闭时,刮片应能自动返回至初始位置。

4. 应急出口

1)基本要求

(1)车长小于 6m 的客车,在乘坐区的两侧应具有紧急时乘客易于逃生或救援的侧窗。

(2)车长大于等于 6m 的客车,如车身右侧仅有一个乘客门且在车身左侧未设置驾驶人门,应在车身左侧设置应急门。车长大于 7m 的客车应设置撤离舱口。卧铺客车的卧铺布置为上、下双层时,侧窗洞口应为上下两层。

2)应急门

(1)应急门的净高应大于等于 1250mm,净宽应大于等于 550mm;但车长小于等于 7m 的客车,应急门的净高应大于等于 1100mm,如自门洞最低处向上 400mm 以内有轮罩凸出,则在轮罩凸出处应急门净宽可减至 300mm。

(2)车辆侧面的铰接式应急门应铰链于前端,向外开启角度应大于等于100°,并能在此角度下保持开启。如在应急门打开时能提供大于等于550mm的自由通道,则开度大于等于100°的要求可不满足。

(3)通向应急门的引道宽度应大于等于300mm,不足300mm时允许采用迅速翻转座椅的方法加宽引道。专用校车沿引道侧面设有折叠座椅时,在折叠座椅打开的情况下(对在不使用时能自动折叠的座椅,在座椅处于折叠位置时),引道宽度仍应大于等于300mm。

(4)应急门应有锁止机构且锁止可靠。应急门关闭时应能锁止,且在车辆正常行驶情况下不会因车辆振动、颠簸、冲撞而自行开启。

(5)当车辆停止时,应急门不用工具应能从车内外很方便打开,并设有车门开启声响报警装置。允许从车外将门锁住,但应保证始终能用正常开启装置从车内将其打开,门外手柄应设保护套,且离地面高度(空载时)应小于等于1800mm。

3)应急窗和撤离舱口

(1)应急窗和撤离舱口的面积应大于等于$(3\times105)mm^2$,且能内接一个400mm×600mm(对车长小于等于7m的客车为330mm×500mm)的椭圆;如应急窗位于客车后端面,则能内接一个350mm×1550mm、四角曲率半径小于等于250mm的矩形时也视为满足要求。

(2)应急窗应采用易于迅速从车内、外开启的装置;或在钢化玻璃上标明易击碎的位置,并在每个应急窗的邻近处提供一个应急锤以方便地击碎车窗玻璃,且应急锤取下时应能通过声响信号实现报警。设有乘客站立区的公共汽车车身两侧的车窗如面积能达到设置为应急窗的要求,均应设置为推拉式应急窗或外推式应急窗。

(3)安全顶窗应易于从车内、外开启或移开或用应急锤击碎。安全顶窗开启后,应保证从车内外进出的畅通。弹射式安全顶窗应能防止误操作。

4)标志

(1)每个应急出口应在其附近设有"应急出口"字样。

(2)乘客门和应急出口的应急控制器(包括用于击碎应急窗车窗玻璃的工具)应在其附近标有清晰的符号或字样,并注明其操作方法,字体高度应大于等于10mm。

5.燃料系统的安全保护

(1)燃料箱及燃料管路应坚固并固定牢靠,不会因振动和冲击而发生损坏和漏油现象。不准许用户改动或加装燃料箱,不准许用户改动燃料管路。

(2)燃料箱的加注口及通气口应保证在机动车晃动时不泄漏。

(3)机动车(摩托车及装用单缸柴油机的汽车除外)的燃料系统不得用重力或虹吸方法直接向化油器或喷油器供油。

(4)燃料箱的加注口和通气口不得对着排气管的开口方向,且应距排气管的出气口端300mm以上,否则应设置有效的隔热装置。燃料箱的加注口和通气口应距裸露的电气接头及外部可能产生火花的电气开关200mm以上。车长大于6m的客车的燃料箱的加注口和通气口应距排气管的任一部位300mm以上。

(5)汽车燃料箱各部分不得前伸至前置汽油发动机的前端面。车长大于6m的客车燃料箱距客车前端面应大于等于600mm,距客车后端面应大于等于300mm。发动机后置的公路客车和旅游客车,其燃料箱的前端面应位于前轴之后。

(6)机动车燃料箱的通气口和加注口不得设置在有乘员的车厢内。

6.气体燃料专用装置的安全防护

(1)气体燃料的供给系统应有有效的安全保护结构措施,以防止气体泄漏,每一个钢瓶阀出口端都应安装高压过流保护装置。

(2)对于两用燃料汽车,应设置燃料转换系统并安装燃料转换开关。在燃料控制上,应具有当发动机突然停止运转时,即使点火开关打开也能自动切断气体燃料供给的功能。燃料转换开关的安装位置应便于驾驶人操作,其挡位标记应明显,能分别控制供油、供气两种状态。气体燃料和汽油电磁阀的操作均应由燃料转换开关统一控制;当电流被切断时,电磁阀应处于"关闭"位置。

(3)压缩天然气管路应采用不锈钢管或其他车用高压天然气专用管路,高压液化石油气管路应采用专用管路。不准许用户改动或加装钢瓶。

(4)钢瓶应被可靠地固定在车上,安装钢瓶的固定座应具有阻止钢瓶旋转、移动的能力,固定座应便于拆装工作。钢瓶安装在车上后,钢瓶编号应易见,钢瓶的强度和刚度不得下降,车架(车身)结构强度也不应受影响。

(5)钢瓶安装位置应远离热源,必要时应采取隔热措施。在任何情况下,钢瓶及其所有高压管路和高压接头与发动机排气管和传动轴的任何部位之间的距离应大于等于100mm;当钢瓶及其所有高压管路和高压接头与发动机排气管的距离在100~200mm之间时,应设置固定可靠的隔热装置。

(6)钢瓶应安装在通风位置或采取有效的通风措施,阀门渗漏的气体不应进入驾驶室或载人车厢。

(7)钢瓶与汽车后轮廓边缘的距离应大于等于200mm。钢瓶安装在汽车车架下时,钢瓶下方和后方应采取有效防护措施且钢瓶及其附件不得布置在汽车前轴之前。

(8)钢瓶不得直接安装在驾驶室、载人车厢和货箱内。当不得不安装在上述位置时,应用密封盒、波纹管及通气接口将瓶口阀及连接的高压接头与驾驶室、载人车厢或货箱安全隔离。密封盒等隔离装置应有很强的防护功能,当车辆受到冲撞时应能有效地防止钢瓶冲入驾驶室、载人车厢或货箱内。

(9)通气接口排气方向应指向车尾方向并与地面成45°圆锥的范围内,能将泄漏气体排出车外,通气接口至排气管和其他热源距离应大于等于250mm,通气总面积应大于等于$450mm^2$。

(10)钢瓶的安装和保护罩的设置,应能保证钢瓶集成阀的正常操作和检查。

(11)手动截止阀应安装在钢瓶到调压器之间易于操作的位置,阀体不得直接安装在驾驶室内。

(12)钢瓶至调压器之间应安装滤清装置,并易于检查、清洗和更换。

(13)高压管路的特殊部位(如相对移动的部件之间)应采用柔性管线,其余部位应采用刚性管线。

(14)刚性高压管路应排列整齐、布置合理、固定有效,不得与相邻部件碰撞和摩擦,所有高压管路和高压管接头应得到有效的保护,高压管接头应安装在能看得见且操作者易于接近的位置。

(15)气体燃料车辆应安装泄漏报警装置,所有管路接头处均不应出现漏气现象。

7. 牵引车与被牵引车的连接装置

(1)连接装置应坚固耐用。

(2)牵引车和被牵引车连接装置的结构应能确保相互牢固的连接。

(3)牵引车和被牵引车的连接装置上应装有防止机动车在行驶中因振动和撞击而使连接脱开的安全装置。

8. 客车的特殊要求

(1)客车在设计和制造上应保证发动机排气不会进入客厢。

(2)客车应装备灭火器,灭火器在车上应安装牢靠并便于取用。仅有一个灭火器时,应设置在驾驶人附近;当有多个灭火器时,应在客厢内按前、后,或前、中、后分布,其中一个应靠近驾驶人座椅。

(3)所有专用校车和发动机后置的其他客车应装备发动机舱自动灭火装置,其灭火剂喷射范围应包括发动机舱至少两处具有着火隐患的热源(如增压器、排气管等),启动工作时应能通过声觉信号向驾驶人报警。

(二)《客车结构安全要求》(GB 13094—2007)

本标准规定了一系列安全要求,如通过加大应急出口尺寸、降低一级踏步的高度、加大双引道门宽度等措施,提高应急出口的通过性;对乘客门应急控制器及应急门开启装置的位置规定得更加具体,以保证其安全性和使用的方便性,对乘客防夹的要求也作了具体的规定等。这些要求使本标准的结构安全要求更全面、更细化、更高。

本标准对应急门提出的一系列技术要求,如当车辆停止时,应急门应能从车内和车外方便地打开。这是为满足异常、紧急情况下司乘人员和乘客的自救以及外部人员的救助。又如应急门在使用时不应是动力控制的形式,这是针对出现异常或紧急情况,动力控制失灵确定的。对应急门开启装置的高度也有规定,即车外开启装置距地高度应在1000~1800mm,且距该门不大于500mm;车内开启装置应距其下方地板(或踏步)的上表面1000~1500mm,且距该门不大于500mm;这是为了有自救或救助能力的人员自救或救助的便利。

本标准对动力控制乘客门的技术要求十分细致。其中的一项要求是:在紧急情况下,当车辆静止时,动力控制乘客门应能通过车门应急控制器从车内打开,当车门未锁住时也能从车外打开。仅对其中提到的应急控制器的要求就有在操纵时优先于启闭车门的其他所有控制,能由位于车门前的人操纵等7项之多。动力控制乘客门的技术要求还包括,每扇动力控制乘客门应能启动一个视觉警示装置,驾驶员在正常驾驶位置及任何照明环境下,均应能明显看到此装置,以提醒驾驶员车门没有完全关闭;每扇动力控制乘客门的结构和控制系统应使乘客在关门时不被车门伤害或夹住等。

本标准共有3个规范性附录,其中的附录A就是为行动不便乘客提供方便设施的附加技术要求,包括踏步的高度、优先座位及其相邻装置、标志、优先座位(或轮椅区)进口和出口之间通道的坡度、辅助上车装置、车身降低系统等多项技术要求及计算方法。不仅附录A,相关技术要求中也最大程度地考虑了行动不便的乘客,如特殊用途的乘客门自动关闭过程的延迟就主要考虑了行动不便乘客,该条款规定,驾驶员和乘客应能各自操纵特定按钮实现自动关门过程的延迟,自动关闭过程的延迟应显示给驾驶员,驾驶员应能随时恢复自动关门过程。

本标准规定，客车应急门的净高应为1250mm，净宽应为550mm；应急窗的面积应为4.0×105mm²；撤离舱口的净面积应为4.0×105mm²，而且都要求在此面积内可内接一个500mm×700mm的矩形，这比1997年版对撤离窗口为400mm×600mm增大，提高了在紧急情况下乘客撤离的安全性。本标准根据不同类型的客车规定，第一级踏步距地面最大高度分别为360mm和380mm，而且要求在车辆处于整车运行状态质量停在水平地面上时测量，测量时轮胎配置和气压应符合制造厂对最大设计装载质量时的规定。在标准对乘客门净宽的要求中规定，如果该乘客门是双引道门，其净宽应为1100mm。这些规定较1997年版为1000mm进一步提高了客车在异常、紧急情况下乘客的安全。

对应急窗的规定，包括应易于从车内和车外迅速打开；采用易击碎的安全玻璃（而不是夹层玻璃或塑料），并在每扇应急窗的邻近处提供一个方便用来击碎应急窗的工具；能从车外锁住的应急窗，应在结构上保证总能从车内打开。又如座间距，有些客车的座间距让乘客，尤其是长途客车的乘客感觉很不舒服，本标准规定，同向座椅，座椅靠背的前面与前排座椅靠背后面之间的距离在座垫上表面最高点所处平面与地板上方620mm高度范围内水平测量，应不小于650mm和680mm；相向布置的横排座椅，通过座垫最高点所处平面测量，两相对座椅靠背的前表面之间的最小距离应不小于1300mm。乘客在符合新版标准的客车上就座，还要让乘客有一个比较舒适的空间，这一要求甚至细化到座位上方的自由空间。标准规定，每个座位均应有一垂直净空间，它是从未压陷坐垫的最高点所处平面向上不小于900mm，以及从就座乘客搁脚的地板处向上不小于1350mm（对于轮罩处和后排座椅处，可减小为1250mm）计算的。标准对车内照明的规定之一是，至少应有两条内部照明线路，当一条线路出故障时不应影响另一条线路的照明。

本标准对应急控制器的具体要求包括，在操纵时优先于启闭车门的其他所有控制，车内控制件应安装在车门上或距车门不大于300mm、从第一级踏步向上不小于1600mm的高度处，临近车门的乘客容易看见并清楚识别，如果控制件附加于正常的车门开启装置则应清楚标示为紧急情况下使用，能由位于车门前的人操纵，直接打开车门或者用手能很容易地打开，可由易于被移开或打破的装置来保护，操纵应急控制器或移开应急控制器上的保护盖，都应通过声响和视觉信号提醒驾驶员等。

本标准对乘客门的结构和控制系统的要求是乘客在关门时不被车门伤害或夹住，为此增加了规范性附录C即动力操纵门夹持力测量，规定在任一测量点，车门关闭时的夹持力不得超过150N，否则车门应自动重新开启至完全打开（自动控制乘客门除外）并保持打开直到操纵关门控制，或者乘客手腕和手指能容易地抽出而无伤害。

第五章 城市公共汽车客运企业安全系统分析

我国大中城市交通有着自身的特点:其一是城市人口众多,且分布极不均衡。市区不足10%的面积集中了全市约70%的人口,城区人口密度高达3.4万人/km^2,人口的集中导致了出行的集中。其二是城区土地有限、道路总量不足,受资金和时间的限制,短期内通过大量修建道路以满足交通需求是不现实的。其三是机动车交通需求的增加远远快于道路的增长。统计数据表明,1999年我国城市道路平均长度比1995年增长24.9%,同期机动车拥有量却平均增长了63%,其四是结构不合理。城市出行方式结构中轨道交通所占比例过低,还不到5%(有轨道交通的城市)。而从国际经验上看来,轨道交通应占19%左右。另外,自行车的大量出行,使得道路交通“机动车”和“非机动车”混行严重,而且难以治理,城市交通拥挤不堪。在交通高峰期,车辆的行驶速度甚至为5km/h。城市公交属于城市交通中的重要组成部分,承担着20.30%的出行任务,且乘载率高,对于其安全管理尤为重要,因此必须从根本上、深层次解决安全隐患,保证行车顺畅。公共交通是城市发展的必然产物,也是城市赖以生存和发展的重要基础设施之一。大力发展城市公共交通是缓解城市交通拥堵,解决人们出行难的最主要途径。

公共电、汽车是城市公交客运的主体。与出租汽车、地铁等其他交通方式相比公共电、汽车具有投资少、维护费用低、载客量大、分布面广、票价低廉等优势,但受路面交通的制约还存在准点率低、运行速度慢等不利因素。只有坚持“乘客至上,服务第一”的服务宗旨,扬长避短、千方百计为乘客提供“准点、方便、快捷、安全、舒适”的乘车条件吸引更多的乘客乘坐公共电、汽车,才能使我们的企业在严峻的市场竞争中站稳脚跟。

第一节 城市公共汽车客运企业运营的特点

一、城市公共汽车客运企业运营的特点

公共交通是城市经济的重要组成部分,是确保城市活动的重要因素。公共交通企业必须按生产企业的原则进行管理和经营,整个企业的经营管理要以运营服务为中心,讲究社会服务效益的同时努力提高企业的经济效益。公共交通企业的运营生产过程具有自己的特点。它的运送对象是乘客,运输工具固定在规定的线路上运行,公共交通的运送距离较短。

1.运营服务过程和消费过程是合一的

公交企业运营生产表现为车辆运行与服务对象(乘客)同在一个空间的连续移动,运行过程的结束也是消费过程的结束。

某站乘客上车→车辆运行、乘客移动→某站乘客下车→换乘其他线路→到达目的地。说明了公共交通车辆的运行过程,就是它为社会提供服务的过程,也是公交企业经营生产的过程。在运行过程中所发生的车公里是无法储存的,有效或无效、效能的高低都在一次运行

过程中同时获得反映。

2. 时间性强

公共汽车作为人们出行的代步工具,其目的是很明确的:为了节省时间。公共交通的乘客普遍愿望是从出发地到目的地所花费的全程时间要省,车辆要在预计的时间内准点到达。

3. 社会性强

城市公共交通与社会有着广泛的联系,首先是它使用的社会性强,只要是在公共交通到达的地点、运行的时间内,它就可以被人们广泛地使用。在客流量的大小中,这取决于社会的诸多因素。客流量的大小,乘客所形成的集散点及客流的大小,取决于:

(1)小区内居民对公共交通的需要。这与小区人口的密度成正比。

(2)居住点与工作地的距离,与距离成正比。

(3)小区内商业、文化、生活设施的齐全程度,与齐全程度成反比。

(4)居民乘坐公共交通车辆的迅速、方便程度。与迅速、方便程度成正比。

4. 具有较大的不平衡性

现代化的工业生产可以实现均衡的计划生产、自动生产线可以按规定的工作节拍实行有节奏的生产。而公共交通企业运营生产则不同。由于客流的机动性很大。在线路全程上各个站点都有乘客上下车辆、流量和强度随时发生变化,会出现各种形式的不平衡。

(1)时间上的不平衡。一天中出现两个客运高峰,高峰时乘车主要是工作性乘客。一周中,每天的客流量不等。一年中每月的客流量不等,这就形成了在时间上运营生产存在着很大差异。

(2)方向上的不平衡。在同一条线路上、在同一时间内、两方向运送的乘客量是不同的,存在一定的差异。

(3)断面上的不平衡。在一条线路上、各个站上下车乘客和通过的乘客量是不同的、每站点之间也存在较大的差异。

5. 流动、分散、连续、多变

流动——城市公共交通的生产工具是车辆,它不是固定在点上进行工作而是流动的。

分散——指公共交通的职工为乘客提供劳务时,是以车、站为单位进行生产服务的,而且分布在各个角落、沟通着城乡之间和城区之间的交通联系。

连续——公共交通的生产有高度的连续性,车辆从发车到收车是连续作业,乘务人员在车上工作也必须是连续作业,一条线路在营业时间内要求各车辆进行服务时不得出现间断情况。

多变——指车辆行驶线路环境的变化较多,一是行车道路的变化多种多样,二是乘客数量也是随着各种情况变化而变化。三是天气、气候的变化。乘客的数量也是随着各种情况变化而变化。

二、公共交通企业的基本任务

公共交通企业的基本任务是:“以运营服务为中心,组织和经营城市交通。为城市经济活动,为社会发展,为城市人民劳动和生产服务。为城市提供迅速、方便、安全、准点、舒适的服务方式,最大限度地节省乘客出行时间。”

1. 迅速

这是公共交通客运服务为乘客节省时间的首要问题。广大人民群众把节省的时间用到休息娱乐和学习中去,投入到创造更多的物质财富和精神财富的劳动中去。

迅速的内容主要有:出行乘车的全程时间要短,步行时间要少,行车间隔要短;候车时间要少;车容量要大车来能迅速上下。

2. 方便

公共交通要适应各种不同目的的乘客需要使人们乐于乘坐。乘坐的内容有:线网布设合理、线网密度高、转换车次少、设站合理、转便。要有不同功能的线路适应工作性、生活性、文化性乘车的需要。

3. 安全

行车必须安全。安全行车不仅使企业减少物质与资金的损失,更重要的是有利于城市环境的管理,保障人民的生命、财产与社会经济的安全,给国家减少损失。

在公共交通运行中交通事故、伤人事故是比较频繁的,甚至有时乘客在车站等车、上下车时由于站台秩序混乱也有发生死伤事故的。必须从多方面抓好安全行车,只有在安全的基础上,才能有稳定的运营秩序。

4. 准点

人们乘坐公共交通车辆都有一定的目的性,乘客希望按照自己预定的时间到达目的地、所以准点是衡量公交企业服务工作成效的标志之一。

要努力做到:按规定的时间准点发车、运行中车距要均匀,准时到达终点。站牌、路牌等标志要齐全正确、乘务员要积极疏导乘客,耐心解答询问,减少中途各站乘客上下车占用的时间,驾驶员应按操作技术要求平稳行车。

5. 舒适

随着两个文明的建设发展、科学技术的进步,人民生活和道德水准的提高将日益显示出它的重要性。

公共交通给予人们的舒适:一是从精神上给乘客以舒适、愉快的感受;二是从乘从工具和各种服务设施上给乘客提供舒适的条件。两者相辅相成,缺一不可。

第一方面是服务态度上做到亲切、和蔼、耐心、周到礼貌待客、售票员做到"三勤、四报、五照顾"行车平稳,乘车不太拥挤,给予乘客精神上的舒适乘车条件。

第二方面是车辆技术性能好、车厢卫生通风条件好、座椅舒适、车门宽敞上下车方便、首末终点站及中途各站候车站台的设置等,则需要我们公共交通企业尽可能创造条件,逐步地为乘客提供舒适的乘车条件。

第二节　城市公交安全影响因素分析

要探索交通事故的规律和发展趋势,首先要研究分析交通安全的相关因素。城市公交安全的因素分析,是公交安全管理的基础与依据,是公交企业安全管理的关键。城市公交系统是社会中的一个子系统,它是由人、车、路和交通环境四个基本要素组成。人是道路交通参与者;车是道路交通工具;路是公共交通载体。城市公交的任务和目的就是在社会其他系统的共同作用下完成客流的流动。在完成客流运输的同时,它会产生一定的负面效应,交通事故就是其中的一个重要方面。

宏观公交安全的影响因素包括内部和外部两个方面。内部因素包括人、车、路和交通环境因素;外部因素即社会环境因素。

(一)人的因素

在交通系统四要素中,人是最活跃的因素,也是导致交通事故的最主要的因素。人既是交通事故的肇事者,又是交通事故的受害者,同时,人是交通安全中的一个能动因素,所以人是交通安全的主体,人对交通安全事故形成的影响主要表现在如下三个方面:

(1)自身的生理、心理状况等能否符合交通安全的要求;

(2)自身行走、操作、行驶等行为是否违章肇事;

(3)对他人的交通行为及道路变化、气候变化、车况变化观察程度及措施妥当程度。

1.公交车驾驶员因素

在不考虑驾驶技术与公交车辆机械故障的前提下,公交车驾驶员在驾驶行为中的主要工作量是处理道路交通环境信息,然后转化为指导公交车驾驶行为有效信息的工作负荷量。信息负荷量对于公交车驾驶效果有着至关重要的影响,驾驶信息与道路信息的关系将直接决定驾驶行为的准确性与连续性,继而决定驾驶行为中潜在的安全性。

2.非机动车驾驶员、行人、乘车人因素

在人的原因中,除了公交车驾驶员外,非机动车驾驶员、行人和乘车人在交通事故中也是不可忽略的因素。非机动车(自行车)肇事的主要原因有醉酒驾车、违章装载、突然猛拐、逆向行驶、抢道行驶、违章占道等:行人和乘车人肇事的主要原因是违章穿越车行道、违章拦车、扒车和违章跳车等。

我国城市道路交通的显著特点是混合交通严重,特别是公交站点一般都会占用部分非机动车道,这样在公交站点就形成拥堵,在这种情况下,自行车交通这种不太安全的交通工具,以其自身的灵活性,就可能采取冒险行为,甚至酿成交通事故。对车内乘客而言,主要是在上下车时,特别是在车未停稳时由于车内拥挤和抢位所产生的交通事故。行人以及自行车交通者通常被称为车外交通参与者,又都是无防护的交通参与者,在道路交通事故中最易受到伤害,受到伤害后也最易形成死亡或重伤,是交通弱势群体,因此在交通法规中对其尽可能是采取保护态度。但另一方面,造成交通事故的原因中,归根结底是由于他们的违规行为造成的,在城市交通中,交通管理部门对其处罚较机动车驾驶员轻,甚至不处罚。正是由于这种较弱的约束机制,使这一交通弱势群体在交通参与活动中随意性增大,造成不必要的交通事故。因此需加强对其的安全教育,并加大惩治力度,同时采取积极有效的管理措施。

(二)车的因素

公交车是公共交通的主要载运工具。车辆技术性能的好坏,是影响道路公交安全的重要因素。虽然由车辆技术性能不良引起的交通事故比例并不大,但这类交通事故一旦发生,其后果一般都是比较严重的。在由公交车辆故障引发的公交事故中,制动问题占主导,尤其制动不良是交通事故的主要原因。经分析发现机动车较高的肇事比例,是因为我国部分国产公交车操纵稳定性差、发动机长时间高负荷运转、油电线路不良等原因导致了车辆出现制动不良、制动失效及转向失控等机械故障,从而引发交通事故。此外,我国对行驶的公交车安全技术性能检验力度不够,措施不当,防范不严等原因,致使部分带病车辆在行驶中存在严重的交通事故隐患。因此,作为公交车驾驶员,应定期检查汽车的安全性能,对于潜在的危险应及时维修排除,做到定期检查,定期维护,确保车辆安全上路。

道路因素造成行车事故主要表现在交通混乱,交通控制设施不完善等。保证车辆的行车安全,人是公交安全影响的主要因素。做好营运安全管理工作,必须依靠驾驶员的主观努力,充分发挥驾驶员的积极性和主观能动性。同时,要求营运安全管理部门对各类行车事故的特征、原因进行综合研究分析,找出发生事故的规律。针对人、车、路、环境、管理等方面存在的问题,采取相应措施,进行综合整治。建立一整套系统的营运安全管理制度、规定和标准,努力实现营运安全工作的制度化、规范化和科学化管理。

第六章　安全管理概述

公共交通作为一种能够适应可持续发展的城市交通模式,必须为城市居民提供安全、快捷、舒适的出行条件。大力优先发展公共交通,其前提是保障公交车辆运行的安全性,为此,采取有效的措施预防公交事故的发生是公交运营首先要考虑的问题。在我国城市人口密集度较大、道路资源十分有限的情况下,优先发展城市公共交通是解决城市交通问题的最有效途径之一。近年来,各大城市都出台了一系列鼓励公共交通发展的政策,提倡公交优先,公交客运分担率在城市各种交通方式中所占比例不断提高,城市居民的生活也越来越离不开公共交通。但是,目前很多城市中公交车辆的安全性还存在诸多问题,公交车运营中普遍存在着一些操作、管理上的不足,导致公交车辆事故发生率上升,特别是进入 21 世纪以来,有中国特色的城市交通问题日益严重,混合交通成分复杂,机动车、非机动车、行人混杂,车辆行驶时互相干扰,再加之交通设施不完善,交通法规不健全,造成秩序混乱,公交事故不断增多,城市公交车运行质量面临着巨大的挑战,既影响了居民出行的安全性和道路交通的畅通,也违背了"以人为本"的交通理念,不利于城市交通的可持续发展。因此,加强城市公交安全管理的工作迫在眉睫。

第一节　企业资质管理

一、城市公共汽车客运企业经营模式

国家对城市公共交通线路实行经营许可制度,城市公共交通客运主管部门按照《行政许可法》及有关市政公用事业特许经营管理的规定,依法确定城市公共汽电车经营者。

对新开辟的线路、经营期限届满需要重新确定经营者的线路或者在经营期限内需要重新确定经营者的线路,城市人民政府公共交通主管部门应当与经营者签订线路经营协议,并核发线路经营许可证。

现阶段我国尚未建立规范完善的公交市场准入退出机制,对于具备何种资质才能从事客运交通服务,如何将服务质量考核与线路经营权挂钩,企业如何有效整合并有序退出等均缺乏明确的标准规范和量化考核指标,一定程度上影响了公交客运市场的有序发展和经营活力。

二、城市公共汽车客运企业应具备的资质与条件

公共交通客运企业应当依法取得线路经营许可证,并具备下列条件方可从事经营:

(1)有独立的法人资格;

(2)有符合线路经营要求的运营车辆、场站设施、运营资金;

(3)有合理、可行的线路经营方案;

(4)有与经营业务相适应并取得驾驶员客运服务资格证的驾驶员；

(5)有健全的客运服务、行车安全等方面的运营管理制度。

驾驶人员应当具备下列条件，并依法取得城市人民政府公共交通主管部门核发的驾驶员客运服务资格证后，方可从事公共交通驾驶活动：

(1)年龄不超过60周岁，身体健康，无职业禁忌症；

(2)取得相应的机动车驾驶证，并且3年内未发生重大以上交通事故；

(3)经城市人民政府公共交通主管部门考核合格。

城市人民政府公共交通主管部门对被吊销驾驶员客运服务资格证的驾驶员，自吊销之日起5年内，不得核发驾驶员客运服务资格证。

售票员、调度员需经培训考核合格后，方可上岗。

第二节 安全管理机构与目标

安全管理机构是企业中专门负责安全生产监督管理的内设机构，其工作人员都是专职安全生产管理人员。安全生产管理机构的作用是落实国家有关安全生产的法律法规，组织生产经营单位内部进行各种安全检查活动，负责日常安全检查，及时整改各种事故隐患，监督安全生产责任制的落实等。它是企业安全生产的重要组织保证。

一、安全管理机构

安全生产管理机构的设置和专、兼职安全生产管理人员的配备，是根据生产经营单位的危险性、规模大小等因素来确定的。根据《安全生产法》第十九条规定，公共汽车企业安全生产管理机构的设置应满足如下要求：

(1)从业人员超过300人的公共汽车企业，依据企业情况设置安全生产管理机构，必须配备专职安全生产管理人员。

(2)从业人员在300人以下的公共汽车企业，可以不设置安全生产管理机构，但必须配备专职安全生产管理人员，或者委托具有国家规定的相关专业技术资格的工程技术人员提供安全生产管理服务。

二、安全管理目标

安全生产目标管理在安全管理方面的应用，它是指企业内部各个部门以至每个职工，从上到下围绕企业安全生产的总目标，层层展开各自的目标，确定行动方针，安排安全工作进度，制定实施有效组织措施，并对安全成果严格考核的一种管理制度。安全目标管理是参与管理的一种形式，是根据企业安全工作目标来控制企业安全生产的一种民主的科学有效的管理方法，是我国施工企业实行安全管理的一项重要内容。

1.安全目标管理的步骤

安全目标管理的实施过程可分为四个阶段：安全管理目标的制定、建立安全目标体系、安全管理目标的实施、目标的评价与考核。

2.安全管理目标的制定原则

安全管理目标是实现企业安全化的行动指南。目标管理师以各类事故及其资料为依据的一项长远管理方法，是以现代化管理为基础理论的一门综合管理技术，必须围绕施工企业生产经营目标和上级对安全生产的要求，结合施工生产的经营特点，作科学地分析，按如下原则制定安全目标：

(1)突出重点，分清主次，不能平均分配、面面俱到。安全目标应突出重大事故，负伤频率，施工环境标准合格率等方面指标，如对惯性事故及频发事故应作为重点管理。同时注意次要目标对重点目标的有效配合。

(2)安全目标具有先进行。即目标的适用性和挑战性。也就是说制定的目标一般略高于实施者的能力和水平，使之经过努力可以完成，应是“挑一挑，够得到”，但不能高不可攀，令人望目标兴叹，也不能低而不费力，容易达到。

(3)安全管理目标的制定使目标的预期效果做到具体化、定量化、数据化。如负伤率比去年降低百分之几，以利于进行同期比较，易于检查和评价。

(4)目标要有综合性，又有实现的可能性。制定的企业安全管理目标，既要保证上级下达指标的完成，又要考虑企业各部门、各项目部及每个职工的承担目标能力，目标的高低要有针对性和实现的可能性，以利各部门、各项目部及每个职工都能接受，努力去完成。

(5)坚持安全目标与保证目标实现措施的统一性。为使目标管理具有科学性、针对性和有效性，在制定目标时必须有保证目标实现的措施，使措施为目标服务，以利目标的实现。

3. 建立安全目标管理体系

安全目标管理涉及企业各个部门、各项目部及各单位，是关系安全生产全局的大问题，为此应建立安全目标管理体系。

(1)安全目标体系：安全目标体系就是安全目标的网络化、细分化，是安全目标管理的核心。它按企业管理层次由总目标、分目标、子目标构成一个由上而下的目标体系。企业所需要达到的安全目标为总目标，各项目部(职能科室)为完成企业总目标而导出的分目标，施工队为完成项目分目标而提出子目标，班组和个人为完成施工队子目标提出孙目标。

(2)安全目标的内容有：安全管理水平提高目标，安全教育达到程度目标，伤亡事故控制目标，施工环境达标率提高目标，事故隐患整改完成率目标，现代化科学管理方法应用目标，安全标准化班组达标率目标，企业安全性评价目标，经理任职安全目标，各项安全工作目标。

(3)为实现企业安全生产总目标，应将总目标分解到各职能部门和项目部，做到横向到边，纵向到底，纵横交错，形成网络。横向到边就是把企业安全总目标分解到机关各职能部门；纵向到底就是把企业总目标由上到下按管理层次分解到项目部、施工作业队、班组知道每个职工，如图 6-1 所示，实现多层次安全目标体系。

4. 安全目标管理的实施

企业安全目标管理是一项长期任务，必须始终不渝地进行决策、实施、检查、整改、总结、提高的循环管理，实施目标管理要做到：

(1)要把企业的安全目标列为领导任期内目标，作为企业稳定生产秩序的既定方针。

(2)要赋予安全部门一定的职权，能保证对各职能部门实施安全目标监督检查的功能和作用。

(3)要求各职能部门对自身安全工作发挥主观能动作用，自觉地对安全管理工作进行密切的配合与协调。

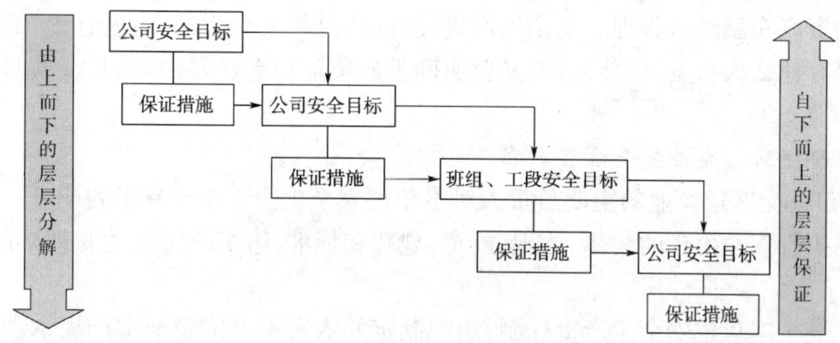

图6-1 安全生产目标

(4)要明确各级安全责任制,实行安全一票否决原则以保证措施的贯彻落实。

(5)要动员人人参与管理,要有每个人的责任目标,一级抓一级,层层落实共同保证安全目标的实施。

三、公交企业安全管理机构职责

公交企业安全管理机构一般负有以下职责:

(1)负责依据集团公司相关规定,制定安全管理规章制度和实施细则并监督落实。

(2)负责制定专业年度工作计划,实施日常监控和管理。

(3)负责分管专业指标的下达、分析和讲评,确定考核结果。

(4)负责安全行车过程检查监控,发现解决问题。

(5)负责交通安全事故、违法违纪行为的控制管理和考核。

(6)接受地区安委会和交通管理部门的专业指导,完成下达的安全指标。

(7)负责组织开展员工交通安全教育。

(8)负责制定专业管理人员和驾驶员培训计划并组织实施。

(9)负责"一般"及以上行车事故的现场调查、分析,协助指导车队做好善后处理。

(10)负责安全行车投诉的定性和考核。

(11)负责协同技术部门保障运营车辆安全系统完好。

(12)负责重大活动用车和包专车的安全管理。

(13)负责事故统计,事故费管理和保险理赔。

(14)负责制定重大节日、重要活动和特殊情况的安全保障措施及应急预案。

(15)负责专业管理文件、记录的整理、修订、归档。

第三节 安全生产责任制管理

安全责任包含两方面意义。一是指分内应做的安全工作,恪尽岗位职守;二是指没有做好自己的安全工作,而应承担的不利后果或强制性义务。城市公交客运企业各级领导及员工的安全责任通常通过本单位安全生产责任制的形式予以明确。

一般较大城市的公交集团下有若干的客运分公司,客运分公司是集团公司下属的运营生产经营管理单位,根据运营生产、经营管理需要设置若干部室和运营车队,对所辖线路及授权使用的资产实施经营管理。安全生产责任制应根据“安全生产,人人有责”的精神制定。其内容既要有什么人负责,负什么责,又要明确怎样负责。责任要横向到边,纵向到底,不留空白和死角。

1. 城市公交客运企业安全责任内容

(1)城市公交客运企业的主要负责人对本单位安全生产工作负有下列职责:

①严格执行安全生产的法律、法规、规章、规范和标准,组织落实相关管理部门的工作部署和要求;

②建立健全本单位安全生产责任制,组织制定并落实本单位安全生产规章制度、客运驾驶人和车辆安全生产管理办法,落实安全生产操作规程;

③依法建立适应安全生产工作需要的安全生产管理机构,确定符合条件的分管安全生产的负责人、技术负责人,配备专职安全管理人员;

④按规定足额提取安全生产专项资金,保证本单位安全生产投入的有效实施;

⑤督促、检查本单位安全生产工作,及时消除生产安全事故隐患;

⑥组织开展本单位的安全生产教育培训工作;

⑦组织开展安全生产标准化建设;

⑧组织制定并实施本单位的生产安全事故应急救援预案,建立应急救援组织,开展应急救援演练;

⑨定期组织分析企业安全生产形势,研究解决重大问题;

⑩按相关规定及时、如实报告客运安全事故,严格按照“事故原因不查清不放过、事故责任者得不到处理不放过、整改措施不落实不放过、教训不吸取不放过”原则,严肃处理事故责任人,落实生产安全事故处理的有关工作;实行安全生产目标管理,定期公布本单位安全生产情况,认真听取和积极采纳工会、职工关于安全生产的合理化建议和要求。

(2)城市公交客运企业的安全生产管理机构负责人及安全管理人员,负有下列职责:

①监督执行安全生产法律、法规和标准,参与企业安全生产决策;

②制定本单位安全生产规章制度、驾驶人和车辆安全生产管理办法、操作规程和相关技术规范,明确各部门、各岗位的安全生产职责,督促贯彻执行;

③制定本单位安全生产年度管理目标和安全生产管理工作计划,组织实施考核工作,参与本单位安全生产事故应急预案的制定和演练,参与企业营运车辆的选型和驾驶人员的招聘等安全运营工作;

④制定本单位安全生产经费投入计划和安全技术措施计划,组织实施或监督相关部门实施;

⑤组织开展本单位的安全生产检查,对检查出的安全隐患及其他安全问题应当督促相关部门立即处理,情况严重的,责令停止生产活动,并立即上报。对相关管理部门抄告、通报的车辆和驾驶人交通违法行为,进行及时处理;

⑥组织实施本单位安全生产宣传、教育和培训,总结和推广安全生产工作的先进经验;

⑦发生生产安全事故时,按照《生产安全事故报告和调查处理条例》等有关规定,及时报告相关部门;组织或者参与本单位生产安全事故的调查处理,承担生产安全事故统计和分析工作;

⑧其他安全生产管理工作。

(3)城市公交客运企业的班组长、队长,负有下列职责:

①负责本班组或本队的安全生产工作,是安全生产法律、法规和规章制度的直接执行者;

②贯彻执行本单位对安全生产的规定和要求,督促本班组、车队的工作人员遵守有关安全生产规章制度和安全操作规程;

③切实做到不违章指挥,不违章作业,遵守劳动纪律。

(4)城市公交客运企业其他人员,负有下列职责:

①各级技术人员、职能科室和生产一线人员,在各自的职责范围内对安全工作负相应的责任;

②贯彻国家的安全法律法规、执行企业、部门和本室的各项规章制度;

③协助上级开展各项安全活动和安全宣传工作,对安全工作提出合理化建议;

④正确佩戴和使用劳动防护用品和消防器材;

⑤切实做到不违章作业,遵守劳动纪律。

2. 各岗位人员的具体安全职责

1)企业领导的安全职责

(1)企业的主要负责人,即经理、厂长对本单位安全生产工作负有下列职责:

①建立健全本单位安全生产责任制;

②组织制定本单位安全生产规章制度和操作规程;

③保证本单位安全生产投入的有效实施;

④督促、检查本单位的安全生产工作,及时消除生产安全事故隐患;

⑤组织制定并实施本单位的生产安全事故应急救援预案;

⑥及时、如实地报告生产安全事故。

(2)副经理、副厂长在各自分管的业务范围内,对实现安全生产负责。

(3)主管安全工作的副经理、副厂长,直接领导安全部门的工作,及时研究解决或审批有关安全生产的重大问题。协助经理、厂长组织制定、修订安全生产规章制度和编制安全技术措施计划,并认真组织实施;组织全场安全大检查,落实重大隐患的整改;组织开展各类安全生产竞赛活动,总结推广先进经验,奖励先进单位和个人;组织全厂的安全教育和考核工作;按规定组织事故调查和上报;定期召开安全生产委员会会议,分析企业安全生产动态,及时解决安全生产中出现的问题。

2)总工程师的安全职责

总工程师对企业生产中的安全技术问题全面负责,包括:组织开展安全技术研究,采用先进技术和安全防护装置,研究、落实开展安全技术研究,采用先进技术和安全防护装置,研究落实重大隐患整改方案;按“三同时”原则,组织新、改、扩建项目及技术改造项目的设计、施工和投产;审查安全技术规程和安全技术措施项目;负责尘毒等有害物质治理方案的规划;参加事故调查处理,采取有效措施,防止事故重演。

3)分公司经理、车间主任的安全职责

分公司经理对本单位安全生产全面负责,包括贯彻执行国家法规及企业的规章制度。

组织制定分公司安全管理规定、安全操作规程和安全技术措施计划;组织对新工人进行安全教育和班组安全教育,对职工进行经常性的安全教育,定期考核;组织安全活动;组织定期进行安全检查,发现隐患,及时整改;严格执行劳保用品、保健食品、清凉饮料管理制度;对发生的事故及时报告和处理,注意保护现场,查清原因,坚持"四不放过"的原则进行严肃处理;配备合格的安全管理人员,支持安全员的工作,发挥安全员的作用。

4)班组长的安全职责

组织职工学习、贯彻执行各项安全生产规章制度,教育职工遵章守纪,制止违章行为;组织职工参加"安全日""安全周""安全月"和安全生产竞赛等活动,表彰先进,推广经验;组织新工人上岗安全教育;组织安全检查,发现隐患,及时消除,并报告上级;发生事故立即报告,组织抢救,保护现场,做好记录,参加和协助调查,落实防范措施。

5)车间安全员的安全职责

负责本车间的安全技术工作,协助车间主任贯彻执行安全生产各项规章制度和上级指示,并监督检查执行情况;参与车间制定、修订有关安全生产规章制度;负责编制车间安全措施计划,并检查执行情况搞好本车间的安全教育和考核工作;安排好本车间各项安全活动,经常组织反事故演习;参加车间改、扩建项目的设计审查、竣工验收和设备改造、工艺变动方案的审查;检查落实动火制度,确保动火安全;每天深入现场检查,及时发现隐患,制止违章作业;负责车间安全设施、防护器材、灭火器材和事故隐患管理。掌握尘毒情况,提出改进意见和建议;参加车间各类事故的调查和处理,做好统计分析和上报工作,协助领导落实各项安全措施;对班组安全员实行业务指导。

6)工人的安全职责

认真学习和严格遵守各项安全规章制度、劳动纪律、不违章作业,劝阻并制止他人违章作业;精心操作,做好各项记录;按时、认真地进行安全检查,发现异常及时处理和报告,严格保护现场,做好记录;加强设备维护,保持作业现场整洁;严格规定着装;妥善保管,正确使用各种防护用品和消防器材;积极参加各种安全活动;有权拒绝违章作业的指令。

7)安全技术管理部门的安全职责

认真贯彻执行国家安全生产方针、政策、法令、指示和标准,在主管经理、厂长领导下负责本企业的安全工作;负责新工人入厂三级教育、职工全员教育、特殊工种人员教育、复工教育、中层干部教育、班组长教育、外来人员教育等多种安全教育,并进行考核,搞好安全生产教育展示,组织开展安全月、安全周、安全日和安全知识竞赛等活动;组织制定、修订本企业安全生产规章制度;组织汇总、编制安全技术措施计划,提出技术措施方案,并监督执行情况;组织全厂性安全大检查,对查出的事故隐患,协助和督促有关部门落实整改措施;对新、改、扩建项目及设备更新改造项目坚持并参加设计"三同时"审查验收工作,使其符合安全要求;负责本企业锅炉、压力容器等特种设备的安全监督检查工作,经常进行现场检查,督促并协助解决有关安全问题;纠正违章指挥、违章作业;遇有危及安全生产的紧急情况,令他其停止工作或生产,并立即报告有关领导处理;负责动火作业审批,监督检查日常用火管理制度的执行情况;负责各类事故的汇总,统计、上报工作,并建立健全事故档案,主管人身伤亡、天灾爆炸事故的调查处理,参加重伤及其以上事故调查处理和工伤鉴定工作;按照国家规定制定职工安全生产用品、保健食品、清凉饮料的发放标准,并督促有关部门按规定及时发放、合理使用;会同工会开展安全生产知识竞赛活动,总结交流安全生产先进经验;积极组织安全技术科研活动,推广应用先进的安全技术和管理方法;建立健全安全管理组织,指导基层安全员工作;对在安全生产中有贡献者和事故责任者,提出奖惩意见;协助财务部门按国家规定划拨安全技术措施经费,审批各类事故处理费用,了解和掌握本企业年度安全费用支出情况,包括各类事故处理费、劳动用品费、保健费、安全技术措施费、安全宣传教育费、安全检测费。

8)人事教育部门的安全职责

对新入厂人员及时组织安排安全知识教育,经考核合格后方可分配到车间;组织对职工安全技术教育和特殊工种的培训、考核工作;负责对职工加强遵章守纪和检查;严格控制加班加点,贯彻工时、休假制度;参加重大事故调查,办理事故责任者的惩处手续,参加工伤鉴定工作;把安全工作纳入职工晋级和奖励考核的内容之一;做好新工人的体检工作;根据职业禁忌症的要求,做好新、老工人工种分配和调查,认真执行有害工种定期轮换岗位的规定;在办理外包和外来职员工程协议书时,应有安全生产费用和安全工作要求的条文,并会同有关部门监督执行。

9)企业其他职能部门和人员的安全职责

其他一切职能部门和人员都有对各自业务范围内的安全生产负责的职责,都应当积极支持、配合有关部门生产工人搞好企业安全生产。

第四节 安全生产管理制度

安全生产管理制度是保证城市客运企业生产安全而制定的一系列管理制度和行为规范的总称,是关系城市客运安全营运保障,其内容包括本单位的安全生产责任制,本单位的安全生产操作规程,本单位的安全生产监督检查制度,本单位的安全生产投入有效实施的制度,本单位的设施、设备管理制度等。

健全的安全生产操作规程和安全管理制度应符合法律、法规、规章和国家标准、行业标准以及规范规范性文件的要求,能够预防和防止发生事故。公交运营企业均应建立符合各自企业特点的安全生产管理制度,具体应包括:安全生产检查制度、安全生产教育制度、安全管理例会制度、设备、设施安全管理制度、特种工种持证上岗制度、隐患排查整改制度、安全生产专项资金使用制度、工伤保险与职业病防护制度、安全事故报告和责任追究制度、劳保用品管理制度。各单位根据自身特点,自行制定符合自身特点的安全管理制度,不限于以下管理制度。

一、安全例会制度

城市公交客运企业应当定期召开安全生产工作会议和例会,分析安全形势,安排各项安全生产工作,研究解决安全生产中的重大问题。安全工作会议至少每季度召开一次,安全例会至少每月召开一次,驾驶员安全会议原则上每周一次,每月不少于两次。遇有特殊情况或发生重特大事故,应随时召开有关会议。

安全工作例会的主要内容是传达、学习有关安全管理工作的文件、指示,总结本单位近期内行车安全工作的经验教训,制定措施,布置开展安全活动。

驾驶员安全会议应每周开展一次,主要内容包括传达、学习有关行车安全的法规、文件;总结、交流安全行车经验,分析安全生产形势,针对行车安全中存在的问题提出防范措施。

安全会议应当建立会议记录,会议记录应建档保存,保存期不少于3年。

二、文件和档案管理制度

档案是组织或个人在以往的社会实践中直接形成的清晰的、确定的、具有完整记录作用的固化信息,是实现历史真实面貌的原始文献。档案来源于文件,文件是一切由文字、图表、声像等形式形成的各种材料,是档案的基础和素材。档案的形式多种多样,从目前的载体来看,有纸质、磁盘、光盘等;从表现方式来看,有文字、图表、声像等。

城市公交客运企业建立的安全生产基础档案主要包括以下内容:

(1)安全生产领导机构和管理机构基础档案:安全生产领导机构和管理机构成立、相关负责人的任命和职责、安全管理人员的配备等文件;企业安全生产方针、目标和工作计划;安全生产目标责任书;安全管理人员登记表及相关证件复印件等。

(2)安全管理制度、操作规程以及应急预案等档案:发布管理制度、操作规程以及应急预案等的文件;安全管理制度、操作规程以及应急预案等文件;国家法律法规、各级政府管理部门的文件等。

(3)安全检查档案:开展安全检查的文件、检查方案和计划、检查记录和检查报告。

(4)安全隐患排查与治理档案:安全隐患排查方案与计划;安全隐患统计;安全隐患治理方案、效果评估报告等。

(5)安全生产事故档案:事故起因、经过、损失等事故描述材料;事故相关方材料;事故责任认定材料;事故伤亡理赔及处理相关材料等。

(6)安全生产基础投入台账:安全生产专项资金的使用台账;安全生产设施设备等固定资产台账等。

(7)应急救援档案:突发事件的描述;应急救援方案措施;应急救援投入及效果等情况的资料。

(8)安全文化建设档案。

(9)安全生产会议、例会资料等。

(10)其他档案资料。

城市公交客运企业建立的安全生产基础台账,应能清晰、确定、完整地记录企业安全生产及相关活动的信息,能再现企业安全生产的真实面貌。为了保障企业安全生产资料基础档案建档的完整性和及时性,客运企业应建立安全生产基础档案制度,制度应包括:建档的内容及档案的移交、整理、归档、分类编目、档案室的管理、档案借阅、保存期、销毁处理、保密等活动。各类档案存档时,应办理交接手续,填写归档交接单,交接双方签字等。

三、安全生产费用提取和使用管理制度

安全生产费用(以下简称安全费用)是指企业按照规定标准提取在成本中列支,专门用于完善和改进企业或者项目安全生产条件的资金。企业应当建立健全内部安全费用管理制

度，明确安全费用提取和使用的程序、职责及权限，按规定提取和使用安全费用。

四、设施、设备安全管理制度

设施、设备指成套的建筑或器材。城市公交客运企业的设施、设备包括运输车辆、辅助设备、消防、环保与应急设施设备、防护器材与设备、公交站（场）等基础设施。企业应当建立健全设施、设备安全管理制度，明确设施设备的购置（建设）、基础管理、使用与维护、操作人员教育与培训等各项要求。

五、安全生产培训和教育学习制度

城市公交客运企业应当建立安全生产培训和教育学习制度。重点对安全管理、驾驶、维修、乘务、车辆安全技术检查等人员进行以业务和技术为主要内容的安全教育和培训。

在安全培训教育上，对员工实行三级安全教育，即集团级、公司级，班组级安全教育制度，多元化培训的原则。

六、安全生产监督检查制度

安全生产监督检查是企业安全管理体系有效实施的保证。内部监督检查的主要任务是将企业各项安全生产工作纳入日常监督的范畴，通过一整套措施，系统地、有针对性地企业各部门的安全状况进行定期和不定期的监督，确保城市公交客运企业各项安全管理工作能持续有效地进行。安全生产监督检查制度应明确安全生产监督的目的、内容、形式、组织领导等。

1. 安全生产监督检查的目的

安全监督检查的目的是查隐患、堵漏洞、保安全。为了能及时发现些事故隐患，及时采取相应的措施消除这些事故隐患，从而保障生产安全进行。安全生产监督检查是安全生产管理的重要手段。

2. 安全生产监督检查的内容

（1）检查物的状况是否安全。检查生产设备、工具、安全设施、生产场所以及生产物料存储是否符合安全要求。

（2）检查人的行为是否安全。检查是否有违章指挥、违章操作，违反安全生产规章制度的行为。

（3）检查安全管理是否完善。检查安全生产规章制度是否建立健全，安全生产责任制是否落实，安全生产管理机构是否健全，安全生产目标和工作计划是否落实到各部门、各岗位，安全教育是否经常开展使职工安全素质得到提高。

3. 安全生产监督检查的形式

（1）一线岗位的日常检查。一线岗位员工每天操作前，对自己岗位进行自检，确认安全才操作，以检查物的状况是否安全为主。

（2）安全人员的日常巡查。安全员等专兼职安全管理人员每日、每班对现场巡视，检查安全生产状况。

（3）定期综合性安全监督检查。企业的综合性安全监督检查是以企业和部门、车队负责人为主，安全管理人员、职工代表参加组成检查组，按照事先制定的检查计划进行，以查各车队、各部门的安全生产工作开展情况，以查管理为主。

(4)专业性安全监督检查。有的检查内容专业技术性很强，需要由懂得这方面知识的专业技术人员进行，如锅炉、压力容器等特种设备的安全检查，电气设备的安全检查，消防设备的安全检查等。

(5)季节性安全监督检查。不同季节的气候条件会给安全营运带来一定的影响。季节性安全检查是检查防止不利气候因素导致事故的预防措施是否落实。

4. 安全生产监督检查的组织领导

安全监督检查要取得成效，不流于形式，不出现绌漏，必须做检查的组织领导工作，使检查工作制度化、规范化、系统化。

(1)要明确检查职责。要通过制度明确各项检查的责任人。比如，岗位日常检查工作可纳入岗位操作规程，由操作人员负责；安全人员日常巡查工作在安全人员岗位责任制中明确；专业安全检查的职责可按照“管生产必须管安全，谁主管谁负责”的原则，按设备设施的管辖确定检查职责。

(2)要有可行的检查方案。检查要有方案，具体规定检查的目的、对象、范围、项目、内容、时间和检查人员，这样才能保证检查工作高效有序进行、避免漏检。

(3)要做好跟踪验证。要做好整改和分析总结工作，整改中发现的问题要定出具体的整改意见(包括整改内容、期限和责任人)，并对整改结果进行复查和记录。

七、事故统计报告制度

做好城市公交客运企业事故统计报告工作，及时、准确、完整地反映企业的事故状况，为政府安全管理部门、行业管理部门、企业自身分析事故原因，总结经验教训，制定安全对策提供依据，有利于道路运输行业和企业内部的安全生产管理，防止事故的再次发生。城市公交客运企业事故报告，主要是行车事故统计报告。

1. 生产安全事故等级

根据生产安全事故(以下简称事故)造成的人员伤亡或者直接经济损失，事故一般分为以下等级：

(1)特别重大事故，是指造成30人以上死亡，或者100人以上重伤(包括急性工业中毒，下同)，或者1亿元以上直接经济损失的事故；

(2)重大事故，是指造成10人以上30人以下死亡，或者50人以上100人以下重伤，或者5000万元以上1亿元以下直接经济损失的事故；

(3)较大事故，是指造成3人以上10人以下死亡，或者10人以上50人以下重伤，或者1000万元以上5000万元以下直接经济损失的事故；

(4)一般事故，是指造成3人以下死亡，或者10人以下重伤，或者1000万元以下直接经济损失的事故。

2. 事故报告的程序

事故发生后，事故现场有关人员应当立即向本单位负责人报告；单位负责人接到报告后，应当于1小时内向事故发生地县级以上人民政府安全生产监督管理部门和负有安全生产监督管理职责的有关部门报告。

情况紧急时，事故现场有关人员可以直接向事故发生地县级以上人民政府安全生产监督管理部门和负有安全生产监督管理职责的有关部门报告。

道路运输行车事故发生后，驾驶员和乘务员必须采取措施抢救伤员，同时应迅速向事故发生地交通运输主管部门、所属单位、安监和消防等相关部门报告事故的车号、班次、时刻、地点、受损情况、救助要求、事故原因等，事故单位在接到报告后，立即向所属地的交通运输主管部门报告。

事故发生地和运输经营者所属地交通运输主管部门接到报告后，向上级交通运输主管部门报告。

3. 事故报告的内容

(1)事故发生单位概况；

(2)事故发生的时间、地点以及事故现场情况；

(3)事故的简要经过；

(4)事故已经造成或者可能造成的伤亡人数(包括下落不明的人数)和初步估计的直接经济损失；

(5)已经采取的措施；

(6)其他应当报告的情况。

八、安全生产事故统计报告制度

在一定时限内进行安全生产事故统计和分析，一方面可以对安全生产工作作出全面、准确的评价，找出事故发生的规律，同时可以发现生产过程中的薄弱环，便于作出正确决策和采取有效改进措施。统计分析应遵循以下原则：

(1)建立健全责任明确、运转有序的工作机制；

(2)明确统计工作要求；

(3)作好相关资料的收集；

(4)加强统计资料的整理；

(5)逐步建立健全伤亡事故数据库；

(6)强化分析，切实发挥事故统计工作的导向作用。

九、安全生产奖惩制度

安全生产奖惩制度是企业进行安全管理有效的必要的手段之一，既关乎从业者个人的利益，又与企业自身利益和发展紧密相连，建立科学完善的安全生产奖惩制度是实现个人利益和企业利益有机结合有效途径，是为了调动广大员工搞好安全生产工作积极性，加强安全生产管理，落实安全管理责任的必然需求。

城市公交客运企业应建立的科学的奖惩制度，应确定奖惩原则，明确奖惩范围、类型、标准，做到奖惩分明，保障企业安全管理人员的合理权益，处罚相应的不安全行为。

奖励实行精神奖励和物质奖励相结合的原则。物质奖励可发给一次性奖金、奖品或晋级，精神奖励包括记功、授予荣誉称号等。惩罚根据“谁主管，谁负责；谁出问题，谁承担责任”的原则,对相关部门领导和责任者进行处罚。

企业安全奖惩制度的适用范围是企业内部所有部门和人员,企业安全生产领导机构和管理机构是制定、执行安全生产奖惩制度的部门。奖惩的依据是安全生产目标的完成情况,奖惩的标准根据企业自身的经济情况和安全生产目标情况制定。

根据违章情节的轻重程度,及时采以批评教育、书面检查、通报、停工学习、经济处罚、行政处罚等办法予以处罚。

安全奖惩应采用一票否决制,企业各单位、个人,未完成给定的安全生产目标的,取消一切评优资格;企业各项决策中,也应实行“安全一票否决”,当经济利益与安全问题相冲突时,要把安全放在第一位。

第五节　安全教育培训管理

一、安全教育的基本要求

安全教育培训工作是贯彻“安全第一、预防为主、综合治理”的安全生产方针,实现安全生产和文明生产,提高员工安全意思和安全素质,防止产生不安全行为,减少人为失误的重要途径。进行安全生产教育,首先要提高生产经营单位管理者及员工的安全生产责任感和自觉性,认真学习有关安全生产的法律、法规和安全生产基本知识;其次是普及和提高员工的安全技术知识,增强安全操作技能,强化安全意思,从而保护自己和他人的安全与健康。

《安全生产法》对安全生产教育培训作出了明确规定:

第二十条规定:生产经营单位的主要负责人和安全生产管理人员必须具备与本单位所从事的生产经营活动相应的安全生产知识和管理能力。

第二十一条规定:生产经营单位应当对从业人员进行安全生产教育和培训,保证从业人员具备必要的安全生产知识,熟悉有关的安全生产规章制度和安全操作规程,掌握本岗位的安全操作技能。未经安全生产教育和培训合格的从业人员,不得上岗作业。

第二十二条规定:生产经营单位采用新工艺、新技术、新材料或者使用新设备,必须了解、掌握其安全技术特性,采取有效的安全防护措施,并对从业人员进行专门的安全生产教育和培训。

第三十六条规定:生产经营单位应当教育和督促从业人员严格执行本单位的安全生产规章制度和安全操作规程;并向从业人员如实告知作业场所和工作岗位存在的危险因素、防范措施以及事故应急措施。

第五十条规定:从业人员应当接受安全生产教育和培训,掌握本职工作所需的安全生产知识,提高安全生产技能,增强事故预防和应急处理能力。

为了贯彻落实《安全生产法》,国家安全生产监督管理总局先后发布多个文件,如 2006 年国家安监总局令第 3 号发布了《生产经营单位安全培训规定》,2011 年国家安监总局令第 44 号发布了《安全生产培训管理办法》等,对各类人员的安全培训内容、培训时间、考核等作出了具体规定。

二、安全生产教育培训对象和内容

(一)对企业主要负责人的教育培训

1. 基本要求

公交企业主要负责人应按照国家有关规定进行安全生产培训,经培训单位考核合格并取得安全培训合格证后方可任职,且任职后每年都应进行安全生产再培训。

2. 培训内容

(1)国家安全生产方针、政策和有关安全生产的法律、法规、规章及标准;

(2)安全生产管理基本知识、安全生产技术、安全生产专业知识;

(3)重大危险源管理、重大事故防范、应急管理和救援组织以及事故调查处理的有关规定;

(4)职业危害及其预防措施;

(5)国内外先进的安全生产管理经验;

(6)典型事故和应急救援案例分析;

(7)其他需要培训的内容。

3. 培训时间

公共汽车企业主要负责人安全生产管理培训时间不得少于 32 学时;每年再培训时间不得少于 12 学时。

4. 再培训内容

再培训的主要内容是新知识、新技术和新本领,包括:

(1)有关安全生产的法律、法规、规章、规程、标准和政策;

(2)安全生产的新技术、新知识;

(3)安全生产管理经验;

(4)典型事故案例。

(二)对企业安全生产管理人员的教育培训

1. 基本要求

公共汽车企业安全生产管理人员必须按照国家有关规定进行安全生产培训,经培训合格后并取得安全资格证书后方可任职。且任职后,每年必须进行安全生产再培训。

2. 培训内容

(1)国家安全生产方针、政策和有关安全生产的法律、法规、规章及标准;

(2)安全生产管理、安全生产技术、职业卫生等知识;

(3)伤亡事故统计、报告及职业危害的调查处理方法;

(4)应急管理、应急预案编制以及应急处置的内容和要求;

(5)国内外先进的安全生产管理经验;

(6)典型事故和应急救援案例分析;

(7)其他需要培训的内容。

3. 培训时间

公共企业安全生产管理人员培训时间不得少于 32 学时;每年再培训时间不得少于 12

学时。

4. 再培训内容

再培训的主要内容是新知识、新技术和新本领，包括：

(1)有关安全生产的法律、法规、规章、规程、标准和政策；

(2)安全生产的新技术、新知识；

(3)安全生产管理经验；

(4)典型事故案例。

(三)对企业其他从业人员的教育培训

企业对其他从业人员是指除主要负责人和安全生产管理人员以外，该企业从事生产经营活动的所有人员，包括其他负责人、管理人员、技术人员和各岗位的工人(主要指驾驶员)，以及临时聘用的人员。

新从业人员应接受必要的安全知识教育培训，未经培训或培训考核不合格的，不得上岗作业。教育培训学时可由企业根据具体情况确定，有相关规定的按照规定执行。

对与转岗或离岗一年以上重新上岗的员工，应进行安全生产教育培训，并考核合格。教育培训学时可由企业根据具体情况确定，有相关规定的按照规定执行。

企业采用新技术、新设备时，应对从业人员进行有针对性的安全生产教育培训。教育培训学时可由企业根据具体情况确定，有相关规定的按照规定执行。

所有的从业人员应每年进行安全生产再培训，再培训时间学时可由企业根据具体情况确定，有相关规定的按照规定执行。

企业应确立终身教育的观念和全员培训的目标，对在岗的从业人员应进行经常性的安全生产教育培训。其内容主要包括：安全生产新知识、新技术、安全生产法律法规，作业场所和工作岗位存在的危险因素、防范措施及事故应急措施、事故案例等。

第六节　安全生产投入

一、安全资金投入基本要求

保证必要的安全资金投入是实现城市公交客运企业安全生产的重要基础。《安全生产法》第十八条规定，生产经营单位应当具备安全生产条件所必需的资金投入。生产经营单位必须安全适当的资金，用于改善安全设施，进行安全教育培训，更新安全技术装备、器材、仪器、仪表以及其他安全生产设备设施，以保证生产经营单位达到法律、法规、标准规定的安全生产条件，并对由于安全生产所必需的资金投入不足导致的后果承担责任。《企业安全生产费用提取和使用管理办法》第九条规定，交通运输企业以上年度实际营业收入为计提依据，按照1.5%平均逐月提取。

安全生产投入资金具体由谁来保证，应根据企业的性质而定。一般来说，股份制企业、合资企业等安全生产投入资金由董事会予以保证；一般国有企业由厂长或者经理予以保证；个体工商户等个体经济组织由投资人予以保证。上述保证人承担由于安全生产所必需的资金投入不足而导致事故后果的法律责任。

企业安全资金投入是一项长期性的工作，安全生产设施的投入必须有一个治本的总体规划，有计划、有步骤、有重点地进行，要克服盲目无序投入的现象。因此，企业切实加强安全资金投入的管理，要制定安全生产费用提取和使用计划，并纳入企业全面预算。

二、安全资金投入的使用范围

城市公交客运企业安全资金投入主要用于以下方面：

（1）完善、改造和维护安全防护设施设备支出（不含“三同时”要求初期投入的安全设施），包括设施设备和车辆安全状况检测及维护系统、附属安全设备等支出；

（2）购置、安装和使用具有行驶记录功能的车辆卫星定位装置、导航定位和自动识别系统、电子海图等支出；

（3）配备、维护应急救援器材、设备支出和应急演练支出；

（4）开展重大危险源和事故隐患评估、监控和整改支出；

（5）安全生产检查、评价（不包括新建、改建、扩建项目安全评价）、咨询和标准化建设支出；

（6）配备和更新现场作业人员安全防护用品支出；

（7）安全生产宣传、教育、培训支出；

（8）安全生产适用的新技术、新标准、新工艺、新装备的推广应用支出；

（9）安全设施及特种设备检测检验支出；

（10）其他与安全生产直接相关的支出。

三、违反行为行政处罚

国家安全生产监督管理总局发布的《安全生产违法行为行政处罚办法》（国家安全生产监督管理总局令第 15 号）对安全生产投入的行政处罚作出了明确规定：生产经营单位的决策机构、主要负责人、个人经营的投资人（包括实际控制人，下同）未依法保证下列安全生产所必需的资金投入，致使生产经营单位不具备安全生产条件的，责令限期改正，提供必需的资金，并可以对生产经营单位处 1 万元以上 3 万元以下罚款，对生产经营单位的主要负责人、个人经营的投资人处 5 千元以上 1 万元以下罚款；逾期未改正的，责令生产经营单位停产停业整顿：

（1）未按规定缴存和使用安全生产风险抵押金的；

（2）未按规定足额提取和使用安全生产费用的；

（3）国家规定的其他安全生产所必需的资金投入。

生产经营单位主要负责人、个人经营的投资人有前款违法行为，导致发生生产安全事故的，依照《生产安全事故报告和调查处理条例》的规定给予处罚。

第七节　安全文化建设与科技创新

一、安全文化建设

安全标准化的实施是一个全员、全过程、全方位、全天候的过程，要想实施好安全标准化，必须重视企业的安全文化建设，而班组是企业的基本组成部分，班组安全文化更是企业文化的重要组成部分，是企业安全文化的基本细胞，也是企业安全工作的关键点。班组安全管理处在企业安全生产的最前端，是安全生产必须筑牢的第一道防线，由于它所处地位的特殊性，具有不可取代性，所以要想搞好企业安全文化建设，促进生产安全运行，就必须从抓好班组安全文化建设开始，增强企业员工的活力，提高员工工作的积极性，更好地保证企业生产的安全运行。

（一）班组安全文化建设从员工抓起

员工是班组文化建设的主体，只有高素质的员工，班组安全文化才能建设好。所以推进班组安全文化，还要重视员工的技能培训工作。通过组织年度全员教育培训，使员工进一步掌握生产技术、安全技能。通过组织开展应急事故预案演练活动，提高员工的应急处置能力，使他们具有良好的安全文化技能素质，具备较高的安全素质、安全意识和安全责任感及爱岗敬业，以业为荣精神，并充分发挥安全生产的主观能动性和积极性，从思想上有主动我要安全的意识，从行动上具有我会安全的技能。从而使班组营造一个要安全、学安全、会安全、保安全、落实安全的文化氛围，把生产安全搞好，以班组安全文化建设提升企业的本质安全度。

（二）班组安全文化建设从班组长抓起

班组安全文化建设的好坏，关键是班组长素质的高低和责任是否落实。首先，要重视和加强对班组长的安全教育工作，经常性的由公司安全管理部门对他们进行相关安全教育活动，同时有条件的话，可以派出去接受正规专业的安全教育或参观同行们的安全活动，不断地提升班组长的安全意识和安全生产技能的整体素质。通过培训，使班组长树立教育为先意识、超前意识、监督意识以及事后总结意识并，具备两种能力：(1)要有对危险因素的预知预防能力。班组长对班组中可能发生或导致危害安全的因素要有前瞻性和预见性。(2)组织协调生产的能力。只有具备这种能力才能进行好班组安全生产。

班组安全文化建设，还须强调重视班组长安全责任制的落实。班组是企业的细胞，是安全生产的主要贯彻落实者。为此，对班组长要采取多种措施和方法来落实安全责任制。一是做好交接班工作。班组长提前到达现场，检查各岗位的设备运行等是否正常，并认真作好记录，发现问题及时汇报处理。二是坚持岗位交接，岗位责任到人。三是做好生产运行监管和协调，保证生产有序安全运行。四是、坚持考核综合管理，实行责任追究制。另外，在强调分清责任、落实到人的同时，也重视发挥员工的主观能动性。很多工作事无巨细，领导难免也有想不到或安排不到的地方，这就要求每名员工有主动、认真做好事情的精神和素质。尤其是班组长更应想到，做一个安全生产的有心人，责任落实的带头人。

（三）班组文化建设结合生产抓教育

如果班组长对班组安全文化建设认识不够，基层班组安全往往讲些套话，久而久之，就会淡化职工的安全意识，埋下事故隐患。要扭转这种局面，建设好班组安全文化，必须把重点放在摈弃班组安全会上的空谈，在内容上贴近生产、贴近班组、贴近员工，突出安全重点；并结合具体实际生产情况，详细布置安全工作；同时根据各时期的思想倾向和季节变化，讲解安全注意事项。在形式上，力求做到灵活多样，使内容和形式统一，让职工乐于接受，真正了解工作的操作要点，激励大家共同筑牢安全生产防线，确保生产安全。

二、科技创新

《关于进一步加强安全生产工作的决定》(国发〔2010〕23 号)、《汽车运输业车辆技术管理规定》(交通部令 1990 年第 13 号)、《城市公共汽电车客运服务》(GB/T 22484—2008)等法规、标准中对企业加强科技创新提出要求并鼓励企业应用现代科技手段,提升安全管理水平。

企业可根据自身需要,建立科学的运营组织与调度系统,系统运行应稳定可靠,并建立监控值班制度,指定专人负责实时实施监控管理。企业应对车辆实行实时动态监控,实现行驶安全驾驶监控、车辆行驶地理位置监控、到站监控等。同时,企业应实现车辆维护管理、维修及维护期提示、车辆维修记录、审验记录等的信息化,包括车辆和驾驶员的基础资料、车辆技术档案信息,记录车辆行驶情况等信息,建立动态监控工作台账。

鼓励企业组织开展安全生产科技攻关或课题研究。《关于进一步加强安全生产工作的决定》中要求,加强安全生产科研和技术开发。加强安全生产科学学科建设,积极发展安全生产普通高等教育,培养和造就更多的安全生产科技和管理人才。加大科技投入力度,充分利用高等院校、科研机构、社会团体等安全生产科研资源,加强安全生产基础研究和应用研究。建立国家安全生产信息管理系统,提高安全生产信息系统的准确性、科学性和权威性。积极开展安全生产领域的国际交流与合作,加快先进的生产技术引进、吸收和自主创新步伐。

第七章 人员安全管理

第一节 专职安全管理人员管理

一、安全管理人员配备

安全管理机构指的是企业中专门负责安全生产监督管理的内设机构,其工作人员都是专职安全生产管理人员。安全生产管理机构的作用是落实国家有关安全生产的法律法规,组织生产经营单位内部进行各种安全检查活动,负责日常安全检查,及时整改各种事故隐患,监督安全生产责任制的落实等。它是企业安全生产的重要组织保证。

安全生产管理的设置和专、兼职安全生产管理人员的配备,是根据生产经营单位的危险性、规模大小等因素来确定的。公交运营企业从业人员超过300人的,须设置安全生产管理,配备专职安全生产管理人员;从业人员在300人以下的,可以不设置安全生产管理机构,但必须配备专职安全生产管理人员,或者委托具有国家规定的相关专业技术资格的工程技术人员提供安全生产管理服务。当生产经营单位依据法律规定和本单位实际情况,委托工程技术人员提供安全生产管理服务时,保证安全生产的责任仍由本单位负责。

二、安全管理人员职责

共交企业安全管理人员应具备相应的专业素质,包括相关的专业知识和相关法律法规知识,如车辆的构造及性能、道路交通系统工程、安全管理法律法规等。

公交企业安全管理人员包括主要负责人、专职安全管理人员和安全技术人员。

1. 主要负责人

(1)企业的法定代表人是安全生产第一责任人。法定代表人应依法确保安全投入、管理、装备、培训等措施落实到位,确保企业具备安全运营基本条件。

(2)企业分管安全生产的负责人协助履行安全生产管理职责,企业其他单位或部门的负责人对各自分管业务范围内的安全生产负领导责任。

2. 专职安全管理人员

企业专职安全管理人员具体负责本企业安全生产管理工作。

(1)在主管安全生产负责人的直接领导下,对本企业安全生产工作负权限范围内的管理责任,对交办的工作任务要按时按质完成;

(2)履行安全生产检查职责并做好检查记录,及时纠正违反安全生产规章制度和安全操作规程的行为,发现安全隐患及时上报并督促整改;

(3)组织制定和修订完善本企业安全生产规章制度和操作规程,并贯彻实施;

(4)按照法律法规要求和企业规定,履行专职安全管理人员职责。

3. 安全技术人员

企业技术人员对本职业务范围的安全生产工作负责。

(1)负责本职范围内的安全技术把关,确保各项技术工作的安全可靠。

(2)负责编制本专业的安全技术规程及管理制度。在编制开、停工或设备检修、技术改造方案时,要有可靠的安全技术措施,并检查执行情况。

(3)在本专业范围内对员工进行安全操作技术与安全生产知识培训,组织技术练兵活动,并进行定期考核。

(4)开展现场安全检查,发现事故隐患及时提出予以消除。制止违章作业,在紧急情况下对不听劝阻者,有权停止其工作。

(5)对工程和技术方案进行审查、验收,参加有关事故调查、分析,提出预防措施和建议。

安全管理人员要出色地完成自己职责范围内的安全管理工作,就必须具备相应的思想和业务素质。思想素质主要表现在职业道德方面,业务素质主要表现在知识、经历和能力方面。

三、对安全管理人员的要求

(一)安全管理人员应具备的职业道德

安全管理人员应具备较高的思想觉悟和政策水平,遵守党纪国法及交通安全法律法规。忠于职守,勇于负责;处事果断,办事认真;坚持原则,廉洁奉公。具有高度的事业心和责任感。以上是对安全管理人员职业道德方面的基本要求。

1. 应成为行车安全管理目标的提出者

一个单位的安全行车管理能否取得成效和成效的大小,关键是能否定出本单位符合实际的安全管理目标。科学的、切合实际的安全管理目标,决定着安全管理活动的方向,体现着大多数成员的意志和企业经营管理的要求。因此,制定安全管理的目标要以党的方针政策、有关法律和法规为依据,同时要保持与系统内部总目标的一致。这样提出和确定的安全管理目标才能切合实际,起到指导统一人们行动的纲领作用。

2. 应成为行车安全管理活动的组织指挥者

组织指挥是安全管理活动中必不可少的手段,因而是安全管理者的一项重要职责。组织指挥就是在管理过程中制定措施,以此来统一步调,按照预定的管理目标,通过对外界环境和内部具体情况的分析和预测,在督促和检查安全管理具体情况的基础上,及时指导和处理管理中出现的问题。只有从全系统的整体出发,纵观全局,对安全管理过程实行严密的组织指挥,才能使安全管理活动有条不紊、扎扎实实地开展,从而有效地保证安全管理目标的实现。

3. 应成为行车安全管理过程的协调者

安全管理要取得成效,各个环节、各个部门之间必须保持高度的协调性。这种协调的实现,就需要安全管理者在实际安全管理活动中不断地进行调节。这种调节是围绕安全管理目标的,要使企业内各环节、各部门做到相互间的密切配合,紧密衔接,既不能出现脱节,更不能相互矛盾。在安全管理过程中的协调,既包括纵向和横向的协调,又包括各部门之间的协调,还包括内部与外部的协调。

协调不是和稀泥，而是一种管理科学中的组织活动，通常采用的方法有：一是靠政策、法令、制度等权威性因素来调节；二是运用组织、会议形式来调整部门之间及各环节之间的关系；三是运用宣传教育的方法，说明管理工作的重要性，使之自觉调整自己的行为。

4. 应成为行车安全管理过程的监督者

在安全管理目标和计划实施过程中，往往会因为各种因素而影响和干扰安全管理目标的实现，使安全管理工作出现偏差，这就需要经常地进行监督、检查，通过监督检查，随时发现问题。这种监督检查包括两个方面，一方面是管理活动中的薄弱环节，另一方面是驾驶员在执行任务过程中出现的影响管理目标实现的一切违章问题。

要进行有效的监督检查，就要制定规范，有章可循，有法可依。没有严密的规章制度作保证，安全监督检查就难以有效地进行，实现安全管理目标也就无从谈起。

正是由于安全管理工作担负着特殊的职能和职责，所以对每一个安全管理人员的素质和能力也就有着特殊的要求。作为从事安全管理工作的人员，除了应具备政治素质、品德素质、文化素质和身体素质以外，还应有较强的业务素质。只有这样，才能提高自己的管理才能，完成所担负的任务，保证安全管理目标的实现。

（二）安全管理人员应具备的专业知识

安全管理人员应具备一定的专业知识、相关知识和法律知识。

专业知识包括车辆的构造及性能、道路交通系统工程、事故规律、交通安全管理等方面的基本知识。

相关知识包括人员救护、车辆消防、车辆保险、其后分析以及辩证法、驾驶员的心理学和行为科学等方面的基础知识。

法律知识指党和国家颁布的交通安全方面的方针政策、法律法规等。此外，还有刑法、民法、经济法和涉外法律等法律方面的有关知识。

（三）安全管理人员应具备的经历

安全管理人员应有在基层车队三年以上的驾驶经历，熟悉车辆的维修和驾驶技术。一般应有大专以上学历并经专业培训，考试合格后方可上岗。

（四）安全管理人员应具备的能力

安全管理人员应具备运用科学知识和实际经验，联系实际，果断有效地解决具体问题和作出相应决策的能力。具体表现为以下几种能力：

（1）正确分析、判断和处理安全管理工作中多种问题的能力；

（2）对意外和突发事故及时果断采取相应对策的应变协调能力；

（3）较强的口头和文字表达能力；

（4）较强的内外事务沟通和社交公关能力；

（5）较强的组织领导能力。

第二节　公交车驾驶员、乘务员安全管理

一、公交车驾驶员安全管理

通过对营运车辆发生的交通事故（包括门夹、车内摔伤）统计分析表明：车辆行驶的安全

与否,主要依靠驾驶员的安全意识、操作技术、生理及心理功能和职业道德素质。因此,抓好营运驾驶员的安全教育和培训,努力提高他们的文化素质和安全驾驶技能,是营运安全管理的一项重要的基础性工作,也是做好人(驾驶员)的工作、发挥驾驶员主观能动性、保证车辆安全运行的重要前提和基础。抓好驾驶员的安全教育和培训,要结合实际,注重实效。要根据国家和政府关于安全教育培训的法律法规和要求,针对营运驾驶员必须掌握的道路交通安全法、公交驾驶员安全操作规程、安全行车相关知识等,结合各类典型事故案例,编制经常性的安全教育和培训计划。按照计划的步骤和要求有针对性对营运驾驶员进行系统的安全教育和培训。

(一)驾驶员在道路交通系统中的作用

驾驶员在其道路交通系统中的作用可以从以下几个方面进行表述:

1. 驾驶员是动态交通系统的信息处理者和决策者

汽车驾驶是由驾驶员介入汽车与道路之间所组成的人—车系统,经驾驶员的操作活动而使汽车在其道路上行驶。据对驾驶员在其一天的驾驶行为中的统计,现有的城市道路交通环境中,公共汽车驾驶员每个工作班要在汽车站停车近200~300次,接合离合器和换挡要在2000次以上,而每站之间驾驶员要完成40个左右的操作动作,一个工作班日,要完成的劳动操作总数达5000次以上。

驾驶员操纵汽车行驶的过程可以理解为信息收入、加工、决策以及信息输出这样一个反复进行的信息处理和决策的过程。例如:驾驶员在驾驶车辆行驶的过程中,超车、会车、通过路口要观察各种交通标志、标线、交通信号以及处理各类交通复杂情况等。驾驶员通过视觉、听觉和触觉等感觉器官接受到这些信息,经过大脑的信息处理,作出判断和决策。再通过中枢神经传达到手和脚,发出指令,操纵汽车即改变了汽车的运动状态,直至达到人—车系统的预定目标,从而完成一个完整的驾驶过程。

在驾驶车辆行驶过程中,驾驶员需要连续不断地从道路环境中获取交通信息。因此,驾驶员必须是有较强的信息接受能力和信息处理能力,才能适应复杂的道路交通情况,控制车辆的行驶方向和速度,处理紧急的突发危险情况,从而避免行车事故的发生,确保行车安全。

2. 驾驶员是道路交通系统的调节者和控制者

道路交通系统是一个综合的系统,其各个子系统的功能与作用不尽相同。道路与环境主要是为车辆的安全行驶提供交通环境信息;汽车则是完成各项运输(客运、货运)任务的工具。但是,不论是道路环境的功能,还是汽车的功能,其作用的发挥只能与驾驶员的操作相联系,才能真正体现出来。例如:所有的道路交通信息、环境信息,要靠驾驶员的感觉、知觉去了解,操纵汽车要靠驾驶员的手脚配合,进行加速、减速、转向、制动;汽车行驶的安全与否,要依靠驾驶员的思想意识、操作技术、生理及心理机能和职业道德素质。由此可见,驾驶员把人—车系统中各个子系统组成一个有机的整体,是统一协调各个子系统运转责任最重要的环节,充当了调节者与控制者的作用,也是主导作用。

诚然,人—车系统中任何一个环节中出现了故障,都会给人民的生命财产和国家的物质财产带来巨大的损失。驾驶员如不能或错误地接收道路、环境信息,判断失误或错误的操纵车辆,就会导致事故的发生。

(二)驾驶员条件和应具备的能力

现代机动车辆,不仅速度快,冲力大,而且驾驶技术性强,操作复杂。驾驶员在行车中稍有疏忽,就有可能给国家和人民生命财产带来损失,因此,机动车驾驶员必须具备相当的条件。

1. 驾驶员资格

机动车驾驶员必须经过公安交通管理机关考试合格,具备驾驶车辆条件、领取驾驶证后,才具有驾驶车辆的资格。

机动车驾驶证分为:中华人民共和国机动车驾驶证(以下简称驾驶证)、中华人民共和国学习驾驶证(以下简称学习驾驶证)、中华人民共和国临时驾驶证(以下简称临时驾驶证)等3种。

机动车驾驶员的基本条件:

(1)年龄。

①申请大型客车、无轨电车学习驾驶证为21~45周岁。

②申请大型货车学习驾驶证为18~50周岁。

③申请其他车型学习驾驶证为18~60周岁。

(2)身体条件。

①申请大型客车、大型货车、无轨电车驾驶证的身高不低于155cm,申请其他车辆驾驶证的身高不低于150cm。

②两眼视力不低于标准视力表0.7或对数视力表4.9(允许矫正),同时:

a. 无赤绿色盲者。

b. 两耳分别距音叉50cm能辨别声源方向。

c. 四肢、躯干、颈部运动能力正常。

2. 不准予申报者

(1)有妨碍安全驾驶疾病及生理缺陷的:

①妨碍驾驶的疾病:

a. 心血管系统疾病:器质性心脏病。

b. 精神系统疾病:癫痫发作者或曾有既往病史,美尼尔氏症、眩晕症、癔病、震颤麻痹和影响手脚活动的脑病。

c. 精神障碍:精神病、痴呆。

②生理缺陷:

a. 运动功能障碍。

b. 四肢不全,拇指残缺;除拇指外其余四指缺二指,下肢不等长度大于5cm。

(2)被吊销机动车驾驶证未满两年的。

(3)在吊销机动车驾驶证期间的。

(4)已持有机动车驾驶证的(申请增驾的除外)。

3. 驾驶员应具备的能力

驾驶能力是指驾驶员能顺利地从事驾驶活动所必须具备的心理特征,它是以一般能力为基础的一种特殊能力。驾驶员在驾驶活动中,应具备以下各种能力:

(1)灵敏而准确的感知能力。感知能力是指对驾驶所需要的一切信息,都能灵敏而准确地反映出来的能力。它在驾驶能力结构中,有着重要作用和地位。它为思维、判断和操纵等活动不断地提供可靠的依据。

(2)良好的注意力。驾驶员在驾驶中,必须对交通环境了如指掌,否则就谈不到对汽车的驾驶。它包括:注意的范围广、稳定性强,分配全面、正确、集中以及注意转移灵活、迅速等。

(3)良好的记忆能力。由于城市道路交通环境瞬息万变,驾驶员在情绪紧张、注意力集中的情况下,如果没有较好的记忆能力,就有危及行车安全的可能。良好的记忆能力包括:识记的范围广,反应速度快,准确度高,保持着记忆的持久性,再现的准确性。

(4)敏捷有效的思维、判断能力。驾驶员的思维、判断与行驶过程是同时进行的,驾驶员必须对随时出现的情况,积极地进行思维、判断和估计各种可能性,采取果断措施。新的交通信息不断地出现,驾驶员就必须在原有判断的基础上构成新的判断。思维能力包括:思维的敏捷性、独立性、连续性和创造性。

(5)迅速、准确的动作反应能力。在对交通情况有了及时和正确判断的同时,还必须实施准确的操纵。动作反应能力是指准确预见,反应迅速连贯,手脚协调,操作柔和稳健。

(6)敏锐、周密的观察能力。观察是行车中至关重要的环节,特别在车辆行驶密度较大,情况比较复杂时,观察就显得更为重要。它包括:广阔的视野和灵活的环视能力以及准确、迅速地目测目标和车辆位置。

(7)适应能力。车辆行驶在千变万化的交通环境中,这就要求驾驶员必须具备较强的适应能力。它包括:具有安全操纵车辆并适应行车环境的体力、体质、感觉、知觉、知识、技能、运动和心理机能。

(8)情绪的自控能力。情绪对行车的影响最为明显,具有积极、冷静、稳定的情绪,才能发挥正常的技术水平,保证行车安全。情绪过度紧张、激动、愤慨或处于低觉醒状态时,要求驾驶员具备理智的自我控制和调节,始终保持正常情绪状态的能力。

(9)坚强的意志力。掌握任何一门技术、技能,是一个复杂而又艰巨的过程,每一个驾驶员必须要有坚强的意志,其表现为:刻苦钻研的精神,克服困难的积极性和顽强性,操纵的果断性。

(10)独立自主的创造能力。驾驶员应在操纵车辆的运行过程中,把从教练员师傅那里学到的知识、技能消化理解,创造性地融会贯通,形成自己独有的驾驶风格。

(11)熟练的操作技能。驾驶员驾驶车辆从出车前、运行中、到收车后的全部驾驶过程,通过眼、手、脚的配合协调,采取有效措施,达到动作敏捷、应付自如。行车安全的首要因素,取决于驾驶员是否具有良好的素质。素质是指人或事物本来的性质,心理学上是指人的感觉器官和神经系统方面先天的特点。驾驶员的素质主要是指先天的交通特性和能力。应当承认这种交通能力存在不少缺陷,但通过实践和学习可以获得不同程度的提高和补偿。驾驶员的素质主要包括身体素质、性格素质和技术技能。驾驶员要做到安全行车,首先要从提高自身素质着手,要克服不利于安全驾驶的弱点、增强身体素质、注意性格修养、提高驾驶技术、增强应变能力。

(三)驾驶员的培训

机动车驾驶员的培训工作,是一个相互依存,相互制约,相互促进的程序化的教学双边活动过程。培训计划在整个过程中起着统帅作用。因此,科学合理地编排培训计划,组织培训工作,是确保培训工作纵向层次分明,横向协调统一的关键,对于实施培训管理,实现培训目标,充分发挥整体效能具有重要作用。这里介绍驾驶员操作技能训练。

(1)操作技能的特点。人的动作方式有反射动作和意志动作两类。反射动作是在接受刺激后立即引起的本能反应;意志动作是经过大脑及小脑的调节而产生的动作反应。人们分解车辆操纵的一系列动作发现,它们恰恰是由一个个相互衔接的意志动作所组成的。所以,车辆操作技能的形成要遵循一个由认识到掌握的发展过程,即通过培训、一系列意志动作的反复训练,初步掌握要领,逐步提高进而达到熟练,最终形成较高水平驾驶技能的过程。

(2)操作技能训练程序。为了使驾驶员的操作技能水平有很快的提高,在培训过程中,必须遵循技能形成的规律组织好训练。

①认真做好操作技能分解动作的训练,把比较复杂的驾驶操作,分解成一个个相互衔接的基本动作,从这些分解动作练起,逐步达到熟练使各个分解动作衔接连贯,配合自如,使之掌握初步的驾驶技能。新驾驶员的技能往往存在注意范围小、不善于分配和转移注意力,动作紧张、忙乱、呆板、生硬、不协调,多余的动作多等缺点。教练辅导人员要针对这些缺点加以训练和指导,经过反复的练习,使一个个分解动作逐渐成为反射动作。

②分解动作的衔接和协调训练,在具备了熟练操作动作的能力后,应及时地把相互衔接的分解动作有机地连接起来进行专项培训,以达到下列目标:

a. 操作技能逐渐熟练,动作准确性有所提高,忙乱和紧张现象得到控制,反应时间缩短。

b. 操作技能的衔接、协调能力逐步提高。

c. 行车经验得到积累,观察和感知能力得到提高。

对于其他存在的问题,需要经过重点帮教,加强辅导,予以解决。

③操作技能的熟练和完善。经过较长时间的训练和专项培训,分解动作逐渐协调并形成反射动作,行车经验有所积累,一旦危险情况出现,就能准确、连贯、娴熟地进行操作,从而减少危险的隐患。

操作技能的形成一般分为3个阶段。第一阶段,操作技能提高上升较快;第二阶段,操作技能提高趋于缓慢,且时快时慢,高低起伏;第三阶段,操作技能趋于完善,且稳定。

(四)驾驶员的教育

交通是国民经济的命脉,加强交通管理,预防交通事故的发生,保障人民生命财产的安全,维护正常社会秩序,已成为当今社会主义经济建设的一个十分重要的问题。发生一起道路交通事故的原因虽然很多,但其主要因素是机动车驾驶员。他把握着交通安全的主动权,因此,驾驶员素质的好坏直接影响着交通安全,在本章中阐述了驾驶员的素质由多方面要素组成,除心理、生理、驾驶操作技能技巧等素质外,还包括政治、思想、文化、道德方面的素质。驾驶员的职业道德、法制和安全观念是其政治思想素质的3个重要方面。在诸多的交通事故案例中,由于驾驶员的职业道德水平低、法制安全观念淡薄,从而导致交通事故的占相当显著的比例。实践证明,提高驾驶员的政治素质,尤其是加强对驾驶员的职业道德和法制安全观念的教育,是十分必要的。这对保障道路交通安全畅通,减少道路交通事故,具有重要的意义。

1. 职业道德教育

公交驾驶员职业道德规范是城市公共交通职业道德的一个组成部分,是社会主义道德原则和城市公交职业道德准则要求在驾驶员职业道德活动中的具体体现，是公交驾驶员先进思想和模范实践的经验总结，也是每一个公交驾驶员在实际工作中从思想到行为都必须遵循的准则和规范。驾驶员职业道德规范主要有以下5个方面：

（1）牢固树立驾驶员的职业思想。驾驶员在从事交通运输工作中，要以此来规范自己的行动，注重社会效益，提供安全、迅速、方便、正点、舒适、经济的优质文明服务，为企业不断提高经济效益。总之，为社会主义两个文明建设服务，是驾驶员所应具备的首要品德。

（2）牢固树立安全驾驶，优良服务意识，也就是驾驶员的职业责任。维护线路运行的畅通，保证乘客的安全，尽可能为乘客提供方便、舒适的乘车条件和运行中的各种服务，以满足城乡居民出行的需要。这既是公共交通的根本任务，也是对公交驾驶员落实行业基本任务、保证运营服务质量的具体要求，是公交驾驶员职业道德的主要内容。要达到这些要求，公交驾驶员必须牢固树立"安全第一"的思想；严格遵守交通规则，认真执行操作规程；努力具备熟练的驾驶操作技术；必须具有对国家、对人民生命财产高度负责的精神和为乘客服务的强烈意识。

（3）牢固树立遵章守法意识，也就是驾驶员的职业纪律。树立遵章守法意识，是驾驶员职业纪律的基本要求。交通法规是驾驶员行车时必须遵守的规则，它体现法律的强制力，而职业道德规范则体现了道德上的约束力。具有一定的职业道德水平和觉悟，是驾驶员遵章守法的前提。

机动车驾驶员具有强烈的法律意识，才能保证国家和人民生命财产的安全，提高经济效益和社会效益。由于驾驶员守法的自觉性是建立在具有道德觉悟的基础上，这就要求每一个驾驶员首先要树立良好的道德风尚，注重道德修养；其次，必须严格遵守交通法规和安全制度的规定，无论何时何地，或何种情况，都要严格地自觉执行交通法规和操作规程，确保国家和人民生命财产的安全。

（4）牢固树立文明驾驶、礼貌行车的观念。文明驾驶，礼貌行车，是驾驶员职业态度、职业责任、职业良心、职业荣誉等基础规范的综合体现。文明驾驶，礼貌行车，必须坚持行车礼让，严格做到进站不拦非机动车，出站不抢直行车；必须摒弃那种"窄路相逢，勇者胜"，"你不仁，我不义"的错误道德观念；遇到他人违章，不等于自己可以违章；相对行人和非机动车，机动车是强者，要以强者保护弱者的驾驶道德观念注意主动礼让。

现代公共交通，点多、面广、范围大，往返于城镇、出没于乡村，直接传播社会主义精神文明，是社会主义精神文明建设的"窗口"。因此，每一位驾驶员担负着传播精神文明的主要任务，具体要求是：①要有良好的社会公德；②要有良好、优质的服务作风；③要有良好的驾驶作风；④要有良好的驾驶道德品质；⑤努力提高驾驶职业技能。

（5）努力提高职业技能。驾驶员的职业技能指的是从事驾驶职业的实际操作经验、技术能力和理论知识的总和。职业技能是职业道德基本规范的要素之一，职业道德是通过一定的职业技能体现出来的；职业技能又是实践和提高职业道德水准的基本保证，努力培养良好的职业技能，是提高驾驶员职业道德的一项主要内容。

2. 法制教育

驾驶员的法制观念与驾驶员的职业道德一样，也是其政治素质的一个重要方面。驾驶员法制观念淡薄，法律、法规知识贫乏，遵纪守法意识差，是发生交通事故的极大隐患。从2000年全国交通事故统计分析来看,驾驶员因违章驾驶所导致的交通事故占总数的68%以上。

(五)驾驶员安全操作要求

公交车具有行驶路线单一、运营时间长、载客量大、行驶速度低、机件损耗快等特点,一旦出现故障,会影响线路的正常运营,甚至会引发意外事故,危及乘客的生命财产安全。抛锚,影响乘客正常出行和城市交通环境。要想保证公交车每天都能按照线路计划正常运营,出站前做好安全检查是十分重要的。

1.车辆技术状况检查

每天出站前都要对车辆技术状况进行安全检查,发现异常和故障及时排除,保持车辆技术状况和车容整洁。

具体检查以下内容:

(1)机油、燃油、转向助力油、制动液、冷却液、风窗玻璃洗涤液是否充足。

(2)制动踏板的自由行程、制动蹄片的磨损情况、气压(油压)是否正常,制动管路有无渗漏现象。

(3)转向盘的自由行程是否正常,加速踏板、离合器踏板、制动踏板下方是否有异物;变速器换挡是否顺利,有无拖挡,响齿现象。

(4)仪表盘内各种仪表工作是否正常,前照灯、制动灯、转向灯、倒车灯、危险报警闪光灯是否完好、洁净,工作是否正常。

(5)车内外后视镜、广角镜和补盲镜是否完好无损、镜面洁净;刮水器片与风窗玻璃接触是否良好,刮水器是否正常。

(6)气压是否正常,轮胎磨损是否超过极限,胎面是否破裂、有划痕,胎纹中是否有异物。

2.安全设施检查

车内安全设施主要是用于保证运营途中乘客乘车安全,出站前,都要对车内安全设施进行检查,确保安全设施完整有效。

具体检查以下内容:

(1)车门踏板是否牢固,有无破损和湿滑现象;车厢内乘客座椅是否完好无损,无松动。

(2)车上扶手和把手是否齐全、牢固;双层公交车,还需检查楼梯踏板是否完好、牢固;设有轮椅区的公交车,还需检查安全带约束装置是否齐全、有效。

(3)车窗是否能正常开启和关闭,应急门的手动开关是否能有效开启车门。

(4)安全锤、灭火器等安全装置是否齐全,安全锤是否顺手可取,灭火器是否在有效期内、是否便于提取。

(5)踏板、乘客区、铰接车的铰接段等区域的照明、监控摄像头、语音报站器、刷卡机、电子显示屏等电气设备是否工作正常。

(6)铰接是公交车,需检查刚性段地板与转动部位地板之间的缝隙宽度、水平高度是否正常。

(7)电动公交车,需检查蓄电池中电解液的液面高度,检查蓄电池通气孔是否畅通;检查车顶搭铁与电线的接触是否松动。

(8)液化石油气(LPG)、压缩天然气(CNG)等能源公交车,需检查气管路是否密闭、有无泄漏。

二、乘务员安全管理

乘务人员是指在运营车辆上直接为乘客服务的人员。在车辆运营过程中，乘务员通过直接的服务使乘客乘行的要求得到满足，又以出售客票或监督投币的形式为企业回笼投资。乘务员的工作体现了城市公共交通服务过程和生产过程的统一，他们的岗位把公共交通企业的服务性和营业性有机地结合起来。

（一）乘务员的地位、作用

乘务员是公交企业的主体服务人员，每一名乘务员在运营车厢内的言行都直接代表企业的形象，反映城市的文明程度。作为企业社会效益和经济效益的直接体现者，作为企业形象的直接代表者，乘务员在城市公共交通企业中居于十分重要的地位。

乘务员的工作是业务知识与服务技巧有机结合的服务活动。乘务员的作用具体表现在4个方面。

1. 服务和维护作用

城市公共交通的社会服务性质决定了乘务员与乘客的关系必然是服务与被服务的关系，决定了乘务员的主要职责是服务。乘务员通过开关车门、报站售票、解答询问、扶老携幼、清洗车辆等形式直接向乘客提供乘行服务。乘务员的维护作用主要表现在照顾乘客的乘车安全，维护乘车秩序和行车安全。

2. 联系和传递作用

乘务员在运营车厢内直接与乘客接触，为乘客提供服务。他们的工作岗位是公共交通企业与乘客的接触点，在乘客与公交企业乃至政府之间起着联系和传递作用。乘务员将企业的服务规范落实到车厢中，也要将乘客的意见反馈给企业的管理者，通过具体的服务传播社会主义精神文明，架起一座乘客与企业乃至政府间沟通的桥梁。

3. 向导和疏导作用

乘客来自四面八方，有着各自的乘行目的。乘务员通过解答问询，引导乘客选择到达目的地的最佳乘行方式，做好乘客的向导。在运营车厢内乘务员按照乘坐规则引导乘客乘行，疏导客流，维护乘车秩序。

4. 宣传和引导作用

城市公共交通是精神文明建设的窗口，乘务员通过自己的服务，用自己的语言和行为宣传精神文明，引导乘客文明乘车，创造舒适、和谐的乘车环境。

（二）服务素质的培养

培养服务素质是乘务员管理的一项重要内容。乘务员的服务素质主要包括服务意识、职业规范、业务技能、服务态度4个方面。

1. 服务意识

服务意识是指乘务员对自身提供的服务社会价值的基本看法，是乘务员提供优质服务的思想基础。城市公共交通的地位、对社会发展的作用及其具体贡献，充分显示了乘务员所提供的服务的社会价值。充分认识这一价值，可以激发乘务员热爱公交、立足车厢、服务乘客的思想感情，从而形成高度的责任感和事业心。乘务员服务意识树立得是否牢固，直接决定着公交企业服务质量的水平和稳定程度。

2. 职业规范

职业规范包括职业道德、职业纪律和服务规范。乘务员的工作直接和人打交道,服务的方式又是单车作业、流动分散。讲究良好的职业道德既是精神文明的需要,也是企业发展、稳固占领客运市场的需要。自觉地用职业纪律约束自己的服务行为,认真执行服务规范是提供优质服务的可靠保证。

3. 业务技能

业务技能是乘务员运用业务技术的能力,是提供优质服务的基础。乘务员的业务技能主要包括熟练掌握服务规范、作业规程和操作技能,熟悉城市地理和交通环境,具备必要的法律法规常识和调解处理问题的能力,掌握服务设施的使用方法等。

4. 服务态度

服务态度是指乘务员在服务过程中的态度,是乘务员对本职工作、对乘客由情感而生成的语言、动作的外在形象表现,带有浓厚的职业色彩。人的喜、怒、哀、乐是一种心理反应,影响着人们彼此之间的关系和交往。乘务员服务态度的好坏直接影响着服务质量和企业形象,端正服务态度,使用礼貌用语,既是培养乘务员服务素质的需要,也是乘务员管理的重要内容。

(三)工作质量的考评

考评乘务员的工作质量既是乘务员管理的一项重要内容,又是服务管理的一个重要环节。通过考评工作质量可以激发乘务员的服务热情,落实企业的服务目标,为改进服务管理、提高服务质量提供可靠的依据。乘务员工作质量的考评主要包括制定考评标准、确定考评方法、评定工作质量3个环节。

1. 制定考评标准

乘客满意是考评乘务员工作质量的最终标准,围绕最终标准要制定具体的标准,标准应做到符合实际、量化。考评乘务员工作质量的主要标准包括《一次出乘服务规范》、《车辆清洁检查标准》、《服务纪律》、《票务制度》以及乘客监督等。

2. 确定考评方法

对乘务员工作质量的考核方法应做到公开公正、实事求是。目前采用的考核方法主要有3种。一是检验生产任务完成情况,通过统计指标来实现。二是进行定期检查和不定期的抽查,由专职检查人员和专业管理人员到运营车厢,用制定的标准实地检查乘务员的工作。三是接受乘客监督,通过乘客的表扬、投诉鉴定乘务员的工作质量。

3. 评定工作质量

对乘务员的工作质量要定期进行考核评定,一般分为月份和年度评定。评定就是综合检查、考核结果,对乘务员的工作质量作出结论。通过评定可以发现典型人物、事例,也可以发现个性和共性的问题。对典型人物、事例要培养总结,对问题要采取措施纠正。对评定的结果还要按规定实施奖优罚劣。

第三节　车辆维修、加油加气站工作人员安全管理

一、车辆维修工作人员安全管理

车辆维修工作人员安全管理要求主要包括:

(1)按规定穿戴好劳保用品。

(2)工作前后,应对使用的机器、设备、工具、设施和工作现场进行认真的安全检查,消除事故隐患。

(3)车辆维修时,必须将车辆垫牢,支好安全凳,并在转向盘上挂警示牌。

(4)不准擅自拆除、毁坏开关等电气设施。

(5)不准乱拉、乱接电线;氧气、乙炔应分开存放,不准随处乱倒废油和残渣。

(6)禁止在场区和重点防火部位吸烟。

(7)禁止无证操作非本人使用的机械、设备和特种工具。

(8)严格执行操作规程,不盲目蛮干,不偷工减料,不漏修、误修。

(9)未经查明情况时,严禁随意闭合电闸。

(10)维修作业结束后,须及时清理工具设备,打扫工作现场卫生。

(11)减少返工,修旧利废,厉行节约,杜绝浪费。

二、加油加气站工作人员安全管理

加油加气站工作人员安全管理要求主要包括:

(1)加油机操作人员,必须经培训考核合格,持证上岗。

(2)加油机操作人员进入操作现场,必须穿防静电工作服,不得穿化纤、毛料服装和使用该类物质的墩布,不得穿底部带有铁钉的鞋。

(3)加油机启动计数器加零过程中,不得打开油枪开关。

(4)加油理要做到精心操作,油枪要牢固地插入油箱的注油口,防止油的渗漏、溅洒。

(5)加油员必须亲自操作加油机,不得折弯加油软管,不得将软管拉到极限位置。

(6)加油过程中随时注意加油机运转情况,发现异常应立即停止加油,排除故障后方可继续操作。

(7)加油机不得带病运转,不得有跑、冒、滴、漏的现象。

(8)发现或发生危及加油站安全的情况,应立即停止加油。

(9)雷击天气应停止加油。

(10)停止作业应关闭加油机,切断电源。

第四节　乘客安全管理

一、乘客安全素质

乘客是公交系统服务的对象,其在很大程度上影响着车辆的安全。乘客的不安全行为可以导致不安全事件的发生,如携带易燃易爆危险物品乘车、车辆行驶中嬉笑打闹、因为拥挤摔倒等。乘客的安全意识淡薄可能使事故得以发展或扩散,安全意识较强的人对事故隐患能够及时发现,果断应付,甚至能通过采取有效的措施化险为夷,而安全意识差的人可能就发现不了、不能及时发现事故隐患或发现后措施不当,最终酿成事故,甚至可能是使故损失扩大。

二、乘客安全管理措施

(1)规范乘客行为。乘客应严格遵守公共交通安全法规有关规定。交通运营管理部门应设立警示标志,对不能做的事情作出明确规定。

(2)加大安全宣传、教育力度。乘客在日常生活或工作中安全知识、经验等的积累对于乘客安全意识的培养和提高起到积极的促进作用。

相对于企业对职工进行的安全知识宣传、教育、培训,对乘客进行安全知识的宣传、教育难度要大一些,原因是乘客的流动性较大,且乘客的安全文化水平参差不齐,对安全问题的认识程度良莠不齐,对乘客接受宣传教育的约束力也较小。这些困难决定了对乘客的安全知识宣传要做到时间上灵活,形式上丰富多样,内容设计上要充分体现科学性、趣味性、易读性,尽量避免枯燥的说教,这样将有助于降低乘客接受安全宣传的抵触情绪,提高其接受安全宣传教育的主动性、积极性。

三、乘客应急教育

本教材车辆部分对公共汽车的安全设备设施有详细介绍。在车辆设计阶段考虑到了乘客的逃生问题,但在实际生活时,由于乘客对安全器材的陌生,安全逃生方式不了解,一旦在公共汽车内发生突发事件,将造成不必要的人员伤亡。

乘客应该了解乘坐公交车时一旦遇到紧急情况该如何使用安全器材和逃生。

第一,要冷静寻找疏散的通道,安全出口包括车门、逃生车窗以及车顶的天窗。可以使用车门上框的红色安全按钮打开车门,也可以推开安全逃生窗逃生,或使用安全锤砸碎玻璃逃生,紧急时乘客可通过车顶天窗紧急逃生。

第二,使用安全锤时要敲车窗的四个角,不要敲中间;找不到安全锤时,应利用一切可以利用的硬物,如皮带头和高跟鞋等。

第三,逃生过程中衣服不慎起火,乘客应尽快脱下衣服,用脚踩灭。如来不及脱下衣服,可就地打滚,将火压灭。发现他人身上的衣服着火时,可以脱下自己的衣服或用其他布物,将他人身上的火捂灭。

第四,学会利用车载灭火器,灭火器安放位置一般在驾驶座后部和车身中间。

第五,火灾会挥发出大量的有毒气体,当发生火灾后,务必要记住捂住口鼻、屏住呼吸,尽量不要在匆忙逃生时吸入。

1. 车门逃生方法

在车遇险时,驾驶员第一反应就是停车、开门,疏导乘客下车。但在特殊情况下,如车辆受损断气、断电时,驾驶员无法通过仪表盘上的按钮将车门打开,这种情况下,作为乘客应该了解在公交车的车门上方还配有一个车门开启安全阀,此安全阀在车辆断电、断气的情况下也可以打开车门。离门近的乘客只要将此安全阀旋转(旋转后车辆会释放气压),然后手动将门打开下车即可。

如果被困在失火的车中,上述方法无法打开车门,千万不要试图强行开车门,因为车门可能因撞击或高温变形,一般的破拆工具都很难打开,不要浪费宝贵的逃生时间,可选择从车窗逃生。

由于车辆的厂家、配置都不尽相同，因此安全阀的布置形式也不全相同，但都会有安全阀。

2. 车窗逃生方法

公交车在高峰时乘车人员比较多，车内拥挤，有时车内乘客移动起来十分困难，在遇险情时，距离门较远的乘客无法迅速从门逃生。这种情况下或门无法打开的情况下，乘客就要选择从安全窗逃离。

如果是滑动车窗，乘客将车窗打开即可跳出。如果是封闭车窗，乘客则需要通过打碎车窗玻璃才能逃出。下面仔细讲一下打碎封闭车窗玻璃的方法及注意事项。

首先，不要顾虑打碎玻璃时会划伤自己，目前，公交车的车窗都是钢化玻璃，在被打碎后这种玻璃会成颗粒状，不会像家用玻璃那样危险。

一般情况下，车门对面的一侧，前后应该都有安全锤，安全锤挂在前后轮附近的车窗框上。安全锤为红色塑料手柄，锤体两头为不锈钢制的尖锐角，用尖锐角敲击玻璃窗的中心部位，凡是钢化玻璃，最脆弱的就是边和角，车辆的玻璃边和角都是贴在车窗框里，敲不到，所以就剩下第三脆弱的中心部位，敲击此处，用力比其他部位少，碎裂概率高。

如果由于特殊情况一时无法找到安全锤，乘客们也不要惊慌。如果有经历的人就会发现，钢化玻璃面积虽然很大，但如果想用脚踹碎它或是用拳头打碎它却不是一件容易的事，而用尖状硬物，不需要用太大的力就可将其击碎。这个常识提醒我们，在没有安全锤的情况下，我们要尽快找到一些尖状硬物，如钥匙、手表等，用其棱角击打车窗玻璃中心部位。

3. 天窗逃生方法

一些公交车所配备的天窗是具有安全出口功能的。旋转其上的红色扳手，可以将天窗打开，打开后其开口可以通过一些身材较小的乘客，在危急关头，可为少数乘客多提供一种逃生方法。

4. 车外营救方法

公交车的运行线路大多在市区，其线路上通常会有很多行人及驾驶员，如果车辆出现事故，这些人通常会对其进行营救，如果发生车门打不开的情况，车外人员可找东西打碎玻璃等，与此同时请您注意，现在大部分公交车都安装了车外开门安全阀，车外人员只要旋转该安全阀，也能够将车管路中的气放掉，方便车门的开启。

5. 车内灭火方法

如果车内出现小的火灾，在不危及生命，并且乘客已经全部安全转移的前提下，驾驶员及志愿者可用车内的灭火器进行灭火。公交车内灭火器大多数布置在驾驶员驾驶座椅旁及车后门处清晰易见的地方。

灭火器的具体使用方法如下：

(1) 使用手提式干粉灭火器时，应手提灭火器的提把，迅速赶到着火处。

(2) 在距离起火点5m左右处，放下灭火器。

(3) 使用前，先把灭火器上下颠倒几次，使筒内干粉松动。

(4) 使用内装式或储压式干粉灭火器时，应先拔下保险销，一只手握住喷嘴，另一只手用力压下压把，干粉便会从喷嘴喷射出来。

(5)用干粉灭火器扑救流散液体火灾时,应从火焰侧面,对准火焰根部喷射,并由近而远,左右扫射,快速推进,直至把火焰全部扑灭。

(6)用干粉灭火器扑救容器内可燃液体火灾时,亦应从火焰侧面对准火焰根部,左右扫射。当火焰被赶出容器时,应迅速向前,将余火全部扑灭。灭火时应注意不要把喷嘴直接对准液面喷射,以防干粉气流的冲击力使油液飞溅,引起火势扩大。

(7)用干粉灭火器扑救固体物质火灾时,应使灭火器嘴对准燃烧最猛烈处,左右扫射,并应尽量使干粉灭火剂均匀地喷洒在燃烧物的表面,直至把火全部扑灭。

(8)使用干粉灭火器应注意灭火过程中应始终保持直立状态,不得横卧或颠倒使用,否则不能喷粉;同时注意干粉灭火器灭火后防止复燃,因为干粉灭火器的冷却作用甚微,在着火点存在着炽热物的条件下,灭火后易产生复燃。

第五节　人员职业健康管理

道路交通系统是由人、车、路、环境和管理等因素构成,安全营运需要具有良好身体素质的驾驶员和乘务员等一线工作人员,城市公交客运企业一线工作人员长期驾驶车辆,可接触多种职业性有害因素,主要包括:化学性有害因素、噪声、振动、职业性疲劳等。

1.化学性有害因素

有研究表明,车辆长期行驶,车内的CO浓度明显升高。驾驶室中的一氧化碳主要来源于汽车尾气中的一氧化碳。由于吸入一氧化碳使人体血中碳氧血红蛋白含量增高,可影响驾驶员的注意力。

2.噪声

噪声是一种在生产劳动中普遍存在的物理性危害因素。生产性噪声由于产生的动力和方式不同,一般分为机械性噪声、空气动力性噪声、电磁性噪声。根据噪声在时间上的分布特点,可将噪声分为稳态噪声和非稳态噪声。

噪声能引起人听觉功能敏感度下降,甚至造成噪声性耳聋。能引起神经衰弱、心血管疾病及消化系统疾病。高噪声影响信息交流,还可导致设备、仪表精度下降,而引发设备损坏或工伤事故。

有研究对行车过程中汽车驾驶室内噪声测定结果显示,平均噪声在规定标准85dB(A)以下,但在鸣笛时为98.1dB(A),显然超过国家标准,可对人体产生有害作用。驾驶室内较强噪声主要集中在低频段。驾驶员长期接触一定强度的噪声,可引起人的情绪变化,如引起抑郁、烦恼,易激动、疲劳、注意力不集中等。

3.振动

接触振动可使机体传导速度下降,导致操作能力降低,使手部运动的准确性受到一定影响。汽车驾驶员和乘务人员长期在运动的汽车上,对身体健康产生一定影响。

4.职业性疲劳

从劳动过程的生理、心理与工效学角度考虑,驾驶员长期处于高度精神紧张状态,可引起职业性紧张和疲劳,如在驾驶作业中可能产生手、视觉、听觉等局部个别器官的疲劳及技术性疲劳等反应。

1）对神经行为功能的影响

驾驶员在驾车作业过程中经常处于高度紧张状态。同时在驾驶室内接触多种职业病危害因素，可损害中枢神经系统，但由于在驾驶过程中，上述有害因素的作用强度较低，故不至于产生较为严重的中枢神经系统损害。

2）驾驶作业对机动车驾驶员心脑血管功能的影响

驾驶员由于精神紧张，且长期接触噪声、振动、一氧化碳等职业性有害因素，易引起植物神经功能混乱，造成外周和心脑血管收缩、心电传导性改变和心机缺血性改变，上述改变可降低驾驶人员的思维能力、判断力，对行车安全产生障碍。

由于长期驾驶，驾驶员长期在各种有害因素的影响下，常见的职业病有胃病、肩周炎、腰痛、振动病、颈椎病、急性颈扭伤、耳聋、视力疲劳、高血压、前列腺炎、泌尿系统感染及功能性排尿障碍等疾病。

3）企业职业健康管理要求

企业存在着多种职业有害因素，特别是驾驶员职业健康状况不容忽视。鉴于此，企业应严格执行职业病防治相关法律法规、标准、规范的规定，严格遵守《职业病防治法》、《职业健康监护管理办法》、《用人单位职业病防治指南》、《作业场所职业健康监督管理暂行规定》、《用人单位职业健康监护监督管理办法》等对用人单位在职业病防治方面的相关要求，如设置或指定职业健康管理机构，配备专（兼）职管理人员；按规定对员工进行职业健康检查；为驾驶员参加工伤保险；对从业人员进行职业健康宣传培训，使其了解其作业场所和工作岗位存在的危险因素和职业危害、防范措施和应急处理措施，降低或消除危害后果的事项；为从业人员提供符合职业健康要求的工作环境和条件，配备与职业健康保护相适应的设施、工具等。

第八章　营运安全管理

城市公交运营的安全性是大力发展公共交通的前提和基础之一。预防公交车事故，提高公交车辆的安全性是一项系统工程，应有一个综合全面的对策，需要从人为因素、道路因素、公交经营管理、公交运行环境、公交车辆制造技术以及公交智能管理等方面综合考虑。

营运安全是城市公交企业管理的一项重要工作，保障营运车辆的安全运行，是营运车辆的安全运行，是营运安全管理的基本任务和最终目的，也是城市公交企业为乘客提供"安全、经济、快速、舒适、方便"乘车环境的必要前提。按照公交企业经营管理的要求，只有做好营运安全管理工作，在确保安全运行的基础上，才能有效地提高公交企业的社会效益和经济效益，才能更好地为乘客提供优质服务和良好的乘车环境。

保证行车安全是发挥城市公共交通正常功能，保障人民生命财产安全、维护城市安定局面的重要环节，是衡量企业运营服务质量、职业道德水准的重要标志，是综合各职能机构总体管理水平的具体表现，也是公共交通企业获得社会效益和经济效益的前提和保障。它体现着企业经营管理的法制意识和科学水平，因此，行车安全管理在公共交通企业管理中占有极其重要的地位。

首先，道路交通系统是由人、车、路、环境和管理等因素组成。所谓道路交通事故是由于人—车系统的不协调、不平衡所致，而人—车系统的水平则受到两个方面的制约。一方面来自于道路交通环境水平高低的制约，而道路交通环境受其社会经济、文化、交通参与者的价值观念和交通法规意识及交通管理设施和管理水平的制约；另一方面则来自于驾驶员和车辆功能状态的制约。

其次，道路交通系统涉及3个方面的关系：一是汽车与道路及其道路交通管理设施的关系；二是驾驶员的生理、心理、功能与汽车的结构、造型、颜色、操纵装置及安全防护设备的关系；三是驾驶员与交通参与者（骑车人、行人等）、交通管理者（交通民警、安全管理人员等）的关系。

再次，道路交通系统中，诸多因素的功能随状态、时间的变化而变化。例如：驾驶员在行车中，随着驾驶时间的延长，其生理、心理发生着变化；车辆在其运行状态中，道路、环境、管理等也随着车辆行驶的时间而变化。"行车一条线，情况千万变"，正说明道路交通系统是一个动态的系统。

营运安全管理工作覆盖的内容十分广泛，其主要内容归纳如下。

（1）按照安全生产法律法规的规定，建立健全以营运安全责任制为核心内容的各项营运安全管理制度和规定，研究和制定营运安全工作标准和营运驾驶员的安全操作规程。

（2）建立营运安全培训制度，研究和制定每年度对安全管理人员和运营驾驶员安全培训规划，努力提高安全管理人员的业务素质和管理水平。努力提高营运驾驶员的安全文化素质和安全行车操作技能。

（3）坚持预防为主的方针，集中精力抓好各类行车责任事故的预防工作，掌握安全行车规律，制定预防措施，开展安全教育，分享典型事故，吸取事故教训，总结先进经验，组织岗位练兵，关心和维护营运驾驶员的生活和切身利益。

(4)认真做好安全监理工作，加强安全监察制度的落实，对威胁安全运行的薄弱环节和事故隐患进行认真检查，对各种违法违规驾驶行为，开展经常性的专项整治工作，对不符合预防措施的现象和行为，及时采取果断措施，防止行车事故发生。

(5)大力加强安全文化建设，组织开展企业安全文化的宣传教育，充分利用板报、专栏、录像、报刊、简报等宣传媒体，推动安全文化传播和发展，营造浓厚的“关爱生命，关注安全”的良好氛围，促进安全营运工作的深入开展。

(6)根据上级下达的各项营运安全控制指标和提出的工作任务，研究和制定年度营运安全管理目标和工作任务的规划及实施意见，对上级下达的各项控制指标进行量化分解，落实到各营运公司和车队，做到层层签订营运安全全目标管理责任书，与安全管理绩效和经营者的经济效益挂钩，做到奖惩兑现。

(7)建立营运安全管理考核评价制度，研究和制定当月对营运安全管理主要指标的考核评价标准，各项主要指标的完成情况与各级主要负责人和管理人员当月工资挂钩，进行扣罚。营运安全工作实行责任追究制度。

(8)协助公安交通管理部门处理好本企业发生的交通事故，按照事故“四不放过”的制度要求，做好事故的善后处理工作，把各种行车事故控制在最低限度。

(9)负责交通事故的上报和统计，建立和完善营运安全基础管理台账和驾驶员(事故)的档案管理，保证营运安全工作制度化、规范化好科学管理化。

第一节　车辆驾驶

一、安全行车指标

安全行车指标，是从行车事故统计中来体现的，它大致上可以反映出一个企业安全行车情况，而且还可以在与同行业的安全行车情况的对比中反映企业安全行车水平。

城市公共交通企业事故统计指标项目包括：

1. 事故总次数

事故总次数指城市公共交通企业在报告期内发生的特大事故、重大事故、一般事故、轻微事故的次数(小事故只作处理不作统计)。

2. 责任事故次数

依据交通管理部门(人民法院)裁决，事故分为由城市公共交通企业负全部责任、负主要责任、双方责任和负次要责任的交通事故等，分别统计次数。

3. 事故伤亡人数

事故伤亡人数指由于行车事故造成的伤亡人数，包括因事故致伤亡的乘客、行人和公共交通企业自己的职工。其中分为：受伤人数，指造成重伤和轻伤的总人数；重伤人数，指由交通事故造成受伤致残的人数；死亡人数，指由于事故造成的死亡人数。

4. 直接经济损失

直接经济损失指城市公共交通企业车辆发生事故所造成的车辆、财务损失的费用和修理费,赔偿费等。

上述指标按百车和百万车千米计算如下:

1. 事故百车率

事故频率(次/百车)=事故次数/(平均营运车辆÷100)

行车事故受伤率(人/百车)=受伤人数/(平均营运车辆÷100)

行车事故死亡率(人/百车)=死亡人数/(平均营运车辆÷100)

行车事故直接经济损失率(元/百车)=直接经济损失金额/(平均营运车辆÷100)

2. 事故百万车千米率

事故频率(次/百万车千米)=事故次数/(总行程÷100万)

行车事故受伤率(人/百万车千米)=受伤人数/(总行程÷100万)

行车事故死亡率(人/百万车千米)=死亡人数/(总行程÷100万)

行车事故直接经济损失率(元/百万车千米)=直接经济损失金额/(总行程÷100万)

二、城市公交车辆行驶

(一)行驶速度的控制

在公共汽车的运行过程中,驾驶员正确合理地控制车辆的行驶速度,是安全行车、正点运行、节约燃料、充分发挥车辆效能的重要前提和保证。正确运用经济车速,在行驶中善于针对不同的道路交通情况选择不同的车速,是公交驾驶员在行车过程中的重要技术标准和基本要求。

1. 车速的区分

车速一般分为高速、中速、低速三种。由于公交车辆的类型不同,道路交通条件的差异,什么样的速度为高速,什么样的速度为低速,也都是相对而言的。

2. 正确合理地控制车速

城市道路交通状况复杂多变,驾驶员在驾驶车辆时不可能一成不变的单纯采用一种速度行驶。应当根据当地、当时的不同情况,合理地选择车速,达到安全、正点、节能、高效的目的。要做到这一点,必须避免以下的不良倾向:心急图快,单纯采用高速;为保证安全,单纯以低速行驶;超速行驶。应该根据当时、当地的道路交通情况,做到应快则快,应慢则慢,应停则停。

(二)车辆行驶的间距

车辆在行驶过程中,后车与前车之间,车辆与左右障碍的横向之间,究竟应该保持多大距离,才能确保安全,这是一个经常要遇到的问题。尤其是在道路狭窄、情况复杂、气候条件差的情况下,这个问题更要引起注意。

1. 行驶前距

行驶前距就是指车辆在行驶过程中,后车车头与前车车尾之间的距离。如果行驶前距不当,十分容易发生事故。前距过小,容易发生后车"追尾"事故;前距过大,又会造成后面车辆不断超越,穿插进入车道,从而增加了不安全因素。

车辆行驶中,保持足够的前距,也就是要保持大于制动非安全区的距离。因此,行车前距与行驶速度有着密切的关系。当后车跟随前车行驶时,为了确保前车突然停下后,后车经制动能不撞及前车，保证自己车厢内乘客安全，一般说来可按下列方法操作，即保持行驶前距的米数约等于自己车速的千米数。如：车辆的时速为30km，前距应保持在30m；时速为40km，前距应保持在40m。这种方法是根据行车速度与制动减速的关系计算得来的，对于气压制动和液压制动都是安全适用的。但是，如果制动反应慢或遇冰雪湿滑道路，则应适当扩大与前车距离。

2. 行驶横距

车辆在行驶中，经常会在各种车辆和行人中穿行，这就要求驾驶员在行车中要根据道路交通情况、视线好坏、行车速度等，与左右两侧的障碍保持适当的横向距离。

根据我国道路的实际情况，有关部门对在各种车速下的最小横距与车轮至路边的最小距离都作了比较详细的规定。车速越高，车辆所需保持的横距越大。这是因为车速越高，车辆的横向摆振越大，而且驾驶员容易产生会车时的紧张心理。如果限于道路条件而无法保持相应横距时，则应减慢车速，或者主动靠边停车，礼让对方车辆通过后，再行通过。

在城市道路上，特别是早晚上下班时间，除了来往的机动车和行人，还有大量的自行车。与自行车保持适当横距，以避免出现刮、碰等事故，是非常重要的。一般自行车把宽在0.6m左右，加上其自身的摆动宽度，大约在1m左右，所以在超越自行车或与其并行时，应与其保持1~1.5m的横距。如汽车行驶快，或发现自行车曲线行驶或摇摆幅度较大，则应增大与其的横距。如与其横距较小时，应主动减速或停下，以防止事故发生。

（三）预见性制动的运用

预见性制动是指驾驶员在驾车行驶过程中，根据已发现的行人、车辆、地形和交通情况变化，或预计到可能出现的难以通过或有一定危险的障碍，提前作思想上和技术上的准备，提前减速有利于保护汽车的机件及轮胎，也有利于制动过程中车辆保持相对的平稳和舒适。

（四）进出站要求

1. 进站、停车

公交车辆在进站时，驾驶员应仔细观察站台道路周围情况，在距站牌30m左右时，减速进站，不得抢拦正在行进的非机动车，“截头”进站；进站后，车辆应靠边摆正，前门对准站牌，车门与路沿须保持0.3~0.6m的距离；遇前车已停于站台时，车头则须与之保持不小于1m的前距；遇到有多辆车同时到站时，第三辆车应两次站停（二次进站），前门对准站牌时方准上下乘客；两车同时到站，后车未满载时，应按“前车未起步，后车不关门”的规定执行；遇站点秩序混乱时，不准强行进站，或“截头”停车。

到达终点，驾驶员需离开驾驶室时，应关闭车辆总电源，拉紧驻车制动器操纵杆，开启驾驶室前门应看清车外周围情况，然后下车。在坡道上停车时，必须踩下制动踏板，拉紧驻车制动器操纵杆。如长时间停放在上坡处，则应挂入低挡；停于下坡处，则应挂入倒挡，并在驱动轮下垫塞三角木块后方准离开。

2. 出站

出站时，首先要通过后视镜观察右侧方，在确定无人上下车的情况下，目光呈扇形由右向车前方、车左侧扫视观察；确定左侧无同方向车靠近时，拨亮左转弯指示灯，确认安全后方可起步出站。

第二节　快速公交系统

快速公交系统(bus rapid transit,BRT)是一种来源于巴西库里蒂巴市介于快速轨道交通(rapid rail transit,RRT)与常规公交(normal bus transit,NBT)之间的新型公共客运系统,是一种大运量道路交通方式,通常也被人称作"地面上的地铁系统"。它是利用现代化公共交通技术配合智能交通技术和运营管理,开辟公交专用道路和建造新式公交车站,实现类似轨道交通的运营服务,以达到接近轻轨服务水准的一种独特的城市客运系统。

一、快速公交系统的特点

BRT 系统包括 7 项核心内容,即现代化的公共交通工具、专有路权、水平登降、车外售检票、交叉路口优先通行、乘客信息、车队管理,这 7 个部分的有效结合,使 BRT 系统具有以下特点:

1. 大容量

BRT 系统采用独特的大容量公交车辆,使得公交单车载客量增大。如库里蒂巴市使用由沃尔沃公司研制的双铰接式公共汽车,可使其单车载客能力达到 270 人,而且转向灵活。

2. 低投资

BRT 系统采用路面行驶的方式,不需要修建轨道以及使用专用车辆,只需对现有道路进行改进,土方工程量较小,因此系统的初期成本较低,建设速度快,建设周期较短。据有关资料,建设 1km 地铁需要的资金可建成 10 ~ 20km 的快速公交线路(网络)。

3. 灵活性好

BRT 系统不使用轨道,因此无需形成完备的专用道网络,所以线网可分阶段实施,交叉口信号优先、乘客信息系统等技术也可以逐步引入。同时,路面行驶方式保证了线路可以被较为方便地修正或更改,甚至在所吸引的交通流量达到系统上限时,转而建设容量更高的轨道交通系统。

4. 乘坐方便、舒适

新型的公交车辆车内宽敞舒适、噪声及振动减少,乘坐更为舒适;而水平登降站台系统的采用,使公交乘客能够方便地上下车,尤其是对携带包裹的乘客和行动不便者更是如此。此外乘客信息系统的采用,使乘客对公交系统乃至整个交通系统的情况有更清晰的把握,减少了不确定性,有效增加了乘客对公交方式的信任度。

5. 速度快,可靠性高

BRT 系统采用公交专用道(专用路权,设置道路中央),并在交叉口处具有优先通行权,因此受其他交通方式的干扰较小,车辆速度高,如库里蒂巴市的 BRT 系统运送速度可达 30 ~ 40km/h。此外,水平登降站台系统和车外售检票系统的采用,也使公交车辆在车站内的停靠时间减少,行程时间缩短,车辆的平均速度提高。

6. 安全性高

公交专用道的采用和交叉口优先权的赋予,使公共交通系统与其他交通方式完全分离,减少了公交车的拥堵现象发生,同时也避免了交通事故;而车队管理系统中车内及站内安全系统的设置,更进一步减少了抢劫等暴力行为的发生;同时车辆追踪系统和交通事故管理系统的采用,使得在事故发生时,能够及时迅速地施以救援,增加了对公交乘客人身安全的保护。

7. 污染小,耗能少

车队管理系统的采用,能够通过有效的运营管理,最优地利用现有的车辆资源;新型公交车辆的设计,使得低耗能、低排放成为可能;同时公交专用道和路口优先权的引入,提高了车速,避免了拥堵时反复的加减速和停车,也能有效地减少车辆的废气排放。

BRT 是一种高品质、高效率、低能耗、低污染、低成本的公共交通形式,充分体现了以人为本、构建和谐社会的发展理念。目前 BRT 已成为国际上广泛推广的新型公共交通方式,在我国城市交通发展中的作用也已经日益得到重视,目前我国北京、广州、郑州、济南、厦门等城市已有建成的 BRT 系统正在运行。

二、快速公交运营系统

快速公交逐渐被越来越多的人视为先进的公共交通系统。它有着轨道交通的快速、可靠、舒适和方便,但比轨道交通更灵活、成本更低、建设周期更快。在提供灵活、快速服务的同时,对环境的破坏最小。由此可见,对处于快速发展阶段的中国城市而言快速公交系统是一个理想的选择。

1. 快速公交系统运营的道路空间

快速公交系统的公交车辆主要运行在专设的公共交通专用的车道或道路上。公交专用车道的设置方式一般包括如下几种形式:

(1)中央公交专用车道;

(2)单侧双向公交专用车道;

(3)边侧公交专用车道;

(4)逆向公交专用车道;

(5)城市高架路下的公交专用道。

公交专用道路的设置方式可包括:

(1)全封闭的高架公交专用道路;

(2)全封闭的公交专用地道;

(3)公共交通专用道路。

快速公交系统的运营速度与运营能力主要取决于公交专用道路或车道的设置方式。全封闭的公交专用道路提供大容量与快速的公交服务。公交专用车道的设置可避免公交车辆与机动车辆混合使用,因此在日益拥挤的城市道路系统中可提高公共交通的运营速度。在设置公交专用车道的道路上应该在交叉口进一步设置公交优先的交通信号系统,同时有必要对道路的功能进行适当的调整,以避免其成为机动车的主要通行道路。

2. 快速公交系统的车站与枢纽

快速公交系统的车站与枢纽设施包括交通功能及与城市土地使用的结合的两大功能。其交通功能包括为公交乘客提供上下客,集中换乘以减少乘客的换乘距离与时间。快速公交的车站还包括许多轨道交通车站的特性,如岛式站台,在车站上设置收费系统,公交运营的信息管理系统,高站台以便于乘客上下车。快速公交系统车站的设计一般需要具有明显的建筑特征,以体现其与普通公交的区别以及便于乘客辨认快速公交车站的位置。快速公交系统的规划与建设一般需要结合城市的土地规划与使用的调整。世界上一些成功的快速公交系统往往结合以公共交通为发展主轴的城市用地发展原则(Transit-Oriented Development)。因此在快速公交的车站与枢纽设施周围往往是城市用地密度比较高的地区。这种规划思想不仅为城市的土地开发提供了便利的公共交通系统,同时也为快速公交系统提供了客流需求。

3.快速公交系统的车辆

快速公交系统的车辆往往采用不同于普通公交的改良型公交车。快速公交系统的车辆一般采用低地板的公交车,以方便乘客上下车。通常快速公交系统采用大型铰接车以提高系统的运输能力及减低平均运营成本。目前许多城市的快速公交系统还采用对环境影响比较小的清洁公交车辆。

4.快速公交系统的线路

快速公交系统的线路即可以采用与轨道交通类似的单一线路或是多条组合线路,但快速公交线路的组成比轨道交通具有更多的灵活性。快速公交系统的线路可以在主干线上互相组合以及在主干线的起点或终端向外进一步延伸。

5.快速公交系统的收费系统

快速公交系统的收费系统一般采用与轨道交通类似的收费体系。收费往往是在车站或枢纽点上完成的,以便于乘客快速上下车。如快速公交采用大型铰接车辆,站下收费可以保证所有车门同时上下客,以提高整个系统的运营能力与效率。快速公交的收费系统一般需要与整个快速公交系统的运营管理体制相一致。

6.快速公交运营保障体系

快速公交系统的运营保障体系包括运营组织机构以及运营保障设施。运营组织机构包含项目前期规划与实施的管理机构以及快速公交系统运营期的管理以及运营机构。快速公交系统的组织结构可以采用全部有政府结构来承担或是采用政府与私人结构合作的方式。快速公交运营保障设施一般包括资能化的交通管理手段,如道路交叉口的交通信号灯系统、公交车辆全球定位系统、公交运营车站信息管理系统等。

三、快速公交的建设优势

BRT系统适应中距离、中运量、准快速的出行要求,所能提供给乘客最理想的服务就是20~30km左右的中距离出行,运送能力大于常规公交。成功的BRT系统的运送能力可以高达2万~6万人次,而普通常规公交的运送能力为0.3万~1万人次,公交专用道上公交的运送能力为1万~2万人次。

世界上一些成功的BRT系统的运营车速可高达20~22km/h,如果全封闭的道路空间,其运营车速可高达30km/h以上。与之相比,常规公交的运营车速就要慢得多,普通公交车速仅为10km/h左右,公交专用道上的运营车速为15~20km/h。目前,北京市中心常规公交平均运营车速为15km/h左右。BRT的最大优势在于项目建设、运营和维修的成本要比轨道交通低很多,同时建设周期短、见效快、灵活性高。

四、快速公交在公共交通系统中运用的形式

快速公交在城市公共交通系统中的运用的形式可以根据各个城市的交通需求、城市土地规划,以及城市的财政状况来决定。快速公交的形式可以归纳为:

(1)快速公交成为整个公交的主体;

(2)快速公交应用于地铁或轻轨的延伸;

(3)快速公交作为今后建设地铁或轻轨的过渡交通方式;

(4)快速公交与地铁和轻轨的混合使用;

(5)独立式的快速公交系统。

第三节 公交行车调度管理

一、运营调度管理的作用和主要职责

运营管理,就是利用计划、组织、指挥和控制的职能,科学合理地安排运行各要素,在企业经营方针指导下有计划、有秩序、高效率地实现运营目标。

运营管理是一项技术性很强的工作,从管理的职能来分,包括:运营计划、运营组织、运营控制。从运营业务范围来分包括:客流调查与预测、运营条件与设施、运营组织与调度。

(一)运营调度管理的作用

(1)调度是公共交通企业基本的重要工作之一,调度是公共交通车辆从事运营生产的组织方式和手段。

(2)公共交通企业的运输设备,劳动力必须通过调度方式才能形成为乘客提供迅速、方便、安全、准点的服务效能。

(3)调度依据客流的基本规律和变化,把复杂多变的运行过程组织成协调而有秩序的运营服务,并保持其连续性与均衡性。

(4)科学的调度计划及其指挥,必须能最大限度地提高运营效率,实现其服务效益,从而取得较好经济效益,从而取得较好的经济效益。

(二)运营调度管理的职责

(1)客流调查:及时、准确地收集和掌握客流动态资料。客流状况是运营组织和管理的基本出发点,运调的首要工作就是客流的调查、分析、统计、预测组织等。

(2)线路管理:检查、督促运行准备工作,负责实施线路开辟、调整行车计划、临时改变线路的调度措施及调度设施。检查停车站和乘客所需的服务设施。

(3)现场调度:这是运营调度最经常、最具体的工作,它是为保障调度方案、调度计划的顺利执行以及使线路车辆运行保持适应客流需要的秩序,而在现场实施的调度指挥措施。

(4)行车人员与车辆调派:它集中体现在制定各种调度措施,时常处在线路变化中而需要调派行车人员与车辆,及时准确地掌握变化情况,采取措施果断合理。

(5)制定相应的规章制度:建立与健全适应运营生产发展和指标考核的各项规章制度,确保运营工作顺利完成。

(6)建立信息系统:掌握各种原始台账、记录、统计报表、资料数据,向计划部门提供运营调度业务和线路经营有关的各种经济指标。沟通运行信息,并能及时快速地反馈传递。

(三)现场调度管理具体要求

(1)严肃调度纪律:必须在调度体系内严格实行下级服从上级的调度命令,并能直接贯彻到线路。

(2)做好原始记录:是考核企业服务与技术经济指标执行情况的主要依据。因此填写行车调度报表,必须坚持实事求是,决不允许弄虚作假。

(3)提高业务水平:线路调度员应掌握企业运营安全服务和劳动组织等规章制度。要熟悉车辆的行驶性能,了解行车人员操作和服务水平及特点。

(4)调度措施及时准确(合理):线路调度措施的原则是及时运送乘客,维护行车秩序,认真做到三个为主,三个兼顾。

①以快速运送乘客为主,兼顾行车秩序调整;

②以解决长距离乘客为主,兼顾短程乘客;

③以解决高断面客流为主,兼顾起终点乘客。

(5)及时反映情况:为使分公司调度部门随时掌握运营现场动态,线路调度员应认真执行汇报制度。

①因交通受阻、肇事、纠纷或乘车拥挤,发生行车脱挡,出现20min以上大间隔。

②因故造成线路中断、间断或绕道行驶。

③遇暴雨、积水、冰雪和雾天,影响全线车辆正常行驶。

(6)加强控制与考核:加强线路调度管理的一个重要内容,通过这些信息反馈,及时分析解决运营工作的问题,以不断提高线路调度员业务水平和线路运营服务水平。

(四)现场调度管理的内容

1.行车计划的管理

(1)在线路正常情况下,调度员要严格执行行车计划,保证行车计划的具体落实。

(2)在线路出现临时情况或客流发生变化,调度员要尽快采取调度措施,尽快恢复线路正常运营秩序。

2.运营车辆的管理

(1)调度员要掌握线路及车队车辆的使用情况,严格执行车辆调动需经调度员同意并签发路单。

(2)具体掌握各车辆执行生产任务安排情况和车辆完成生产任务情况,随时掌握运营车辆动态。

3.劳动人事的管理

(1)负责所在线路司售站务人员的出勤考核工作,负责对有关岗位进行重新调配工作。

(2)负责平衡运营线路配车和司售人员劳动力的工作,及时安排车、点、班变动工作,确保车辆及人员按行车计划投入运营。

4.线路(场站)设施的管理

(1)负责线路(场站)服务设施(站台、站杆、站牌、车牌)综合管理,确保各种服务设施符合质量要求。

(2)负责场站职工所需生活设施及办公设施的综合管理,确保公物不受到损坏,资产不造成浪费。

5. 车辆技术的管理

(1)负责对车辆定期维护工作的安排,确保车辆按时、按需进行各种正常检修维护。

(2)负责掌握各车辆技术性能和车辆完好情况,对故障车辆及时通知有关人员安排抢修并如实记录故障情况和修复情况。

6. 安全服务的管理

(1)遇有特殊天气和特殊情况,应及时采取调度措施并负责对驾驶员、售票人员的安全叮嘱。

(2)负责在调度工作中的安全管理工作,并对突发安全情况进行简单的处理。

7. 服务票务的管理

(1)负责对本线路整体服务质量的管理,全面落实各项服务要求,处理好乘客来电来访的接待工作。

(2)负责对本线路的票务日常管理工作。加强对票务制度的管理和落实具体操作规程。

8. 运营生产指标的管理

(1)负责完成本线路运营生产质量指标。组织、实施运营生产工作,确保各项质量指标的完成。

(2)负责完成本线路运营生产效益指标。要以完成企业效益指标为前提,确保不断提高企业经济效益水平。

二、行车时刻表管理

行车时刻表是公共交通企业车辆运营的具体组织形式,也是计划调度的基本形式。它直接反映公共交通客运工作的社会服务效益与企业经济效益。

1. 编制行车时刻表的原则

(1)全局性。行车时刻表虽是分线路编制,但必须从全局出发,服从车队、分公司经营管理的有关规定,要保证完成上级下达的各项生产计划和考核指标。

(2)效益性。一切经济工作都必须讲究经济效益,行车时刻表在保证社会效益的同时,应努力提高经济效益。

(3)平衡性。行车时刻表也是计划,掌握客流动态,充分考虑以运能与运量为中心的各种平衡,各项指标定额要积极合理。

(4)季节性。根据季节性客流量的变化适时调换行车时刻表,依据平日、假日、节日的不同客流量,应有不同的行车计划安排。

2. 编制行车时刻表的依据

(1)掌握本线路客流在时间上、方向上、断面上的动态数据,确定行车调度方法。

①时间上客流不均衡规律。主要用于分析线路各时组内客流变化程度,从中找出线路客运高峰与客运低峰。

②方向上客流不均衡规律。主要用于分析线路在同一时组内双方向乘客流量的变化程度以确定线路主要方向的行车频率和配车。

③断面上客流不均衡规律。主要用于分析线路在同一时组内各断面客流满载的程度,也就是各个站通过的乘客人数的多少。

(2)依据企业制定的满载率标准(高峰70%,低峰60%),计算各时间分组小时车次及行车间隔。

①满载率指公共汽车运营车辆运载乘客的平均满载程度。

满载率=[高(低)峰小时断面客流量÷高(低)峰小时断面通过的车次×定员]×100%

②确定时间分组的小时车次指单位时间内(小时)通过线路某一断面(或中途站)的车辆数。

确定各时间分组的小时车次:首先要选择好各具体时间分组;第二要选择客流主要方向;第三要选择中途站最大断面的客流量。

小时车次=单位(小时)时间内最大断面客流量÷[车型定员×满载率标准(60%~70%)]

③行车间隔指前后两辆车在运行过程中经过某一站点的时间(分钟)距离(注:行车间隔保留一位小数)。

行车间隔=60min/小时车次

(3)依据营业时间、单程行驶时间和停站时间,确定各时组使用车辆数。

①营业时间是一条线路组织运输的开始时间和终止时间。

营业时间一般有首站发车时间和收车时间、末站发车时间和收车时间。

②单程行驶时间(单程点)指运营车辆由发车站到终点站的行驶时间。其中包括中途各站行车上下乘客的时间(在早晚时间、低峰时间和高峰时间、单程行驶时间可在15%以内上下浮动)。

③停站时间指运营车辆行驶一次后在终点站的停留时间。依据公共交通的特点,停站时间有高峰与低峰的区别。

高峰首末站停站时间平均5min,低峰首末站停站时间按(单程行驶时间×20%)确定。

④确定各时间分组的计划配车数:

a. 计划配车数指根据客流需要和线路运营计划安排投入线路进行运送乘客的运营车辆,通过各时间分组使用车数的不同来确定生产劳动力的分配和需求。

计划配车数=周转时间(min)÷行车间隔(min)

b. 车辆周转时间指运营车辆在规定的线路上运行一个往返行程需要的时间。

周转时间=(单程点+平均停站点)×2

(4)依据工时标准确定每班行车次数和交接班地点以及行驶里程。

①劳动工时:

车路的劳动工时包括辅助时间、进出场时间、行驶时间和停站时间四项内容。

辅助时间:发出前的报到时间。

早晚班辅助时间一律班前15min。

正班劳动工时:7:50~8:10(有效工时390分)

单班劳动工时:7:30~7:50(有效工时370分)

有效工时:指车辆在线路上纯行驶时间,不包括首末站停站时间、吃饭时间、辅助时间。正班有效工时390~400分;单班有效工时370~380分。

②车型定员是用以考核客流高峰时间的满载程度和确定配车数的依据。

3. 行车时刻表的严肃性与灵活性

(1)行车时刻表是根据客流变化规律编制的。行车时刻表一经批准,就必须保证其严格执行。

(2)符合客流实际的行车时刻表具有高度的预见性。当外界客观条件发生变化的时候,车辆的运行就不能按行车时刻表进行组织,也就是必须采取临时性的调度措施起到调整平衡的作用。

(3)正确对待严格执行行车时刻表和临时性调度措施的关系,两者是矛盾的统一体。行车调度的宗旨在于保证时刻表的严格执行或调整平衡行车时刻表,使扰乱了行车秩序迅速恢复正常。

三、加强车队运营管理的工作

公共交通企业的服务质量是一个综合的概念,为了保证达到服务质量标准。公共交通企业要做好经营计划、线网规划、运营调度、行车服务、车辆保修和劳动组织等方面的工作,但作为车队应该意识到自己是这种全面综合服务工作的实施者和组织者。以运营管理为基础,促进车队整体管理工作的提高,运营管理要重要做好以下几个方面:

(1)掌握本车队各线路客流量及变化规律。

(2)编制科学合理的行车计划,并确保计划的执行。

(3)加强运营原始记录,统计台账和统计报表工作。

(4)正确认识运营生产指标和其他指标的关系,摆正运营生产的管理位置。

(5)加强调度员的管理和业务指导。

(6)建立健全运营管理规定,严格执行规章制度。

(7)加强车队运营指标考核。

第四节 物联网技术在公交安全管理中的应用

物联网(Internet of Things)是一个基于互联网、传统电信网等信息承载体,让所有能够被独立寻址的普通物理对象实现互联互通的网络。它具有普通对象设备化、自治终端互联化和普适服务智能化三个重要特征。自2009年8月温家宝总理提出“感知中国”以来,物联网被正式列为国家五大新兴战略性产业之一,写入“政府工作报告”。智能交通系统(ITS)是物联网技术应用的典型案例。ITS是利用现代信息技术为核心,利用先进的通信、计算机、自动控制、传感器技术,实现对交通的实时控制与指挥管理。交通信息采集被认为是ITS的关键子系统,是发展ITS的基础,成为交通智能化的前提。无论是交通控制还是交通违章管理系统,都涉及交通动态信息的采集,交通动态信息采集也就成为交通智能化的首要任务。

公共交通工具是倡导城市居民“低碳”出行的首选,但公交系统的服务质量却一直存在很多问题,如公交车到站准点率不高、乘客候车时间长、交通高峰时非常拥挤、乘车时间长等。通过物联网技术,采用RFID技术,能够对公交车自动识别、定位、监控和管理,通过网络将信息共享,在站点实时显示车辆信息,调度中心可以及时快速反应、科学调度,改善公交服务质量。在公交安全管理中,可有效地解决车辆监管、场站安保、调度业务等相关问题,实现公交产业数字化、智能化改造,提升行业管理水平和工作效率。

物联网技术公交安全管理应用主要由车载监控系统和站点监控系统两部分组成,利用先进的"物物相联技术",将用户端延伸和扩展到公交车辆、停产场站中的任何物品间进行数据交换和通信,全面立体地解决公交行业监管问题。

1. 车载监控系统

车载监控系统是由多个子系统组成,各子系统通过约定的物联网协议进行数据通信,收集到的各种信息汇总到公交监控中心处理。

1)车载视频监控系统

视频数据传输量较大,车载视频监控子系统和无线网络传输子系统结合为一体(即内置3G模块的车载硬盘录像机),车载硬盘录像机将采集到的车载视频信号进行压缩处理后通过3G无线网络传输至指挥中心。车载视频监控系统采用了大量物联网技术,如3G无线视频网络传输技术,车载硬盘录像机与其他车载终端间数据交互技术等。

车载视频监控系统有效地解决了公交安全监管碰到的盗窃、抢劫、服务纠纷、司乘人员贪污票款等问题,同时遏制了针对公交车辆恐怖袭击事件的发生。

2)公交调度管理系统

公交调度管理系统负责公交业务管理,由以下几部分组成:GPS定位子系统、调度管理子系统、报站器子系统、行车记录子系统、刷卡器子系统等。

相关物联网技术应用:车载终端将采集到的GPS定位信息实时上报至指挥中心;指挥中心将调度信息下发至车载终端,并与调度终端进行数据交换;报站器子系统可根据GPS定位信息进行语音报站;行车记录子系统和刷卡器子系统定时上报业务信息。

3)车载视频监控系统与公交调度管理系统间的信息交互

通过物联网技术可将车载视频监控系统与公交调度管理系统有机的结合,相互交换工作状态信息。

4)监控中心

监控中心负责各种数据的统一管理,车载终端将视频数据、GPS定位信息、车辆行驶信息、报警信息、设备故障信息等汇总上报监控中心,监控中心则将相关数据分类处理。

业务数据处理子系统收集GPS定位信息、车辆行驶信息,通过对车辆状况信息的实时处理,并下发车辆调度指令,实现远程公交调度管理功能。

安全监管子系统采集车辆行驶信息、报警信息、视频数据、设备故障信息等,通过对相关信息分析实时了解车辆运行状况,发生不同警情时可实施相应的处理预案,如设备出现故障则自动生成派工单安排人员对故障设备进行维护。

2. 场站监控系统

1)车辆和驾驶员管理

车辆和驾驶员管理采用RFID射频识别技术,将公交车出入时间和车辆编号记录保存,避免非当班车辆驶出停车场;驾驶员开动车辆前需先刷身份识别卡,并将相关信息通过车载调度终端上传至监控中心,监控中心自动比对车辆信息和驾驶员信息,避免错开车辆等问题的发生。

2)站点监控

公交车站是盗贼经常出没的场所,站点安装视频监控设备可有力地震慑偷盗行为;同时调度中心可实时查看站点等车人员滞留情况,如发现人员拥挤可增开公交车协调运力。

3)停车场监控

停产场除了安装 RFID 读卡器用于实现车辆和驾驶员身份外,为防止外来人员开动公交车辆,一些公交公司尝试在停车场入口安装带车牌识别功能的高清相机,在识别车辆牌照信息的同时拍摄一张车辆出场照片,要求照片能看清驾驶员的面部特征。

3. 公交安全管理系统相关物联网技术分析

1)无线网络传输技术

由于公交车辆运动的特殊性,网络传输介质一般使用运营商无线网络,3G 网络发牌已经一年多,网络已覆盖率国内大部分城市市区,这对物联网技术在公交行业应用发展起到了促进作用。

3G 网络相对 2G 网络带宽成倍增大,可满足 CIF 格式低码流视频网传的需要。由于运营商网络资费限制,目前公交车载视频网传大多采用按需网传的方式:在发生警情、纠纷、乘客大量滞留时,驾驶员按下报警按钮,监控中心弹出相关视频。3G 网络还可实现各种公交业务数据交互,便于监控中心调度管理。

2)车载硬盘录像机物联网技术应用

车载终端中车载硬盘录像机慢慢地向核心终端设备发展,在公交安全监管系统中发挥越来越重要的作用。

车载硬盘录像机除了具备视音频采集功能外,还可支持无线网传、GPS 定位、行车信息记录、调度管理、多媒体广播等功能,并可与报站器、刷卡器等终端进行互联,从而实现对系统终端的统一管理,同时也可节约大量的人工成本,提升业务管理水平。

第九章　设备设施安全管理

在道路交通系统中，人是能动者，是系统的核心。车辆是必要的设备设施，保障其安全应包括：车辆的设计、制造；车辆的安全检测；车辆的维修等环节。良好的设计与制造，是车辆安全性能的前提条件，而车辆的检测与维修是保证车辆技术状况完好的必要措施。道路环境是系统的基础，为保障系统安全，它应是合理设计、修建，可靠并及时维护。另外，还需配备完善的信号、标志，正确的监控措施等。

第一节　营运车辆安全管理

一、汽车的安全技术

汽车安全性质按照交通事故发生的前后分为主动安全性和被动安全性。汽车的主动安全性是指事故将要发生时操纵制动系或转向系，防止事故发生的能力，以及汽车正常行驶时保证其动力性、操纵稳定性、驾驶舒适性、信息性正常的能力，也叫事故前汽车安全性。汽车的被动安全性是指事故发生时保护乘员和步行者，使直接损失降到最小的能力，以及事故后，防止事故车辆发生火灾以及迅速疏散乘客的能力，也叫事故后汽车安全性。汽车安全技术的主要内容如图 9-1 所示。

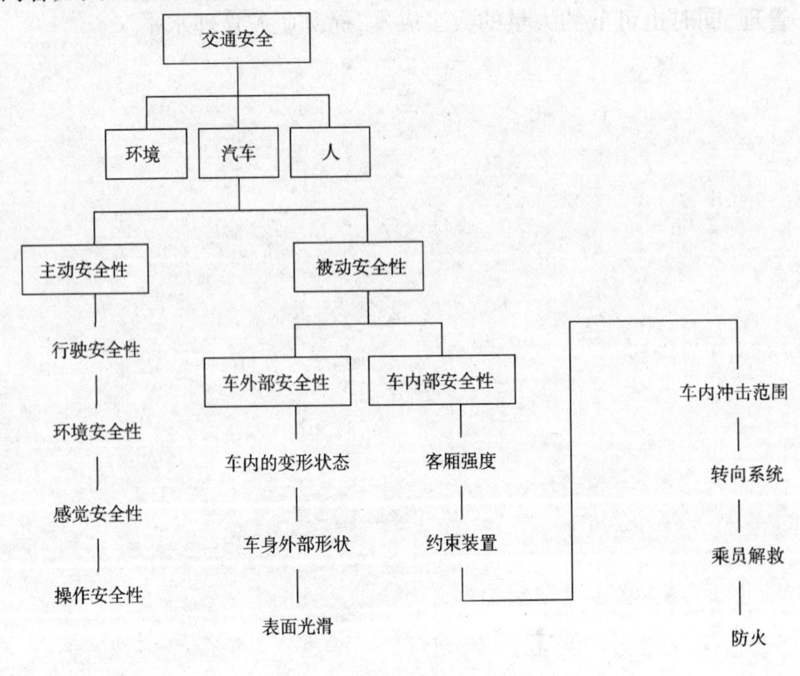

图 9-1　汽车安全性研究内容

二、公交车辆安全结构

公交车的安全结构包括安全通道和消防设施两个方面。当交通事故发生时，安全通道可为乘客提供安全、方便的逃生通道，这为乘客的生命和财产安全提供了有力保障。消防设施则可控制初期火势，控制灾情扩大或初期火苗扑灭，为乘客赢得更多的逃生时间。

(一)安全通道

1. 安全门

目前大多数营运客车，一般在车辆的左后侧安装一个安全门。通常做成机械门，因为电动门容易发生故障，这样即使出现危难，也能安全打开，使乘客成功脱逃。同样，当客车向右侧翻或落水的时候，乘客可以打开左侧的安全门撤离客车。

安全门的开关一般位于左边靠后座椅处。乘客遇紧急情况时，在极短时间内就可通过安全门逃生。安全门旁边座椅下有一按钮，将其按下，座椅后自动折叠起来露出安全门，再通过门边的开关即可打开。安全门在车内外都可打开。

2. 乘客门应急开关

在车内和车外都安装有乘客门应急开关。在仪表台右侧下方装有红色应急开关，当车内开门系统出现故障或非常紧急的情况时，可将磁开关按箭头指示方向旋转90°，即可切断车门气源，并排放驱动缸内的压缩空气，同样用手便可推开车门。门外应急开关安装在活动车门外的保险板里面，遇紧急情况时，打开保险板，转动旋钮，排放驱动缸内的压缩空气，便可手动推开车门。

3. 安全顶窗

安全顶窗通常安装在车厢前后顶部。安全窗上设有换气扇(选装)，可吸气或排气。换气扇由安全窗换气扇开关控制，平常调节车内空气只需按动该开关即可吸气或排气。

紧急情况下开启安全窗的方法是：

(1)双向推开安全窗；

(2)拉去塑料防护罩；

(3)旋转手柄并推出。

注意：由于安全窗型号的区别，紧急开启方法有所不同，具体操作要参照安全窗是所附的使用说明。

4. 安全窗

凡只有一个上下客车门的密闭型客车，其车厢后左右侧影设置安全窗。应保证安全窗不用其他器具即可向外推开，紧急情况下打开有机玻璃护罩，逆时针旋转红色锁把，即可向外打开安全窗，开启角度大于90°时，安全窗可自动脱落。

5. 应急锤

应急锤布置在左右车窗两侧的窗柱上。遇非常紧急情况时，可使用悬挂在窗柱上的红色应急锤打碎前后风窗玻璃或侧窗玻璃逃生。客车使用的车窗玻璃均由安全材料制成，一般不会对人身造成伤害。

(二)消防设施

客车需配备有足够的消防灭火器材，其中车辆前半部分至少配备两个标准灭火器，后半部配备两个标准灭火器或两个干粉灭火器。

三、车辆使用安全管理

虽然机动车辆在整车布置、结构设计、总成匹配、材质选用上充分注意到了对安全性能的保证,但车辆在使用过程和保修过程中,有可能由于某些原因,不能再保证应有的安全性能或使安全性能降低。因此,加强对车辆使用与保修环节的管理,是保证行车安全极为重要的内容。

(一)机动车辆使用管理

行车安全与否,使用往往是第一位的直接因素。在某种意义上讲,车辆使用是车辆安全性能的最终体现,没有出车之前对车辆的认真检查,在行车中不注意正确合理的驾驶操作,又不能及时、准确地报修,行车安全是没有保障的。因此,必须加强对车辆使用各环节的管理,以确保行车安全。

1. 出车前对车辆的检查

出车之前对车辆进行认真的检查,不仅能够及时地发现隐患,避免途中发生意外故障,而且对于保障行车安全有着直接的意义。出车前的例行检查内容涉及车辆各个系统,除保证正常行车的检查项目外,还要强化行车安全的检查,主要是那些与安全有直接或间接关系的项目,例如制动系统、转向系统、传动系统、行驶系统、车身等相关内容。

(1)对制动效能的检查。制动效能是制动系统各总成装置及至操纵机构、仪表信号的功能效用的综合表征,其中哪一方面失去正常功能效用,都会削弱或不能保证制动效能而危及行车安全。

①对制动力介质的检查。以压缩空气为制动力介质的气压制动系统,没有足够的压缩空气便不能保证对车辆产生足够的制动作用。足够的压缩空气量来源于空气压缩机(打气泵),并储存于储气罐、输送压缩空气的管路和阀类。出车之前应首先检查涉及压缩空气量的总成、装置的效能作用,诸如空气压缩机的上气情况,储气罐、管路、阀类有无漏气。对于以制动液为制动力介质的液压制动系统,同样要首先检查制动液量,尤其是制动总泵储液室内的油量。有无漏油情况也要注意检查。

②对制动传动总成机件的检查。从驾驶员踩下制动踏板到制动蹄片被张开贴压制动鼓产生制动,其间要经过各传动总成机件的连接传递。如果其中某一总成机件中断传递,也不能产生有效制动。因此,出车之前注意检查这些总成机件的连接传递情况是十分必要的。对传动总成机件的检查内容,指对除去制动力源部分(空气压缩机、储气罐)以外的传力(气管、销套、分泵)、控制(总泵)及作用部分(制动器)的检查,包括:制动踏板与踏板轴的连接;踏板与拉杆的连接;总泵的控制作用情况;制动软管与管路的连接;分泵推杆与制动凸轮摇臂的连接,以及各阀类的动作情况等。

(2)对转向效能的检查。车辆转向效能是转向系统各总成装置功能效用的综合表征。无论是转向变速机构还是转向传动机件失去正常功能效用,都将影响转向的灵敏可靠,构成对行车安全的威胁。

①对转向盘的检查。对转向盘与转向轴的连接也要注意检查。连接螺母要紧固锁止,防止转向盘拔脱。

②对转向传动件的检查。

(3)对行驶系统的检查。

行驶系统包括车轮、车桥、车架与悬架。其中与行车安全直接有关的是车轮。如果车轮从车桥上甩出,或是前轮轮胎在行车中爆破,都会引发行车事故。

(4)对车身的检查。车身对行车的安全影响,主要来自于伸出车身外之物。例如,向外开启的箱盖在行车中被颠振开;铰接篷布破损或篷杆歪斜;在车身上定位的排污放水(储气罐)手柄被刮动等。向外张开的箱盖或歪斜的篷杆,在行驶中会车或穿行于密集车流人流时会导致刮碰的危险。因此,出车之前要注意对箱盖扣合、铰接部位、可动手柄的检查。

当车辆较长时间停放后,出车之前还要注意对车下的查看,以防可能有人钻到车下的不测。

此外,后视镜的固定情况,各类灯光、指示信号,加油口盖等,在出车之前也应检查。

2. 行车操作与观察

经出车前对车辆安全检查后,车辆起步运行,开始驾驶车辆的行车过程,这是安全行驶的直接过程。这一过程是否能安全驾驶操作和留意观察动态变化,直接关系到行车安全。

(1)起步操作。车辆起步是使车辆从静止状态进入到运动状态的操作。在车辆起步之前,要注意观察车外情况,做到平稳起步。过猛的起步也可能发生前撞后碰事故(离前车过近或错挂倒挡)。当前轮还在偏转的位置上,起步过猛还会在左右方向上发生碰撞。

(2)行车速度。“十次事故九次快”简明地表述了行车速度与行车安全的密切关系。据资料表明,当车速为30km/h,制动距离是8.10m,车速达到60km/h,制动距离则达28.9m。

(3)滑行与制动。滑行是利用车辆行驶惯性的操作。无论是加速滑行还是减速滑行以及选用坡道的滑行,都要求在保证安全的前提下进行。通过险路、陡坡时禁止滑行。

制动的动作宜为点踩制动踏板或缓踩制动踏板,尽量避免急踩制动踏板。特别是对于运送乘客的车辆,更应注意避免,以防造成乘员的磕摔。

(4)行车中的观察。一是对车外动态、静态情况的观察,二是对与车辆本身有关性能动态的观察。以上提及的集中精力,即是对车外情况观察的要求。这种认真观察加之适当的操作措施,对行车安全是很重要的。而行车中适时留意车辆状况的变化,如对气压表、机油表、水温表等反映车况仪表的观察也是十分必要的。

纵然采取的驾驶动作适当,但如无气压,车辆也不能按需要减速停车。此外,方向的异常、制动的异常以及其他异样情况,出现异响异味,都要留意观察乃至停车检查。当出现这些情况,处置时也要注意自身的安全。

(5)停驶报修。车辆停驶要按规定停放,停放车辆要留有安全间距和通道。停放的车辆要关好门窗、切断总电源,并按要求放水排污,执行有关规定。最后要针对车辆的存在问题,认真地报修,以把故障隐患消除在车辆使用前,这对于行车安全是极重要的。

(二)机动车辆维护管理

1. 基本精神

我国现行的汽车维护制度贯彻“安全第一、预防为主”的方针。“预防为主”的设备管理原则在世界通行,只有做好事前的预防性工作,才能使设备经常保持良好的技术状况,减少故障频率,降低消耗,延长使用寿命。现行的汽车维护制度,依据国家有关标准规定的行驶里程或间隔时间,必须按期执行维护作业。这进一步强调维护的重要性和必要性,使运输单位和个人更加重视车辆的维护,防止因追求眼前利益而不及时维护,从而导致车况严重下降,影响安全生产。

2. 维护分类

维护分定期维护和非定期维护,定期维护分日常维护、一级维护和二级维护。非定期维护分为季节性维护和走合维护,季节性维护可结合定期维护进行。

3. 各类维护的作业范围

1)日常维护

日常维护是日常作业,由驾驶员负责完成。其主要内容是清洁、补给和安全检视。它是保持车辆正常工作状况的经常性,必需性的工作。坚持“三检”,即出车前、行车中、收车后检视车辆的安全机构及各部机件连接的紧固情况,保持“四清”,即保持机油、空气、燃油滤清器和蓄电池的清洁,防止“四漏”,即防止漏水、漏油、漏气、漏电等。

2)一级维护

一级维护由专业维修厂负责执行。其主要内容除日常维护工作外,以清洁、润滑、紧固为主,并检查有关制动、操纵等安全部件。

3)二级维护

二级维护由专业维修修厂负责执行。其主要内容除一级维护所包括的工作外,以检查、调整转向节、转向摇臂、制动蹄片、悬架等经过一定时间的使用容易磨损或变形的安全部件为主,并拆检轮胎,进行轮胎换位。

4)季节性维护

由于冬、夏季的温差大,为使车辆在冬、夏季合理使用,在换季之前应结合定期维护,并附加一些相应的项目,使汽车适应气候变化了的运行条件,此种附加性的维护称为季节性维护。

5)走合维护

为了保证汽车的使用寿命,汽车在投入运行初期(包括大修车以及新装大修过发动机的汽车)都应进行走合期的磨合,用以改善零件摩擦表面几何形状和表面层物理、力学性能。

(三)行车安全的相关管理

前面提及的机动车辆的使用与维护的管理,相对来说是静态的管理。车辆技术状况在使用中会发生变化,不同的运营方式对车辆安全管理也有所不同,不同季节也使车辆的性能发生改变等,这些问题与环节可看做是动态方面的管理内容。对车辆的安全管理有不同情况的专业规定,以下只将需要强调的几个方面简单地加以说明。

1. 做好出车前的检查

出车之前一定要认真检查车辆,即使是同一辆车,不同时段车况很可能不同。这就要求接车后、出车前一定要认真对车辆进行检查。同样,同一车种、同一车型,每辆车的具体状况性能也有差别。因此,在换用车辆时,更要认真检查车况。当然,从安全角度考虑,要加强定人定车定路线的管理,尽可能减少换车换线行驶。

2. 做好不同季节的车辆安全管理

严冬季节会出现车辆气路管道发生结冰而影响制动效能,风窗玻璃结霜影响驾驶视线等情况，对于行车安全都很不利。而在酷暑季节又会出现车辆油路气阻、制动管路气阻、轮胎温度升高、涉水后制动性能变差等情况，同样对行车安全产生不利影响。

对此，要强调使用、保修的季节性养护措施的落实，采取有效的管理手段，使季节变化带来的问题得到解决，保证安全行车。

3. 在技术培训、安全意识和能力上加强管理

为保证车辆应有的安全性能和行车的安全，无论使用人员、保修人员还是管理人员都存在进一步进行技术、技能培训的问题，以便从职工技术、业务水平的提高上保证安全；对职工安全意识教育也要加强，以便从职工思想认识、职业道德水平的提高上保证安全；管理的效率和水平也需要进一步提高，以便从管理上加大保证安全的力度。

（四）加强车辆管理的途径

1. 加强车辆使用管理的途径

（1）加强爱车教育。

（2）加强技术培训。

（3）根据运营线路特点合理选择适用车型。

（4）明确车辆使用管理中各岗位的职责。

（5）建立规范的车辆使用管理制度体系。

（6）建立完善和科学的车辆使用管理考核体系。

（7）加大对车辆使用情况的检查力度，严格考核责任人，保证各项规章制度的落实。

总之，只有端正车辆使用者、管理者对车辆使用管理的正确认识，明确各自的职责、落实各项管理制度、加强督促检查、严格按相关规定考核责任人，才能使整个车辆使用管理工作提升到更高的水平，为企业创造经济效益和社会效益奠定扎实的基础。

2. 加强车辆基础信息管理的途径

在车辆使用、维修各环节加强信息收集、整理和传递是车辆管理工作最重要的组成部分之一。

（1）建立健全各车型技术档案。建立包括包含技术要求的购车合同副本、整车说明书、发动机说明书、底盘说明书及各级维护制度和安全操作规程在内的技术档案。

（2）建立健全车辆档案。按车辆牌照号、自编号、生产厂家、出厂日期、车辆型号、燃料类型、发动机编号、底盘编号、运营线路等项目建立计算机车辆档案管理系统。随时根据车辆新增、报废、线路调整情况更新车辆档案相关内容。

（3）建立车辆重大改造台账。车辆重大技术改造项目要按车辆自编号、路别、改造地点、改造进出厂日期、改造资金来源及金额、更换主要总称名称及生产厂家、验收人等项目建立台账，并在台账中按车型附改造作业项目及工艺要求、车辆改造后维修使用说明、完工交接单以及出厂后使用情况反馈等内容。

（4）建立车辆内部变动交接台账。由于车辆在各运营车队间调整的频繁，给车辆管理工作带来诸多不便，交接工作不严密还会造成管理混乱、责任不清影响运营生产。做好车辆变动交接工作首先要有内部车辆调动通知及交接单，技术管理部门主管人员组织监督双方车辆管理人员当面按完好车标准检查验收车辆。建立包括自编号、调入调出车队、路别、调动日期、交接人等内容的台账。并将车辆内外设施、车辆外观、车辆技术状况等检查情况在台

账中注明。

(5)建立车辆维护、小修、返修台账。按自编号、维护和修理编码、日期等项目建立计算机管理台账。

(6)建立重大机械事故管理台账。按自编号,队别和路别责任人,事故发生的时间、地点及采取的措施,发生车辆机械事故前维护、故障报修情况,车辆解体鉴定原因、鉴定人及处理意见,车辆修复方案、承修单位、维修出厂时间、出厂检验人员等项目建立车辆重大机械事故记录台账。

第二节 车站设施安全管理

一、车站基本设施

站台是提供乘客上下车的平台,有首、末站和中途站之分,是广义公共交通服务设施的重要组成部分。站台设施包括在公共电、汽车的首、末站或中途站的站台上为乘客提供候乘条件和服务信息的各种设施。

1. 候车廊(棚、亭)

候车廊是在公共电、汽车站台上设置的为乘客候车时遮阳、避雨的服务设施。乘客出行首先要到站台候车,站台是乘客与公交客运服务的第一接触点,为乘客提供良好的候车环境,既是服务质量的内涵,也是公交企业服务宗旨的体现。

2. 候车座椅

候车座椅是安装在候车廊内提供候车人使用的坐具,也是候车廊的配套设施。城市公交客运车辆的运行间隔虽然不大,但对于老、幼、病、残、孕乘客来说,在候车时能有个可坐之物,暂时缓解一下旅途中的疲劳,其作用是很大的,特别是我国已进入老龄化社会,随着老年人的增多,候车廊中安装座椅,意义更为重要。

3. 客运提示

客运提示是指在站台上为乘客提供的乘车服务信息。为了使乘客出行方便、乘车便利,在候车廊内的可利用空间悬挂或张贴业务性或服务性宣传品。例如“乘车须知”、“线路图”、“换乘图”、“票价表”等。随着近几年我国经济建设的快速发展,许多城市公共交通的站台设施有了很大改善,为乘客乘车提供了很大的方便。

4. 通信与运行显示

通信与运行显示是指在站台上为乘客候车时提供的客运车辆运行信息,这是站台上的高档服务设施,是公交站台设施的发展方向。在站台上安装了通信和运行显示,乘客不论在哪个站,都能通过站台上的通信与运行显示,即时获得公交线路的车辆运行状况,把被动等车变成主动选择,这是城市公共交通实现智能化的最高阶段。

5. 站台护栏

站台护栏是站台上安装的供乘客排队候车的围挡设施。为了维护良好的乘车秩序和乘客的乘车利益,保证乘客的乘车安全,在有条件的首、末站和中途大站上都应安装站台护栏。站台护栏的高度以1.5m左右为宜,护栏排队口的间距以1m左右为宜,安装要牢固。

二、车站设施管理

站台设施中的候车廊、候车座椅、站台护栏应由基建或行政部门负责设计、安装，并定期油饰。站台设施中的客运提示、通信与运行显示应由运营部门协调科技部门负责管理，确保服务功能的齐全和服务信息的准确。

公共电、汽车的站台是乘客与公共交通的第一接触点，也是公共交通企业为乘客提供直接乘行服务的开始，因而站台秩序的管理也是公交运营的重要内容。井然的站台秩序、良好的设施能够维护乘车秩序和运营秩序。

三、车站秩序的管理

（一）站台秩序的管理原则

公共电、汽车的车站分布于城市的各个角落及中心区，数量之多、分布之广是有目共睹的客观存在。以北京为例，市公共交通总公司共有运营线路400多条，设置上万个车站。这些站台的秩序、面貌不仅是公交企业关心的问题，更是各界乘客和市政府关注的问题。公共电、汽车是北京居住人口出行的主要交通工具，客流量一直保持在较高水平，"乘车难"也是政府和公交企业多年致力解决的问题。但如此规模、如此分布的站台仅靠公交企业来维护秩序是不现实的，按照实事求是的原则，遵循"人民公交人民办"的宗旨，公共电、汽车的站台秩序采取了不同的管理方法。公共电、汽车线路首末站的秩序由公交企业负责管理，运营线路的中途各站由政府组织乘车单位和社会负责管理、公交企业协助管理。

（二）中途站站台秩序的管理

中途站站台秩序的管理是由政府组织社会和乘车单位派专人维护秩序，公交企业和乘务人员积极配合。这项活动是城市精神文明建设的一项内容，以北京为例，市政府设置了必要的管理机构——乘车秩序办公室，负责组织协调。乘车秩序办公室与公交企业共同选择换乘客流大的中途站作为管理对象，由社会或乘车单位派人或雇佣人员维护站台秩序。乘车秩序办公室负责制定站台秩序维护人员的职责并对工作质量进行检查考核。公交企业负责配合，一是负责教育乘务人员执行进出站规定，主动协助维护站台秩序人员的工作；二是经常走访派人单位和维护秩序人员，听取意见，改进工作。

（三）首末站站台秩序的管理

首末站站台秩序由公共交通企业负责管理，设置专人维护秩序。管理的内容包括以下各项工作。

1. 站台的分类和站台服务员的设置

根据客流情况和实际需要，公共电、汽车的首末站共划分为3类。一类站是指商业区、旅游点、枢纽站及全日客流量最大的首末站；二类站是指工业区、居民住宅区、早晚高峰客流集中的首末站；三类站是指全日客流量较小且稳定的首末站。

首末站站台应配置必要的候车设施，应设置供乘客候车的站台，特别是一、二类站应配置遮雨、遮阳的站棚和排队候车的栏杆。

一类站设置专人全日维护站台秩序，一般自早高峰起至晚高峰过后，分为二班上岗。二类站设置专人早晚高峰维护站台秩序，一般自早高峰起至早高峰止、自晚高峰起至晚高峰止,配备一班人员上岗,上岗时间全日累计不应少于4h。三类站不设专人维护站台秩序,根据需要临时组织运营线路管理人员或义务人员维护站台秩序。每个站台在上岗时间应配置2人以上维持秩序。

公共交通企业应设置站台服务员的工种,配备足够的专职人员维护站台秩序。随着市场经济的发展,很多单位尝试雇佣小时工维护站台秩序,取得了很好的效果。伴随改革的深入,公交企业还可能探索其他方式解决专职站台服务人员的设置问题,但探索成功与否的标志就是有没有井然的站台秩序。

2. 站台服务员的职责和检查标准

站台服务员的基本职责是督促乘客排队、依次上车,照顾乘客下车安全和车辆进出站安全,维护站台候车、乘车秩序。站台服务员的具体职责是:(1)有栏杆的站台组织乘客排队候车,无栏杆的站台组织乘客在便道上候车;(2)车辆进站时提醒乘客注意安全,协助老、幼、病、残、孕乘客安全上下车;(3)疏导乘客有秩序地乘车,协助乘务员关好车门。

检查站台秩序的标准是:候车不下路,乘车有秩序、不混乱、不拥挤,不发生交通事故和乘车纠纷。检查站台服务员工作质量的标准是:准时上岗,佩戴标志,认真负责,照顾重点,文明执勤,秩序井然,站区安全,守纪律,站区卫生,调解纠纷。

3. 站台秩序的日常管理

站台秩序的日常管理应设置专人负责,其主要工作职责如下。

(1)经常进行调查研究,了解站台客流变化和道路状况,及时调整站台类别,检查站台设施状况,督促有关部门维修。

(2)经常对站台服务员进行业务和职业道德的培训,解决站台秩序管理中的问题。

(3)考核站台服务员的工作质量,奖优罚劣。

(4)培养先进,总结经验,开展争创文明站台活动。

第三节　车辆维修安全管理

一、车辆维修企业危险因素分析

公交运营企业的汽车维修分公司是多工种联合交叉作业的综合服务单位,生产作业环境复杂,影响安全生产的因素很多,成为公交运营企业安全生产的重点关注对象,成为安全生产的重点防范单位。汽车维修过程中容易发生事故的包括以下环节:

(一)汽车移动时的安全问题

车辆在修理厂修理期间由于车辆的移动所引发的安全问题尤为重要。

1. 车辆在路试过程中的安全问题

车辆在修理厂进行维护和修理的过程中,不可避免地要经常移动车辆的位置,因此试车人员必须具有驾驶相应维修车辆的资格。但是,试车过程发生在修理厂范围内时,因修理厂内的道路不属于《道路交通安全法》所规定的道路范畴,因此,该规定对此就缺少约束作用。因此,一些维修人员或因为好奇或由于贪图工作方便,就会不时的违反安全管理规定,随意发动和驾驶车辆,由此发生的撞伤、撞死事件时有发生。针对此类问题,要制定相应的管理规定，建立健全动车、用车和试车制度，指定具有资格的试车人员，避免悲剧发生。

2. 车辆在厂修理移动时的安全问题

对拆卸了传动系统、转向系统或制动系统的车辆和停放在坡道或不平地面上的车辆，停放时，必须先将前后轮用三角木塞实，才能展开相应的维修作业。当移动上述拆卸了部分零件或总成的车辆时，必须指定不少于两名工作人员，手持三角木随时准备塞至少左右一个车轮。

3. 牵引车辆时应注意的问题

修理厂在派救援车辆把故障车辆拖回修理厂维修时，应严格遵守《道路交通安全法》关于机动车拖带行驶的规定，对于操纵机构故障、制动系失灵及其他严重事故车辆拖带行驶时，要采用硬牵引装置，不可在不知情的情况下强拖硬拽。

（二）涉及安全防火方面的问题

修理厂要使用和添加润滑油及多种燃料，汽车本身也有许多部件采用了橡胶塑料和人造革等易燃材料，在从事车辆维修、维护作业时，经常会进行用汽油清洗零件、热磨合及喷漆等作业，这些都会形成密度较大的可燃气体，上述情况给燃烧提供了充分的物质基础。修理时，难以避免因敲打发出火星；使用各种电动工具时频繁进行电器件的插接转换会发出电火花；车辆自身的电路在某些情况下会发生短路起火或电火花；在进行钣金修理时更离不开气焊设备，上述方面都能形成火种，如管理不善，极易点燃周围的可燃物质引发火灾。因此，要严格制定执行修理厂范围内禁烟制度，建立易燃、易爆品库存和使用的管理办法；严禁在清洗、喷漆发动机修理、试验间或存在可燃气体的场所从事可能发生敲击或进行焊接等产生火种的作业。

（三）涉及安全用电方面的问题

现代汽车本身就是一个机电一体化的组合体，汽车本身所能达到的最高电压可达 2 万 V，修理厂使用小型电动工具多，各种电源插座、电源转换器和拖曳地线多，移动用电频繁，加上作业场所有时会比较潮湿，稍不注意，就会发生修理工触电事故。修理厂必须制定安全用电规定，要使用 36V 的安全电压作为工作灯的照明电源，定期检查各种电源插座、电缆线等，尤其对动力电要进行认真的检查测试，使用手持式电动工具作业的人员要做好绝缘保护，还应在总电路上串联漏电保护器。

（四）跌、坠落和挤压等事故

在维修作业时，容易发生滑跌、坠落和挤压等引起的工伤事故，应加强对操作人员的技能训练，不断提高作业者的安全防范意识和熟练的操作程度，从主观上避免上述事件的发生。

（五）防止化学品的伤害

修理工在对车辆进行维修作业时，不可避免地要接触汽车各部位及各种油脂、化工物品等，其中不乏有毒或严重腐蚀性的化学材料。例如：汽车燃料中含有一定量的铅，会造成人体的慢性铅中毒；蓄电池内的酸、汽车的冷却液、制动液、空调的制冷剂等都会对人体造成伤害；喷漆时的稀释剂、固化剂以及油漆本身都是对人体有毒的物质。汽车尾气可以直接通过呼吸道危害人体，因此修配厂要加强环境的保护和对维修人员的劳动防护措施。

对所有有毒有害及易燃易爆物品要设立仓库专人保管，建立严格的审批和领用制度，妥善处理好作业后的剩余物品。

蓄电池充电间必须与其他场所隔离,并要设立有效的通风装置。

喷漆车间也应与其他作业场所分隔,设置良好的通风系统在喷漆时要先开通风机,以确定通风设施有效。

无关人员不得逗留接触化工材料(如蓄电池电解液、防冻液、无铅汽油等)时,必须使用相应的抽吸工具、量具和容器,严禁采用口吸、手摸或嘴尝等与人体直接接触的方式作业。

二、车辆维修安全管理要求

公交车作为公共交通工具,完成运输任务是首要目标,车辆坏在路上影响乘客出行是绝对不能接受的。汽车是动态运行的机械(据统计,15%以上的交通事故与不良车况及车辆抛锚有关),如果是维修质量引发的交通事故,维修分公司将承担不可推卸的责任。

公共汽车维修是多工种交叉作业。相对一般的汽车维修企业,车辆不同,每个维修人员对车辆修理及维护的内容更加复杂。加之生产作业环境复杂,从业人员平均文化教育程度相对较低,人员不足,举升设备、移动电器多,易燃易爆物品多,影响公交车辆的安全生产因素很多。加强车辆维修的安全管理,对保障公交车辆的安全运营具有重要意义。

(一)建立完善安全生产责任体系

按照《安全生产法》的要求设置安全生产管理领导机构,生产部门和班组应配备专(兼)职安全生产管理人员,负责督促、教育和检查员工执行安全操作规程。要持证上岗,上岗前必须先培训合格后上岗,实习生不得单独操作。加强三级(班组、车间、厂级)安全教育和特殊工种的复训。汽车维修工作通常是以班组为单元组织作业,加强班组管理尤为重要。

(二)完善安全管理制度

因地制宜地制定本单位的安全管理制度和各工种、各机电设备的安全操作规程,全面落入安全目标责任制,责任、风险与奖惩相结合,不留死角,管生产就必须管安全。

(三)加大安全监察力度

积极推进安全生产监管体系建设,以大检查为手段,明查与暗查、自查与互查、重点检查与全面排查相结合。找出薄弱环节有的放矢,一抓到底。安全生产上的问题一定要小题大做,举一反三,不厌其烦。

(四)做好预防与预案工作

制定安全生产管理应急预案,开展预案演练。发生事故要及时向上级主管部门汇报,保护好现场,查明原因妥善处理。

(五)落实考核制度

(1)加强"三检"制度,严格执行维修作业规范和技术要求,掌握《机动车安全运行技术条件》(GB 7258—2004)的具体要求和一些安全部件如制动盘(鼓)、制动片的使用极限,确保维修质量,尤其是制动系、转向系、行驶系和汽车油、电路系统的检查与维护。不得随意加装用电设备和擅自加大熔断丝。断开蓄电池前要查清车载防盗无实据器密码;拆卸安全气囊时一定要取下电门钥匙;对车身电焊作业时应关闭电源,查清线路,以防损坏车用电脑或电线。对不熟悉车型或机构要先查阅维修手册,以免盲目作业或经验主义而弄巧成拙。谨防假冒伪劣汽配材料,诚信经营。作好车辆进出厂记录、检验和车内物品保管,签订维修合同,减少纠纷。外出施救不能用小车拖大车,对转向、制动机构失效的车辆不能用软连接拖行。高速公路上不允许自行抢修和拖车。在道路上抢修车辆时必须先做好防范措施。检修轮胎时,一定要先检查轮胎的外部质量,严格按额定标准充气。

(2)正确使用与合理维护设备。举升设备应由专人操作,非工作人员不准进入车下,举车时不准检修举升设备。举升后一定要先锁定保险装置,检查托架橡胶块是否在合适位置。举升机、砂轮机、空气压缩机、车床、台钻、烘漆房及移动电器是重点,操作人员必须了解掌握设备使用方法,使用前先检查其技术状况,正确使用,维修检测等专用设备定人保管和使用,强化设备的定期检查和维护,压力容器及仪表等应严格按计量部门要求定期校验。配置36V、220V、380V电源,电源接口必须安装漏电保护器,移动照明必须用36V安全电压。不得乱接电源,严禁使用电炉。电线及插座易损,凡有电线、插座破损、绝缘老化的应及时更换,改用橡胶插头不易损坏。

(3)加强生产现场管理,合理组织生产流程新厂房设计时合理布局,钣金、油漆车间要单独分开,维修车间通风要良好,地面要防滑,电路、气路、油路布局要合理实用,确保厂区内安全通道畅通。加强目视管理,安全操作规程要明示在相应工位或设备处,严格执行生产流程、操作规范和维修技术要求和安全操作规程。作业区要禁烟,检修时要防止被排气管烫伤;发动机过热时,不能打开水箱盖,谨防沸水喷出烫伤。使用氧气与乙炔时气瓶间距要适当,检查表、阀是否正常,气管有否漏气,防止火灾。电焊、喷漆、时要穿戴防护用品,登高作业时要做好自我保护。加强在修车辆的动态管理,不能随意动用维修车辆,明确试车规定,严禁无关人员驾驶维修车辆,严禁车内吸烟。检验员在发动和起步前,必须仔细检查安全装置是否齐全有效,观察周围情况,防止误伤人员。路试车辆必须由检验员进行,并在规定路段和车速上进行。维修完工车辆一定要关闭电源开关和点火钥匙,锁上门窗。

(4)加强易燃易爆物料的采购、储存、使用及废料处理的全过程管理。危险物品有:汽油、柴油、润滑油、油漆、稀料、清洗剂、制冷剂、蓄电池电解液、乙炔气、塑料、棉织物等,必须专人管理和使用。油料要合理堆放,及时处理。这些物品和压力容器应有安全防护措施和设施,定期检查设施的功效,灭火机要充足有效,人人会用。钣金作业少不了电焊施工,但油漆车间不能有明火,为此要制定严格的工作场所禁烟和运用明火制度。同时还要切实做好电器火灾、防涝、防冻、防腐及防盗工作。

(5)修理场地要及时清扫和整理,油脂极易使人滑跌,而且会使轮胎、电线等橡胶件加速老化。作业前应检查所使用工、器具是否完好,工作时应穿戴使用安全防护用品,不得穿凉鞋、高跟鞋、短裤、背心。拆装零部件时,必须使用合适工具或专用工具,不得大力蛮干,不得用硬物手锤直接敲击零件。所有零件拆卸后要按顺序摆放整齐,不得随地堆放。树立环保责任,做好三废处理,废油应倒入指定废油桶收集,不得随地倒流或倒入排水沟内,防止废油污染环境。

(6)重视科技创新。利用科技手段,增加安全管理的资金投入,如安装监控、报警设施等。

第四节 加油、加气站安全管理

一、公交车加油、加气站危险有害因素分析

加油、加气站在媒质、工艺、设备上有很多的区别,但简单地归纳工艺流程,基本相同,下

面以加油站为例，进行简要说明。

加油站的工艺过程主要包括完成油品卸入（埋地储油罐）和油品付出（经营销售）的整个过程。即车用汽油、柴油由汽车槽车运送至加油站密闭卸油点处，将其与卸油口快速接头连接好，打开储罐的开启阀门，闭合其他储罐阀门，利用位差将汽油（柴油）输送至相应的储罐储存（常压）；然后，通过带有计量、计价和税控装置的电脑加油机将储罐内的油气抽出，实现为汽车油箱充装汽油或柴油的付出作业。

（一）工艺流程框图

（1）卸油工艺过程如图 9-2 所示。

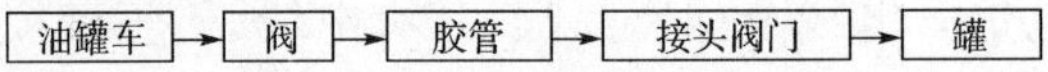

油罐车 → 阀 → 胶管 → 接头阀门 → 罐

图 9-2　加油站卸油工艺

（2）加油工艺过程如图 9-3 所示。

储油罐 → 吸油 → 油泵 → 油气分离 → 计量器 → 视油器 → 油枪 → 受油容器 → 计数器

图 9-3　加油站加油工艺

（二）危险有害因素分析

加油站涉及的主要危险物质为汽油和柴油，汽油和柴油均属易燃、易爆危险物品，在储存及使用过程中由于各种原因泄漏，遇明火易造成火灾爆炸事故。储罐的防雷设置不当，存在被雷电击中的可能，雷电可引燃储罐内储存介质，造成火灾和爆炸事故。因此，火灾、爆炸是加油站主要危险因素。

此外，油品及其蒸气都具有一定毒性，储罐埋地管线的腐蚀和静电接地不良等，也具有很大危害。

1. 油品的危险有害特性

汽油和柴油的危险特性参数接近。其蒸气与空气易形成爆炸性混合物。与氧化剂会发生强烈反应，遇明火、高热会引起燃烧爆炸。其蒸气比空气重，能在较低处扩散到相当远的地方，遇明火会引着回燃。罐储时要采取防火防爆技术措施，禁止使用易产生火花的机械设备和工具。灌装时应注意流速（不超过 3m/s），且有接地装置，防止静电积聚。一旦发生泄漏事故，迅速撤离泄漏污染区人员至安全区，并进行隔离，严格限制出入，切断火源。建议应急处理人员戴正压自给式呼吸器，穿消防防护服。尽可能切断泄漏源，防止进入下水道、排洪沟等限制性空间。

小量泄漏：用砂土或其他惰性材料吸收，运至废物处理场所处置。大量泄漏：构筑围堤或挖坑收容；用泡沫覆盖，降低蒸气灾害。用防爆泵等回收，再运至废物处理场所处置。

灭火办法：喷水冷却容器，可能的话将容器从火场移至空旷处。

灭火剂：抗溶性泡沫、有效组分的干粉。用水灭火无效。

2. 使用过程中危险因素的识别与分析

（1）由于油罐制造质量差，板材厚度选用不合理或罐体焊接质量低劣，长期使用中造成腐蚀穿孔，均可导致油品泄露而遇火源引发火灾、爆炸事故。

（2）管线、阀门和罐体的基本附件如进出口结合管、人孔、量油孔、带阻火器的通气管、呼吸阀等若安装质量差或疏忽装垫片、误操作致使罐内液位过高等也会导致油品或油气泄露引发火灾、爆炸事故。

(3)油品卸车过程中流速过快或油罐、管道接地设施、法兰防静电跨接等疏于检测和维护,在失效情况下可产生静电积聚,且不易消除。静电火花等也易诱发火灾、爆炸事故。

(4)站房、罩棚及设备管线防雷接地设施不合格或损坏,如遇雷击也会引起火灾、爆炸事故。

(5)加油过程中,如汽车发动机未熄火,加油机及管道防静电接地失灵或加油工误操作造成跑、冒、滴、漏均易引发事故。

(6)电气设备及电线老化,绝缘破损、漏电、短路或保护装置失灵均可能引起人体触电或火灾事故。电气设备管理不当,超负荷用电或电气器材选型不符合防爆要求,一旦油品泄露,在通风不良的情况下易引发火灾、爆炸事故。

(7)加油站应加强对手机和传呼机的现场使用和管理。

(8)在站区内进行油罐和管道清洗、检修时,应严格按动火制度和操作规程进行,违规作业,使用明火、焊接等均易引发火灾、爆炸事故。

二、运营管理措施

(1)贯彻“管经营者必须管安全的原则”建立健全各级人员安全生产责任制,并切实执行。

(2)建立健全各种安全管理制度,配备专职或兼职人员负责安全管理工作。

(3)指定完善的操作规程,内容正常操作运营外,还应包括事故处理等内容。

(4)严格遵守动火检修制度,动火作业严格执行三级动火审批制度。

(5)主管负责人和从业人员,必须经过相关部门的专业培训,获得合格证后持证上岗。

(6)制定并完善加油站事故应急救援预案,落实应急救援组织及职责,并加强定期演练。

(7)加强劳动纪律管理,定期进行安全教育和培训,提高职工安全意识。

(8)对消防器材、设施安排专人管理,并进行定期检查、维护和更换。对防雷、防静电设施按规定每年均应由有资质的部门进行检测,确保各项安全设施处于良好状态下运行。

(9)在站内主要位置设有醒目的防火、禁烟安全警示标志。

(10)按国家规定为现场操作人员配备必要的劳动保护用品,如防静电工作服、工作鞋、口罩、手套等。

(11)项目建成后须经安全监察、安全消防等有关部门验收合格并取得有关批准文件后方可投入运营。

第五节　特种及辅助设备

公交企业涉及的特种及辅助设备,包括:锅炉、压力容器、电梯、起重设备、场(厂)内专用机动车辆、汽车举升机、空气压缩机、焊割设备、手持电动工具、千斤顶和砂轮机等。

一、锅炉、压力容器、电梯

1. 主要设备

蒸汽锅炉、热水锅炉、有机热载体锅炉、固定式及移动式压力容器、气瓶、载人(物)的电梯等。

2. 安全作业控制要点

(1)锅炉、压力容器、电梯的安装和拆卸工作必须由取得相应资质证书的专业队负责,并必须由经过专业培训,取得操作证的专业人员进行操作和维修。安装后,安全装置要经试验、检测合格后方可操作使用。

(2)对压力表、安全阀、水位表进行定期检查,保证附件灵敏可靠,确保运行安全。

(3)锅炉、压力容器上面和周围不得堆置易燃材料、杂货等。

(4)锅炉水位表应配置水位自动报警装置,水位表中的水面应在正常水位,并应有轻微波动。水位表应每天冲洗一次,以防堵塞。

(5)锅炉应经常排放沉淀污水,每班至少一次。排污应在负荷低时进行,要注意水位,防止缺水。

(6)正在燃烧的锅炉发现水位表内看不清楚时,切不可盲目加水,应立即停炉,以免炉内过热受冷水冲击发生爆炸。

(7)锅炉运行中发生缺水、超压、漏水、汽水共腾等事故,必须正确分析原因,立即采取正确措施,避免发生重大事故。

(8)压火前应将锅炉水加到最高水位,并检查炉火,防止熄灭或重新燃起。

(9)司炉人员值班不得饮酒、睡觉或擅离岗位或兼做其他工作。

(10)锅炉必须每年进行一次检查,清除水垢及炉灰。由有关部门进行检查认可发给合格证后方可再次使用。

(11)点火、停炉要缓慢进行,避免损坏锅炉各种伸缩部位。

(12)司炉工必须记好锅炉运行日志,交接班时必须签字。发现锅炉有以下情况之一时,应紧急停炉:

①气压阀迅速上升超过许可工作压力时,虽安全阀已开起,但气压仍在继续上升;

②水位表已看不到水位或水位表水位下降很快,虽加水仍继续下降;

③压力表、水位表、安全阀、排污阀及给水器,其中有一件或全部失灵;

④炉胆或其他管道已烧红以及严重漏水、漏气等。

(13)热水锅炉在工作温度上升或工作压力下降时,应立即停炉,对锅炉及系统进行检查,排除故障后方能起炉运行。紧急停炉时,首先停止燃烧,关闭风门,打开炉门和放气阀。如因缺水事故停炉,禁止向炉内立即加水。

(14)压力容器出现下列异常现象之一时,操作人员应立即采取紧急措施,并按规定的报告程序,及时向有关部门报告。

①压力容器工作压力、介质温度或壁温超过规定值,采取措施仍不能得到有效控制;

②压力容器的主要受压元件发生裂缝、鼓包、变形、泄漏等危及安全的现象;安全附件失效;

③接管、紧固件损坏,难以保证安全运行;

④发生火灾等直接威胁到压力容器安全运行;

⑤过量充装;

⑥压力容器液位超过规定,采取措施仍不能得到有效控制;

⑦压力容器与管道发生严重振动,危及安全运行;

⑧其他异常情况。

(15)以水为介质产生蒸汽的压力容器,必须做好水质管理和监测,没有可靠的水处理措施,不应投入运行。

(16)电梯限速器、制动器等安全装置必须由专人管理,并按规定进行调试检查,保持其灵敏度可靠。

(17)电梯笼乘人载物时应使荷载均匀分布,严禁超载使用,严格控制载运质量。吊笼无安全门、卸料平台无安全门,不准开车。

(18)电梯运行至最上层和最下层时仍要操纵按钮,严禁以行程限位开关自动碰撞的方法停车。

(19)各停靠层通道口处应安装栏杆或安全门,其他周边各处应用栏杆和立网等材料封闭。

(20)当电梯未切断总源开关前,驾驶员不能离开操作岗位。作业完后、将电梯降到底层,各控制开关扳至零位,切断电源,锁好闸箱门和电梯门。

(21)暴风雨后外用电梯基座、电源、接地、暂设支撑等,要进行安全检查。

(22)严禁电梯超载运行,运送物料长度不得超过护网。

(23)驾驶员开车思想集中,随时注意信号,遇事故和危险时立即停车。离开操作室应锁梯笼门,拉闸停电。

(24)锅炉、压力容器、施工电梯发现问题及时报告并查明原因,不得带病使用。

二、起重设备

1. 主要设备

塔式起重机、履带式起重机、汽车式和轮胎式起重机、桥式起重机、龙门式起重机、电动葫芦等。

2. 安全作业控制要点

(1)新安装的、经过大修或改变重要性能的起重机械,要取得特种设备证书或经质量监督站检验合格,在使用前必须按照起重机性能试验的有关规定进行吊重试验。

(2)起重机每班作业前应先作无负荷的升降、旋转、变幅,前后左右的运行以及制动器、限位装置的安全性能试验,如设备有故障,应排除后才能正式作业。

(3)起重机驾驶员与信号员应按各种规定的手势或信号进行联络。作业中,驾驶员应与信号员密切配合,服从信号员的指挥。但在起重作业发生危险时,无论是谁发出的紧急停车信号,驾驶员都应立即停车。

(4)驾驶员在得到信号员发出的起吊信号后,必须先鸣信号后起重。起吊时重物应先离地面试吊,当确认重物挂牢、制动性能良好和起重机稳定后再继续起吊。

(5)起吊重物时,吊钩钢丝绳应保持垂直,禁止吊钩钢丝绳在倾斜状态下拖动被吊的重物。在吊钩已挂上但被吊重物尚未提起时,禁止起重机移动位置或作旋转运动。

(6)重物起吊、旋转时,速度要均匀平稳,以免重物在空中摆动发生危险。在放下重物时,速度不要太快,以防重物突然下落而损坏。吊长、大型重物时应有专人拉溜绳,防止因重物摆动,造成事故。

(7)起重机严禁超过本机额定的起质量工作。如果两台起重机同时起吊同一重物,必须有专人统一指挥,两机的升降速度应保持相等。

(8)起重机吊运重物时,不能从人头上越过,也不要吊着重物在空中长时间停留,在特殊情况下,如需要暂时停留,应发出信号,通知一切人员不要在重物下面站立或通行。

(9)起重机在工作时,所有人员应尽量避免站在起重臂回转区域内。起重臂下严禁站人。装吊人员在挂钩后应及时站到安全区域。禁止在吊运重物上站人或对吊挂着的重物进行加工,必须加工时应将重物放下垫好,并将起重臂、吊钩及回转机构的制动器刹住。若加工时间较长,应将重物放稳,起重机摘钩。重物起吊后驾驶员和信号员不得随意离开工作岗位。在停工或休息时,严禁将重物悬挂在空中。

(10)当起重机运行时,禁止人员上下、从事检修工作或用手触摸钢丝绳和滑轮等部位。

(11)吊运金属溶液和易燃、易爆、有毒、有害等危险品时,应制定专门的安全措施,驾驶员要连续发出信号,通知无关人员离开现场。

(12)使用电磁铁的起重机,应当划定一定的工作区域,在此区域内禁止有人,车辆卸铁块时,重物严禁从驾驶室上面经过,以防吸铁失灵而导致铁块落下伤人。

(13)起重机在吊重作业中禁止起落起重臂,在特殊情况下,应严格按说明书的有关规定执行,严禁在起重臂起落稳妥前变换操纵杆。

(14)起重机在吊装高处的重物时,吊钩与滑轮之间应保持一定的距离,防止卷扬机过限将钢丝绳拉断或起重臂后翻。在起重臂达到最大仰角或吊钩在最低位置时,卷筒上的钢丝绳应至少保留 3 圈以上。

(15)起重机的工作地点,应有足够的工作场所和夜间照明设备。起重机与附近的设备、建筑物应保持一定的安全距离,使其在运行时不会发生碰撞。

(16)起重机作业时,有下列情况之一时,不能起吊:

①质量超过规定不准吊;

②信号不清不准吊;

③吊重物下有人不准吊;

④吊物上站人不准吊;

⑤埋在地下的物体不准吊;

⑥斜拉、斜挂不准吊;

⑦散物捆扎不牢不准吊;

⑧零杂物无容器盛放不准吊;

⑨吊物质量不明、索具不符合规定不准吊;

⑩遇有大雨、大雪、大雾和六级以上大风等恶劣天气不准吊。

(17)起重机不得在架空输电线路下面作业,在通过架空输电线路时,应将起重臂落下,以免碰撞。在架空输电线路一侧作业时,不论在任何情况下,起重臂、钢丝绳或重物等与架空输电线路的最小距离不小于表 9-1 的规定。

(18)起重机的电器、内燃发动机或锅炉部位的安全技术要求,应严格遵照动力机械的有关规定执行。

安全距离 表9-1

输电线路电压(kV)	允许与输电线路的最近距离(m)	垂直安全距离(m)
<1	1.5	1.5
1~20	2	1.5
35~110	4	2.5
<154	5	2.5
<220	6	2.5

三、场(厂)内专用机动车辆

1.主要设备

叉车、搬运车、牵引车、推顶车等。

2.安全作业控制要点

(1)安全管理和资料应满足相应要求,产品合格证书、自检报告等资料齐全;应注册登记,并按周期进行检验;日常检查、定期自检和日常维护等记录齐全。

(2)车身整洁,所有部件及防护装置应齐全、完整。

(3)动力系统应运转平稳,无异常声音;点火、燃料、润滑、冷却系统性能应良好;连接管道应无漏水、漏油。

(4)电气系统应完好;前照灯、转向灯、制动灯应完好并有牢固可靠的保护罩;电器仪表应配置齐全,性能可靠;喇叭应灵敏,音量适中;连接电气线路应无漏电。

(5)传动系统应运转平稳,离合器分离彻底,接合平稳,不打滑、无异响;变速器的自锁、互锁应可靠,且不跳挡、不乱挡。

(6)行驶系统应连接紧固,车架和前后桥不应变形或产生裂纹;轮胎磨损不应超过标准规定的磨损量,且胎面无损伤。

(7)转向机构应轻便灵活可靠,行驶中不应摆振、抖动、阻滞及跑偏等。

(8)制动系统应安全可靠,无跑偏现象,制动距离满足安全行驶的要求;蓄电池车的制动连锁装置应齐全、可靠,制动时连锁开关应切断行车电源。

四、汽车举升机

1.主要设备

从立柱构造来分类,主要有单柱式举升机、双柱式举升机、四柱式举升机、剪式举升机和地沟式举升机。从驱动类型来分,主要分气动、液压、机械式三大类,其中以液压居多,机械式次之,气动最少。

2.安全作业控制要点

(1)设专人管理,经常进行检查,严格执行定期维护与修理。

(2)标明最大起重吨位,严禁超载使用。

(3)启动机应有可靠的接地保护装置。

(4)使用前应清除举升机附近妨碍作业的器具及杂物,并检查操作手柄是否正常。

(5)操作机构灵敏有效,液压系统不允许有爬行现象。

(6)支车时,四个支脚应在同一平面上,调整支脚胶垫高度使其接触车辆底盘支撑部位。

(7)支车时,车辆不可支得过高,支起后四个托架要锁紧。

(8)待举升机车辆驶入后,应将举升机支撑块调整移动对正该车型规定的举升点。

(9)举升时人员应离开车辆,举升到需要高度时,必须插入保险锁销,并确保安全可靠后才可开始车底作业。

(10)除低保及小项目外,其他繁琐笨重作业,不得在举升器上操作修理。

(11)举升器不得频繁起落。

(12)支车时举升要稳,降落要慢。

(13)有人作业时严禁升降举升机。

(14)发现操作机构不灵,电机不同步,托架不平或液压部分漏油,应及时报修,不得带病操作。

(15)工作完毕后,举升器降至最低位置,将前后举升架收回拉开总闸,再将车辆开出。

(16)定期排除举升机油缸积水,并检查漏油,油量不足应及时加注相同牌号的压力油。同时应检查润滑、举升机传动齿轮及缝条。

五、空气压缩机

1. 主要设备

活塞式空气压缩机、螺杆式空气压缩机(双螺杆式和单螺杆式空气压缩机)、离心式空气压缩机、滑片式空气压缩机、涡旋式空气压缩机等。

2. 安全作业控制要点

(1)机器必须是在检验有效期内才能投入使用。

(2)长期停用后首次启动前,必须仔细检查,注意有无撞击、卡住或响声异常等现象。新装机械必须按说明书规定进行试车。

(3)开车前应认真检查空压机:电器、机械连接部位是否松动;压力表、安全阀、温度计、安全防护装置等是否完好,如有异常,必须修复后,方可开车。开、关空压机必须按操作程序,防止事故发生。

(4)开车时,确认机器正常后方可按启动电钮。

(5)机器必须在无载荷状态下启动,待空载运转情况正常后,在逐步使空气压缩机进入负荷运转。

(6)空压机各阀门、仪表、安全阀等,必须定期检查校验;进气管、消声器、空气净化器内,必须保持清洁畅通,保证经常处于灵敏、正常状态。如发现异常情况,必须停机处理。

(7)操作人员必须坚守岗位,严禁睡岗、躺岗、串岗,严格执行各项规章制度,确保安全运行。

(8)检修空压机时,严禁使用汽油等挥发性强的易燃液体清洗各部件和衣服。装配时必须清理杂物,防止落入管道内。

(9)要认真做好各项记录,记录清楚设备运转情况,保持场地整洁。

六、焊割设备

1. 主要设备

点焊机、对焊机、气焊设备、电焊机等。

2. 安全作业控制要点

(1)焊接人员应穿戴焊工服、安全帽或护目镜、绝缘鞋及鞋盖、电焊绝缘手套、口罩等,扣紧衣领和袖口。如有配合人员也应戴好有关防护用品。

(2)焊、割场地要配备相应的消防器材,禁止存放有关易燃易爆物品。

(3)在焊、割工作现场10m范围内,不准堆放各种焊接设备和易燃易爆物品,如:油类、木材、氧气瓶、乙炔气瓶等。乙炔瓶使用时应立放,并采取防倾倒措施。氧气瓶和乙炔瓶间的距离不得小于5m。

(4)焊机存放地点应通风良好、清洁干燥、无杂物放置,并在焊机下加垫干燥木板。

(5)电焊机的一次侧电源线长度不得大于5m。二次侧焊接电缆线应采用防水绝缘橡胶护套铜芯软电缆,长度不宜大于30m。进出线处应设置防护罩。

(6)电焊机接入电网时,应注意两者电压相符。

(7)焊机导线和接地线均不准搭在易燃易爆和带有热源的物品上,不准接在机械设备和管道上,及建筑物金属构件或轨道上。机壳接地应符合焊接工艺规定,接地电阻不得大于4Ω。

(8)焊钳握柄必须用绝缘耐热材料制作,握柄与导线连接处应牢靠,并包好绝缘布。

(9)施焊受压容器、密闭容器、油桶、管道、沾有可燃气体和溶液的工件时,应先冲洗有毒、有害、易燃、易爆物质,消除容器及管道内压力,焊接、切割密封容器应先留出气孔,必要时在进气口外装置通风设备。容器内照明电压不得超过12V。焊工与焊件间应绝缘,容器外应设专人监护。

(10)必须在有易燃易爆物品场所或在煤气管道附近或受力构件上焊割时,应有消防、安全部门或煤气站到现场检查同意,压力管道停止运行,并排尽管道内气体;受压构件上采取相应的安全措施,严防火星飞溅引起火灾或爆炸事故。

(11)焊接铜、铝、铁、锡等有色金属时,必须要通风良好,采取防毒措施(戴防毒面罩或呼吸滤清器等)。

(12)在高空焊割和施焊稳定性差的工件时,应系上安全带,采取安全防护措施,防止高空坠落和工件倒塌;禁止将导线挂绕身上,地面应指定专人监护。

(13)焊接、切割完后要及时清理工作场所,切断电源,将焊接、切割设备及工具摆放在指定地点,灭绝余火后才准离开工作场所。

七、手持电动工具

1. 主要设备

电钻、电锤、电链锯、电磨头等。

按电击保护方式分为:

Ⅰ类工具:工具在防止触电的保护方面不仅依靠基本绝缘,而且它还包含一个附加的安全预防措施,其方法是将可触及的可导电的零件与已安装的固定线路中的保护(接地)导线连接起来,以这样的方法来使可触及的可导电的零件在基本绝缘损坏的事故中不成为带电体。

Ⅱ类工具:工具在防止触电的保护方面不仅依靠基本绝缘,而且它还提供例如双重绝缘或加强绝缘的附加安全预防措施,没有保护接地或依赖安装条件的措施。Ⅱ类工具分绝缘外壳Ⅱ类工具和金属外壳Ⅱ类工具。Ⅱ类工具应在工具的明显部位标有Ⅱ类结构符号。

Ⅲ类工具:工具在防止触电的保护方面依靠由安全特低电压供电和在工具内部不会产生比安全特低电压高的电压。

2. 安全作业控制要点

(1)在使用前,操作者应认真阅读产品使用说明书和安全操作规程,详细了解工具的性能和掌握正确使用的方法。使用时,操作者应采取必要的防护措施。

(2)在一般作业场所,应使用Ⅰ类工具;若使用Ⅰ类工具时,还应在电气线路中采用额定剩余动作电流不大于30mA的剩余电流动作保护器、隔离变压器等保护措施。

(3)在潮湿作业场所或金属构架上等导电性能良好的作业场所,应使用Ⅰ类或Ⅲ类工具。

(4)在锅炉、金属容器、管道内等作业场所,应使用Ⅲ类工具或在电气线路中装设额定剩余动作电流不大于30mA的剩余电流动作保护器的Ⅰ类工具。

Ⅲ类工具的安全隔离变压器,Ⅱ类工具的剩余电流动作保护器及Ⅱ、Ⅲ类工具的电源控制箱和电源耦合器等必须放在作业场所的外面。在狭窄作业场所操作时,应有人在外监护。

(5)在湿热、雨雪等作业环境,应使用具有相应防护等级的工具。

(6)Ⅰ类工具电源线中的绿/黄双色线在任何情况下只能用作保护接地线(PE)。

(7)工具的电源线不得任意接长或拆换。当电源离工具操作点距离较远而电源线长度不够时,应采用耦合器进行连接。

(8)工具电源线上的插头不得任意拆除或调换。

(9)工具的插头、插座应按规定正确接线,插头、插座中的保护接地极在任何情况下只能单独连接保护接地线(PE)。严禁在插头、插座内用导线直接将保护接地极与工作中性线连接起来。

(10)工具的危险运动零、部件的防护装置(如防护罩、盖等)不得任意拆卸。

(11)工具在发出或收回时,保管人员必须进行一次日常检查;在使用前,使用者必须进行日常检查。

(12)工具的日常检查至少应包括以下项目:

①是否有产品认证标志及定期检查合格标志;

②外壳、手柄是否有裂缝或破损;

③保护接地线(PE)连接是否完好无损;

④电源线是否完好无损;

⑤电源插头是否完整无损;

⑥电源开关动作是否正常、灵活,有无缺损、破裂;

⑦机械防护装置是否完好;

⑧工具转动部分是否转动灵活、轻快，无阻滞现象；

⑨电气保护装置是否良好。

(13)工具使用单位必须有专职人员进行定期检查。

①每年至少检查一次；

②在湿热和常有温度变化的地区或使用条件恶劣的地方还应相应缩短检查周期；

③在梅雨季节前应及时进行检查；

④工具的定期检查项目，必须测量工具的绝缘电阻。

绝缘电阻应不小于表 9-2 规定的数值。

工具的绝缘电阻　　表 9-2

测量部位	绝缘电阻(MΩ)		
	Ⅰ类工具	Ⅱ类工具	Ⅲ类工具
带电零件与外壳之间	2	7	1

(14)经定期检查合格的工具，应在工具的适当部位，粘贴检查“合格”标志。“合格”标志应鲜明、清晰、正确并至少应包括：

①工具编号；

②检查单位名称或标记；

③检查人员姓名或标记；

④有效日期。

(15)长期搁置不用的工具，在使用前必须测量绝缘电阻。如果绝缘电阻小于表 9-2 规定的数值，必须进行干燥处理，经检查合格、粘贴“合格”标志后，方可使用。

(16)工具如有绝缘损坏，电源线护套破裂、保护接地线(PE)脱落、插头插座裂开或有损于安全的机械损伤等故障时，应立即进行修理。在未修复前，不得继续使用。

(17)工具的维修必须由原生产单位认可的维修单位进行。

(18)使用单位和维修部门不得任意改变工具的原设计参数，不得采用低于原用材料性能的代用材料和与原有规格不符的零部件。

(19)在维修时，工具内的绝缘衬垫、套管不得任意拆除或漏装，工具的电源线不得任意调换。

(20)工具的电气绝缘部分经修理后，必须按表 9-3 的要求进行介电强度试验。

介电强度试验　　表 9-3

试验电压的施加部位	试验电压(V)		
	Ⅰ类工具	Ⅱ类工具	Ⅲ类工具
仅由基本绝缘与带电零件隔离	1250	—	500
由加强绝缘与带电零件隔离	3750	3750	—

注：1. 施加波形为实际正弦波，频率为 50Hz 的试验电压 1min，不出现绝缘击穿或闪络。

2. 试验变压器应设计成：在输出电压调到适当的试验电压值后，在输出端短路时，输出电流至少为 200mA。

(21)工具经维修、检查和试验合格后，应在适当部位粘贴“合格”标志；对不能修复或修复后仍达不到应有的安全技术要求的工具必须办理报废手续并采取隔离措施。

八、千斤顶

1. 主要设备

齿条千斤顶、螺旋千斤顶和液压千斤顶等。

2. 安全作业控制要点

(1)千斤顶使用前应拆洗干净,并检查各部件是否灵活,有无损伤;液压千斤顶的阀门、活塞、皮碗是否良好,油液是否干净。

(2)使用千斤顶时,应将其放在平整坚实的地面上,如为松软地面,应铺设垫板。物件的被顶点应选择坚实的平面部位,还需加垫木块,以免损坏物件。

(3)应严格按照千斤顶的额定起质量使用,每次顶升高度不得超过活塞上的标志,如无标志,每次顶升高度不得超过螺杆丝扣或活塞总高度的3/4,以免将螺杆或活塞全部升起而损坏千斤顶。

(4)顶升时,先将物件稍微顶起一点后暂停,检查千斤顶、地面、垫木和物件等情况是否良好,如发现千斤顶偏斜和垫木不稳等不良情况,必须进行处理后才能继续工作。顶升过程中,应设保险垫,并要随顶随垫,其脱空距离应保持在50mm以内,以防千斤顶倾倒或突然回油而造成事故。

(5)用两台或两台以上的千斤顶同时顶升一个物件时,要统一指挥和喊号,使动作一致,不同型号的千斤顶应避免放在同一端使用。

九、砂轮机

1. 主要设备

立式砂轮机、台式砂轮机、手持(直向)砂轮机、除尘式砂轮机等。

2. 安全作业控制要点

(1)砂轮机要有专人负责,经常检查,以保证正常运转。

(2)更换新砂轮时,应切断总电源,同时安装前应检查砂轮片是否有裂纹,若肉眼不易辨别,可用坚固的线把砂轮吊起,再用一根木头轻轻敲击,静听其声(金属声则优、哑声则劣)。

(3)砂轮机必须有牢固合适的砂轮罩,托架距砂轮不得超过5mm,否则不得使用。

(4)安装砂轮时,螺母不得拧得过松或过紧,在使用前应检查螺母是否松动。

(5)砂轮安装好后,一定要空转试验2~3min,看其运转是否平衡,保护装置是否妥善可靠,在测试运转时,应安排两名工作人员,其中一人站在砂轮侧面开动砂轮,如有异常,由另一人在配电柜处立即切断电源,以防事故发生。

(6)凡使用者要戴防护镜,不得正对砂轮,而应站在侧面。使用砂轮机时,不准戴手套,严禁使用棉纱等物包裹刀具进行磨削。

(7)使用前应检查砂轮是否完好(不应有裂痕、裂纹或伤残),砂轮轴是否安装牢固、可靠。砂轮机与防护罩之间有无杂物,是否符合安全要求,确认无问题时,再开动砂轮机。

(8)开动砂轮机时必须待砂轮转速稳定40~60s后方可磨削,磨削刀具时应站在砂轮的侧面,不可正对砂轮,以防砂轮片破碎飞出伤人。

(9)磨削时的站立位置应与砂轮机成一夹角,且接触压力要均匀,严禁撞击砂轮,以免碎裂,砂轮只限于磨刀具、不得磨笨重的物料或薄铁板以及软质材料(铝、铜等)和木质品。

(10)磨刀具时,操作者应站在砂轮的侧面或斜侧位置,不要站在砂轮的正面,同时刀具应略高于砂轮中心位置。不得用力过猛,以防滑脱伤手。

(11)砂轮不准沾水,要经常保持干燥,以防沾水后失去平衡,发生事故。

(12)不允许在砂轮机上磨削较大较长的物体,防止震碎砂轮飞出伤人。

(13)不得单手持工件进行磨削,防止工件脱落在防护罩内卡破砂轮。

(14)必须经常修整砂轮磨削面,当发现刀具严重跳动时,应及时用金刚石笔进行修整。

(15)砂轮磨薄、磨小,或磨损严重时,应及时更换,保证安全。

(16)磨削完毕,应关闭电源,不要让砂轮机空转。应经常清除防护罩内的积尘,并定期检修和更换主轴润滑油脂。

第十章 预防预控方法与应对措施

第一节 安全生产预防预控要点与方法

在安全行车管理中,坚持预防为主的方针,抓好预防工作的落实,这是第一位的,也是最重要的。行车事故的预防工作主要有以下六个方面:

1.加强安全宣传教育,树立安全第一观念

驾驶员牢固地树立安全第一的观念,是建立在对国家、对人民的利益高度负责的思想基础之上的。这个思想基础的形成,要依赖安全管理部门进行持久不懈的、深入细致的,以确保国家财产和人民生命安全为中心内容的安全宣传教育。

2.进行法纪教育,自觉遵章守纪

驾驶员要认真学习国家的有关法律、法规和政策,熟知道路交通安全和道路运输方面的法律、法规,自觉遵守各项规章制度和安全操作规程,充分认识遵章守纪的重要性。做到学法、知法、守法、用法。牢固树立法律意识,在严格守法的同时,能够用法律、法规来保障自己的合法权益,解决纠纷。始终把人民群众的生命财产安全放在首位,树立"安全就是效益"的思想,不断提高安全驾驶操作技能,努力探索安全行车规律。培养良好的驾驶作风和职业习惯,加强自身修养和良好个性心理的养成,不开"违章车"、"英雄车"、"斗气车"。为维护公共交通秩序,保障道路安全畅通,文明行车。

3.探索行车规律,指导行车实践

在预防管理中,一项重要的工作是帮助驾驶员探索和总结、推广和应用行车规律,从而积累行车经验,掌握安全行车的主动权。公交车辆在繁华的道路上发生事故的频率比较高,与驾驶员的行车经验有直接的关系。

4.加强理论和技术培训,提高驾驶队伍素质

在预防管理中,对驾驶员进行理论和技术上的培训,提高驾驶员队伍的素质是十分重要的。

组织驾驶员学习安全驾驶理论,最主要的是使每个驾驶员成为驾驶车辆的清醒者而不是盲目的主人。当然,仅有理论学习还不够,还需要经常性的技术培训。驾驶员的技术培训大致有三个方面:

(1)技术知识培训。要求驾驶员掌握车辆主要部件的构造原理、性能,以及维修、排除故障的基本技术。

(2)操作技术培训。通过岗位练兵、技术观摩等形式,要求驾驶员做到驾驶车辆时起步、转弯、停车平稳;行驶方向稳定,转向角度准确;离合器踏板、加速踏板配合恰当;车速适宜、制动使用得当;眼、手、脚、身各司其职、协调一致等。

(3)驾驶经验辅导。辅导的内容有:对各种"人、车、路"动向规律的掌握和处理;不同天

气条件对路面和视线影响特点；“视盲区”潜伏的种种险情；不同时速、不同路面的制停距离；前后车距，横向车距，低空障碍高度等空间概念；不同时速的车辆撞击力等。

5. 健全组织机构，加强安全管理

首先，公共交通企业管理部门，必须健全安全管理职能机构，并充实安全管理人员，形成从上到下完整的安全管理系统。明确职责分工，健全岗位责任制。

其次，要建立群众性的安全组织，对安全管理工作进行检查监督，使专职管理与群众性的安全监督检查结合起来，形成一个群众性的安全行车管理网。

再次，开展形式多样、内容丰富的安全活动，例如，组织优秀驾驶员与新驾驶员“结对子”，开展“一帮一”的传帮带活动，积极投入安全月、质量月活动；分析安全行车以及管理工作中的薄弱环节，提出积极的建议和措施，并实行监督和检查；开办学习先进驾驶经验，分析重大事故原因教训研讨班等。通过群众性的安全活动，使各项预防措施和管理工作得到贯彻和落实。

最后，还要建立和健全有关安全行车的管理制度，使各项预防工作得到保障。这些制度有：安全例会制度，路查、车辆安全设施检查制度，驾驶员分类制度，季节性检查和重大节前安全检查制度，对新驾驶员的安全培训和定期考核制度等。

6. 做好了解人，关心人的工作

作为企业领导者和安全管理人员应经常对驾驶员的思想和技术进行摸底，了解他们的生活情况。

访问乘客，了解驾驶员的安全服务质量和驾驶操作技能。

访问家庭，了解驾驶员的作息时间和家庭生活情况。

访问本人，了解驾驶员的思想、脾气、性格、爱好。

第二节　事故隐患排查管理

一、车辆隐患排查的重点部位和危险环节

（1）车辆隐患包括漏水、漏油、漏气、漏电，制动及操纵失灵，LNG、CNG 及 LPG 专用装置松动、泄漏，电动车线路老化，日常维护缺失，不定期进行一二级维护等。

（2）在车辆维修及特种作业过程中可能存在触电、火灾、高处坠物、锅炉爆炸、容器爆炸、中毒和窒息等事故隐患。

（3）驾驶员在驾驶车辆的过程中，存在疲劳驾驶、情绪不稳定、疾病等可能导致交通事故的隐患。

（4）特种设备隐患包括：使用非法生产、安装的特种设备；特种设备缺少安全附件，或者附件失灵；特种设备超期、超参数使用；特种设备超期不检验；特种设备有明显故障、异常情况，或责令整改而未整改；特种设备发生事故未上报，而继续生产。

二、隐患排查的方法

首先，企业安全隐患排查要确立重点。

每个行业领域都有重点部位、重点场所、重点设施和重点环节，分清哪些是重点并有针对性地抓好隐患排查工作是非常重要的。同时，节假日、高温季节、汛期、雨雪冰冻等特殊天气和重点时段的隐患排查要更加重视。

其次，建立隐患信息档案。

企业对排查出的一般隐患要及时整改，对重大隐患要组织专家评估，建立隐患信息档案。将隐患基本情况及其产生原因、隐患危害程度及整改难易程度分析、隐患治理方案、已经采取的安全措施等信息记录在案。这样既方便以后类似隐患的整改治理，也可作为培训新员工的安全培训资料。

再次，安全隐患整治措施需落实到位。

企业排查出的安全隐患除了要及时整改之外，还必须治理到位，对重大安全隐患，企业主要负责人要亲自组织制定、实施重大隐患治理方案，及时消除，保证安全生产。隐患整改之后还需定期进行复查，因为旧的隐患消除了，新的隐患又会产生，隐患排查是一个持之以恒的过程，必须尽心做好这项工作，将一切不安全因素扼杀在萌芽状态。

三、隐患治理措施

1. 一般隐患治理措施

通过建立隐患排查治理卡及隐患排查治理台账，进行动态治理。

2. 重大隐患治理

重大隐患通过建立重大隐患档案进行治理。重大隐患档案含隐患报告及隐患治理方案两方面内容：

1)隐患报告

(1)隐患的现状及其产生原因；

(2)隐患的危害程度和整改难易程度分析；

(3)拟采取的隐患治理方案；

(4)已采取的防范措施；

(5)其他需要报告的内容。

2)隐患治理方案

(1)治理的目标和任务；

(2)采取的方法和措施；

(3)经费和物资的落实；

(4)负责治理的机构和人员；

(5)治理的时限和要求；

(6)安全措施和应急预案。

第三节　危险源界定与监管

一、危险源及重大危险源定义

危险源是指一个系统中具有潜在能量和物质释放危险的、可造成人员伤害、在一定的触发因素作用下可转化为事故的部位、区域、场所、空间、岗位、设备及其位置。它的实质是具有潜在危险的源点或部位，是爆发事故的源头，是能量、危险物质集中的核心，是能量从那里传出来或爆发的地方。危险源存在于确定的系统中，不同的系统范围，危险源的区域也不同。

重大危险源是指在营运过程中，风险等于或超过临界量，从而可能造成人员伤亡、财产损失、环境破坏以及这些情况组合的工作单元。

二、危险源识别方法

(1)询问、交谈法：与生产现场的管理、作业人员和技术人员交流讨论，获取危险源资料。

(2)现场观察法：观察各类设备、设施、场地，分析操作行为、安全管理状况等，获取危险源资料。

(3)事故树分析法：可针对各类事故进行分析，并按事故树分析要求展开和绘图，获取危险源资料。

(4)安全检查表法：采用预先设计好的安全检查表或制度与规程，到现场进行检查，发现安全隐患问题及时记录和分析，并据此获取危险源资料。

三、危险源的评价

危险源采用"作业条件危险性分析法"(简称 LECD 法)进行危险性评价。"L"表示事故或危险事件发生的可能性，"E"表示暴露于危险环境中的频率，"C"表示危险可能造成后果的严重程度，"D"表示危险源的危险性。采用计算式"$D=L\times E\times C$"评价危险源的危险性。

(1)事故或危险事件发生的可能性，按如下情况取值：

①完全可能，会被预料到，L 值为 10。

②相当可能，L 值为 6。

③不经常，但可能，L 值为 3。

④完全意外，极少可能，L 值为 1。

⑤可以设想，但高度不可能，L 值为 0.5。

⑥极不可能，L 值为 0.2。

⑦实际上不可能，L 值为 0.1。

(2)暴露于危险环境中的频率，按如下情况取值：

①连续暴露于危险或潜在的危险环境中，E 值为 10。

②经常在工作时间内暴露，E 值为 6。

③每周一次或偶然地暴露，E 值为 3。

④每月暴露一次，E 值为 2。

⑤每年几次出现在潜在的危险环境中，E 值为 1。

⑥非常罕见地暴露，E 值为 0.5。

(3)危险可能造成后果的严重程度，按如下情况取值：

①灾难性后果，10 人以上死亡，50 人以上重伤，C 值为 100。

②非常严重的后果，3 人以上死亡，10 人以上重伤，C 值为 40。

③严重后果,1 人以上死亡,3 人以上重伤,C 值为 15。

④较为严重后果,3 人以下重伤,C 值为 7。

⑤一般性后果,3 人以上轻伤,C 值为 3。

⑥轻微后果,3 人以下轻伤,C 值为 1。

注:"以上"含本数,"以下"不含本数。

四、危险源的界定

(1)D 值大于等于 160 的为重大危险源,为不可接受风险,应对其进行风险控制,并要制定书面的控制措施对危险源进行严格控制和管理。

(2)D 值小于 160 的为一般危险源,为可接受风险。也需进行控制,但可以不必制定书面的控制措施,应在日常工作和有关会议中进行安排和布置。

五、危险源的控制

(1)各级安全管理部门为生产性危险源的管理部门,各级办公室为办公、生活环境的危险源管理部门。在危险源的识别、评价和控制等阶段,可根据需要邀请工会、运营、资产、人力资源等相关部门共同参与。

(2)危险源的管理采取分级管理的原则,各单位对本单位的危险源进行管理,对于本级单位难以处置的重大危险源,下级单位可以提请上级单位协助采取控制措施。对于 D 值大于 300 的危险源,应报送到上一级单位安全管理部门进行备案。

(3)危险源识别、评价过程应留下书面记录,危险源控制措施应经主管部门负责人审核,由安全主管领导批准执行。重大危险源控制措施应经上级单位主管部门负责人审核,由上级单位安全主管领导批准执行。

第四节 事故应急救援体系

一、公交企业应急救援体系

(1)集团公司设立应急救援指挥部,如下:

总指挥:总经理;

副总指挥:各主管副总经理、副书记、总工程师、工会主席、纪委书记;

指挥部成员:安全维稳办公室、办公室、保卫部、安全部、技术部、人力资源部、土地服务行政管理部、运营部、基建部、财务部、宣传部、纪检监察部、工会负责人。

(2)集团公司应急救援指挥部下设专业小组,包括:综合协调组、运营安全组、安全保卫组、宣传报导组、工程抢险组、后勤保障救护组、事故调查处理组、专家技术组、善后处理组。

(3)集团公司应急救援指挥部下设四个分队,分别为:安全保卫分队、工程抢险分队、建筑抢险分队、应急运输分队。

二、指挥部职责

在发生重大事故事件时,全面负责事故事件现场应急处置和抢险救援以及善后处理的组织指挥工作。应急救援总指挥和各主管副总指挥是处置重大事故事件的指挥者和组织者，发生重大事故事件时应立即赶赴现场，组织指挥应急救援处置工作。主要任务是：

(1)迅速了解、掌握事故事件情况，包括发生的时间、地点、原因、人员伤亡和财产损失情况，涉及或影响的范围，已采取的措施和发展趋势，确定应急方案的启动。

(2)迅速制定事故事件处理方案并组织实施。

(3)当市政府有关部门到达现场时，向有关领导介绍情况。

(4)组织事故事件调查和善后处理。

三、专业小组职责

1.综合协调组职责

综合协调组组长由总指挥兼任，副组长由集团公司安全维稳办公室主任担任。成员包括应急救援指挥部成员单位的主管人员。主要职责是：

(1)按程序启动应急方案，向指挥部和市有关部门汇报事故事件及救援情况，向新闻报导组提供有关信息。

(2)分析事故事件情况，提出、确定救援方案及应急对策。

(3)掌握国家有关应急救援工作的法规和政策，落实集团公司处置突发重大事故事件的有关要求。

(4)及时发布救援行动指令。

(5)根据职责，协调各专业小组之间的关系。

(6)确保应急救援通信畅通。

2.运营安全组职责

运营安全组组长由集团公司主管运营的副总指挥兼任，副组长由运营部部长和安全部部长担任。成员包括运营部、安全部的有关人员。主要职责是：

(1)负责交通事故的处理。

(2)对受到影响的运营线路进行调整。

(3)负责车辆分队的调动，确保事故事件处置时用车。

3.安全保卫组职责

安全保卫组组长由集团公司主管保卫的副总指挥兼任，副组长由保卫部部长担任。成员包括保卫部和事故事件单位保卫部的有关人员。主要职责是：

(1)指挥、调动安全保卫分队的人员，对事故事件现场和周边地区进行警戒、控制，开辟通道，保障抢险救援工作正常开展。

(2)根据事故事件情况，组织人员有序疏散。

(3)掌握有关信息，做好重点人的监控工作。

(4)做好善后处理过程中的安全保卫工作。

4.工程抢险组职责

工程抢险组组长由集团公司主管技术的副总指挥、总工程师和主管基建的副总指挥兼任，副组长由技术部部长、基建部部长担任。成员包括技术部、基建部、保卫部、土地房屋行政管理部、事故事件单位的有关人员。主要职责是：

(1)指挥、调动工程抢险分队抢修被事故事件破坏的设备、设施,控制事故事件的进一步发展。

(2)指挥、调动建筑抢险分队抢救坍塌建筑埋压的人员,抢修被事故事件破坏的建筑设施,控制事故事件的进一步扩大。

(3)采取果断措施,使引发事故事件或致使事故事件扩大的设备、设施停止运行。

(4)修复用电设施或铺设临时线路,保证处置事故事件应急用电。

(5)根据指令扑灭火灾,及时撤走易燃、易爆、有毒物品或物资。

(6)为确保抢险工作顺利进行,对抢险中可能使用的大型设备(如:吊车、叉车、铲车等)应制定调集方案。

5. 后勤保障救护组的职责

后勤保障救护组组长由集团公司主管后勤行政的副总指挥兼任,副组长分别由土地房屋行政管理部部长担任。成员包括土地房屋行政管理部和事故事件单位的有关人员。主要职责是:

(1)协助事故事件单位和社会救助部门抢救、转运伤员。

(2)保障抢险救援物资供应及时到位。

(3)及时提供抢险人员的饮食、住宿及生活必需品。

(4)妥善安置亡者、伤者家属。

(5)建立应急救援物资库,储备应急抢险的有关物资,如:防毒面具、小型设备、绳索、登高和照明用具等。

6. 信息报道组职责

信息报导组组长由主管宣传的副总指挥兼任,副组长由集团公司宣传部部长担任。成员包括集团公司宣传部和事故事件单位有关人员。主要职责是:

(1)负责事故事件应急处置和抢险救援现场情况的记录。

(2)配合新闻媒体做好对外、对内的宣传报导。

7. 事故事件调查处理组职责

事故事件调查处理组组长由集团公司主管副总指挥、纪委书记和工会主席兼任。成员包括安全部、保卫部、技术部、运营部、土地房屋行政管理部、人力资源部、纪检监察部、工会等有关部室和事故单位主要负责人。主要职责是:

(1)负责事故事件的调查取证,查找分析事故事件原因,提出事故事件处理方案。

(2)根据事故事件发生的原因提出有关防范措施。

8. 专家技术组职责

专家技术组组长由事故事件调查组长兼任,副组长由事故事件类别的主管部门部长担任。成员包括技术部、保卫部、安全部、人力资源部、基建部、土地房屋行政管理部等有关专业部门及有关专业技术人员。主要职责是:

(1)为抢险救援工作提供技术支持。

(2)为事故事件调查组调查取证提供技术支持。

9. 善后处理组职责

善后处理组组长由总指挥兼任,副组长由事故事件类别主管副总指挥担任。成员包括土地房屋行政管理部、财务部、保卫部、人力资源部、安全部、工会和事故事件单位党政正职。主要职责是：

(1)组织人员妥善做好受伤人员的救治工作。

(2)按照有关规定处理伤亡人员的善后事宜。

四、救援分队职责

为确保重特大事故事件应急救援方案的实施，根据集团公司的实际情况，设置安全保卫分队、工程抢险分队、建筑抢险分队、车辆分队。其组成和职责分别为：

1. 安全保卫分队职责

安全保卫分队队长由集团公司保卫部部长担任。人员由各运营分公司分别抽调一定数量人员组成，其中有一名保卫干部负责。该分队在安全保卫组的领导下进行工作，负责事故事件应急救援和善后处理时的安全保卫工作。

2. 工程抢险分队职责

工程抢险分队队长由技术部部长担任，副队长由保修分公司技术副经理担任。分队人员由保修分公司抽调一定数量各专业人员组成，其中包括汽车修理工、钳工、电工、锅炉工、电焊工等。该分队在工程抢险组领导下进行有关的抢险工作，一旦在接到抢险行动指令后，抢险人员应立即穿戴有关的防护用品，携带必备用具，赶赴事故事件地点。

3. 建筑抢险分队职责

建筑抢险分队队长由基建部部长担任。该分队由基建部制定组建方案并实施，包括施工技术人员。建筑抢险分队在工程抢险组领导下进行抢险工作，一旦接到抢险指令后，抢险人员应立即穿戴有关的防护用品，携带必备用具，赶赴事故事件地点。

4. 车辆分队职责

车辆分队队长由集团公司运营部部长担任。各分队在运营安全组领导下进行应急救援工作。

第十一章　事故调查与处理

牛津词典中将事故定义为“意外的、特别有害的事件”；美国安全工程师海因里希认为，事故是“非计划的、失去控制的事件”；甘拉塔勒等人从更为一般的意义上提出，“事故是与系统设计条件具有不可容忍的偏差的事件”；吉雷进一步补充说明了“事故是指任何计划之外的事件，可能引起或不会引起损失和伤害”；还有的学者从能量观点出发解释事故，认为事故是能量逸散的结果。现概括如下：

(1)事故是违背人们意愿的一种现象。

(2)事故是不确定事件，其发生形式既受必然性的支配，也不可避免地受到偶然性的影响。

(3)事故发生的原因可归结为三类：①目前尚未认识到的原因；②已经认识，但目前尚不可控制的原因；③已经认识，目前可以控制而未能有效控制的原因。

(4)事故一旦发生，可以造成以下几种后果：①人受到伤害，物受到损失；②人受到伤害，物未受损失；③人未受伤害，物受到损失；④人未受伤害，物未受损失。

在交通运输系统中，将凡是造成系统运行中断的事件均归入事故的范畴，虽然系统运行中断不一定会造成直接的财产损失或人员伤害，但却严重干扰了系统的正常运行秩序，从而将带来严重的间接损失。

(5)事故的内涵相当复杂。从宏观的生产过程看，事故是安全与危险这一对矛盾在斗争过程中某些瞬间突变结果的外在表现形式，是时间轴上一系列离散的点。从微观而言，每一个事故均可看做是在极短时间内相继出现的事件序列，是一个动态过程，可以表达为如下形式：危险触发→以一定的逻辑顺序出现的一系列事件→产生不良后果。

综上所述，事故是指在生产活动过程中，由于人们受到科学知识和技术力量的限制，或者由于认识上的局限，当前还不能防止，或能防止而未有效控制所发生的违背人们意愿的事件。它的发生可能迫使系统暂时或较长时间中断运行，也可能造成人员伤亡、财产损失或者环境破坏，或者其中二者或三者同时出现。

第一节　事故等级划分

根据生产安全事故(以下简称事故)造成的人员伤亡或者直接经济损失，事故一般分为以下等级：

(1)特别重大事故，是指造成30人以上死亡，或者100人以上重伤(包括急性工业中毒，下同)，或者1亿元以上直接经济损失的事故；

(2)重大事故，是指造成10人以上30人以下死亡，或者50人以上100人以下重伤，或者5000万元以上1亿元以下直接经济损失的事故；

(3)较大事故，是指造成3人以上10人以下死亡，或者10人以上50人以下重伤，或者

1000 万元以上 5000 万元以下直接经济损失的事故;

(4)一般事故,是指造成 3 人以下死亡,或者 10 人以下重伤,或者 1000 万元以下直接经济损失的事故。

第二节 事故信息报告

一、事故报告程序

事故报告应当及时、准确、完整,任何单位和个人对事故不得迟报、漏报、谎报或者瞒报。

(1)事故发生后,事故现场有关人员应当立即向本单位负责人报告;单位负责人接到报告后,应当于 1h 内向事故发生地县级以上人民政府安全生产监督管理部门和负有安全生产监督管理职责的有关部门报告。

情况紧急时,事故现场有关人员可以直接向事故发生地县级以上人民政府安全生产监督管理部门和负有安全生产监督管理职责的有关部门报告。

(2)安全生产监督管理部门和负有安全生产监督管理职责的有关部门接到事故报告后,应当依照下列规定上报事故情况,并通知公安机关、劳动保障行政部门、工会和人民检察院:

①特别重大事故、重大事故逐级上报至国务院安全生产监督管理部门和负有安全生产监督管理职责的有关部门;

②较大事故逐级上报至省、自治区、直辖市人民政府安全生产监督管理部门和负有安全生产监督管理职责的有关部门;

③一般事故上报至设区的市级人民政府安全生产监督管理部门和负有安全生产监督管理职责的有关部门。

安全生产监督管理部门和负有安全生产监督管理职责的有关部门依照前款规定上报事故情况,应当同时报告本级人民政府。国务院安全生产监督管理部门和负有安全生产监督管理职责的有关部门以及省级人民政府接到发生特别重大事故、重大事故的报告后,应当立即报告国务院。

必要时,安全生产监督管理部门和负有安全生产监督管理职责的有关部门可以越级上报事故情况。

(3)安全生产监督管理部门和负有安全生产监督管理职责的有关部门逐级上报事故情况,每级上报的时间不得超过 2h。

二、事故报告信息

(1)报告事故应当包括下列内容:

①企业概况;

②事故发生的时间、地点以及事故现场情况;

③事故的简要经过;

④事故已经造成或者可能造成的伤亡人数(包括下落不明的人数)和初步估计的直接经济损失;

⑤已经采取的措施；

⑥其他应当报告的情况。

(2)事故报告后出现新情况的,应当及时补报。

自事故发生之日起30日内,事故造成的伤亡人数发生变化的,应当及时补报。道路交通事故、火灾事故自发生之日起7日内,事故造成的伤亡人数发生变化的,应当及时补报。

第三节　事故处理

一、现场处置

公共汽车客运企业负责人接到事故报告后,应当立即启动事故相应的应急预案,或者采取有效措施,组织抢救,防止事故扩大,减少人员伤亡和财产损失。

事故发生地有关地方人民政府、安全生产监督管理部门和负有安全生产监督管理职责的有关部门接到事故报告后,其负责人应当立即赶赴事故现场,组织事故救援。

事故发生后,有关单位和人员应当妥善保护事故现场以及相关证据,任何单位和个人不得破坏事故现场、毁灭相关证据。

因抢救人员、防止事故扩大以及疏通交通等原因,需要移动事故现场物件的,应当作出标志,绘制现场简图并作出书面记录,妥善保存现场重要痕迹、物证。

二、事故调查

特别重大事故由国务院或者国务院授权有关部门组织事故调查组进行调查。

重大事故、较大事故、一般事故分别由事故发生地省级人民政府、设区的市级人民政府、县级人民政府负责调查。省级人民政府、设区的市级人民政府、县级人民政府可以直接组织事故调查组进行调查,也可以授权或者委托有关部门组织事故调查组进行调查。

未造成人员伤亡的一般事故,县级人民政府也可以委托出企业组织事故调查组进行调查。

上级人民政府认为必要时,可以调查由下级人民政府负责调查的事故。

自事故发生之日起30日内(道路交通事故、火灾事故自发生之日起7日内),因事故伤亡人数变化导致事故等级发生变化,应当由上级人民政府负责调查的,上级人民政府可以另行组织事故调查组进行调查。

事故调查组的组成应当遵循精简、效能的原则。根据事故的具体情况,事故调查组由有关人民政府、安全生产监督管理部门、负有安全生产监督管理职责的有关部门、监察机关、公安机关以及工会派人组成,并应当邀请人民检察院派人参加。如有需要可以聘请有关专家参与调查。

事故调查组成员应当具有事故调查所需要的知识和专长,并与所调查的事故没有直接利害关系。事故调查组组长由负责事故调查的人民政府指定。事故调查组组长主持事故调查组的工作。事故调查组履行下列职责：

(1)查明事故发生的经过、原因、人员伤亡情况及直接经济损失；

(2)认定事故的性质和事故责任；

(3)提出对事故责任者的处理建议；

(4)总结事故教训，提出防范和整改措施；

(5)提交事故调查报告。

事故调查组有权向有关单位和个人了解与事故有关的情况，并要求其提供相关文件、资料，有关单位和个人不得拒绝。

出租汽车企业的负责人和有关人员在事故调查期间不得擅离职守，并应当随时接受事故调查组的询问，如实提供有关情况。

事故调查中发现涉嫌犯罪的，事故调查组应当及时将有关材料或者其复印件移交司法机关处理。

事故调查中需要进行技术鉴定的，事故调查组应当委托具有国家规定资质的单位进行技术鉴定。必要时，事故调查组可以直接组织专家进行技术鉴定。技术鉴定所需时间不计入事故调查期限。

事故调查组成员在事故调查工作中应当诚信公正、恪尽职守，遵守事故调查组的纪律，保守事故调查的秘密。未经事故调查组组长允许，事故调查组成员不得擅自发布有关事故的信息。

事故调查组应当自事故发生之日起 60 日内提交事故调查报告；特殊情况下，经负责事故调查的人民政府批准，提交事故调查报告的期限可以适当延长，但延长的期限最长不超过 60 日。事故调查报告应当包括下列内容：

(1)企业概况；

(2)事故发生经过和事故救援情况；

(3)事故造成的人员伤亡和直接经济损失；

(4)事故发生的原因和事故性质；

(5)事故责任的认定以及对事故责任者的处理建议；

(6)事故防范和整改措施。事故调查报告应当附具有关证据材料。事故调查组成员应当在事故调查报告上签名。事故调查报告报送负责事故调查的人民政府后，事故调查工作即告结束。事故调查的有关资料应当归档保存。

三、事故处理

重大事故、较大事故、一般事故，负责事故调查的人民政府应当自收到事故调查报告之日起 15 日内作出批复；特别重大事故，30 日内作出批复，特殊情况下，批复时间可以适当延长，但延长的时间最长不超过 30 日。

有关机关应当按照人民政府的批复，依照法律、行政法规规定的权限和程序，对企业和有关人员进行行政处罚，对负有事故责任的国家工作人员进行处分，负有事故责任的人员涉嫌犯罪的，依法追究刑事责任。

企业应当按照负责事故调查的人民政府的批复，对本单位负有事故责任的人员进行处理，负有事故责任的人员涉嫌犯罪的，依法追究刑事责任。

企业应当认真吸取事故教训，落实防范和整改措施，防止事故再次发生。防范和整改措施的落实情况应当接受工会和职工的监督。

安全生产监督管理部门和负有安全生产监督管理职责的有关部门应当对出租汽车企业落实防范和整改措施的情况进行监督检查。

事故处理的情况由负责事故调查的人民政府或者其授权的有关部门、机构向社会公布，依法应当保密的除外。

第二部分 城市轨道交通运输企业

第十二章 法律法规

第一节 城市轨道交通运输企业安全生产相关法律法规与规章

一、《消防法》

《消防法》中与城市轨道交通运输企业安全生产相关的条款如下：

1.培训规定

各级人民政府应当组织开展经常性的消防宣传教育，提高公民的消防安全意识。

机关、团体、企业、事业等单位，应当加强对本单位人员的消防宣传教育。

说明：消防宣传教育、培训是消防工作的重要基础工作，搞好消防宣传教育、培训，对于提高公民的消防法制观念和消防安全意识、消防安全素质，增强全社会抗御火灾的能力具有重要意义。1957 年国务院在《关于加强消防工作的指示》中指出：必须广泛开展群众性防火宣传教育工作，提高广大群众的防火警惕性，普及消防知识；1973 年周恩来总理又指示，做好防火工作必须加强对职工群众的防火常识和爱护国家财产的教育；1983 年公安部专门发出了加强消防宣传教育的通知，要求把消防宣传教育工作做到家喻户晓，人人皆知。分析近年来导致发生火灾的原因，违反安全操作规程和违章用火、用电、用气引起的火灾由改革开放初期的不足 20% 上升到目前的 46%；从火灾伤亡情况看，有很多人是因不懂火灾自救逃生常识而丧生或盲目逃生致残。这些问题，反映了加强对公民的消防宣传教育、培训的重要性、迫切性。所以，在本法制定过程中从消防宣传教育、培训工作的重要性考虑，为了加强这项工作，在总则中明确了各级人民政府以及教育、劳动等行政主管部门，新闻、出版、广播、电影、电视等有关主管部门在消防宣传教育、培训方面的职责和义务，特别是规定教育、劳动等行政主管部门应当将消防知识纳入教学、培训内容，具有深远意义和现实意义。

经常进行消防宣传教育，是指各级人民政府应当将消防宣传教育列入重要的议事日程；将消防知识纳入教学、培训内容，是指教育、劳动等行政主管部门在制定教育、培训规划和编制教材时，应当包括消防知识、基本消防技能的课程和内容。

消防宣传教育、培训的内容，应当针对宣传教育、培训的不同对象有所侧重，使消防宣传教育、培训具有较强的针对性。一般内容应当包括：一是消防法规、消防技术标准。消防法规包括消防法律、消防行政法规、地方性消防法规、部门和地方消防规章等。消防技术标准包括工程建筑消防技术标准，比如《建筑设计防火规范》、《高层民用建筑设计防火规范》以及《自动喷水灭火系统设计规范》等和消防产品技术标准等。二是普及消防知识，了解、掌握基本的消防技能。如物质燃烧知识、电气防火知识、建筑防火知识、易燃易爆物品防火防爆知识、家庭防火知识、灭火基本知识以及消防器材的使用知识和技能、发生火灾时的逃生自救互救知识等。消防宣传教育、培训的形式应当多种多样、喜闻乐见,少讲理论,多一些实际操作,为广大群众易于理解、掌握。例如:可以利用电影、电视、报纸等公众传播媒介进行消防公益宣传,举办消防知识讲座和消防知识竞赛,定期公布火灾情况,对典型火灾进行公开报道,公布对火灾事故责任者的处理情况等。

2. 行政审批规定

(1)国务院公安部门规定的大型的人员密集场所和其他特殊建设工程,建设单位应当将消防设计文件报送公安机关消防机构审核。公安机关消防机构依法对审核的结果负责。

(2)依法应当经公安机关消防机构进行消防设计审核的建设工程,未经依法审核或者审核不合格的,负责审批该工程施工许可的部门不得给予施工许可,建设单位、施工单位不得施工;其他建设工程取得施工许可后经依法抽查不合格的,应当停止施工。

(3)按照国家工程建设消防技术标准需要进行消防设计的建设工程竣工,依照下列规定进行消防验收、备案:

①本法第十一条规定的建设工程,建设单位应当向公安机关消防机构申请消防验收;

②其他建设工程,建设单位在验收后应当报公安机关消防机构备案,公安机关消防机构应当进行抽查。

依法应当进行消防验收的建设工程,未经消防验收或者消防验收不合格的,禁止投入使用;其他建设工程经依法抽查不合格的,应当停止使用。

说明:

(1)建设单位应当将建筑工程的消防设计报送公安消防机构审核。消防设计具有很强的专业技术性,是建筑工程消防安全的源头。通过消防设计审核,监督国家工程建筑消防技术标准的执行情况,从根本上消除先天性火灾隐患。对建筑工程进行消防设计审核,也是世界通行做法。如在俄罗斯、乌克兰、日本、德国、澳大利亚、新加坡、美国、英国,以及我国香港和台湾地区,都早已实行了建筑工程须经消防部门审批方可施工,经消防验收方可使用的制度。报送公安消防机构审核的内容,包括建筑工程消防设计图纸和有关资料,如建筑总平面图,建筑平、立、剖面图,消防设施设计平面图、系统图以及消防设计说明书等。同时,还应在有关的审核申报表中填写清楚相应的内容。消防设计未经公安消防机构审核或者经审核不合格的,建设单位不得擅自施工。为了加强政府有关主管部门之间的制约和配合,本条还规定了建设行政主管部门的职责,即建筑工程的消防设计未经公安消防机构审核或者经审核不合格的,建设行政主管部门不得发给施工许可证。

(2)经公安消防机构审核批准的消防设计不得擅自变更。建筑工程消防设计一经公安消防机构审核批准,建设、设计、施工单位必须按照批准的消防设计图纸进行施工;如果确需变更的,建设单位应将变更的消防设计图纸报送原审核的公安消防机构核准,方可变更。

(3)建筑工程竣工时,经消防验收合格,方可投入使用。建筑工程竣工时,建设单位应当向公安消防机构提出消防验收申请,设有建筑自动消防设施的建筑工程,还应当同时提交建筑消防设施技术测试报告，并组织消防验收。消防验收不合格的，施工单位不得交工，建筑物的所有者不得接收使用。

(4)对建筑工程进行消防设计审核和验收是公安消防机构的职责。为了加强政府对建筑工程消防设计监督管理，本法明确规定国家实行消防设计审核和消防验收制度，并将消防设计审核和消防验收职责赋予公安消防机构。公安消防机构对建筑工程的消防设计审核实行直辖市、副省级市、地级市及其所辖区(市、县)两级和地区(州、盟)及其所辖县(市、旗)两级分工审核制度。消防设计审核内容包括：①总平面布局和平面布置中涉及消防安全的防火间距、消防车道、消防水源等；②建筑的火灾危险性类别和耐火等级；③建筑防火防烟分区和建筑构造；④安全疏散和消防电梯；⑤消防给水和自动灭火系统；⑥防烟、排烟和通风、空调系统的防火设计；⑦消防电源及其配电；⑧火灾应急照明、应急广播和疏散指示标志；⑨火灾自动报警系统和消防控制室；⑩建筑内部装修的防火设计；⑪建筑灭火器配置；⑫有爆炸危险的甲、乙类厂房的防爆设计；⑬国家工程建设标准中有关消防设计的其他内容。按照有关规定，公安消防机构对送审的消防设计应当从登记收图之日起，一般工程应当在 10 日之内，国家、省级重点工程以及设置建筑自动消防设施的工程，应当在 20 日之内予以答复。需要组织专家论证消防设计的工程，审核时限可以延长至 30 日。

(5)消防验收，主要是针对消防设计审核内容进行检查和必要的系统性能测试。对于设有自动消防设施的建筑工程的消防验收，要求施工单位必须委托具备资格的建筑消防设施检测单位进行技术检测，取得技术测试报告，由建设单位再向公安消防机构申请验收。按照有关规定，公安消防机构在接到建设单位消防验收申请时，应当查验有关消防验收申报材料。材料齐全后，应当在 10 日之内按照国家消防技术标准进行验收，并在消防验收后 10 日之内签发《建筑工程消防验收意见书》。

二、《城市轨道交通运营管理办法》

为加强城市轨道交通运营安全管理，保证城市轨道交通正常、安全运营，维护城市轨道交通运营秩序，保障乘客和城市轨道交通运营者的合法权益，原建设部制定了《城市轨道交通运营管理办法》，并于 2005 年 3 月 1 日经第 53 次部常务会议讨论通过并发布，自 2005 年 8 月 1 日起施行。

该办法适用于城市轨道交通的运营及相关的管理活动，主要规定了轨道交通运营的运营管理、安全管理和应急管理三方面内容。

安全管理涉及内容包括：运营单位要承担设置安全生产管理机构、配备安全生产管理人员、保证安全生产资金投入、定期维护轨道交通设施设备、设置必要的救援器材和设备、定期对轨道交通进行安全性评价、向乘客宣传安全乘运知识等职责；规定了轨道交通设置控制保护区、控制保护区管理等内容。应急管理涉及内容包括：针对各类突发事件制定专题应急预案、配备救援器材设备、组织演练、强化应急处置等内容。城市轨道交通运营管理办法主要条文关系如图 12-1 所示。

运营管理部分涉及安全管理的内容，具体条款如下所示：

(1)城市人民政府城市轨道交通主管部门应当按照《行政许可法》以及市政公用事业特许经营的有关规定，依法确定城市轨道交通运营单位。

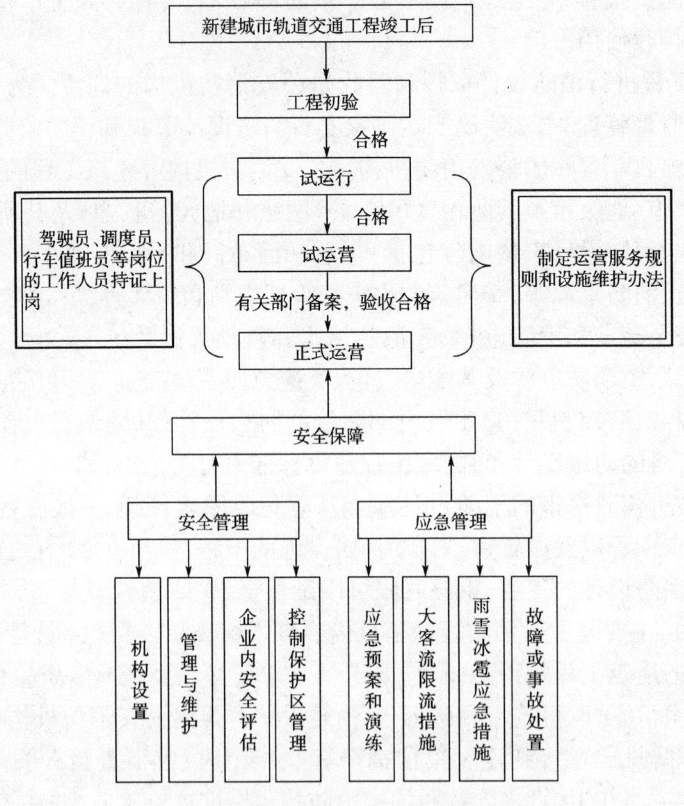

图 12-1　城市轨道交通运营管理办法主要条文关系图

(2)新建城市轨道交通工程竣工后,应当进行工程初验;初验合格的,可以进行试运行;试运行合格,并具备基本运营条件的,可以进行试运营。

城市轨道交通工程竣工,按照国家有关规定验收,并报有关部门备案。经验收合格后,方可交付正式运营。

安全设施不符合有关国家标准的新建、改建、扩建城市轨道交通工程项目,不得投入运营。

(3)城市轨道交通运营单位应当按照国家有关规定和特许经营协议,制定城市轨道交通运营服务规则和设施维护办法,保证城市轨道交通的正常、安全运营。

(4)城市轨道交通运营单位应当为乘客提供安全便捷的客运服务,保证车站、车厢整洁,出入口、通道畅通,保持安全、消防、疏散导向等标志醒目。

(5)城市轨道交通运营单位工作人员应当佩戴标志、态度文明、服务规范。驾驶员、调度员、行车值班员等岗位的工作人员应当经培训合格后,持证上岗。

城市轨道交通运营单位应当在车站配备急救箱,车站工作人员应当掌握必要的急救知识和技能。

(6)城市轨道交通运营过程中发生故障而影响运行的,城市轨道交通运营单位应当及时组织乘客疏散,并尽快排除故障,恢复运行。一时无法恢复运行的,城市轨道交通运营单位应当及时报告城市人民政府城市轨道交通主管部门。

(7)禁止下列危害城市轨道交通正常运营的行为：

①在车厢内吸烟，随地吐痰、便溺，吐口香糖，乱扔果皮、纸屑等废弃物；

②在车站、站台、站厅、出入口、通道停放车辆，堆放杂物或者擅自摆摊设点堵塞通道；

③擅自进入轨道、隧道等禁止进入的区域；

④攀爬和跨越围墙、护栏、护网、门闸；

⑤强行上下列车；

⑥在车厢或者城市轨道交通设施上乱写、乱画、乱张贴；

⑦携带宠物乘车；

⑧危害城市轨道交通运营和乘客安全的其他行为。

(8)禁止乘客携带易燃、易爆、有毒和放射性、腐蚀性的危险品乘车。

城市轨道交通运营单位可以对乘客携带的物品进行安全检查，对携带危害公共安全的危险品的乘客，应当责令出站；拒不出站的，移送公安部门依法处理。

(9)城市人民政府城市轨道交通主管部门和城市轨道交通运营单位应当建立投诉受理制度，接受乘客对违反运营规定和服务规则的行为的投诉。

城市轨道交通运营单位应当自受理投诉之日起10个工作日内作出答复。乘客对答复有异议的，可以向城市人民政府城市轨道交通主管部门投诉，城市人民政府城市轨道交通主管部门应当自受理乘客投诉之日起，10个工作日内作出答复。

安全管理部分共包括9条，具体条款如下所示：

(1)城市轨道交通运营单位应当依法承担城市轨道交通运营安全责任，设置安全生产管理机构，配备专职安全生产管理人员，保证安全生产条件所必需的资金投入。

(2)城市轨道交通运营单位应当按照反恐、消防管理、事故救援等有关规定，在城市轨道交通设施内，设置报警、灭火、逃生、防汛、防爆、防护监视、紧急疏散照明、救援等器材和设备，定期检查、维护，按期更新，并保持完好。

(3)城市轨道交通运营单位负责城市轨道交通设施的管理和维护，定期对土建工程、车辆和运营设备进行维护、检查，及时维修更新，确保其处于安全状态。检查和维修记录应当保存至土建工程、车辆和运营设备的使用期限到期。

(4)城市轨道交通运营单位应当组织对城市轨道交通关键部位和关键设备的长期监测工作，评估城市轨道交通运行对土建工程的影响，定期对城市轨道交通进行安全性评价，并针对薄弱环节制定安全运营对策。

在发生地震、火灾等重大灾害后，城市轨道交通运营单位应当对城市轨道交通进行安全性检查，经检查合格后，方可恢复运营。

(5)城市轨道交通运营单位应当采取多种形式向乘客宣传安全乘运的知识和要求。

(6)城市轨道交通应当在以下范围设置控制保护区：

①地下车站与隧道周边外侧50m内；

②地面和高架车站以及线路轨道外边线外侧30m内；

③出入口、通风亭、变电站等建筑物、构筑物外边线外侧10m内。

(7)在城市轨道交通控制保护区内进行下列作业的，作业单位应当制定安全防护方案，在征得运营单位同意后，依法办理有关行政许可手续：

①新建、扩建、改建或者拆除建筑物、构筑物；

②敷设管线、挖掘、爆破、地基加固、打井；

③在过江隧道段挖沙、疏浚河道；

④其他大面积增加或减少载荷的活动。

上述作业穿过地铁下方时，安全防护方案还应当经专家审查论证。

运营单位在不停运的情况下对城市轨道交通进行扩建、改建和设施改造的，应当制定安全防护方案，并报城市人民政府城市轨道交通主管部门备案。

(8)在城市轨道交通线路弯道内侧，不得修建妨碍行车瞭望的建筑物、构筑物，不得种植妨碍行车瞭望的树木。

(9)禁止下列危害城市轨道交通设施的行为：

①非紧急状态下动用应急装置；

②损坏车辆、隧道、轨道、路基、车站等设施设备；

③损坏和干扰机电设备、电缆、通信信号系统；

④污损安全、消防、疏散导向、站牌等标志，防护监视等设备；

⑤危害城市轨道交通设施的其他行为。

应急管理部分共包括7条，具体条款如下所示：

(1)城市人民政府城市轨道交通主管部门应当会同有关部门制定处理突发事件的应急预案；城市轨道交通运营单位应当根据实际运营情况制定地震、火灾、浸水、停电、反恐、防爆等分专题的应急预案，建立应急救援组织，配备救援器材设备，并定期组织演练。

当发生地震、火灾或者其他突发事件时，城市轨道交通运营单位和工作人员应当立即报警和疏散人员，并采取相应的紧急救援措施。

(2)城市轨道交通车辆地面行驶中遇到沙尘、冰雹、雨、雪、雾、结冰等影响运营安全的气象条件时，城市轨道交通运营单位应当启动应急预案，并按照操作规程进行安全处置。

(3)遇有城市轨道交通客流量激增危及安全运营的紧急情况，城市轨道交通运营单位应当采取限制客流量的临时措施，确保运营安全。

(4)遇有自然灾害、恶劣气象条件或者发生突发事件等严重影响城市轨道交通安全的情形，并且无法采取措施保证安全运营时，运营单位可以停止线路运营或者部分路段运营，但是应当提前向社会公告，并报告城市人民政府城市轨道交通主管部门。

(5)城市轨道交通运营中发生安全事故，城市人民政府城市轨道交通主管部门、城市轨道交通运营单位应当依据应急预案进行处置。

(6)城市轨道交通运营中发生人员伤亡事故，应当按照先抢救受伤者，及时排除故障，恢复正常运行，后处理事故的原则处理，并按照国家有关规定及时向有关部门报告；城市人民政府城市轨道交通主管部门、城市轨道交通运营单位应当配合公安部门及时对现场进行勘察、检验，依法进行现场处理。

(7)城市轨道交通运营过程中发生乘客伤亡的，城市轨道交通运营单位应当依法承担相应的损害赔偿责任；能够证明伤亡人员故意或者自身健康原因造成的除外。

目前，有城市轨道交通运营的城市均建立了各自的城市轨道交通运营安全管理条例或办法，如北京、上海、重庆等。示例如下：

《北京市城市轨道交通安全运营管理办法》

（2004年4月28日北京市人民政府第147号令公布
根据2007年12月23日北京市人民政府第200号令第一次修改
根据2009年6月26日北京市人民政府第213号令第二次修改）

第一章　总　　则

第一条　为加强城市轨道交通安全运营管理，保障安全运营，维护乘客合法权益，根据本市实际情况，制定本办法。

第二条　凡在本市行政区域内从事与城市轨道交通安全运营有关活动的，均须遵守本办法。

本办法所称城市轨道交通是指地铁、轻轨等城市轨道公共客运系统。

第三条　城市轨道交通安全运营管理，坚持安全第一、预防为主、综合治理的方针。

第四条　市和区、县安全生产监督行政管理部门依照《中华人民共和国安全生产法》的规定，对本市城市轨道交通运营的安全生产工作实施综合监督管理。

市交通行政管理部门对本市城市轨道交通安全运营实施行业监督管理，指导运营单位落实安全运营措施，消除事故隐患，对城市轨道交通运营单位（以下简称运营单位）违反本办法的行为予以纠正并提请有关行政管理部门依法处理。

发展改革、规划、公安、消防、园林绿化、住房和城乡建设、市政市容管理等行政管理部门，依照各自职责对城市轨道交通安全实施监督管理。

第五条　城市轨道交通沿线的区、县人民政府应当做好本行政区域内城市轨道交通安全运营相关服务、保障工作，及时配合有关部门协调、解决有关问题。

第六条　运营单位应当依法承担城市轨道交通运营安全管理责任，加强运营安全管理，建立、健全安全运营责任制度，完善安全运营条件，确保安全运营。

第七条　市人民政府相关部门和运营单位应当采取多种形式，向社会公众宣传有关城市轨道交通安全运营的法律规定和安全知识，提高市民的安全意识。

任何单位和个人应当自觉维护城市轨道交通安全运营秩序，不得侵害国家财产和公民人身、财产安全，不得影响他人出行。

第二章　建设与运营的衔接

第八条　城市轨道交通工程的规划、建设，应当考虑安全运营的需求，并预留换乘和疏散空间。

城市轨道交通工程项目申请报告、可行性研究报告和初步设计中应当确定列车运行、调度指挥、运营辅助系统、安全防范和检查系统、维修保障系统、换乘和疏散系统、人员组织等内容，并经过运营安全评估，系统功能应当符合安全运营需要。

城市轨道交通工程建设单位在编制完成项目申请报告、可行性研究报告后，应当听取市交通行政管理部门的意见。市交通行政管理部门应当进行监督和指导。

第九条　城市轨道交通设备、设施的设计、安装、建造应当符合国家和本市规定的设计标准和技术规范。

其他工程与城市轨道交通相连接的，连接部分的设计应当符合城市轨道交通设计规范要求。

第十条　城市轨道交通工程完工后，建设单位应当向运营单位提供技术档案和相关资料，对设备、设施进行调试和安全测试，并会同运营单位组织试运行。试运行期不得少于3个月，并不得载客。

第十一条　城市轨道交通工程试运行合格的，建设单位应当依法办理规划、消防、土建、人防、供电、特种设备、工程档案、建筑节能、无障碍设施、环境保护设施和运营设备、设施等项目的验收。验收合格的，方可移交运营单位投入试运营。政府相关行政管理部门应当依照各自职责对验收过程进行监督管理。

试运营期间，运营单位应当按照设计标准和技术规范，对设备、设施运行情况和运营状况进行安全监测和综合验证，试运营期不得少于1年。试运营期满，设备、设施保持正常稳定运行状态，可以投入正式运营的，运营单位应当在投入正式运营30日前向市交通行政管理部门备案。

第三章　运营安全管理

第十二条　禁止在地面轨道线路上设置平面交叉道口和人行过道。禁止在地面轨道线路弯道内侧建造影响行车安全的建筑物、构筑物。禁止种植影响行车安全的树木。

已有树木影响城市轨道交通行车安全的，运营单位应当会同树木的所有者或者管理者制定解决方案，由树木的所有者或者管理者依法进行修剪或者移栽、更换树种。园林绿化、交通行政管理部门应当给予指导、协调，并加强监督管理。

第十三条　下列范围为城市轨道交通控制保护区：

(一)地下车站与隧道周边外侧五十米以内；

(二)地面和高架车站以及线路轨道外边线外侧三十米以内；

(三)出入口、通风亭、变电站等建筑物、构筑物外边线外侧十米以内。

区、县人民政府应当支持、督促有关部门依法加强对本行政区域内城市轨道交通控制保护区的监督管理，协调解决城市轨道交通控制保护区内影响轨道交通运营安全的问题。

第十四条　城市轨道交通控制保护区内严格控制下列可能影响安全运营的作业：

(一)新建、改建、扩建或者拆除建筑物、构筑物；

(二)敷设管线、挖掘、爆破、地基加固、打井；

(三)其他大面积增加或者减少载荷的作业。

确需进行前款规定的作业的，作业单位应当制定有效的安全防护方案，征得运营单位同意后，依法办理有关行政许可手续。有关行政管理部门应当根据经过论证的安全防护方案做出行政许可决定。

第十五条　经许可从事本办法第十四条第一款规定的作业的，作业单位必须落实安全防护方案，并委托专业机构对作业影响区域进行动态监测；出现危及运营安全的情形的，作业单位应当立即停止作业，采取补救措施，并报告许可作业的行政管理部门、市交通行政管理部门和运营单位。

第十六条　本办法第十四条第一款规定的作业跨越、穿越城市轨道交通设施的，作业结束后，作业单位应当会同运营单位评估作业对城市轨道交通运营安全产生的影响，并将评估结果报市交通行政管理部门备案。经评估影响运营安全的,作业单位应当立即采取措施,消除影响。

第十七条 城市轨道交通在不停运的情况下进行扩建、改建和设施改造的,运营单位应当制定有效的安全防护方案,并报市交通行政管理部门备案。

第十八条 地下管线敷设在城市轨道交通控制保护区内的,地下管线的所有者或者管理者应当加强管线的巡查、维护和管理,保障管线安全运行,避免影响城市轨道交通运营安全。

第十九条 市交通行政管理部门应当制定本市城市轨道交通安全运营服务标准。运营单位应当按照服务标准的要求,安全运送乘客。

第二十条 运营单位应当履行下列安全运营职责:

(一)建立健全安全运营责任制;

(二)组织制定安全运营规章制度和操作规程;

(三)保证本单位安全运营投入的有效实施;

(四)督促检查本单位的安全运营工作;

(五)建立安全运营风险评估和隐患排查治理制度;

(六)组织制定并实施先期应急处置方案和特殊情况下的运营组织方案;

(七)及时、如实报告运营安全事故。

第二十一条 运营单位的主要负责人和安全生产管理人员必须具备与运营活动相应的安全知识和管理能力。

第二十二条 运营单位应当对从业人员进行安全教育和培训,保证从业人员具备必要的安全运营知识,熟悉有关的安全运营规章制度和安全操作规程,掌握本岗位的安全操作技能。

运营单位工作人员应当履行下列安全管理职责:

(一)维护车站内秩序,引导乘客有序乘车,发生险情时,及时引导乘客疏散;

(二)及时劝阻、制止可能导致危险发生的行为,对劝阻、制止无效的,报告公安机关处置;

(三)发现事故隐患,及时报告。

第二十三条 运营单位的特种作业人员必须按照国家有关规定经过专门的安全作业培训,取得特种作业操作资格证书,方可上岗作业。

列车驾驶员应当遵守安全运营规章制度和安全操作规程,驾驶中不得从事与驾驶列车无关的活动。

第二十四条 城市轨道交通车辆地面行驶中遇有沙尘、冰雹、雨、雪、雾、结冰等气象条件时,应当按照预案和操作规程要求行驶。

第二十五条 运营单位应当按照国家和本市有关城市轨道交通设备设施的安全标准和技术规范,定期对包括车辆在内的安全系统进行检测、维修、更新和改造,保证良好的运行状态。

第二十六条 城市轨道交通车站站厅、站台、车厢、疏散通道内禁止堆放物品、卖艺、擅自摆摊设点以及其他影响通行和救援疏散的行为。

第二十七条　城市轨道交通车站、列车车厢内及轨道线路、隧道应当配置报警、紧急照明、防护、救援、灭火等设备，设备应当处于完好状态。

第二十八条　运营单位应当按照国家和本市有关标准规范在轨道线路、隧道及车站站台、站厅、疏散通道、出入口、通风亭、列车车厢内及其他运营场所的醒目位置设置保障城市轨道交通安全运营的各类导向、疏散、提示、警告、限制、禁止等安全标志；定期对各类安全标志进行检查和维修，保持完好。

第二十九条　电力、电信、供水等相关单位应当保证城市轨道交通运营用电、通信、用水等需要。

第三十条　运营单位应当为乘客提供安全、便捷的客运服务，保障乘客的合法权益。

城市轨道交通运行过程中发生故障影响运行时，运营单位应当及时排除故障，恢复运行；无法恢复运行的，应当组织乘客疏散和换乘。

第三十一条　因气象、节假日、大型群众活动等原因引起客流量上升的，运营单位应当及时增加运力，疏导乘客。

第三十二条　禁止携带枪支弹药、管制器具以及爆炸性、易燃性、放射性、毒害性、腐蚀性等可能影响公共安全的物品进入城市轨道交通设施，对进入城市轨道交通车站人员的携带物品可以实施必要的安全检查措施。

实施安全检查措施期间，不接受安全检查的，车站工作人员有权拒绝其进入城市轨道交通车站；拒不接受安全检查强行进入城市轨道交通车站或者扰乱安全检查现场秩序，构成违反治安管理行为的，由公安机关依法处理。

公安机关应当制定城市轨道交通安全检查操作规范，对城市轨道交通安全检查工作进行指导、检查和监督，并依法处理安全检查中发现的违法犯罪行为。

第三十三条　安全检查人员实施安全检查时，应当遵守下列规定：

（一）佩戴工作证件；

（二）文明礼貌，尊重受检查人；

（三）严格执行安全检查操作规范；

（四）不得损坏受检查人携带的合法物品；

（五）发现禁止携带的物品和违法犯罪行为时，立即向公安机关报告。

第三十四条　进入城市轨道交通车站的人员应当遵守有关法律、法规、规章和城市轨道交通的相关管理制度，遵守公共秩序和社会公德，并应当遵守下列规定：

（一）接受、配合安全检查；

（二）遵守安全指示标志，听从工作人员指挥；

（三）候车时站在安全线内侧，乘车时先下后上；

（四）不得实施阻挡车门、屏蔽门的正常开启、关闭和其他影响列车正点停靠、驶离的行为；

（五）不得从事兜售物品、散发广告或者反复纠缠、强行讨要以及以其他滋扰他人的方式乞讨等影响乘车秩序的行为。

运营单位应当明示城市轨道交通的相关管理制度，发现第一款第（五）项行为的，应当及时予以劝阻；对于不听从劝阻，构成违反治安管理行为的，提请公安机关依法处理。

第三十五条　禁止下列危害城市轨道交通安全运营的行为：

(一)拦截列车；

(二)擅自进入轨道线路、隧道等禁止进入的区域；

(三)强行上下列车；

(四)向列车、机车、维修工程车以及其他设施投掷物品；

(五)损坏车辆、隧道、轨道；

(六)损害和干扰机电设备,架空电缆和通信信号系统；

(七)翻越、毁坏隔离围墙、护栏、护网和闸门；

(八)非紧急状态下动用紧急或者安全装置；

(九)损坏、擅自移动安全标志；

(十)其他危害城市轨道交通安全运营的行为。

第四章　应急和事故处理

第三十六条　市交通行政管理部门应当会同政府有关部门及相关单位制定城市轨道交通突发事件应急预案,报市人民政府批准后实施。

第三十七条　运营单位应当制定城市轨道交通突发事件先期应急处置方案,报市交通行政管理部门备案。

第三十八条　运营单位应当完善应急处置设备的配备和管理,对工作人员进行应急处置培训,定期组织应急演练,提高先期应急处置能力。

第三十九条　遇有城市轨道交通客流量激增危及运营安全的紧急情况,运营单位有权采取限制客流的临时措施,确保安全运营。

第四十条　遇有自然灾害、恶劣气象条件或者发生突发事件等严重影响城市轨道交通运营安全的情形,采取其他措施难以保证城市轨道交通安全运营时,运营单位可以停止部分线路或者路段运营,但应当向社会公告,并报市交通行政管理部门。

第四十一条　城市轨道交通运营发生突发事件后,市人民政府相关部门、突发事件所在地的区、县人民政府以及电力、电信、供水等单位,应当按照相应应急预案的规定进行抢险救援和应急保障,尽快恢复运营。

第四十二条　城市轨道交通发生运营安全事故后,运营单位应当迅速采取有效措施,组织抢救,防止事故扩大,减少人员伤亡和财产损失,同时按照国家和本市有关规定报告政府有关部门。

第四十三条　城市轨道交通运营发生事故时,有关行政管理部门接到报告后应当立即派员赶赴现场,及时处置,尽快恢复运营,并按照国家和本市有关规定进行事故调查处理。

第四十四条　运营单位应当对运营过程中乘客的伤亡承担损害赔偿责任,但是伤亡是乘客自身健康原因造成的或者运营单位证明伤亡是乘客故意、重大过失原因造成的除外。

第五章　法律责任

第四十五条　违反本办法规定,有下列行为之一的,由市交通行政管理部门予以警告,责令限期改正,并可处1万元以上3万元以下的罚款;造成损失的,依法承担赔偿责任：

(一)违反本办法第十四条第二款规定,在城市轨道交通控制保护区内进行作业的作业单位未制定安全防护方案,或者未征得城市轨道交通运营单位同意的;

(二)违反本办法第十七条规定,城市轨道交通运营单位对轨道交通进行扩建、改建和设施改造时,未制定安全防护方案的。

第四十六条　运营单位违反本办法第二十条、第二十二条、第二十三条、第二十七条和第二十八条规定,并构成违反安全生产管理行为的,由安全生产监督行政管理部门依法处罚。

第四十七条　违反本办法第三十二条、第三十五条规定,并构成违反治安管理行为的,由公安机关依照《中华人民共和国治安管理处罚法》的规定予以处罚。造成城市轨道交通设备、设施损坏的,依法承担民事赔偿责任。

第四十八条　违反本办法,按照消防、规划、建设、园林绿化等有关法律、法规、规章规定应当予以处罚的,由有关部门依法处罚。

第四十九条　相关行政管理部门及其工作人员未依法履行城市轨道交通安全监督管理职责的,或者对依法应当查处的违法行为不予查处的,由上级机关责令改正,对责任人员依法给予行政处分;构成犯罪的,依法追究刑事责任。

第五十条　运营单位主要负责人及其工作人员未依法履行城市轨道交通安全生产监督管理职责的,由安全生产监督行政管理部门依法处理;构成犯罪的,依法追究刑事责任。

第六章　附　　则

第五十一条　本办法自2004年6月1日起施行。

《上海市轨道交通运营安全管理办法》

(2009年12月9日上海市人民政府令第22号公布)

第一章　总　　则

第一条(目的和依据)

为加强本市轨道交通运营安全管理,保障运营安全,维护乘客的合法权益,根据《中华人民共和国安全生产法》和《上海市轨道交通管理条例》(以下简称《条例》)等有关法律、法规的规定,结合本市实际情况,制定本办法。

第二条(适用范围)

本办法适用于本市轨道交通的运营安全保障及其相关管理活动。

第三条(监管部门)

市安全生产监督行政管理部门依照国家有关规定,对轨道交通运营安全实施综合监督管理。

市交通行政管理部门依照本办法负责职责范围内的轨道交通运营安全监督管理,其所属的市运输管理机构负责本市轨道交通运营安全的日常监督工作。

市发展改革、建设、公安等行政管理部门及各区(县)人民政府按照各自职责,协同实施本办法。

第四条(运营单位)

轨道交通线路运营单位(以下简称运营单位)应当做好其运营范围内轨道交通运营安全的日常管理工作,并建立轨道交通运营安全控制体系,制定运营安全规章制度,落实安全责任,保证轨道交通运营安全。

第二章　安全设施与保护区管理

第五条(建设单位的运营安全要求)

轨道交通项目建设单位(以下简称建设单位)在进行工程项目建设时,应当同步建设轨道交通安全监测和施救保障系统,并确保系统功能符合运营安全的需要。

轨道交通工程竣工验收合格后,建设单位应当将轨道交通线路竣工总平面布置图报市运输管理机构备案。

第六条(安全设施)

运营单位应当按照国家和本市有关轨道交通安全设施、设备规范标准,在车站、车厢内设置以下安全设施、设备:

(一)报警、灭火、逃生、防汛、防爆、紧急疏散照明、应急通信、应急诱导系统等应急设施、设备;

(二)安全、消防、人员疏散导向等标志;

(三)视频安全监控系统。

紧急情况下需要乘客操作的安全设施、设备,应当醒目地标明使用条件和操作方法。

第七条(设施维护和整改)

运营单位应当对安全设施、设备进行日常维护和检测,并按照国家《地铁运营安全评价标准》的要求进行安全性评价,保证设施、设备的正常完好。

安全设施、设备规范标准发生变化的,运营单位应当及时对安全设施、设备进行调整。

安全设施、设备无法满足运营安全实际需要的,运营单位应当根据市运输管理机构的要求,及时对现有安全设施、设备进行整改。

第八条(安全保护区)

轨道交通工程建设项目立项后,市交通行政管理部门应当按照《条例》第三十条的规定,划定轨道交通安全保护区的具体范围,并告知规划、房屋等相关行政管理部门。

在轨道交通安全保护区范围内进行《条例》第三十一条规定的作业内容的,规划、房屋等相关行政管理部门应当告知相关作业单位向市运输管理机构办理安全保护区审批手续。

第九条(安全保护区内的作业管理)

轨道交通工程建设项目取得施工许可证后,建设单位应当对该轨道交通工程划定的轨道交通安全保护区实施安全管理。

作业单位应当按照经市运输管理机构审批同意的作业方案确定的时间进行施工,并采取相应的安全保护措施。作业单位未按照作业方案确定的施工期限开工的,应当重新向市运输管理机构办理作业方案的审批手续。

建设单位或者运营单位应当对作业单位在轨道交通安全保护区内的施工制定安全监督方案,并对施工的安全性进行日常监督。

第十条(安全保护区外的施工管理)

在轨道交通安全保护区外进行建设工程施工,其工程施工机械可能跨越或者触及轨道交通地面车站、高架车站及其线路轨道的,施工单位应当采取必要的安全防护措施,不得影响轨道交通运营安全,并在施工前书面告知运营单位。

运营单位应当派员对施工现场进行安全检查。施工单位未采取安全防护措施或者施工过程中出现可能危及轨道交通运营安全情况的,运营单位应当要求施工单位立即停止施工并采取相应的安全措施,同时报告市运输管理机构。

第三章　安全运营管理

第十一条(基本运营条件认定)

轨道交通工程竣工后需要投入试运营的,运营单位应当向市交通行政管理部门申请基本运营条件认定,市交通行政管理部门应当在运营单位提出申请后的30个工作日内,组织基本运营条件认定。

轨道交通工程符合基本运营条件的,经市交通行政管理部门报市人民政府批准后,可以投入试运营;不符合基本运营条件的,市交通行政管理部门应当将相关问题告知建设单位或者运营单位,并要求其在规定的期限内整改。

本市轨道交通基本运营条件的具体规范,由市交通行政管理部门会同市发展改革、建设行政管理部门制定。

第十二条(从业要求)

运营单位应当按照国家和本市有关规定对从业人员进行安全培训和考核,确保从业人员具备相应的轨道交通运营安全知识和管理能力。

运营单位列车驾驶员应当进行不少于5000公里驾驶里程的培训,经考核合格后持证上岗;调度员、行车值班员应当进行不少于300小时操作的培训,经考核合格后持证上岗。

第十三条(工作人员安全职责)

运营单位车站工作人员应当履行下列职责:

(一)维护车站内秩序,引导乘客有序乘车;

(二)发生险情时,及时引导乘客疏散;

(三)劝阻、制止可能导致危险发生的行为,对劝阻、制止无效的,移送公安部门处理;

(四)发现事故隐患,及时报告。

运营单位列车驾驶员应当履行下列职责:

(一)遵守列车驾驶安全操作规程;

(二)查看乘客上下列车情况,确保站台屏蔽门(安全隔离门)和列车车门安全开启和关闭。

第十四条(乘客要求)

乘客除遵守《条例》以及《轨道交通乘客守则》等规定外,还应当遵守下列规定:

(一)不得携带超过规定体积标准的物品进站、乘车;

(二)不得携带自行车(含折叠式自行车)进站、乘车;

(三)不得携带猫、狗等宠物进站、乘车;

(四)不得在车站、车厢内使用滑板、溜冰鞋等器材。

运营单位应当加强对乘车秩序的管理。对违反前款规定的乘客,运营单位可以拒绝其进站、乘车。乘客拒不接受的,运营单位可以移送公安部门处理。

第十五条(安全检查)

禁止乘客携带易燃、易爆、有毒、有放射性、有腐蚀性以及其他有可能危及人身和财产安全的危险物品进站、乘车。具体危险物品目录和样式,由运营单位按照规定,在车站内通过张贴、陈列等方式予以公告。

运营单位应当按照有关规定和标准,在车站内设置安全检查设施、设备,配备受过专业培训的安全检查人员,并按照规定对乘客携带的物品进行安全检查。

乘客应当接受和配合安全检查;拒不接受、配合安全检查的,运营单位应当拒绝其进站、乘车。

运营单位在安全检查中发现有危险物品的,应当立即采取防止危险发生的安全措施,并按照规定及时报告公安部门。

安全检查人员实施安全检查时,应当佩戴安全检查证;未佩戴安全检查证实施检查的,乘客有权拒绝检查。

乘客以外的其他人员进站、乘车的,应当遵守本条规定。

第十六条(广告设施、商业网点的管理)

在车站内设置的广告设施和商业网点不得影响轨道交通运营安全。

除轨道交通车站规划布局方案确定设置的商业网点和设置在站台的自动售货机外,禁止在车站出入口、站台及通道设置商业网点。

运营单位应当加强对广告设施、商业网点的安全检查。广告设施、商业网点使用的材质应当采用难燃材料,并符合消防法律、法规、规章和技术规范的规定。

除紧急情况外,广告设施、商业网点应当在轨道交通非运营期间进行设置或者维护。

第十七条(改扩建停运)

轨道交通进行改建、扩建或者设施改造,需要暂停轨道交通运营或者缩短运营时间的,运营单位应当制定安全防护方案并报市运输管理机构备案。运营单位应当在暂停轨道交通运营或者缩短运营时间10天前,通过车站及列车广播系统、告示以及媒体等方式向乘客履行告知义务。

轨道交通暂停运营或者缩短运营时间的,市运输管理机构应当做好安排和调度工作,确保乘客出行安全和便利。

第十八条(检查整改)

运营单位应当加强对轨道交通运营安全的检查,及时消除运营安全隐患;难以及时消除的,运营单位应当采取安全防护措施,并制定专项整改方案。

运营单位应当将安全防护措施以及专项整改方案报市运输管理机构备案。

第十九条(委托管理)

运营单位将涉及轨道交通运营安全的管理项目或者设施、设备委托给其他单位管理的,应当委托具有相应资质的单位。

运营单位应当对运营安全工作进行统一协调,并承担安全责任。

第二十条(监督检查)

市安全生产监督、交通等相关行政管理部门应当依法对轨道交通运营安全情况实施监督检查。

市安全生产监督、交通等相关行政管理部门的执法人员实施检查时,应当将检查的时间、地点、内容、发现的问题及处理情况做好书面记录。

执法人员实施检查时,应当出示执法证件,不得影响轨道交通正常运营。

第四章　应急和事故处理

第二十一条(应急预案的编制)

市安全生产监督、交通、公安等行政管理部门应当按照有关法律、法规以及本市突发事件总体应急预案的规定,在各自职责范围内编制本部门的轨道交通突发事件应急预案,并报市政府批准。

运营单位应当根据轨道交通突发事件应急预案,编制本单位的具体应急预案,并报市交通行政管理部门备案。

第二十二条(应急处置)

轨道交通发生突发事件达到启动应急预案条件的,市交通行政管理部门应当按照规定启动相关应急预案,相关行政管理部门和运营单位应当按照国家、本市以及应急预案的有关规定处置突发事件。

突发事件处置完毕后,运营单位应当对涉及的轨道交通设施、设备进行安全性检查,确保设施、设备保持完好。

第二十三条(事故处置)

运营单位应当合理设置事故救援点和配备救援人员。

轨道交通运营发生安全事故的,运营单位应当按照轨道交通运营安全事故处置的要求,立即组织抢救,减少人员伤亡和财产损失。

安全事故影响轨道交通运营的,运营单位应当通过车站及列车广播系统、告示或者媒体等方式及时告知乘客相关运营信息,做好乘客的疏散、转移工作。相关行政管理部门应当按照各自职责,赶赴事故现场进行处置,尽快恢复轨道交通的正常运营。

本市轨道交通运营安全事故处置规定,由市交通行政管理部门负责制定。

第二十四条(限制客流量及停止运营)

发生轨道交通客流量激增等危及运营安全的情况时,运营单位可以采取限制客流量的临时措施,确保运营安全。

采取限制客流量的措施无法保证运营安全时,运营单位可以停止轨道交通部分区段或者全线的运营,并应当立即报告市交通行政管理部门。

运营单位采取限制客流量或者停止运营措施的,应当同时通过车站及列车广播系统、告示或者媒体等方式向乘客履行告知义务;轨道交通无法及时恢复正常运营的,运营单位应当为乘客出具延误证明,告知票款退还或者车票延期等注意事项,并做好乘客的疏散工作。

第二十五条(信息报告)

轨道交通运行发生15分钟以上延误情形的,运营单位应当立即报告市交通行政管理部门,并在恢复运行后3日内将延误原因及处置情况书面报告市交通行政管理部门。

第五章　法律责任

第二十六条(对建设单位的处罚)

建设单位违反本办法第五条第二款规定，未按照要求履行备案义务的，由市交通行政管理部门责令限期改正；逾期不改正的，处1000元以上3000元以下的罚款。

第二十七条（对运营单位的处罚）

对运营单位违反本办法的行为，由市交通行政管理部门按照下列规定予以处罚：

（一）违反本办法第六条或者第二十三条第一款规定，未按照要求设置安全设施或者事故救援点及救援人员的，责令限期改正；逾期不改正的，处1万元以上3万元以下的罚款。

（二）违反本办法第十三条规定，未按照要求履行安全职责的，给予警告，并处3000元以上1万元以下的罚款。

（三）违反本办法第十六条规定，未按照要求设置、维护广告设施、商业网点的，责令限期改正；逾期不改正的，处1万元以上3万元以下的罚款。

（四）违反本办法第十七条第一款或者第二十五条规定，未按照要求履行告知或者报告义务的，处1000元以上3000元以下的罚款。

（五）违反本办法第十八条第一款规定，未按照要求履行安全检查义务或者采取安全防护措施、制定专项整改方案的，处1万元以上3万元以下的罚款。

第二十八条（对施工单位的处罚）

施工单位违反本办法第十条第一款规定，未按照要求进行施工，影响轨道交通运营安全的，由市交通行政管理部门责令限期改正；逾期不改正的，处1万元以上5万元以下的罚款。

第二十九条（委托处罚）

市交通行政管理部门可以委托市交通行政执法机构实施本办法规定的由市交通行政管理部门实施的行政处罚。

第三十条（其他处罚）

违反本办法规定的行为，《条例》或者其他法律、法规已有处罚规定的，由相关行政管理部门依照其规定处罚。

第六章　附　　则

第三十一条（参照执行）

磁悬浮交通的运营安全管理，参照本办法执行。

第三十二条（施行日期）

本办法自2010年3月1日起施行。

《重庆市城市轨道交通管理办法》

（重庆市人民政府令第176号）

第一章　总　　则

第一条　为了加强城市轨道交通管理，保障城市轨道交通安全运营，维护乘客的合法权益，根据有关法律、法规，结合本市实际，制定本办法。

第二条　本市行政区域内城市轨道交通的规划、建设、运营及其相关的管理活动，适用本办法。

第三条　本办法所称城市轨道交通,是指轻轨、地铁等城市轨道公共客运系统。

第四条　市建设行政主管部门负责本市城市轨道交通管理工作。

市安全生产监督、公安、交通和发展改革、规划、土地等相关行政主管部门,以及有关区县(自治县、市)人民政府按照各自职责,做好城市轨道交通有关管理工作。

重庆市城市轨道交通运营单位(以下简称运营单位)具体负责城市轨道交通的建设、运营工作。

第二章　规划与建设

第五条　城市轨道交通的规划与建设应当遵循统一规划、多元投资、配套建设、集中管理的原则。

第六条　市建设行政主管部门应当根据城市轨道交通网络规划,组织编制轨道交通专业规划,经市规划行政主管部门综合平衡后,纳入城市总体规划。

编制城市轨道交通专业规划,应当合理安排轨道交通不同路线之间以及轨道交通与城市其他公共交通之间的换乘衔接。

第七条　城市轨道交通专业规划实施前,市规划行政主管部门应当会同市土地等行政主管部门划定城市轨道交通规划控制区。

有关行政主管部门在审批城市轨道交通规划控制区范围内的建设项目时,应当征求市建设行政主管部门的意见。

第八条　城市轨道交通的建设计划由市建设行政主管部门组织编制,按照有关规定批准后实施。

第九条　城市轨道交通建设使用地下空间,不受其上方土地使用权的限制。

城市轨道交通的建设应当防止或减少对上方和周围既有建(构)筑物造成不利影响。

第十条　城市轨道交通工程建设应当符合有关法律、法规、规章关于建设工程质量与安全标准的规定。

城市轨道交通工程建设竣工验收后,方可投入运营。

第三章　运营与安全

第十一条　城市轨道交通的运营应当遵循规范运营、方便乘客、安全便捷的原则。

第十二条　市建设行政主管部门应当会同市安全生产监督行政主管部门制定本市城市轨道交通安全运营服务标准。

市建设行政主管部门应当制定城市轨道交通乘车规则,乘客进站、乘车应当遵守乘车规则。

运营单位应当按照安全运营服务标准的要求,安全运送乘客,保障乘客的合法权益。

第十三条　电力、通信、供水等相关单位应当保证城市轨道交通正常运营的用电、通信和用水。

第十四条　运营单位应当按国家和本市的相关规定,配置消防、防汛、报警、救援等安全设施器材和设备。

第十五条　运营单位应当履行下列安全运营职责:

(一)组织制定安全运营规章制度和操作规程;

(二)保证安全运营投入的有效实施;

(三)加强安全运营的日常检查工作,及时消除事故隐患;

(四)组织制定应急处置方案和特殊情况下的运营组织方案;

(五)及时、如实报告安全运营事故。

第十六条 运营单位的特种作业人员应当按规定进行安全作业培训,取得特种作业操作资格后,方可持证上岗。

第十七条 城市轨道交通运营发生安全事故,运营单位应当按照应急处置方案,迅速采取有效措施,组织抢救,防止事故扩大,减少人员伤亡和财产损失,并及时向有关部门报告。

第十八条 城市轨道交通运营发生安全事故,市相关行政主管部门、事故所在地的区县(自治县、市)人民政府以及电力、通信、供水等单位,应当按照应急处置方案的规定组织抢险救援,尽快恢复正常运营。

第十九条 遇到自然灾害或发生安全事故等情况,运营单位经采取措施后仍难以保证城市轨道交通安全运营时,可以停止运营或者部分停止运营,但应当向社会公告,并报告市建设行政主管部门。

第二十条 城市轨道交通运行中发生故障,运营单位不能及时排除故障恢复运行的,运营单位应当组织乘客安全疏散或换乘。

第二十一条 城市轨道交通车站及车站出入口应当保持畅通,车站站台、站厅、疏散通道内禁止擅自设置商业摊点。

第二十二条 运营单位应当将首、末班行车时刻,换乘指示和乘车规则公布于城市轨道交通车、站内醒目处。

第二十三条 禁止下列危害城市轨道交通运营安全的行为:

(一)拦截列车;

(二)携带易燃、易爆、剧毒、有放射性和腐蚀性等危险物品进入城市轨道交通车站或车内;

(三)非紧急状态下动用紧急或安全装置;

(四)妨碍或破坏车门、屏蔽门开关功能或运用其他方法妨碍城市轨道交通系统设备正常工作;

(五)向列车、维修工程车以及其他设施投掷物品;

(六)在城市轨道交通线路弯道内侧修建影响行车视线的建(构)筑物或种植有碍行车视线的树木;

(七)擅自进入轨道、桥梁、隧道等禁入区域;

(八)翻越或毁坏隔离围墙、护栏、护网等安全防护设施;

(九)强行上下车;

(十)其他危害城市轨道交通安全运营,法律、法规规定应予处罚的行为。

第二十四条 城市轨道交通的票价由市物价主管部门会同有关部门组织听证后,报市人民政府批准。

第四章 设施及设施保护区

第二十五条 本办法所称城市轨道交通设施,包括城市轨道交通的轨道、桥梁、隧道、车站、列车、车场、机电设备和其他附属设施。

第二十六条　运营单位应当对城市轨道交通设施进行养护维修和保护管理,确保城市轨道交通设施的安全。

第二十七条　运营单位应当按照城市轨道交通设施养护维修的规范要求,编制城市轨道交通设施的养护维修计划,报市建设行政主管部门备案。

第二十八条　对城市轨道交通设施的养护维修作业,应当避开客运高峰时间。作业现场应当设置明显标志和安全防护设施,保障周边行人与车辆安全。

第二十九条　运营单位在城市轨道交通沿线进行技术防护、测量及监测工作,相关单位和个人应当当予以支持和配合。

第三十条　市规划行政主管部门会同市建设行政主管部门按以下规定划定城市轨道交通设施保护区范围:

(一)地下车站与隧道外边线外侧50米内;

(二)地面车站和高架车站以及轨道线路外边线外侧30米内;

(三)出入口、通风亭、变电站等建(构)筑物外边线外侧10米内。

第三十一条　在城市轨道交通设施保护区范围内从事以下活动,应制定保护城市轨道交通设施的工作方案,在征得运营单位书面同意后,报市规划、建设等相关行政主管部门批准:

(一)新建、改扩建、拆卸建(构)筑物;

(二)从事基坑(槽)开挖、顶进、爆破、桩基础施工、灌浆、喷锚、钻探作业;

(三)敷设或搭架管线作业;

(四)采石挖砂、打井取水;

(五)其他可能影响或危害城市轨道交通设施的活动。

第三十二条　禁止下列危害城市轨道交通设施的行为:

(一)损毁城市轨道交通设施;

(二)干扰城市轨道交通专用通信频率;

(三)擅自移动城市轨道交通线路的各种标志设施;

(四)其他危害城市轨道交通设施,法律、法规规定应予处罚的行为。

第五章　法律责任

第三十三条　违反本办法第二十三条第六、八、九项规定和第三十二条第三项规定的,由市建设行政主管部门责令改正,对个人处100元以上1000元以下罚款,对单位处2000元以上30000元以下罚款。造成损失的,还应依法承担民事责任。

第三十四条　违反本办法第二十三条第一、二、三、四、五、七项规定和三十二条第一项规定,由公安部门依法处理;涉嫌犯罪的,移送司法机关依法处理。造成损失的,还应依法承担民事责任。

第三十五条　违反本办法第三十二条第二项规定的,由无线电行政主管部门依法处理。

第三十六条　其他危害城市轨道交通运营安全或设施的行为,法律、法规规定应予处罚的,由法律、法规规定的行政机关依法处理。

第三十七条　国家机关工作人员在城市轨道交通管理中玩忽职守、滥用职权、徇私舞弊的,由其所在单位、监察机关或上级管理部门给予行政处分;涉嫌犯罪的,移送司法机关处理。

第三十八条 运营单位及其工作人员未履行或不正确履行本办法规定职责的,由相关行政主管部门依法处理;涉嫌犯罪的,移送司法机关处理。

第六章 附 则

第三十九条 本办法自2004年11月1日起施行。

三、《城市轨道交通安全生产工作评价细则(试行)》

《城市轨道交通安全生产工作评价细则(试行)》明确规定了政府主管部门安全管理、建设单位安全管理、施工单位(项目部)安全管理、运营单位安全管理等相关内容。涉及安全管理的条款见表12-1、表12-2。

涉及政府主管部门安全管理一览表 表12-1

<table>
<tr><th>检查项目</th><th>序号</th><th>检查内容</th><th>评价标准</th><th>等级</th></tr>
<tr><td rowspan="12">(一)安全生产自查整改</td><td rowspan="3">1</td><td rowspan="3">动员部署</td><td>下发部署文件,成立领导小组,召开动员会议,全面动员部署,组织各单位进行全方位自查整改</td><td>好</td></tr>
<tr><td>下发了部署文件</td><td>一般</td></tr>
<tr><td>未下发部署文件</td><td>差</td></tr>
<tr><td rowspan="3">2</td><td rowspan="3">跟踪检查</td><td>开展全面跟踪检查和重点抽查,推动安全生产自查整改工作的有效开展</td><td>好</td></tr>
<tr><td>开展了一定的跟踪检查工作</td><td>一般</td></tr>
<tr><td>未进行跟踪检查</td><td>差</td></tr>
<tr><td rowspan="3">3</td><td rowspan="3">督促整改</td><td>对检查出来的主要问题,向受检单位下发了书面整改要求,并监督整改落实情况</td><td>好</td></tr>
<tr><td>对检查出来的主要问题提出了整改要求</td><td>一般</td></tr>
<tr><td>未进行督促整改</td><td>差</td></tr>
<tr><td rowspan="3">4</td><td rowspan="3">总结报告</td><td>认真完成自查整改工作总结报告,内容真实、全面,并按时提交</td><td>好</td></tr>
<tr><td>提交了自查整改工作总结报告</td><td>一般</td></tr>
<tr><td>未提交自查整改工作总结报告</td><td>差</td></tr>
<tr><td rowspan="6">(二)安全法规、规定的制定和宣贯</td><td rowspan="3">5</td><td rowspan="3">地方性法规和管理规定的制定</td><td>依据国家相关法律、行业的发展情况,制定了地方性法规、管理规定并进行了广泛的宣传</td><td>好</td></tr>
<tr><td>正在制定地方性法规或管理规定</td><td>一般</td></tr>
<tr><td>未制定配套地方性法规和管理规定</td><td>差</td></tr>
<tr><td rowspan="3">6</td><td rowspan="3">规范性文件制定</td><td>依据行业规范、规章,行业的发展情况,制定了全面的地方性规范文件并进行广泛的宣传,制定安全生产质量工作标准,推进企业安全质量标准化活动</td><td>好</td></tr>
<tr><td>制定了基本的地方性规范文件,制定了基本的安全生产质量工作标准</td><td>一般</td></tr>
<tr><td>未制定地方性规范文件和安全生产质量工作标准</td><td>差</td></tr>
</table>

续上表

检查项目	序号	检查内容	评价标准	等级
（三）分析安全管理存在的问题并保障、加大投入	7	安全管理主要问题的分析	全面、深入地分析了安全管理工作存在的主要问题，能够抓住问题的根源，并制定了切实可行的解决方案和安全管理长效机制	好
			组织分析了安全管理工作存在的主要问题	一般
			未组织分析安全管理工作存在的主要问题	差
	8	保障和加大安全投入	针对安全管理存在的问题，保障并加大了安全管理工作的人力、资金、设备的投入	好
			能够保障安全管理工作的人力、资金、设备的投入	一般
			不能保障安全管理工作的人力、资金、设备的投入	差
（四）安全生产管理机构及监督管理	9	监管机构与人员	建立安全生产监管机构，配备必要的人员，安全生产监管职能明确	好
			安全生产监管职能明确，机构较健全	一般
			安全生产监管职能不明确，未建立安全生产监管机构和配备必要的人员，没有履行安全生产监管职能	差
	10	对设计、施工、监理、运营单位安全生产管理机构和责任制度的监督检查	能够经常对设计、施工、监理、运营单位安全生产管理机构及责任制度进行严格地监督检查，及时发现存在的问题并督促纠正	好
			对各设计、施工、监理、运营位安全生产管理机构及责任制度进行过监督检查	一般
			未对设计、施工、监理、运营单位安全生产管理机构及责任制度进行过监督检查	差
	11	对施工现场安全产生、工程质量安全的监督检查	对企业执行有关安全生产法律、法规和国家标准或者行业标准的情况定期进行监督检查，分析原因；发现事故隐患，及时处理；建立举报制度，公开举报电话、信箱或者电子邮件地址，受理有关安全生产举报	好
			对企业执行有关安全生产法律、法规和国家标准或者行业标准的情况进行监督检查；发现事故隐患，要求企业整改	一般
			对企业执行有关安全生产法律、法规和国家标准或者待业标准的情况未进行监督检查或发现事故隐患，未督促企业及时整改	差
（五）突发事件应急预案及演习	12	突发事件应急预案救援体系及组织演习	组织制定突发事件应急救援预案，建立了应急救援体系和充分利用应急救援资源的联动机制，并根据预案定期组织演习	好
			组织制定了突发事件应急救援预案，建立了应急救援体系	一般
			未组织制定突发事件应急救援预案，未建立应急救援体系	差

涉及运营单位安全管理条款一览表　　表12-2

检查项目	序号	检查内容	评价标准	等级
(一)安全生产自查整改	1	动员布置	认真贯彻落实主管部门要求,召开了动员布置会议,对运营管理和操作人员进行了安全教育,布置全方位自查整改工作	好
			开展了动员布置工作	一般
			未进行动员布置	差
	2	自查整改	对运营线路进行全面的安全生产检查和安全隐患排查;对检查出来的主要问题和安全隐患,提出切实可行的整改方案,并及时落实	好
			对运营线路进行了安全生产检查,有整改方案	一般
			未开展自查整改工作	差
	3	自查整改报告	认真完成自查整改报告,内容真实、全面,并按时提交	好
			提交了自查整改报告	一般
			未提交自查整改报告	差
(二)安全生产管理机构及管理制度	4	安全生产管理机构和安全生产责任制	设置了健全的安全生产管理机构,配备足够数量的专职安全生产管理人员;建立了全面的安全生产责任制,内容齐全,责任明确,落实到人	好
			有安全生产管理机构,配备一定的专职安全生产管理人员;有安全生产责任制,责任基本落实	一般
			未设置安全生产管理机构,未配备专职安全生产管理人员;未制定安全生产责任制	差
	5	安全操作规程	制定了完善的安全操作规程,并严格执行	好
			制定了安全操作规程,并基本能够执行	一般
			未制定安全操作规程	差
	6	安全检查制度	建立完善的安全检查制度,定期开展安全检查,对企业重大隐患和危险源全面监控并对发现的隐患及时进行整改	好
			有安全检查制度,对企业重大隐患和危险源进行监控并对发现的隐患进行整改	一般
			未建立安全检查制度,未对企业重大隐患和危险源进行有效监控或发现重大隐患未进行整改	差
	7	安全教育培训制度	建立了完善的安全教育培训制度。对企业所有人员实施年度安全教育培训;经常组织开展安全生产法律法规宣传、学习;特种作业人员持证上岗并按要求进行审核,台账齐全	好
			有安全教育培训制度,并对企业部分人员实施年度安全教育培训;特种作业人员持证上岗	一般
			没有建立安全教育培训制度或未对特种作业人员进行培训	差

续上表

检查项目	序号	检查内容	评价标准	等级
（三）安全隐患检查	8	现场安全设施	建设、购置的现场安全设施全部符合国家有关的安全标准，并有所提高	好
			建设、购置的现场安全设施基本符合国家有关的安全标准	一般
			建设、购置的现场安全设施不符合国家有关的安全标准	差
	9	安全事故隐患检查及整改	定期检查、查找安全事故隐患，并积极整改	好
			进行过安全事故隐患检查和整改	一般
			未进行过安全事故隐患检查和整改	差
（四）运营安全管理	10	专业管理	制定了完善的乘务、站务、控制中心和各类设备系统管理办法，有检查表、有记录	好
			有乘务、站务、控制中心和各类设备系统管理办法	一般
			未制定管理办法，没有检查表、没有记录	差
	11	落实消防规范	车站、车间、仓库等建筑物耐火等级、防火分区等符合消防技术规范要求，车站、车间、仓库、物管区等建筑物消防设施按消防规范要求设置，安全出口、疏散通道、应急照明装置、疏散指示标志等完全符合消防安全要求	好
			基本符合消防安全要求	一般
			两项以上不符合消防安全要求	差
	12	消防管理	制定了完善的消防安全责任制、消防安全管理制度和重点场所、设备设施防火检查制度，消防安全管理档案齐全，发现消防隐患及时整改，消防设施、安全防护装置设专人管理，定期检测，用火、用电、用油、用气符合消防安全管理规定	好
			制定了消防基本制度，有消防安全管理档案，发现消防隐患能整改，消防设施、安全防护装置有人负责管理，用火、用电、用油、用气基本符合消防安全管理规定	一般
			制定的消防制度有严重缺陷或未制定，消防安全管理档案不齐全，发现消防隐患不及时整改，消防设施、安全防护装置未设专人管理，未检测，用火、用电、用油、用气违反消防安全管理规定	差
	13	危化物品管理	制定完善的危险化学品、物资材料等分类管理制度，按规定进行有毒、危险、易燃易爆物品、腐蚀性用品的采购、仓储、使用管理	好
			有制定危险化学品、物资材料等分类管理制度，基本按规定进行管理	一般
			危险化学品、物资材料等分类管理制度有严重缺陷或未制定，未按规定管理	差
	14	标志	安全警示标志醒目，设置齐全，符合要求	好
			有基本的安全警示标志	一般
			未设置安全警示标志	差

续上表

检查项目	序号	检查内容	评价标准	等级
(五)应急预案及演习	15	应急管理流程及响应机制	建立完善的突发事件分级预警和响应处置制度,明确各单位应急处置职责及责任人,发生突发事件时能够有效响应	好
			建立了突发事件分级预警和响应处置制度,基本明确各单位应急处置职责及责任人	一般
			未建立突发事件分级预警和响应处置制度,各单位应急处置职责及责任人不明确	差
	16	应急预案及演习	制定完善的生产安全、消防安全、自然灾害、恐怖袭击应急预案,建立专/兼职抢险救援队伍,配置相应的装备,经常开展日常抢险训练和演习	好
			有生产安全、消防安全、自然灾害、恐怖袭击应急预案,建立专/兼职抢险救援队伍,配置相应装备	一般
			无预案,未建立抢险救援队伍及配置相应的装备	差
	17	事故报告处理	制定了完善的事故的报告和处理制度,落实"四不放过"原则,事故档案齐全	好
			有事故报告和处理制度,基本落实"四不放过"原则,事故档案较齐全	一般
			未按规定制定并实施事故的报告和处理制度,未落实"四不放过"原则,未建立事故档案	差
(六)安全防范知识宣传	18	乘客安全防范知识宣传情况	经常开展乘客安全乘行教育,宣传紧急情况下逃生知识,形式多样、内容全面	好
			能够开展乘客安全乘行、紧急情况下逃生知识宣传	一般
			未按规定开展乘客安全乘行、紧急情况下逃生知识宣传	差

四、《国家处置城市地铁事故灾难应急预案》

《国家处置城市地铁事故灾难应急预案》

1 总则

1.1 编制目的

做好城市地铁事故灾难的防范与处置工作,保证及时、有序、高效、妥善地处置城市地铁事故灾难,最大程度地减少人员伤亡和财产损失,维护社会稳定,支持和保障经济发展。

1.2 编制依据

依据《中华人民共和国安全生产法》、《中华人民共和国消防法》、《突发公共卫生事件应急条例》、《国务院关于特大安全事故行政责任追究的规定》和《国家突发公共事件总体应急预案》,制定本预案。

1.3 适用范围

本预案适用于我国地铁(包括轻轨)发生的特别重大事故灾难,致使人民群众生命财产和地铁的正常运营受到严重威胁,具备下列条件之一的:

(1)造成30人以上死亡(含失踪),或危及30人以上生命安全,或者100人以上中毒(重伤),或者直接经济损失1亿元以上;

(2)需要紧急转移安置10万人以上;

(3)超出省级人民政府应急处置能力;

(4)跨省级行政区、跨领域(行业和部门);

(5)国务院认为需要国务院或建设部响应。

1.4 工作原则

(1)以人为本、科学决策。

发挥政府公共服务职能,把保障人民群众的生命安全、最大程度地减少事故灾难造成的损失放在首位。运用先进技术,充分发挥专家作用,实行科学民主决策。

(2)统一指挥、分级负责。

在国务院的统一领导下,由建设部牵头负责,省(区、市)人民政府和国务院其他有关部门、军队、武警按照各自的职责分工和权限,负责有关地铁事故灾难的应急管理和特别重大、重大事故灾难的应急处置工作。

(3)属地为主、分工协作。

地铁事故灾难应急处置实行属地负责制,城市人民政府是处置事故灾难的主体,要承担处置的首要责任。国务院各有关部门、军队、武警、省(区、市)人民政府要主动配合、密切协作、整合资源、信息共享、形成合力,保证事故灾难信息的及时准确传递、快速有效处置。

(4)应急处置与日常建设相结合、有效应对。

国务院各有关部门、军队、武警和省(区、市)人民政府,尤其是地铁所在地城市人民政府,对事故灾难要有充分的思想准备,调动全社会力量,建立应对事故灾难的有效机制,做到常备不懈。应急机制建设和资源准备要坚持应急处置与日常建设相结合,降低运行成本。

2 组织机构与职责

2.1 国家应急机构

国务院或国务院授权建设部设立城市地铁事故灾难应急领导小组(以下简称“领导小组”)。领导小组下设办公室、联络组和专家组。

领导小组办公室设在建设部质量安全司,具体负责全国地铁事故灾难应急工作。领导小组联络组由各成员单位指派的人员组成。领导小组专家组由地铁、公安、消防、安全生产、卫生防疫、防化等方面的专家组成。

2.2 省级、市级地铁事故灾难应急机构

省级、市级地铁事故灾难应急机构应比照国家地铁事故灾难应急机构的组成、职责,结合本地实际情况确定。

2.3 城市地铁企业事故灾难应急机构

城市地铁企业应建立由企业主要负责人、分管安全生产的负责人、有关部门参加的地铁事故灾难应急机构。

3 预警预防机制

3.1 监测机构

城市人民政府建设行政主管部门负责城市地铁的运行监测、预警工作,建立城市地铁监测体系和运行机制;对检测信息进行汇总分析;对城市地铁运行状况进行收集、汇总分析并作出报告,每半年向国家和省级地铁应急机构作出书面报告。

3.2 监测网络

由省级、市级建设行政主管部门、城市地铁企业组成监测网络,省级、市级建设行政主管部门设立城市地铁监察员对城市地铁进行检查监督。

3.3 监测内容

城市地铁的规章制度、强制性标准、设施设备及安全运营管理。

4 应急响应

4.1 分级响应

Ⅰ级响应行动(响应标准见1.3)由领导小组组织实施,当领导小组进入Ⅰ级响应行动时,事发地各级政府应当按照相应的预案全力以赴组织救援,并及时向领导小组报告救援工作进展情况。

Ⅱ级以下应急响应行动的组织实施,由省级人民政府决定。城市人民政府可根据事故灾难的严重程度启动相应的应急预案,超出本级应急处置能力时,及时报请上一级应急机构启动上一级应急预案实施救援。

4.1.1 领导小组的响应

建设部在接到特别重大事故灾难报告2小时内,决定是否启动Ⅰ级响应。

Ⅰ级响应时,领导小组启动并实施本预案。及时将事故灾难的基本情况、事态发展和救援进展情况报告国务院并抄报国家安全监管总局;开通与国务院有关部门、军队、武警等有关方面的通信联系;开通与事故灾难发生地的省级应急机构、事发地城市政府应急机构、现场应急机构、相关专业应急机构的通信联系,随时掌握事态进展情况;派出有关人员和专家赶赴现场,参加、指导应急工作;需要其他部门应急力量支援时,向国务院提出请求。

Ⅱ级以下响应时,及时开通与事故灾难发生地的省级应急机构、事发地城市政府应急机构的通信联系,随时掌握事态进展情况;根据有关部门和专家的建议,为地方应急指挥救援工作提供协调和技术支持;必要时,派出有关人员和专家赶赴现场,参加、指导应急工作。

4.1.2 国务院有关部门、军队、武警的响应

Ⅰ级响应时,国务院有关部门、军队、武警按照预案规定的职责参与应急工作,启动并实施本部门相关的应急预案。

4.2 不同事故灾难的应急响应措施

4.2.1 火灾应急响应措施

(1)城市地铁企业要制定完善的消防预案,针对不同车站、列车运行的不同状态以及消防重点部位制定具体的火灾应急响应预案;

(2)贯彻“救人第一,救人与灭火同步进行”的原则,积极施救;

(3)处置火灾事件应坚持快速反应的原则,做到反应快、报告快、处置快,把握起火初期的关键时间,把损失控制在最低程度;

(4)火灾发生后,工作人员应立即向"119"、"110"报告。同时组织做好乘客的疏散、救护工作,积极开展灭火自救工作;

(5)地铁企业事故灾难应急机构及市级地铁事故灾难应急机构,接到火灾报告后,应立即组织启动相应应急预案。

4.2.2 地震应急响应措施

(1)地震灾害紧急处理的原则:

a.实行高度集中,统一指挥。各单位、各部门要听从事发地省、直辖市人民政府指挥,各司其职,各负其责;

b.抓住主要矛盾,先救人、后救物,先抢救通信、供电等要害部位,后抢救一般设施。

(2)市级地铁事故灾难应急机构及地铁企业负责制定地震应急预案,做好应急物资的储备及管理工作。

(3)发布破坏性地震预报后,即进入临震应急状态。省级人民政府建设主管部门采取相应措施:

a.根据震情发展和工程设施情况,发布避震通知,必要时停止运营和施工,组织避震疏散;

b.对有关工程和设备采取紧急抗震加固等保护措施;

c.检查抢险救灾的准备工作;

d.及时准确通报地震信息,保护正常工作秩序。

(4)地震发生时,省级人民政府建设主管部门及时将灾情报有关部门,同时做好乘客疏散和地铁设备、设施保护工作。

(5)地铁企业事故灾难应急机构及市级地铁事故灾难应急机构,接到地震报告后,应立即组织启动相应应急预案。

4.2.3 地铁爆炸应急响应措施

(1)迅速反应,及时报告,密切配合,全力以赴疏散乘客、排除险情,尽快恢复运营;

(2)地铁企业应针对地铁列车、地铁车站、地铁主变电站、地铁控制中心,以及地铁车辆段等重点防范部位制定防爆措施;

(3)地铁内发现的爆炸物品、可疑物品应由专业人员进行排除,任何非专业人员不得随意触动;

(4)地铁爆炸案件一旦发生,市级建设主管部门应立即报告当地公安部门、消防部门、卫生部门,组织开展调查处理和应急工作;

(5)地铁企业事故灾难应急机构及市级地铁事故灾难应急机构,接到爆炸报告后,应立即组织启动相应应急预案。

4.2.4 地铁大面积停电应急响应措施

(1)地铁企业应贯彻预防为主、防救结合的原则,重点做好日常安全供电保障工作,准备备用电源,防止停电事件的发生;

(2)停电事件发生后,地铁企业要做好信息发布工作,做好乘客紧急疏散、安抚工作,协助做好地铁的治安防护工作;

(3)供电部门在事故灾难发生后,应根据事故灾难性质、特点,立即实施事故灾难抢修、

抢险有关预案,尽快恢复供电;

(4)地铁企业事故灾难应急机构及市级地铁事故灾难应急机构,接到停电报告后,应立即组织启动相应应急预案。

4.3 应急情况报告

应急情况报告的基本原则是:快捷、准确、直报、续报。

4.3.1 快捷

最先接到事故灾难信息的单位应在第一时间报告,最迟不能超过1小时。

4.3.2 准确

报告内容要真实,不得瞒报、虚报、漏报。

4.3.3 直报

发生特别重大事故灾难,要直报领导小组办公室,同时报省、市地铁事故灾难应急机构。紧急情况下,可越级上报国务院,并及时通报有关部门。

4.3.4 续报

在事故灾难发生一段时间内,要连续上报事故灾难应急处置的进展情况及有关内容。

4.3.5 报告内容

特别重大事故灾难快报及续报应当包括以下内容:

(1)事件单位的名称、负责人、联系电话及地址;

(2)事件发生的时间、地点;

(3)事件造成的危害程度、影响范围、伤亡人数、直接经济损失;

(4)事件的简要经过;

(5)其他需上报的有关事项。

4.4 报告程序

4.4.1 地铁事故灾难发生后,现场人员必须立即报警,并报告地铁企业应急机构。有关部门接到报告后,应迅速确认事故灾难性质和等级,立即启动相应的预案,并向上级地铁应急机构报告。

4.4.2 特别重大事故灾难发生单位、属地政府及其相关行政主管部门,接报后必须做到:

(1)迅速采取有效措施,组织抢救,防止事故灾难扩大;

(2)严格保护事故灾难现场;

(3)迅速派人赶赴事故灾难现场,负责维护现场秩序和证据收集工作;

(4)服从地方政府统一部署和指挥,了解掌握事故灾难情况,协调组织事件抢险救灾和调查处理等事宜,并及时报告事态趋势及状况。

4.4.3 因抢救人员、防止事故灾难扩大、恢复生产以及疏通交通等原因,需要移动现场物件的,应当做好标志,采取拍照、摄像、绘图等方法详细记录事故灾难现场的原貌,妥善保存现场重要痕迹、物证。

4.4.4 发生特别重大事故灾难的单位及城市地铁事故灾难应急机构应在事故灾难发生后4小时内写出事故灾难快报,分别报送国家、省地铁事故灾难应急机构。

4.5 情况接报

4.5.1　领导小组办公室获悉发生城市地铁事故灾难后，迅速通知领导小组，并根据事故灾难的性质和严重程度提出启动预案的建议。

4.5.2　领导小组接到报告后，应将有关情况上报国务院，同时通报国务院有关部门。

4.6　紧急处置

紧急处置应按照属地为主的原则，依靠本行政区域的力量。事故灾难发生后，地铁企业和当地人民政府应立即启动应急预案，并按照应急预案迅速采取措施，使事故灾难损失降到最低。

根据事态发展情况，出现急剧恶化的特殊险情时，现场应急指挥机构在充分考虑专家和有关方面意见的基础上，及时制定应急处置方案，依法采取紧急处置措施。

4.7　医疗卫生救助

各级卫生行政部门要根据《国家突发公共事件医疗卫生救援应急预案》，组织做好应急准备，在应急响应时，组织、协调开展应急医疗卫生救援工作，保护人民群众的健康和生命安全。

4.8　应急人员的安全防护

现场处置人员应根据需要佩戴相应的专业防护装备，采取安全防护措施，严格执行应急人员进入和离开事故灾难现场的相关规定。

现场应急机构根据需要具体协调、调集相应的安全防护装备。城市人民政府应事先为城市地铁企业配备响应的专业防护装备。

4.9　群众的安全防护

现场应急机构负责组织群众的安全防护工作，主要工作内容如下：

(1)根据事故灾难的特点，确定保护群众安全需要采取的防护措施；

(2)决定紧急状态下群众疏散、转移和安置的方式、范围、路线和程序，指定有关部门具体负责实施疏散、转移和安置；

(3)启用应急避难场所；

(4)维护事发现场的治安秩序。

4.10　社会力量的动员与参与

现场应急机构组织调动本行政区域社会力量参与应急工作。超出事发地省级人民政府的处置能力时，省级人民政府向国务院申请本行政区域外的社会力量支援。

4.11　现场检测与评估

根据需要，现场应急机构成立事故灾难现场检测与评估小组，负责检测、分析和评估工作，查找事故灾难的原因和评估事态的发展趋势，预测事故灾难的后果，为现场应急决策提供参考。检测与评估报告要及时上报领导小组办公室。

4.12　信息发布

城市地铁事故灾难应急信息的公开发布由各级城市地铁事故灾难应急机构决定。对城市地铁事故灾难和应急响应的信息实行统一、快速、有序、规范管理。

信息发布应明确事件的地点、事件的性质、人员伤亡和财产损失情况、救援进展情况、事件区域交通管制情况以及临时交通措施等。

4.13　应急结束

Ⅰ级响应行动由领导小组决定终止。

Ⅱ级以下响应行动的终止由省级人民政府决定。

5 后期处置

5.1 善后处置

事发地的城市人民政府负责组织地铁事故灾难的善后处置工作，包括治安管理、人员安置、补偿、征用物资补偿、救援物资供应和及时补充、恢复生产等事项。尽快消除事故灾难影响，妥善安置和慰问受害及受影响人员，保证社会稳定，尽快恢复地铁正常运营秩序。

5.2 保险理赔

地铁事故灾难发生后，保险机构及时开展应急人员保险受理和受灾人员保险理赔工作。

5.3 调查报告

属于Ⅰ级响应行动的地铁事故灾难由领导小组牵头组成调查组进行调查；必要时，国务院可以直接组成调查组。属于Ⅱ级以下响应行动的地铁事故灾难调查工作由省级人民政府规定；必要时，领导小组可以牵头组成调查组。

应急状态解除后，现场地铁事故灾难应急机构应整理和审查所有的应急记录和文件等资料；总结和评价导致应急状态的事故灾难原因和在应急期间采取的主要行动；必要时，修订城市地铁应急预案，并及时作出书面报告。

(1)应急状态终止后的两个月内，现场地铁事故灾难应急机构应向领导小组提交书面总结报告。

(2)总结报告应包括以下内容：发生事故灾难的地铁基本情况，事故灾难原因、发展过程及造成的后果（包括人员伤亡、经济损失）分析、评价，采取的主要应急响应措施及其有效性，主要经验教训和事故灾难责任人及其处理结果等。

6 保障措施

6.1 通信与信息保障

领导小组应指定专门场所并建设相应的设施满足进行决策、指挥和对外应急联络的需要。

逐步建立并完善全国地铁安全信息库、救援力量和资源信息库，规范信息获取、分析、发布、报送格式和程序，保证国务院及国务院有关部门、省级、市级应急机构之间的信息资源共享。

保证应急响应期间领导小组同国务院，省级、市级和地铁企业事故灾难应急机构、应急支援单位通信联络的需要；明确联系人、联系方式。

能够接受、显示和传达地铁事故灾难信息，为应急决策和专家咨询提供依据；能够接受、传递省级、市级地铁应急机构应急响应的有关信息；能够为地铁事故灾难应急指挥、与有关部门的信息传输提供条件；对省级、市级和地铁企业事故灾难应急机构预案及地铁企业基本情况进行备案。

6.2 应急支援与装备保障

6.2.1 救援装备保障

有地铁运营的城市人民政府负责地铁应急装备的保障。领导小组负责指导、监督地铁应急装备保障工作。

6.2.2　应急队伍保障

领导小组和国务院有关部门、军队、武警根据本预案规定的职责分工，做好应急支援力量准备。地方人民政府建立并完善以消防部队为骨干的应急队伍。

6.2.3　交通运输保障

发生事故灾难后，事发地人民政府有关部门负责对事发现场和相关区域进行交通管制，根据需要开设应急特别通道，确保救灾物资、器材和人员运送及时到位，满足应急处置需要。

6.2.4　医疗卫生保障

各级卫生行政部门，要按照《国家突发公共事件医疗卫生救援应急预案》落实医疗卫生应急的各项保障措施。

6.2.5　治安秩序保障

应急响应时，事发地公安机关负责事故灾难现场的治安秩序保障工作。

6.2.6　物资保障

省级人民政府和城市人民政府及其有关部门，应建立应急设备、救治药物和医疗器械等储备制度。

领导小组根据实际情况，负责监督应急物资的储备情况。

国家发展改革委、商务部协调有关省级人民政府跨地区的物资调用。

6.2.7　资金保障

城市人民政府应当做好事故灾难应急资金准备。领导小组应急处置资金按照《财政应急保障预案》的规定解决。

6.2.8　社会动员保障

事发地人民政府根据需要动员和组织社会力量参与地铁事故灾难的应急。领导小组协调事发地以外的社会力量参与救援。

6.2.9　紧急避难场所保障

城市人民政府负责规划与建设能够基本满足事故灾难发生时人员避难需要的场所。

6.2.10　应急保障的衔接

省级、市级的应急保障按国家有关法律、法规、标准的规定及各自批准的应急预案进行。应急保障应为各自所需的应急响应能力提供保证，并保证各级响应的相互衔接与协调。

6.3　技术储备与保障

领导小组专家组对应急提供技术支持和保障。省级人民政府应比照领导小组专家组的设置，建立相应的机构，对应急提供技术支持和保障。

国务院有关部门和省级、市级人民政府要组织地铁安全保障技术的研究，开发应急技术和装备。

6.4　宣传、培训和演习

6.4.1　公众信息交流

公众信息交流工作由城市人民政府和地铁企业负责，主要内容是城市地铁安全运营及应急的基本常识和救助知识等。城市人民政府组织制定宣传内容、方式等，并组织地铁企业实施。

6.4.2　培训

对所有参与城市地铁事故灾难应急准备与响应的人员进行培训。

6.4.3　演习

省级人民政府地铁事故灾难应急机构应每年组织一次应急演习。城市(含直辖市)人民政府应每半年组织一次应急演习。

6.5　监督检查

领导小组对地铁事故灾难应急预案实施的全过程进行监督。

7　附则

7.1　名词解释

7.1.1　地铁

本预案所称地铁是指承担城市公共客运的城市轨道交通系统,包括地上形式和地下形式。

7.1.2　特别重大、重大事故灾难

本预案所称的特别重大、重大事故灾难是指需要启动本预案中规定的Ⅲ级以上应急响应的灾难事故。

特别重大、重大事故灾难类型主要包括:

(1)地铁遭受火灾、爆炸等事故灾难;

(2)地铁发生大面积停电;

(3)地铁发生一条线路全线停运或两条以上线路同时停运;

(4)地铁车站内发生聚众闹事等突发事件;

(5)地铁遭受台风、水灾、地震等自然灾害的侵袭。

7.1.3　本预案有关数量的表述中,“以上”含本数,“以下”不含本数。

7.2　预案管理与更新

建设部根据国家应急管理的有关法律、法规和应急资源的变化情况,以及预案实施过程中发现的问题或出现的新情况,及时修订完善本预案。

7.3　奖励与责任追究

7.3.1　奖励

在地铁事故灾难应急工作中有下列表现之一的单位和个人,应根据有关规定予以奖励:

(1)出色完成应急任务,成绩显著的;

(2)防止或挽救事故灾难有功,使人民群众的生命和国家、集体财产免受损失或减少损失的;

(3)对应急准备或响应提出重大建议,实施效果显著的;

(4)有其他特殊贡献的。

7.3.2　责任追究

在地铁事故灾难应急工作中有下列行为之一的,按照法律、法规及有关规定,对有关责任人视情节和危害后果,由其所在单位或上级机关给予行政处分;其中,对国家公务人员和国家机关任命的其他人员,分别由任免机关或监察机关给予行政处分;属于违反治安管理行为的,由公安机关依法予以治安处罚;构成犯罪的,由司法机关依法追究刑事责任:

(1)不按照规定制定事故灾难应急预案,拒绝履行应急准备义务的;

(2)不按照规定报告、通报事故灾难真实情况的；

(3)拒不执行地铁事故灾难应急预案，不服从命令和指挥，或者在应急响应时临阵脱逃的；

(4)盗窃、挪用、贪污应急工作资金或物资的；

(5)阻碍应急工作人员依法执行任务或者进行破坏活动的；

(6)散布谣言，扰乱社会秩序的；

(7)有其他危害应急工作行为的。

7.4 国际交流与合作

领导小组要积极建立与国际地铁应急机构的联系，开展国际交流与合作活动。

7.5 预案实施时间

本预案自印发之日起实施。

各省市城市轨道交通均建立了突发事件应急预案。如北京市建立了《北京市轨道交通运营突发事件应急预案(简本)》，具体内容如下。

《北京市轨道交通运营突发事件应急预案(简本)》

1 总则

1.1 编制目的

北京是特大型城市，人口稠密、经济要素高度积聚，政治、文化及国际交往活动频繁。城市轨道交通是市民出行的主要交通工具之一，一旦发生突发公共事件，往往处置难度大、损失大、影响大。为做好本市城市轨道交通运营突发事件的预防与处置工作，提高应对能力，确保应急组织指挥统一顺畅，处置及时妥善，最大程度地减少人员伤亡和财产损失，制定本预案，以实现如下目标：

(1)整合现有轨道交通运营突发事件应急管理组织机构，建立健全应急工作的体制和机制，实现部门之间的协调联动。

(2)整合现有轨道交通运营突发事件应急资源，建立分工明确、责任到人、优势互补、常备不懈的应急保障体系。

(3)整合现有轨道交通运营突发事件的信息资源，实现信息共享，形成机制优化、反应迅速的信息支撑系统。

(4)规范轨道交通运营突发事件级别，明确各成员单位的分工和职责，确定不同级别事件的启动程序和响应措施。

1.2 编制依据

依据《中华人民共和国安全生产法》、《生产安全事故报告和调查处理条例》、《国务院关于特大安全事故行政责任追究的规定》、《城市轨道交通运营管理办法》、《北京市城市轨道交通安全运营管理办法》、《国家处置城市地铁事故灾难应急预案》、《北京市突发公共事件总体应急预案》及有关法律法规，制定本预案。

1.3 预案组成

根据国家和本市应急预案体系，本市轨道交通运营突发事件应急预案应包括管理类应急预案和处置类应急预案两大类。

1.3.1 管理类应急预案

是指由市应急委或市交通安全应急指挥部为应对本市轨道交通运营突发事件而制定的,涉及若干部门职责的专项应急预案或部门应急预案。

1.3.2 处置类应急预案

是指由市轨道交通指挥中心及各轨道交通运营企业依据本预案规定的职责,结合本单位实际情况,为具体处置轨道交通运营突发事件制定的社会单元应急预案。

1.4 事件等级

依据轨道交通运营突发事件可能造成的危害程度、波及范围、影响力大小、人员伤亡及财产损失等情况,由高到低划分为特别重大(Ⅰ级)、重大(Ⅱ级)、较大(Ⅲ级)、一般(Ⅳ级)四个级别。

1.4.1 特别重大轨道交通运营突发事件(Ⅰ级)

出现下列情形之一时:

(1)造成轨道交通运营中断6小时以上;

(2)造成30人以上死亡(含失踪),或者危及50人以上生命安全,或者100人以上重伤(中毒);

(3)造成被困人数3000人以上;

(4)造成1亿元以上直接经济损失;

(5)造成需要紧急转移安置10万人以上。

1.4.2 重大轨道交通运营突发事件(Ⅱ级)

出现下列情形之一时:

(1)造成轨道交通运营中断3小时以上6小时以下;

(2)造成10人以上30人以下死亡(含失踪),或者危及30人以上50人以下生命安全,或者50人以上100人以下重伤(中毒);

(3)造成被困人数1000人以上3000人以下;

(4)造成5000万元以上1亿元以下直接经济损失;

(5)造成需要紧急转移安置5万人以上10万人以下。

1.4.3 较大轨道交通运营突发事件(Ⅲ级)

出现下列情形之一时:

(1)造成轨道交通运营中断半小时以上3小时以下;

(2)造成3人以上10人以下死亡(含失踪),或者危及10人以上30人以下生命安全,或者10人以上50人以下重伤(中毒);

(3)造成被困人数500人以上1000人以下;

(4)造成1000万元以上5000万元以下直接经济损失;

(5)造成需要紧急转移安置1万人以上5万人以下。

1.4.4 一般轨道交通运营突发事件(Ⅳ级)

出现下列情形之一时:

(1)造成轨道交通运营中断半小时以下;

(2)造成3人以下死亡(含失踪),或者危及10人以下生命安全,或者10人以下重伤

(中毒);

(3)造成被困人数500人以下;

(4)造成1000万元以下直接经济损失;

(5)造成需要紧急转移安置1万人以下。

1.5　适用范围

本预案适用于本市轨道交通运营中,因设施故障、恶劣天气、地震、大面积停电等情况而引发突发事件时的预防、处置和善后工作。适用于本市轨道交通运营遭受火灾、爆炸、恐怖袭击或重大、恶性刑事案件等突发事件时的先期处置和恢复重建工作。除此以外的其他突发公共事件应急工作须报请市应急委,由本市有关部门同时启动其他相关应急预案。

2　组织机构与职责

2.1　指挥机构及职责

在市应急委的统一领导下,由市交通安全应急指挥部负责本市轨道交通运营突发事件的应对工作。

市交通安全应急指挥部由总指挥、副总指挥和成员单位组成。总指挥由市政府分管副市长担任,负责市轨道交通运营突发事件应急指挥的领导工作,对全市轨道交通运营突发事件应急工作实施统一指挥。副总指挥分别由市政府分管副秘书长、市交通委主任担任,协助总指挥做好全市轨道交通运营突发事件应急工作。市政府分管副秘书长主要负责协调各成员单位应急处置及监督检查责任制落实工作。市交通委主任主要负责交通行业内各单位的应急处置、责任制落实工作和市交通安全应急指挥部办公室工作。

市交通安全应急指挥部应对轨道交通运营突发事件职责包括:

(1)研究制定本市应对轨道交通运营突发事件的政策措施和指导意见;

(2)负责指挥本市轨道交通运营事件的具体应对工作;

(3)分析总结本市轨道交通运营事件应对工作,制定工作规划和年度工作计划;

(4)负责市交通安全应急指挥部所属专业应急救援队伍的建设和管理;

(5)承办市应急委交办的其他事项。

2.2　办事机构及职责

2.2.1　市交通安全应急指挥部办公室应对轨道交通运营突发事件职责

市交通安全应急指挥部下设办公室作为常设办事机构,办公室主任由市交通委主任担任。根据市交通安全应急指挥部的决定,市交通安全应急指挥部办公室负责组织、协调、指导、检查本市轨道交通运营突发事件的预防和应对工作。主要职责包括:

(1)组织落实市交通安全应急指挥部决定,协调和调动成员单位应对轨道交通运营突发事件相关工作;

(2)组织制定、修订本市轨道交通运营突发事件专项应急预案和部门应急预案,指导市轨道交通指挥中心及轨道交通运营企业制定、修订相关处置类应急预案;

(3)负责发布蓝色、黄色预警信息,向市应急办提出发布橙色、红色预警信息的建议;

(4)负责本市应对轨道交通运营突发事件的宣传教育和培训工作;

(5)负责收集分析相关工作信息,及时上报重要信息;

(6)负责组织本市轨道交通运营突发事件的应急演练;

(7)负责本市轨道交通运营突发事件的隐患排查以及相关应急资源的管理工作;

(8)负责本市轨道交通运营突发事件应急指挥技术系统的建设与管理工作;

(9)负责市交通安全应急指挥部专家顾问组的联系工作;

(10)承担市交通安全应急指挥部的日常工作。

2.2.2　市轨道交通指挥中心职责

在市交通安全应急指挥部办公室的协调指导下,负责本市轨道交通运营突发事件的具体处置工作。

(1)组织制定、修订轨道交通运营突发事件处置类应急预案,审查轨道交通运营企业突发事件处置类应急预案;

(2)负责协调指挥轨道交通运营企业实施轨道交通运营突发事件应急处置;

(3)负责及时向市交通安全应急指挥部办公室报送突发事件应急工作信息,负责根据现场情况提出轨道交通停运、抢险增援等应急处置建议;

(4)参与配合轨道交通运营突发事件总结和调查评估工作;

(5)承办市交通安全应急指挥部办公室交办的其他事项。

2.3　成员单位及职责

(1)市委宣传部:按照《北京市突发公共事件新闻发布应急预案》的有关规定,负责组织指导市属新闻单位对较大以上轨道交通运营突发事件的宣传报道工作,组织协调较大以上轨道交通运营突发事件及处置情况的新闻发布工作,组织市属新闻单位进行应对轨道交通运营突发事件安全知识的宣传,加强对互联网信息的管理。

(2)市台办:负责组织相关部门妥善安置涉及台胞应急疏散工作,及向台湾地区有关机构通报本市轨道交通运营突发事件相关信息。

(3)市发展改革委:负责对电力企业开展应急救援抢修工作进行监督,做好轨道交通运营突发事件有关电力应急处置的综合协调工作。

(4)市公安局:在轨道交通发生运营事故或遭受自然灾害等突发事件时,负责维护现场治安秩序,预防、制止和侦查处置过程中发生的违法犯罪行为,协助进行人员疏散。负责事后协助有关部门调查事故原因,查处相关责任人。

(5)市民政局:负责协助区县政府和市交通委,做好轨道交通运营突发事件受威胁群众的转移安置工作。负责救济款物的调配和发放等社会救助工作,妥善安排好受灾群众的基本生活。负责配合外事部门妥善安置外国驻华外交人员及其他外国来京人员和在京的港、澳、台胞、华侨及海外旅游人员的转移安置工作。配合市交通委做好轨道交通运营突发事件灾情统计工作,并开展相关灾民救助。

(6)市财政局:负责审批、安排轨道交通运营突发事件救援、善后处置和轨道交通设施工程修复所需的资金。

(7)市建委:负责组建交通突发事件紧急工程抢险队伍,组织指挥轨道交通运营突发事件中工程抢险救援工作。负责组织轨道交通运营突发事件中建筑工程事故的原因分析、责任调查和处理工作。

(8)市市政管委:负责组织指挥专业队伍对轨道交通运营突发事件中供气、供热等市政管线、设施的抢险救援工作。

(9)市交通委:负责交通行业内各单位的应急组织协调工作。负责督促落实应对轨道交通运营突发事件的各项处置措施。参与配合轨道交通运营突发事件调查评估。

(10)市水务局:负责组织指挥专业队伍对轨道交通运营突发事件中供水、排水设施的抢险救援工作。

(11)市商务局:负责轨道交通运营突发事件中生活必需品的调配和供应工作。建立政府储备,制定生活必需品的应急供应方案。

(12)市卫生局:负责组织指挥北京急救中心(120)等医疗救护队伍对轨道交通运营突发事件中病患伤亡人员实施救治和处理。负责检查、监测轨道交通运营突发事件现场的食品、饮用水源的安全情况。

(13)市安全生产监督局:负责组织指挥专业抢险队伍,对轨道交通运营突发事件中的危险化学品泄漏事故进行抢险救援。负责组织安全生产专家组,对涉及危险化学品的轨道交通运营突发事件提出相应处置意见。负责参与属于生产安全性质的轨道交通运营突发事件的调查和处理。

(14)市政府外办:负责组织相关部门在轨道交通运营突发事件中妥善安置外国驻华外交人员和在京的港、澳人员、华侨及其他外国来京人员的应急疏散工作。负责组织相关部门向香港、澳门的有关机构或有关国家、国际组织通报本市轨道交通运营突发事件的相关信息。

(15)市民防局:负责因人防工程事故造成轨道交通运营突发事件的处置、指挥和抢修、排险工作。

(16)市信息办:根据相关应急预案负责组织轨道交通运营突发事件的专网通信保障工作。

(17)市公安局公安交通管理局:负责组织指挥轨道交通运营突发事件现场区域及周边道路的交通管制、交通疏导分流,以及交通疏导信息的播发工作,保证现场交通秩序,确保抢险通道畅通。

(18)市公安局消防局:负责组织指挥轨道交通运营突发事件中灭火抢险救援及防化洗消工作。负责组织制定和完善《北京市轨道交通突发事件灭火救援预案》。负责配合有关部门组建轨道交通运营突发事件紧急救援队。

(19)北京卫戍区:负责调集所属部队赶赴轨道交通运营突发事件现场,协助地方有关部门,实施核生化事件的抢险救援、现场封控警戒等任务。

(20)武警北京市总队:负责组织调集武警部队赶赴轨道交通运营突发事件现场,进行抢险救援、现场警戒等任务。

(21)市通信局:负责组织轨道交通运营突发事件中电信系统通信的应急恢复。

(22)市气象局:负责提供气象信息服务,监测天气变化,及时提供天气预报和降水、降雪情况,做好灾害性天气预报工作。

(23)北京电力公司:负责组织对轨道交通运营突发事件中电力设施实施抢险救援,并为抢险救援提供电力保障。

(24)有关区县政府:负责配合市交通安全应急指挥部办公室参与轨道交通运营突发事

件救援工作。负责配合做好人员疏散安置、后勤保障和其他相关工作。

2.4 现场指挥部及职责

应根据轨道交通运营突发事件处置工作需要，由市交通安全应急指挥部办公室组织相关成员单位成立现场指挥部。现场指挥部可由指挥处置组、社会面控制组、后勤保障组、医疗救护组、新闻发布组和专家工作组等组成，承担现场抢险救援任务，负责做好事发地区治安维护、交通保障、人员疏散、群众安置、后勤保障等各项工作。

3 监测预警

3.1 预警级别

依据轨道交通运营突发事件的危害程度、发展情况和紧迫性等因素，轨道交通运营突发事件的预警由高到低分红色、橙色、黄色、蓝色四个级别。

(1)红色预警：预计将要发生特别重大(Ⅰ级)以上轨道交通运营突发事件，事件会随时发生，事态正在不断蔓延。

(2)橙色预警：预计将要发生重大(Ⅱ级)以上轨道交通运营突发事件，事件即将发生，事态正在逐步扩大。

(3)黄色预警：预计将要发生较大(Ⅲ级)以上轨道交通运营突发事件，事件已经临近，事态有扩大的趋势。

(4)蓝色预警：预计将要发生一般(Ⅳ级)以上轨道交通运营突发事件，事件即将临近，事态可能会扩大。

3.2 监测预警

市轨道交通指挥中心要做好城市轨道交通的运行监测、预警工作，建立轨道交通监测体系和安全运行机制，对监测信息进行汇总分析，并依据动态发展，向市交通安全应急指挥部办公室提出相应的预警建议。

3.3 预警发布和解除

(1)蓝色或黄色级别的预警信息，由市交通安全应急指挥部办公室组织对外发布或宣布解除，并报市应急办备案。

(2)橙色级别的预警信息由市交通安全应急指挥部办公室提出，由市应急办报请指挥部总指挥批准，由市应急办或授权市交通安全应急指挥部办公室组织对外发布或宣布解除。

(3)红色级别的预警信息由市交通安全应急指挥部办公室提出，由市应急办报请市应急委主要领导批准，由市应急办或授权市交通安全应急指挥部办公室组织对外发布或宣布解除。

3.4 预警响应

3.4.1 蓝色预警响应

(1)预警信息发布后，市交通安全应急指挥部办公室、相关成员单位及市轨道交通指挥中心、轨道交通运营企业要立即作出响应，相关负责人带班，24小时有人值班，随时保持通信联络畅通。

(2)轨道交通运营企业的巡查人员应上岗对隐患部位进行重点排除。

(3)专业应急救援队伍随时待命，接到命令后迅速出发，视情况采取防止事件发生或事态进一步扩大的其他相应措施。

3.4.2　黄色预警响应

在蓝色预警响应的基础上,轨道交通运营企业的巡查人员应上岗对隐患部位进行逐一排除。

3.4.3　橙色预警响应

(1)在黄色预警响应的基础上,市交通应急指挥部办公室及市轨道交通指挥中心、轨道交通运营企业的带班负责人应随时掌握情况。

(2)轨道交通运营企业的巡查人员应全部上岗,并对整个区域进行逐一排除。

(3)专家顾问组进驻市交通应急指挥中心或事件现场,对事态发展作出判断,并提供决策建议。

(4)专业救援队伍随时待命,各保障部门备齐人员物资,接到命令后5分钟内出发。必要时轨道交通停运,同时加强地面公交运力。

3.4.4　红色预警响应

在橙色预警响应的基础上,专业救援队伍随时待命,接到命令后3分钟内出发。

3.5　预警变更

市轨道交通指挥中心密切关注事件进展情况,并依据事态变化情况,适时向市交通安全应急指挥部办公室提出调整预警级别的建议;市交通安全应急指挥部办公室依据事态变化情况,适时向市应急办提出调整橙色、红色预警级别的建议。

4　应急响应

4.1　先期处置

(1)轨道交通运营企业和市公安局公交总队立即启动先期处置应急工作预案,组织站内、车厢内乘客迅速疏散离站。同时封闭车站出入口,劝阻乘客进入。

(2)轨道交通运营企业立即采取必要措施,阻止在线列车进入突发事件现场区域,防止发生次生灾害。

(3)市公安局公安交通管理局迅速部署警力,立即在现场周边有关道路实施交通管制,保证抢险通道畅通。

(4)市交通委调配公交车辆疏散乘客。

4.2　分级响应

4.2.1　Ⅳ级响应

(1)市交通安全应急指挥部办公室接到一般事件报告后,立即启动本预案,迅速通知相关成员单位赶赴现场。

(2)市交通安全应急指挥部办公室带班负责人在市交通应急指挥中心进行指挥。

(3)相关成员单位的主管负责人和现场工作人员具体实施现场秩序维护、信息报告及抢险救援等相关工作事宜。

4.2.2　Ⅲ级响应

在Ⅳ级响应的基础上,采取下列措施:

(1)市交通安全应急指挥部办公室接到较大事件报告后,指挥部办公室负责同志在市交通应急指挥中心或在轨道交通指挥中心进行指挥。必要时,赶赴现场指挥处置工作。

(2)视需要,市交通安全应急指挥部副总指挥(市政府分管副秘书长)或市应急办派人到场,协调相关部门开展工作。

4.2.3　Ⅱ级响应

在Ⅲ级响应的基础上,采取下列措施:

(1)市交通安全应急指挥部办公室接到重大事件报告后,报市应急办,经指挥部总指挥批准,由市应急办或授权市交通应急指挥部办公室宣布启动本预案。

(2)市交通安全应急指挥部总指挥或副总指挥(市政府分管副秘书长)在市应急指挥中心或在市交通应急指挥中心进行指挥。必要时,赶赴现场指挥处置工作。

4.2.4　Ⅰ级响应

在Ⅱ级响应的基础上,采取下列措施:

(1)市交通安全应急指挥部办公室接到特别重大事件报告后,报市应急办,经市应急委主要领导批准,由市应急办或授权市交通应急指挥部办公室宣布启动本预案。

(2)市应急委主要领导或市交通安全应急指挥部总指挥在市应急指挥中心或在市交通应急指挥中心进行指挥。必要时,赶赴现场指挥处置工作。

4.2.5　现场指挥部响应

(1)现场指挥部及时掌握事件进展情况,随时向市交通安全应急指挥部办公室报告。

(2)相关成员单位按照应急预案分工和事件处置规程要求,相互配合、密切协作,共同开展应急处置和救援工作。

4.3　应急结束

(1)轨道交通运营突发事件处置工作基本完成,次生、衍生灾害和事件危害基本消除,应急工作即告结束。必要时,应通过广播电台、电视台和新闻媒体向社会发布应急结束的消息。

(2)一般、较大轨道交通运营突发事件应急处置工作,由市交通安全应急指挥部办公室宣布应急结束。轨道交通运营企业提出开通轨道运营的建议,经市交通安全应急指挥部办公室报请指挥部办公室主任批准后,实施开通运营。

(3)重大、特别重大轨道交通运营突发事件应急处置工作,经市应急办报请指挥部总指挥或市应急委主要领导批准,由市应急办或授权市交通应急指挥部办公室宣布应急结束。轨道交通运营企业提出开通轨道运营的建议,由市交通安全应急指挥部办公室报市应急办,经市应急办报请指挥部总指挥或市应急委主要领导批准后,实施开通运营。

5　信息管理

5.1　信息报告程序

5.1.1　首报

(1)发生轨道交通运营突发事件后,轨道交通运营企业要立即向市运输局和市轨道交通指挥中心报告。

(2)当一般轨道交通运营突发事件发生后,市轨道交通指挥中心要在30分钟内向市交通安全应急指挥部办公室报告,市交通安全应急指挥部办公室及时向市应急办报告。

(3)当较大以上轨道交通运营突发事件发生后,市轨道交通指挥中心要在接到报告后立即向市交通安全应急指挥部办公室和市应急办报告。市交通安全应急指挥部办公室要在事件发生后2小时内向市应急办报告详细信息。

(4)当发生重大、特别重大轨道交通运营突发事件时,相关轨道交通运营企业可以直接向市交通安全应急指挥部办公室报告,市交通安全应急指挥部办公室要在事件发生后4小时内向建设部报告。

5.1.2 续报

(1)一般和较大轨道交通运营突发事件处置过程中,市轨道交通指挥中心应将事件发展变化情况及时报告市交通安全应急指挥部办公室,由市交通安全应急指挥部办公室及时向市应急办报告。

(2)重大和特别重大轨道交通运营突发事件处置过程中,在一般和较大级别事件信息报告的基础上,市交通安全应急指挥部办公室应每日向建设部报告。

5.1.3 总报

事件结束后,轨道交通运营企业应将事件处理结果报告市运输局和市轨道交通指挥中心。市轨道交通指挥中心将详细情况以文字形式向市交通安全应急指挥部办公室报告,由市交通安全应急指挥部办公室及时报市应急办。

5.2 信息报告内容

5.2.1 首报内容

事件发生时间、地点、伤亡人数;事件初步性质、发生的可能原因等。

5.2.2 续报内容

事件发展趋势、人员治疗与伤情变化情况、事故原因、已经或准备采取的处置措施。

5.2.3 总报内容

事件处理结果、整改情况、责任追究情况等。

5.3 信息发布和新闻报道

轨道交通运营突发事件的信息发布和新闻报道工作,应遵照相关法律法规及《北京市突发公共事件新闻发布应急预案》等规定,由市应急办会同市委宣传部对发布和报道工作进行管理与协调,市交通安全应急指挥部办公室具体负责。

6 后期处置

6.1 恢复重建

6.1.1 恢复重建工作在市交通安全应急指挥部的统一领导和组织下,由相关成员单位、市轨道交通指挥中心及轨道交通运营企业负责实施。

6.1.2 在市交通安全应急指挥部办公室的组织下,相关成员单位、市轨道交通指挥中心及轨道交通运营企业要组织力量全面开展突发事件损害核定工作,对事件情况、人员补偿、征用物资补偿、重建能力、可利用资源等作出评估,制定补偿标准和事后恢复计划,并负责组织实施。

6.2 总结和调查评估

(1)轨道交通运营突发事件应急处置工作结束后,市交通安全应急指挥部办公室组织相关成员单位、市轨道交通指挥中心及相关轨道交通运营企业,一周内写出应对工作情况的总结报告,并报市应急办。

(2)较大以上轨道交通运营突发事件处置结束后,由相关部门适时组织事故处置调查评估小组，开展事故原因分析、事故责任调查评估，对应急处置工作进行全面评估，并在20天内将评估报告报送市应急委。

(3)市应急委及市交通安全应急指挥部根据上述报告，总结经验教训，建立事件案例库，并提出改进工作的要求和意见。

6.3　监督检查与奖惩

6.3.1　市交通应急指挥部办公室和相关成员单位应对本部门应急人员、设施、装备等资源的落实情况每年进行一次检查。

6.3.2　市交通应急指挥部办公室应对应急准备或响应提出重大建议、实施效果显著的，或有其他突出贡献的单位和个人给予奖励。

6.3.3　对不按照规定制定应急预案，拒绝履行应急准备义务的，不按照规定报告、通报事故真实情况的，不服从命令和指挥，拒不执行本预案的，阻碍应急工作人员依法执行任务的等延误轨道交通运营突发事件处置，造成重大影响的行为，市交通安全应急指挥部办公室应依据有关规定，提请相关部门追究有关单位和个人的责任；构成犯罪的，依法追究刑事责任。

7　保障措施

7.1　技术通信保障

市交通安全应急指挥部办公室要逐步建立和完善应急指挥基础信息数据库。

7.2　救援与装备保障

7.2.1　根据轨道交通运营突发事件应急救援业务需要，市交通安全应急指挥部相关成员单位要配备现场救援和抢险装备、器材，并建立相应的维护、保养和调用等制度。

7.2.2　市交通安全应急指挥部办公室要会同市轨道交通指挥中心按照统一标准，建立救援和抢险装备信息数据库，并及时更新，以保障应急指挥调度的准确性。

7.3　队伍保障

7.3.1　专业应急队伍组建

轨道交通运营、公安、消防、交管、卫生、市政等队伍是基本的抢险救援队伍，北京卫戍区、武警北京市总队是抢险救援的后备力量，各相关成员单位要落实先期处置队伍和增援队伍的组织保障方案。

7.3.2　应急队伍调动

(1)发生轨道交通运营突发事件时，由市轨道交通指挥中心按照应急预案调动本系统应急队伍进行先期处置。

(2)当发生特别重大、重大轨道交通运营突发事件时，应按照以市级专业抢险救援队伍为主体、本系统应急队伍为辅助的原则，由市交通安全应急指挥部统一协调调动各相关抢险救援队伍。

7.4　物资保障

市交通安全应急指挥部办公室要建立应急救援物资储备制度，确定救灾物资生产、储存、调拨体系和方案。

7.5　资金保障

轨道交通运营事件发生后，根据实际情况调整部门支出预算，集中财力应对事件；经市应急委批准启动应急专项资金,必要时动用公共财政应急储备资金。

8 宣教、培训和演练

8.1 宣传教育

由市交通安全应急指挥部办公室负责,组织相关单位制定应对轨道交通运营突发事件的宣传教育计划,编写公众应对轨道交通运营突发事件专业教材和应急手册。同时,充分利用广播、电视、报纸、互联网等新闻媒体,开展应急宣传教育,增强公民防范意识,学习掌握应对城市轨道交通运营突发事件的基本知识和技能。

8.2 培训

由市交通安全应急指挥部办公室负责,会同有关部门,面向本系统应急指挥和应急处置人员,以轨道交通运营突发事件预防、应急指挥、综合协调等为重要内容,开展应对轨道交通运营突发事件各类培训。

8.3 演练

(1)市交通安全应急指挥部办公室要组织相关单位定期组织演练,做好跨部门之间的协调配合及通信联络,确保应急状态下的有效沟通和统一指挥。

(2)相关成员单位结合各自制定的应急预案,组织本部门开展应对轨道交通运营突发事件的各项演练。

(3)各应急抢险救援队伍要结合本单位的工作和生产,积极开展专业技能培训和演练,并依据应急预案进行短期脱产训练。定期组织全市跨部门、跨行业的应对重大、特别重大轨道交通运营突发事件的演练,检验应急队伍的快速反应能力,提高各部门之间协调配合和现场处置能力,实现突发公共事件管理的规范化和程序化。

9 附则

9.1 名词术语

轨道交通运营突发事件,是指在轨道交通运营线路上,因自然灾害、人为因素或设施故障造成轨道交通运营中断、人员伤亡、乘客被困等危及公共安全的突发事件。

本预案有关数量的表述中"以上"含本数,"以下"不含本数。

9.2 预案管理

9.2.1 预案制定

本预案由北京市人民政府负责制定,市交通安全应急指挥部办公室负责解释。

参照本预案,各相关成员单位应结合各自职责,制定相关应急预案,并报市交通安全应急指挥部办公室备案。

9.2.2 预案审查

本预案由市应急办组织审查。

9.2.3 预案修订

随着相关法律法规的制定、修改和完善,机构调整或应急资源发生变化,以及应急处置过程中和各类应急演练中发现的问题和出现的新情况,及时完善本预案,每三年至少修订一次。

9.2.4 预案实施

本预案自发布之日起实施。

第二节 城市轨道交通运输企业安全生产相关标准规范与要求

一、城市轨道交通运输企业通用标准

城市轨道交通运输企业通用标准现有8个,见表12-3。其中:规划类标准有2个;设计类标准有2个;施工建设类标准有1个;运营管理类标准有3个。

城市轨道交通运输企业通用标准分类 表12-3

类别	标准名称
规划	《地下铁道、轻轨交通岩石工程勘探标准》(GB 50307—1999)
	《城市轨道交通线网规划编制标准》(GB/T 50546—2009)
设计	《地铁设计规范》(GB 50157—2003)
	《城市轨道交通综合监控系统工程设计规范》(GB 50636—2010)
施工建设	《城市轨道交通技术规范》(GB 50490—2009)
运营管理	《城市轨道交通客运服务标志》(GB/T 18574—2008)
	《城市轨道交通客运服务》(GB/T 22486—2008)
	《地铁运营安全评价标准》(GB/T 50438—2008)

城市轨道交通运输企业通用标准规范了城市轨道交通从规划、设计、建设到运营各环节的安全管理和技术要求。

(一)地铁设计规范

《地铁设计规范》对运营管理等轨道交通各专业的设计提出了总体要求。具体要求如下:

主体结构中的规定:①地铁的主体结构工程,设计使用年限为100年。②地铁工程抗震设防烈度,应根据当地政府主管部门批准的地震安全性评价结果确定。③跨河流和临近河流的地铁地面和高架工程,应按1/100的洪水频率标准进行设计。对下穿河流和湖泊等水域的地铁工程,应在进出水域的两端适当位置设防淹门或采取其他防淹措施。④地铁线路应为右侧行车的双线线路,并应采用1435mm标准轨距。⑤设计地铁浅埋、高架及地面线路时,应采取降低噪声、减少振动和减少对生态环境影响的措施,使之符合国家现行的城市环境保护的相关规定。地铁各系统排放的废气、废水、废物,应达到国家现行的排放标准。

运营方面的规定:①地铁的设计运输能力,应满足预测的远期单向高峰小时最大断面客流量的需要。②地铁线路必须为全封闭形式,同时列车须在安全防护系统的监视下运行。

限界方面的规定:①曲线车站站台边缘与车辆轮廓线之间的间隙不应大于180mm。②圆形隧道应按全线盾构施工地段的平面曲线最小半径确定隧道建筑限界。

线路方面的规定:①地铁线路的选定应根据城市轨道交通线网规划进行。②地铁的线路之间及与其他轨道交通线路之间的交叉处,应采用立体交叉。③车站站台计算长度内和道岔范围内不得设置竖曲线,竖曲线离开道岔端部的距离不应小于5m。④碎石道床线路竖曲线不得与平面和曲线重叠;当不设平面缓和曲线时,竖曲线不得与超高顺坡段重叠。

轨道方面的规定：①轨道结构应具有足够的强度、稳定性、耐久性和适量弹性，确保列车安全、平稳、快速运行和乘客舒适。②正线钢轨接头应采用对接曲线内股应采用厂制缩短轨调整接头位置。辅助线和车场线半径等于及小于200m曲线地段钢轨接头应采用错接，错接距离不应小于3m。③曲线超高值应在缓和曲线内递减，无缓和曲线时，应在直线段递减。超高顺坡率不宜大于2‰，困难地段不应大于3‰。④正线上道岔的钢轨类型应与正线的钢轨类型一致。

路基方面的规定：①路基是地铁工程的重要组成部分，直接承受钢轨和车辆荷载。路基工程作为土工结构物，必须具有足够的强度、稳定性和耐久性。②路基基床分表层和底层，表层厚度应不小于0.4m，底层厚度应不小于1.1m。基床厚度以路肩施工高程为计算起点。

车站方面的规定：①距站台边缘400mm处应设不小于80mm宽的纵向醒目安全线。采用屏蔽门时不设安全线。②车站内应设置各种导向、事故疏散、服务乘客的标志。③地下车站出入口的地面标高应高出室外地面，并应满足当地防洪要求。④站台计算长度应采用远期列车编组长度加停车误差。⑤人行楼梯和自动扶梯的总量布置，除应满足上、下乘客的需要外，还应按站台层的事故疏散时间不大于6min进行验算。消防专用梯及垂直电梯不计入事故疏散用。⑥装修应采用防火、防潮、防腐、耐久、易清洁的环保材料，应便于施工与维修，可能条件下兼顾吸声。地面材料应防滑、耐磨。⑦车站出入口的数量，应根据吸引与疏散客流的要求确定，但不得少于两个。每个出入口宽度应按远期分向设计客流量乘以1.1～1.25不均匀系数计算确定。⑧单建或与建筑合建的风亭，其口部据其他建筑物距离应不小于5m。当风亭设于路边时，风亭开口底距地面的高度应不小于2m。⑨车站出入口的提升高度超过6m时，应设上行自动扶梯；超过12m时应考虑上、下行均设自动扶梯。站厅与站台间应设上行自动扶梯，高差超过6m时，上、下行均应设自动扶梯。分期建设的自动扶梯应预留位置。

地下结构方面的规定：①地下结构的设计应减少施工中和建成后对环境造成的不利影响，考虑城市规划引起周围环境的改变对结构的作用。②车站站台、楼板和楼梯等部位的人群均布荷载的标准值应采用4.0kPa。③设备用房楼板的计算荷载应根据设备安装、检修和正常使用的实际情况（包括动力效应）确定，其标准值不得小于4.0kPa。④设计地震区的结构时，应根据设防要求、场地条件、结构类型和埋深等因素选用能较好反映其地震工作性状的分析方法，并采取必要的构造措施，提高结构和接头处的整体抗震能力。当围岩中包含有可液化土层时应及时向其砌背后压注结硬性浆液，保证围岩与结构的共同作用。⑤变形缝的设置应符合下列规定：a. 地下结构应设置温度变形缝，缝的间距可根据施工工艺、使用要求、围岩条件以及运营期间地铁内部温度相对于结构施工时的变化等，参照类似工程的经验确定。b. 在区间隧道和车站结构中，当因结构、地基、基础或荷载发生变化，可能产生较大的差异沉降时，宜通过地基处理、结构措施或设置后浇带等方法，将结构的纵向沉降曲率和沉降差控制在整体道床和地下结构的允许变形范围内。c. 在车站结构与出入口通道等附属建筑的结合部应设置变形缝。d. 应采取可靠措施，确保变形缝两边的结构不产生影响行车安全和正常使用的差异沉降。

工程防水方面的规定：①地下结构防水等级应符合下列规定：a. 地下车站及机电设备集中区段的防水等级应为一级，不允许渗水，结构表面无湿渍；b. 区间隧道及连接通道等附属的隧道结构防水等级应为二级，顶部不允许滴漏，其他不允许漏水，结构表面可有少量湿渍，总湿渍面积不应大于总防水面积的6‰；任意100m^2 防水面积上的湿渍不超过4处，单个湿渍的最大面积不大于0.2m^2。②卷材防水层宜为1～2层。高聚物改性沥青防水卷材单层使用时，厚度不宜小于4mm，双层使用时，总厚度不应小于6mm；高聚物改性沥青自粘卷材和合成高分子防水卷材单层使用时，厚度不宜小于1.5mm，双层使用时，总厚度不应小于2.4mm；塑料树脂类防水卷材厚度宜为1.2～2mm。卷材及其胶粘剂应具有良好的耐水性、耐久性、耐刺穿性、耐腐蚀性和耐菌性。③变形缝处采取的防水措施应能满足接缝两端结构产生的差异沉降及纵向伸缩似的密封防水要求。

通风、空调与采暖方面的规定：①地铁的内部空气环境应采用通风或空调系统进行控制。②地铁的通风与空调系统应具有下列功能：a. 当列车在正常运行时，应保证地铁内部空气环境在正常范围内；b. 当列车阻塞在区间隧道内时，应保证阻塞处的有效通风功能；c. 当列车在区间隧道发生火灾事故时，应具备防灾排烟、通风功能；d. 当车站内发生火灾事故时，应具备防灾排烟、通风功能。③地铁通风与空调系统的确定应符合下列规定：a. 地铁通风和空调系统分为通风系统（含活塞通风）和空调系统两种系统方式；b. 地铁通风与空调系统宜优先采用通风系统方式（含活塞通风）；c. 在夏季当地最热月的平均温度超过25℃，且地铁高峰时间内每小时的行车对数和每列车车辆数的乘积大于180时，可采用空调系统；d. 在夏季当地最热月的平均温度超过25℃，全年平均温度超过15℃，且地铁高峰时间内每小时的行车对数和每列车车辆数的乘积大于120时，可采用空调系统。④地铁的通风与空调系统应按地铁预测的远期客流量和最大的通过能力设计，但设备应按近期和远期配置，分期实施。⑤地铁地下车站的进风应直接采自大气，排风应直接排出地面。⑥地下车站夏季站内空气计算温度和相对湿度应符合下列规定：a. 当车站采用通风系统时，站内夏季的空气计算温度不宜高于室外空气计算温度5℃，且不应超过30℃。b. 当车站采用空调系统时，站厅的空气计算温度比空调室外计算干球温度低2～3℃，且不应超过30℃；站台厅的空气计算温度比站厅的空气计算温度低1～2℃；相对湿度均在40%～65%之间。⑦当通风系统采用开式运行时，每个乘客每小时需供应的新鲜空气量不应少于30m^3；当采用闭式运行时，其新鲜空气量不应少于12.6m^3，且系统的新风量不应少于总风量的10%。⑧地下车站的各类用房应根据其使用要求设置通风系统，必要时可设置空调系统；进风应直接采自大气，排风宜直接排出地面。⑨设置气体灭火的房间应设置机械通风系统，所排出的气体必须直接排出地面。⑩地下车站设备及管理用房内每个工作人员每小时需供应的新鲜空气量不应少于30m^3，且新风量不少于总风量的10%。⑪地面进风风亭应设置在空气洁净的地方，任何建筑物距进、排风亭口部的直线距离应大于5m。

给水与排水方面的规定：①给水管不应穿过变电所、通信信号机房、控制室、配电室等房间。②地铁给水水源应优先采用城市自来水，当沿线无城市自来水时，应和当地规划等部门协商，采取其他可靠地供水水源。③露天出入口及敞开通风口排水泵房的雨水排放设计按当地50年一遇暴雨强度计算，集流时间为5～10min。④当城市有污水排水系统而无污水处理厂时，车站厕所的污水应经过化粪池处理达到标准后排入城市污水排水系统。

供电方面的规定：①一级负荷应由双向电源双回线路供电，当一个店员发生故障时，另一个电源不应同时受到损坏。一级负荷中特别重要的负荷，除由双电源供电外，尚应增设应急电源。②供电系统中的各种变电所均应有两个电源，每个进线电源的容量应满足变电所全部一、二级负荷的要求，这两个电源可以来自不同变电所，也可来自同一变电所的不同母线。主变电所进线电源应至少有一个为专用电源。③直流牵引系统及非线性用电设备所产生的谐波引起的电网电压正弦波形畸变率予以控制。④配电变压器的容量选择应满足一台配电变压器退出运行时，另一台配电变压器能负担供电范围内远期的一、二级负荷。⑤在地下使用的电气设备及材料，应选用体积小、低损耗、低噪声、防潮、无自爆、低烟、无卤、阻燃或耐火的定型产品。⑥变电所继电保护装置应力求简单，并满足可靠性、选择性、灵敏性和速动性的要求。⑦上网电缆、回流电缆的根数及截面，应根据大双边供电方式下的远期负荷计算确定，但每个回路的电缆根数不得少于两根。⑧电力电缆与控制电缆，在地下敷设时应采用低烟无卤阻燃电缆，在地上敷设时可采用低烟阻燃电缆。为应急照明、消防设施供电的电缆，明敷时应采用低烟无卤耐火铜芯电缆或矿物绝缘耐火电缆。重要信号的控制电缆宜采用金属屏蔽。⑨中压交流单相电力电缆的金属护层，必须直接接地，且在金属护层上任一点非接地处的正常感应电压应符合下列规定：a. 未采取不能任意接触金属护层的安全措施时，不得大于50V；b. 采取不能任意接触金属护层的安全措施时，不得大于100V。⑩直流牵引供电为不接地系统，牵引变电所中的直流设备应绝缘安装。

通信方面的规定：①地铁隧道内托板托架的设置不应侵入设备限界；车载台无线天线的设置不应超过车辆限界。②在地铁沿线敷设的光缆、电缆等管线结构，应选择符合杂散电流腐蚀防护的材质、结构设计和施工方法。③隧道内的通信电缆、光缆应以绝缘方式进行敷设，电缆在支架上敷设时应具有5mm以上的塑料绝缘垫层。④地铁敷设光缆不设屏蔽地线，但接头两侧的金属护套及金属加强件应相互绝缘，光缆引入室内应作绝缘接头。⑤公务电话交换设备应具备综合业务数字网络（ISDN）功能。⑥防灾、环境与设备监控系统调度电话分机应设置在各车站、车辆段综合控制室以及车辆段的消防控制室等地点。⑦地铁应设置无线通信系统为控制中心调度员、车辆段调度员、车站值班员等固定用户与列车驾驶员、防灾、维修、公安等移动用户之间提供通信手段。无线通信系统必须满足行车安全、应急抢险的需要。⑧地铁无线通信系统应具有选呼、组呼、全呼、紧急呼叫、呼叫优先级权限等调度通信功能，并应具有存储功能、监测功能等。⑨行车和防灾广播的区域应统一设置，防灾广播应优先于行车广播。⑩通信电源系统必须是独立的供电设备并具有集中监控管理功能。⑪通信电源系统应保证对通信设备不间断、无瞬变地供电。通信电源设备应满足通信设备对电源的要求。⑫地铁通信设备应按一级负荷供电。由变电所引接双电源双回线路的交流电源至通信机房交流配电屏，当使用中的一路出现故障时，应能自动切换至另一路。⑬通信设备的接地系统设计，应做到确保人身、通信设备安全和通信设备的正常工作。

信号方面的规定：①地铁信号系统应有行车指挥和列车运行控制设备组成，并应设必要的故障监测和报警设备。②涉及行车安全的设备和电路必须符合故障——安全的原则。安全系统必须经安全检测、认证并批准后方可采用。③地铁信号系统工程设计应满足大运量、高密度行车和不同列车编组的运营要求。④信号系统应具有高可靠性和高可用性。⑤信号系统必须具有良好的电磁兼容性。⑥信号系统的车载设备不得超出车辆限界，信号系统的地面设备不得侵入设备限界。⑦ATC系统应满足自系统设备和通信、供电等相关系统设备故障的特殊情况下安全行车的要求。ATC系统应能降级应用，实现故障弱化处理，满足故障复原的需要。

电梯、自动扶梯与自动人行道方面的规定：①自动扶梯的安装位置应避开建筑物变形缝。②当地铁设置电梯用于运送乘客时，应满足坐轮椅者和盲人使用。电梯的提升速度不小于0.63m/s，载质量不小于1t。③地铁车站自动扶梯应采用公共交通型重载扶梯，其传输设备（主要包括梯级、梳齿板、扶手带、传动链、梯级链、内外装饰板、传动机构等）应采用不燃或难燃材料。④自动扶梯的踏步面至顶部洞口处的建筑底面垂直净空高度不应小于2300mm。

防灾与报警方面的规定：①两条单线区间隧道之间，当隧道连贯长度大于600m时，应设联络通道，并在通道两端设双向开启的甲级防火门。②地铁的地下工程及出入口、通风亭的耐火等级为一级。③地铁与地下及地上商场等建筑物相连接时，必须采取防火分隔措施。④地下车站站台和站厅乘客疏散区应划为一个防火分区，其他部位的防火分区的最大允许使用面积不应大于1500m^2。地上车站不应大于2500m^2。两个防火分区之间采用耐火极限4h的防火墙和甲级防火门分隔。在防火墙设有观察窗时，应采用C类甲级防火玻璃。⑤车展的站台、站厅、出入口楼梯、疏散通道、封闭楼梯间等乘客集散部位，以及各设备、管理用房，其墙、地及顶面的装修材料，以及广告灯箱、座椅、电话亭和售、检票亭等所用材料，应采用不燃材料，同时，装修材料不得采用石棉、玻璃纤维制品及塑料类制品。⑥地下车站防火分区（有人区）安全出口的设置应符合下列规定：a. 车站站台和站厅防火分区，其安全出口的数量不应少于两个，并应直通车站外部空间。b. 其他各防火分区安全出口的数量也不应少于两个，并应有一个安全出口直通外部空间。与相邻防火分区连通的防火门可作为第二个安全出口。竖井爬梯出入口和垂直电梯不得作为安全出口。⑦出口楼梯和疏散通道的宽度，应保证在远期高峰小时客流量时发生火灾的情况下，6min内将一列车乘客和站台上候车的乘客及工作人员全部撤离站台。⑧当地铁车站必须设消防泵和消防水池时，消防水池的有效容积应满足消防用水量的要求。消火栓系统的用水量火灾延续时间按2h计算，当补水有保证时，可减去火灾延续时间内连续补充的水量。⑨地下车站的车站控制室、通信及信号机房、地下变电所应设置气体自动灭火装置。地上运营控制中心气体灭火装置的设置，应按现行建筑设计防火规范的规定执行。⑩地下车站及区间隧道内必须设置防烟、排烟与事故通风系统。⑪地下车站站台、站厅时的火灾排烟量，应根据一个防烟分区的建筑面积按1m^3/(m^2·min)计算。当排烟设备负担两个防烟分区时，其设备能力应按同时排出两个防烟分区的烟量配置。当车站站台发生火灾时，应保证站厅到站台的楼梯和扶梯口处具有不小于1.5m/s的向下气流。⑫地铁公用通信的程控电话应具有火警时能自动转换到市话网的"119"的功能。同时地铁内应配备在发生灾害时供救援人员地上、地下联络的无线通信设施。⑬地铁车站应设消防对讲电话。⑭消防用电设备按一级负荷供电，并应在末级配电箱处设置自动切换装置，当发生火灾切断生产、生活用电时，应能保证消防设备正常工作。⑮下列部位应设置消防应急照明：a. 站厅、站台、自动扶梯、自动人行道及楼梯口；b. 疏散通道及安全出口；c. 区间隧道。⑯下列部位应设置醒目的疏散指示标志：a. 站厅、站台、自动扶梯、自动人行道及楼梯口；b. 人行疏散通道拐弯处、交叉口及安全出口，沿通道长向每隔不大于20m处；c. 疏散通道和疏散门均应设置疏散指示标志，并设有玻璃或其他不燃材料制作的保护罩；d. 指示标志距地面小于1m；e. 站台、站厅、疏散通道等人员密集部位的地面，宜设置保持视觉连续的发光疏散指示标志。⑰地铁车站出入口及敞口低风井等口部的防淹设施，应满足当地防洪要求。⑱车站 FAS 必须显示气体自动灭火系统保护区的报警、放气、风机和风阀状态、手动/自动放气开关所处位置。⑲设置火灾探测器的场所应设置火灾报警按钮。

（二）城市轨道交通技术规范

《城市轨道交通技术规范》以城市轨道交通安全为主线，对城市轨道交通建设和运营提出了基本要求。

1. 基本规定

①城市轨道交通应采用质量合格并符合要求的材料与设备。②城市轨道交通应具有消防安全性能，应配备必要的消防安全设施，应具备乘客及相关人员安全疏散及方便救援的条件。③城市轨道交通应采取有效的防淹、防雪、防滑、防风雨、防雷等防止自然灾害侵害的措施。④供乘客自行操作的设备，应易于识别，并应设在便于操作的位置；当乘客使用或操作不当时，不应导致危及乘客安全和设备正常工作的事件发生。⑤城市轨道交通建成后应同时具有以下条件方可投入载客运营：a. 不载客试运行时间不少于 3 个月；b. 运营单位具备安全运营的规章制度，人员到位、持证上岗；c. 符合本规范要求并验收合格。⑥城市轨道交通的设施及设备应进行有效的维修，确保其处于安全、可靠和正常的状态。⑦在发生故障、事故或灾难的情况下，运营单位应迅速采取有效的措施或依据应急预案进行处置。⑧既有城市轨道交通达到设计使用年限或遭受重大灾害后，当需要继续使用时，应进行技术鉴定，并应根据技术鉴定结论进行处理。

2. 行车管理

①列车运行应统一调度指挥。②除有轨电车外的城市轨道交通应采用技术手段实现列车安全运行防护；有轨电车允许采用驾驶员瞭望保证行车安全。③在运营期间，线路上的列车最高运行速度应满足下列要求：a. 不应大于设计允许的最高速度；b. 有轨电车在道路上与其他交通方式混合运行时，不应超过道路交通法规规定的最高运行速度；c. 在站台计算长度范围内，当不设站台屏蔽门时，越站列车实际运行速度不应大于 40km/h。④列车在营运时段正常运行时，最大运行间隔不应大于 10min。⑤站后折返运行的列车，应在折返站清客后才能进入折返线。⑥当列车在运行中发生不能保障安全运行的故障时，在故障列车退出运营前，应首先选择在车站清空乘客。⑦在正常运行状态下，应确认列车在车站停止时，才能开启车门；列车启动前，应通过目视或技术手段确认车门关闭。⑧当采用无人驾驶运行模式时，应满足下列要求：a. 应能根据运行需求实现车辆基地无人驾驶区域、车辆出入线、正线和折返线的无人驾驶运行；b. 客室内应设置乘客与控制中心或控制室的通信联络装置，实现值守人员与乘客的双向语音通信，值守人员与乘客通话应具有最高优先权。

3. 车辆一般要求

①在车辆寿命周期内，车辆应满足正常行车时的行车安全和人身安全要求，同时应具备故障、事故和灾难情况下方便救援的条件。②车辆及其内部设施应采用不燃材料或低烟、无卤的阻燃材料。

4. 车体

①在车辆寿命周期内，车体应能够承受各种静态、动态荷载而不产生永久变形、断裂和疲劳失效；车体应有足够的刚度，应满足维修和复轨的要求。新设计的车辆或车辆经过改造

对车体强度有影响时，应进行车体静强度试验。②客室内应设扶手；在列车运行时，车辆连接处应采取保障乘客安全的措施。③客室车窗的结构应防止乘客在无意识状态下身体任何部位伸出窗外；车窗玻璃应为安全玻璃。④客室地板应防滑；客室结构、过道处不应有尖角或突出物。

5. 牵引和制动

①当列车发生分离事故时，应能自动实施紧急制动。②当客室侧门未全部关闭时，列车应不能正常启动。③列车应具备下列故障运行的能力：a. 在定员载荷工况下，当列车丧失1/4动力时，应能维持到终点；b. 在定员载荷工况下，当列车丧失 1/2 动力时，应具有在正线最大坡道上启动和运行到最近车站的能力；c. 一列空载列车应能在正线最大坡道上推动一列故障的定员载荷工况下的列车到最近车站。

6. 车载设备和设施

①车辆应设置蓄电池，其容量应满足紧急情况下车门控制、紧急照明、外部照明、车载安全设备、广播、通信、信号、应急通风等系统的供电要求。用于地下运行的车辆，蓄电池容量应保证供电时间不小于45min；用于地面或高架线路运行的车辆，蓄电池容量应保证供电时间不小于30min。②车辆内所有的电气设备应有可靠的保护接地措施。③与道路交通混行的列车，应具备满足道路交通法规要求的前照灯、示宽灯、方向指示灯、尾灯和后视镜。④客室和驾驶员室应根据需要设置通风、空调和采暖设施，并应符合下列要求：a. 当仅设有机械通风装置时，客室内人均供风量不应小于 $20m^3/h$（按定员载荷计）；b. 当采用空调系统时，客室内人均新风量不应少于 $10m^3/h$（按定员载荷计）；驾驶员是人均新风量不应小于 $30m^3/h$；c. 列车应设紧急通风装置；d. 采暖系统应确保消防安全，采用电加热器时应有超温保护功能，电加热器不应对乘客造成伤害。⑤车辆至少应设置一处供轮椅停放的位置，并应有固定轮椅的装置，在车辆及车站站台的相应位置应有明显的指示标志。⑥车辆应设有应急照明。⑦车辆应具备下列通信设施和功能：a. 广播报站和应急广播服务；b. 驾驶员与车站控制室、控制中心的通话设备；c. 乘客与驾驶员直接联系的通话设备；d. 在无人驾驶模式中，乘客与控制中心联系的通信系统；e. 紧急通信优先。⑧车辆上应具备下列应急设施或功能：a. 驾驶员室应至少设置一具灭火器，每个客室应至少设置两具灭火器；b. 地下运行的编组列车，各车辆之间应贯通；当不设置纵向疏散平台时，列车两端应有应急疏散条件和相应设施；c. 与道路交通混行的列车（车辆）应配备警示三角牌；d. 单轨列车的客室车门应配备缓降装置；列车应能实施纵向救援和横向救援；e. 无人驾驶的列车应配备无人操作列车的设备。

7. 限界

①城市轨道交通应根据不同车辆和规定的运行工况，确定相应的车辆限界、设备限界和建筑限界。②轨行区土建工程和机电设备的设置应符合相应的限界要求。列车（车辆）在各种运行状态下，不应发生列车（车辆）与列车（车辆）、列车（车辆）与轨行区内任何固定的或可移动物体之间的接触。③建筑限界宽度应符合下列规定：a. 对双线区间，当两线间无建（构）筑物时，两条线设备限界之间安全间隙不小于100mm；b. 对单线地下区间，当无构筑物或设备时，隧道结构与设备限界之间的距离不应小于100mm；当有构筑物或设备时；设备限界与构筑物或设备之间的安全间隙不应小于50mm；c. 对高架区间，设备限界与构筑物或设备之间的安全间隙不应小于50mm；当采用接触轨授电时，还应满足受流器与轨旁设备之间

电气安全距离的要求;d. 当地面线外侧设置防护栏杆、接触网支柱等构筑物时,应保证与设备限界之间有足够的设备安装空间;e. 人防隔断门、防淹门的建筑限界与设备限界在宽度限界方向上的安全间隙不应小于100mm。④车站站台不应侵入车站限界;直线车站站台边缘与车厢地板面高度处车辆轮廓线的水平间隙不应大于100mm,曲线车站站台边缘与车厢地板面高度处车辆轮廓线的水平间隙不应大于180mm。⑤站台屏蔽门不应侵入车站限界,直线车站时,站台屏蔽门与车体最宽处的间隙不应大于130mm。⑥区间内的纵向应急疏散平台应在设备限界外侧设置,建筑限界应包容通道所必需的净空尺寸。⑦线路上运行的其他车辆均不应超出所运行线路的车辆限界。

8. 机电设备

①牵引供电系统,应急照明,通信、信号、自动售检票、消防用电设备,与防烟、排烟和事故通风有关的用电设备应为一级负荷。②供电系统应具有完备的继电保护和自动装置。③各变电所的两路进线电源中,每路进线电源容量应满足变电所全部一、二级负荷的供电要求。④地面变电所应避开易燃、易爆、有腐蚀性气体等影响电气设备安全运行的场所。⑤在地下使用的电气设备及材料,应选用低损耗、低噪声、防潮、无自爆、低烟、无卤、阻燃或耐火的定型产品。⑥接触网应满足下列要求:a. 接触网应能可靠地向列车馈电,并应满足列车的最高行驶速度要求;b. 接触网应适当分段,并应满足行车和检修的要求;c. 接触网应设置过电压保护装置,所有与大地不绝缘的裸露导线应接至接地极,不应直接接至或通过电压限制装置接至回流电路;d. 架空接触网应具备防止由于接触线断线而扩大事故的措施;e. 接触轨应设防护罩。⑦牵引回流与杂散电流防护应满足下列要求:a. 在直流牵引供电系统中,回流电缆应对地绝缘。所有回流用的导体应保证电气和机械性能可靠,相关的连接件应做到不使用专用工具不能移动;b. 连接牵引变电所与回流轨间的回流电缆应至少有两个回路,并且当有一个回路的电缆发生故障时也应能满足回流的要求;c. 当采用走行轨作为回流轨时,应采取有效措施减少回流轨的纵向电阻,并应确保与大地间具有良好的绝缘水平;d. 在正常运营条件下,正线回流轨与地间的电压不应超过 DC90V,车辆基地回流轨与地间的电压不应超过 DC60V;当瞬时超过时应有可靠的安全保护措施;e. 在隧道入口,电缆的金属外护套及各种金属管道应与隧道内的各系统设备实现电气隔离。⑧动力与照明应满足下列要求:a. 通信、信号、火灾自动报警系统及地下车站和区间隧道的应急照明应具备应急电源;b. 照明灯具应采用节能光源;c. 车站应具有总等电位连接或辅助等电位连接。⑨通信系统应安全、可靠。在正常情况下应为运营管理、行车指挥、设备监控、防灾报警等进行语音、数据、图像等信息的传送。在非正常或紧急情况下,应能作为抢险救灾的通信手段。⑩通信系统应符合下列规定:a. 传输系统应满足通信各子系统和其他信息系统传输的要求;b. 无线通信系统应为控制中心调度员、车站值班员等固定用户与列车驾驶员、防灾、维修、公安等移动用户之间提供通信手段,满足行车指挥和应急抢险的需要,并应具有选呼、组呼、全呼、紧急呼叫、呼叫优先级权限等调度通信、存储及监测等功能;c. 闭路电视监视系统应为控制中心调度员、车站值班员、列车驾驶员等提供列车运行、防灾救灾以及乘客疏导等视觉信息;d. 公务电话系统应满足城市轨道交通各部门间进行公务通话及业务联系,并应纳入公用网。公用电话系统设备应具备综合业务数字业务网络的交换能力;e. 专用电话系统应保证控制中心调度员、车辆及车站基地的值班员之间实现行车指挥和运营管理;调度电话系统应具有单呼、组呼、

全呼等调度功能;f. 广播系统应保证控制中心调度员和车站值班员向乘客通告列车运行以及安全、向导等服务信息,想工作人员发布作业命令和通知。防灾广播应优先于行车广播;g. 时钟系统应为工作人员、乘客及相关系统设备提供统一的标准时间信息。⑪通信电源应具有集中监控管理功能,并应保证通信设备不间断、无瞬变地供电;通信电源的后备供电时间不应少于 2h;通信接地系统应保证人身和通信设备的安全,并保证通信设备的正常工作。⑫隧道内的通信主干电缆、光缆应采用阻燃、无卤、防腐蚀、防鼠咬的防护层,并应符合防护杂散电流的腐蚀的要求。⑬信号系统应具有行车指挥与列车运行监视、控制和安全防护功能,具有降级运用的能力。涉及行车安全的系统、设备应符合"故障—安全"原则。⑭线路全封闭的城市轨道交通应配备和运用列车自动防护系统;线路部分封闭的城市轨道交通系统,应根据行车间隔、列车运行速度、线路封闭状态等运营条件,采取相应的技术手段进行列车运行的安全防护。⑮城市轨道交通应配置行车指挥系统。行车指挥调度区段内的区间、车站应能实现集中监控。当行车指挥系统具有自动控制功能时,尚应具有人工控制功能。⑯列车安全防护系统应满足行车密度、运行素的和行车交路等运营需求。当线路全封闭城市轨道交通列车采用无安全防护功能的人工驾驶模式时,应有授权,并对授权及相关操作予以表征。⑰连锁设备应保证道岔、信号机和区段的连段的连锁关系正确。当连锁条件不符时,不得开通进路。⑱列车自动运行系统应具有列车自动牵引、制动、区间停车和车站定点停车、车站通过及折返等控制功能。控制过程应满足控制精度、舒适度和节能等要求。⑲当列车配备自动防护设备、车内信号装置时,应以车内信号为主体信号;当列车未配备自动防护设备或列车自动防护设备失效或未配备车内信号装置时,所设地面信号应为主体信号。当地面主体信号显示熄灭时,应视为禁止信号。⑳无人驾驶系统应符合下列规定:a. 无人驾驶系统的建设应与线路、站场配置及运行管理模式相协调。无人驾驶系统应能实现信号、通信、防灾报警等机电系统设备及车辆的协同控制;b. 控制中心或车站有人值班室应能监控无人驾驶列车的运行状态,应能实现列车停车及车门、站台屏蔽门的应急控制。㉑信号系统设备应具有独立安全认证机构出具的、符合"故障—安全"原则的证明及相关说明。㉒城市轨道交通的内部空气环境应采用通风、空调与采暖方式进行控制,并应符合下列规定:a. 当列车正常运行时,应保证内部空气环境的温度、湿度、气流速度和空气质量均应满足人员生理要求和设备正常运转需要;b. 当列车阻塞在隧道内时,应能对阻塞处进行有效的通风;c. 当列车在阻塞隧道发生火灾事故时,应能对事故发生处进行有效的排烟、通风,当车站公共区和设备及管理用房内发生火灾事故时,应能进行有效的排烟通风。㉓地下车站和隧道应设置防烟、排烟与事故通风系统。㉔地下车站站厅、站台公共区和设备及管理用房应划分防烟分区,且防烟分区不应跨越防火分区。站台、站厅每个站台的防烟分区的建筑面积不应超过 $2000m^2$,设备及管理用房每个站台的防烟分区的建筑面积不应超过 $750m^2$。㉕隧道火灾排烟时的气流速度应高于计算的临界风速,最低气流速度不应小于 2m/s,且不应高于 11m/s。㉖隧道的排烟设备应保证在 150℃时能连续有效工作 1h,地下车站公共区和设备和管理用房的排烟设备应保证在 250℃能连续有效工作 1h;地面及高架车站公共区和设备及管理用房的排烟风机应保证在 280℃时能连续有效工作 0.5h。烟气流经的辅助设备应与风机耐高温等级相同。㉗城市轨道交通工程的给水系统应满足生产、生活和消防用水对水量、水压和水质的要求。㉘地下车站及地下区间隧道的消防给水系统应由城市两路自来水管各引一根消防给水管和车站或区间环状管网相接，每一路自来水管均应能满足全部消防用水量；当城市自来水管网为枝状管网时，应设消防泵和消防水池。㉙设有消火栓系统的车站，应设水泵接合器。㉚地下车站的变电所、通信设备室、信号设备室应设自动灭火系统。㉛车辆基地、主变电站、控制中心、全封闭运行的城市轨道交通运行车站等建筑物应设置火灾自动报警装置。㉜全封闭运行的城市轨道交通设置的火灾自动报警系统应按中央级和车站级两级监控、管理方式设置；中央级火灾自动报警系统应设置在控制中心。㉝火灾自动报警系统的设置应符合下列规定：a. 车站内管理用房、站厅及站台和通道等区域应设置感烟探测器或感温探测器；车辆基地、控制中心感烟探测器的设置应适应大空间的特点；b. 每个防火分区应至少设置一个手动报警按钮；从防火分区内的任何位置到最近的手动报警按钮的距离不应大于 30m；c. 变电所、车站站台板下的电缆夹层应敷设缆式线性探测器；d. 车站公共区应设置应急广播；车站办公、设备区的走廊、控制中心、车辆基地及主变电所应设置警报装置；e. 车站、车辆基地、主变电所、控制中心应设置火灾自动报警控制盘；f. 重要设备室及值班室应设置消防电话。㉞自动扶梯应符合下列规定：a. 自动扶梯应采用公共交通型重载扶梯，其传动设备、结构及装饰件应采用不燃材料或低烟、无卤、阻燃材料；b. 自动扶梯应有明确的运行方向指示；c. 自动扶梯应配备紧急停止开关。㉟电梯应满足下列要求：a. 电梯的设置应方便残障乘客的使用；b. 电梯的操作装置应易于识别、便于操作；c. 当发生紧急情况时，电梯应能自动运行到设定层，并打开电梯门；d. 电梯轿厢内应设有专用通信设备，并保证外部乘客与外部的通信联络；e. 非透明电梯轿厢内应设视频监视装置。㊱站台屏蔽门的设计、制造、安装和运行管理，应保证乘客顺利通过，并应满足列车停靠在站台任意位置时车上乘客的应急疏散需要。㊲站台屏蔽门的结构应能承受人的挤压和活塞风载荷的作用。㊳在正常工作模式时，站台屏蔽门应由驾驶员或信号系统监控，并应保证站台屏蔽门关闭不到位时，列车不能启动或进站。㊴站台屏蔽门应具有在站台侧或轨道侧手动打开或关闭每一道滑动门的功能。㊵站台屏蔽门应设置应急门；站台屏蔽门两端应设置供工作人员使用的专用工作门。应急门和工作门不受站台屏蔽门系统的控制。

（三）地铁运营安全评价标准

《地铁运营安全评价标准》规定了地铁运营安全评价的一般要求和程序，规定了以基础安全评价和事故风险水平评价为主体的地铁运营安全评价体系，其中，基础安全评价内容包括：安全管理评价、运营组织与管理评价、车辆系统评价、供电系统评价、消防系统与管理评价、线路及轨道系统评价、机电设备评价、通信设备评价、信号设备评价、环境与设备监控系统评价、自动售检票系统评价、车辆段与综合基地评价和土建评价。具体内容如下：

1. 安全管理评价

依据《中华人民共和国安全生产法》第三、四条：安全生产管理，坚持安全第一、预防为主的方针。生产经营单位必须遵守本法和其他有关安全生产的法律、法规，加强安全生产管理，建立、健全安全生产责任制度，完善安全生产条件，确保安全生产。

2. 运营组织与管理评价

运营组织与管理是一个集系统、管理者、乘客、组织手段等多种因素于一体的复杂过程，既要考虑行车指挥，又要关注客运组织，而且还与诸多中间环节有着千丝万缕的联系。包括调度指挥、客运组织、系统负荷以及与乘客密切接触的列车运行等方面。

3. 车辆系统评价

地铁车辆是地铁运营系统中最重要的设备之一。在影响地铁安全运营的重大事件中，有火灾、列车脱轨、列车撞车等重大事件与地铁车辆有关，因此地铁车辆的安全性能状况与安全防护设施、车辆防火性能、车辆可靠性是防止重大事件发生，保证安全运营的重要内容。

4. 供电系统评价

供电系统评价包括主变电站、牵引变电站、降压变电站、接触网(接触轨)、电力电缆等部分。地铁主变电站是确保地铁牵引供电和动力照明等用电负荷的主要设备。因此必须采取双电源、双回路线路供电，当一个电源发生故障时，另一个电源不应同时受到损坏。同时当线路上一个主变电站故障退出运行时，必须能通过相临主变电站供电，确保地铁的一、二级用电负荷。

辅助主变电站是根据线路电源配置的实际情况而定的，并不是每条线路均设置的，从最大限度节约工程投资考虑，可设一路专用电源。

5. 消防系统与管理评价

消防系统与管理评价包括火灾自动报警系统(FAS)及联动控制、气体灭火系统、消防水系统、应急照明及疏散指示、灭火器、车站消防管理、消防值班人员与设备管理、建筑与附属设施等。

火灾自动报警系统(FAS)主要由火灾自动报警装置、消防控制设备及其他具有辅助功能的装置组成，FAS 应可直接操作联动控制消防设施和防烟、排烟系统设备，或通过 BAS 等联动控制防烟、排烟系统设备。火灾自动报警系统技术的发展趋向智能化，地铁全线设控制中心集中管理－车站分散控制的报警系统形式，系统具有发布火灾涉及有关车站消防设备的控制命令的功能。

气体灭火系统的电气监控系统由该设备配套提供，车站 FAS 必须显示气体自动灭火系统保护区的报警、放气、风机和风阀状态、手动/自动放气开关所处位置。

地下车站站厅层应设单口消火栓，站台层的消火栓宜按双口双阀设置，车站内大型消火栓箱内应设自救式软管盘。地下区间只设消火栓接口、不设消火栓箱和不放水带，因为如设消火栓箱，其箱体固定不好，易侵入设备限界，发生箱门碰车事故，另外地铁内潮湿，消防水带易受潮腐烂。

消火栓口的静水压力不超过 0.8MPa，消火栓口处出水压力不超过 0.5MPa。

应急事故照明包括安全疏散照明、事故照明及指示照明，事故照明设备为确保其可靠安全工作状态，设计采用双电源、在线式或后备式方式供电。区间隧道内设置的集中控制型疏散指示方向要与风机送、排风的模式相匹配。

地铁为大型综合性工程，专业和系统很多，在运营中相互关联，尤其灾害事故处理，必须与多个系统多个部门共同合作才可完成全面救灾工作；车站、主变电站、地铁控制中心等消防重点部位设置 24h 值班的消防控制室。

地铁建筑防火部位包括车站站厅、站台、设备区、隧道、通道、与地铁地下及地上相连的其他建筑。

6. 线路及轨道系统评价

线路及轨道系统评价规定是为了确保正线运营的安全。通常在辅助线与正线接轨处设置安全待避线等设施,平常处于开通安全待避线的位置,确保与正线运营隔离。

轨道是轨道交通的主要设备,它除了引导列车运行方向外,还直接承受列车的竖向、横向及纵向力,因此轨道结构应具有足够的强度,保证列车快速、安全和平稳地运行。同时城市轨道交通是城市专用的客运交通工具,因此轨道结构应有适量的弹性,使乘客舒适。

7. 机电设备评价

机电设备评价包括自动扶梯、电梯与自动人行道、屏蔽门系统与防淹门系统、给排水设备、通风和空调设备、风亭等。

屏蔽门可以是全封闭式,也可以是半封闭式。屏蔽门由屏封和门组成,将车站站台与站台轨道间分隔开,当列车进站开门时,开门上下乘客,列车关门时关门。屏蔽门可以有效地防止乘客掉下站台。在站台使用空调时,全封闭式屏蔽门可以很好的隔绝站台与隧道的空气流动,节约能源。

列车正常停车时,屏蔽门系统的滑动门与列车门相对,乘客进行上下车;当列车不能按正常位置停车,屏蔽门系统的滑动门不能与列车车门相对时,屏蔽门系统设置的应急门的位置应保证至少有一个与列车车门对齐,供乘客疏散。

空调设备的冷凝器、蒸发器和经济器等属压力容器,应按国家有关特种设备和压力容器管理的有关规定办理相关手续。

8. 通信设备评价

轨道交通线通信系统是指挥列车运行,进行运营管理、公务联络和传递各种信息的重要手段。当出现紧急情况时,本系统应能迅速及时地为防灾救援和事故的指挥提供通信联络。因此,必须建立一个高可靠性、易扩充、组网灵活、并能传递语音、文字、数据、图像等各种信息的综合数字通信网。

9. 信号设备评价

轨道交通的信号系统可由列车自动保护子系统(ATP)、列车自动运行子系统(ATO)、列车自动监控子系统(ATS)及连锁设备组成。

10. 环境与设备监控系统

环境与设备监控系统应具备机电设备监控、执行阻塞模式、环境监控与节能运行管理、环境和设备的管理功能。环境与设备监控系统应能接收火灾自动报警系统(FAS)车站火灾信息,执行车站防烟、排烟模式;执行隧道防排烟模式;执行阻塞通风模式;应能监控车站逃生指示系统和应急照明系统;应能监视各排水泵房危险水位。地下车站及区间隧道内必须设置防烟、排烟与事故通风系统;所有防烟、排烟与事故通风系统均应保证功能完好。车站应配置车站控制室紧急控制盘(IBP 盘)作为 BAS 火灾工况自动控制的后备措施,其操作权高于车站和中央工作站,盘面应以火灾工况操作为主,操作程序应简便、直接。

11. 自动售检票系统评价

车站售检票设备应由自动售票机、半自动售票机、自动充值机、进出站检票机等组成,其数量配置应按近期高峰客流量配置,并预留远期高峰客流量所需设备的供电,预埋套线及安装位置等条件。

12. 车辆段与综合基地评价

车辆段与综合基地是存放运营车辆、检修运营车辆的地点。在车辆段与综合基地内,同样有供电系统、信号系统、轨道线路等，因此有必要采取一系列防护措施以保证运营车辆、救援车辆的顺利上线，保证车辆段与综合基地内不发生事故。

在车辆段与综合基地内，有各种仓库、各种车库等，因此以防范火灾为主。车辆段车辆值班室，受地铁控制中心指挥，在运营线路上发生事故时，随时调动救援车辆或保证事故车辆进停车场。

13. 外界环境评价

依据《国家处置城市地铁事故灾难应急预案》城市轨道交通系统中特别重大、重大事故灾难类型包括地铁遭受台风、水灾、地震等自然灾害的侵袭。此外《地铁设计规范》(GB 50157—2003)19.1条规定地铁应具有防风灾、水淹、冰雪、地震、雷击等灾害的防灾设施。

二、城市轨道交通运营技术标准

城市轨道交通运营技术标准现有8个，见表12-4。其中：车站标准有2个；车辆专业标准有3个；线路专业标准有2个；机电专业标准有1个。

城市轨道交通运营技术标准分类 表12-4

类别	标准名称
车站	《地下铁道照明标准》(GB/T 16275—1996)
	《城市轨道交通站台屏蔽门》(CJ/T 236—2006)
车辆专业	《地铁车辆通用技术条件》(GB/T 7928—2003)
	《城市轨道交通直线电机车辆通用技术条件》(CJ/T 310—2009)
	《城市轨道交通车辆贯通道技术条件》(CJ/T 353—2010)
线路专业	《城市轨道交通浮置板橡胶隔振器》(CJ/T 285—2008)
	《城市轨道交通轨道橡胶减震器》(CJ/T 286—2008)
机电专业	《城市轨道交通车辆空调、采暖及通风装置技术条件》(CJ/T 354—2010)

表12-4中涉及安全要求的主要包括《地下铁道照明标准》和《地铁车辆通用技术条件》。

1.《地下铁道照明标准》

《地下铁道照明标准》中对应急照明及值班照明、过渡照明、照明质量、照明运行与测量等作了相关规定。其中涉及安全的相关要求如下：

(1)在地下铁道车站站台、站厅、楼梯通道、出入口等处应设疏散照明。疏散照明由出口标志灯、指向标志灯、疏散照明灯等组成。

(2)在地下铁道站站台、站厅的出口、车站出口及其他通向站外的应急出口处均应设置出口标志灯。出口标志灯的安装高度应为2.2~2.5m。

(3)在地下铁道车站站台、站厅、楼梯、通道及通道转弯处附近，当不能直接看见或不能看清出口标志灯时，应根据需要设置指向标志灯，安装间距不应大于20m。

(4)在地下铁道车站站台、站厅、楼梯、通道及通道转弯处附近、出入口等处均应设置疏散照明灯。疏散照明灯的地面水平照度值不宜低于1.0lx，由正常照明转换为疏散照明的切换时间不应大于5s，疏散照明供电时间不应低于1h。

2.《地铁车辆通用技术条件》

《地铁车辆通用技术条件》对车体、驾驶员室、客室等安全内容做了相关规定，具体如下：

车体部分中规定:①车辆结构设计寿命为30年;②列车两端的车辆可设置防意外冲撞的撞击能量吸收区,以保护驾驶员与乘客的安全。地面或高架运行的列车两端可装设防爬装置。

驾驶员室部分规定:驾驶员室侧面设驾驶员室侧门;在未设安全通道的线路上运行的列车两端应设紧急疏散门;驾驶员室与客室之间应设连通门,其净开宽度不小于550mm,高度不低于1800mm。

客室部分规定:①客室应有足够的灯光照明,在距地板面高800mm处的照度平均值不低于200lx,最低值不低于150lx(在车外无任何光照时)。在正常供电中断时,备有紧急照明,其照度应不低于10lx。②连接的两节车辆之间应设置贯通道,贯通道应密封、防火、防水、隔热、隔音。贯通道渡板应耐磨、平顺、防滑、防夹,贯通道用密封材料应有足够的抗拉强度,安全可靠、不易老化。

制动系统部分规定:①列车应采用计算机控制的制动控制系统,应具备电制动和空气制动两种制动方式。空气制动应具有相对独立的制动能力,即使在牵引供电中断或电制动出现故障的意外情况下,也应能保证空气制动发挥作用,使列车安全停车。②制动系统应具有常用制动、紧急制动功能,具有根据空重车调整制动力大小的功能。列车在平直道上实施紧急制动时,应能在规定的距离内停车。③制动系统应具有防滑功能。

安全设施部分规定:①驾驶员台应设置紧急停车操纵装置和警惕按钮。②驾驶员室内应设置客室侧门开闭状态显示和车载信号显示装置,并应便于驾驶员观察。③车辆应有列车自动防护系统(ATP)或列车自动防护系统(ATP)与自动驾驶系统(ATO),以及可保证行车安全的通信联络装置。④驾驶员室前端应装设可进行远近光变换的前照灯。前照灯在车辆前端紧急制停距离处照度不应小于2lx。列车尾端外壁应设有可视距离足够的红色防护灯。车辆侧壁可根据需要设置显示车门开闭、制动缸缓解等的指示灯。⑤列车应设置鸣笛装置。⑥车辆内应有各种警告标志,包括标在驾驶员室内的紧急制动装置、带电高压设备、消防设备及电器箱内的操作警示标志等。⑦客室、驾驶员室应配置适合于电气装置与油脂类的灭火器具,安放位置应设明显标志并便于取用。灭火材料在灭火时产生的气体不应对人体产生危害。⑧列车应具有在特殊情况下紧急疏散乘客的能力。

通信与乘客信息系统中规定:①列车应具有驾驶员与行车控制调度中心进行双向通信、首尾驾驶员室之间的通信等功能。②列车应具有驾驶员对乘客广播及自动报站的装置。客室内设有扬声器用于预告前方停站,并应设有线路、车站向导标志等乘客信息设施。③客室内应设置乘客手动报警和能与驾驶员对讲的装置,紧急情况下乘客可向驾驶员报警,驾驶员在乘客报警时应能立即识别报警车辆。④列车两端的驾驶员室前部可设置运行区段显示装置。

运输与质量保证期限中规定:制造商应明确给出车辆及其主要部件的保修期限(一般不短于车辆验交后一年),在用户遵守使用维护说明书的情况下,保证期限内确属制造质量不良而出现故障影响运行或损坏时,制造商应及时无偿地负责修理或更换零部件,安装调试,恢复运行。

三、城市轨道交通安全与应急标准

城市轨道交通运营管理标准共两个。《城市轨道交通消防安全管理》(GA/T 579—

2005)为推荐性标准,规定了城市轨道交通运营中的危险源控制、各类人员的消防安全责任和职责、灭火和应急疏散预案、消防设施检查及维护管理、消防宣传教育、人员培训和消防档案等消防安全工作的管理要求。《城市轨道交通安全预评价细则》(AQ 8004—2007)为强制性标准,规定了在工程可行性研究报告编制后,通过对城市轨道交通工程的线路选择、技术路线、社会环境的安全评价,查找本工程存在的危险、有害因素的种类和程度,补充完善工程可行性研究报告中的安全对策措施。

《城市轨道交通消防安全管理》中关于各级、各类人员的消防安全责任和职责,灭火和应急疏散预案与演练,消防设施检查及维护管理,消防宣传教育,人员培训和消防档案管理等消防安全工作的相关要求,具体如下:

(一)总要求

(1)城市轨道交通的消防安全管理应在当地政府的统一组织协调下,建立由政府相关部门(包括公安、消防)与运营单位及供电、通信、供水和医疗等单位密切协作、运转高效、分工明确的报警接警、监控和抢险救援机制。

(2)城市轨道交通运营单位应制定安全管理责任制度,按照国家现行有关消防法律、法规、规章(以下统称消防法规)落实消防安全责任制。国家有关部门和单位应根据本标准对城市轨道交通中使用的设施、设备的设计、制造、安装与使用制定相关的安全管理办法和技术要求。

(3)城市轨道交通运营单位应结合本单位实际制定单位及各部门的灭火和应急疏散预案,定期组织演练,提高先期应急处置能力。

(4)城市轨道交通运营单位应当遵守有关消防法规,贯彻"预防为主、防消结合"的消防工作方针,正确处理好运营与安全的关系,建立科学的消防设施管理体制,保证轨道交通的安全运营。

(5)城市轨道交通应按照现行有关消防法规和技术规范的要求配置消防设施、器材,并在工程设计中积极采用先进的防火、灭火技术,选用先进可靠的防火灭火设施、器材。

(6)城市轨道交通应依据现行有关消防法规和技术规范设置防火灾、水淹、风灾、冰雪、地震、雷击和停车事故等防灾设施,并以防控火灾的消防设施、器材为主。

(7)城市轨道交通的消防安全管理工作和消防监督工作,除遵守本标准的规定外,还应符合国家现行的其他有关法律法规的规定。

(8)城市轨道交通的消防安全设计、施工、验收管理应符合现行有关消防法规和技术规范的规定,并经国家规定的公安消防监督机构审查和批准。

(二)消防安全管理责任要求

1. 一般规定

(1)城市轨道交通运营单位为消防安全重点单位,应建立消防安全责任体系,明确逐级岗位消防安全职责。

(2)城市轨道交通消防设计应有保障消防安全疏散的设施及通道,运营单位应保障消防安全疏散通道及设施完好、可用,落实消防安全措施。

(3)城市轨道交通运营单位应建立与当地公安消防机构联系制度,及时反映单位消防安全管理工作情况。

2. 消防安全责任人

城市轨道交通运营单位的法人代表或主要负责人是单位的消防安全责任人，对本单位的消防安全工作全面负责，并应履行下列职责：

(1)贯彻执行消防法规，保证单位消防安全符合规定，掌握本单位消防安全情况；

(2)组织编制和审定本单位消防应急预案；

(3)组织审定与落实年度消防安全工作计划和消防安全资金预算方案；

(4)确定本单位逐级消防安全责任，任命消防安全管理人，批准实施消防安全制度和保证消防安全的操作规程；

(5)组织建立消防安全例会制度，每月至少召开一次消防安全工作会议；

(6)每月至少参加一次防火检查；

(7)组织火灾隐患整改工作，负责筹措整改资金；

(8)消防安全责任人应当报当地公安消防机构备案。

3. 消防安全管理人

城市轨道交通运营单位的消防安全管理人应由消防安全责任人任命，并应履行下列职责：

(1)拟订年度消防工作计划和消防资金预算方案；

(2)协助组织编制和审定本单位消防应急预案；

(3)组织制定消防安全制度和保障消防安全的操作规程；

(4)组织实施防火检查，每月至少一次；

(5)组织整改火灾隐患；

(6)组织建立消防组织，每半年至少组织一次消防宣传教育、灭火和应急疏散演练；

(7)消防安全责任人委托的其他消防安全管理工作；

(8)向消防安全责任人报告消防安全工作情况，每月至少一次；

(9)消防安全管理人应当报当地公安消防机构备案。

4. 部门主管人员

(1)车站站长(值班站长)上岗前应经运营单位培训合格，并应履行下列消防职责：

①贯彻执行有关消防法规，保障车站安全符合规定，及时掌握车站消防安全情况；

②制定车站年度消防工作计划和消防资金预算方案并组织实施；

③协助组织制定、修改和完善车站消防应急预案；

④每月至少组织一次车站防火检查，及时消除能够整改的火灾隐患，对不能整改的，提出整改意见；

⑤每半年至少组织一次车站消防宣传教育、灭火和应急疏散演练；

⑥发生火灾时能够按照车站消防应急预案及时组织疏散乘客、扑救火灾并向有关部门报告火灾情况，协助灾后调查火灾原因；

⑦每月至少一次向消防安全责任人或消防安全管理人报告消防安全工作情况。

(2)控制中心主任(值班主任)上岗前应经消防专业培训合格，并应履行下列消防职责：

①贯彻执行有关消防法规，保障调度系统安全符合规定，及时掌握调度系统消防安全情况；

②制定调度系统年度消防工作计划和消防资金预算方案并组织实施；

③协助组织制定、修改和完善控制中心消防应急预案；

④每月至少组织一次调度系统防火检查，消除火灾隐患；

⑤每半年至少组织一次调度系统消防宣传教育、灭火和应急处置演练；

⑥发生火灾时能够按照控制中心消防应急预案及时组织各调度处理火灾事故、疏散乘客、扑救火灾并向有关部门报告火灾情况；

⑦协助灾后调查火灾原因、积极组织撰写火灾事件处理经过并向有关部门汇报；

⑧审批施工作业日计划和临时计划，对有安全隐患的计划进行调整；

⑨每月至少一次向消防安全责任人或消防安全管理人报告消防安全工作情况。

5. 消防安全员

1）一般规定

城市轨道交通运营单位应确定专、兼职消防安全员。消防安全员应履行下列职责：

（1）分析研究本部门、岗位的消防安全工作，及时向上级报告；

（2）确定本部门、岗位的消防安全重点部位，实施日常防火检查、巡查；

（3）接受安排落实火灾隐患整改措施；

（4）管理、维护消防设施、灭火器材和消防安全标志；

（5）协助开展消防宣传和消防安全教育培训；

（6）协助编制消防应急疏散预案，组织演练；

（7）记录消防工作落实情况，完善消防档案；

（8）完成其他消防安全管理工作。

2）环控调度人员

（1）负责对全线各车站消防等机电设备的全面监控，及时掌握各车站消防设备的运行状况；

（2）对火灾事故的报警，应认真确认、分析现场情况，及时通报行调、电调和值班主任；

（3）在发生火灾事故时，能够按照控制中心消防应急预案，通过调动环控设备执行合理的通风模式，引导乘客和工作人员进行安全疏散。

3）行车调度人员

（1）负责对列车安全运行状况的监控；

（2）发生火灾时，能够按照控制中心消防应急预案及时指挥着火列车运行、灭火和乘客的安全疏散，并调整后续列车的运行；

（3）与车站值班站长和列车驾驶员保持联系，随时掌握列车运行、灭火和乘客疏散情况；

（4）引导乘客和工作人员进行安全疏散，并尽量减少财产损失。

4）电网调度人员

（1）负责轨道交通安全运行的电网保障；

（2）发生火灾时，能够按照控制中心消防应急预案及时切断相关电网的牵引电流和设备电流；

（3）通知变电所值班人员注意设备运行，保证排烟系统的电源供应；

（4）通知接触网专业工作人员配合灭火，检查设备和电缆情况，防止乘客触电。

5)维修调度人员

(1)负责轨道交通安全运行的设备和通信保障;

(2)发生火灾时,能够按照控制中心消防应急预案及时通知相关车间轮值工程师,必要时启动抢修程序,尽可能保障轨道交通设备和通信系统的正常运行。

6)自动消防系统操作人员

自动消防系统的操作人员应经消防专业培训合格后持证上岗,并应履行下列职责:

(1)掌握自动消防系统的工作原理和操作规程,能够熟悉使用和操作各种系统;

(2)负责对消防设施的每日检查,并认真填写各种消防设施值班和运行记录,并定期对各种消防设施进行检查,保证自动消防设施的完好有效,发现故障应及时排除,不能排除的应报告消防安全管理人;

(3)核实、确认报警信息;

(4)熟练掌握火灾和其他灾害事故紧急处理程序,发生火灾时,根据消防应急预案启动相关消防设施。

7)列车驾驶员

列车驾驶员除熟练掌握列车驾驶知识外,还应经消防专业培训合格后持证上岗,并应履行下列职责:

(1)掌握列车火灾应急预案和应急处理办法;

(2)每日检查列车消防设施和报警通信设施功能,发现故障应及时排除,不能排除的应报告消防安全管理人、消防安全责任人;

(3)发生火灾时,用标准用语进行广播宣传和疏散引导,稳定乘客情绪,引导乘客使用车内灭火器灭火和进行紧急疏散;

(4)将列车着火情况及时报告控制中心或值班站长。

8)其他人员

其他人员应严格执行消防安全制度和操作规程,参加消防安全培训及灭火和应急疏散演练,熟知本岗位火灾危险性和消防安全常识,发生火灾时及时引导乘客安全疏散。

6. 承包、租赁、合作或委托经营

城市轨道交通车站站厅内按规定设置的商业场所,实行承包、租赁或委托经营、管理时,应接受和服从运营单位消防安全管理。运营单位应提供符合消防安全要求的建筑物,订立的合同中应明确消防安全责任。

(三)危险源控制

1. 一般规定

(1)运营单位应根据当地实际情况和轨道交通的设施状况、人员特点等制定相应的火源控制管理规定。

(2)城市轨道交通严格限制可燃物品的使用,并制定可燃物品安全使用的管理规定。

2. 限制可燃物

(1)车站内应严格控制可燃材料,车站建筑装修材料和列车车厢内装饰材料的选用应符合相关的设计规范。

(2)车站站厅乘客疏散区、站台及疏散通道内不得设置商业经营场所。

(3)车站站厅内严格按相关消防安全技术规范限制商业经营场所占用面积的比率和数量,并加强消防安全管理。

(4)车站站厅、站台、列车车厢和管理用房内的垃圾应及时清理,可燃垃圾堆积时间不应超过一昼夜。

3.吸烟管理

(1)车站站厅、站台、列车车厢、管理用房和隧道内严禁吸烟。

(2)在车站站厅、站台、列车车厢、管理用房内应张贴写有"严禁吸烟"的标志。

4.明火(动火)管理

车站站厅、站台、列车车厢、管理用房和隧道内严禁使用明火,必须使用明火作业时,应在动火前按程序申报并采取必要的消防监护措施。

5.电气火源控制

(1)机电设备设施中的变压器、带油电气设备应定期巡检和维护。

(2)各级配电设备应安装完善的过负荷、漏电、欠压、过压等保护电路和报警装置,各类电气设备应加装防止打火、短路的装置。

(3)定期对运行车辆上的电气设备、电气线路进行检查维修,及时清除列车运行线路上的导电体,防止受流器、电缆电线短路放弧引起列车火灾。

6.燃气控制

车站站厅、站台、列车车厢、管理用房和隧道内严禁使用可燃燃气,工程作业中必须使用燃气设备时,应按程序申报并采取必要的消防监护措施。

7.采暖控制

车站站厅、站台、列车车厢和管理用房内不得采用明火、电炉和电热采暖器采暖,采暖散热器表面平均温度不应超过80V。

8.用油系统控制

(1)城市轨道交通中的用油系统应按操作规程操作,并应定期巡检和维护。

(2)废油应密闭在专用的防火容器内并及时清运出去,溅洒在地板上的油应及时清理干净,防止废油流入下水道。

9.易燃易爆化学危险品控制

(1)车站入口处应张贴有劝阻乘客携带易燃易爆化学危险品进入车站内或乘坐列车的警告标志。

工作人员对发现有携带易燃易爆化学危险品的乘客,应责令其出站。

(2)工作人员因工作需要携带时,应按程序申报并采取必要的消防监护措施。易燃易爆化学危险品的携带、使用和剩余用量应采取严格的登记制度。

(3)工作人员因工作需要携带的易燃易爆化学危险品应与乘客分开进出车站和乘坐专用列车。

(4)对于车站内无主或无人认领的包裹、行李应立即转移至远离乘客的安全区域。

(四)灭火和应急疏散预案与演练

1.城市轨道交通特大事故和突发事件应急救援预案

(1)城市轨道交通特大事故和突发事件应急救援预案应由当地政府组织制定。当地政府应组织城市轨道交通运营单位、公安、消防、供电、通信、供水、交通和医疗等单位建立统一和完善的灾害救援指挥机构和抢险救灾体系，制定故障、火灾、爆炸、化学恐怖袭击、灭火抢险救灾等应急处理工作预案。

(2)当地政府应组织城市轨道交通运营单位、公安、消防、供电、通信、供水、交通和医疗等单位按应急预案定期进行必要的演习。在演习过程中，应采取措施防止发生人员意外伤亡。

(3)政府应制定报告程序、现场及事故调查、新闻采访接待及事故现场以外区域组织工作程序。

(4)城市轨道交通运营单位应积极配合当地政府制定轨道交通消防应急预案，并严格落实预案中轨道交通运营单位的相关职责。

2. 运营单位应急预案

城市轨道交通运营单位应组织制定运营机构应对轨道交通事故和突发事件应急救援预案。该预案应遵循统一指挥、逐级负责、快速反应、配合协同的原则，并应明确以下内容：

(1)运营单位抢险指挥领导小组的人员组成和职责，抢险指挥领导小组应负责抢险救援的组织、指挥、决策，并指挥各部门实施各自应急预案，尽快恢复轨道交通运营；

(2)抢险信息的报告程序，应遵循迅速、准确、客观和逐级报告的原则；

(3)现场处置过程中各部门的组织原则及相关职责；

(4)不同事故情况下的抢险救援策略和人员疏散方案；

(5)扑救初起火灾的程序和措施；

(6)提供救援人员、通信、物资、医疗救护和生活保障；

(7)通信联络、安全防护与救护的程序和措施。

3. 控制中心应急处理预案(调度指挥预案)

城市轨道交通运营单位应组织制定控制中心应急处理预案，该预案应规定控制中心各调度岗位在运营组织中，遇到各类突发事件时的应急处理程序。预案应遵循快速判断、及时汇报、果断处理、协同动作、认真记录的原则，并应包括以下主要内容：

(1)控制中心通过监控系统或现场人员汇报等各种渠道，判明突发事件类型；

(2)控制中心在值班主任的领导下迅速启动相应的应急预案；

(3)通知各调度岗位实施预案中相应职责；

(4)控制中心向上级部门汇报事件信息，请求支援；

(5)各调度岗位根据具体事故类别，通知车站、维修、行车、机电等各部门实施各自预案；

(6)控制中心与事故现场和各调度密切联系，监控事态发展，作出相应决策

4. 城市轨道交通车站应急处理预案

1)一般规定

城市轨道交通运营单位应组织制定车站应对各类事故和突发事件的应急处理预案。车站现场应急处理预案均应遵循及时报警、疏散乘客、抢救伤员的原则，周密制定相关岗位职责、工作流程和设施器材配置标准及操作规程。

2)轨道交通车站火灾事件应急处理预案

城市轨道交通车站火灾应急处理预案应规定车站发生火灾时车站现场的应急处理程

序,预案结构及主要内容如下:

(1)确认发生火灾后,在值班站长的领导下迅速启动火灾应急预案;

(2)通知车站工作人员各自执行预案中的相应职责;

(3)立即向公安部门和公安消防机构报警;

(4)向控制中心报告现场情况;

(5)广播通知、组织和引导车站内乘客进行紧急疏散,抢救伤员;

(6)在车站出入口处设立警告标志,阻止人员进入车站;

(7)带好灭火器具,扑救初起火灾;

(8)按实际情况关闭相关机电及空调没备、开启事故照明和启动相应的送风及排烟程序。设置屏蔽门的车站,可以在站台乘客疏散完毕后,打开屏蔽门进行事故排烟;

(9)根据控制中心命令指挥后续列车迅速通过事故车站或防止后续列车进站;

(10)消防队到达现场后,派人引导到火灾现场进行扑救。

3)列车火灾事件应急处理预案

列车火灾应急处理预案应按列车在站台或区间发生火灾两种情况分别制定,并应明确驾驶员、行车调度、值班站长等岗位职责和工作流程等主要内容。当列车在区间发生火灾,应遵循只要列车能继续运行,应继续运行至就近车站的原则。预案应按列车能继续运行或无法运行两种情况分别制定各岗位职责和工作流程。

到站列车发生火灾时的应急处理应符合下列规定:

(1)列车驾驶员迅速打开车门,引导列车上的乘客向站台疏散;

(2)行车值班员立即向公安部门和公安消防机构报警;

(3)行车值班员向控制中心报告现场情况,控制中心启动自身预案;

(4)根据控制中心命令指挥后续列车,采取措施防止后续列车进站;

(5)车站广播通知、组织和引导车站内乘客进行紧急疏散,抢救伤员;

(6)在车站出入口处设立警告标志,阻止人员进入车站;

(7)值班站长带领工作人员带好灭火器具,扑救初起火灾;

(8)按实际情况关闭相关机电及空调设备,开启事故照明和启动相应的送风及排烟程序;

(9)消防队到达现场后,派人引导到火灾现场进行扑救。

列车在区间发生火灾,能继续运行时的应急处理应符合下列规定:

(1)驾驶员迅速向控制中心和两端车站报告,维持运行至就近车站,引导乘客使用车载灭火器进行灭火;

(2)行车值班员立即向公安部门和公安消防机构报警,报告值班站长和行车调度;通知相关岗位人员执行列车火灾紧急疏散预案;广播通知和引导乘客进行紧急疏散;

(3)根据控制中心命令指挥现场列车,将原停靠列车开走,防止后续列车进站;

(4)值班站长带领工作人员疏散站台、站厅乘客;在车站出入口处设立警告标志,阻止人员进入车站;做好灭火、疏散列车内乘客的准备;

(5)列车进站后执行到站列车发生火灾时的处理程序。

列车在区间发生火灾,无法继续运行时的应急处理应符合下列规定:

(1)驾驶员迅速判明火情,立即向控制中心和两端车站报告;用标准用语进行广播宣传,稳定乘客情绪,引导乘客使用车内灭火器灭火和进行紧急疏散;

(2)两端车站行车值班员接到火灾的报告后,立即报告值班站长;通知相关岗位人员;开启相应的隧道照明;做好乘客广播;

(3)环控调度应按列车火灾实际情况指挥启动相应的送风及排烟程序;

(4)值班站长带领工作人员疏散站台、站厅内乘客:在车站出入口处设立警告标志,阻止人员进入车站;进入隧道协助乘客疏散;消防队到达现场后,派人引导到火灾现场进行扑救;

(5)根据控制中心命令,防止后续列车继续驶入区间。

4)车站其他预案

为确保城市轨道交通运营安全,除火灾应急预案外,运营单位还应建立毒气、爆炸、劫持人质等突发事件应急预案。

5. 车务安全应急处理预案

城市轨道交通运营单位应组织制定车务安全应急处理预案,该预案应规定车站、客车驾驶员及车厂行车有关人员对乘客服务、行车组织、调车作业等工作中可能发生的各种应急事件、事故的处理程序。

6. 乘客疏散预案

1)一般规定

因发生火灾等突发事件需要疏散乘客时,各岗位工作人员应密切配合、协调动作,根据指挥进行乘客疏散作业。

2)行调采取措施

根据事件现场情况及时发布封锁该站、组织列车在事发站通过、将车站内乘客疏散出站及区间列车内乘客疏散等命令。

当列车被迫停于区间而无法驶入车站进行乘客疏散时,应及时下达区间疏散乘客的命令。同时,应做到:

(1)立即关闭后方信号机,阻止列车进入该区间,对已进入该区间的其他列车应尽量采取措施使其退回后方站;

(2)根据列车停车位置,向车站及驾驶员发布疏散乘客的命令,命令中应指明疏散方向及注意事项。

3)列车驾驶员采取措施

当列车迫停于区间时,利用列车广播对乘客进行解释,稳定乘客情绪,防止秩序混乱。

迫停于区间的列车需要就地疏散乘客时,在得到调度命令后,配合车站工作人员按行调指定的车站和方向组织乘客疏散。

列车在运行中发生火灾时,在积极扑救的同时,对乘客进行广播宣传,稳定乘客情绪,需在区间疏散乘客时,按区间疏散措施执行。

4)车站工作人员采取措施

迫停于区间的列车需要疏散乘客时,车站工作人员应采取如下措施:

(1)接到行调下达的就地疏散乘客的命令后,组织相关抢险人员携带工具赶赴现场,与列车驾驶员取得联系后,说明乘客疏散方法等有关事项后进行列车乘客疏散;

(2)对乘客进行广播宣传,稳定乘客情绪,防止秩序混乱;

(3)在疏散过程中,采取各种措施防止乘客进入不安全区域;为乘客提供各种帮助,提示走行线路和注意事项,防止意外事故发生;

(4)疏散完毕后,现场负责人撤离现场前对车厢内外进行清查,确认乘客及抢险人员已全部撤离,线路无障碍后将情况向抢险负责人报告。

列车在到达车站后进行乘客疏散时,使用车站广播及口头进行宣传,上车组织乘客疏散。

停止售检票,开启所有能使用的出入口,同时阻止人员进入车站。

抢险人员积极妥善抢救伤员,与专业医疗机构联系请求救护,并派人到指定出入口等候救护车。

7. 灭火和应急疏散演练

1)目的

使各级指挥人员、各行动组和有关工作人员熟悉相关应急预案,清楚各自的职责。

检验各级应急预案的实用性和可操作性。

检验城市轨道交通运营单位在紧急情况下的应急组织指挥、通信、灭火、疏散和救护等方面的实战能力,积累应对火灾等突发事件的实战经验。

检验各类设备在紧急情况下的运行状态和可能存在的问题。

2)一般规定

城市轨道交通运营单位应根据各级应急预案要求制定各级灭火和应急疏散演练计划并积极组织实施。

城市轨道交通运营单位应至少每年组织一次全机构的灭火和应急疏散演练。

城市轨道交通运营单位应组织各车站至少每年进行两次灭火和应急疏散演练。

城市轨道交通运营单位应在灭火和应急疏散演练前至少15天向当地公安部门和公安消防机构上报灭火和应急疏散演练计划,获得批准后方可举行灭火和应急疏散演练。灭火和应急疏散演练应在当地公安部门和公安消防机构的指导和配合下进行。

灭火和应急疏散演练应在城市轨道交通线路投入正式运营前或在投入运营后的非运营时间内进行。

参加灭火和应急疏散演练的人员可以是城市轨道交通运营单位工作人员和身体健康的成年志愿者。

在模拟实际火灾条件下的所有演练中,应注意对火源及烟气的控制,防止疏散队伍混乱及对演练人员的伤害。

3)疏散演练的内署

灭火和应急疏散演练组织及内容应包括:

(1)指挥人员在公安消防机构到达之前指挥灭火和应急疏散工作;

(2)通信联络组报告火警,与相关部门联络,迎接消防车辆,传达指挥员命令;

(3)疏散引导组维持火场秩序,引导乘客疏散,抢救重要物资;

(4)灭火行动组按照预案要求,及时到达现场扑救火灾;

(5)安全防护救护组救护受伤人员,准备必要的医药用品;

(6)其他必要的组织。

4)演练的组织

演练时应在城市轨道交通运营车站入口处设置带有“正在进行消防演练”字样的标志牌。

演练结束后,应总结问题,做好记录,修订预案内容,解决演练中暴露出的问题。

8. 消防宣传教育、培训

1)一般规定

城市轨道交通运营单位应通过公益广告、广播、闭路电视和疏散指示牌等向乘客宣传轨道交通防火、灭火和安全疏散方法

重大节日和活动期间应开展有针对性的消防宣传、教育活动。

新员工上岗前应进行一次消防安全教育、培训。

城市轨道交通运营单位每半年至少应组织一次全员培训。将培训纳入轨道交通运营单位职业学校教学课程。

宣传教育、培训情况应作记录。

2)宣传教育、培训内容

宣传教育和培训应包括下列主要内容:

(1)有关消防法规、消防安全制度和保障消防安全的操作规程;

(2)本单位消防应急预案;

(3)本单位和本岗位火灾危险性及防火措施;

(4)有关消防设施的性能和使用、检查及维护方法;

(5)报告火警、扑救初起火灾及逃生自救的知识和技能;

(6)组织、引导乘客疏散的知识和技能;

(7)其他消防安全宣传教育内容。

3)专门培训

下列人员每年应接受一次消防安全专门培训:

(1)单位的消防安全责任人(法人代表或主要负责人);

(2)消防安全管理人;

(3)车辆、设备设施维修部门经理(车间主任);

(4)专职消防安全员;

(5)消防控制室的值班、操作人员;

(6)控制中心主任(值班主任)、调度人员;

(7)车站站长(值班站长);

(8)列车驾驶员;

(9)特种作业人员;

(10)其他应当接受消防安全专门培训的人员。

四、其他相关标准

其他行业标准对城市轨道交通运营安全也作了相关的规定和要求,具体内容见表12-5。

其他相关标准

表 12-5

标准名称	条款	内　容	标准总结
《城市工程管线综合规划规范》(GB 50289—1998)	2.1.3	工程管线的布置应与城市现状及规划的地下铁道,地下通道人防工程等地下隐蔽性工程协调配合	对可燃、易燃工程管线的规划和建设提出了要求,以防止其在事故中对附近建筑物的基础安全造成影响
	2.2.3	工程管线在道路下面的规划位置宜相对固定。从道路红线向道路中心线方向平行布置的次序,应根据工程管线的性质、埋设深度等确定。分支线少、埋设深、检修周期短和可燃、易燃和损坏时对建筑物基础安全有影响的工程管线应远离建筑物。布置次序宜为电力电缆、电信电缆、燃气配气、给水配水、热力干线、燃气输气、给水输水、雨水排水、污水排水	
	3.0.2	沿城市道路架空敷设的工程管线,其位置应根据规划道路的横断面确定,并应保障交通畅通、居民的安全以及工程管线的正常运行	
	3.0.7	可燃、易燃工程管线不宜利用交通桥梁跨越河流	
《建筑地基基础设计规范》(GB 50007—2002)	1.0.1	为了在地基基础设计中贯彻执行国家的技术经济政策,做到安全适用、技术先进、经济合理、确保质量、保护环境,制定本规范	对地基基础设计、布局、施工等方面的安全性措施及其对周边环境的影响提出了要求
	3.0.1	根据地基复杂程度、建筑物规模和功能特征以及由于地基问题可能造成建筑物破坏或影响正常使用的程度,将地基基础设计分为三个设计等级设计选用	
	3.0.4	基础设计安全等级、结构设计使用年限、结构重要性系数应按有关规范的规定采用但结构重要性系数不应小于1.0	
	6.4.1	在建设场区内,由于施工或其他因素的影响,有可能形成滑坡的地段必须采取可靠的预防措施防止产生滑坡。对具有发展趋势并威胁建筑物安全使用的滑坡,应及早整治,防止滑坡继续发展	
	6.6.1	建筑物的布局应依山就势,防止大挖大填。场地平整时,应采取确保周边建筑物安全的施工顺序和工作方法。由于平整场地而出现的新边坡应及时进行支挡或构造防护	
	9.1.2	基坑支护应保证岩土开挖地下结构施工的安全,并使周围环境不受损害	
	10.2.7	边坡工程施工过程中,应严格记录气象条件挖方填方堆载等情况,爆破开挖时应监控爆破对周边环境的影响	

续上表

<table>
<tr><th>标准名称</th><th>条款</th><th>内容</th><th>标准总结</th></tr>
<tr><td rowspan="5">《混凝土结构设计规范》(GB 50010—2002)</td><td>1.0.1</td><td>为了在混凝土结构设计中贯彻执行国家的技术经济政策,做到技术先进、安全适用、经济合理、确保质量,制定本规范</td><td rowspan="5">对混凝土建筑结构进行了安全等级划分,并给出了相应的抗震设计要求</td></tr>
<tr><td>3.2.1</td><td>根据建筑结构破坏后果的严重程度,建筑结构划分为三个安全等级。设计时应根据具体情况,按照下表规定选用相应的安全等级。<table><tr><th>安全等级</th><th>破坏后果</th><th>建筑物类型</th></tr><tr><td>一级</td><td>很严重</td><td>重要的建筑物</td></tr><tr><td>二级</td><td>严重</td><td>一般的建筑物</td></tr><tr><td>三级</td><td>不严重</td><td>次要的建筑物</td></tr></table>注:对有特殊要求的建筑物,其安全等级应根据具体情况另行确定</td></tr>
<tr><td>3.2.2</td><td>建筑物中各类结构构件的安全等级,宜与整个结构的安全等级相同,对其中部分结构构件的安全等级,可根据其重要程度适当调整,但不得低于三级</td></tr>
<tr><td>11.1.2</td><td>结构的抗震验算,应符合下列规定:6度设防烈度时的建筑(建造于Ⅳ类场地上较高的高层建筑除外),应允许不进行截面抗震验算,但应符合有关的抗震措施要求。
6度设防烈度时建造于Ⅳ类场地上较离的高层建筑,7度和7度以上的建筑结构,应进行多遇地震作用下的截面抗震验算</td></tr>
<tr><td>11.1.4</td><td>混凝土结构构件的抗震设计,应根据设防烈度、结构类型、房屋高度,采用不同的抗震等级,并应符合相应的计算要求和抗震构造措施</td></tr>
<tr><td>《钢结构设计规范》(GB 50017—2003)</td><td>3.1.3</td><td>建筑结构安全等级的划分,按《建筑结构可靠度设计统一标准》(GB 50068)的规定应符合下表的要求。<table><tr><th>安全等级</th><th>破坏后果</th><th>建筑物类型</th></tr><tr><td>一级</td><td>很严重</td><td>重要的房屋</td></tr><tr><td>二级</td><td>严重</td><td>一般的房屋</td></tr><tr><td>三级</td><td>不严重</td><td>次要的房屋</td></tr></table>注:(1)对特殊的建筑物,其安全等级应根据具体情况另行确定。(2)对抗震建筑结构,其安全等级应符合国家现行有关规范的规定。
对一般工业与民用建筑钢结构,按我国已建成的房屋,用概率设计方法分析的结果安全等级多为二级,但对跨度大于或等于60m的大跨度结构(如大会堂、体育馆和飞机库等的屋盖主要承重结构)的安全等级宜取为一级</td><td>对钢建筑结构进行了安全等级划分</td></tr>
</table>

续上表

标准名称	条款	内容	标准总结
《地下工程防水技术规范》(GB 50108—2001)	4.4.7	涂料防水层所选用的涂料应符合无毒难燃低污染	对地下工程防水材料的防火、防毒提出了要求，给出了使用有毒、防火、易燃材料时应注意的劳动保护事项
	6.6.1	衬套应采用防火、隔热性能好的材料。接缝宜采用嵌填、黏结、焊接等方法密封	
	8.1.10	管片外防水涂层应符合耐化学腐蚀性、抗微生物侵蚀性、耐水性、耐磨性良好，且无毒或低毒	
	附录A 劳动保护	使用有毒材料时，作业人员应按规定享受劳保福利和营养补助，并应定期体检。 配制和使用有毒材料时，必须着防护服，戴口罩、手套和防护眼镜，严禁毒性材料与皮肤接触和入口。 有毒材料和挥发性材料应密封储存，妥善保管和处理，不得随意倾倒。 使用易燃材料时，应严禁烟火。 使用有毒材料时，施工现场应加强通风	
《电力工程电缆设计规范》(GB 50217—2007)	3.1.2	用于下列情况的电力电缆，应选用铜导体： (1)电机励磁、重要电源、移动式电气设备等需保持连接具有高可靠性的回路。 (2)振动剧烈、有爆炸危险或对铝有腐蚀等严酷的工作环境。 (3)耐火电缆。 (4)紧靠高温设备布置。 (5)安全性要求高的公共设施	对电力工程中电缆的安全应用提出了具体要求，给出了易燃易爆危险场所电缆安全敷设的相关规定，给出了电缆防火与阻止延燃的详细规范，为电力电缆安全敷设提供了依据
	3.4.1	电缆绝缘类型的选择，应符合防火场所的要求，并应利于安全	
	3.4.7	在人员密集的公共设施，以及有低毒阻燃性防火要求的场所，可选用交联聚乙烯或乙丙橡皮等不含卤素的绝缘电缆。防火有低毒性要求时，不宜选用聚氯乙烯电缆	
	3.5.1	在人员密集的公共设施，以及有低毒阻燃性防火要求的场所，可选用聚氯乙烯或乙丙橡皮等不含卤素的外护层。防火有低毒性要求时，不宜选用聚氯乙烯外护层	
	3.5.4	空气中固定敷设时电缆护层的选择，应符合下列规定：在地下客运、商业设施等安全性要求高而鼠害严重的场所，塑料绝缘电缆应具有金属包带或钢带铠装	
	4.1.2	在易燃、易爆等不允许有火种场所的电缆终端，应选用无明火作业的构造类型	
	4.1.6	在不允许有火种场所的电缆接头，不得选用热缩型	

续上表

标准名称	条款	内容	标准总结
《电力工程电缆设计规范》(GB 50217—2007)	5.1.1	电缆的路径选择,应符合下列规定: (1)应避免电缆遭受机械性外力、过热、腐蚀等危害。 (2)满足安全要求条件下,应保证电缆路径最短	
	5.1.9	在隧道、沟、浅槽、竖井、夹层等封闭式电缆通道中,不得布置热力管道,严禁有易燃气体或易燃液体的管道穿越	
	5.1.10	爆炸性气体危险场所敷设电缆,应符合下列规定: (1)在可能的范围内应保证电缆距爆炸释放源较远,敷设在爆炸危险较小的场所。并应符合下列规定: ①易燃气体比空气重时,电缆应埋地或在较高处架空敷设,且对非铠装电缆采取穿管或置于托盘、槽盒中等机械性保护。 ②易燃气体比空气轻时,电缆应敷设在较低处的管、沟内,沟内非铠装电缆应埋砂。 (2)电缆在空气中沿输送易燃气体的管道敷设时,应配置在危险程度较低的管道一侧,并应符合下列规定: ①易燃气体比空气重时,电缆宜配置在管道上方。 ②易燃气体比空气轻时,电缆宜配置在管道下方。 (3)电缆及其管、沟穿过不同区域之间的墙、板孔洞处,应采用非燃性材料严密堵塞。 (4)电缆线路中不应有接头;如采用接头时,必须具有防爆性	
	5.2.3	电缆穿管敷设方式的选择,应符合下列规定: 在有爆炸危险场所明敷的电缆,露出地坪上需加以保护的电缆,以及地下电缆与公路、铁道交叉时,应采用穿管	
	5.2.5	电缆沟敷设方式的选择,应符合下列规定: (1)在化学腐蚀液体或高温熔化金属溢流的场所,或在载重车辆频繁经过的地段,不得采用电缆沟。 (2)经常有工业水溢流、可燃粉尘弥漫的厂房内,不宜采用电缆沟。 (3)在厂区、建筑物内地下电缆数量较多但不需要采用隧道,城镇人行道开挖不便且电缆需分期敷设,同时不属于上述情况时,宜采用电缆沟。 (4)有防爆、防火要求的明敷电缆,应采用埋砂敷设的电缆沟	

续上表

标准名称	条款	内　　容	标准总结
《电力工程电缆设计规范》(GB 50217—2007)	5.4.2	部分或全部露出在空气中的电缆保护管的选择,应符合下列规定: 防火或机械性要求高的场所,宜采用钢质管。并应采取涂漆或镀锌包塑等适合环境耐久要求的防腐处理	
	6.2.7	电缆桥架形式的选择,应符合下列规定: (1)需屏蔽外部的电气干扰时,应选用无孔金属托盘回实体盖板。 (2)在有易燃粉尘场所,宜选用梯架,最上一层桥架应设置实体盖板	
	6.2.11	要求防火的金属桥架,除应符合本规范第7章的规定外,尚应对金属构件外表面施加防火涂层,其防火涂层应符合现行国家标准《电缆防火涂料通用技术条件》(GA 181)的有关规定	
	7.0.1	对电缆可能着火蔓延导致严重事故的回路、易受外部影响波及火灾的电缆密集场所,应设置适当的阻火分隔,并应按工程重要性、火灾几率及其特点和经济合理等因素,采取下列安全措施: (1)实施阻燃防护或阻止延燃。 (2)选用具有阻燃性的电缆。 (3)实施耐火防护或选用具有耐火性的电缆。 (4)实施防火构造。 (5)增设自动报警与专用消防装置	
	7.0.2	阻火分隔方式的选择,应符合下列规定: (1)电缆构筑物中电缆引至电气柜、盘或控制屏、台的开孔部位,电缆贯穿隔墙、楼板的孔洞处,工作井中电缆管孔等均应实施阻火封堵。 (2)在隧道或重要回路的电缆沟中的下列部位,宜设置阻火墙(防火墙)。 ①公用主沟道的分支处。 ②多段配电装置对应的沟道适当分段处。 ③长距离沟道中相隔约200m或通风区段处。 ④至控制室或配电装置的沟道入口、厂区围墙处。 (3)在竖井中,宜每隔7m设置阻火隔层	

续上表

标准名称	条款	内容	标准总结
《电力工程电缆设计规范》(GB 50217—2007)	7.0.3	实施阻火分隔的技术特性,应符合下列规定: (1)阻火封堵、阻火隔层的设置,应按电缆贯穿孔洞状况和条件,采用相适合的防火封堵材料或防火封堵组件。用于电力电缆时,宜使对载流量影响较小;用在楼板竖井孔处时,应能承受巡视人员的荷载。阻火封堵材料的使用,对电缆不得有腐蚀和损害。 (2)阻火墙的构成,应采用适合电缆线路条件的阻火模块、防火封堵板材、阻火包等软质材料,且应在可能经受积水浸泡或鼠害作用下具有稳固性。 (3)除通向主控室、厂区围墙或长距离隧道中按通风区段分隔的阻火墙部位应设置防火门外,其他情况下,有防止窜燃措施时可不设防火门。防窜燃方式,可在阻火墙紧靠两侧不少于1m区段所有电缆上施加防火涂料、包带或设置挡火板等。 (4)阻火墙、阻火隔层和阻火封堵的构成方式,应按等效工程条件特征的标准试验,满足耐火极限不低于1h的耐火完整性、隔热性要求确定。 当阻火分隔的构成方式不为该材料标准试验的试件装配特征涵盖时,应进行专门的测试论证或采取补加措施;阻火分隔厚度不足时,可沿封堵侧紧靠的约1m区段电缆上施加防火涂料或包带	
	7.0.4	非阻燃性电缆用于明敷时,应符合下列规定: (1)在易受外因波及而着火的场所,宜对该范围内的电缆实施阻燃防护;对重要电缆回路,可在适当部位设置阻火段以实施阻止延燃。 阻燃防护或阻火段,可采取在电缆上施加防火涂料、包带;当电缆数量较多时,也可采用阻燃、耐火槽盒或阻火包等。 (2)在接头两侧电缆各约3m区段和该范围内邻近并行敷设的其他电缆上,宜采用防火包带实施阻止延燃	
	7.0.5	在火灾几率较高、灾害影响较大的场所,明敷方式下电缆的选择,应符合下列规定: (1)火力发电厂主厂房、输煤系统、燃油系统及其他易燃易爆场所,宜选用阻燃电缆。 (2)地下的客运或商业设施等人流密集环境中需增强防火安全的回路,宜选用具有低烟、低毒的阻燃电缆。 (3)其他重要的工业与公共设施供配电回路,当需要增强防火安全时,也可选用具有阻燃性或低烟、低毒的阻燃电缆	

续上表

标准名称	条款	内容	标准总结
《电力工程电缆设计规范》(GB 50217—2007)	7.0.6	阻燃电缆的选用,应符合下列规定: (1)电缆多根密集配置时的阻燃性,应符合现行国家标准《电缆在火焰条件下的燃烧试验 第3部分:成束电线或电缆的燃烧试验方法》(GB/T 18380.3)的有关规定,并应根据电缆配置情况、所需防止灾难性事故和经济合理的原则,选择适合的阻燃性等级和类别。 (2)当确定该等级类阻燃电缆能满足工作条件下有效阻止延燃性时,可减少本规范第7.0.4条的要求。 (3)在同一通道中,不宜把非阻燃电缆与阻燃电缆并列配置	
	7.0.7	在外部火势作用一定时间内需维持通电的下列场所或回路,明敷的电缆应实施耐火防护或选用具有耐火性的电缆。 (1)消防、报警、应急照明、断路器操作直流电源和发电机组紧急停机的保安电源等重要回路。 (2)计算机监控、双重化继电保护、保安电源或应急电源等双回路合用同一通道未相互隔离时的其中一个回路。 (3)油罐区、钢铁厂中可能有熔化金属溅落等易燃场所。 (4)火力发电厂水泵房、化学水处理、输煤系统、油泵房等重要电源的双回路供电回路合用同一电缆通道而未相互隔离时的其中一个回路。 (5)其他重要公共建筑设施等需有耐火要求的回路	
	7.0.8	明敷电缆实施耐火防护方式,应符合下列规定: (1)电缆数量较少时,可采用防火涂料、包带加于电缆上或把电缆穿于耐火管中。 (2)同一通道中电缆较多时,宜敷设于耐火槽盒内,且对电力电缆宜采用透气形式,在无易燃粉尘的环境可采用半封闭式,敷设在桥架上的电缆防护区段不长时,也可采用阻火包	
	7.0.9	耐火电缆用于发电厂等明敷有多根电缆配置中,或位于油管、有熔化金属溅落等可能波及场所时,其耐火性应符合现行国家标准《电线电缆燃烧试验方法 第1部分:总则》(GB/T 12666.1)中的A类耐火电缆。除上述情况外且为少量电缆配置时,可采用符合现行国家标准《电线电缆燃烧试验方法 第1部分:总则》(GB/T 12666.1)中的B类耐火电缆	

续上表

标准名称	条款	内容	标准总结
《电力工程电缆设计规范》(GB 50217—2007)	7.0.10	在油罐区、重要木结构公共建筑、高温场所等其他耐火要求高且敷设安装和经济合理时,可采用矿物绝缘电缆	
	7.0.11	自容式充油电缆明敷在公用廊道、客运隧洞、桥梁等要求实施防火处理时,可采取埋砂敷设	
	7.0.12	靠近高压电流、电压互感器等含油设备的电缆沟,该区段沟盖板宜密封	
	7.0.13	在安全性要求较高的电缆密集场所或封闭通道中,宜配备适于环境的可靠动作的火灾自动探测报警装置。明敷充油电缆的供油系统,宜设置反映喷油状态的火灾自动报警和闭锁装置	
	7.0.14	在地下公共设施的电缆密集部位、多回充油电缆的终端设置处等安全性要求较高的场所,可装设水喷雾灭火等专用消防设施	
	7.0.15	电缆用防火阻燃材料产品的选用,应符合下列规定: (1)阻燃性材料应符合现行国家标准《防火封堵材料的性能要求和试验方法》(GA 161)的有关规定。 (2)防火涂料、阻燃包带应分别符合现行国家标准《电缆防火涂料通用技术条件》(GA 181)和《电缆用阻燃包带》(GA 478)的有关规定。 (3)用于阻止延燃的材料产品,除上述第2款外,尚应按等效工程使用条件的燃烧试验满足有效的自熄性。 (4)用于耐火防护的材料产品,应按等效工程使用条件的燃烧试验满足耐火极限不低于1h的要求,且耐火温度不宜低于1000℃。 (5)用于电力电缆的阻燃、耐火槽盒,应确定电缆载流能力或有关参数。 (6)采用的材料产品应适于工程环境,并应具有耐久可靠性	
《民用建筑设计通则》(GB 50352—2005)	3.4.1	建筑物周围环境的空气、土壤、水体等不应构成对人体的危害,确保卫生安全的环境	规定了各种民用建筑中的安全设计要求,提出了室内外装修的安全规范,以及配变电所、柴油发电机房、智能化系统机房等的安全设计要求
	4.2.5	骑楼、过街楼和沿道路红线的悬挑建筑建造不应影响交通及消防的安全;在有顶盖的公共空间下不应设置直接排气的空调机、排气扇等设施或排出有害气体的通风系统	
	5.1.2	建筑间距应符合防火规范要求	

续上表

标准名称	条款	内　容	标准总结
《民用建筑设计通则》（GB 50352—2005）	5.2.2	车行道路改变方向时，应满足车辆最小转弯半径要求；消防车道路应按消防车最小转弯半径要求设置	
	5.2.3	基地内设有室外消火栓时，车行道路与建筑物的间距应符合防火规范的有关规定	
	5.3.3	建筑物底层出入口处应采取措施防止室外地面雨水回流	
	5.5.3	工程管线的敷设不应影响建筑物的安全，并应防止工程管线受腐蚀、沉陷、振动、荷载等影响而损坏	
	6.3.4	地下室、半地下室的耐火等级、防火分区、安全疏散、防排烟设施、房间内部装修等应符合防火规范的有关规定	
	6.4.1	设备用房布置位置及其围护结构，管道穿过隔墙、防火墙和楼板等应符合防火规范的有关规定	
	6.6.3	阳台、外廊、室内回廊、内天井、上人屋面及室外楼梯等临空处应设里防护栏杆	
	6.7.2	墙面至扶手中心线或扶手中心线之间的水平距离即楼梯梯段宽度除应符合防火规范的规定外，供日常主要交通用的楼梯的梯段宽度应根据建筑物使用特征，按每股人流为0.55+(0~0.15)m的人流股数确定，并不应少于两股人流。0~0.15m为人流在行进中人体的摆幅。公共建筑人流众多的场所应取上限值	
	6.7.8	踏步应采取防滑措施	
	6.7.9	幼儿园、中小学及少年儿童专用活动场所的楼梯，梯井净宽大于0.20m时，必须采取防止少年儿攀滑的措施，楼梯栏杆应采取不易攀登的构造，当采用垂直杆件做栏杆时，其杆件净距不应大于0.11m	
	6.8.1	电梯设置应符合下列规定： (1)电梯不得计作安全出口； (2)以电梯为主要垂直交通的高层公共建筑和12层及12层以上的高层住宅，每栋楼设置电梯的台数不应少于2台； (3)建筑物每个服务区单侧排列的电梯不宜超过4台，双侧排列的电梯不宜超过2×4台；电梯不应在转角处贴邻布置； (4)电梯候梯厅的深度应符合相关规定，并不得小于1.50m	
	6.8.1	消防电梯的布置应符合防火规范的有关规定	

续上表

标准名称	条款	内容	标准总结
《民用建筑设计通则》(GB 50352—2005)	6.8.2.8	设置自动扶梯或自动人行道所形成的上下层贯通空间,应符合防火规范所规定的有关防火分区等要求	
	6.10.4	门的设置应符合下列规定: (1)外门构造应开启方便,坚固耐用; (2)手动开启的大门扇应有制动装置,推拉门应有防脱轨的措施; (3)双面弹簧门应在可视高度部分装透明安全玻璃; (4)旋转门、电动门、卷帘门和大型门的邻近应另设平开疏散门,或在门上设疏散门; (5)开向疏散走道及楼梯间的门扇开足时,不应影响走道及楼梯平台的疏散宽度; (6)全玻璃门应选用安全玻璃或采取防护措施,并应设防撞提示标志; (7)门的开启不应跨越变形缝	
	6.11.2	玻璃幕墙应符合下列规定: (1)玻璃幕墙适用于抗震地区和建筑高度应符合有关规范的要求; (2)玻璃幕墙应采用安全玻璃,并应具有抗撞击的性能; (3)玻璃幕墙分隔应与楼板、梁、内隔墙处连接牢固,并满足防火分隔要求; (4)玻璃窗扇开启面积应按幕墙材料规格和通风口要求确定并确保安全	
	6.12.5	存放食品、食料、种子或药物等的房间,其存放物与楼地面直接接触时,严禁采用有毒性的材料作为楼地面,材料的毒性应经有关卫生防疫部门鉴定。存放吸味较强的食物时,应防止采用散发异味的楼地面材料	
	6.13.3	屋面构造应符合下列要求: (1)屋面面层应采用不燃烧体材料,包括屋面突出部分及屋顶加层,但一、二级耐火等级建筑物,其不燃烧体屋面基层上可采用可燃卷材防水层; (2)地震设防区或有强风地区的屋面应采取固定加强措施; (3)闷顶应设通风口和通向闷顶的检修人孔;闷顶内应有防火分隔	
	6.13.4	吊顶构造应符合下列要求: 吊顶与主体结构吊挂应有安全构造措施;高大厅堂管线较多的吊顶内,应留有检修空间,并根据需要设置检修走道和便于进入吊顶的人孔,且应符合有关防火及安全要求	

续上表

标准名称	条款	内容	标准总结
	6.14.6	如设置垃圾管道时,应符合下列规定: 垃圾斗应采用不燃烧和耐腐蚀的材料制作,并能自行关闭密合;高层建筑、超高层建筑的垃圾斗应设在垃圾道前室内,该前室应采用丙级防火门	
	6.15.1	室内外装修应符合下列要求: (1)室内外装修严禁破坏建筑物结构的安全性; (2)室内外装修工程应根据不同使用要求,采用防火、防污染、防潮、防水和控制有害气体和射线的装修材料和辅料	
	6.15.2	室内装修应符合下列规定: 室内装修不得遮挡消防设施标志、疏散指示标志及安全出口,并不得影响消防设施和疏散通道的正常使用	
	8.1.6	建筑物内的生活给水系统及消防供水系统的压力应符合给排水设计规范和防火规范有关规定	
《民用建筑设计通则》(GB 50352—2005)	8.2.8	为民用建筑服务的燃油、燃气锅炉房(或其他有燃烧过程的设备用房)不宜设置在主体建筑中。需要设置在主体建筑中时,应符合有关规范和当地消防、安全等部门的规定	
	8.3.1	民用建筑物内配变电所,应符合下列要求: (1)安装可燃油油浸电力变压器总容量不超过1260kV·A,单台容量不超过630kV·A的变配电室可布置在建筑主体内首层或地下一层靠外墙部位,并应设直接对外的安全出口,变压器室的门应为甲级防火门;外墙开口部位上方,应设置宽度不小于1m不燃烧体的防火挑檐; (2)可燃油油浸电力变压器室的耐火等级应为一级,高压配电室的耐火等级不应低于二级,低压配电室的耐火等级不应低于三级,屋顶承重构件的耐火等级不应低于二级	
	8.3.2	配变电所防火门的级别应符合下列要求: (1)设在高层建筑内的配变电所,应采用耐火极限不低于2h的隔墙、耐火极限不低于1.50h的楼板和甲级防火门与其他部位隔开; (2)可燃油油浸变压器室通向配电室或变压器室之间的门应为甲级防火门; (3)配变电所内部相通的门,宜为丙级的防火门; (4)配变电所直接通向室外的门,应为丙级防火门	

续上表

标准名称	条款	内容	标准总结
《民用建筑设计通则》（GB 50352—2005）	8.3.3	柴油发电机房应符合下列要求： (1)发电机间出入口的门应向外开启；发电机间与控制室或配电室之间的门和观察窗应采取防火措施，门开向发电机间； (2)柴油发电机组宜靠近一级负荷或变配电室设置； (3)柴油发电机房可布置在高层建筑裙房的首层或地下一层，并应符合下列要求： ①柴油发电机房应采用耐火极限不低于2h或3h的隔墙和1.50h的楼板、甲级防火门与其他部位隔开； ②柴油发电机房内应设置储油间，其总储存量不应超过8h的需要量，储油间应采用防火墙与发电机间隔开；当必须在防火墙上开门时，应设置能自行关闭的甲级防火门； ③应设置火灾自动报警系统和自动灭火系统	
	8.3.4	智能化系统机房应符合下列要求： (1)智能化系统的机房主要有：消防控制室、安防监控中心、电信机房、卫星接收及有线电视机房、计算机机房、建筑设备监控机房、有线广播及（厅堂）扩声机房等； (2)智能化系统的机房可单独设置，也可合用设置，并应符合下列要求： ①消防控制室、安防监控中心的设置应符合有关消防、安防规范； ②消防控制室、安防监控中心宜设在建筑物的首层或地下一层，且应采用耐火极限不低于2h或3h的隔墙和耐火极限不低于1.50h或2h的楼板与其他部位隔开，并应设直通室外的安全出口； ③消防控制室与其他控制室合用时，消防设备在室内应占有独立的工作区域，且相互间不会产生干扰； ④安防监控中心与其他控制室合用时，风险等级应得到主管安防部门的确认； ⑤智能化系统的机房宜铺设架空地板、网络地板或地面线槽；宜采用防静电、防尘材料；机房净高不宜小于2.50m； ⑥机房室内温度冬天不宜低于18℃，夏天不宜高于27℃；室内湿度冬天宜大于30%，夏天宜小于65%； ⑦智能化系统的机房不应设在厕所、浴室或其他经常积水场所的正下方，且不宜与上述场所相贴邻； (3)智能化系统的重要机房应远离强磁场所； (4)智能化系统的设备用房应在初步设计中预留位置及线路敷设通道； (5)智能化系统的重要机房应做好自身的物防、技防； (6)智能化系统应根据系统的风险评估采取防雷措施，应做等电位连接	

续上表

标 准 名 称	条款	内 容	标 准 总 结
《民用建筑设计通则》(GB 50352—2005)	8.3.5	电气竖井、智能化系统竖井应符合下列要求: (1)高层建筑电气竖井在利用通道作为检修面积时,竖井的净宽度不宜小于0.80m; (2)高层建筑智能化系统竖井在利用通道作为检修面积时,竖井的净宽度不宜小于0.60m;多层建筑智能化系统竖井在利用通道作为检修面积时,竖井的净宽度不宜小于0.35m; (3)电气竖井、智能化系统竖井内宜预留电源插座,应设应急照明灯,控制开关宜安装在竖井外; (4)智能化系统竖井宜与电气竖井分别设置,其地坪或门槛宜高出本层地坪0.15~0.30m; (5)电气竖井、智能化系统竖井井壁应为耐火极限不低于1h的不燃烧体,检修门应采用不低于丙级的防火门; (6)电气竖井、智能化系统竖井内的环境指标应保证设备正常运行	

第十三章　城市轨道交通运输企业安全系统分析

第一节　城市轨道交通运营的特点

地铁是城市轨道交通的一部分，具有运量大、速度快、能耗低、污染少、准点率高、乘坐舒适方便的优点，常被称为“绿色交通”。目前世界范围内城市化步伐加快，大中型城市普遍出现人口密集、交通堵塞、环境污染严重以及能源匮乏等问题。地铁经过150年的发展，在机车车辆、自动控制、通信信号等技术方面有了很大的进步。发达国家的经验表明，地铁、轻轨是解决大中城市公共交通问题的有效途径，对实现城市可持续发展有非常重要的意义。与此同时，地铁作为一类特殊的人员密集公共场所，因其建设于地下，又具有封闭性强、运行速度高、起停频繁、客流量大且乘客来源复杂、乘客自助乘车、应急疏散难度大、易于受到外界因素干扰等固有特点，地铁的运营对安全可靠性的要求更高。

地铁运输是以安全快速地实现乘客的位移为目的的。要顺利完成这一过程，乘客、运载工具——列车和与运输相关的各种设备设施的相互配合及各系统之间的协调管理就显得尤为重要。为了实现这一目标，地铁沿线设有大量的设备系统，主要包括客运服务系统、车辆系统、供电系统、线路系统、通信信号系统、通风/排烟等机电系统及其他辅助设备系统。整个地铁运营系统就像一台高速运转的大联动机，任何一个设备出现故障或受到外界因素影响，都可能导致运营中断或事故的发生。这个运营系统具有动态性和反复性，同时又具有事故后果严重、运营安全对管理的依赖性高以及易受环境影响等特点。

地铁列车是高速运动的载客工具，一旦瞬间的设备异常或人员违章操作，都可能造成列车事故。地铁运输功能的实现，需要各种复杂的技术设备系统，为了提高系统的可靠性，设备系统设置了多层冗余，虽然发生事故的概率较低，但故障率较高，这对设备管理提出了较高的要求。乘客作为地铁运输的服务对象，数量庞大、来源复杂、年龄结构不一、身体状况参差不齐、安全意识与认知千差万别，不可控因素较多。因此，地铁运营管理，既要肩负地铁系统内部人员和设备的管理，又要具备应对系统外部自然灾害、突发事件的防灾和减灾能力。

一般而言，地铁的运营有三种模式：正常运营状态、非正常运营状态、紧急运营状态，如图13-1所示。

(1)正常运营状态指列车白天和夜间的运营状态与计划运行图基本相符的状态。正常运营状态又分为高峰时段和非高峰时段。针对这两种运营状态，地铁运营单位又采取了不同的客运组织方案和运营管理模式。

(2)非正常运营状态指因各种原因造成列车晚点、区间堵塞、车站乘客过度拥挤、道岔故障、列车故障、沿线设备故障等影响到了正常的运营秩序的情况。经行车指挥系统按照应对方案及时进行调整，可在较短时间内使运营恢复正常，不会对乘客的人身安全造成影响。

(3)紧急运营状态指发生火灾爆炸、地震以及雨雪风暴等自然灾害、设备故障导致部分区间或全线无法运营等地铁大范围停运时的情况。在这种状态下,有可能出现人员伤亡的严重后果,必须采取紧急事故抢险措施自救、减灾和抢险。

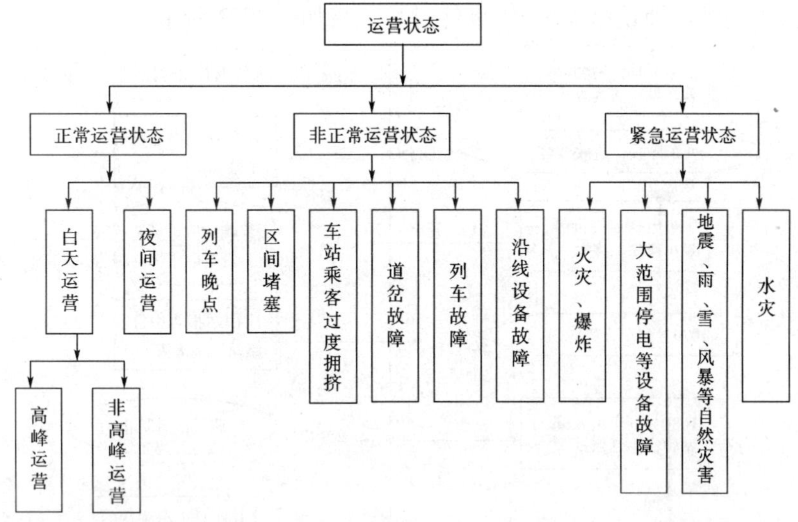

图 13-1　地铁运营模式图

第二节　国内外城市轨道交通典型事故案例分析

世界地铁发展已有百余年的历史,我国的地铁发展只有四十多年。因此,通过对国内外地铁典型事故案例的分析,可以归纳出地铁的主要事故类型及其原因。

一、地铁行车事故案例

(1)1998 年 1 月 1 日,某车组驾驶员、副驾驶员驾驶列车运行至和平门进站前,由于精神不集中,导致回手柄过晚,进站速度又快,错过制动时机,且采取措施不当,造成列车全列冒进信号的行车安全事故。

(2)某车驾驶员担当列车运行任务时,当列车在苹果园站上行停稳开关门作业时,乘客为抢上车将手插进车门缝隙,由于门缝间隙较小未造成车门安全电路显示异常,门灯正常熄灭,又因苹果园上行站高峰期站台滞留乘客较多,电视监视器安装受站台原始设计的局限性,影响了车长的正常瞭望,列车启动后,车长才发现乘客被夹,随后采取紧急停车措施,造成一起列车夹人行驶 3 米左右的行车安全事故。

(3)2002 年某天,某车驾驶员驾驶列车运行至四惠站时,由于四惠值班员错办列车进路,致使道岔本应开通回段方向,错办为开通四惠东站方向,加之驾驶员违章,将本该能排除的事故隐患未能排除,驾驶员在列车运行出四惠站至 4#道岔时才发现道岔开通方向与列车运行方向不符,造成一起错办列车进路的行车安全事故。

二、地铁火灾事故案例

1. 韩国大邱地铁火灾事故

2003 年 2 月 18 日上午 9 时 50 分,在韩国大邱市的地铁一号线上,1079 号列车正朝着市中心的中央路站飞驰，当地铁列车徐徐开进中央路站的时候，2 号车厢里有位身穿深蓝色运动装的男子突然从自己的背包里拿出一个像是牛奶罐的东西，拿打火机在罐口上点火。最终引起伤亡惨重的大邱地铁纵火事件，事件过程分析如图 13-2 所示。

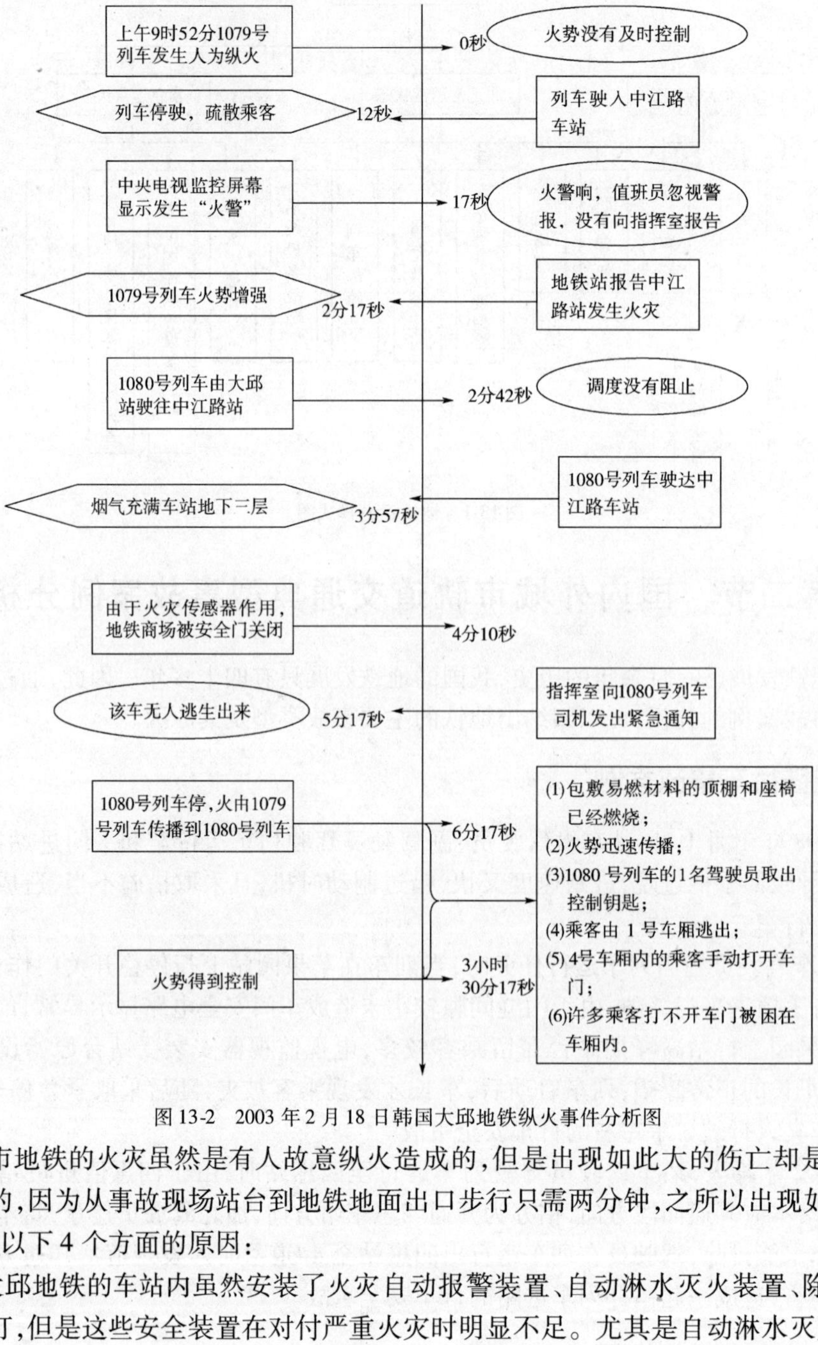

上午9时52分1079号列车发生人为纵火 → 0秒 → 火势没有及时控制

列车驶入中江路车站 → 12秒 → 列车停驶，疏散乘客

中央电视监控屏幕显示发生“火警” → 17秒 → 火警响，值班员忽视警报，没有向指挥室报告

地铁站报告中江路站发生火灾 → 2分17秒 → 1079号列车火势增强

1080号列车由大邱站驶往中江路站 → 2分42秒 → 调度没有阻止

1080号列车驶达中江路车站 → 3分57秒 → 烟气充满车站地下三层

由于火灾传感器作用，地铁商场被安全门关闭 → 4分10秒

指挥室向1080号列车司机发出紧急通知 → 5分17秒 → 该车无人逃生出来

1080号列车停，火由1079号列车传播到1080号列车 → 6分17秒

火势得到控制 → 3小时30分17秒

(1)包敷易燃材料的顶棚和座椅已经燃烧；
(2)火势迅速传播；
(3)1080 号列车的1名驾驶员取出控制钥匙；
(4)乘客由 1 号车厢逃出；
(5) 4号车厢内的乘客手动打开车门；
(6)许多乘客打不开车门被困在车厢内。

图 13-2　2003 年 2 月 18 日韩国大邱地铁纵火事件分析图

大邱市地铁的火灾虽然是有人故意纵火造成的，但是出现如此大的伤亡却是人们所没有预料到的，因为从事故现场站台到地铁地面出口步行只需两分钟，之所以出现如此大的伤亡，主要有以下 4 个方面的原因：

(1)大邱地铁的车站内虽然安装了火灾自动报警装置、自动淋水灭火装置、除烟设备和紧急照明灯，但是这些安全装置在对付严重火灾时明显不足。尤其是自动淋水灭火装置，由于车厢上方是高压线，为了防止触电，车厢内均没有安装这种装置，因此，大邱市地铁发生大火时，不可能尽早扑救，车站断电后，车站一片漆黑，紧急照明灯和出口引导灯均没有闪亮也不利于乘客疏散。

(2)车厢内的座椅、地板和墙壁虽然都是耐燃材料，但经受不住过于猛烈的火焰，玻璃纤维和硬化塑料在遇到火焰和高温后起褶，而这些材料一旦燃烧起来，大多会释放出有毒烟雾，这些烟雾在火灾之后几分钟内，便会导致现场人员窒息和救援人员难以迅速接近现场。

(3)加重此次火灾伤亡的另外一点是：地下设施根本没有发生火灾时强行抽出烟尘的空调设施，以致事故发生后三四个小时后，救援人员还只能束手无策，由于地铁没有排烟设备，现场弥漫着大量烟雾和有毒气体，因此最初的救援行动严重受阻。

(4)在此次火灾事故中，由于地铁公司消极应对，在不知火灾事实的情况下，车站的中央控制室没有及时阻止另外一辆列车进入车站，造成无辜的连累，导致伤亡人员增加。

2. 奥地利高山地铁隧道火灾

2000 年 11 月 11 日，奥地利萨尔茨堡州基茨施坦霍恩山，一列满载乘客的高山地铁列车在隧道内运行时发生火灾，造成 155 人死亡，18 人受伤。由于通信指挥信号失控，正当这列上行线列车燃烧时，一列下行线列车驶来，在此相撞又加重了事故后果。事后调查认定火灾是由于列车上的电暖空调过热，使保护装置失灵引起的。此处高山地铁运营长度为 3800 米，海拔 3029 米，沿着一个 45°角的铁轨上行或下行，是世界上有名的高山地铁。该地铁内安全标准过低，没有火灾自动报警系统，没有安全疏散指示标志和避难间，这也是造成众多人员伤亡的重要因素之一。

3. 阿塞拜疆巴库地铁火灾

1995 年 10 月 28 日，阿塞拜疆巴库地铁因机车电路故障诱发火灾，殃及列车三四节车厢着火。由于驾驶员缺乏经验，紧急制动把列车停在了隧道里，给乘客逃生和救援工作带来不便。加之，20 世纪 60 年代生产的车辆使用的大部分材料都是易燃物，燃烧时产生大量烟雾和有毒气体，这场火灾造成 558 人死亡，269 人受伤。

三、列车脱轨事故案例

1. 巴黎地铁脱轨事故

2003 年 8 月 30 日下午 1 时 20 分，法国巴黎地铁从圣乔治车站开出，大约两分钟后这列地铁将驶进洛莱特圣母院站，在这里稍作停留后开往下一站伊西(Issy)。就在这列地铁开始拐上进站前的最后一个弯道时，惨剧发生了。只见第一节车厢脱离了后面的四节车厢，向左冲进了逆向的轨道，脱轨的车厢随即侧翻，并在一阵刺耳的噪声中带着一串火花滑行了近一百米的距离，最后轰然停在逆向铁轨上，在它对面仅一米处，正停着另一辆反方向行驶的地铁。据专家分析，造成这次事故的原因为列车故障。

2. 伦敦地铁脱轨事故

(1)2003 年 10 月 19 日，英国伦敦地铁发生列车脱轨事故，导致 7 人受伤，其中 1 人伤势严重。

(2)2003 年 1 月 25 日，英国首都伦敦市中心发生地铁列车脱轨事故，32 名乘客受伤，据专家分析，此次列车脱轨是由列车机械故障引起的。

3. 日本地铁脱轨事故

2004 年 10 月 4 日，日本发生地震时，一列行驶在浦佐至长冈间的新干线列车"朱鹮 325"号的第一和第九节车厢脱轨，但 155 名乘客中无人受伤。这是 40 年来新干线首次发生脱轨事故。

四、地铁停电事故案例

1. 伦敦地铁大停电事故

2003 年 8 月 28 日傍晚,一场突如其来的停电事故给英国伦敦地铁和英格兰东南部的铁路交通带来了巨大混乱。停电对伦敦发达的地铁网络的影响最为严重,当时正值下班高峰期,每小时有 500 多趟列车在伦敦地下穿梭。停电之后,近三分之二的地铁列车停运,大约 25 万人被困在地铁中,许多地铁站被迫暂时关闭。由于当时没电,伦敦地铁里漆黑一片,工作人员一时无法确定各趟列车到底停在隧道里的什么位置,疏散工作一度遇到困难,但受困于地下黑暗中的 25 万名乘客没有惊慌失措,始终坚持耐心等待,并在救援人员到达后积极地配合进行有序撤离,从而造成了 25 万人全部安全撤离无一人伤亡的奇迹。正是在乘客的积极配合下,伦敦交通部最终凭借高效的应急系统和出色的危机管理能力,迅速走出了停电带来的恐慌。

2. 北京地铁停电事故

遭遇地铁停电,组织乘客安全撤离国内也有成功案例。1996 年 1 月 19 日下午 5 时 20 分左右,北京首钢一段高压输电线被砸断引起北京市供电系统的电源故障,造成北京西部大规模停电,此时正值下班高峰期,57 辆地铁列车突然断电被迫停运,堵塞长达 146 分钟。车上乘客积极配合工作人员进行有序疏散,整个疏散过程没有造成一例人员伤亡。

五、毒气泄漏事故案例

1995 年 3 月 20 日日本东京地铁遭“沙林”毒气袭击。当日上午 8 时 10 分左右,东京地铁三条线路的五节车厢同时发生被称为“沙林”的神经性毒气泄漏事件,造成 12 人死亡,5000 多人受伤,14 人终身残疾。由于放在五节车厢中的 11 个可疑物均在上班高峰时间同时泄漏毒气,事件发生后全世界为之震惊。

六、列车撞车事故案例

1. 与第三方相撞

2003 年 1 月 25 日,一列挂有 8 节车厢的中央线地铁列车在行经伦敦市中心一地铁站时出轨并撞在隧道墙上,最后 3 节车厢撞在站台上,造成 32 名乘客受轻伤。

2. 迎向相撞

1971 年 12 月,加拿大蒙特利尔地铁车站,一组列车进站时将正停在车站内的另一组列车追尾撞毁,引起地铁机车短路诱发火灾,造成 1 人死亡。

3. 迎面相撞

1991 年,瑞士苏黎世地铁总站因地铁机车电线短路,导致地铁机车最后两节车厢发生火灾,驾驶员在车站紧急制动停下时,与迎面开来的一组地铁列车相撞起火。

七、地铁拥挤踩踏事故案例

(1)1999 年 5 月,白俄罗斯因地铁车站人数过多发生踩踏事故,54 人被踩死。

(2)2001 年 12 月 4 日晚 10 点 04 分,上海地铁一号线人民广场站内,一名大连籍女子在等候地铁时,被急于上车的拥挤人群挤下站台,当场被驶入站台的地铁列车轧死。据公安机关的进一步调查认为,是人流拥挤直接导致了这一悲惨的意外事故发生。

八、地铁水灾事故案例

1. 北京建国门下层改造站水淹道床事故

1999 年 11 月 30 日早晨,建国门下层改造站东端粮库下面一水管跑水,水淹北京站至永安里联络线三轨,排水不利,造成一号线复兴门至四惠东站(原八王坟东站)段试运营停运 123 分钟的事故。

此次跑水是由于建国门下改造站东端粮库底下的一根 6 分支管上的节门跑水,其节门是关闭的,但由于多年没有进行更换维修,且设在一般无人进入的地方,造成节门锈蚀,引起跑水。又因为北京—永安里联络线的两台排水泵的开关,设置在手动挡,未设置在自动挡,以至水量增大,淹没三轨。并且,在当天早晨三轨送电时,直流电通过水与排水泵外皮保护零线构成回路将排水泵的电缆线烧损,排水泵不能再次正常启动,最终造成试运营停运。

2. 北京万寿路车站因大雨被淹

2004 年 7 月 10 日下午 4 时许,北京城区下起了暴雨,下午 5:30 分左右,地铁万寿路站进水,晚上 5:40 分运营单位将万寿路车站封闭,客车甩站通过,并迅速启动抽水预案,停运 20 分钟后才恢复正常。

此次事故是由于雨量过大引起的,但及时启动了应急预案,采用甩站的对策,保障了运营安全,没有再次发生水淹三轨的事故。

九、地铁其他重大事故案例

(1)1995 年 7 月 25 日,法国巴黎一列地铁列车发生炸弹爆炸事故,造成 8 人死亡,117 人受伤。

(2)1996 年 6 月 11 日,俄罗斯莫斯科一地铁列车在行进途中突然发生爆炸,造成 4 人死亡,7 人受伤。

(3)2004 年 2 月 6 日,一声巨响从莫斯科地铁巴维列茨卡娅站至汽车厂站之间的隧道中传来,灾难再次降临在莫斯科人头上。据报道,这场莫斯科有史以来最为严重的地铁列车爆炸案造成近 50 人死亡,100 多人受伤。

第三节 城市轨道交通运营系统主要事故类型以及危险因素分析

一、地铁事故影响危险度分析

1. 国内外地铁事故

地铁每天运载大量乘客,且起、停较为频繁,地铁车辆在固定的钢轨上移动,行车安全问题就伴随其移动而产生，没有车辆移动就没有行车安全问题，地铁车辆是由许多部件组成的复杂整体，一旦某一个部件发生故障，就可能造成地铁行车事故。

地铁运营安全是非常突出的问题，为此，本节统计了国内外地铁发生的各类事故，具体见表13-1。本节还对各类事故进行了分析，从事故的危害后果、事故造成的损失、事故发生次数三个方面进行统计，并对地铁中存在的危险有害因素进行了等级划分。

国内外地铁事故情况一览表 表13-1

时　间	地　点	原因及事故类型	后　果
1903年8月	法国巴黎	车厢木质装修材料起火	84名乘客丧生
1971年12月	加拿大蒙特利尔	地铁机车短路诱发火灾	36辆车被毁，司机死亡
1973年3月	法国巴黎	第七节车厢人为纵火	车辆被毁，2人死亡
1974年1月	加拿大蒙特利尔	车辆内废旧轮胎引起电线短路引发火灾	9辆车被毁，300m电缆烧断
1974年	俄罗斯莫斯科	车站平台引发火灾	中断运营，无伤亡
1975年7月	美国波士顿	隧道照明线路被拉断，引发大火	中断运营，无伤亡
1976年5月	葡萄牙里斯本	火车头牵引失败，引发火灾	4辆车被毁
1976年10月	加拿大多伦多	人为纵火	4辆车被毁
1977年3月	法国巴黎	天花板坠落引发火灾	无伤亡
1978年10月	德国科隆	丢弃的未熄灭的烟头引发火灾	8人受伤
1979年1月	美国旧金山	电路短路引起火灾	1人死亡，56人受伤
1979年3月	法国巴黎	乘客车厢电路短路引发大火	1辆车被毁，26人受伤
1979年9月	美国费城	丢弃的未熄灭烟头引燃油箱	2辆车燃烧，4名乘客受伤
1980年4月	德国汉堡	车厢座位着火	2辆车被毁，4人受伤
1980年6月	英国伦敦	丢弃的未熄灭的烟头引起火灾	1人死亡
1981年6月	俄罗斯莫斯科	电路引起火灾	7人死亡
1981年9月	德国波恩	人员操作失误导致火灾	车辆报废，无人员伤亡
1982年3月	美国纽约	传动装置故障引发火灾	86人受伤，1辆车报废
1982年6月	美国纽约	人为纵火	4辆车被毁
1982年8月	英国伦敦	电路短路引起火灾	15人受伤，1辆车被毁
1983年8月	日本名古屋	地铁站变电所起火	大火燃烧了3个多小时，3名消防队员死亡，3名救援队员受伤
1983年9月	德国慕尼黑	电路着火	2辆车被毁，7人受伤
1984年9月	德国汉堡	列车座位着火	2辆车被毁，1人受伤
1984年11月	英国伦敦	车站站台引发大火	车站损失巨大
1985年4月	法国巴黎	垃圾引发大火	6人受伤
1987年11月	英国伦敦	地铁站机房内产生电火花，引燃自动扶梯的润滑油导致大火	32人丧生(包括一名消防员)，100多人受伤，地下二层的两座自动扶梯和地下一层的售票厅被烧毁。

续上表

时　　间	地　　点	原因及事故类型	后　　果
1987 年	韩国釜山	地铁制动失灵导致撞车	78 人受伤
1989 年 5 月	北京	供电故障	积水潭站外环中断行车 2 小时 20 分,内环中断行车 1 小时 51 分
1990 年 8 月	法国巴黎	地铁列车撞车	43 人受伤
1991 年 4 月	瑞士苏黎世	地铁机车电线短路起火	重伤 58 人
1991 年 6 月	德国柏林	人为火灾	18 人送医院急救
1991 年 8 月	美国纽约	设备故障引起列车脱轨	6 人死亡,100 多人受伤
1994 年 10 月	韩国汉城	运送燃油的地铁列车撞上客运列车	3 人死亡,44 人受伤
1995 年 3 月	日本东京	沙林毒气事件	12 人死亡,5000 多人受伤
1995 年 7 月	法国巴黎	列车炸弹爆炸事件	8 人死亡,117 人受伤
1995 年	韩国大邱	煤气爆炸引发地铁事故	101 人死亡,143 人受伤
1995 年 10 月	阿塞拜疆	电动机车电路故障引起火灾	死亡 558 人,伤 269 人
1995 年 10 月	北京	电缆击穿接地	中断内环行车 2 小时 47 分
1996 年 1 月	北京	北京市供电系统电源故障	堵塞长达 146 分钟,停在隧道里的 4 组地铁列车使 2000 多名乘客被困
1996 年 6 月	俄罗斯莫斯科	地铁列车在行进途中突然发生爆炸	4 人死亡,7 人受伤
1999 年 5 月	白俄罗斯	地铁车站人数过多	54 人被踩死
1999 年 6 月	俄罗斯圣彼得堡	地铁车站发生爆炸	6 人死亡
1999 年 7 月	北京	变电站突发短路事故	导致地铁运行中断,12 组列车被困隧道,千余人被困
1999 年 8 月	德国科隆	地铁撞击事故	67 人受伤,其中 7 人重伤
1999 年 11 月	北京	水淹道床事故	造成复兴门至四惠东(原八王坟东站)段试运营停运 123 分钟
2000 年 3 月	日本	地铁列车发生出轨意外	3 人死亡,44 人受伤
2000 年 11 月	奥地利萨尔茨堡州	列车上的电暖空调过热,使保护装置失灵引起火灾	155 人死亡,18 人受伤
2000 年 6 月	美国纽约	地铁列车出轨意外	89 人受伤
2001 年 8 月	英国伦敦	意外爆炸	6 人受伤
2001 年 12 月	上海	拥挤踩踏	1 人死亡
2003 年 1 月	英国伦敦	地铁列车出轨事故	32 名乘客受伤
2003 年 2 月	韩国大邱	人为纵火	140 人死亡,289 人伤受,318 人失踪

续上表

时　　间	地　　点	原因及事故类型	后　　果
2003年1月	英国伦敦	列车撞站台引发大火	至少32人受伤
2003年7月	上海	供电系统发生故障	一号线中断运营1小时，给上下班的乘客造成极大的影响，滞留乘客达到45万人，无伤亡
2003年8月	英国	重大停电事故	伦敦近三分之二地铁停运，大约25万人被困在地铁中
2003年8月	巴黎	设备故障引起列车脱轨	设备损失较为严重
2003年10月	英国伦敦	地铁出轨事故	7人受伤，其中1人伤势严重
2004年1月	香港	人为纵火	有14人不适送医院
2004年2月	俄罗斯莫斯科	恐怖袭击	40人丧生，100多人受伤
2004年3月	北京	风机故障	列车在大望路车站停滞半小时
2004年3月	上海	站厅意外断电	影响运营
2004年7月	广州	供电网断线短路	造成区间停运将近2小时
2004年10月	日本新潟	地震引起列车脱轨	无伤亡

注：本表收集的数据为国内外发生的给社会造成一定影响的事故。

2. 地铁事故危险度分析

对于危险度的计算要同时考虑：

（1）受害程度或损失大小，即严重度；

（2）造成某种损失或损害的难易程度，损害发生的难易性一般用某种损害发生的概率大小来描述。

考虑到这两个方面的问题，可以用下面的经验公式来表示危险度：危险度（Risk）= 严重性（Serious）× 概率（Probability）。

我们对国内外地铁事故发生情况进行分析，确定了事故严重性和发生概率的分级赋值情况，分别见表13-2、表13-3。表13-4为按事故损失后果的严重程度分析所得的严重性分级赋值结果。表13-5为按事故发生次数分析所得的危害概率赋值结果。

严重性分级赋值情况表　　表13-2

严重性分级	表现特征	取值
灾难性的	具有紧急的危险，能引起大范围的死亡及伤病的危害能力	9~10
严重的	危害能引起严重的疾病、伤亡、设备及财产损失	6~8
临界的	危害能引起疾病、伤害及设备损失但不严重的	3~5
可忽略的	危害不会引起严重的疾病、伤害，伤害程度不需急救处理	1~2

发生概率分级赋值情况表　　表13-3

发生概率分级	表现特征	取　值
可能发生	有可能立刻发生或短期内会发生	9~10
有理由可能发生	一段时间内会发生	6~8
可能性小	一段时间内可能不会发生	3~5
可能性极小	不太可能发生	1~2

国内外各类事故的损失后果情况一览表 表 13-4

类别＼损失	死亡人数	受伤人数	设备损失	严重性分级	取值
火灾事故	809	575	68 辆车被毁	灾难性的	10
人为纵火、恐怖袭击	328	818	11 辆车被毁	灾难性的	10
列车脱轨事故	9	272	—	严重的	8
列车撞车事故	10	232	—	严重的	8
拥挤踩踏事故	55	—	—	严重的	6
中毒窒息	12	5000	—	灾难性的	10
其他事故	只是中断运营,无伤亡				2

国内外发生各类事故次数情况一览表 表 13-5

类别＼损失	发生次数	危害概率分级	表现特征	取值
火灾事故	20	有理由可能会发生	一段时间内会发生	8
人为纵火、恐怖袭击	23	可能性小	一段时间内可能不会发生	2
列车脱轨事故	7	有理由可能会发生	一段时间内会发生	8
列车撞车事故	4	有理由可能会发生	一段时间内会发生	6
拥挤踩踏事故	2	有理由可能会发生	一段时间内会发生	5
中毒窒息	1	可能性小	一段时间内可能不会发生	5
其他事故	6	可能发生	短期内有可能发生	9

通过对国内外地铁各类事故发生次数的统计分析(见图 13-3)可以看出,人为纵火和恐怖袭击占 36%,居第一位,人为纵火和恐怖袭击均为外界因素影响了地铁的安全,具有一定的不可控性,在此不作过多分析;列车火灾事故占 32%,居第二位,以下其次是列车脱轨事故、其他事故、列车撞车事故、拥挤踩踏事故、中毒窒息事故。

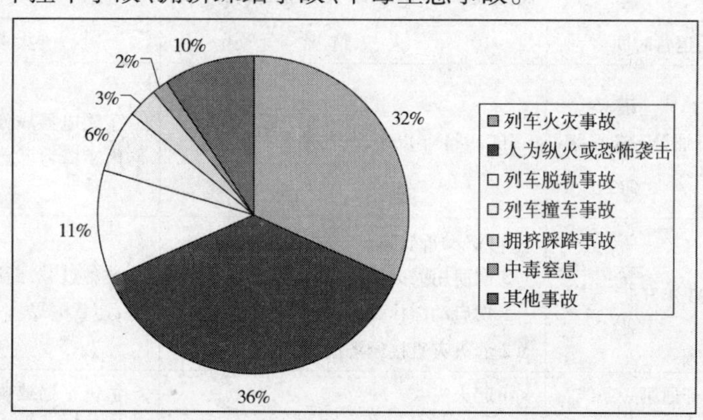

图 13-3 国内外地铁各类事故发生次数比例图

通过对国内外地铁各类事故损失后果的统计分析(见图 13-4)可以看出,列车火灾事故导致的死亡人数最多,其次是人为纵火或恐怖袭击等意外因素导致的死亡,以下依次是拥挤踩踏事故、中毒窒息事故、列车撞车事故、列车脱轨事故、其他事故。

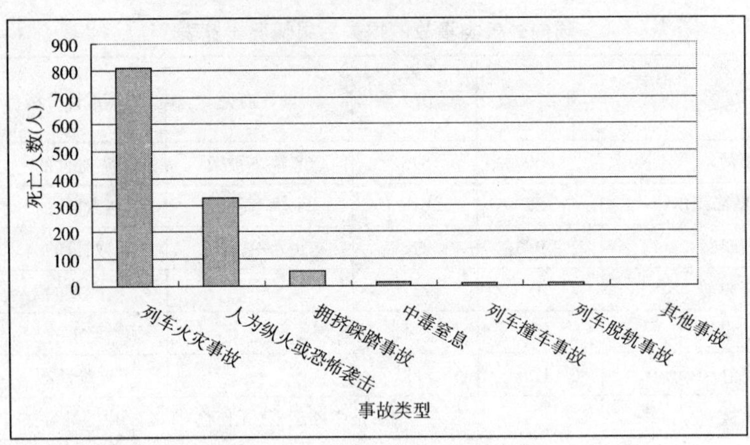

图 13-4　国内外地铁各类事故损失后果情况对比图

根据国内外各类事故发生的次数和后果损失情况,对影响地铁运营安全的危险有害因素的等级情况划分如表 13-6 所示。其中,火灾事故是地铁中的多发事故,我国主要城市地铁火灾情况统计见表 13-7。

危险有害因素等级分类情况表　　表 13-6

事故种类	$R=S\times P$	等级序号	备　注
火灾事故	$10\times8=80$	1	
人为纵火、恐怖袭击等意外事故	$10\times2=20$	6	考虑我国国情而定
列车脱轨事故	$8\times8=64$	2	
拥挤踩踏事故	$8\times6=48$	4	
列车撞车事故	$6\times5=30$	5	
中毒窒息事故	$10\times5=50$	3	考虑二次事故后窒息情况
其他事故	$2\times9=18$	7	

我国主要城市地铁火灾情况统计表　　表 13-7

地　点	开始运营时间	火灾情况	火灾原因
北京	1969 年开通第一条线路	自 1984 年以来,共发生火灾 5 起。	车辆电器故障;人员违章操作;车厢内座椅为可燃物;设备老化
上海	1993 年开通	39 次设备故障; 3 次使用灭火器; 1 次启动卤代烷 1301 灭火系统; 2 起火灾直接经济损失 1725 万元	设备过载,断路;小动物损坏设备等;违章电焊
天津	1980 年开通第一条线	1 起火灾	值班室棉被被电灯引燃
广州	1999 年全线开通运营	1 起火灾,直接经济损失约为 20 万元	变电所电柜电器元件故障引燃电线

通过对地铁危险有害因素危险度分析可知,地铁火灾事故的危险度值最高,人为纵火、恐怖袭击等意外事故在国外发生的次数比较多,但考虑到我国政治稳定,人员素质较高,人

为纵火、恐怖袭击等意外事故的危险度分值对我国地铁而言较低。

二、地铁运营系统主要事故危险因素辨识分析

通过对国内外典型地铁事故案例原因的分析可知，地铁事故主要受两大方面因素的影响，即内部因素和外部因素。内部因素主要是指设备设施故障或人为误操作等；外部因素主要是指恐怖袭击、乘客携带违禁品、自然灾害、外界事故（如：停电、水、气管道破裂）等。下面对地铁主要类型事故进行危险因素分析。

1. 地铁火灾危险因素分析

地铁内部火灾危险因素有：

(1)车站、隧道以及列车内存在大量的电气设备等，这些设备一旦发生故障可能引发火灾事故；

(2)车站、列车内的建筑装饰材料、广告牌等为可燃材料，可能会发生火灾事故；

(3)地铁车辆、供电设备、机电设备等均处在超期服役状态，一旦发生故障，可能导致地铁火灾事故。

乘客违章携带危险品、吸烟和吸烟后烟蒂随处乱扔等行为可能引起火灾危险，其危险因素有：

(1)人为因素（如恐怖袭击、投毒、纵火等）、意外明火可能引起火灾；

(2)地铁车站站厅乘客疏散区、站台和疏散通道内违规设置的商业网点存在发生火灾的危险，且可能会引起连锁火灾事故。

2. 地铁列车脱轨危险因素分析

地铁列车脱轨主要是由地铁内部危险因素导致的，主要包括：

(1)线路设计或铺设不合格，道岔伤损、轨枕伤损、道床伤损、接触轨伤损、钢轨断裂等均可能导致列车脱轨；

(2)列车超速、列车走行部件发生故障，可能导致列车脱轨；

(3)地铁列车、线路设备等存在老化现象，均处在超期服役状态，这些设备一旦发生故障，可能导致列车脱轨事故；

(4)地铁轨道周边物体侵入运营线路，如电缆伪装门坠落、抹灰层脱落等，异物侵限可引起列车损坏、列车倾覆、列车脱轨等重特大安全事故。

3. 地铁拥挤踩踏危险因素分析

地铁发生拥挤踩踏事故有两方面原因：一是车站内人员负荷过大、车站疏散通道或疏散楼梯设置不合理，车站站台、集散厅及疏散通道内有妨碍疏散的设施或堆放物品、车站出入口存在缺陷或有突发事件发生时，都可能造成人员拥挤踩踏；二是由其他原因（如地铁列车故障、火灾）引起事故或有其他危险状况等紧急情况发生时，也可能发生乘客挤伤、踩踏等事故。

4. 地铁列车撞车危险因素分析

处于高速移动状态的列车，也伴随着高风险，一旦瞬间的设备异常或人员违章操作，可能造成撞车危险。撞车危险包括与第三方相撞、迎向相撞、迎面相撞等。

5. 地铁中毒和窒息危险因素分析

中毒和窒息：包括中毒、缺氧窒息、中毒性窒息。在火灾事故情况下，可能产生大量烟

气，存在中毒和窒息的危险。

地铁发生火灾后会产生大量的烟雾，如果通风设施故障，可能造成中毒和窒息。人为恐怖袭击可能使用的有害气体等也能造成中毒和窒息。

6. 其他事故危险因素分析

地铁电动车辆、地铁变电所、配电室、电缆、三轨以及风机、水泵等设备由于设备缺陷、设计不周、防护不当等技术原因可能导致触电伤害。此外，由于人的违章作业、违章操作也可能造成触电伤害。

乘客使用扶梯时，可能造成碰撞、夹击、卷入等伤害。扶梯正常运行状态下的乘客违章乘梯，可能造成严重的乘客摔伤。

列车车厢内灯管爆裂、内侧玻璃意外脱落等均可能导致机械伤害。此外，列车在紧急启动、制动时具有很大的惯性，可能导致乘客摔伤。

乘客手扶车门、上下车时机选择不当或地铁列车设备故障可能发生车门夹人等机械伤害。

第四节　城市轨道交通运营系统安全分析

地铁是一种依托轨道运行，借助于电力驱动，以列车编组方式在城市区域运行的交通工具。它区别于一般的城市道路交通工具，是另一种现代化的城市公共交通系统。

地铁系统的基本功能是为城市人口（包括居民与流动人口）提供大众化的出行服务。由于它具有速度快、容量大的基本特点，因而特别适用于城市内部和城郊之间大规模的、集中性的、定点、定时、定向的出行需求，常常成为现代化城市公共交通体系中的骨干，起到客流组织的主导作用。地铁系统的基本要素（如图 13-5 所示）主要包括以下三部分。

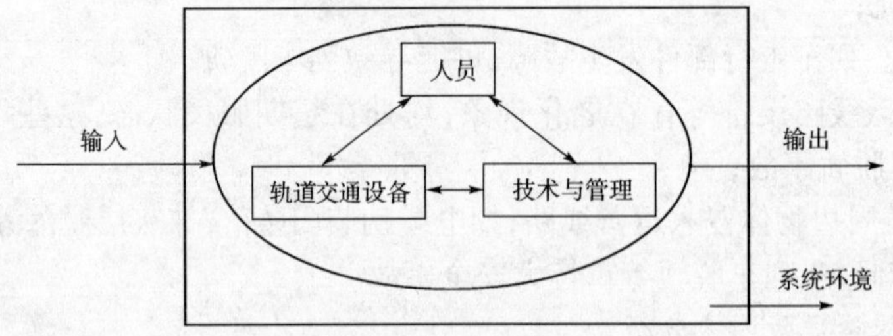

图 13-5　城市轨道交通系统及其环境

（1）设备。可分为两类。一类是固定设施，如线路、车站、车辆段、环境系统、指挥控制系统（信号、联锁、闭塞系统）；另一类是移动设施，如动车组、自动停车装置等。系统为乘客提供出行服务时，与乘客常常接触的是车站内的各种设施（如上下扶梯、自动检票系统、休息座椅等）和车内的各种设施（如座位、各种信息设施、拉手等），这些设施的数量与质量往往直接影响乘客出行的方便性与舒适性。

（2）人员。可分为两类。一类是乘客，即被服务者，他们的出行需求各不相同，要求各异，因而对系统的运营有着较高的要求；另一类是系统内的职工，包括第一线的基层职工和后勤、管理人员等，他们是服务的提供者，要求具有较高的素质。

（3）技术与管理。包括各种作业技术、方法和管理制度，这些属于系统的软件部分，主要是为了保证系统能够高效、可靠的运行。

由于地铁运营系统是一个庞大复杂的系统，各个环节之间相互联系、相互影响、相互制约，所有环节又都是围绕安全运营开展工作的。图13-6较详细地分析了地铁运营的各系统情况。乘客进入站台，客运服务系统为其提供了售票、候车以及出站服务，站台上设有通风空调、照明系统及自动扶梯等，为乘客提供了舒适的环境，乘客在站台值班员的指挥下有序地上、下车；乘客上车（车辆系统）后，驾驶员根据信号（通号系统）显示，按计划行车图行驶，隧道（土建系统）和钢轨线路保证了电动客车的安全高速行驶，接触三轨给列车行驶提供了动力，供电系统是整个地铁运营系统的生命线，防灾系统对地铁发生意外事故时的抢险救灾至关重要；整个运营系统由调度指挥系统统一指挥，以保证安全、准点、高效地运营。同时，整个系统也受到周边环境、建构筑物、设备设施、地质条件和外界人为因素等的影响。

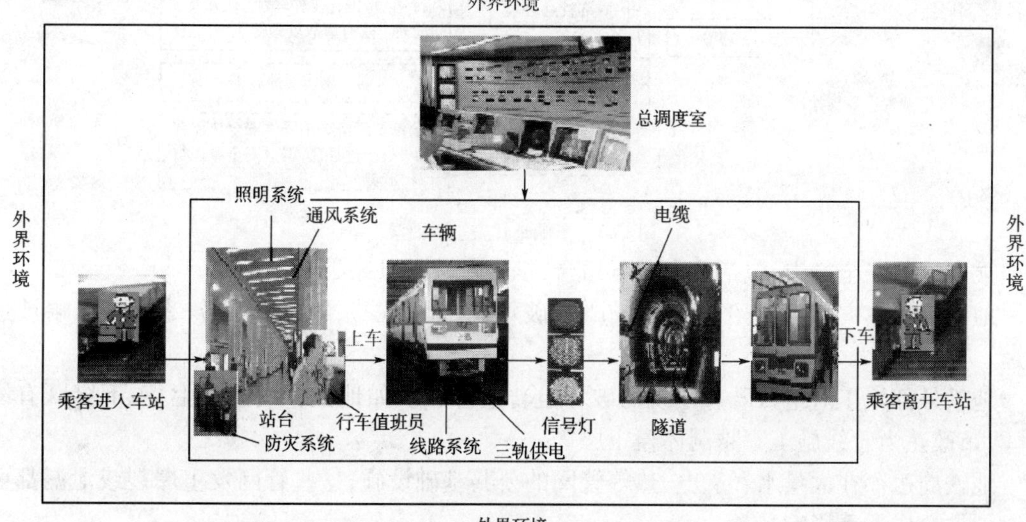

图13-6　地铁运营系统分析

地铁运输系统是一个在时间、空间上分布很广的动态系统，影响地铁运输安全的因素错综复杂，涉及面广。从系统论的观点出发，影响安全的诸多因素可以归结为人、机、环境和管理（见图13-7）。人既是影响安全的一个因素，又是防护对象；设备既是影响安全的因素，又是保障安全的物质基础；环境既可能是影响安全的因素，又可能是应予保护的社会财富。因此必须对其进行合理的组织管理才能充分发挥各自效能，最大限度地保障安全。

从图中分析可以看出，影响地铁运营安全的因素可归为内部因素和外部因素两大类。

（1）内部因素，包括地铁系统内部的操作人员、设备设施、内部环境和管理。由于地铁车辆设备故障、人为误操作或管理不善等可能导致地铁火灾、列车脱轨、撞车等恶性事故，造成人员伤亡和财产损失。针对这些内部因素，地铁运营方通过努力提高员工综合素质、不断进行技术改造，确保车辆设备良好状况和改善运营环境，营造良好氛围和提高安全管理水平可以预防和减少此类事故的发生。

（2）外部因素，主要来自乘客的不安全行为、地震等自然灾害、地铁外部施工对地铁既有建筑的破坏、地铁周边的公共基础设施（水、气、电、热等管网）遭到破坏等，此外，还有人为破

坏、恐怖袭击等。

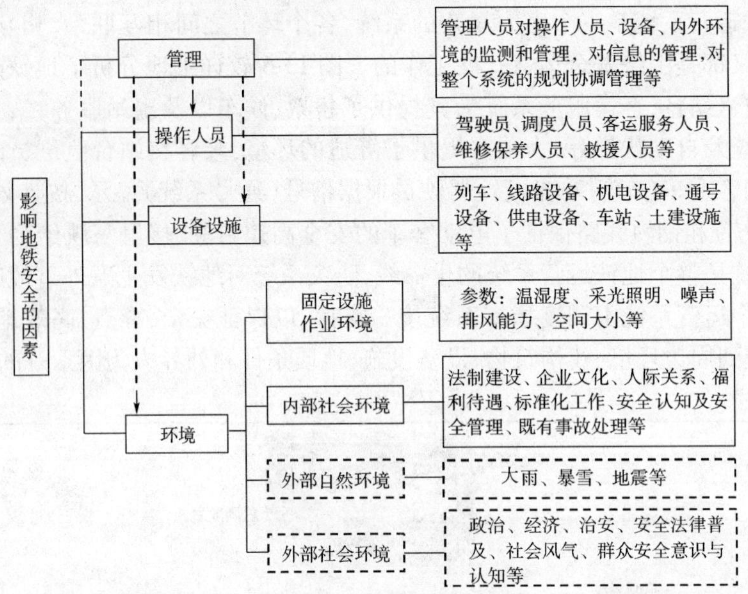

图 13-7　影响地铁安全的因素

乘客的不安全行为,包括乘客跳下站台、携带危险品进站乘车等。

地震等自然灾害可能给地铁造成严重破坏,台北地铁系统就曾多次受地震影响被迫停运。

地铁外部施工对地铁既有建筑的破坏也普遍存在。如地铁新线建设上穿、下穿既有线洞体,市政热力管线施工穿越洞体覆土层等。

地铁周边存在大量水、气、电、热等管网的公共基础设施,这些管网发生爆裂或泄漏都可能对地铁造成严重影响。

由上述分析可知,外部因素对地铁的影响客观存在,但很多因素又是不可控的,要完全预防和控制这些外部因素几乎不可能。因此面对这些外部因素,地铁的首要任务是防灾和减灾,通过制定各种外部因素的事故应急预案,控制各种事态的发展,将影响降低到最低程度。

第十四章 城市轨道交通企业安全管理概述

第一节 企业资质管理

目前,城市轨道交通新线开通均应具备相关部门的批复文件和验收文件。对于建设年代较早的城市轨道交通线路,由于历史原因可能存在部分资料缺失的现象。因此,对企业资质管理文件进行审查,应遵循“新线新办法,老线老办法”的原则。对于1995年以后投入运营的线路,应严格执行新要求。

一、项目建设程序资质文件审查

(1)城市轨道交通项目应具有政府主管部门对项目的立项、规划和工程可行性研究的批准文件。

(2)城市轨道交通项目应具有城市轨道交通建设主管部门对该项目初步设计及重大变更的批复或认可的证明文件。

(3)城市轨道交通项目应具有城市主管部门出具的建设用地规划许可证、建设工程规划许可证、施工许可证等许可文件。

二、专项验收审查文件

专项验收审查应具有政府部门认可试运营文件,至少应包括:

(1)建设工程安全质量监督总站及相关质监站对建设项目的车站、区间、车辆基地、控制中心和各变电所等土建工程及机电系统和运营组织体系等出具的试运营阶段质量验收的监督意见文件;

(2)消防管理部门出具的建设项目工程消防验收的意见文件;

(3)卫生管理部门出具的建设项目卫生效果评价报告文件;

(4)环境保护部门出具的建设项目试运营的审批意见;

(5)档案部门出具的建设项目施工阶段档案验收工作的批复证明文件;

(6)安全生产监督部门出具的建设项目安全设施检查意见的证明文件;

(7)气象部门出具的建设项目防雷装置竣工验收意见的证明文件;

(8)人防部门出具的人防工程项目验收批准的证明文件;

(9)物价部门出具的票价批准的证明文件;

(10)车辆应具备技术规格书、试验报告、调试报告、验收报告、空载试运行报告、操作手册、维修手册、培训手册、车辆履历簿以及基本图纸等技术资料。

第二节　安全生产管理机构与目标制管理

一、安全管理机构

城市轨道交通企业安全生产管理必须有组织上的保障，所谓组织保障主要包括两方面：一是安全生产管理机构的保障；二是安全生产管理人员的保障。城市轨道交通企业应按照《中华人民共和国安全生产法》、《城市轨道交通运营管理办法》(中华人民共和国建设部令第140号)的规定设置安全生产管理机构和配备专职安全生产管理人员。

安全管理机构指的是企业中专门负责安全生产监督管理的内设机构，其工作人员都是专职安全生产管理人员。安全生产管理机构的作用是落实国家有关安全生产的法律法规，组织生产经营单位内部进行各种安全检查活动，负责日常安全检查，及时整改各种事故隐患，监督安全生产责任制的落实等。它是企业安全生产的重要组织保证。

安全生产管理的设置和专、兼职安全生产管理人员的配备，是根据生产经营单位的危险性、规模大小等因素来确定的。城市轨道交通企业从业人员超过300人的，必须设置安全生产管理机构，配备专职安全生产管理人员；从业人员在300人以下的，可以不设置安全生产管理机构，但必须配备专职安全生产管理人员，或者委托具有国家规定的相关专业技术资格的工程技术人员提供安全生产管理服务。当生产经营单位依据法律规定和本单位实际情况，委托工程技术人员提供安全生产管理服务时，保证安全生产的责任仍由本单位负责。

二、安全目标管理

安全目标管理在安全管理方面的应用，它是指企业内部各个部门以至每个职工，从上到下围绕企业安全生产的总目标，层层展开各自的目标，确定行动方针，安排安全工作进度，制定实施有效的组织措施，并对安全成果严格考核的一种管理制度。安全目标管理是参与管理的一种形式，是根据企业安全工作目标来控制企业安全生产的一种民主的科学有效的管理方法，是我国施工企业实行安全管理的一项重要内容。

1. 安全目标管理的步骤

安全目标管理的实施过程可分为四个阶段，即安全管理目标的制定、建立安全目标体系、安全管理目标的实施、目标的评价与考核。

2. 安全管理目标的制定原则

安全管理目标是实现企业安全化的行动指南。目标管理是以各类事故及其资料为依据的一项长远管理方法，是以现代化管理为基础理论的一门综合管理技术，必须围绕施工企业生产经营目标和上级对安全生产的要求，结合施工生产的经营特点，作科学的分析，按如下原则制定安全目标。

(1)突出重点，分清主次，不能平均分配、面面俱到。安全目标应突出重大事故、负伤频率、施工环境标准合格率等方面指标，如应将惯性事故及频发事故作为重点管理，同时注意次要目标对重点目标的有效配合。

(2)安全目标具有先进行，即目标的适用性和挑战性。也就是说制定的目标一般略高于实施者的能力和水平，使之经过努力可以完成，应是“挑一挑，够得到”，但不能高不可攀，令人望目标兴叹，也不能低而不费力，容易达到。

(3)安全管理目标的制定应使目标的预期效果做到具体化、定量化、数据化。如负伤率比去年降低百分之几，以利于进行同期比较，易于检查和评价。

(4)目标要有综合性，又有实现的可能性。制定的企业安全管理目标，既要保证上级下达指标的完成，又要考虑企业各部门、各项目部及每个职工的承担目标能力，目标的高低要有针对性和实现的可能性，以利各部门、各项目部及每个职工都能接受，努力去完成。

(5)坚持安全目标与保证目标实现措施的统一性。为使目标管理具有科学性、针对性和有效性，在制定目标时必须有保证目标实现的措施，使措施为目标服务，以保证目标的实现。

3. 建立安全目标管理体系

安全目标管理涉及企业各个部门、各项目部及各单位，是关系安全生产全局的大问题，为此应建立安全目标管理体系。

(1)安全目标体系：安全目标体系就是安全目标的网络化、细分化，是安全目标管理的核心。它按企业管理层次由总目标、分目标、子目标构成一个由上而下的目标体系。企业所需要达到的安全目标为总目标，各项目部(职能科室)为完成企业总目标而提出的分目标，施工队为完成项目分目标而提出子目标，班组和个人为完成施工队子目标提出孙目标。

(2)安全目标的内容有：安全管理水平提高目标，安全教育达到程度目标，伤亡事故控制目标，施工环境达标率提高目标，事故隐患整改完成率目标，现代化科学管理方法应用目标，安全标准化班组达标率目标，企业安全性评价目标，经理任职安全目标，各项安全工作目标。

(3)为实现企业安全生产总目标，应将总目标分解到各职能部门和项目部，做到横向到边，纵向到底，纵横交错，形成网络。横向到边就是把企业安全总目标分解到机关各职能部门；纵向到底就是把企业总目标由上到下按管理层次分解到项目部、施工作业队、班组直到每个职工，如图14-1所示，实现多层次安全目标体系。

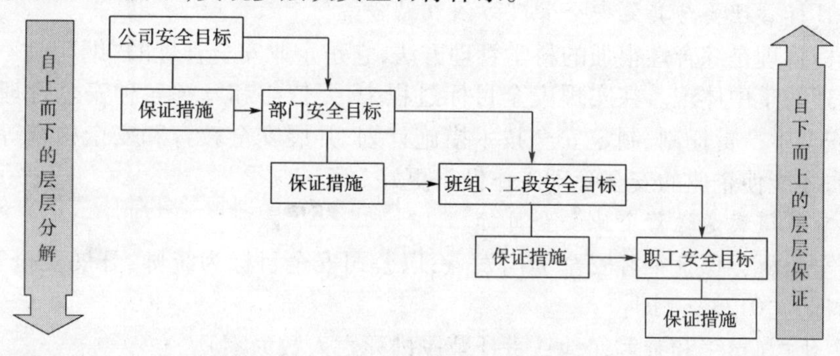

图14-1　安全生产目标

4. 安全目标管理的实施

企业安全目标管理是一项长期任务，必须始终不渝地进行决策、实施、检查、整改、总结、提高的循环管理，实施目标管理要做到：

(1)要把企业的安全目标列为领导任期内目标，作为企业稳定生产秩序的既定方针。

(2)要赋予安全部门一定的职权，能保证对各职能部门实施安全目标监督检查的功能和作用。

(3)要求各职能部门对自身安全工作发挥主观能动作用,自觉地对安全管理工作进行密切的配合与协调。

(4)要明确各级安全责任制,实行安全一票否决原则以保证措施的贯彻落实。

(5)要动员人人参与管理,要有每个人的责任目标,一级抓一级,层层落实,共同保证安全目标的实施。

5. 安全目标管理的注意事项

(1)加强各级人员对安全目标的认识。企业领导对安全目标管理要有深刻的认识,要深入调查研究,结合本单位实际情况,制定企业的总目标,并参加全过程的管理,负责对目标实施进行指挥、协调;加强对中层和基层干部的思想教育,提高他们对安全目标管理重要性的认识和组织协调能力,这是总目标实现的重要保证;还要加强对员工的宣传教育,普及安全目标管理的基本知识与方法,充分发挥员工在目标管理中的作用。

(2)企业要有完善的、系统的安全基础工作。企业安全基础工作的水平,直接关系着安全目标制定的科学性、先进性和客观性。如要制定可行的伤亡事故频率指标和保证措施,需要企业有完善的工伤事故管理资料和管理制度;控制作业点尘毒达标率,还需要有毒、有害作业的监测数据。只有建立和健全了安全基础工作,才能建立科学的可行的安全目标。

(3)安全目标管理需要全员参与。安全目标管理是以目标责任者为主的自主管理,是通过目标的层层分解、措施的层层落实来实现的、将目标落实到每个人身上,渗透到每个环节,使每个员工在安全管理上都承担一定的目标责任。因此充分发动群众,将企业全体员工科学地组织起来,实行全员、全过程参与,才能保证安全目标的有效实施。

(4)安全目标管理需要责、权、利相结合。实施安全目标管理时要明确员工在目标管理中的职责,没有职责的责任制只是流于形式。同时 ,要赋予他们在日常管理上的权力。权限的大小,应根据目标责任大小和完成任务的需要来确定。还要给予他们应得的利益,责、权、利的有机结合才能调动广大员工的积极性和持久性。

6. 安全目标管理要与其他安全管理方法相结合

安全目标管理是综合性很强的科学管理方法,它是企业安全管理的"纲",是一定时期内企业安全管理的集中体现。在实现安全目标过程中,要依靠和发挥各种安全管理方法的作用,如建立安全生产责任制、制定安全技术措施计划、开展安全教育和安全检查等。只有两者有机结合,才能使企业的安全管理工作做得更好。

7. 某城市轨道交通运营企业安全目标

企业安全目标以保证乘客安全为出发点,以公司安全目标为统帅,开展安全管理工作。公司安全目标为"0123" ,即:

(1)0 个死亡(员工和乘客在地铁责任范围内死亡人数为零)。

(2)1 个标准(建设安全标准化企业)。

(3)2 个百分之百(制度执行百分之百、作业记录百分之百)。

(4)3 个杜绝(杜绝重大行车事故、杜绝非不可抗拒火灾事故、杜绝重大责任性事故)。

第三节　安全生产责任制管理

建立健全和贯彻实施安全生产责任制,就是要将企业安全纳入城市轨道交通运营管理活动的各个环节,实现全员参与、全面、全过程的安全管理,保证城市轨道交通运营企业实现安全运营。

一、安全生产责任制的内容

1. 城市轨道交通运营企业各级管理者责任

(1)企业负责人安全职责:

①作为公司安全生产的第一责任人,对公司安全生产工作负全责。支持分管安全工作的公司领导开展工作,督促分管其他工作的公司领导做好分管范围内的安全工作。

②根据国家法律法规的要求,建立健全公司安全组织体系,强化公司整体安全生产的管理。

③审核公司的年度安全生产规划、计划和资金预算,确定年度公司整体安全生产指标。

④监督其他公司领异和公司部门负责人安全生产责任制落实情况。

⑤组织建立和落实公司应急体系并监督运作情况。

⑥定期主持召开公司安全工作委员会会议,听取安全生产工作情况汇报,分析当前的安全工作形势,研究改进措施,作出决定。决定事项应有正式文字记载,并检查决定执行情况。

⑦落实事故管理"四不放过"原则,坚决贯彻重大事故行政责任追究的有关制度,发生重特大事故时按规定向上级汇报。

(2)企业党总支部书记、副书记、工会主席安全职责:

①监督指导各级公司贯彻国家、地方政府反公司的安全生产方针、政策。

②组织安全生产方针、政策、法律、法规的宣传教育工作,提高各级员工的安全意识。

③发挥工会、各级党团组织在公司安全生产中的监督作用。

④协助检查并考核公司各分管领导和各部门负责人安全生产责任制落实情况。

⑤落实"安全第一"的工作方针,将安全表现作为评比先进集体、先进个人和选拔任用干部的重要考核因素。

⑥协助总结推广安全生产先进经验,支持工会、各级党团组织开展群众性安全生产活动。

(3)主管安全工作主要负责人安全职责:

①贯彻执行国家、地方政府及公司安全生产的方针、政策、法律、法规和制度,负责组织开展公司整体安全生产工作。

②负责制定并落实年度安全工作计划,并考核各部门安全指标的实际完成情况,决定安全工作的重要奖惩。

③组织监管各级安全检查,督促公司各部门消除安全隐患,主持研究重大安全隐患的治理措施,并组织落实。

④组织拓展适应公司发展的安全生产管理模式,不断提高安全生产管理水平。

⑤负责审批安全规章制度,组织制定重大安全措施,不断改善作业环境。

⑥负责建立健全安全生产管理机构,加强安全技术队伍的建设。

⑦根据国家的有关规定及实际工作要求,组织安全评价检查,并对评价检查结果进行通报。

⑧组织审查公司采购的消防设备、器材,审查劳动防护用品生产厂家资质,并按照规定对配备、使用情况进行监督检查。

⑨组织召开公司安全会议,听取有关部门负责人汇报,定期分析安全生产工作情况,研究改进措施,作出决定。决定事项应有正式文字记载,并检查决定执行情况。

⑩组织对险性事故的调查处理,落实事故管理"四不放过"原则,坚决贯彻重特大事故行政责任追究的有关制度,发生重特大事故时必须向上级及时汇报。

(4)企业其他主要负责人安全职责:

①贯彻执行国家、地方政府及公司安全生产的方针、政策、法律、法规和制度,负责组织开展所主管部门的整体安全生产工作。

②组织修订和审批分管部门的安全生产规章制度、规定、安全技术规程,组织实施。

③负责落实职责管辖范围内各项工作中的安全措施。

④定期召开分管部门的安全会议,分析分管部门安全生产动态,及时解决存在的安全隐患。

⑤组织制定分管部门的年度安全工作计划,并逐条落实到具体生产工作中

⑥组织专业技术员工学习、执行国家法律法规、行业标准、技术规范。

⑦组织编制安全生产技术规程,审定新产品、新工艺、新技术和引进技术、设备的安全技术要求。

⑧严格执行"三同时"制度,审查新建、改建、扩建、技术改造项目以及自制机械设备、工具的技术设计,确保符合国家的有关规范和技术要求。

⑨组织制定重点设备关键装置的安全控制方案,并监督实施。

⑩对事故调查及事故隐患整改提供技术支持。

2. 城市轨道交通运营企业其他人员主要责任

(1)安全管理部门负责人安全职责:

①贯彻执行国家、地方政府及公司安全生产的方针、政策、法律、法规和制度,负责组织开展本部门的整体安全生产工作。

②结合公司制定的应急预案及事故处理程序,组织制定部门内部应对突发事件的组织程序。

③组织监管公司安全检查,及时整改检查中发现的问题,对存在重大安全隐患的设备设施要停止使用。

④协同企业管理部门对员工进行安全教育培训。

⑤负责对特种设备的监督管理,对特种作业人员的资质监督检查。

⑥组织开展各种安全活动,制定安全活动计划。

⑦组织制定公司安全管理制度,监督检查执行情况。

⑧负责制定员工劳动防护用品的发放标准,并监督实施。

⑨监督指导基层安全管理工作,及时召开公司专(兼)职安全人员会议。

⑩组织公司安委会日常工作。

⑪负责部门内部岗位安全责任制的落实,并负责考核。

⑫组织对公司所管辖范围内 A 类一般事故和涉及两个及其以上部门的 B 类一般事故、

安全事件的调查处理，落实事故管理“四不放过”原则，坚决贯彻重特大事故行政责任追究的有关制度，发生重特大事故时必须向上级领导及时汇报。

（2）设备管理部门负责人安全职责：

①贯彻执行国家、地方政府及公司安全生产的方针、政策、法律、法规和制度，负责组织开展本部门的整体安全生产工作。

②贯彻国家和上级部门关于设备检修和维护保养的安全规定和标准，做好主管业务范围内安全工作。

③结合公司制定的应急预案及事故处理程序，组织制定部门内部应对突发事件的组织程序。

④组织监管部门安全检查，技术整改检查中发现的问题，对存在重大安全隐患的设备设施要停止使用。

⑤制定部门内部安全管理制度和安全技术规程，告知员工安全隐患，明确安全措施，并负责检查落实。

⑥协助事故调查组进行由设备原因引起的事故的调查处理，按时填报事故报表。

⑦制定所辖设备的应急抢险预案，建立专业应急救援队伍，并组织救援队伍开展日常训练。

⑧对本部门的安全工作进行定期总结，针对发现的问题及时进行改进。

⑨参加公司安全工作的考核评比，对在部门安全生产中有贡献者提出奖励意见；对事故责任者和违章人员提出处罚意见。总结安全生产先进经验，开展安全技术研究，推广安全生产先进技术及现代安全管理方法。

⑩负责制定并落实部门内部各岗位安全责任制，确保完成部门的安全指标。

⑪组织对部门所管辖范围内B类一般事故、安全事件（涉及单个部门）的调查处理，落实事故管理“四不放过”原则，坚决贯彻重特大事故行政责任追究的有关制度，发生重特大事故时必须向上级领导及时汇报。

（3）行车组织部门负责人安全职责：

①贯彻执行国家、地方政府及公司安全生产的方针、政策、法律、法规和制度，负责组织开展本部门的整体安全生产工作。

②结合公司制定的应急预案及事故处理程序，组织制定部门内部应对突发事件的组织程序。

③负责制定地铁行车组织工作的安全操作规程和安全管理制度。

④对本部门的安全工作进行定期总结，针对发现的问题及时进行组织改进。

⑤负责部门内部岗位安全责任制的落实，并确保完成部门安全指标。

⑥ 组织对部门所管辖范围内B类一般事故、安全事件（涉及单个部门）的调查处理，落实事故管理“四不放过”原则，坚决贯彻重特大事故行政责任追究的有关制度，发生重特大事故时必须向上级领导及时汇报。

（4）客运组织部门负责人安全职责：

①贯彻执行国家、地方政府及公司安全生产的方针、政策、法律、法规和制度，负责组织开展本部门的整体安全生产工作。

②结合公司制定的应急预案及事故处理程序,组织制定部门内部应对突发事件的组织程序。

③组织监管部门安全检查,及时整改检查中发现的问题,对存在重大安全隐患的设备设施要停止使用。

④负责制定车站行车组织工作的安全管理制度和安全操作规程。

⑤参加所辖车站的新建、改建、扩建及大修、技术改造工程项目的安全“三同时”监督审查。

⑥对各种直接作业环境进行安全监督,检查各项安全管理制度的落实情况。

⑦参加公司安全工作的考核评比,对在部门安全生产中有贡献者提出奖励意见;对事故责任者和违章人员提出处罚意见。总结安全生产先进经验,开展安全技术研究,推广安全生产先进技术及现代安全管理方法。

⑧协助人事部门对车站值班员及站务员进行安全技能培训考核,对员工进行安全教育,确保员工充分了解工作中存在的危险;确保员工熟练使用消防器材;确保员工执行公司的安全管理规定。

⑨对本部门的安全工作进行定期总结,针对发现的问题,及时进行组织改进。

⑩负责部门内部岗位安全责任制的落实,并确保完成部门的安全指标。

⑪组织对部门所管辖范围内B类一般事故、安全事件(涉及单个部门)的调查处理,落实事故管理“四不放过”原则,坚决贯彻重特大事故行政责任追究的有关制度,发生重特大事故时必须向上级领导及时汇报。

(5)人事管理部门负责人安全职责:

①贯彻执行国家、地方政府及公司安全生产的方针、政策、法律、法规和制度,负责组织开展本部门的整体安全生产工作。

②结合公司制定的应急预案及事故处理程序,组织制定部门内部应对突发事件的组织程序。

③在公司管理总体规划中突出“安全第一,预防为主”的安全生产方针。

④负责监督并考核岗位责任制落实情况,重点检查以岗位责任制为核心的班组各项制度执行情况。

⑤负责公司的服务器、计算机等信息设备和公司办公自动化网络的安全管理。负责公司各种网上信息安全保密管理,防止各类病毒造成的严重后果。

⑥按规定及时缴纳劳动保险和意外伤害保险。

⑦负责公司特种人员安全技术培训和考核工作。

⑧组织新员工进行岗前体检,不得将有禁忌症的工人分配到所禁忌的岗位工作。

⑨负责公司员工的安全培训,对新员工(包括实习、代培人员)及时组织安全教育和考核,经“三级安全教育”考核合格后,方可分配上岗。

⑩负责组织公司员工工伤认定、上报、处理工作。

⑪把安全工作业绩纳入干部晋升、员工晋级和奖励考核的重要内容。

⑫根据职业禁忌症的要求,做好新老员工的工种分配和调整,认真落实有害工种岗位定期轮换、脱离岗位的规定。

⑬参与安全部门组织的事故调查处理工作，负责部门内部岗位安全责任制的落实，并确保完成部门的安全指标。

⑭组织对部门所管辖范围内 B 类一般事故、安全事件（涉及单个部门）的调查处理，落实事故管理“四不放过”原则，坚决贯彻重特大事故行政责任追究的有关制度。

3. 其他人员安全职责

（1）各级安全管理员安全职责：

①贯彻国家的安全法律法规。执行公司和部门的各项安全制度，同时做好本部门人员的安全教育工作。

②结合公司制定的应急预案及事故处理程序，制定实施部门内部应对突发事件的组织程序，并定期组织演练。

③负责修订部门所辖区域内有关安全管理制度和安全操作规程，并检查执行情况。

④组织实施部门安全检查，及时整改检查中发现的问题，对存在重大安全隐患的设备设施要停止使用。

⑤按照安全技术规范、标准的要求，参加本区域内新建、改建、扩建工程项目的设计、竣工验收和设备制造、工艺条件变更方案的“三同时”审查，监督装置检修、停工、开工的安全措施落实。

⑥负责本部门所辖区域内消防器材、劳动防护用品和急救器具的管理。

⑦参加本区域内各类事故的调查处理，负责统计分析，按时上报。

⑧建立健全本部门各种安全管理档案资料的整理、保存工作。

（2）班组长安全职责：

①班组长负责本班组的安全生产工作，是安全生产法律、法规和规章制度的直接执行者。

②贯彻执行本单位对安全生产的规定和要求，督促本班组的工作人员遵守有关安全生产规章制度和安全操作规程。

③切实做到不违章指挥，不违章作业，遵守劳动纪律。

（3）其他人员安全职责：

①各级工程技术人员、职能科室和生产一线人员，在各自的职责范围内应对安全运营工作负相应的责任。

②贯彻国家的安全法律法规，执行公司、部门和本室的各项安全规章制度。

③负责评审本专业安全操作规程，明确安全隐患及采取的安全措施，并监督各相关岗位的执行情况。

④负责本专业系统、设备安全隐患的改造。

⑤按照安全技术规范、标准的要求，参加本专业新建、改建、扩建工程项目的设计、竣工验收和设备制造、工艺条件变更方案的“三同时”审查，监督装置检修、停工、开工的安全措施落实。

⑥协助上级开展各项安全活动及安全宣传工作，对本室安全管理工作提出合理化建议。

⑦正确佩戴劳动防护用品和使用消防器材。

二、建立、健全和贯彻执行安全生产责任制

1. 修改完善

(1)提高各级管理者对安全运营的思想意识,增强其贯彻执行安全生责任制的自觉性。

(2)要根据本企业、部门、班组及岗位的实际情况制定并修改完善,既要明确具体,又要具有可操作性。

(3)在执行过程中,要随着生产的发展和科学技术水平的提高,不断地修改和完善。

2. 检查修订

认真总结安全生产工作的经验教训,按照不同人员、工作岗位和生产活动情况,明确规定其具体的职责范围。对各级安全生产责任要定期、不定期进行检查,尤其在企业结构发生变化时应及时修订岗位安全职责。

3. 全员参与,认真总结

制定和贯彻执行过程中,要发动全员参与讨论,广泛听取大家意见。在制度审查批准后,要使全体工作人员都知道,以便监督检查。对执行好的单位和个人,应当给予表扬;对不负责任或由于失误而造成人员伤亡事故的,应予以批评和处置。

第四节　安全生产管理制度

各企业均应建立符合各自企业特点的安全生产管理制度,具体应包括:安全生产教育制度、安全交底制度、安全检查及隐患排查整改制度、安全生产专项资金使用制度、安全管理例会制度、特种工种持证上岗制度、工伤保险与职业病防护制度、安全事故报告和责任追究制度、劳保用品管理制度、交接班及班前安全会制度等。各单位应根据自身特点,自行制定符合自身特点的安全管理制度,不限于以下管理制度。

一、安全生产教育制度

在安全培训教育上,对员工实行三级安全教育,即公司级、项目部级、作业班组级安全教育制度,坚持多元化培训的原则。

(1)由项目部安全部门具体负责安全教育,即组织对主要管理人员进行安全法律法规的学习和用电等安全技术知识及人身安全的培训教育,严格考核并造册登记。

(2)对各级人员进行安全技能的培训和考核,做好培训、考核记录,并上报项目部培训考核情况。根据运营情况经常组织员工和劳务工进行安全知识、技能等教育,并做好记录(包括时间、地点、主讲人、参加人员签到表等内容)。由各作业班组安全员协助对作业工人进行日常的安全教育。

(3)对特殊工种作业人员,由安全管理部门统一联系地方劳动部门进行培训取证。

(4)上岗前都必须参加安全培训,考核合格后才准许上岗作业。

(5)安全教育内容也要实行三级,教育内容各自有所侧重,具体如下:

公司级教育内容有:

①国家政府发布的有关安全生产的法律、法规;

②本单位运营过程及安全生产制度、安全纪律；

③事故发生的一般规律和预防事故的基本知识、急救措施；

④本单位安全生产形势及历史上发生的重大事故及应吸取的教训。

项目部级教育内容有：

①本项目运营特点及安全基本知识；

②地铁公司下发的有关安全技术要求；

③本工种安全技术操作规程、用电安全、机械设备、危险地段作业安全知识；

④应急预案的避险常识及演练；

⑤劳动防护用品的发放标准及使用要求。

班组级教育内容有：

①本班组生产工作特点及安全规程；

②新工人从事生产工作的性质，必要的安全知识，各种机具设备及其安全防护设施的性能和作用；

③本岗位易发生事故的不安全因素及防范对策；

④爱护及正确使用安全防护装置及劳保用品。

二、安全交底制度

(1)安全交底，执行逐级安全交底原则，即项目部对项目分部进行交底，项目分部对作业班组进行交底。

(2)各种技术交底资料必须以书面形式下发到作业层，交底人、接收人、参加运营的员工签字。使所有员工做到"应知、应会"，提高安全事故的防范意识和防范技能。

三、安全检查及隐患排查整改制度

1. 日常安全检查制度

(1)各部门负责人、安全负责人、技术人员要随时对运营安全监督、检查，发现问题及时处理。

(2)特殊工种岗位持证上岗，运营中作业人员做好自检互检工作，及时纠正违章作业和不正确操作。

(3)安全监督岗岗员检查制度。每一班作业必须设一名固定的安全监督岗岗员，负责本班次安全的监督检查。安全监督岗岗员必须由责任心强、有经验、有技术的岗位工人兼任，主要职责有检查本班次机具、人员、设备的安全工作情况，监督运营过程，保证安全质量，发现并组织排除工作险情。

(4)生产班(组)必须执行班前、班中、班后三检查制度，对检查中发现的问题，及时解决，无法解决的立即上报，求得解决。

①班前检查内容：一是检查作业场所是否安全，工具、设备及其安全装置等是否良好；二是检查生产人员是否精力充沛。

②班中检查内容：一是检查作业场所安全情况是否发生变化；二是检查生产人员是否执行安全技术操作规则。

③班后检查内容:一是检查分析目前现场还有哪些不安全因素,提出解决办法;二是对不遵守劳动纪律及违章作业人员进行批评,分析追查事故及未遂事故。

2. 定期检查制度

各安全部门每月月末定期组织一次安全大检查,检查中要积极发现问题,及时处理问题并做好记录。在每月底召开的安全质量例会上进行讨论、分析、处理。

3. 专项检查制度

各安全部门对一些专业性的安全问题,组织专业技术人员、安检人员和实际操作维修的作业人员在设备、设施投入使用前进行专项检查、验收。不合格的设备、设施不得投入使用。

4. 节前节后和季节性检查制度

节假日前后各部门领导应组织有关人员对各重点部位进行安全检查,特别是重大节假日、重大政治活动期间,防止从业人员纪律松懈、思想麻痹。针对夏季、冬季、雨季运营可能出现的安全隐患进行检查,并督促整改。

5. 安全隐患排查整改制度

(1)安全部门针对各类安全检查查出隐患,根据严重程度,以安全监察通知书或安全监察指令书的形式书面通知隐患责任单位,负责人须签字确认。

(2)隐患责任单位自接到整改通知书后,必须在通知书规定的时间范围内整改完毕,以回执的形式报安全管理部门核查。

(3)安全管理部门接到回执后,到现场核实是否满足整改要求,备案存档,形成闭合。

四、安全生产专项资金使用制度

各部门必须建立安全生产资金专用账目,保证对安全生产措施费的足额投入。对涉及人员人身安全或人身健康的作业,必须购置配发劳动保护用品,配置防护机械设备和用具。而且专款专用,严禁挪作他用。具体由财务部门建立安全生产资金账目,定期统计。

对于涉及职工安全操作的必备设备,由各部门提交采购或租赁计划,经部门领导审批后进行采购或租赁。由财务部负责资金的拨付和建立资金使用账目。

对于日常使用的手套、防尘口罩、工作服、雨靴等劳动保护用品,由物资管理部门统一进行采购。财务部负责资金的拨付和建立资金使用账目。

对于季节性的防暑降温、防寒等福利待遇,按照公司有关文件规定进行采购和发放。由财务部负责资金的拨付和建立资金使用账目。

五、安全管理例会制度

1. 每月安全例会

每月安全质量大检查后,月末定期召开安全例会。在安全例会上通报前阶段安全检查、现场安全生产情况,总结和分析过去工作中的不足。研究制定进一步的安全管理方案,不断提高企业安全生产管理水平。同时对存在的问题或安全隐患、发生的安全事故进行分析,对责任者进行处理。对于一些安全隐患和惯性问题,必须在安全例会上研究解决。对安全生产抓得好的单位提出表彰或奖励,对安全生产出现问题或多次出现惯性问题整改不力的单位给予处罚。

2. 安全专项会制度

在现场出现的安全突发事件，或有重大安全隐患时，由安委会及当事人参加对事故原因的发生进行原因分析，对出现重大安全隐患的人员进行处罚，对相关人员进行处罚，参照“四不放过”的原则进行处理。会上提出整改要求，并指定专人进行监督。通报会议纪要，对全体人员进行教育。

3. 每周交班会安全通报制度

建立每周的交班会制度，要求全体人员参加，在会上，由安全管理部门负责人对日常检查中发现的安全隐患进行通报，对出现的安全隐患进行分析，对本周安全情况进行总结，提出运营中应整改、改进的事项，并提出整改期限要求。

六、特殊工种持证上岗制度

1. 特种作业人员分类

现场特殊工作包括以下：电工、电焊工、驾驶员、信号工、调度员等。从事普通劳动力工人不属于特殊工种。

2. 特殊工种持证上岗制度

按照《中华人民共和国安全生产法》和《建设工程安全生产管理条例》规定，凡从事特殊作业的人员，必须持有国家安全生产监督管理机构培训办理的操作证，持证上岗率必须为100%，无证人员严禁上岗作业。

3. 特殊工种的管理

由安全管理部门建立特殊工种台账，登记造册。保存一份复印件进行备案。对于特殊工种的操作证申办、复审等事宜，由安全管理部门配合公司人事部门具体办理。

七、工伤保险与职业病防治制度

(1)公司应依照《工伤保险条例》规定，参加工伤社会保险，为从业人员缴纳工伤保险费。

(2)公司将参加工伤保险的有关情况及时向员工进行公告。

(3)员工发生工伤时，应立即采取措施，使受伤员工及时得到救治。

(4)按时缴纳工伤保险费，从业人员不需缴纳工伤保险费。

(5)确保安全资金的有效投入，用于购买改善劳动环境和条件的设备和防护设施。

(6)做好易产生职业病危害场所的监测工作，确保施工场所劳动卫生条件符合有关规定。

(7)建立从事职业危害作业人员健康档案，组织员工进行体检，特别是做好特种作业人员监测工作，对不适合本工作的要及时进行调换。

(8)用于职业病防治的各种津贴及时足额发放到从业人员手中。

八、安全事故报告和责任追究制度

(1)各单位无论发生任何安全事故，都必须及时上报，不得隐瞒事故。对故意隐瞒事故不报的单位或个人，按公司相关规定予以处罚。

(2)事故报告内容包括时间、地点、人员伤亡、财产损失情况,事故经过、原因分析、责任认定、今后防范措施等。

(3)如果发生人员受伤(含轻伤)、危及运营的安全和人员死亡事故时,应按照紧急事件应急预案程序组织抢险和急救;如发生死亡事故,除必要的抢救外,应保护好现场,封存现场,按《生产安全事故报告和调查处理条例》第二章有关条款进行上报,并主动配合公司、地方政府事故调查组按照"四不放过"(即原因分析不清楚不放过、事故责任者没有受到严肃处理不放过、广大职工没有受到教育不放过、防范措施没有落实不放过)的原则对事故进行调查、分析和处理。对事故负重大责任者的移交公安、司法机关依法追究刑事责任。

(4)实行安全无事故挂牌、登记制度,这是为了牢固树立"安全第一"的思想,激发干部职工的安全生产集体荣誉感。

(5)在集会或出工必经处设置安全事故牌,并做好事故次数登记,每天一次填写各工班累计事故天数,每月累计。

(6)建立工伤事故档案台账。

九、劳保用品管理制度

(1)按照《个体防护装备选用规范》(GB/T 11651—2008)和国家颁发的劳动防护用品配备标准以及有关规定,为从业人员配备劳动防护用品。

(2)合理安排用于配备劳动防护用品的专项经费。

(3)不得以货币或者其他物品替代应当按规定配备的劳动防护用品。

(4)为从业人员提供的劳动防护用品,必须符合国家标准或者行业标准,不得超过使用期限。

(5)督促、教育从业人员正确佩戴和使用劳动防护用品。

(6)建立健全劳动防护用品的采购、验收、保管、发放、使用、报废等管理制度。购入的劳保用品需具有生产许可证、产品合格证、安全鉴定证。

(7)购买的特种劳动防护用品须经本单位的安全生产技术部门或者管理人员检查验收。

(8)从业人员在作业过程中,必须按照安全生产规章制度和劳动防护用品使用规则,正确佩戴和使用劳动防护用品;未按规定佩戴和使用劳动防护用品的,不得上岗作业。

(9)员工对领用的防护用品要本着节约的原则,不多领、冒领、不送人、不变卖。

(10)员工内部调动,除专用岗位防护用品外,一律不补发一般劳保用品。

(11)凡属个人保管不当,丢失和损坏防护用品者一律折价赔偿(包括借用的)。

(12)需补领的防护用品经本人申请,本单位领导审批,交赔偿费后,由本单位安全员或专职人员向供应分公司领买补发。

十、交接班及班前安全会制度

(1)轮班作业的地点,建立执行交接班制度及召开班前安全会。

(2)交接班完毕后,由交接班负责人填写"交接班记录簿"并体现班前安全会内容,由交接人签字。

(3)交接班时必须做到:对情况要看到;对作业点要走到;对不安全因素要指到;对预防

事故措施要说到。

(4)交接班双方交接及班前安全会主要内容有：

①上一班的操作方法，下一班应采取的方法。

②作业场所的不安全因素及消除不安全因素的对策。

③作业点负责人及安监(检)人员对本作业点的要求，上一班的执行情况，本班还应继续做些什么。

④生产工具，机械设备及保安设施完好情况。

第五节 安全生产投入

一、安全生产投入基本要求

城市轨道交通企业应保证安全生产条件所必需的资金投入，由企业的决策机构、主要负责人予以保证，并对由于安全生产所必需的资金投入不足导致的后果承担责任。此外《国务院关于进一步加强安全生产工作的决定》(国发[2004]2号)中也要求：为保证安全生产所需资金投入，形成企业安全生产投入的长效机制，借鉴煤矿提取安全费用的经验，在条件成熟后，逐步建立对高危行业生产企业提取安全费用制度。企业安全费用的提取，要根据地区和行业的特点，分别确定提取标准，由企业自行提取，专户储存，专项用于安全生产。

依据《中华人民共和国安全生产法》第三十九条、第四十三条：生产经营单位应当安排用于配备劳动防护用品、进行安全生产培训的经费。生产经营单位必须依法参加工伤社会保险，为从业人员缴纳保险费。

二、城市轨道交通企业安全费用的使用范围

城市轨道交通企业安全费用应当按照以下范围使用：

(1)完善、改造和维护安全防护设施设备支出(不含"三同时"要求初期投入的安全设施)，包括设施设备和车辆安全状况检测及维护系统、附属安全设备等支出；

(2)购置、安装和使用具有行驶记录功能的车辆卫星定位装置、导航定位和自动识别系统、电子海图等支出；

(3)配备、维护、保养应急救援器材、设备支出和应急演练支出；

(4)开展重大危险源和事故隐患评估、监控和整改支出；

(5)安全生产检查、评价(不包括新建、改建、扩建项目安全评价)、咨询和标准化建设支出；

(6)配备和更新现场作业人员安全防护用品支出；

(7)安全生产宣传、教育、培训支出；

(8)安全生产适用的新技术、新标准、新工艺、新装备的推广应用支出；

(9)安全设施及特种设备检测检验支出；

(10)其他与安全生产直接相关的支出。

第六节 安全教育培训管理

完善的安全教育培训体系能够使安全教育更贴近和适应受教育者的接受能力，使受教育者提高安全知识和安全意识。安全教育培训体系必须达到“五有”标准，即有完整的安全教育程序、有规范的安全教育培训教材、有适应于各层次人员的安全教育方法、有严密的安全教育考试标准、有显著的安全教育效果。通过安全教育可将因人造成的事故大幅度减少，为实现本质安全、事故为零的目标起到积极作用。

一、对企业主要负责人的教育培训

1. 基本要求

企业主要负责人必须按照国家有关规定进行安全生产培训，经培训单位考核合格并取得安全培训合格证后方可任职。所有单位主要负责人应进行安全生产再培训。

2. 安全生产教育培训的主要内容

(1)国家安全生产方针、政策和有关安全生产的法律、法规及标准。

(2)安全生产管理基本知识、安全生产技术、安全生产专业知识。

(3)重大危险源管理、重大生产安全事故防范、应急管理和救援组织及事故调查处理的有关规定。

(4)职业危害及其预防措施。

(5)国内外的先进安全生产管理经验。

(6)典型生产安全事故和应急救援案例分析。

(7)其他需要培训的内容。

3. 安全生产再培训的主要内容

(1)有关安全生产的法律法规、规章、规程、标准和政策。

(2)安全生产的新技术、新知识。

(3)安全生产管理经验。

4. 培训时间

主要负责人安全培训时间不得少于48学时，每年再培训时间不得少于16学时。

二、对安全生产管理人员的教育培训

1. 基本要求

安全生产管理人员必须经安全生产监督管理部门或法律、法规规定的有关主管部门考核合格并取得安全资格证书后方可任职。其他单位安全生产管理人员必须按照国家有关规定进行安全生产培训，经培训单位考核合格并取得安全培训合格证后方可任职。所有单位安全生产管理人员每年应进行安全生产再培训。

2. 安全生产教育培训的主要内容

(1)国家安全生产方针、政策和有关安全生产的法律、法规及标准。

(2)安全生产管理、安全生产技术、职业卫生等知识。

(3)伤亡事故统计报告及职业危害的调查处理方法。

(4)应急管理、应急预案编制及应急处置的内容和要求。

(5)国内外的先进安全生产管理经验。

(6)典型生产安全事故和应急救援案例分析。

(7)其他需要培训的内容。

3. 安全生产再培训的主要内容

(1)有关安全生产的法律法规、规程和政策。

(2)安全生产的新技术、新知识。

(3)安全生产管理经验。

(4)典型安全事故案例。

4. 培训时间

城市轨道交通运营单位的安全管理人员安全资格培训时间不得少于48学时,每年再培训时间不得少于16学时。

三、特种作业人员的教育培训

(1)对特种作业人员的培训、考核和取证要求。特种作业人员上岗前必须进行专门的安全技术和操作技能的培训与考核,并经考核合格,取得《特种作业人员操作证》后方可上岗。特种作业人员的培训实行全国统一培训大纲、统一考核标准、统一证件制度,《特种作业人员操作证》由国家统一印制,地、市级以上行政主管部门负责签发,全国通用。特种作业人员安全技术考核包括安全技术理论考试与实际操作技能考核两部分,以实际操作技能考核为主。

(2)特种作业人员重新考核和证件的复审要求。离开特种作业岗位达6个月以上的特种作业人员,应当重新进行实际操作技能考核,经确认合格后方可上岗作业。取得《特种作业人员操作证》者,每两年进行一次复审。连续从事本工种10年以上的,经用人单位进行知识更新教育后,每4年复审1次。复审的内容包括健康检查、违章记录检查、安全新知识管理教育、本工种安全知识考试。未按期复审或复审不合格者,其操作证自行失效。

四、对企业其他从业人员的教育培训

生产经营单位其他从业人员是指除主要负责人和安全生产管理人员以外,该单位从事生产经营活动的所有人员,包括其他负责人、管理人员、技术人员和各岗位的工人,以及临时聘用的人员。

1. 对新从业人员的教育培训

对新从业人员应进行公司级、车站(厂)级、班组级三级安全生产教育培训。

公司级安全教育培训的主要内容是:本公司安全生产情况及安全生产基本知识;公司安全生产规章制度和劳动纪律;从业人员的安全生产权利和义务;有关事故案例。

车站(厂)级安全生产教育培训的主要内容是:本车站(厂)安全生产状况和规章制度;工作环境及危险因素;所从事工种可能遭受的职业伤害和伤害事故,所从事工种的安全职责、操作技能及强制性标准;自救、互救、急救方法,疏散和现场紧急情况的处理;安全设备设施、工人防护用品的使用和维护;预防事故和职业危害的措施以及应注意的安全事项;有关事故案例;其他需要培训的内容。

班组级安全生产教育培训的主要内容是:岗位安全操作规程;岗位之间工作衔接配合的安全与职业卫生事项;有关事故案例;其他需要培训的内容。

新从业人员安全生产教育培训时间不得少于24学时,每年接受再培训的时间不得少于20学时。

2. 对调整工作岗位或离岗以后重新上岗的从业人员的教育培训

从业人员调整岗位或离岗一年以上重新上岗时,应进行相应的车站(厂)级和班组级安全生产教育培训。脱离原岗位半年以上重新上岗时,须重新接受班组级安全教育培训。

企业实施新工艺、新技术或使用新设备、新材料时,应对从业人员进行有针对性的安全生产教育培训。

3. 经常性的安全培训

企业要确立终身教育的观念和全员培训的目标,对在岗的从业人员应进行经常性地安全生产教育培训。其主要内容是:安全生产新知识、新技术;安全生产法律法规;作业场所和工作岗位存在的危险因素、防范措施;有关事故案例等。

五、安全生产教育的形式和方法

安全生产教育的形式有:三级安全教育、特种作业人员安全教育训练、经常性的安全教育等。经常性的安全教育形式有:每天的班前班后会上说明安全注意事项,举办安全活动日、安全生产月、各类安全生产业务培训班,召开安全生产会议、事故现场分析会,张贴安全生产招贴画、宣传标语及标志,开展安全竞赛、安全考试、安全演讲等。

安全生产教育的方法有:课堂讲授法、实操演练法、案例研讨法、读书指导法、宣传娱乐法等。

第七节　安全文化建设与科技创新

一、安全文化的基本观点

在城市轨道交通企业中进行安全文化建设活动,需要有正确的态度和观点予以指导。现代社会所需要的安全文化基本观点应包括以下几个方面:

(1)“安全第一”的哲学观。“安全第一”是一个相对、辩证的概念,它是在人类活动的方式上(或生产技术的层面上),相对于其他方式或手段而言,并在与之发生矛盾时,必须遵循的原则。只有建立起辩证的“安全第一”哲学观,才能处理好城市轨道交通运营中安全与生产、安全与效益等的关系,才能做好企业的安全工作。

(2)重视生命的情感观。安全维系着人的健康与生命安全,反之,事故对人类安全的毁灭,则意味着生存、康乐、幸福、美好的毁灭。由此,充分认识人的生命与健康的价值,强化“善待生命、珍惜健康”的人之常情是每一个人应建立的情感观,以人为本、尊重与爱护职工是城市轨道交通企业领导和职工应有的情感观。

(3)安全效益的经济观。实现安全生产,保护职工的安全与健康,不仅是城市轨道交通企业的工作责任和义务，而且是保障生产顺利进行、企业效益得以实现的基本条件。“安全是效益”，安全不仅能“减损”而且能“增值”，这是简单而朴素的安全经济观。

(4)预防为主的科学观。要高效、高质地实现城市轨道交通企业的安全生产，必须走“预防为主”之路，必须采用“超前管理”“预期型管理”的方法，这是生产实践证实的科学真理。

(5)人机系统观。保障安全生产要通过有效的事故预防来实现。城市轨道交通安全系统的要素是：人——人的安全素质，物——设备与环境的安全可靠性，能量——生产过程的控制，信息——充分可靠的安全信息。

二、安全文化建设的内容

与安全文化的构成要素相对应，城市轨道交通企业安全文化建设的内容包括以下方面：

(1)建立稳定可靠、规范的安全物质文化。安全物质文化需要依靠技术进步和技术改造以不断提高本质安全化程度，它主要包括三方面内容。

①作业环境安全。城市轨道交通生产场所中有不同程度的噪声、高温、尘毒和辐射等有害因素，它直接影响作业人员的身心健康和生命安全，应将其控制在规定的标准范围内，创造舒适、安全的工作条件，使环境条件符合人的心理和生理要求。

②工艺过程安全。工艺过程主要指对生产操作、质量等方面的控制过程。工艺过程安全要求做到操作者了解物料的性质，正确控制好温度、压力和质量等参数。

③设备控制过程安全。通过对生产设备和安全防护设施的管理来实现设备控制过程安全。在具体实践中应做到：从设备的设计、制造等方面全面考虑其防护能力、可靠性和稳定性；对城市轨道交通设备要正确使用、精心养护和科学检修；开发应用并推广安全新技术、新产品和新设施。

(2)建立符合安全职业道德、遵章守纪的安全行为文化。城市轨道交通企业的安全行为文化建设包括两方面内容：一是多渠道、多手段地让员工在掌握安全知识的基础上，熟练掌握各种安全操作技能；二是严格执行安全操作规程。

(3)建立健全完善、切实可行的安全制度文化。安全制度文化指的是物态、心态、行为安全文化相适应的组织机构和规章制度的建立、实施及控制管理的总和，主要包括：

①建立健全完善、切实可行的城市轨道交通企业安全管理机制。主要指建立起切实执行企业职责，各方面各层次责任落实，横向到边、纵向到底，高效运作的企业安全管理网络；建立起切实履行群众监督职责，奖惩严明，上下结合，对各层次进行有效监督的企业劳动保护监督体系。

②建立完善的企业安全管理规章制度和奖惩制度，使其规范化、科学化、适用化并严格执行。

(4)建立“安全第一、预防为主”的安全精神文化。首先应通过多种形式的宣传教育，提高城市轨道交通企业职工的安全保护意识，包括应急安全保护意识、间接安全保护意识和超前的安全保护意识，并进行生产作业安全知识、生活安全知识等的教育培训。

(5)对职工加强安全职业道德教育，激励他们为他人和集体的安全考虑，自觉约束自己的行为，承担起应尽的责任和义务。这种教育不仅要面对普通员工，更应集中于各级管理人员和技术人员。

三、企业安全文化建设的方式

企业安全文化建设的根本内涵，是将企业安全理念和安全价值观表现在决策者和管理者的态度和行动中，落实在企业的管理制度中，将安全管理融入企业的整个管理实践中，将安全法规、制度落实在决策者、管理者和员工的行为方式中，将安全标准落实在生产工艺、技术和过程中，由此形成一种良好的安全生产氛围。通过安全文化的建设，影响企业各级管理人员和员工的安全生产自觉性，以文化的力量保障企业安全生产和经济发展。城市轨道交通企业安全文化的建设可通过以下方式进行。

(1)班组及职工的安全文化建设。运用传统有效的安全文化建设手段：三级教育、特殊教育、日常教育、全员教育、持证上岗、搬迁安全活动、标准化岗位和班组建设、技能演练等。推行现代安全建设手段，如“三群(群策、群力、群观)”对策、班组建小家活动、事故判定技术、危险预知活动、风险抵押制、“仿真”演习等，进行班组和职工的安全建设。

(2)管理层及决策者的安全文化建设。运用传统有效的安全文化建设手段：全面安全管理责任制、“三同时”、“五同时”、“三同步”监督制、定期检查制、有效的行政管理手段、常规的经济手段等。推行现代的安全文化建设手段，如“三同步原则”、“三负责制”、意识及管理素质教育、目标管理法、系统科学管理、人机环境设计、安全系统评价、应急预案对策、事故保险对策、三因(人、物、环境)安全检查等。

(3)生产现场的安全文化建设。运用传统的安全文化建设手段，如安全标语(旗)、安全标志(禁止标志、警告标志、指令标志)、事故警示牌等，大力推行现代的安全文化建设手段。

(4)企业人文环境的安全文化建设。运用传统的安全文化建设手段，如安全宣传墙报、安全生产周(日、月)、安全竞赛活动、安全演讲比赛、事故报告会等。推行现代的安全文化建设手段，如安全文艺(晚会、电影、电视)活动、安全文化月(周、日)、事故祭日、安全宣传的“三个一”工程(一场晚会、一副新标语、一块墙报)、青年职工的“六个一”工程(查一个事故隐患、提一条安全建议、创一条安全警语、讲一件事故教训、当一周安全监督员、献一笔安全经费)等。

四、轨道交通企业的安全文化建设

安全文化共性和个性的结合构成了整个社会和谐统一的安全文化机制。城市轨道交通企业的安全文化建设应突出以下四个特点。

1. 安全文化应作为城市轨道交通企业的核心文化来建设

城市轨道交通企业的安全文化建设有一般企业安全文化建设的共性，同时也有作为运输行业安全文化建设的特性。城市轨道交通系统的根本任务，就是把乘客安全及时地运送到目的地。城市轨道交通系统运营的作用、性质和特点，决定了轨道运输必须把安全生产摆在各项工作的首要位置，因此，城市轨道交通企业安全文化建设是企业文化建设的首要工作。

2. 城市轨道交通企业安全文化建设应树立大安全的观念

城市轨道交通系统是由轨道交通设备设施、行车组织、员工、乘客和周围环境等众多因素组成的庞大联动系统,运营过程中的各个环节和因素均会对城市轨道交通系统安全产生影响,因此,城市轨道交通企业应树立大安全的观念。例如,某些地铁公司借鉴其他城市的安全管理经验,将行车安全管理推进到运营安全管理的层面,建立起包括行车安全、设备安全、治安安全、消防安全、员工职业卫生安全、乘客人身与财产安全、防恐和反恐等方面在内的大安全概念,丰富了城市轨道交通安全系统安全管理的内涵。

3.城市轨道交通企业安全文化建设应树立“以人为本”的观念

以人为本是科学发展观的本质和核心。城市轨道交通作为大众化交通工具,其服务的主体和对象主要是人,确保人员的安全是城市轨道交通企业最基本、最重要的要求。以人为本、尊重人的生命、促进企业发展为内涵的安全文化在城市轨道交通系统安全管理中发挥着重要的作用,主要体现在以下三个方面。

(1)具有规范人的安全行为的作用,使人能意识到安全的含义、安全的责任和应有的道德,从而自觉地规范自己的行为,避免不安全行为。

(2)具有组织及协调安全管理机制的作用,使城市轨道交通系统内部的各部门。各人员都为实现安全运营而协调一致运作。

(3)具有使生产进入安全高效的良性循环的作用。实践证明,城市轨道交通系统的安全,不但要有可靠的安全生产设备,而且必须有高水平的管理和高素质的职工。

4.城市轨道交通企业安全文化建设应树立“全民、全社会安全管理”的观念

城市轨道交通系统的安全,直接关系到广大乘客的人身安全和财产安全,与广大人民群众的切身利益息息相关。要实现城市轨道交通系统的安全有序,在加强员工安全教育的基础上,必须对广大乘客进行宣传教育,即大力向乘客宣传并督促其遵守轨道交通安全管理制度,提高全民的安全防范意识。

事实证明,将城市轨道交通系统安全管理中“全员”概念延伸为“全民、全社会”,建设“安全型社会”,对城市轨道交通系统安全起到了重要的作用。安全文化不但发挥了保证城市轨道交通系统安全的作用,而且影响了市民的道德行为。如提倡搭乘扶梯靠右站立,不但大大降低了在扶梯上发生事故的危险性,而且形成了一种良好的互敬互让、与人方便的社会公德,从而在实践中推进了社会文化的建设。

例如,某些地铁公司在安全文化建设上做了有力的探索,积极扩大“全民安全管理”的外延,努力提高全体员工和全社会的安全意识,致力于建造“安全型社会”。例如,在企业内部持续开展“安全生产月”、“安全生产示范岗”、“安全知识竞赛”和“6S 管理”等活动,以不同层次和不同主题的具体活动为载体,使员工在潜移默化中受到安全教育,提高员工的安全意识和安全素质。培养“安全型地铁虚拟组织”,定期与地铁车站内的公安、保洁人员、商铺和银行营业人员等召开安全联席会议,组织他们参加各种地铁安全演练,使他们的安全理念与地铁公司保持一致,安全知识和应急技能与地铁员工同步提高;对外单位的施工负责人进行地铁施工管理规章和安全培训,实行持证上岗;与地铁车站周边的社区进行联合,共同维护地铁运营安全。培养“安全型地铁乘客”,定期开展“地铁安全咨询日”和“地铁开放日”等活动,向市民派发地铁安全知识小册子,充分发挥地铁车站和列车等宣传阵地的作用,通过新闻媒体等进行广泛的安全宣传教育,大力营造“关爱生命、关注安全”的氛围,在广大乘客当中普及安全知识和基本安全技能。

第八节　安全检查管理

安全生产的核心是防止事故,事故的原因可归结为人的不安全行为、物(生产设备、工具、物料、场所等)的不安全状态和管理的缺陷。预防事故是从防止人的不安全行为、防止物的不安全状态和完善安全生产管理三个方面着手。生产是一个动态的过程;在生产过程中,正常运行的设备可能会出现故障,人的操作受其自身条件(安全意识、安全知识技能、经验、健康与心理状况等)的影响可能会出差错,管理也可能会有失误,如果不能及时发现这些问题并解决,就可能导致事故,所以必须及时了解生产中人和物以及管理的状况,以便及时纠正人的不安全行为、物的不安全状态和管理中的失误。

一、安全生产监督检查的目的

安全检查的目的是查隐患、抓整改、堵漏洞、保安全。为了能及时地发现这些事故隐患,及时采取相应的措施消除这些事故隐患,从而保障生产安全进行,安全生产检查是安全生产管理的重要手段。

二、安全生产监督检查的内容

针对检查的目的,安全生产检查的内容可分为以下三个方面。

1. 检查人的行为是否安全

检查是否有违章指挥、违章操作、违反安全生产规章制度的行为。

重点检查危险性大的生产岗位是否严格按操作规程作业,危险作业是否执行审批程序等。

城市轨道交通运营过程中还必须检查动火证、临时用电证、施工许可证等。

2. 检查物的状况是否安全

检查生产设备、工具、安全设施、个人防护用品、生产作业场所以及生产物料的存储是否符合安全要求。

重点检查危险化学品生产与储存的设备、设施和危险化学品专用运输工具是否符合安全要求。

检查在车间、库房等作业场所设置的监测、通风、防晒、调温、防火、灭火、防爆、泄压、防毒、消毒、中和、防潮、防雷、防静电、防腐、防渗漏、防护围堤和隔离操作的安全设施是否符合安全运行的要求,通信和报警装置是否处于正常适用状态,危险化学品的包装物是否安全可靠,生产装置与储存设施的周边防护距离是否符合国家的规定,事故救援器材、设备是否齐备、完好。

3. 检查安全管理是否完善

检查安全生产规章制度是否建立健全,安全生产责任制是否落实,安全生产管理机构是否健全,安全生产目标和工作计划是否落实到各部门、各岗位,安全教育是否经常开展,职工安全素质是否得到提高。

安全生产检查是否制度化、规范化,对检查发现的事故隐患是否及时整改,实施安全技术与措施的经费是否落实，是否按“四不放过”原则做好事故管理工作。

重点检查所使用的危险化学品储存、运输、废弃处置的人员和装卸管理人员是否都经过安全培训并考核合格取得上岗资格；储存危险化学品的仓库是否按要求定期进行安全评价并对安全评价报告提出的整改方案予以落实；危险化学品的运输、装卸、出入库核查登记和剧毒化学品流向和储量记录，以及仓储保管与手法是否符合《危险化学品安全管理条例》的规定，是否制定了事故应急救援预案并定期组织救援人员进行演练。

三、安全生产检查的形式

安全检查的形式要根据检查的对象、内容和生产管理模式来确定，可以有多种多样的形式，城市轨道交通运营企业的安全检查形式主要有以下五种。

1. 运营一线岗位的日常检查

运营一线岗位员工每天操作前，对自己岗位进行自检，确认安全才能操作，以检查物的状况是否安全为主，主要有：

(1)设备状态是否完好、安全，安全防护装置是否有效。

(2)工具是否符合安全规定，个人防护用品是否齐备、可靠。

(3)作业场所和物品放置是否符合安全规定。

(4)安全措施是否完备，操作要求是否明确。

(5)检查中发现的问题应解决后再作业，如自己无法处理或无把握的，应立即向班组长报告，待问题解决后才可作业。

2. 安全人员日常巡查

专业安全工程师、安全员等专兼职安全管理人员每日、每班深入对现场巡视，检查安全生产情况，主要内容有：

(1)作业场所是否符合安全要求。

(2)操作人员是否遵守安全操作规程，是否有违章违纪行为。

(3)协助生产岗位的员工解决安全生产方面的问题。

3. 定期综合性安全检查

从检查范围讲，定期综合性安全检查包括企业组织对全公司各车间、部门进行检查和车间组织对本车间各班组进行检查，检查周期根据实际情况确定，一般全公司性的检查每年不少于2次，车间的检查每季度一次。

全公司的综合性安全生产检查是以企业和车间、部门负责人为主，安全管理人员、职工代表参加组成检查组，按事先制定的检查计划进行，主要是检查各车间、部门的安全生产工作开展情况，以查管理为主。

检查安全生产责任制的落实情况，查领导思想上是否重视安全工作，行动上是否认真贯彻“安全第一、预防为主的方针”，查安全生产计划和安全措施计划的执行情况，安全目标管理的实施情况，各项安全管理工作(包括制度建设，宣传教育、安全检查、重大危险源安全监控、隐患整改等)的开展情况，查各类事故(包括未遂事故)是否按“四不放过”的原则进行处理，事故应急救援预案是否落实，是否组织演练。

对设备的安全状况进行检查，对主要危险源，安全生产要害部位的安全状况要重点检查。

检查应按事前制定好的安全检查表的内容逐项检查，对检查情况做出记录。

对检查发现的隐患要发出整改通知，规定整改内容、期限和责任人，并对整改情况进行复查。

检查组应针对检查发现的问题进行分析，研究解决办法，同时根据检查所了解到的情况评估企业、车间的安全状况，研究改善安全管理的措施。车间对班组的检查也基本是这样。

4. 专业安全检查

有些安全检查其专业性技术性很强，需由懂得这方面知识的专业技术人员进行，比如锅炉压力容器、起重机械、电扶梯等特种设备的安全检查，电气设备安全检查，消防安全检查等。这类检查往往还要依靠一些专业仪器来进行，检查的项目、内容一般由相应的安全技术法规、安全标准作了明确规定，这些法规、标准是专业安全检查的依据和安全评判的依据。

专业安全检查可以单独组织，也可以结合定期综合性检查进行。

5. 季节性安全检查

不同季节的气候条件会给安全生产带来一定的影响，比如春季潮湿气候会使电气绝缘性能下降而导致触电、漏电起火、绝缘击穿短路等事故；夏季高温气候易发生中暑；秋冬季节风干物燥易发生火灾；雷雨季节易发生雷击事故。

季节性检查是检查防止不利气候因素导致事故的预防措施是否落实，如雷雨季节将到前，检查防雷设施是否符合安全标准；夏季检查防暑降温措施是否落实等。

事故主要发生在一线岗位上，一线岗位日常检查和安全人员日常巡查及检查周期短、检查面广能够很及时地发现一线岗位上的不安全问题，对预防事故有很重要的作用，要认真做好。

四、检查工作的组织领导

安全检查要取得成效，不流于形式，不出现疏漏，必须做好检查的组织领导工作，使检查工作制度化、规范化、系统化。

1. 要明确检查职责

安全检查的面广、内容多、专业性强，有不同的检查主体和检查周期，如果职责不清检查工作就很难落实。

要通过制度明确规定各项检查的责任人。比如，岗位日常检查工作可纳入岗位安全操作规程，由操作工负责。安全人员日常巡查工作在安全人员岗位责任制中要有具体规定。专业安全检查的职责可按“管生产必须管安全，谁主管谁负责”的原则，按设备设施的管辖确定检查职责，如设备维修部门管理的起重设备的专业检查由设备维修部门负责。

2. 要有可行的检查方案

检查要有方案，具体规定检查的目的、对象、范围、项目、内容、时间和检查人员，这样才能保证检查工作高效有序进行、避免漏检。

检查方案由检查的组织者制定，检查的具体项目、内容、要求、方法等专业技术方面的内容应先制定安全检查表。检查时对照检查表逐项检查,做好检查记录,这样既能保证检查质量,提高工作效率,也可避免漏检。

检查人员要熟悉业务,在现场检查中能识别危险源和事故隐患,并掌握相应的安全技术标准。

3. 要做好跟踪验证

要做好整改和分析总结工作,整改中发现的问题要定出具体的整改意见(包括整改内容、期限和责任人),并对整改结果进行复查和记录。

要根据检查所了解的情况、发现的问题进行分析、研究、评估,以便对总体的安全情况、事故预防能力有一个正确的认识,制定进一步改善安全管理、提高安全防护能力的具体措施。

五、安全检查表

安全检查表是安全检查的工具,是一份检查内容的清单,使用检查表进行检查有利于提高检查效率和保证检查质量,防止漏检、误检。

1. 检查表的种类

(1)按检查的内容分,可分为检查安全管理状况和安全技术防护状况两类。

①检查安全管理状况的检查表。这类检查表还可细分为安全制度建设检查表、安全教育检查表、检查安全制度建设、事故管理检查表等。主要检查安全生产法规贯彻执行情况,检查管理的现状,管理的措施和成效,以便发现管理缺陷。

②检查安全技术防护状况的检查表。按专业还可分为机械安全检查表、电气安全检查表、消防安全检查表、职业危害检查表等。主要检查职业安全卫生标准执行情况;检查生产设备、作业场所、物料存储是否符合安全要求;检查危险源是否采取了有效的安全防护措施,安全防护设施是否运转正常,使危险源得到可靠的控制,以便发现物的不安全状况。

(2)按检查范围分为全公司的、车间的、班组的和岗位的检查表。

(3)按检查周期分为日常检查的检查表和定期检查的检查表。

2. 检查表的编制

安全管理状况的检查表是依据国家安全生产法规,并结合企业安全生产规章制度来编制的。检查内容就是法规对企业安全生产管理的要求,检查企业安全生产的各项管理工作是否都按法规的要求做好。

安全技术防护状况的检查表的编制,是一项专业性很强的工作,要制定一个能全面识别检查对象各种危险性的检查表,需做好以下工作:

(1)组织熟悉检查对象情况的人员,包括设备和工艺方面的专业技术人员、管理人员、操作人员共同参与编制工作。

(2)全面详细了解检查对象的结构、功能、运行方式、工艺条件、操作程序、安全防护装置,以及常见故障和发生过的事故的过程、原因、后果。

(3)以检查对象为一个系统,按其结构、功能划分为若干个单元,逐个分析潜在危害因素,将危险源逐个识别出来并列出清单。

(4)依据安全技术法规、职业安全卫生标准、技术规范的要求,对识别出来的危险源逐个确定危害控制的安全要求、安全防护的措施以及危险状况识别判断的方法。

(5)综合危险源分布状况和危险源危害控制的要求列出检查表,安全检查时就是将列出的全部危险源逐一检查,看其安全防护措施是否符合安全要求,不符合的予以整改。编制出的检查表还需经实践检验,不断完善。

六、安全检查技巧

要达到安全检查的应有效果,就必须在"懂、活、新、细、严、狠、恒"上下工夫。

1. 懂,即要懂业务

检查组成员必须是安全管理、安全生产技术方面的内行。常言道:"行家一出手,就知有没有","内行看门道,外行看热闹"。

2. 活,即方法要活

安全检查要能及时发现问题,并找出存在问题的关键,很重要的一点,就是检查的方式方法要灵活多变,做到常规检查与突击检查、专项检查与全面检查、平时检查与节日检查、纵向检查与横向检查交替进行,不固守一种模式,增强检查的时效性。

3. 新,即人员要新

检查组成员要进行不断调整,采用各检查组之间相互交流和经常补充替换的办法,保证每一次检查都有新人出现,从而能在检查中打破常规的思维定式,体现新思想、新方法、新要求。

4. 细,即检查要细

要坚持做到不检查则已,要检查就要认认真真、仔仔细细,远与近兼顾、重点与一般兼顾、条件好的地方与条件差的地方兼顾,横向到边、纵向到底、不留死角、全面覆盖。

5. 严,即要严谨分析

对查出的问题,要进行严谨科学的分析,找出存在问题的根源,分析存在问题可能带来的后果,提出防范再次出现类似问题的办法,让大家从中掌握知识,学习经验,吸取教训。

6. 狠,即要狠抓整改

对查出的事故隐患,要落实整改措施、整改时间、整改标准和整改责任人,建立整改反馈和复查考核制度,狠抓整改不放松,不达目标不罢休,绝不让安全隐患有藏身之处,用制度和机制来提高安全检查的执行力。

7. 恒,即要持之以恒

安全工作的长期性、复杂性、艰巨性和反复性,决定了安全检查必须做到持之以恒,切不可忽冷忽热,想起来就搞一次,工作闲下来就抓一回,上级督促安排了就动一下,如果这样就难以起到警钟长鸣的目的,稳定的安全生产环境就难以形成。

七、某城市轨道交通运营企业安全检查样表

某城市轨道交通运营企业安全检查的样表详见表 14-1。

某城市轨道交通运营企业安全检查样表　　表14-1

序号	安全检查种类	安全检查种类定义	安全检查内容	安全检查频次	处理措施
1	岗位班组安全检查	岗位班组安全检查是每位员工对本岗位所负责的各种设备、设施所进行的基本性能测试和一般检查	①班组安全检查、班前检查和运营中安全检查； ②对本岗位工作进行自检，杜绝违章操作现象； ③工作区域内是否整洁，地面是否有杂物、是否有散乱工具、是否有乱堆放现象； ④各种工具是否完备，使用或操作的设施设备性能是否正常； ⑤各种电气设备运转是否正常，线路开关是否有异常情况； ⑥各种消防设备，如消火栓、便携式灭火器是否按原位置摆放并检查安全通道是否有物品堵塞； ⑦乘客指示系统是否显示正常（例如出入指示标志、方向指示标志、紧急出口指示、警告牌、不准进入牌等），各种临时性服务导向标志是否完好、使用是否正确	岗位检查必须坚持日检制度，在交接班时必须进行检查，工作过程中进行不间断巡查。运营期间车站防火巡查每2小时一次，各部门职能范围内管理设备房间必须做到日检两次，早晚交接班时各一次，各部门应确定巡查人员、内容及部位。倒班人员按实际交接班时间进行交接巡视	岗位安全检查中，对发现问题应及时处理并逐级上报，对不能独自解决的问题或问题重大时应及时上报领导；对于紧急问题可以越级上报，以求迅速解决
2	中心站、室级安全检查	中心站、室一级安全检查是中心站长和中心站安全员对其中心站所管辖区各类安全管理工作进行的检查	①对本站建筑设施隐患部位防护进行检查（出入口大门、玻璃）并监督防护措施落实情况； ②对本站设备设施良好情况进行检查（安全门、消防设施、AFC设备、电扶梯、各类安全备品）； ③对本站工作人员岗位安全职责、各项工作记录、操作流程进行检查； ④对本站安全隐患进行定期检查，制定安全隐患防护措施； ⑤对本站学习公司安全文件落实情况进行检查，并进行学习考核； ⑥对本站各项操作规程及熟练使用程度进行检查（消防设备设施、行车设备设施）	中心站负责人及安全员应每月组织相关人员对本中心站进行一次检查，节假日应提前一周进行检查，各站安全负责人应对本站安全工作进行不定期安全检查	中心站应对本站各类安全隐患应进行分类（隐患部位、故障原因、防护措施）并加以控制，发现问题及时上报相关部门解决

第九节　事故隐患管理

对可能引发突发事件的事故隐患及可能造成的危害采用定性的权重打分方法，并参考以往发生的事故资料、同行业发生事故的资料、监测和测量结果、员工及相关方合理的安全意见、国家相关法律法规及评价标准的要求，从事件后果严重程度（S）和事件发生的可能性（L）两方面进行分级认定评价，评价出风险程度 R（风险程度 R = 事件后果严重程度（S）× 事件发生的可能性（L）），参照《突发公共事件总体应急预案》规定的分级标准，根据评价出风险程度 R 的数值，由高到低将风险划分为 I 级（特别重大）、Ⅱ级（重大）、Ⅲ级（较大）、Ⅳ级（一般）四个级别。事故隐患严重程度 S 的取值见表 14-2，事故隐患发生的可能性 L 的取值见表 14-3，事故隐患等级（$R = L * S$）划分见表 14-4。具体事故隐患评价内容见附表。

事故隐患严重程度 S 取值表 表 14-2

分数值	人身伤亡	直接经济损失	中断运营时间
100	30 人以上死亡，或者 100 人以上重伤（包括急性工业中毒，下同）	直接经济损失 1 亿元以上	一条或多条线路全线停运 48 小时以上
40	10 人以上 30 人以下死亡，或 50 人以上 100 人以下重伤	直接经济损失 5000 万元以上 1 亿元以下	一条或多条线路全线停运 24 小时以上 48 小时以下
15	3 人以上 10 人以下死亡，或 10 人以上 50 人以下重伤	直接经济损失 1000 万元以上 5000 万元以下	一条或多条线路全线停运 12 小时以上 24 小时以下
7	1 人以上 3 人以下死亡，或 3 人以上 10 人以下重伤	直接经济损失 100 万元以上 1000 万元以下	一条或多条线路全线停运 6 小时以上 12 小时以下
3	1 人以上 3 人以下重伤	直接经济损失 30 万元以上 100 万元以下	一条或多条线路全线停运 2 小时以上 6 小时以下；或中断正线（上、下行正线之一）行车 3 小时以上

事故隐患发生的可能性 L 的取值表 表 14-3

分数值	事故发生的可能性	判断标准
10	完全会被预料到	(1)已经发生过类似事故或事件，且没有采取防护措施或采取防护措施后依然发生类似事故或事件； (2)其他企业多次发生过类似的事故或事件，而该企业也明显存在在导致该类事故事件发生的条件的； (3)明显违反国家有关安全操作、设备设施安全性能要求等强制性标准； (4)设备设施的定期检测结果严重不符合国家法律法规的安全要求，且在规定的时间间隔内没有进行整改的； (5)作业人员在没采取措施的情况下在有害物质浓度超过国家标准 3 倍或以上的环境中作业，或曾经发生过出现人员健康受损，但作业人员仍没采取措施就作业的； (6)依靠人员的常识可预见到的事故； (7)没有受过培训的人员去操作危险性大的设备； (8)设备设施严重超负荷运转； (9)没有采取控制措施

续上表

分数值	事故发生的可能性	判断标准
6	相当可能	(1)没有安全操作规程控制的危险设备设施操作; (2)经常出现违反安全操作规程的行为,但没有发生事故; (3)设备设施有时出现超负荷运转,但不是严重超负荷运转; (4)作业人员没采取措施就在有害物质浓度超过国家标准1~3倍的环境中作业,但此前没有发现有人员出现健康损害; (5)设备设施的定期检测结果不符合国家法律法规的安全要求,且在规定的时间间隔内没有进行整改的; (6)设备设施没有经过专业检查; (7)使用长期没有经过检查的设备; (8)依靠人员的经验认为该事件发生的可能较大,目前没有发生只是比较幸运或导致事故发生的其他条件没有具备; (9)一年内可能发生多次
3	可能、但不经常	(1)其他企业有发生过类似事故或事件,该企业也存在导致类似事故事件发生的可能; (2)作业人员没采取措施就在有害物质浓度接近国家标准的环境中作业,但此前没有发现有人员出现健康损害; (3)凭个人的经验,认为该事件发生的可能性较大; (4)有时会出现违章行为; (5)危险的发生容易被发现; (6)过去曾经发生类似事故或事件; (7)一年内可能发生一次
1	可能性较小	(1)危险一旦发生能及时发现,并定期进行监测; (2)已有控制措施,但员工安全意识不是很高; (3)作业人员采取措施后在有害物质浓度超过国家标准的环境中作业,且此前没有发现有人员出现健康损害; (4)凭个人的经验,认为该事件可能发生,但可能性较小; (5)三年内可能发生一次
0.5	可能性小	(1)有充分、有效的控制措施,偶尔出现措施没有严格执行的情况; (2)设备安全条件较好,但员工安全意识不是很高; (3)人在站台上走,失足摔倒
0.2	可能性极小,完全意外	(1)风险的发生需要多个条件,而这几个条件发生的可能性都较小; (2)人在站台上走,被冲上站台的列车撞倒

事故隐患等级($R=L*S$)划分表　　表14-4

风险隐患分级	处理措施
Ⅰ级(特别重大)	(1)不能继续作业; (2)暂停相关部分的运作,制定改进目标及措施; (3)对改进的措施进行评估,降低风险度

续上表

风险隐患分级	处理措施
Ⅱ级(重大)	(1)建立目标及控制措施; (2)建立运作控制程序; (3)定期检查、测量、评估; (4)降低风险级别; (5)风险级别降低前,应有应急措施
Ⅲ级(较大)	(1)可考虑建立目标; (2)采取适当的控制措施并建立操作规程; (3)加强员工的培训工作; (4)在考虑现有技术、财务方面要求,认为该类风险目前无法降低时,要维持现有的风险控制水平,避免风险值升高
Ⅳ级(一般)	(1)可考虑建立操作规程; (2)无需采取额外的控制措施,但需定期检查监测; (3)维持现有风险控制措施

第十节　安全作业规程

一、行车调度安全指挥工作的基本要求

调度指挥必须坚持安全生产,正确及时地指挥列车运行,防止因指挥不当造成事故。遇突发紧急事件时,要冷静、正确、及时处理,必须提高业务水平,提高应变能力。

(1)城市轨道交通行车组织工作必须严格执行单一指挥的原则。行车各有关部门必须服从所在区段行车调度的集中统一指挥,各级领导对列车运行的指示必须通过行车调度下达,坚决禁止令出多口或多头指挥,维护调度命令的严肃性和权威性。

(2)行车调度要具备较高的业务水平和紧急处理能力。熟练掌握调度工作技术是做好安全指挥工作的基础。行车调度必须熟悉主要行车人员情况,掌握车辆、线路、设备等方面的知识,熟知各项规章制度和各种行车作业的程序,掌握与其他调度的工作衔接,掌握处理各种行车意外情况和行车事故的方法,做到调度指挥胸有成竹、沉着冷静。

(3)发布调度命令要正确、完整、清晰。调度命令是城市轨道交通运输工作实行集中领导、统一指挥的具体体现。具体要求如下:

①凡是指挥列车运行的命令和口头指示,只能由行车调度发布,有关行车人员必须坚决执行,不得违反。

②发布调度命令前应详细了解现场情况,听取有关人员意见。发布调度命令时应严格按行车相关规章办理,必须先拟后发,不得边拟边发。

③发布调度命令应按“一拟、二签、三发布、四复诵核对、五下达命令号码和时间”的程序办理。

④制定对常用的行车调度命令格式和用语的同一规定,使调度命令发布规范化、用语标准化,调度命令内容更加准确、简练、清晰、完整。

⑤发布调度命令时确保命令的传达准确无误，行车调度应指定其中一人复诵其口头命令内容，其他人核对，确保无误，书面调度命令须填写记录。

二、列车安全驾驶的基本规定

(1)列车驾驶员必须牢记“安全第一”的宗旨，严格按照安全制度、行车规则执行驾驶任务，驾驶列车时做到“三严格”。

①严格遵守各种规章制度，正确执行各种作业程序，确保列车运行安全。

②严格按照运营时刻表及信号显示驾车，工作时严守岗位，不得擅自离岗。

③严格遵守动车前认真确认“行车三要素”：进路、信号、道岔。

(2)列车驾驶员必须掌握列车(车辆)的基本构造、性能，具有一般的故障处理能力，熟悉城市轨道交通线路和站场等基本设施情况，包括必须明确驾驶区段、站场线路纵断面等情况。

(3)列车驾驶员必须掌握其他相关的业务知识并具有一定的应变能力。在列车的运行过程中，一般情况下只有驾驶员一个人值乘，而运行中突发事件有着不可预测性，在事件的初期往往只有驾驶员能够最早发现，所以一名职业素质较好的驾驶员应该而且必须掌握有关事件初期的处理方法，使事件能够在初期阶段得到控制和处置，以减少损失、稳定现场局面。

(4)鉴于列车驾驶员在整个运行过程中的重要作用，城市轨道交通管理部门规定了列车驾驶员上岗值乘的必要条件。首先，驾驶员必须经过考试合格，并取得列车驾驶证后方准独立驾驶列车；其次，脱离驾驶岗位6个月以上，如要再驾驶列车，必须对业务知识和安全运行知识等进行再培训，并且考核合格，对其纪律性和身体状况、心理状况也应由相关管理部门及有关领导作出鉴定。

三、列车驾驶作业安全准则

列车驾驶员的操作应在正常情况下确保“准确”，在非正常情况下确保“安全”，所有操作均动作紧凑、快速正确。列车驾驶作业包括调车作业、整备作业、正线作业、折返作业、站台作业等，具体的作业安全准则如下。

(1)调车作业安全准则：

①设置铁鞋防溜时，不拿出铁鞋不出车。

②凭自身动力动车时，没有制动不动车。

③机车、车辆制动没有缓解不动车。

④调车作业目的不清不动车。

⑤调车作业没有联控不动车。

⑥没有信号或信号不清不动车。

⑦道岔开通不正确不动车。

⑧侵限、侵物不动车。

(2)整备作业安全准则：

①整备作业时必须了解列车停放位置及列车状态。

②检查列车走行部件时,必须确认列车已降下受电弓。

③严禁跨越地沟,进行车底检查时戴好安全帽,应注意空间位置,避免碰伤。

④受电弓升起后,严禁触摸电气带电部分、进行地沟检查及攀登车顶。

⑤检查列车时必须佩带检查灯、一字旋具,并严格按要求整备列车,列车没有经过整备严禁动车。

⑥车库内动车前,必须确认地沟无人和两侧无侵限物后方可动车。

(3)列车运行安全准则:

①驾驶员在取得驾驶证并经鉴定合格后,方准独立驾驶。

②严格遵守各种规章制度,按照要求操作使用设备,正确执行各项作业程序,确保列车运行安全。

③严格按运营时刻表动车,动车前必须确认行车凭证。列车退行或推进运行时,运行前端必须有人引导。

④班前注意休息,班中集中精力,保持不间断瞭望。严禁在列车运行中打盹、看书或干与工作无关的事。

⑤接受调度命令或行车指示时,驾驶员必须认真逐句复诵并领会命令内容。

(4)折返作业安全准则:

①严格遵守交接班制度。

②关门前必须确认行车凭证、道岔、进路正确。

③动车前确认所有人员均在安全区域。

(5)站台作业安全准则:

①开关屏蔽门、车门时,必须严格执行开关门作业程序。

②列车到站停稳后,应先确认列车停在规定的范围内。

③跨出站台开关屏蔽门、车门时,应注意列车与站台间的空隙,避免摔伤。

④关闭屏蔽门、车门前应先确认车载信号或进路防护信号开放或者具有行车凭证。

⑤动车前,驾驶员应确认屏蔽门、车门关好,同时确认屏蔽门与车门间空隙无人无物,方可进驾驶室。

(6)人身安全准则:

①受电弓升起前,必须确认所有人员均在安全区域。

②严禁擅自带无关人员进入驾驶室,因工作需要有人登乘驾驶室时必须确认其相关登乘证件。

③在正线或出入场线,严禁未经行调同意擅自进入线路。

四、车站行车安全的基本要求

车站工作包括列车运行控制、车站的施工组织、接发列车作业等,其中各项作业均涉及行车安全。车站各项作业情况下的具体行车安全要求如下。

(1)列车运行控制。车站的列车运行控制根据整个系统列车运行控制方式的变化而变化。在调度集中控制方式下,车站行车组织的主要工作是监护行车运营状态;在自动控制方式下,车站除了对列车的运营工作状态进行监护外,如中控因故放权而由车站进行控制,则在有集中控制设备的车站应负责对列车的折返、进路排列等人工作业；在半自动控制方式下，车站负责列车运行控制的工作，人工操作信号设备进行接发车、调车等行车作业，并根据行调指令对列车运行进行调整；在非正常情况下，车站根据调度的指令，按规定的作业要求负责列车在车站的接车、发车、调车等作业。

（2）设备施工组织。在车站管辖范围内的任何施工均应在车站行车控制室登记，在得到行车值班员的签字确认后方可进行；对影响运营的施工检修工作，如信号设备检修、道岔检修等作业，必须得到调度的同意后方可进行。

（3）接发列车作业。车站员工应确保在各种控制方式下，车站的接发列车组织工作安全、有序。

五、接发列车作业安全的基本要求

接发列车是城市轨道交通行车工作中最重要的环节之一。接发列车的作业安全直接关系到城市轨道交通的行车安全，因此，所有参与接发列车的作业人员，均应以高度的责任感认真履行岗位职责，严格执行规章规范，保证接发列车作业安全。

1. 接发列车作业安全基本知识

车站在办理接发列车作业时，列车车次、列车运行方向及运行指挥系统等，都是安全保证体系中的重要条件。

（1）列车车次与行车安全。列车车次具有区别列车种类、作业性质及其运行方向等的重要作用，同时与行车安全密切相关。接发列车作业中，列车车次的误听、误传、误抄、误填，往往是造成行车事故的直接原因。为此，办理接发列车时，列车车次必须传准听清，复诵无误，防止误听误传；抄送或填记行车簿册、命令及行车凭证时，要认真核对，防止误抄误填。车次不清楚时，必须立即询问，严禁臆测行车。

（2）列车运行方向与行车安全。列车运行方向也是保证接发列车安全的重要条件之一。尤其是一端有两个及其以上列车运行方向的车站更须引起注意，在办理列车闭塞及下达接发车进路命令等作业事项时，均应冠以临站方向或线路名称，以防止列车开错方向。

（3）列车运行指挥与行车安全。列车工作必须坚持集中领导、统一指挥、逐级负责的原则。为安全顺利地组织列车运行，列车运行的指挥工作应注意两点，即正确指挥和服从指挥。列车运行的指挥工作首先应强调其安全正确性。日常行车作业中，行车调度错发、漏发调度命令，盲目指挥列车运行，或车站值班员错发、漏发接发列车命令，盲目指挥及错误操控控制台等，都是造成列车事故的重要因素。因此，在指挥列车运行工作时，行车调度在发布命令之前，应详细了解现场情况，并听取有关人员的意见，以便正确下达指挥列车运行的调度命令和口头指示。

车站值班员在指挥及办理接发列车作业时，须认真遵守列车有关规章要求，严格执行接发列车作业规定，正确下达接发列车的有关命令，确保列车运行安全。

2. 接发列车作业惯性事故的种类及主要原因

车站在办理接车、发车和列车通过作业程序中发生的一切行车事故称为接发列车事故，经常发生的接发列车事故称为接发列车惯性事故。接发列车惯性事故的种类及主要原因如下。

(1)接发列车作业惯性事故的种类有:

①向占用区间发出列车;

②向占用线路接入列车;

③未准备好进路就接发列车;

④未办或错办闭塞就发出列车;

⑤列车冒进信号或越过警冲标;

⑥错误办理列车凭证发车或耽误列车。

(2)发生接发列车惯性事故的主要原因有:

①当班人员离岗、打盹儿或做与接发列车作业无关的事情;

②办理闭塞没有确认区间处于空闲状态;

③不按规定检查、确认接发列车进路;

④不认真核对行车凭证;

⑤错办或未及时办理信号;

⑥取消、变更接发列车进路时联络不彻底。

3. 接发列车作业的安全要求

接发列车作业,从办理闭塞、准备进路到开放信号、交递凭证,直至列车由车站发出或通过,其间任何一个环节的漏洞都可能埋下事故隐患,任何一项作业的差错都往往危及列车的安全。因此,日常办理每一趟列车,均须高度重视,认真作业。

国内外城市轨道交通均采用信号系统控制列车运行,监控列车运行安全。列车正常行车时,由信号系统自动控制,信号正常时车站不需要接发列车,只需由车站值班员、站台人员完成站台安全监控和乘客乘降的服务工作。只有遇到特殊情况(如信号系统出现故障,需人工排列进路组织列车运行或列车退回车站等)时才需接发列车,接发列车时应注意以下安全要求。

(1)办理闭塞作业的安全要求。

办理列车闭塞是接发列车的首要作业环节,是列车取得区间占用权的重要环节,也是较易发生列车事故的关键环节。

①办理闭塞前,必须认真确认区间已空闲。车站值班员在办理闭塞时,为防止向占用区间发出列车,在确认区间空闲时必须认真做好以下工作:

a. 检查确认前一列车是否完整到达。

b. 通过闭塞设备确认区间空闲。

c. 检查确认区间是否有列车占用。

d. 检查确认区间是否封锁。

e. 检查确认区间是否有遗留车辆。

f. 检查确认有关记录情况。

g. 检查确认其他占用区间的情况。

②办理闭塞时,车次必须准确清晰。

③办理闭塞时,用语必须准确完整。现场作业中,有的车站值班员承认闭塞时,仅简化回答“同意”两字而未复诵,未起到与相邻站互控、联控的作用,极易发生错办车次。为此,办

理闭塞及承认闭塞时，均须完整按照行车标准用语执行。

(2)准备进路作业的安全要求。

准备进路，泛指将列车经由车站所运行的线路安全开通。准备进路是接发列车工作中一项极为重要的作业环节，应引起注意的方面主要有：

①确认接车线路空闲。车站在准备列车的接车进路或通过进路时，首先必须确认接车(通过)的线路空闲，以防止线路上存有机车、车辆及其他危及列车运行安全的障碍物等。车站值班员和现场作业人员必须对接车(通过)进路线路是否空闲进行检查和确认；设有轨道电路及控制台上设有股道占用标识的，通过控制台对股道是否被占用进行确认。

②确认接发车进站正确无误。接发列车进路的正确与否，直接关系列车运行安全。因此，在接发列车作业中，对列车进路的确认极为重要，切不可疏忽。联锁设备正常时，车站可通过信号设备的显示来确认接发车进路；遇有联锁设备停用时，对列车进路的现场检查则更要严密细致，对进路上的道岔逐个确认，确认道岔位置正确及按要求加锁后，方可报告接发车进路准备妥当。

③确认影响进路的其他作业已经停止。

(3)办理及交付行车凭证的安全要求。

行车凭证是列车占用区间的依据，包括信号机显示、路票、调度命令等。有关作业人员办理行车凭证时，必须认真严谨，注意防止因差错而造成行车事故。

①防误操作信号设备。信号是指示列车运行的命令。信号正常时，信号机上显示的准许列车运行的各种信号均为列车行车凭证。信号的开放和关闭至关重要，因此，车站值班员、信号员在操作信号设备时，必须全神贯注，精力集中，遵章守纪，严格坚持“眼看、手指、口呼”一致的确认操纵制度，确保信号指示准确无误。

②防止误填行车凭证。使用路票、调度命令等书面凭证办理行车时，对其使用日期、区间、车次、地点、电话记录号码或调度命令号码等应特别注意。书面凭证填写后，必须逐字逐项复诵，认真进行核对经确认无误后，方可交付使用，以防止因填写错误而导致行车事故。

(4)接发列车作业程序及用语要求。

为确保接发列车作业的安全稳定，尤其在应急处理中，车站接发列车作业应按规定程序办理，并使用规定用语。随意简化，甚至颠倒或遗漏作业程序及用语，将危机行车安全。

(5)接送列车及指示发车作业的安全要求。

接送列车及指示发车直接关系接发列车作业安全。在信号正常的情况下，车站原则上不办理接发列车作业，遇特殊情况(指信号连锁故障需要人工排列进路组织列车运行时，或列车开到区间因故障要退回车站等情况)需接发列车时，车站接发列车人员应严格执行接发列车作业程序。

①确认列车整列到达。

②严密监视列车运行安全状态。站台岗人员随时注意站台乘客动态，当客车进站时，应在站台扶梯口靠近紧急停车按钮附近站岗，防止乘客在关门时冲上车被夹伤，维护站台秩序，监督驾驶员按规范动作关门。发车时，站台岗(或驾驶员)若发现站台或屏蔽门异常，并立即用对讲机通知驾驶员(或站台岗)并及时处理。

③确认列车发车条件无误后，方可指示发车。

六、调车作业安全的基本要求

1. 调车作业指挥及各岗位作业要求

(1)场(段)调车工作由场(段)调度员集中领导、统一指挥，场(段)值班人员负责办理接发列车、排列列车进路和调车作业进路控制，调车作业人员应按相关标准和调车作业计划单执行。

(2)场(段)调度员应根据机车车辆(包括客车，下同)、线路、设备检修计划和现场作业情况，科学、合理地编制调车作业计划，组织调车人员安全、及时地完成调车任务。

(3)调车作业由调车员单一指挥，根据调车作业计划单，正确、及时地显示信号，指挥调车驾驶员，并注意行车安全。

(4)调车驾驶员应根据调车员的信号准确、平稳地操纵机车，时刻注意确认信号，不间断进行瞭望，正确、及时地执行信号显示要求，确保调车作业安全。

(5)场(段)值班员根据调车作业计划单和现场作业情况、机车车辆停放股道情况，正确、及时地排列调车进路、开放调车信号，做到随时监控机车车辆运行、干一钩划一勾。

2. 编制和布置调车作业计划的基本要求

(1)编制调车作业计划。编制计划必须在确保安全的前提下，充分考虑调车效率，做到有调车机车名称，有编制或摘挂车次，有作业起止时间，有编制人员姓名、日期。一批作用超过3钩或变更计划超过3钩，应使用调车作业通知单。

(2)布置调车作业计划。调车作业计划要正确及时布置。调车领导人要将调车作业计划亲自传达给调车员，调车员亲自传达给参加调车作业的驾驶员。调车员必须确认有关人员均已了解调车作业计划后方可开始作业。

(3)变更调车作业计划。变更计划时，调车领导人必须停止调车作业，将变更内容重新传达给每一名作业人员，确认无误后方可作业。

3. 调车作业前准备工作的基本要求

认真检查线路、道岔、停留车情况：一是检查进行调车作业的线路上有无障碍物；二是检查停留车位置；三是检查防溜措施；四是检查确认道岔开通位置；五是检查“道沿”距离，检查确认无误后方可作业。

4. 调车作业显示信号的基本要求

目前，有部分城市轨道交通企业在车厂内调车作业和正线工程车推进运行时已采用无线调车电台进行现场指挥。正常情况下，使用无线调车电台指挥调车作业及保持调车作业人员相互间的联系，但在该设备发生故障时，则改用手信号指挥调车作业。因此，调车作业人员不但要熟悉信号显示内容，还必须熟练掌握显示方法。显示信号时，应严肃认真，做到位置适当，正确及时，横平竖直，灯正圈圆，角度准确，段落清晰。

(1)正确选择显示信号的位置。调车员应站在易于瞭望、能确认前方进路又能使驾驶员看见信号的位置上显示信号。

(2)正确显示连挂信号。在推进车辆连挂作业时，为了使驾驶员及时了解调车车辆与停留车之间的距离，调车员应显示连挂信号和距离信号，以做到平稳连挂。没有显示连挂信号和距离信号不准挂车。调车员显示信号后,没有听到驾驶员鸣笛回示信号时,要立即显示停车信号。机车车辆接近被连挂车辆不少于1m时一度停车,确认车钩位置正确后再连挂。确认连挂好后,推动车辆前应指挥驾驶员进行试拉。

5. 调车运行安全的基本要求

(1)设备或障碍物侵入线路设备限界时,禁止调车作业;禁止提活钩溜放调车作业;客车转向架液压减振器被拆除但空气弹簧无气时,禁止调车作业;禁止两组车组或列车同时在同一条股道上相对移动。

(2)场(段)值班员正确、及时地排列调车进路、开放调车信号,做到随时监控机车车辆。调车作业时,驾驶员与场(段)值班员保持联系,严格执行呼唤制度。

(3)调车作业中驾驶员要准确掌握速度,在瞭望条件差、天气不良等非正常情况下应适当降低速度。

(4)在尽头线上调车时,距线路终端应有10m的安全距离,遇特殊情况需小于10m时,应与驾驶员联系,严格控制速度并采取防溜措施。

(5)在机车、车辆移动中,作业人员禁止有下列行为:进入线路内摘车或调整钩位;在机车前后端坐立。

6. 车辆停留、防溜及止轮器存放的规定

(1)连接线、牵出线、洗车线、走行线(接发列车时除外)、试车线、咽喉道岔分区禁止停放机车车辆。在其他线路存放车辆时,应经车厂调度员同意方可占用。机车车辆应停在线路两端信号机一侧。

(2)工程机车、轨道车停放在带电区时,应在上车顶扶梯处悬挂“高压电,禁止爬上”的标志牌。

(3)调车作业,应做到摘车时先做好防溜(电客车应恢复气制动和停车制动,工程车拧紧手闸,必要时放置铁鞋)后再摘车;挂车前应首先检查防溜措施状况,确认无误后才能挂车,挂妥后再撤除防溜。

(4)铁鞋应统一放置于机车车辆一侧的车轮下,撤除防溜后,铁鞋应及时放归原位。

第十五章　城市轨道交通人员安全管理

第一节　安全管理人员管理

安全管理人员包括主要负责人、专职安全管理人员和安全技术人员。

一、主要负责人

城市轨道交通运营企业的法定代表人是安全生产第一责任人。法定代表人应依法确保安全投入、管理、装备、培训等措施落实到位，确保企业具备安全运营基本条件。

企业分管安全生产的负责人协助履行安全生产管理职责，企业其他单位或部门的负责人对各自分管业务范围内的安全生产负领导责任。企业分管安全生产的负责人的安全管理职责包括：

(1)全面落实国家和地方安全生产法律法规和技术标准，建立健全本企业安全生产责任制；

(2)主持制定和修订完善本企业安全生产规章制度和操作规程；

(3)保证本企业安全生产所必需的资金投入和运营安全整改资金的落实，并确保资金的专款专用；

(4)定期研究安全生产问题；

(5)督促、检查本企业的安全生产工作，及时消除安全生产事故隐患；

(6)组织制定并督察实施本企业的安全生产事故应急救援预案；

(7)及时、如实报告安全生产事故。

二、专职安全管理人员

企业专职安全管理人员具体负责本企业安全生产管理工作，主要职责包括：

(1)在主管安全生产负责人的直接领导下，对本企业安全生产工作负权限范围内的管理责任，对交办的工作任务要按时按质完成。

(2)履行安全生产检查职责并做好检查记录，及时纠正违反安全生产规章制度和安全操作规程的行为，发现安全隐患及时上报并督促整改。

(3)组织制定和修订完善本企业安全生产规章制度和操作规程，并贯彻实施。

(4)按照法律法规要求和企业规定，履行专职安全管理人员职责。

三、安全技术人员

企业安全技术人员对本职业务范围的安全生产工作负责，主要职责包括：

(1)负责本职范围内的安全技术把关，确保各项技术工作的安全可靠。

(2)负责编制本专业的安全技术规程及管理制度。在编制开、停工或设备检修、技术改造方案时,要有可靠的安全技术措施,并检查执行情况。

(3)在本专业范围内对员工进行安全操作技术与安全生产知识培训,组织技术练兵活动,并进行定期考核。

(4)开展现场安全检查,发现事故隐患及时提出予以消除。制止违章作业,在紧急情况下对不听劝阻者,有权停止其工作。

(5)对工程和技术方案进行审查、验收,参加有关事故调查、分析,提出预防措施和建议。

第二节　车站人员安全管理

尽管城市轨道交通系统的自动化程度非常高,但是在车站中必须安排一定的管理人员以维持车站的正常运转。这些人员包括站长、值班站长、行车值班员等,具体人员的数量需要根据车站的规模等因素进行合理设置。

一、站长

站长是车站运营工作的总指挥,全面负责车站客流组织、行车组织、票务管理以及大客流情况下的内勤保障和组织协调工作。

二、值班站长

当班值班站长主要负责车站客流组织,指挥车站客运人员维持站厅秩序,组织人员控制乘客进入车站,及时引导疏散乘客,防止事态扩大。保持与行车值班员、站长联系,以及开启紧急出入口,随时准备限制客流,保证站厅通畅、站台不超员。

值班站长(车站站长)上岗前应经运营单位培训合格,并应履行下列安全职责:贯彻执行有关安全法规,保障车站安全符合规定,及时掌握车站消防安全情况;制定车站年度安全计划和安全资金预算方案并组织实施;协助组织制定、修改和完善车站应急预案;每月至少组织一次车站防火检查,及时消除能够整改的火灾隐患,对不能整改的,提出整改意见;每半年至少组织一次车站安全宣传教育、灭火和应急疏散演练;发生火灾时能够按照车站消防应急预案及时组织疏散乘客、扑救火灾并向有关部门报告火灾情况,协助灾后调查火灾原因;每月至少一次向消防安全责任人或消防安全管理人报告消防安全工作情况。

三、行车值班员

车站的车控室需要配备行车值班员,主要负责车站的组织工作,根据行车调度员指挥办理行车业务,监控列车运行。当出现大客流、服务纠纷等突发事件时,及时报告值班站长并保持与行车调度员及其他有关部门的联系。一般还可以设置1名备班行车值班员负责加强监控,利用广播宣传组织、疏散客流,在非正常行车时负责接发列车及递送路票等站台层的列车任务。

四、客运值班员

当班客运值班员负责当天所有的票务工作,确保各个售票员都有充足的零钱找兑,对发票等相关单据加强管理,负责清点当日票款收入。备班客运值班员负责在站厅巡视,处理乘客事务,更换自动售票机(TVM)、自动检票机(GATE)、半自动售票机(POST)的票箱,确保票务室的安全和整洁。

五、售检票员

售检票员应听从值班站长的指挥,坚守岗位,如停止售检票后,保护好票款安全,同时做好解释疏散工作,维护好车站秩序。

六、站台安全员

站台安全员站在站台两端紧急停车按钮处及站台中部,并听从值班站长的指挥,参与组织、疏散客流。利用电喇叭等设备做好宣传工作,维护好站台秩序,制止乘客强扒车门上下车,防止乘客跌入轨道,并与车辆控制员保持联系,及时汇报站台客流情况。

七、引导人员

在需要的情况下,车站每组进站闸机可以安排1名工作人员,负责指导乘客快速通过闸机,并处理简单的乘客事务和维护现场秩序。当闸机出现故障时,客运人员和自动售检票系统(AFC)专业人员能够迅速修复,确保闸机处于正常服务状态。

第三节　行车人员安全管理

一、列车驾驶员

列车驾驶员除熟悉掌握列车驾驶知识外,还应经消防专业培训合格后持证上岗,并应履行下列职责:

(1)掌握列车火灾应急预案和应急处理办法;

(2)每日检查列车消防设施和报警通信设施功能,发现故障应及时排除,不能排除的应报告消防安全管理人、消防安全责任人;

(3)发生火灾时,用标准用语进行广播宣传和疏散引导,稳定乘客情绪,引导乘客使用车内灭火器灭火和进行紧急疏散;

(4)将列车着火情况及时报告控制中心或值班站长。

二、控制中心主任(值班主任)

控制中心主任(值班主任)上岗前应经消防专业培训合格,并应履行下列消防职责:贯彻执行有关消防法规,保障调度系统安全符合规定,及时掌握调度系统消防安全情况;制定调度系统年度消防工作计划和消防资金预案并组织实施;协助组织制定、修改和完善控制中心消防应急预案;每月至少组织一次调度系统防火检查,消除火灾隐患;每半年至少组织一次调度系统消防宣传教育、灭火和应急处置演练;发生火灾时能够按照控制中心消防应急预案及时组织各调度处理火灾事故、疏散乘客、扑救火灾并向有关部门报告火灾情况;协助灾后调查火灾原因、积极组织撰写火灾事件处理经过并向有关部门汇报；审批施工作业日计划和临时计划，对有安全隐患的计划进行调整；每月至少一次向消防安全责任人或消防安全管理人报告消防安全工作情况。

三、环控调度员

(1)负责对全县各车站消防等机电设备进行全面监控，及时掌握各车站消防设备的运行情况；

(2)对火灾事故的报警，应认真确认、分析现场情况，及时通报行车调度、电网调度和值班主任；

(3)在发生火灾事故时，能够按照控制中心消防应急预案，通过调动环控设备执行合理的通风模式，引导乘客和工作人员进行安全疏散。

四、行车调度人员

(1)负责对行车安全运行状况的监控；

(2)发生火灾时，能够按照控制中心消防应急预案及时指挥着火列车运行、灭火和乘客的安全疏散，并调整后续列车的运行；

(3)与车站值班站长和列车驾驶员保持联系，随时掌握列车运行、灭火和乘客疏散情况；

(4)引导乘客和工作人员进行安全疏散，并尽量减少财产损失。

五、电网调度人员

(1)负责轨道交通安全运行的电网保障；

(2)发生火灾时，能够按照控制中心消防应急预案及时切断相关电网的牵引电流和设备电流；

(3)通知变电所值班人员注意设备运行，保证排烟系统的电源供应；

(4)通知接触网专业工作人员配合灭火，检查设备和电缆情况，防止乘客触电。

六、维修调度人员

(1)负责轨道交通安全运行的设备和通信故障；

(2)发生火灾时，能够按照控制中心消防应急预案及时通知相关车间轮值工程师，必要时启动抢修程序，尽可能保障轨道交通设备和通信设备的正常运行。

七、自动消防系统操作人员

自动消防系统操作人员应经消防专业培训合格后持证上岗，并应履行以下职责：

(1)掌握自动消防系统的工作原理和操作规程，能够熟悉使用和操作各种系统。

(2)负责对消防设施的每日检查，并认真填写各种消防设施值班和运行记录，并定期对各种消防设施进行检查，保证自动消防设施的完整有效。发现故障及时排出，不能排除的应报告消防安全管理人。

(3)核实、确认报警信息。

(4)熟练掌握火灾和其他灾害事故紧急处理程序,发生火灾时,根据消防应急预案启动相关消防设施。

第四节　乘客安全管理

一、乘客安全管理的一般要求

乘客是轨道交通系统服务的对象,其在很大程度上影响着车站的安全。例如在 2006 年 10 月 18 日,1 名男子在北京地铁崇文门站跳下站台被撞身亡,地铁内环列车停运 50min;2006 年 10 月 21 日,1 名拾荒者在北京城铁 13 号线被撞死,导致城铁延误 40min。据北京地铁运营公司有关人士介绍,2005 年 1 月中,防止乘客进入隧道事件共 310 起,防止乘客跳下站台事件共 1520 起。乘客的不安全行为严重影响轨道交通车站的运营安全,有必要对乘客的不安全因素进行分析,并有针对性地采取措施。

乘客的不安全行为可以导致不安全事件的发生,如携带易燃易爆危险物品乘车、跳下站台捡拾物品、嬉笑打闹、不小心坠落站台、在站台边晕倒、因为拥挤被挤下站台等。乘客的安全意识淡薄可能使事故得以发展或扩散,安全意识较强的人对事故隐患能够及时发现,果断应付,甚至能通过采取有效的措施化险为夷,而安全意识差的人可能就发现不了、不能及时发现事故隐患或发现后采取措施不当,最终酿成事故,甚至可能是事故损失扩大。

二、乘客安全管理措施

1.规范乘客行为

乘客应严格遵守轨道交通安全法规的有关规定。轨道交通运营管理部门应设立警示标志,对不能做的事情作出明确规定,如若乘客违反,车站工作人员应及时制止不安全行为,并进行说服教育,对情节恶劣且不听劝阻者可按照相关规定进行处罚。处罚要使受罚者受到教育,提高认识,并影响其他人员要规范自己的行为,不要以身试法。平时应对乘客进行安检,在特殊时期,应采取措施加大安检力度,防止乘客将易燃易爆、有毒危险品带上车。如 2010 年广州亚运会期间,广州地铁增加投入,加大对乘客的安检力度、进行全方位检查。

2.加大安全宣传、教育力度

乘客在日常生活或工作中的安全知识和经验等的积累,对其参与轨道交通运输的安全意识的培养和提高会起到积极的促进作用。但是由于轨道交通的特点决定了其除了具有安全问题中共性的部分外,还具有自己个性的内容,因此,在其他方面的安全教育并不能代替轨道交通安全教育。

相对于企业对职工进行的安全知识宣传、教育、培训,对乘客进行安全知识的宣传、教育难度要大一些,原因是乘客的流动性较大,且乘客的安全文化水平参差不齐,对安全问题的认识程度良莠不齐,对乘客接受宣传教育的约束力也较小。这些困难决定了对乘客的安全知识宣传要做到时间上灵活,形式上丰富多样,内容设计上要充分体现科学性、趣味性、易读性,尽量避免枯燥的说教,这样将有助于降低乘客接受安全宣传的抵触情绪,提高其接受地铁安全宣传教育的主动性、积极性。例如针对部分乘客对轨道交通车站安全问题关注度降低，或对站内其他乘客的不安全行为态度冷漠的现状，可以通过以往的事故案例，刺激乘客大脑意识，唤起他们维护安全的意识，使人们用严肃的态度来对待安全问题，积极主动地参与到维护安全的活动中来，努力减少各类事故的发生。

例如，2009 年 11 月某市安全生产监督管理局、地铁公司联合其他单位制作了《地铁安全第一线》宣传教育片。该宣传片片长 30min，真实模拟了地铁可能发生的各种紧急情况，用真人演示地铁“火灾紧急报警器”、“车门、屏蔽门手动解锁装置”等 10 余种列车上及车站内常用应急设备的使用，以及 5 种紧急情况下的乘客疏散注意事项，形象生动地展示了各种应急常识，乘客观看后印象深刻，增强了乘客安全防范的意识与自我保护的能力。

第五节　城市轨道交通人员职业健康管理

城市轨道交通人员可能涉及的职业健康危害主要包括：噪声、振动、照度、辐射、有毒有害气体。

一、噪声

噪声是一种在生产劳动中普遍存在的物理性危害因素。生产性噪声由于产生的动力和方式不同，一般分为机械性噪声、空气动力性噪声、电磁性噪声。根据噪声在时间上的分布特点，可将噪声分为稳态噪声和非稳态噪声。

噪声能引起人听觉功能敏感度下降，甚至造成噪声性耳聋，还能引起神经衰弱、心血管疾病及消化系统疾病。高噪声影响信息交流，还可导致设备、仪表精度下降，从而引发设备损坏或工伤事故。

城市轨道交通可能产生噪声危害的场所主要为：车站环控设备、列车运行及广播或人流噪声，会对人的感觉造成不良影响。

二、振动

城市轨道交通的振动主要由车辆运行中车轮与钢轨撞击产生，经轨枕、道床传递至隧道衬砌或桥梁基础，再传递至地面，从而引起地面建筑物的振动，对周围环境产生影响。

三、照度

照度不足会使操作人员作业困难，眼睛视物不清、分辨力下降。危险的地段会因照明不足引起意外伤亡事故，如电缆夹层、设备夹层等部位。

四、辐射

大功率高频电磁波对人体有害，通信信号系统在设计时，在满足工程需要的前提下，应采用发射功率小的设备，控制和减少电磁波辐射，以降低对人体的伤害。

五、有毒有害气体

(1)地下车站内由于通风不良而造成高温、高湿，或由于建筑装修所用材料不当而散发各类有害气体,会对工作人员和站内乘客造成危害。

(2)城市轨道交通车辆段作业场所、电焊、除锈、吹扫、喷漆、充电等作业产生的各类废气、烟尘、废热污染,会对工作人员和乘客造成危害。

第六节 城市轨道交通人员安全影响因素分析

一、人员安全影响因素分析

1. 人在安全管理中的主导作用

城市轨道交通安全与许多活动有关,所有各项活动都依赖于高效、安全和可靠的人的行为。在城市轨道交通运营过程的每个环节、每项工作中,都是由人来参与并处于主导地位的,人操控、控制、监督各项设备完成各项工作,与环境进行信息交流,与其他作业协调一致。正是由于人在运营管理中的重要地位,使得人的因素在运营安全中起着关键的作用。

人在现代化运输系统中最大的贡献,在于其能起一个信息处理机的作用。因此很有必要研究人获取、选择、处理和传递信息(包括人体本身的信息)的基本规律。此外,为了使人的生理和心理及神经活动控制和保持在正常的安全值范围内,须对人所承受的并最终使人疲倦的应力和应变后果加以考虑;甚至连人体的各器官和人的整体都应加以关注。可用计划的工间休息和娱乐活动来抵消那些会降低工作效率的受力状态和紧张的影响。必要情况下还需要对他们进行特殊训练,以保证工人实行安全操作,避免不安全行为。

那些可能会导致事故的冒险和不安全操作,往往是被其已作为正面经验接受而且根深蒂固的坏习惯。一旦在班组或个人中偶尔养成了不安全习惯,就必须采取“再培训”和恢复正确习惯的措施。

人对城市轨道交通安全的特殊作用可归纳为下述三点:

(1)人的主导性。在人和设备的有机结合体中,人是主导方。设备必须由人来设计、制造、使用和维护,即使是技术状态良好的安全设备,也只有通过人的正确使用,才能发挥它的保证安全的作用。

(2)人的主观能动性。当情况突然变化时,人能立即采取相应的措施或灵活的方法,排除故障等不安全因素,使系统恢复正常运转。只有人才具有主观能动性,从而具有合理处理意外情况的能力。

(3)人的创造性。人能够通过研究和学习,不断地提高和改进现有系统的安全水平。

2. 城市轨道交通运营安全对人员的素质要求

影响城市轨道交通系统运营安全的人的因素,是指人的安全素质,包括思想素质,技术业务水平,生理、心理素质以及群体素质,且对不同人员有不同的素质要求。

对系统内人员的安全素质要求体现在以下几个方面:

(1)思想素质。包括职业道德、劳动纪律、安全观念等。

(2)技术业务素质。包括业务知识、文化素养、安全法律知识和安全技能,以及处理各种非正常情况的作业能力等。

(3)生理素质。指影响系统运营安全的人体生命活动,包括身体条件及生理状况。主要有年龄、性别、记忆力、体力、耐力、血型、视力、视觉（色觉、视觉、光觉）、听觉、动作反应时间和疲劳强度等，均与城市轨道交通运营安全有着十分密切的关系。

（4）心理素质。指影响运输安全的人的心理过程及个性心理特征。主要包括个性的气质、能力、性格、情绪、需要、动机、态度、爱好、兴趣、意志等各个方面。

（5）群体素质。指影响城市轨道交通系统运营安全的群体特征，包括群体目标、群体凝聚力、群体的信息沟通、群体的人际关系等。由于轨道运营工作要求多工种协同动作，涉及多个环节，因而它对于运输系统内的部门与部门之间、部门内人员之间以及同一工作的不同操作者之间的协调性要求很高，这就使群体的作用变得十分突出。群体对系统安全的影响，主要表现在群体意志影响其成员的行为。

系统外部人员不直接从事运输生产活动，因此，对他们的安全素质要求主要体现在要严格遵守城市轨道交通运营的有关规定，具备一定的城市轨道交通安全法规知识，具有较强的安全意识和一定的安全技能。

在城市轨道交通系统安全的人—机—环境系统的规划过程中，应综合考虑以下因素：

（1）要把人体解剖学资料以及人体生理过程和生理功能作为必要条件考虑在内，就像设计机器必须考虑其所用材料的应力特性一样。

（2）把发生在人体中的主要生理过程必须像能量在机器中传递一样来考虑。当用于人—机—环境系统时，看待人体的心理—神经效能条件的种种特性要像看待机器中保证其控制功能的技术组元（部件）一样。

（3）应把人的天赋以及一些特殊心理、生理功能和对这些功能进行补偿的可能性一起加以考虑。在必要情况下，还要制定补偿的最低值。

城市轨道交通车站安全管理对不同人员的素质要求如图 15-1 所示。

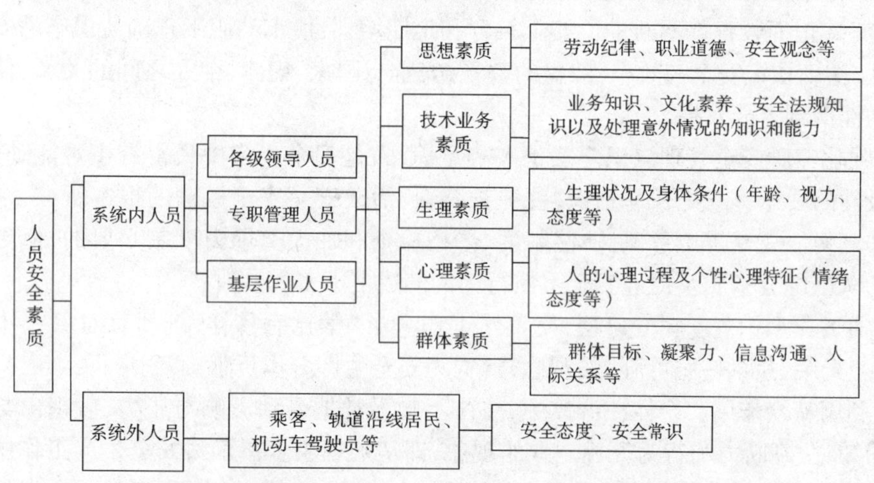

图 15-1　城市轨道交通车站人员安全素质要求

二、人员心理与生理管理

在人—机—环境系统中，人的心理现象及其规律性与安全密切相关，国内外的安全管理部门和专家学者都越来越重视研究和揭示企业生产过程中的人的心理现象及其规律性。

1. 安全生产与心理现象的关系

按照心理学原理,心理现象是人的大脑对客观现实的反映,它包括心理过程和个性心理特征两个相互联系又相互制约的方面,且各自都包含一些复杂的心理要素和具体表现形式。影响安全的心理要素主要有感觉、知觉、记忆、思维、注意、情绪、能力、疲劳、需要、动机、意识、气质和性格等。

在城市轨道交通企业生产活动中,人的操作过程主要有3个环节,即辨认接收信息、操纵控制设备、观察调整运作,所有这些行为均受心理现象影响。当人的心理现象处于积极状态时,感知快速、思维敏捷、动作可靠,能保证系统正常运转。否则,人的感知、思维和反应机能就不能正常发挥,差错增多,导致事故发生的可能性就很大。因此,积极的心理现象是保证安全的内在依据,消极的心理现象及由此产生的侥幸、麻痹、惰性、烦闷、自满和好奇等心理倾向,是人的差错(辨认不清、主观臆断、理解不当、判断失误等)引发事故的深层次原因。人的心理想象状态及其转变程度,成为企业生产中事故与安全互相制约的因素,安全的心理保障关键就在于采取各种有效的手段和措施提高人的心理素质。

2. 人员安全心理的保障条件

1)增强安全意识

意识是人对客观事物的认识、思维和需求等心理活动发展到高级阶段时的心理沉淀,人的意识来自于实践,并在实践中得到发展。意识的自觉性和能动性,具有改变客观现实的作用。牢固的安全意识是安全的重要前提和保证,它是广大干部和职工对安全的认识、情感和态度发展到严于律己时的思维定式,是形成安全动机和行为的先决条件。增强个人安全意识可确保安全自控;增强群体安全意识可实现互控和联控。

增强人员安全意识的主要途径有:

(1)坚持正面教育。不断进行安全教育和定期培训,使车站职工正确认识车站安全工作的重要性,正确认识安全与效率、效益的关系,安全与国家、集体、个人之间的关系,使安全意识的能动性得到充分发挥。

(2)强化三种安全管理意识。一是人本意识,人是安全生产中最富有主观能动性、创造性和积极性的要素。二是长远意识,警钟长鸣,长治久安是安全运输的根本所在,来不得半点松懈和麻痹。三是辨识意识,硬性制度、严格检查和加大奖惩力度是必要的,但更需要在提高职工队伍综合素质及促进安全习惯行为的养成上下工夫。

(3)通过典型示范。树立典型,使车站工作人员"学比有榜样,赶超有对象",牢固树立"安全生产光荣,违章违纪可耻"的观念,自觉为安全生产多作贡献。

(4)利用从众作用。个体在群体中,往往不知不觉地受到影响与压力,表现出与群众内多数人的知觉、判断力和行为等相一致的现象,即从众现象。在车站安全生产工作中应充分发挥班组优良作风和集体荣誉的作用,加大制度和纪律的约束力,增强群体一致向上的凝聚力,形成"要我安全变成我要安全"的氛围。

2)激励安全动机

激励是指运用精神和物质手段去刺激人的动机的心理过程。一个人有多种多样的动机,各种动机因强度不同,对人的行为所起的支配作用也不同,车站安全管理必须通过强有力的激励措施,使安全动机在职工心理上占有主导地位。

对安全生产进行激励的目的是通过激励引导职工的安全需要，强化安全动机，促成安全行为。在职工角色定位（职责、任务等）和一定思想业务素质条件下，运用激励手段，鼓励他们忠于职守，努力工作，在安全生产上取得成绩，并获得应有的奖励，从而使他们在精神和物质上得到暂时的满足。如果因违章违纪造成事故损失受到惩罚后，要通过认真总结经验教训，避免事故再次发生。然而，不论是暂时满足还是吸取教训，都会使职工面对新的机遇和挑战，调整自己的行为。

随着经济和社会发展，激励的手段和方法呈多元化趋势，主要有奖励与惩罚，竞赛与升级，职工参加民主管理和对管理行为实施监督等。安全生产的长期实践证明，竞赛与奖励相结合的方法是激励广大干部和职工安全生产积极性的有效途径。

应该指出的是，在激励安全动机的同时，还要注意遏制不安全的动机。如少数职工为图省事而简化作业程序，为逞强好胜而故意违章违纪，为逃避事故惩罚而推卸责任或隐瞒事故等。消除这些消极心态，对事故防患于未然是十分重要的。

3）提高技术业务能力

能力是一个人比较稳定的心理特征，与知识、技能关系密切。知识是人类历史经验的总结和概括，对个人来说是学习的结果；技能是实际的操作技术，是训练的结果。知识和技能是人的能力形成的基础，并能促进能力的发展。为了提高车站职工的技术业务能力，必须坚持教育和实践。

（1）持续开展全员业务知识、安全知识和安全技能教育，尤其要将新职工、新组长作为培训重点，强化非正常情况下的作业应变能力，进行系统超前培训，严格“先培训、后上岗”制度。

（2）对职工教育应坚持重现场需要、重实际操作、重实际成效的原则，大力改进培训方式、方法。借鉴国际劳工组织推出的先进的模块式技能培训方式，结合实际，对城市轨道交通车站各业务工种的实际操作技能分解成单项模块式教学内容，进行组合式培训。

（3）经常性地开展学标、对标、达标活动。要本着干什么学什么的原则，组织各工种所有在岗职工按照作业标准，反复学、反复教、反复练，直到熟知熟练为止。

4）改善车站安全工作环境

一定的工作环境会使人们产生一定的心理状态，而心理状态决定人们工作的竞技状态。良好的工作环境，能使人们以饱满的热情、充沛的精力投入安全生产。如果温度不宜、噪声严重超标，照明太亮或太暗，就会使人感到烦躁或因疲劳导致操作失误。因此，应根据人的感知、注意、思维、反应能力在不同环境因素下的变化规律，对车站作业场所的照明、色彩、温度、湿度、设备布局等从对人的心理产生积极影响的效果出发进行设计和安排。

在城市轨道交通企业成产过程中，除了人与自然的关系即工作环境外，还有人与人之间的互相关系（人际关系），即系统内部的社会环境问题。不同的人际关系会引起不同的情绪体验，产生不同的安全生产效果。融洽的人际关系，良好的内部社会环境是保证交通安全的重要条件。这除了与职工个人修养有直接关系外，主要取决于领导的管理行为所营造的宽松环境。在运输生产过程中，各级组织对安全工作的领导必须坚持严字当头、严格要求、严肃管理，但同时也要正确处理好人与人之间的关系，包括领导、干部和职工之间的关系。协调干群关系的关键在于要树立廉洁奉公的干部形象，切实转变干部作风，重点解决好作风不实、工作漂浮、官僚主义、形式主义和个人主义的问题,真心实意地关心职工生活,满腔热情地体察职工的思想、情感和困难,尽最大努力满足他们多层次的需要,帮助他们解除后顾之忧,使广大职工身体健壮、精力充沛、情绪饱满地投身到运输生产中去。

三、班组管理

1. 班组管理的意义

良好的团队合作对组织的每个成员都有激励和约束作用。在城市轨道交通系统中,要求团队发挥整体的工作效能,由此形成了各种作业"班组"的概念。一个作业班组具有为完成某个工作目标包含的大量任务所必需的各种技能,小组成员间需要不断相互支持和信息沟通,从而激发思考和创新。在小组成员间还存在一定的竞争,如获得领导地位,这可成为改善小组表现的积极动力。在班组管理中,强调信息沟通、领导能力、判断和决策以及应急管理等,这对改善班组的工作质量,并调动小组成员的主观能动性、积极性和创造性有重要意义,使他们牢固树立"安全第一"的思想、认识到工作的重要性和价值。

2. 班组安全管理方法

(1)班组成员合理搭配。任何两名工作人员,无论个人性格、工作经验、业务技能、调配习惯、工作作风都是不尽相同的。每名工作人员都有自身的优点,也有各自的缺点。在城市轨道交通系统的工作实践中发现,好的班组能分工合作、协调配合、互相提醒、互相弥补,从而使班组形成多层次安全防护系统;而不好的班组互相冲突、互相制约,即使每个人员都极其优秀,班组依然十分脆弱。加强对班组成员的合理搭配,可从以下方面入手:

①性格互补。每名工作人员都有自己不同的个性,气质不同,性格也不同。有的性格粗犷,有的温和雅致;有的内向,有的外向;有的急躁冲动、性情激烈;有的处事冷静、不愠不火。假如班组成员都是急性子、燥脾气,必然很难相处;同样,班组成员都性格内向,则很难沟通,久而久之势必难以配合。班组中,各成员的性格会相互作用,相互影响,有的相互促进,有的相互妨碍,互补搭配应是一种较好的配置。

②能力互补。不同的人员在能力上有各自的特点,有的理论知识扎实,有的特殊情况处置经验丰富。建立一个能力互补型的班组,有利于人员之间的知识互用,优势能力互补,扬长避短,有利于整个班组发挥整体效能。

③能形成团结的班组气氛。两名工作人员在生活中有了矛盾,在矛盾化解之前,如果安排他们搭配工作,结果势必是"1+1<1"的效果。这就是说,对班组成员的搭配,必须事先作出调查分析,了解人员之间的人际关系,考虑到人员搭配在一起是互相猜测、挑剔、妒忌、怨恨、拆台,还是互相帮助、体贴、关心,能否形成和谐、融洽、宽松、团结、谦和的工作环境。

④年龄、性别互补。年龄、性别不同的成员,不仅身体状况、心理状况、工作经历、人生经历不同,而且智力、体力、能力、作用也不一样。而同一年龄段、同一性别的人员又常常表现出相同的特点。班组的组建以老、中、青互相搭配的年龄结构比较理想。

⑤职位、资历、能力成梯度搭配。不同人员的职位、资历、能力必然会有高低上下之分,当高者与低者落差相当大时,即使高者的指令不当,低者一般不敢提出自己的主张,达不到交叉监视和检查的目的。而低者在指挥过程中,往往没有自信心,时刻担心出错,心理压力很大。而过于平坦的搭配,又有可能会互相挑剔,产生逆反心理,反其道而行之。不合理的

梯度使工作人员产生微妙的心理效应，干扰班组成员正常的交流协作。合理的匹配梯度是工作人员之间有一定的梯度，但不能过于陡峭或平坦，班组长应是资历和能力综合素质的最高者。

(2)加强班组管理。职工的个人素质是城市轨道交通系统安全管理的基础，也是班组管理的基础。班组建设是降低事故率和保证安全的关键。不同的职工，其知识和技能不尽相同，且对信息的获取及情况的判断难免有偏差失误，长时间的工作难免有疏漏，处置特殊情况也难免顾此失彼。只有班组分工合作、协调配合、互相提醒、取长补短、互相弥补，才能发挥班组整体强有力的安全堡垒作用。所以安全系于班组整体，而不是个别成员。

加强班组管理，首先必须明确班组成员之间保证安全的责任完全相同，发生事故、差错时承担的责任完全相同，立功受奖人人相同。只有这种责任共担的制度才能消除各人管各人的现象，才能保证组员之间形成既有分工、又有合作的局面。沟通是班组成员之间的交流和联络，也是配合协作的先决条件。沟通对于班组无异于血液对于生命有机体，沟通能确保班组成员获得消息得到共享，增进合作。沟通应注意时效问题，信息的发出一定要及时，并与对方接收的信息在内容上完全一致。如果不能达到正确的理解，则意味着信息沟通发生了障碍。工作人员之间的沟通包括态度、情感、思想、观念、意图的交流。

第十六章　城市轨道交通行车组织安全管理

第一节　列车运行图

列车运行图是利用坐标原理表示列车运行状况的一种图解形式。

一、列车运行图的作用

1. 列车运行图是组织列车运行的基础

列车运行是一个很复杂的环节,它要求各个部门、各工种、各项作业之间相互协调配合,才能保证列车安全和提高运输效率。列车运行图规定了各次列车占用区间的顺序、列车在一个车站到达和出发(或通过)的时刻、列车在区间的运行时间、列车在车站的停站时间、折返站列车折返作业时间及电动列车出入场时间。列车运行图在保证城市轨道交通运营各部门的相互配合和协调动作上起到了重要的组织作用。

2. 列车运行图是轨道交通运行组织的一个综合性计划

运营生产是一个统一的整体,涉及城市轨道交通运营的各业务部门都需要根据列车运行图所规定的要求来安排工作。如车站根据运行图所规定的列车到达和出发时刻,安排本站行车组织工作和客运组织工作;车辆维修部门每天运营前要整备好运营需求的列车数,车辆运转部门要根据列车运行图的要求明确列车的派出时刻和乘务员的作息计划;公务、通信、信号、供电、机电等部门也要根据列车运行图的规定来安排施工计划和维修计划。因此,列车运行图是城市轨道交通运行组织的一个综合性计划。

二、列车运行图的格式与分类

1. 列车运行图的格式

列车运行图是列车在各区间运行和在各车站到达、出发(通过)时刻的图解形式。一般有以下四种格式。

(1)一分格运行图:它的横轴以1min为单位用细竖线加以划分,10min格和小时格用较粗的竖线表示。这种一分格图主要在编制新运行图和调度指挥时使用。

(2)二分格运行图:它的横轴以2min为单位用细竖线加以划分,常用于市郊线路运行图的编制。

(3)十分格运行图:它的横轴以10min为单位用细竖线加以划分,半小时格用虚线表示,小时格用较粗的竖线表示。这种十分格运行图主要供调度在日常指挥中绘制实际运行图使用。

(4)小时格运行图:它的横轴以h为单位用竖线加以划分。这种小时格运行图主要在编制旅客列车方案图和机车周转图时使用。

在列车运行图上，以横线表示车站中心线的位置，一般以细线表示中间站，以较粗的线表示换乘站或有折返作业的车站。

2. 列车运行图的分类

(1)按区间正线数分：单线运行图和双线运行图。

(2)按列车之间运行速度差异分：平行运行图和非平行运行图。

(3)按上下行方向的列车数分：成对运行图和不成对运行图。

(4)按同方向列车运行方式分：连发运行图和追踪运行图。

(5)按使用范围分：日常运行图、节假日运行图、其他特殊运行图。

城市轨道交通系统的列车运行图因其系统特征，一般均为双线成对追踪平行运行图。

3. 车站中心线的确定方法

(1)按区间实际里程比率确定：按整个区段内各车站间实际里程的比例来画横线。采用这种方法时，列车运行图上的站间距完全反映实际情况，能明显地表示出站间距离的大小。但由于各区间的线路和纵断面不一样，使列车运行速度有所不同，这样列车在整个区段上的运行线往往是一条斜折线，既不整齐，也不易发现列车在区间运行时分上的差错，所以一般不采用这种方法。

(2)按区间运行时分比率确定：按整个区段内各车站间列车运行时分的比例来画横线。采用这种方法时，可以使列车在整个区段运行线基本上是一条斜直线，既整齐又美观，也容易发现列车在区间运行时时分上的差错，故多被采用。

列车运行图上的列车运行线与车站中心线的交点，即为列车到、发或通过车站的时刻。根据列车运行图的格式不同有不同的表示方法。所有这些表示时刻的数字或符号，都填写在列车运行线与横线相交的钝角处。

三、列车运行图的组成要素

城市轨道交通列车运行图组成要素有三个：时间要素、数量要素、相关要素。

1. 时间要素

(1)区间运行时分：指相邻车站之间的运行时分，需经列车牵引计算和实际查标后确定。

(2)停站时分：指列车停站作业（包括减、加速、开、关车门等）、乘客上下车所需时间的总和。

(3)折返作业时分：指列车到达终点站或在区间站进行折返作业的时间总和。折返作业时分包括确认信号时间、出入折返线时间、驾驶员换岗时间等。折返作业时间受折返线折返方式、列车长度、列车制动能力、信号设备水平、驾驶员操作水平等多因素的影响。

(4)出入车辆停车场作业时分：指列车从车辆停车场到达与其相接的正线车站或返回的作业时间，亦需通过查标确定。

(5)运营时间：指城市轨道交通运营线路运送乘客的时间。一般来说，各国城市轨道交通系统均有一定的夜间时间(2～6h不等)用作设备设施的维修和保养。

(6)停送电时间：指每天运营开始前送电和运营结束后停电所需操作和确认的时间。

2. 数量因素

(1)全日分时段客流分布：按客流的时间分布进行预测、调查分析，确定高峰、低谷时段客流量,从而对列车编组数或列车运行列数等相关因素进行合理安排,并作为开行不同形式列车的主要依据,如区间列车、连发列车等。

(2)列车满载率:列车满载率指列车实际载客量与列车定员数之比,编制列车运行图时,既要保证一定的列车满载率,又要留有一定余地,以应付某些不可测因素带来的客流波动,同时也要考虑乘客的舒适水平。

(3)出入库能力:由于车辆基地与线路车站之间的出入库线有限,加之出入库列车插入正线受正线通过能力的影响。因此每单位时段通过出入库进入运营线的最大列车数,即出入库能力,是编制列车运行图的一个重要因素。

(4)列车最大载客量:列车最大载客量即一个编制列车按车厢定员计算允许装载的最大乘客数,分为定员载客量和超载客量。

3. 相关因素

(1)与其他交通方式的衔接:列车运行计划要充分考虑与之衔接的其他交通方式的站点,如大交通系统的铁路、港口、机场、公路交通枢纽等,城市交通方式的公交线路、车站、自行车停放区、其他车辆停放区域等。

(2)与大型体育场所、娱乐、商业中心的衔接:这些场所会有突发性的客流冲击城市轨道交通,造成车站一时运力和人力安排的困难。

(3)列车检修作业:为保证列车状态完好,需均衡安排列车运行与检修时间,既使每个列车均有日常维护保养时间,又使各列车日走行公里数较为接近。

(4)列车试车作业:检修完的列车除了在车辆基地试验线试车外,某些项目有可能在正线上试车,此时需在编制运行图时考虑周全。

(5)驾驶员作息时间:根据驾驶员作息制度、交接班地点与方式、途中用餐等因素,均衡安排各个列车的运行线。

(6)车站的存车能力:线路上的车站大多数无存车线,在终点站、区间个别车站设有停车线,可存放一定数量列车,在日常运行时可作为停车维护用,在夜间可存放列车减少空驶里程,均衡早上运营发车秩序。

(7)电动列车的能耗:在计算、查定电动列车的各区间运行时分时,要协调区间的运行等级、限速与给电时间的关系,尽可能使之达到最佳。同时也要使同一区段同时启动的列车最少。

第二节　行车调度工作

城市轨道交通行车调度工作由调度控制中心实施,实行高度集中、统一指挥,以使各个环节紧密配合,协调工作,保证列车安全、准点运行。行车调度工作是城市轨道交通系统的核心,它的好坏直接影响乘客运输任务的完成情况。

一、行车调度工作的基本任务

(1)组织指挥各部门、各工种严格按照列车运行图工作。

(2)监控列车到达、出发及途中运行情况,确保列车正常运行秩序。

(3)当列车运行秩序不正常时,及时采取措施,尽快恢复正常运行秩序。

(4)及时、准确地处理行车异常情况,防止行车事故的发生。

(5)随时掌握客流情况,及时调整列车运行方案。

(6)检查监督各行车部门执行运行图情况,发布调度命令。

(7)当发生行车事故时,按规定程序及时向上级主管部门汇报,并采取措施防止事故扩大,积极参与组织救援工作。

二、调度机构及其组成

城市轨道交通系统是一种复杂的、技术密集型的城市公共交通系统。为统一指挥、有序组织运输生产活动,轨道交通系统设立了调度控制中心。调度控制中心实行分工管理原则,按业务性质划分为若干部分,设置不同的调度工种。如在控制中心通常设有行车调度、电力调度和环控调度等调度工种,具体的运营调度生产组织系统见图 16-1。

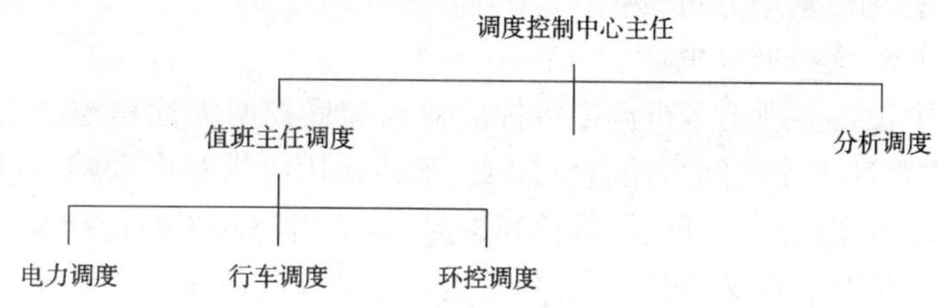

图 16-1 运营调度生产组织系统

三、行车调度员应具备的素质

(1)在具有中等(运输专业)以上学历,并有实践工作经验的人员中选拔,并经过调度专业知识学习,内容包括《技术管理规程》、《调度工作规则》、《行车工作细则》、《行车事故处理规则》等。

(2)熟悉人、车、天、地、图等各种和运营有关的情况。

(3)必须熟悉驾驶员、车站值班员等与列车运行有关的作业人员情况,了解他们的工作经历、业务水平、个性和家庭状况,充分调动有关人员的工作积极性。

(4)必须熟悉车辆的技术状态、使用性能和特点等情况。

(5)必须掌握气候变化对客流增减及对列车运行影响的一般规律。

(6)必须熟悉与行车有关的各种技术设备,如线路平纵断面、信号、联锁、闭塞设备、车站折返设备、调度集中设备和通信广播设备等。

(7)必须熟悉列车运行图、技规、行规、调规等技术文件和有关规章制度。

四、行车调度工作的主要设备及功能

随着科学技术的发展,城市轨道交通系统运行控制设备正逐步向自动化、远程化、计算机化的方向发展,行车调度工作也从人工电话调度指挥方式向电子调度集中和计算机集中控制设备发展。

1. 人工调度指挥系统(电话闭塞法)

人工调度指挥系统的设备有:

(1)控制调度中心设备:调度电话、无线调度电话、传输线路。

(2)车站设备:调度电话分机、传输线路。

(3)列车上设备:无线调度电话。

该系统主要由行车调度员通过电话向车站值班员直接发布指令,由车站值班员安排列车进路。通过值班员报点,调度员掌握列车到达、出发信息,下达列车运行调整的调度命令,并通过无线调度电话呼叫列车驾驶员,发布调度指令。在该阶段,由调度员人工绘制列车运行图。

2. 电子调度集中系统(自动闭塞法)

电子调度集中系统的设备有:

(1)调度控制中心设备:调度集中总机、运行显示屏、运行图绘图仪、传输线路等。

(2)车站设备:调度集中分机、传输线路等。

(3)列车上设备:无线调度电话。

电子调度集中设备实现了运行调度指挥的遥信和遥控两大远程控制功能(尚缺遥测这一基础功能)。它的特点是区间采用自动闭塞、车站采用电气集中联锁,并用电缆引接到控制中心。控制中心行车调度员可以直接排列进路,直接指挥列车的运行调整,并通过列车显示屏监控列车运行情况。在必要时,可将列车运行进路排列权限下放给车站,由车站值班员操作。

在电子调度集中情况下,列车进入区间的行车凭证为出站信号机的绿灯显示。如出站信号故障,凭行车调度的命令发车,追踪运行列车间的安全间隔由自动闭塞设备实现。

3. 计算机控制的自动调度设备(ATC 系统与 CATS 系统)

目前,ATC 系统已被越来越多的城市轨道交通系统采用。通常,ATC 系统由列车自动保护系统(ATP)、列车自动驾驶系统(ATO)、列车自动监控系统(ATS)组成。

(1)ATP 子系统。ATP 子系统强制规定列车运行速度,保证前行与后续列车之间的安全行车间隔。

(2)ATO 子系统。ATO 子系统能使列车按 ATS 速度进行平稳调速,使列车自动停在车站的正确位置。

(3)ATS 子系统。ATS 子系统能监控列车运行状态,实时控制列车运行时刻表。

CATS 系统是 ATC 系统中央控制中的调度指挥系统,它是一个实时控制系统,由调度控制和数据传输电子计算机、工作站、显示盘和绘图仪等构成,电子计算机按双机热备配置。CATS 具有以下功能:

(1)具有运行显示以及人工控制功能。

(2)能发出控制需求信息,并从轨道线路上及信号设备上接收信息。

(3)可由行车调度员人工或自动地将调度指挥信息传递至各集中站 ATC 设备,如停站时间、运行等级等。

(4)实现了列车的动态显示,如列车位置、到站出发时分、车次号等。

(5)存储多套列车运行图,如工作日运行图、双休日运行图、客流组织运行图等。

(6)按当前正在使用的列车运行图调整列车运行。

(7)监控列车运行,调整列车发车时刻,控制列车停站时分和终点站列车折返模式。

(8)非正常情况的报警。

(9)生成、终止运行报告。

(10)记录运行数据信息,提供实时记录的重放。

五、行车调度的调度命令

在组织指挥列车运行过程中,行车调度员按规定在进行某些行车作业时需发布调度命令,是行车调度员在指挥列车运行过程中发布的对行车作业具有严肃性和强制性的指令。行车调度员在发布调度命令前,应详细了解现场情况,并听取有关人员的意见,调度命令发布后,有关行车人员必须严格执行。

1. 行车调度命令的分类

行车调度命令按下达方式不同,可分为口头命令、书面命令、口头通知。

(1)口头命令。在无线录音设备正常状态时,行车调度员发布的行车调度命令均以口头命令下达。口头命令内容包括命令号、受令人处所、受令人、命令内容、发令日期、发令时间、发令人姓名及复诵人姓名。

(2)书面命令。在录音设备故障停用时,遇列车救援、反方向运行及 ATP 切除运行均需发布书面命令。命令内容同上。

(3)口头通知。在日常运行调整时,行车调度员以口头通知下达,口头通知不需命令号,只下达通知内容及受通知人即可。

2. 书面调度命令的填记标准

(1)填记项目。调度命令应填记命令号、受令处所、受令人、命令内容,另外还包括发令日期、发令时间、发令人及复诵人。

(2)命令内容。运营指挥过程中如遇限速、区间下人、救援、区间封锁等情况时,根据命令标准格式内容分类填写。如遇其他特殊情况时(即命令超出现有标准格式),应由行车调度员将命令内容手写在“其他命令”表式中。

(3)下达行车调度命令,应按以下作业要求操作。

①调度命令须行车调度员发布。

②下达命令时,命令号每天由 1 至 100 顺序循环使用,每一个循环期间不得漏号、跳号及重号使用。

③命令处所为沿线各站及运转部门,填记时采用标准缩写站名。

④受令人、发令人、复诵人均须填记全名。

⑤发令日期、发令时间应填记正确无误。

⑥命令内容中空缺的内容应正确填写,做到不随意涂改。如命令内容与格式中虚线字内容吻合时,应及时描实。未描实的虚体字一概作为无效内容并用横线进行删除。

⑦发布调度命令后,应及时将命令表按命令号顺序装订在册,做到不遗漏、不颠倒顺序。

⑧在日常运行过程中如无法及时将书面命令传递给驾驶员时,应适时完成命令的补交手续。

六、列车运行调整

为实现按图行车，行车调度员要努力确保列车正点运行，而组织列车正点始发又是列车正点运行的基础。对始发列车，行车调度员应在列车出场、列车折返方式、客流组织等方面进行组织，确保列车正点始发。

在始发站正点始发的情况下，由于途中运缓、作业延误或设备故障等原因，会造成列车运行晚点。此时，行车调度应根据列车运行的实际情况，按恢复正点和行车安全兼顾的原则，对列车的运行等级进行调整，尽快使晚点列车恢复正点运行。列车运行调整的主要方法有：

(1)始发站提前或推迟发出列车。

(2)根据车辆的技术状态、线路允许速度，改变列车运行等级，组织列车提高速度，恢复正点。

(3)组织车站快速作业，压缩停站时间。

(4)组织列车放站运行。行车调度员应严格掌握列车跳停原则：客流较大车站原则上不安排通过，首末班车不安排跳停，不允许办理连续两列车通过同一车站，列车以运行等级速度通过车站，通过车站作业原则上在始发站安排，中途进行放站作业时应提前两站广播通知乘客。

(5)变更列车运行交路，组织列车在具备条件的中间站折返。

(6)组织列车反方向运行：在双线运行时，当一个方向列车密度较大，而另一方向列车密度较小，为恢复列车正点运行，可利用有岔站的渡线，将列车转到密度较小的线路上反方向运行；当一方向由于列车故障救援等原因可能造成大间隔时，可利用有岔车站的渡线，将列车转到另一条线路上反方向运行，以缩小列车间隔，均衡运行。

(7)扣车。当一条线路的列车由于车辆或其他设备故障引起运行不正常，造成乘客拥挤时，调度员可采取扣车措施，将列车扣在附近车站，以缓和压力、确保列车间隔。

(8)停运列车。当线路某区段中断，已不能满足在线列车运行时，调度员可适当抽调部分列车下线，拉大列车运行时间间隔。

七、行车调度分析工作

行车调度分析工作是指对列车运行图进行综合分析，找出行车秩序不正常的原因，寻找规律性的因素以供修改列车运行图，完善各方面工作，并进行质量指标考核的工作。

1. 行车调度工作考核指标

1)列车运行图的兑现率

它是指实际开行列车数(不包括临时加开的列车数)与列车运行图计划开行列车数之比。

列车运行图兑现率＝实际开行列车数/计划开行列车数×100%

2)列车正点率

它是指按列车运行图车次、时间正点开行列车数与全部开行列车数之比。

列车运行正点率＝正点运行列车数/全部开行列车数×100%

列车正点率包括列车始发正点率和列车到达正点率。列车正点统计的标准是：

(1)凡按列车运行图图定车次、时间准点始发、终到的列车全部统计为正点列车数。早点或晚点不超过2分钟的按正点统计；临时加开列车按正点统计。

(2)由于客流变化而抽调部分列车或加开列车，调度员采取措施对一部分列车调点时，该部分列车按正点统计。

(3)列车到、发、通过时刻按如下要求确认。

①到达时刻：以列车在规定位置停稳为准。

②出发时刻：以列车由车站(包括车场规定发车地点)前进启动时为准。

③通过时刻：以列车最前部通过站线规定位置时为准。

3)平均满载率

它是指单位时间内，车辆运能的平均利用率。

平均满载率 = 日客运量 × 平均运距/输送能力 × 线路长度 × 100%

2. 运行图分析

(1)日运行图分析。一般情况下，由当班调度员进行分析，对列车运行计划完成情况、车辆运用情况、检修施工情况、电力运行情况、环控运行情况进行统计，并对列车晚点原因分类说明。

(2)旬运行图分析。旬运行图分析是由调度所分析调度员在日常日运行图分析的基础上，对列车运用、走行里程、正点率、计划兑现率及调度调整手段的分析。

(3)月运行图分析。月运行图分析是在调度所主任的主持下，对列车运用、走行里程、正点率、计划兑现率、运营里程、空驶里程、技术速度、运行速度、行车事故次数等指标的分析。

(4)特殊项目分析。如一段时间内，列车运行正点率持续较低，就应该将列车运行正点率作为特殊项目进行分析，找出列车晚点原因(如设备影响、客流大、运行缓慢、天气不好、驾驶员操作水平差等)。

第三节 列车运行组织

列车运行组织是城市轨道交通运营管理的中心工作。城市轨道交通通常被称为是一个大的联动机，因为它是集行车、车辆、机电、通信、信号、工务等各工种、技术于一体运转的系统，系统中的任一环节出现问题，都可能对整个系统的正常运转带来严重后果，而整个系统的正常运转则集中体现在列车的运行组织工作中，它是保证将乘客由出发站安全、准时、快捷地运送至目的地站的关键。

一、列车交路计划

列车交路计划是根据运营组织的要求及运营条件的变化，按运行图或由调度指挥列车按规定的区间运行、折返的列车运行计划。列车交路计划的确定应从经济合理的角度出发，既要保证满足乘客需求又要考虑如何充分利用运能，以提高企业经济效益，并且列车交路计划的编制是城市轨道交通行车组织的关键点之一。

1. 列车折返方式

在介绍列车交路计划前，这里先引入列车折返的概念，列车通过进路改变、道岔转换，经过车站的调车进路由一条线路至另一条线路运营的方式称为列车折返，具有列车折返能力的车站称为折返站。列车折返有站前折返和站后折返两种方式。

（1）站前折返。列车在中间站或终点站利用站前渡线进行折返作业。站前折返方式由于渡线设置在站前，可以在一定程度上减少项目建设的投资，缩短列车走行距离，但列车折返会占用区间线路，从而影响后续列车闭塞，并且对行车安全保障要求较高。城市轨道交通行车组织中较少采用这种折返模式，特别是当行车密度高、列车运行间隔短的条件下，一般不会采用站前折返方式，如图16-2所示。

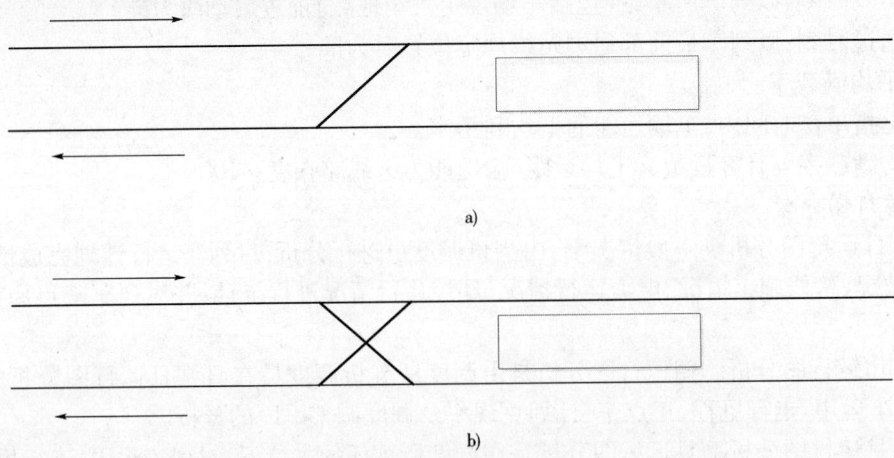

图16-2　站前折返图

（2）站后折返。列车在中间站、终点站利用站后渡线进行折返作业。站后折返方式中车站接发车采用平行作业，不存在进路交叉，行车安全，有利于提高列车的运行速度，为国内外城市轨道交通通常采用的折返方式，如图16-3所示。

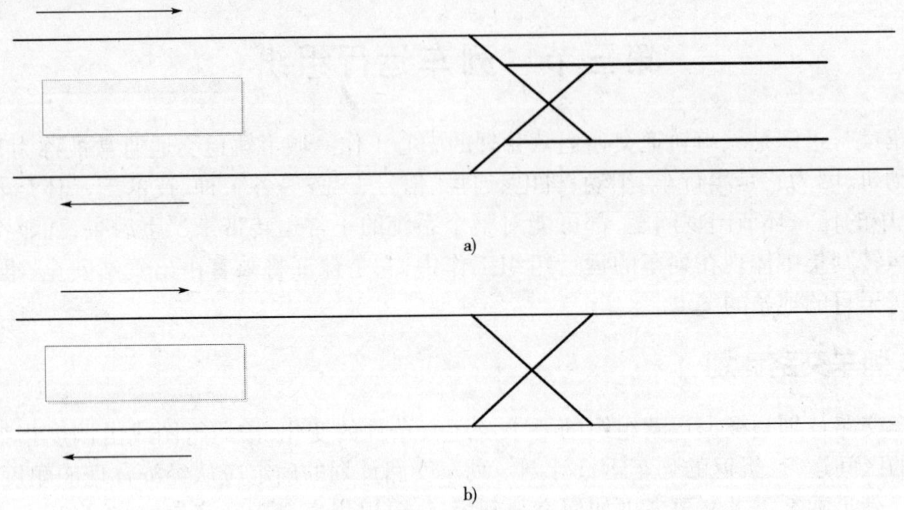

图16-3　站后折返图

2. 列车交路的种类

传统上，将列车交路分为长交路、短交路和长短交路三种。长交路是指列车在两个终点站进行折返运行。长交路具有对中间站折返线路要求不高、行车组织运行方式简单的优点，但不考虑区段客流量不均衡的因素，在合理利用运能方面有所欠缺。短交路是指列车在指定的折返站折返，在一段区间内运行。在城市轨道交通的运营组织中除特殊情况下一般不采用此种交路模式。长短交路是指列车在线路运行中结合了长、短交路两种情况的运行模式。长短交路的行车组织方式是比较经济合理的一种运行方案，特别是在区段客流不均衡程度高，造成某一区段运能不能满足运量的需要时，长短交路运营组织方式尤为适用；但这种方式行车组织方式相对较为复杂，同时对客运组织也有较高的要求。

3. 列车交路计划的确定

列车交路计划的确定应建立在对线路各区段客流量进行统计分析的基础上，充分考虑行车组织与客运组织的条件，进行可行性研究后加以确定。首先区段客流分析是列车交路计划确定的主要因素之一，也就是根据客流在时间上、空间上所表现出的不均衡性加以研究分析，作为列车交路计划确定的依据，有关的概念和方法将在其他章节予以详细介绍；其次，行车条件决定了交路计划实现的可能性，城市轨道交通的线路的设置由于其运营特点，不可能采取每个车站具备列车进行调车作业功能线路的设置方式，交路计划的实现只能在两个没有调车或折返线路的车站之间进行，同时还必须注意列车交路是否会影响到行车组织的其他环节，例如，是否会影响行车间隔、车站后续列车的接车等；第三，客运组织是列车交路计划确定的必要客观条件，由于列车交路计划的实现可能导致列车终到站的变化，相关车站的乘客乘降作业、列车清客、客运服务工作都会随之不断调整，对客运组织水平的要求比较高，客运组织的不合理可能会直接影响到列车运行图的执行情况，因此，确定交路计划应对客运组织的条件一并加以考虑。

二、正常情况下的列车运行组织

城市轨道交通具有行车密度高、间隔小、对安全运营要求高的特点，根据信号设备所能提供的运行条件，一般分为调度集中控制、调度监督下的自动运行控制和半自动运行控制三种方式，按照运行图规定的行车计划开行列车，进行列车运行组织。

1. 调度集中控制

调度集中控制的行车组织方式，是在调度所行车调度员的统一指挥下，利用行车设备对列车的到、发、折返等作业进行人工控制及调整。调度集中控制下的行车组织的指挥人为行车调度员，车站不参与行车组织的工作。调度集中控制应实现的功能有：

(1)应具有电气集中联锁设备，实现远程控制功能，并从设备方面提供列车运行安全保障；

(2)通过控制屏或显示器可监护全线列车运行状态、信号显示、道岔位置及区间、线路占用情况；

(3)利用电气集中联锁设备转换道岔、排列进路、开放信号，指挥和调整列车运行；

(4)自动或人工绘制列车实绩运行图。

2. 调度监督下的自动运行控制

自动运行控制是当今世界城市轨道交通列车运行组织的发展趋势及主流行车控制方式，许多早期建成轨道交通的城市，由于受当时各方面技术条件的限制，采用半自动和人工方式进行行车组织，近年来已经逐步采用自动运行控制替代半自动运行控制，利用计算机技术对列车运行实行自动指挥和自动运行监护，并有列车运行保护系统提高行车安全系数。调度监督下的自动运行控制可实现的功能有：

(1)计算机系统可输入及储存多套列车运行图，可按设定的列车运行图自动实行行车指挥功能；

(2)对正线运行列车实行自动跟踪，显示进路、道岔位置、区间及线路占用情况；

(3)自动或人工对列车运行进行调整，可使用人工对进路排列、信号开放、道岔转换进行控制；

(4)提供中央及车站两级运行控制模式，可根据需要进行控制权转换；

(5)列车运行自动保护系统对列车运行设定防护区段，控制前后列车运行的安全间距；

(6)列车可使用自动驾驶功能，也可采用人工驾驶，列车占用区间的凭证是列车收到的速度码；

(7)通过计算机系统自动绘制列车实绩运行图，并进行有关运营数据统计。

3. 调度监督下的半自动控制

这种列车运行组织方式是在中央调度所统一指挥和监督下，由车站行车值班员操作车站电气集中或临时信号设备控制列车运行。一些早期建成的城市轨道交通系统至今仍采用这种列车运行组织方式；在一些新线上，由于信号系统尚未安装调试完毕，在过渡期运营时也会采取这种方式进行行车组织。调度监督下的半自动控制可实现的功能有：

(1)车站信号控制系统具有联锁功能，对进路排列、道岔转换、信号开放实行人工操作；

(2)中央可实时反映进路占用、信号及道岔等工作状态，对线路上的列车运行进行监护；

(3)中央可储存信号开放时刻、道岔动作、列车运行等各类运行资料，并根据需要可调用；

(4)车站根据中央指令对列车运行进行调整；

(5)计算机自动绘制或人工绘制列车实绩运行图。

三、非正常情况下的列车运行组织

非正常情况下的列车运行组织是相对上述正常情况下的列车运行组织而言的，也就是在基本列车运行控制方式由于信号故障、道岔故障等原因而不能继续采用原行车控制方式的情况下的列车运行组织。电话闭塞法是在非正常情况下列车运行组织所采取的基本方法。电话闭塞法可以定义为：车站之间利用电话办理区间闭塞，利用电话记录号码作为列车占用区间的凭证，组织列车按一定区间间隔的要求进行行车。

电话闭塞法行车由于依靠人工控制，安全保障程度较差，行车组织的效率低，所以只能作为一种临时代用闭塞法。在非正常情况下改用电话闭塞法行车，应有行车调度员发布调度命令，车站行车值班员严格按照规定的作业方法办理行车业务，行车调度员对列车运行状态进行监控。使用电话闭塞法行车，占用区间的凭证是路票，电话记录号码是承认闭塞的依据，列车的发车凭证是车站行车人员的手信号。路票标明列车运行的方向、列车车次、路票的编号、日期及电话记录号码；电话记录码各站均有一组，号码一经发出，无论生效与否，不得连续重复使用。为了确保列车运行的安全，电话闭塞法行车规定了列车的运行间隔为双区间,也就是接车站承认闭塞的前提条件是前次列车已由前方站整列出发。当闭塞已经办好,但因故不能接发列车时,可采用闭塞取消,由提出一方发出电话记录号码作为闭塞取消的依据。下面对电话闭塞法的一次作业程序作详细介绍。

1. 办理闭塞

发车站在确认区间空闲、发车进路准备好以后。用电话向前方接车站请求闭塞,接车站接到后方站的闭塞请求后,确认接车区间空闲、道岔位置正确、进路准备妥当后,向后方车站发出电话记录号码承认闭塞并填写《行车日志》。

2. 发车

发车站在得到前方站闭塞承认后,填写《行车日志》及路票,将路票交列车驾驶员并显示发车手信号发车,列车出发后,发车站行车值班员填写《行车日志》向接车站及行调报点。

3. 接车

接车站接到后方站的列车报开点后,填写《行车日志》,向列车显示停车手信号,列车整列到达后,向驾驶员收取路票并核对路票。

4. 闭塞解除

接车站在确认列车整列由本站出发或进入折返线后,填写《行车日志》,并向后方站报点及发出电话记录号码,闭塞解除,同时向行调报点。

对于一些由特殊情况造成的对原行车组织方式作出重大调整的,也属于非正常情况下的行车组织范畴。如列车救援、因故采用一线一车或分段运行等,都必须在行调的统一指挥下,在确保行车安全的前提下,组织列车运行。

四、车站行车组织工作

车站的行车组织工作在调度所统一指挥下,合理运用车站的各项技术设备,负责车站行车控制指挥、施工及其他作业。

1. 车站列车运行控制

车站的列车运行控制根据整个系统的列车运行控制方式的变化而变化的。在调度集中控制方式下,车站的行车组织的主要工作是监护列车运行状态,行车值班员可兼做其他工作;在自动控制方式下,车站在除了对列车的运行状态进行监护外,如中央因故放权由车站进行控制,则在有集中控制设备的车站应负责对列车的折返、进路排列等人工作业;在半自动控制方式下,车站负责列车运行控制的工作,人工操作信号设备进行接发车、调车等行车作业,并根据行调指令对列车运行进行调整;在非正常情况下,车站根据调度所的指令,按规定的作业办法负责列车在车站的接、发、调车等作业。

2. 车站的施工组织

城市轨道交通应制定《施工检修作业管理办法》,并严格按规定办理施工检修作业。总调所负责对申请的各施工检修作业统一编制定期施工计划,可根据情况分期对施工计划进行调整,并将每周的施工作业计划下发车站。在车站管辖范围内的任何施工均应在车站行车控制室登记,在得到行车值班员的签字确认后方可进行;对影响运营的施工检修作业,如信号设备检修、道岔检修等作业必须得到总调所的同意后方可进行。车站施工作业的程序叙述如下:

(1)施工登记。施工负责人应在施工开始前的规定时间到车站行车控制室申请施工,行车值班员核对施工作业计划,向总调所申请,在得到总调所同意后,由施工负责人填写《施工检修作业登记簿》,行车值班员在确认无误后,签字同意,施工作业开始。

(2)施工注销。施工负责人应在规定的施工作业时间内完成施工检修作业,并到车控室进行施工注销。行车值班员在对施工检修作业后的运营设备进行检测并确认工作状态正常以及对施工场地、人员、工具进行清理后,向总调所报告后签字确认施工注销。

(3)施工延长。因故施工检修作业未能在规定的施工时间内完成,施工负责人应在规定施工结束时间前的规定时间至车控室申请施工延长,行车值班员应立即向总调所汇报,总调所同意后,应先对原施工进行注销,重新进行施工登记后方可开始进行施工。如施工延长未得到总调所的同意则施工按原规定时间结束并注销。

(4)异地注销。施工作业登记开始与注销不在同一车站办理称为异地注销。异地注销施工在进行施工登记时应向车站说明情况并由车站向总调所汇报,得到同意后,由登记站行车值班员电话通知注销站对施工同时进行登记;施工结束,施工负责人在注销站办理施工注销,车站行车值班员向总调所汇报并通知登记站同时对施工进行注销。

车站为确保行车安全应建立健全各类行车作业、管理的规章制度,这些制度包括了车站行车控制室的管理、交接班制度、行车值班员岗位责任制、道岔保养制度等,以对车站的行车组织工作进行规范管理,确保行车安全。

3.接发列车组织工作

前面已对各种控制方式下的车站行车指挥做了简要介绍,这里将对具体的接、发列车的作业步骤、程序作详细叙述。

1)调度集中控制和行车自动化控制

在调度集中控制状态下,列车的接发车进路办理、信号开放等作业均由行车调度员控制,进行列车运行调整;行车自动化控制下,列车的运行完全由计算机根据事先的设定自动指挥列车运行。因此,在上述两种情况下,车站接、发车作业的主要工作是通过车站行车控制台对列车的运行情况进行监护,并在调度所不能实施行车组织的情况下,根据调度所指令、利用车站的设备、线路实施车站的行车作业。

2)调度监督下的车站控制

这是指在行车指挥自动化的情况下,在行车调度员的授权下进行集中站的列车运行指挥。集中站的主要工作是设定列车自动进路、自动信号并根据运行图规定或行车调度员命令办理列车到、开,列车折返,调车,扣车,催发车等运行控制和运行调整。

3)调度监督下的半自动控制

半自动控制列车运行,每个车站设有行车控制设备,具有联锁功能,列车的运行由车站通过人工操作进行控制,总调所只能监督现场设备和列车的运行状态。车站的接发列车的内容和程序如下:

(1)办理闭塞。发车站通过电话向前方站请求闭塞,接车站确认接车进路准备妥当后按下同意闭塞按钮,接车站、发车站的信号设备接、发口闭塞表示灯显示闭塞同意。

(2)发车。发车站确认发车进站无误,按下发车信号按钮,开放发车信号,同时接车站、发车站、发口表示灯显示进路锁闭,发车站向接车站、行调报点,填写《行车日志》。

(3)列车到达。列车到达接车站,进路占用表示灯点亮,接车站和发车站接、发口锁闭解除,但仍属于占用状态,接车站向后方站及行调报点,填写《行车日志》。

(4)取消闭塞。因故不能接发列车时,办理闭塞取消手续,接车站按下故障按钮,使接车站、发车站接、发口表示灯恢复空闲显示。故障按钮属加封按钮,使用故障按钮进行破封并在车站《破加封登记簿》上登记。

4)电话闭塞法行车

电话闭塞法行车的车站接发列车作业已在前面有详细叙述。

第四节 行车规章

一、行车组织规则

1.编制要求

地铁是技术密集型的客运交通系统,它具有高度集中、统一指挥、紧密联系和协同动作的特点。为使各部门、各单位、各工种协调地进行运输生产,更好地为运营服务,必须有一个统一的、科学的《行车组织规则》,其编制要求如下。

(1)《行车组织规则》是地铁运营管理的基本法规,它规定了各部门、各单位在从事运营生产过程中,必须遵循的基本原则、工作方法、作业程序和相互关系。因此,编制时必须使规则具有普遍性、全面性和原则性。

(2)《行车组织规则》需明确地铁运营工作人员的主要职责和必须具备的基本条件,并对工作流程作原则性说明。

(3)各部门、各单位制定的有关技术业务方面规程、规则、细则和办法等都须符合《行车组织规则》。

(4)《行车组织规则》将随着地铁的不断发展、线路的不断延伸、信号管理模式的改变,不断充实和完善。

(5)《行车组织规则》解释权属批准颁发单位。

2.《行车组织规则》包含的内容

地铁行车组织规则是根据某线信号、有关设备系统运营使用功能、行车设备的配置及实际运营要求而制定的,它是该线路行车管理的基本规章。《行车组织规则》应包含以下内容。

(1)介绍行车设备:主要包括车站设置原则、线路铺设要求、轨道、道岔及信号机的设置、列车自动控制系统、通信设备、供电设备、机电设备、车场等。

(2)介绍行车闭塞法主要包括自动闭塞法、驾驶员双区间闭塞法、电话闭塞法。

(3)列车出入场的有关规定。

(4)列车到发作业的规定。

(5)列车运行的规定:主要包括列车运行方向的规定、列车运行方式。

(6)列车折返作业的规定:主要包括列车折返方法、折返线的使用、渡线折返方法。

(7)列车监控:主要包括车次号的设置及使用规定、列车运行等级的设置、集中站控制、行车调度命令的下达方法及内容。

(8)非正常情况下的行车组织:包括列车反方向运行的规定、列车推进运行规定、列车牵引故障车的运行规定、隧道内线路积水时的行车规定、地面站迷雾天的行车规定。

(9)列车救援:主要包括列车救援准则、救援连挂车作业规定。

(10)车场内调车作业要求。

(11)运营准备及停营清场的规定:包括运营准备、停营清场要求。

(12)车站、车场行车工作细则及行车调度工作规则的编审。

(13)日常的养护维修、施工及工程车的开行。

(14)其他要求:包括隧道照明、标志、行车日期的划分、电动列车驾驶员室添乘要求、事故救援队的组织。

二、车站行车工作细则

《车站行车工作细则》是根据《行车组织规则》制定的具体指导车站行车工作的工作细则,其编制要求和主要内容如下。

1.《车站行车工作细则》的编制要求

(1)编制时应以《行车组织规则》为依据,细则中的规定不能与行车组织规则的条款相违背,否则细则中的规定为无效。

(2)《车站行车工作细则》的编制应从车站实际情况出发,制定的条款需符合车站工作要求,并对车站工作具有指导作用。

(3)《车站行车工作细则》的编制内容应是《行车组织规则》规定在车站工作的具体细化,并对行车组织规则的规定做补充。

2. 主要内容

(1)车站概况:包括车站的位置、性质、等级和任务。

(2)技术设备:包括股道、信号及闭塞、客运设备、自动售检票系统设备、通信、照明、供电等设备。

(3)车站行车组织工作:正常运营期间车站行车工作、非正常情况下车站行车办法。

(4)检修施工管理。

(5)车站运输组织工作。

(6)行车备品管理。

(7)行车簿册填记要求。

(8)设备故障时车站广播宣传的规定。

三、行车调度工作规则

行车调度工作是地铁运输组织指挥系统的中枢,担负着日常行车指挥工作,组织各部门、各单位正确执行列车运行图,并编制安排地铁各施工检修作业,保证完成地铁各项运输生产任务。为此调度指挥工作必须有一个科学的、统一的、行之有效的行车调度工作规则,其编制要求和主要内容如下。

1. 编制要求

(1)编制时应以《行车组织规则》为依据,任何规定都不应与行车组织规则的条款相抵触。

(2)在行车调度工作中,对调度工作具有指导作用并总结多年行车调度工作的经验编制而成。

(3)行车调度员及有关行车人员必须认真学习执行。

2. 主要内容

(1)总则。

(2)行车调度的组织机构、职责范围和工作制度。

(3)行车调度设备。

(4)日常调度工作。

(5)调度命令。

(6)中央 ATS 操作。

(7)非正常情况下的列车调整。

(8)运行记录、图表。

(9)运营分析及信息传递。

(10)调度员的培训工作。

四、其他有关行车工作的规章

为保持调度工作的连续性,应建立晚上交接班制度。内容应包括:列车运行、车辆设备等运输情况及有关文件、命令、指示等事项。接班人员要提前到岗了解情况,接班前十分钟由调度主任主持接班会议,布置有关行车事项,并提出本班工作重点,明确完成任务的措施。

第十七章　城市轨道交通设备设施安全管理

第一节　车站设备安全管理

一、基本情况介绍

车站是城市轨道交通路网中重要的建筑物，它是供乘客乘降、换乘和候车的场所，应保证乘客使用方便，安全、迅速地进出车站，并有良好的通风、照明、卫生、防火设备等，给乘客提供舒适、清洁的环境。车站应容纳主要的技术设备和运营管理系统，从而保证城市轨道交通的安全运行。地铁车站里的辅助设备包括：自动扶梯、直升电梯、卷帘门、防洪门、乘客引导、照明、售检票系统、车站设备自控系统等。根据需要还可设置屏蔽门和防核辐射门等。

地铁车站按照线路布线情况，可分为地面站、地下站、高架站。

地铁车站由站台层、站厅层、设备层以及出入口组成。地铁站台按照线路分布情况，又可分为岛式站台、侧式站台和混合式站台。

二、车站设备安全管理

1. 车站建筑及其部分防灾情况安全管理

针对城市轨道交通车站建筑及部分防灾情况安全管理要点如表 17-1 所示。

城市轨道交通车站建筑及其部分防灾情况安全管理要点　　表 17-1

序号	安全管理内容要点
1	地铁车站应设公共厕所
2	岛式站台宽度不小于 8m
3	侧式站台(长向范围内设梯)的侧站台宽度不小于 2.5m
4	侧式站台(垂直于侧站台开通道口)的侧站台宽度不小于 3.5m
5	通道或天桥宽度不小于 2.4m
6	单向公共区人行楼梯宽度不小于 1.8m
7	双向公共区人行楼梯宽度不小于 2.4m
8	与自动扶梯并列设置的人行楼梯宽度不小于 1.2m
9	站台至轨道区的工作梯(兼疏散梯)宽度不小于 1.1m
10	站厅公共区高度不小于 3m
11	地下车站站台公共区高度不小于 3m
12	站台、站厅管理用房高度不小于 2.4m
13	通道或天桥高度不小于 2.4m

续上表

序号	安全管理内容要点
14	人行楼梯和自动扶梯高度不小于2.3m
15	设置在站台层两端的设备和管理用房,距梯口的距离不小于8m
16	距站台边缘400mm处应设不小于80mm宽的纵向醒目安全线
17	售票处距出入通道口和进站检票处的距离不小于5m
18	车站控制室位置要便于对售检票口、人行楼梯和自动扶梯部位的观察,其地面宜高于站厅地面450~600mm
19	车站内应设置各种导向、事故疏散、服务乘客的标志
20	车站出入口的数量不得少于两个
21	地下车站出入口的地面标高应高出室外地面
22	单建或与建筑物合建的风亭,其口部距其他建筑物距离应不小于5m。当风亭设于路边时,风亭开口底距地面的高度应不小于2m
23	乘客使用的人行楼梯,当宽度大于3.6m时,应设置中间扶手
24	车站主要管理区内的站厅与站台层间应设人行楼梯,也可设置电梯
25	地下车站站厅乘客疏散区、站台及疏散通道内不得设置商业场所
26	地下车站管理用房区应有一个安全出口通向地面
27	车站的站台、站厅、出入口楼梯、疏散通道、封闭楼梯间等乘客集散部位,以及各设备、管理用房,其墙、地及顶面的装修材料,以及广告灯箱、座椅、电话亭和售、检票亭等所用材料,应采用不燃材料。同时,装修材料不得采用石棉、玻璃纤维制品及塑料类制品
28	地下车站的车站控制室应设置气体自动灭火装置
29	车站控制室、站长室应设置无线通信设备
30	车站控制室应设置广播控制台
31	车站控制室应设置监视器和控制键盘,供防灾调度员监视
32	地铁车站应设消防对讲电话
33	下列部位应设置醒目的疏散指示标志:站厅、站台、自动扶梯及楼梯口;人行疏散通道拐弯处、交叉口及安全出口;沿通道长向每隔不大于20m处

2.车站侵入限界安全管理

车站侵入限界主要是指车站上的乘客违规侵入地铁运营线路、临近线路的物体摆放不当或附着不牢固侵入地铁运营线路。乘客或物体侵入限界会阻碍地铁列车正常运行或与正常运行的地铁列车发生冲突,影响地铁正常运营,甚至造成财产损失和人身伤亡。

地铁车站发生的乘客侵界行为主要表现为乘客掉、跳站台事件和乘客钻入隧道事件。近年来,各地地铁频繁发生了在站台候车的乘客跳、掉站台而被列车轧死、轧伤的事件。可以说,在站台发生的候车乘客侵界事件,轻则造成行车延误,重则造成人员伤亡。鉴于乘客侵界事件的易发性、频发性和事故后果严重性,各地地铁运营公司应加强宣传教育,从上到下要非常重视这个问题,有效防止乘客侵界行为的发生。

3.车站意外伤害评价

车站意外伤害是指除侵入限界行为外,乘客在车站发生的各种意外伤害事件。在车站意外伤害事件中,列车夹人事件最为突出,站内设施伤人或物居其次,乘客乘坐扶梯摔伤事件位列第三。经过观察分析,列车夹人均发生在列车在乘降乘客前后,车门的瞬时开关上,其原因主要来自两个方面:

(1)车门的非正常开关。列车开关门设备发生故障时可能导致车门的非正常开关,将遵守乘车秩序上下车的乘客夹伤。

(2)乘客的不安全行为。如乘客追车扒门、抢上抢下、手扶车门、孩童无家长看护等。

4. 乘客携带禁带品安全管理

乘客乘坐城市轨道交通严禁携带易爆、易燃、自燃、有毒、有腐蚀性和杀伤性的危险品以及容易污损城市轨道交通设备和站、车环境的物品和超长(1.8m 以上)、笨重、动物以及妨碍公共卫生、车内通行和危害乘客安全的物品。

而许多乘客由于种种原因,携带禁带品乘坐地铁,严重威胁地铁的运营安全。2003 年 2 月 18 日,韩国地铁大火就是由乘客带入地铁车厢的汽油引燃所致,造成至少 198 人死亡,147 人受伤的惨剧。

乘客携带禁带品分类有:笨重物品、危险化学品、动物、超长物品、易燃易爆危险品、易碎物品、危险工具。各类禁带品的具体表现形式见表 17-2。

各类禁带品的具体表现形式 表 17-2

禁带品类别	具体表现形式
笨重物品	超大物品、自行车、微波炉、电脑显示器、电视机、电冰箱等
危险化学品	苯、丙酮、汽油、油漆、大力胶、电石、调和漆、发胶、氰、工业用机油、化学试剂、化工原料、建筑用喷胶、胶、酒精、燃料、煤油、剧毒瓶装物、可疑危险物、硫酸、漆料、墙漆、酸类物质、乳胶漆、涂料、万能胶、稀料、塑料桶装可疑危险液体、装饰涂料、装修用乳胶等
动物	各类家禽、宠物等
超长物品	各种长竹竿、木棍和超长装修装饰材料等
易燃易爆危险品	煤气罐、液化气罐、氧气瓶、煤油罐、压力气泵、油泵、爆竹、充氟罐、大包装打火机等
易碎物品	大块玻璃、镜子、玻璃鱼缸等
危险工具	喷灯、喷枪、电工刀具、电工工具、斧子、没有包装的工具等

第二节 车辆安全管理

一、基本情况介绍

地铁车辆是城市轨道交通系统的重要组成部分,也是技术含量较高的机电设备。地铁车辆应具有先进性、可靠性和实用性,应满足容量大、安全、快速、美观和节能的要求。地铁车辆有动车(M,Motor)和拖车(T,Trailer)、带驾驶员室车和不带驾驶员室车等多种形式。动车本身带动力牵引装置,拖车本身无动力牵引装置;动车又分为带受电弓的动车和不带受电弓的动车。

地铁车辆在运营时一般采用动拖结合、固定编组,形成电动列车组。由于它本身带有动力牵引装置,兼有牵引和载客两大功能,因此和铁路列车不同,不需要再连挂单独的机车。

一般地铁车辆由以下七部分组成：

(1)车体。车体是容纳乘客和驾驶员驾驶(对于有驾驶员室的车辆)的地方,又是安装与连接其他设备和部件的基础。一般有底架、端墙、侧墙及车顶等。

(2)动力转向架和非动力转向架。动力转向架和非动力转向架装置位于车体和轨道之间,用来牵引和引导车辆沿着轨道行驶,承受与传递来自车体及线路的各种载荷并缓冲其动力作用,是保证车辆运行品质的关键部位。一般由构架、弹簧悬挂装置、轮对轴箱装置和制动装置等组成。

(3)牵引缓冲连接装置。车辆编组成列安全运行必须借助于连接装置。为了改善列车纵向平稳性,一般在车钩的后部装设缓冲装置,以缓和列车的冲动。

(4)制动装置。制动装置是保证列车安全运行必不可少的装置。城市轨道车辆制动装置除常规的空气制动装置外,还有再生制动、电阻制动和磁轨制动等。

(5)受流装置。从接触导线(接触网)或导电轨(第三轨)将电流引入动车的装置称为受流装置或受流器。受流装置按其受流方式可分为:杆形受流器、弓形受流器、侧面受流器、轨道式受流器、受电弓受流器。

(6)车辆内部设备。车辆内部设备包括服务于乘客的车体内的固定附属装置和服务于车辆运行的设备装置。属于前者的有车电、通风、取暖、空调、座椅、拉手等。服务于车辆运行的设备装置大多吊挂于车底架,如蓄电池箱、继电器箱、主控制箱、电动空气压缩机组、总风缸、电源变压器、各种电气开关和接触器箱等。

(7)车辆电气系统。车辆电气系统包括车辆上的各种电气设备及其控制电路。按其作用和功能可分为主电路系统、辅助电路系统和控制电路系统三部分。

二、车辆安全管理

车辆安全管理主要内容包括车辆安全性能与安全防护设施、车辆防火性能、车辆可靠性、维修体系等。具体安全管理要点见表 17-3 ~ 表 17-6。

车辆安全性能与安全防护设施安全管理要点 表 17-3

序号	安全管理要点
1	车辆应在使用年限内
2	车辆客室地板面距轨面高度应与车站站台面相协调,车辆空重车高度调整装置应能有效地保持车辆地板面高度不因载客量的变化而明显改变;地板面高度在任何使用情况下均不应低于站台面
3	列车应能以规定的速度安全通过最小半径曲线区段,并能在规定的小半径曲线上进行列车正常摘挂作业
4	车辆的脱轨系数应小于 0.8;轮重减载率应小于 0.6;倾覆系数应小于 0.8
5	车辆应设有架车支座、车体吊装座,并标注允许架车、起吊的位置,以便于拆装起吊和救援
6	在地面行驶的列车两端宜设可调整的排障器,其形状应有利于排除轨道障碍物
7	列车两端的车辆可设置防意外冲撞的撞击能量吸收区
8	地面或高架运行的列车两端可装设防爬装置
9	驾驶员室应视野宽广,应能使驾驶员在运行中清楚方便地瞭望到前方信号、线路接触网(接触轨)、隧道和站台

续上表

序号	安全管理要点
10	驾驶员台应设置紧急停车操纵装置和警惕按钮
11	驾驶员室内应设置客室侧门开闭状态显示和车载信号显示装置,并应便于驾驶员观察
12	驾驶员室前端应装设可进行远近光变换的前照灯,前照灯在车辆前端紧急制停距离处照度不应小于2lx
13	客室两侧应合理布置数量充足的车门,每个门的净开宽度不小于1300mm,高度不低于1800mm
14	客室车门应具有非零速自动关门的电气联锁及车门闭锁装置,行驶中确保门的锁闭无误
15	客室车门处应设置紧急解锁开关
16	车门、车窗玻璃应采用一旦发生破坏时其碎片不会对人造成严重伤害的安全玻璃
17	列车各车辆之间应设贯通道
18	每列车中至少应设置一处轮椅专用位置,并应有乘轮椅者适用的抓握或固定装置
19	动车转向架构架电机吊座与齿轮箱吊座在寿命期内不发生疲劳裂纹
20	列车应采用计算机控制的制动控制系统,应具备电制动和空气制动两种制动方式。空气制动应具有相对独立的制动能力,即使在牵引供电中断或电制动出现故障的意外情况下,也应能保证空气制动发挥作用,使列车安全停车
21	制动系统应具有常用制动、紧急制动功能,具有根据空重车调整制动力大小的功能。列车在平直道上实施紧急制动时,应能在规定的距离内停车
22	电制动与空气制动应能协调配合,常用制动应充分利用电制动功能并具有冲动限制。电制动时优先采用再生制动,电制动与空气制动应能实现平滑转换,在电制动动力不足时,空气制动按总制动力的要求补充不足的制动力
23	制动系统应具有防滑功能
24	列车应设有停放制动装置,保证在线路最大坡度、最大载荷的情况下施加停放制动的列车不会发生溜逸。它的制动力应仅通过机械方式产生并传递
25	列车应有两台或两台以上独立的电动空气压缩机组,当一台机组失效时,其余压缩机组的性能、排气量、供气质量和储风缸容积应均能满足整列车的供气要求;压缩机组应设有干燥器和自动排水装置;压力调节器和安全阀动作值应准确、可靠。储风缸的容积还应满足压缩机停止运转后列车三次紧急制动的用风量
26	在列车意外分离时,应立刻自动实施紧急制动,保证分离的列车自动制动,并应使驾驶员便于识别
27	电气设备过电压、过电流、过热保护功能应齐全
28	牵引系统应能够充分利用轮轨黏着条件,能够按照车辆载重量自动调整牵引力或电制动力的大小,并应具有反应及时的防空转、防滑行控制和防冲动控制
29	蓄电池的浮充电性能良好,其容量应能够满足车辆在故障情况下的应急照明、外部照明、车载安全设备、广播、通信、应急通风等系统工作不低于45min;地面与高架线路不低于30min
30	凡散发热量的电气设备,在其可能与乘客、乘务人员或行李发生接触时,一定要有隔热措施,其外壳或防护罩外面的温度不得超过50℃
31	对安装采暖设备部位的侧墙、地板及座椅等应进行安全隔热处理。根据TB/T 2704—2005《铁道客车电取暖器》的规定,车用电加热器罩板表面温度不应大于68℃

续上表

序号	安全管理要点
32	车辆应有列车自动防护系统(ATP)或列车自动防护系统(ATP)与自动驾驶系统(ATO),以及可保证行车安全的通信联络装置
33	列车宜通过列车通信网络进行控制,与运行及安全有关的控制除由列车通信网络进行外,如有必要还应有其他形式的冗余措施
34	列车诊断系统接收列车子系统(包括微机控制与非微机控制系统)的状态信息、故障信息,并能进行评估、储存,在驾驶员室的显示屏上进行显示
35	列车控制、诊断系统应具有行车事件记录功能
36	列车网络控制系统中关键部件的功能应有冗余
37	列车应设置鸣笛装置
38	车辆应有各种警告标识:驾驶员室内的紧急制动装置、带电高压设备、电器箱内的操作警示、消防器材、紧急按钮或与驾驶员紧急对讲装置的位置与使用方法
39	客室、驾驶员室应配置适合于电气装置与油脂类的灭火器具,安放位置应明显标识并便于取用。灭火材料在灭火时产生的气体不应对人体产生危害
40	列车应具有驾驶员与行车控制调度中心进行双向通信、首尾驾驶员室之间的通信等功能
41	列车应具有驾驶员对乘客广播及自动报站的装置。客室内设有扬声器用于预告前方停站,并应设有线路、车站向导标志等乘客信息设施
42	客室内应设置乘客手动报警装置和能与驾驶员对讲的装置,紧急情况下乘客可向驾驶员报警,驾驶员在乘客报警时应能立即识别报警车辆
43	车厢内应设置乘客紧急按钮或与驾驶员紧急对讲装置、应急照明灯、应急装备、消防器材
44	列车应具有在特殊情况下紧急疏散乘客的能力

车辆防火性能安全管理要点 表17-4

序号	安全管理要点
1	车辆的车顶、侧板、内衬、顶棚、地板应使用不燃或阻燃材料
2	车厢地板上铺物、座椅、扶手、隔热隔声材料、装饰及广告材料等应使用不燃或阻燃材料
3	各电路的电气设备连接导线和电缆应使用低烟、低卤阻燃材料,所用材料在燃烧和热分解时不应产生有害和危险的烟气

车辆可靠性安全管理要点 表17-5

序号	安全管理要点
1	车辆由于故障退出服务,统计应不大于0.1次/万组公里
2	正式提交验收的车辆应有产品合格证书、型式试验报告、例行试验报告、使用维护说明书和车辆履历簿等

维修体系安全管理要求 表17-6

序号	安全管理要点
1	应建立车辆维修制度
2	应制定车辆各级检修规程

续上表

序号	安全管理要点
3	对车辆故障信息应有记录、分析、纠正和预防措施
4	车辆维修人员应持证上岗
5	应对车辆维修人员定期培训
6	应选择有资质的维修配件供货商
7	应建立维修配件检验制度
8	对维修配件的质量信息应有记录、分析、纠正和预防措施

第三节　供电设备安全管理

一、基本情况介绍

供电系统是地铁所有用电用户的电能源泉，是机车和机电系统运行的动力保证。一旦供电系统发生故障，将使整条线路失去运营能力，从而造成重大经济损失。随着地铁线路的不断增多，地铁供电系统复杂程度越来越高，出现事故的可能性和故障波及的范围、造成的损失也不断增大。供电系统能否安全可靠运行将直接关系到地铁的安全、稳定运营。

1. 地铁高压供电系统

一般地，城市电网对城市轨道交通进行供电的方式有三种：集中式供电、分散式供电和混合式供电。

(1)集中供电方式。沿城市轨道交通线路，根据用电量和线路的长短，建设城市轨道交通专用主变电所。主变电所应有两路独立的110kV电源。再由主变电所变压为城市轨道交通内部供电系统所需的电压级(35kV或10kV等)。由主变电所构成的供电方案为集中式供电。

(2)分散供电方式。分散供电方式是指不设主变电所，而直接由城市电网区域变电所的35(33)kV或10kV中压输电线直接向城市轨道交通沿线设置的牵引变电所、降压变电所供电并形成环网。采用这种方式的环境必须是城市电网比较发达，在有关车站附近有符合可靠性要求的供电电源。其中网络的电压等级应与城市电网相一致。在这种方式下，可设置电源开闭所，并可与车站变电所合建。

(3)混合供电方式。即前两种供电方式的结合，以集中式供电方式为主，个别地段引入城市电网电源作为集中供电的补充，使供电系统更加完善和可靠。武汉轨道交通、北京地铁1号线和环线即为此种供电方式。

2. 牵引供电系统及其运行方式

1)牵引供电系统组成

在城市轨道交通牵引供电系统中，电能从牵引变电所经馈电线、接触网输送给电动列车，再从电动列车经钢轨(称轨道回路)、回流线流回牵引变电所。由馈电线、接触网、轨道回路及回流线组成的供电网络称为牵引网。牵引供电系统即由牵引变电所和牵引网组成，其中牵引变电所和接触网是牵引供电系统的主要组成部分。

2）牵引供电系统运行方式

（1）正常运行方式。正线各供电区间，均由相邻牵引变电所双边供电；车辆段内接触网由车辆段牵引变电所供电；停车场内接触网由停车场牵引变电所供电。

（2）任一牵引变电所解列时的运行方式。当任一牵引变电所解列（不含线路端头牵引变电所），由相邻变电所越区"大双边"供电。当正线线路端头的牵引变电所解列，分别由相邻的牵引变电所单边供电。

3）动力照明供电系统

（1）系统构成。城市轨道交通除了直流电动车辆外，其他所有交流低压负荷都由动力与照明供电系统供电。动力与照明配电系统由降压变电所、动力配电系统和照明配电系统构成。降压变电所与牵引变电所共用 AC35kV 供电网络，降压变电所将 AC35kV 降压成 AC0.4kV后向动力与照明配电系统供电。动力与照明配电系统的供电范围为车站、区间、车辆段和控制中心的所有动力照明负荷。根据各种用电负荷对供电可靠性的要求，地铁动力照明负荷一般分为三级。

①一级负荷：包括消防用电设备及地铁运行中特别重要的负荷两部分。消防设备有消防泵、水喷淋泵、防灾报警系统（FAS）、区间隧道通风机、排风/排烟机及相应风阀、直升电梯、事故照明等。地铁运行中的重要负荷包括设备监控系统（BAS）、通信、信号、无线传输、售检票、变电所自用电、直流屏电源及废水泵等。

②二级负荷：包括站厅、站台层公共区的一般照明、节电照明；各设备用房的照明、出入口照明、集水泵、一般风机等。

③三级负荷：主要包括空调冷水机组及其配套设备、自动扶梯、广告照明、电热设备、清洗机械等。三级负荷为单电源供电，由降压变电所单母线馈出，当供电系统为非正常运行方式时，允许将其切除。

（2）降压变电所。每个车站都应设降压变电所承担本站及区间动力照明负荷。若地下车站负荷较大，一般于站台两端设降压变电所，各负责半个车站和相邻半个区间的供电。其中一端可以和牵引变电所合建为混合变电所，若地面车站负荷较小，可设一个降压变电所。降压变电所的两路电源可以来自主变电所，也可来自相邻牵引变电所。单母线分段，根据系统需要，也可以不设分段开关。

（3）动力照明。动力照明系统采用 380/220V 三相五线制系统（TN－S 系统）配电。基本上采用放射式供电，个别负荷可采用树干式供电。一类负荷要求双电源、双电缆，供电末端自动切换，来电自复；二类负荷为双电源、单电缆；三类负荷为单电源、单电缆。

4）电力监控系统

电力监控系统实现在控制中心（OCC）对供电系统进行集中管理和调度、实时控制和数据采集。除利用"四遥"（遥控、遥信、遥测、遥调）功能监控供电系统设备的运行情况，及时掌握和处理供电系统的各种事故、报警事件功能外，利用该系统的后台站还可以对系统进行数据归档和统计报表功能，以更好地管理供电系统。

电力监控系统作用是保证控制中心对供电系统的主变电所、牵引变电所、降压变电所等供电设备的运行状态监视、控制和数据采集。它由设在控制中心的主机、设在各变电所的远程控制终端以及连接终端与中心的通信网络三部分组成。

电力监控系统的结构宜采用1对N的集中监控方式,即1个主站监控N个子站的方式。系统的硬件、软件一般要求充分考虑可靠性、可维护性和可扩性,并具备故障诊断、在线修改功能,同时遵循模块化和冗余的原则。远动数据通道宜采用通信系统提供的数据通道。

二、供电安全管理

供电安全管理主要包括主变电站、牵引变电站、降压变电站等的安全管理,具体的安全管理要点详见表17-7~表17-15。

主变电站安全管理要点

表17-7

序　号	安全管理要点
1	地铁供电系统应包括外部电源、主变电所、牵引供电系统、动力照明系统、电力监控系统;牵引供电系统应包括牵引变电所与牵引网;动力照明供电系统应包括降压变电所与动力照明配电系统
2	地铁的外部电源方案应根据线网规划和城市电网进行规划设计,可采用集中式供电、分散式供电或混合式供电
3	主变电站设备应在使用年限内
4	每座主变电站应有两路相互独立可靠的电源引入,并应设两台主变压器。当一路电源或另一台主变压器故障或检修时,应由另一路电源或另一台主变压器供电。当主变电站全站停用时,应由相邻主变电站供电,并应确保一、二级用电负荷
5	在地下使用的电气设备及材料,应选用体积小、低损耗、低噪声、防潮、无自爆、低烟、无卤、阻燃或耐火的定型产品
6	变电站继电保护装置应满足可靠性、选择性、灵敏性和速动性的要求
7	接地电阻应符合要求
8	应设置接地保护
9	主变电站周围建筑应设置避雷设施,并每年进行检测
10	应设置完善的过负荷、短路保护装置
11	应设置防灾报警装置,配置必要的消防设施、器材和应急装备
12	应设置应急照明
13	应设置安全操作警示标志和安全疏散指示标志
14	主变电站设备应定期进行预防性试验,试验合格后,才能继续使用
15	主变电站值班或巡视维护人员和应急处理人员数量及结构应配置合理
16	主变电站操作人员应具有上岗资质
17	主变电站操作人员应定期进行培训
18	应建立主变电站的维护规程
19	对主变电站故障信息应有记录、有分析、有纠正和预防措施
20	电气设备外露可导电部分,必须与接地装置有可靠的电气连接。成排的配电装置的两端均应与接地线相连
21	装有两台及以上变压器的变电所,当其中任一台变压器断开时,其余变压器的容量应满足一级负荷及二级负荷的用电
22	有人值班的配电所,应设单独的值班室。当低压配电室兼作值班室时,低压配电室面积应适当增大;高压配电室与值班室应直通或经过通道相通,值班室应有直接通向户外或通向走道的门

续上表

序　　号	安全管理要点
23	配电装置的长度大于6m时,其柜(屏)后通道应设两个出口,低压配电装置两个出口间的距离超过15m时,尚应增加出口
24	固定式开关柜为靠墙布置时,柜后与墙净距应大于50mm,侧面与墙净距应大于200mm
25	低压配电室内成排布置的配电屏,其屏前、屏后的通道的最小宽度,应符合相关规定(1500,1000mm)
26	高压配电室宜设不能开启的自然采光窗,窗台距室外地坪不宜低于1.8m;低压配电室可设能开启的自然采光窗。配电室临街的一面不宜开窗
27	变压器室、配电室、电容器室等应设置防止雨、雪和蛇、鼠类小动物从采光窗、通风窗、门、电缆沟等进入室内的设施
28	配电所,变电所的电缆夹层、电缆沟和电缆室,应采取防水、排水措施
29	高、低压配电室、变压器室、电容器室、控制室内,不应有与其无关的管道和线路通过

牵引变电站安全管理要点 表17-8

序　　号	安全管理要点
1	牵引整流机组的数量与容量宜根据近、远期计算负荷比较确定,并在其中一座牵引变电所退出运行时,相邻的两座牵引变电所应能分担其供电分区的牵引负荷
2	配电变压器的容量选择应满足一台配电变压器退出运行时,另一台配电变压器能负担供电范围内远期的一、二级负荷
3	直流牵引配电装置的馈线回路,应设置能分断最大短路电流和感性小电流的直流快速断路器
4	牵引变电站设备应在使用年限内
5	牵引变电站应有两路独立的电源供电,两路电源引自同一主变电站的不同母线段或不同主变电站母线段
6	牵引变电站应设置两台牵引整流机组,两台整流机组并列运行
7	牵引变电站中一台牵引整流机组退出运行时,另一台牵引整流机组在允许负荷的情况下继续供电
8	在其中一座牵引变电站退出运行时,相邻的两座牵引变电站应能分担其供电分区的牵引负荷
9	牵引变电站直流设备外壳应对地绝缘安装
10	接地电阻应符合要求
11	应设置接地保护
12	牵引变电站周围建筑应设置避雷设施,并每年进行检测
13	应设置完善的短路和过负荷继电保护装置
14	应设有防止大气过电压及操作过电压的保护设施
15	设置防灾报警设施,配置必要的消防设施、器材和应急装备
16	设置应急照明
17	无人值班的牵引变电站应设置监控系统
18	无人值班的牵引变电站所有设备故障信息和操作信息能与调度中心联网
19	设置安全操作警示标志和安全疏散指示标志
20	牵引变电站设备应定期进行预防性试验,试验合格后,才能继续使用
21	各供电设备及继电保护装置应定期检验,满足电力或地铁相关规范要求
22	牵引变电站值班或巡视维护人员和应急处理人员数量及结构配置合理

续上表

序　号	安全管理要点
23	牵引变电站操作人员应具有上岗资质
24	牵引变电站操作人员应定期进行培训
25	应建立牵引变电站的维护规程
26	对牵引变电站故障信息应有记录、有分析、有纠正和预防措施

降压变电站安全管理要点　　表 17-9

序　号	安全管理要点
1	降压变电站设备应在使用年限内
2	降压变电站应有两路独立的电源供电
3	降压变电站应设置两台配电变压器。一台配电变压器退出运行时，另一台配电变压器承担变电站的全部一、二级负荷
4	接地电阻应符合要求
5	应设置接地保护
6	降压变电站周围建筑应设置避雷设施，每年进行检测
7	应设置完善的短路和过负荷继电保护装置
8	应设有防止大气过电压及操作过电压的保护设施
9	应设置防灾报警装置，配置必要的消防设施、器材和应急装备
10	应设置应急照明
11	无人值班的降压变电站应设置监控系统
12	无人值班的降压变电站所有设备故障信息和操作信息应能与调度中心联网
13	应设置安全操作警示标志和安全疏散指示标志
14	降压变电站设备应定期进行预防性试验，试验合格后，才能继续使用
15	各供电设备及继电保护装置应定期检验，满足电力或地铁相关规范要求
16	降压变电站操作人员应具有上岗资格
17	降压变电站操作人员应定期进行培训
18	应建立降压变电站的维护规程
19	对降压变电站故障信息应有记录、有分析、有纠正和预防措施
20	电气设备外露可导电部分，必须与接地装置有可靠的电气连接。成排的配电装置的两端均应与接地线相连
21	装有两台及以上变压器的变电所，当其中任一台变压器断开时，其余变压器的容量应满足一级负荷及二级负荷的用电
22	有人值班的配电所，应设单独的值班室。当低压配电室兼作值班室时，低压配电室面积应适当增大高压配电室与值班室应直通或经过通道相通，值班室应有直接通向户外或通向走道的门
23	配电装置的长度大于 6m 时，其柜（屏）后通道应设两个出口，低压配电装置两个出口间的距离超过 15m 时，尚应增加出口
24	固定式开关柜为靠墙布置时，柜后与墙净距应大于 50mm，侧面与墙净距应大于 200mm

续上表

序　　号	安全管理要点
25	低压配电室内成排布置的配电屏,其屏前、屏后的通道最小宽度,应符合相关的规定
26	高压配电室宜设不能开启的自然采光窗,窗台距室外地坪不宜低于1.8m;低压配电室可设能开启的自然采光窗。配电室临街的一面不宜开窗
27	变压器室、配电室、电容器室等应设置防止雨、雪和蛇、鼠类小动物从采光窗、通风窗、门、电缆沟等进入室内的设施
28	配电所,变电所的电缆夹层、电缆沟和电缆室,应采取防水、排水措施
29	高、低压配电室、变压器室、电容器室、控制室内,不应有与其无关的管道和线路通过

电力监控系统安全管理要点　　表17-10

序　　号	安全管理要点
1	地铁供电系统应采用电力监控(SCADA)系统。电力监控系统的设备选型、系统容量和功能配置应能满足运营管理的需要,并考虑发展的需要
2	电力监控系统应包括主站、子站及传输通道。主站应设在地铁控制中心大楼内
3	监控对象应包括遥控对象、遥信对象和遥测对象三部分
4	遥控对象应包括下列基本内容: (1)主变电所、开闭所、中心降压变电所、牵引变电所、降压变电所内10kV及以上电压等级的断路器、负荷开关及系统用电动隔离开关; (2)牵引变电所的直流快速断路器、直流电源总隔离开关;降压变电所的低压进线断路器、低压母联断路器、三级负荷低压总开关; (3)接触网电流隔离开关; (4)有载调压变压器的调压开关
5	遥信对象应包括下列基本内容: (1)遥控对象的位置信号; (2)高中压断路器、直流快速断路器的各种故障跳闸信号; (3)变压器、整流器的故障信号; (4)交直流电源系统故障信号; (5)降压变电所低压进线断路器、母联断路器的故障跳闸信号; (6)钢轨电位限制装置的动作信号; (7)预告信号; (8)断路器手车位置信号; (9)无人值班变电所的大门开启信号; (10)控制方式
6	遥测对象应包括下列基本内容: (1)主变电所进线电压、电流、功率、电能; (2)变电所中压母线电压、电流、功率、电能; (3)牵引变电所直流母线电压; (4)牵引整流机组电流与电能、牵引馈线电流、负极柜回流电流; (5)变电所交直流操作电源的母线电压

续上表

序　　号	安全管理要点
7	电力监控系统的基本功能应包括下列内容： (1)实现对遥控对象的遥控,遥控种类分选点式、选站式、进线式控制； (2)实现对地铁供电系统设备运行状态的实时监视和故障报警； (3)实现对地铁供电系统中主要运行参数的遥测； (4)实现设定的屏幕画面显示、模拟盘显示或其他方式显示,以及运行和故障记录信息的打印； (5)实现电能统计等的日报月报制表打印； (6)实现系统自检功能； (7)以友好的人机界面实现系统维护功能； (8)实现主/备通道的切换功能

接触轨安全管理要点　　表 17-11

序　　号	安全管理要点
1	接触轨应在使用年限内
2	接触轨断轨处应设端部弯头
3	接触轨对地有良好的绝缘性
4	接触轨带电部分与结构体、车体之间的最小净距应符合《地铁设计规范》(GB 50157—2003)的有关规定
5	当杂散电流腐蚀与接触轨接地有矛盾时,应以接地安全为主
6	在地面区域、高架区段,接触轨应设避雷设施
7	接触轨应设防护罩和警示标识
8	检修人员应具有上岗资质
9	检修人员应定期进行培训
10	应建立接触轨的维护规程
11	对接触轨故障信息应有记录、有分析、有纠正和预防措施

电力电缆安全管理要点　　表 17-12

序　　号	安全管理要点
1	电缆应在使用年限内
2	电缆在地下敷设时应采用低烟、无卤、阻燃电缆,在地上敷设时应采用低烟、阻燃电缆。为应急照明、消防设施供电的电缆,明敷时应采用低烟、无卤、耐火、铜芯电缆或矿物绝缘耐火电缆
3	电缆贯穿隔墙、楼板的孔洞处,应实施阻火封堵
4	同一重要回路的工作与备用电缆,应适当配置在不同层次的支架上
5	高架桥上的电力电缆与控制电缆,应敷设在电缆支架上或电缆沟槽内
6	检修人员应具有上岗资质
7	检修人员应定期进行培训
8	应建立电力电缆的维护规程
9	对电力电缆故障信息应有记录、有分析、有纠正和预防措施

续上表

序　　号	安全管理要点
10	电缆的路径选择应符合下列规定： (1)应避免电缆遭受机械性外力、过热、腐蚀等危害； (2)满足安全要求条件下，应保证电缆路径最短； (3)应便于敷设、维护； (4)宜避开将要挖掘施工的地方； (5)充油电缆线路通过起伏地形时，应保证供油装置合理配置
11	电缆在任何敷设方式下及在其全部路径条件的上下左右改变部位，均应满足电缆允许弯曲半径要求。 电缆的允许弯曲半径，应符合电缆绝缘及其构造特性要求。对自容式铅包充油电缆，其允许弯曲半径可按电缆外径的20倍计算
12	垂直敷设或超过45°倾斜敷设的电缆在每个支架上应按《电力工程电缆设计规范》(GB 50217—2007)第5.1.11条加以固定

杂散电流与接地安全管理要点　　表17-13

序　　号	安全管理要点
1	供电系统中电气装置与设施的外露可导电部分，除有特殊规定外均应接地
2	当人工接地网和自然接地体同时利用时，两者间应采用不少于两根导体在不同地点相联结
3	降压变电所的配电变压器低压侧中性点应直接接地，配电系统应采用TN-S系统接地形式
4	直流牵引供电为不接地系统，牵引变电所中的直流设备应绝缘安装
5	当直流牵引供电系统利用走行轨作回流网时。对杂散电流应加以有效地限制及防护
6	兼作回流的走行轨应焊接成长钢轨，并在上、下行间根据信号系统要求采取均流措施
7	在各车站及车辆段检修库应设置钢轨电位限制装置，该装置的动作电压应可调整，并具有遥信功能

动力与照明安全管理要点　　表17-14

序　　号	安全管理要点
1	地铁用电设备的负荷分级应符合下列规定： (1)一级负荷：应急照明、变电所操作电源、火灾自动报警系统设备、消防系统设备、消防电梯、地下站厅站台照明、地下区间照明、排烟系统用风机及电动阀门、通信系统设备、信号系统设备、电力监控系统设备、环境与设备监控系统设备、自动售检票系统设备、兼作疏散用的自动扶梯、屏蔽门、防护门、防淹门、排雨泵、车站排水泵。其中应急照明、变电所操作电源、火灾自动报警系统设备、通信系统设备、信号系统设备为特别重要负荷。 (2)二级负荷：地上站厅站台照明、附属房间照明、普通风机、排污泵、电梯、自动扶梯。 (3)三级负荷：空调制冷及水系统设备、锅炉设备、广告照明、清洁设备、电热设备
2	区间动力设备的控制电源宜采用交流380V
3	建筑净高小于1.8m的电缆通道，应设置安全照明
4	动力设备的控制根据需要可采用： (1)就地控制(包括手动与自动)； (2)车站控制； (3)中央控制

续上表

序　号	安全管理要点
5	车站应设站厅站台照明、附属房间照明、广告照明、应急照明，照明配电箱宜集中设置
6	区间和道岔附近应设维修用移动电器的电源设施；车站站厅和站台应设清扫用移动电器的电源插座
7	插座回路应具有漏电保护功能
8	车站的站厅、站台照明光源宜采用荧光灯；地上区间照明和高大隧道区间宜采用显色性较好的高光强气体放电灯
9	车站出入口、站厅、站台、车站控制室、值班室、公安用房、变电所、配电室、信号机械室、消防泵房、地下区间应设应急照明

防雷接地安全管理要点　　表 17-15

序　号	安全管理要点
1	第二类防雷建筑物防雷引下线的冲击接地电阻不应大于 10Ω
2	引下线不应少于两根，其间距不应大于 25m
3	引下线应沿建筑物外墙敷设，并经最短路径接地
4	人工接地体在土壤中的埋设深度不应小于 0.5m

第四节　线路设备安全管理

一、基本情况介绍

线路是地铁的主要技术装备之一，是行车的基础。线路由钢轨、轨枕、道床、道岔、连接零件及其防爬设备组成。它的作用是引导机车车辆运行，直接承受由车轮传来的载荷，并把它传给路基。线路必须坚固稳定，并具有正确的几何形状，线路的平面和纵断面符合规范，才能确保机车车辆的安全、平稳、不间断运行。

二、线路安全管理

地铁线路的安全管理要点见表 17-16。

线路安全管理要点　　表 17-16

序　号	安全管理要点
1	位于正线上圆曲线及曲线间夹直线的最小长度应不小于一辆车辆的长度，困难情况下不应小于车辆全轴距，夹直线长度还应满足超高顺坡和轨距加宽的要求
2	曲线地段严禁设置反超高
3	道岔应铺设在直线上，并应避免设在竖曲线上
4	无缝线路联合接头距桥台边墙不小于 2m，铝热焊缝距轨枕边不得小于 40mm
5	正线、试车线及辅助线的末端应设置车挡，车挡应能承受不大于 15km/h 速度的列车水平冲击荷载
6	在小半径曲线地段、缓和曲线与竖曲线重叠地段、跨越河流、城市主要道路、铁路干线或重要建筑物地段，高架线路应设置防脱护轨装置
7	轨道交通线路应布设线路与信号标志，无缝线路地段应布设钢轨位移观测桩

续上表

序　号	安全管理要点
8	地面及高架线路两旁应设置一定高度隔离栏,防止外来人员侵入
9	应建立线路及轨道系统的保养制度、巡检制度
10	应建立线路及轨道系统保养、巡检的记录台账
11	检修人员应具有上岗资质
12	应对检修人员定期技术培训
13	对线路及轨道系统故障信息应有记录、有分析、有纠正和预防措施
14	轨道检测车、钢轨打磨车等维修设备应有质检合格证
15	应选择有资质的维修配件供货商
16	应建立维修配件检验制度
17	对维修配件的质量信息应有记录、有分析、有纠正和预防措施
18	地铁线路按其在运营中的作用,应分为正线、辅助线和车场线。辅助线包括折返线、渡线、联络线、停车线、出入线、安全线等
19	地铁的线路敷设方式,应根据城市总体规划和地理环境条件因地制宜地选择,一般在城市中心地区宜采用地下线,其他地区条件许可时宜采用高架线或地面线
20	地铁的线路平面位置和高程应根据城市现状与规划的道路、地面建筑物、管线和其他构筑物、文物古迹保护要求、环境与景观、地形与地貌、工程地质与水文地质条件、采用的结构类型与施工方法以及运营要求等因素,经技术经济综合比较后确定
21	地铁的线路之间及与其他轨道交通线路之间的交叉处,应采用立体交叉
22	地铁车站应设置在交通枢纽、地铁线路之间及与其他轨道交通线路交会处、商业、居住、体育、文化中心等大的客流集散点。车站间的距离应根据现状及规划的城市道路布局和客流实际需要确定,一般在城市中心区和居民稠密地区宜为1km左右,在城市外围区应根据具体情况适当加大车站间的距离
23	地面线路和高架线路距建筑物的距离,应根据行车安全、消防、减振、降噪、景观和居民隐私等相关要求,以及采取相应的防范措施等因素,经综合比较后确定。 根据防火要求,线路路肩边缘和高架结构外缘与民用建筑间的最小距离,应符合现行国家标准《建筑设计防火规范》和《高层民用建筑设计防火规范》的规定。当地铁与地面建筑合建时,应加强防火、减振、降噪和结构安全措施
24	线路平面曲线半径应根据车辆类型、列车设计运行速度和工程难易程度经比选确定,线路平面的最小曲线半径不得小于规定的数值
25	线路平面曲线与直线之间应根据曲线半径、超高设置及设计速度等因素设置缓和曲线,其长度应符合相关规定
26	车站站台计算长度段线路应设在直线上,在困难地段可设在曲线上,其半径不应小于800m
27	正线和辅助线上采用的道岔不得小于9号,车场线采用的道岔不得大于7号。设置交叉渡线两平行线的线间距宜按下列规定确定:12号道岔采用5.0m;9号道岔采用4.6m或5.0m;6、7号道岔采用4.5m或5.0m。对于交叉渡线的线间距小于上述标准规定的,应予特殊设计

续上表

序　号	安全管理要点
28	折返线的有效长度,宜为远期列车长度加40m(不含车挡长度)
29	正线的最大坡度不宜大于30‰,困难地段可采用35‰,联络线、出入线的最大坡度不宜大于40‰(均不考虑各种坡度折减值)
30	隧道内和路堑地段的正线最小坡度不宜小于3‰,困难地段在确保排水的条件下,可采用小于3‰的坡度;地面和高架桥上正线最小坡度在采取了排水措施后不受限制
31	两相邻坡段的坡度代数差等于或大于2‰时,应设圆曲线型的竖曲线连接,竖曲线的半径应符合相关规定
32	车站站台计算长度内和道岔范围内不得设置竖曲线,竖曲线离开道岔端部的距离不应小于5m
33	碎石道床线路竖曲线不得与平面缓和曲线重叠;当不设平面缓和曲线时,竖曲线不得与超高顺坡段重叠
34	根据环境保护对沿线不同地段的减振、降噪要求,轨道应采用相应的减振轨道结构
35	轨道结构应具有良好的绝缘性以减少杂散电流
36	正线及辅助线钢轨应依据近、远期客流量,并经技术经济综合比较确定,宜采用60kg/m钢轨,也可采用50kg/m钢轨;车场线宜采用50kg/m钢轨
37	正线半径小于400m的曲线地段,应采用全长淬火钢轨或耐磨钢轨
38	正线钢轨接头应采用对接,曲线内股应采用厂制缩短轨调整钢轨接头位置;辅助线和车场线半径等于或小于200m的曲线地段钢轨接头应采用错接,错接距离不应小于3m
39	曲线超高值应在缓和曲线内递减,无缓和曲线时,应在直线段递减;超高顺坡率不宜大于2‰,困难地段不应大于3‰
40	轨枕铺设数量应符合相关规定
41	扣件结构应力求简单,并应具有足够的强度和扣压力、适量的弹性和轨距、水平调整量和良好的绝缘、防腐性能
42	正线上道岔的钢轨类型应与正线的钢轨类型一致
43	一般减振轨道结构可采用无缝线路、弹性分开式扣件和整体道床或碎石道床
44	线路中心距离住宅区、宾馆、机关等建筑物小于20m及穿越地段,宜采用较高减振的轨道结构,即在一般减振轨道结构的基础上,采用轨道减振器扣件或弹性短枕式整体道床或其他较高减振轨道结构形式
45	线路中心距离医院、学校、音乐厅、精密仪器厂、文物保护和高级宾馆等建筑物小于20m及穿越地段,宜采用特殊减振轨道结构,即在一般减振轨道结构的基础上,采用浮置板整体道床或其他特殊减振轨道结构形式
46	地铁应设下列标志: (1)线路标志:百米标、坡度标、曲线要素标、曲线始终点标、道岔编号标、水准基点标、桥号标、涵洞标、水位标等; (2)有关信号标志:限速标、停车位置标、警冲标等
47	百米标、坡度标、限速标、停车位置标、警冲标等标志,宜采用反光材料制作;警冲标设在两设备限界相交处,其余标志安装在行车方向右侧驾驶员易见的位置上

第五节　通信信号安全管理

一、基本情况介绍

1.城市轨道交通通信系统

城市轨道交通通信系统是指挥列车运行、公务联络和传递各种信息的重要手段，是保证列车安全、快速、高效运行不可缺少的综合通信系统。通信系统主要包括：传输系统、公务电话系统、专用电话系统、无线集群通信系统、闭路电视监控系统（CCTV）、有线广播系统（PA）、时钟系统、电源及接地系统、乘客导乘信息系统（PIS）、办公室自动化（OA）系统等子系统。通信系统的服务范围涵盖了控制中心、车站、车辆段、停车场、地面线路、高架线路、地下隧道与列车。

1）传输系统

城市轨道交通的传输网是城市轨道交通通信网的基础。城市轨道交通传输网要求具有高可靠性和丰富的业务接口。

城市轨道交通传输网的低层一般采用SDH光纤自愈环路，在光纤切断或故障时能自动进行业务切换，故具有很高的可靠性。

传输业务的多样性是城市轨道交通传输系统的主要特点。所传输的业务包括：电话（窄带音频）、广播（宽带音频）、城市轨道交通信号（中/低速数据）、视频（高速数据）等业务。

在城域网（MAN）中，传输网按其功能划分为骨干层、汇聚层与接入层。而在城市轨道交通通信网中，传输网按其功能可分为骨干层与汇聚接入层。城市轨道交通传输网分为城市轨道交通专用传输网和民用（GSM、CDMA 接入）传输网，这是两个完全隔离的网。

在城市轨道交通专用传输网中具体传送的信息为：调度电话、广播、公务电话、集群无线基站的 2 Mbit/s 的数字链路；RS—232、RS—422、RS—85 接口点对点低速电路数据业务；10/100/1 000 Mbit/s的以太网业务；ATM 业务。

2）公务电话系统

城市轨道交通的公务电话相当于企业总机，采用通用的程控数字用户交换机组网，并通过中继线路接入当地市话网。一般情况下，中心交换机安装在控制中心和车辆段，而在各车站配置车站交换机或中心交换机的远端模块。中心交换机与车站交换机之间通过城市轨道交通专用传输网进行点对点的连接。为减少城市轨道交通通信设备的类型，目前城市轨道交通多数采用具有调度功能的交换机组成公务电话网。

3）专用电话系统

专用电话系统包括：调度、站内、站间和区间（轨旁）电话子系统。

城市轨道交通的调度电话子系统主要包括调度总机、调度台和调度分机三部分，并通过传输系统或通信电缆相连接。在控制中心安装有调度机或交换/调度机作为调度总机，为调度人员提供专用直达通信服务。一般在城市轨道交通中设有行车调度、电力调度、维修调度、环控调度、公安调度的（虚拟）调度专网和调度台（其中行车调度专网设 2 个调度台）。调度台应具有选呼、组呼、群呼、强插、强拆、会议、应急处理等特定功能。调度分机安装在控制中心、车辆段以及各车站。调度台可单键直接呼叫分机;分机呼叫调度台分为一般与紧急两类呼叫。

站内的公务电话交换机具有热线功能,在提供公务电话业务的同时,亦可提供站内、站间和区间(轨旁)电话业务。站内电话子系统由车站公务电话交换机、车站值班台(主机)和电话分机组成。

站间电话可为车站值班员与相邻车站的车站值班员提供直达通信服务,也可以接入公务电话网。

区间电话通过站内电话子系统连接邻站的车站值班台或接入公务电话网,为隧道内的维修人员提供通信服务。

4)闭路电视监控系统(CCTV)

闭路电视监控系统为控制中心调度管理人员、车站值班员、列车驾驶员及站台监视亭值班员等对车站的站厅、站台、出入口等主要区域提供监视服务。

控制中心的行车调度员实时监视全线各车站的情况。车站的车站值班员能够实时监视本站情况。列车驾驶员能在驾驶室看到乘客上下车的情况(站台与列车间用无线传送视频信号)。

监视画面要求具有 DVD 质量。采用控制中心和车站两级互相独立的监控方式,平常以车站值班员控制为主,控制中心调度员可任意选择上调各车站的各摄像头的监视画面。在紧急情况下则转换为以控制中心调度员控制。出于安全与事故取证要求,车站和控制中心的 CCTV 设备还应具有录像功能。

城市轨道交通的闭路电视监控系统有模拟、数字和网络三种组网方式。

在模拟闭路电视网络中,摄像头与监视器之间传输的是模拟视频信号,图像的切换和分割由硬件(视频矩阵和图像分割设备)完成。各车站传送至控制中心模拟视频信号,采用点对点的模拟光纤传输。

在数字闭路电视网络中,车站和控制中心仍以模拟组网,与模拟闭路电视区别仅在于:各车站与控制中心之间利用城市轨道交通传输网传送视频信号。因城市轨道交通传输网只能传输数字信号,为了将模拟视频信号从站点传到控制中心,需要经过编解码器进行模/数与数/模转换。在传输网采用 MSTP(Muti-Service Transfer Platfom)技术后,目前亦有将模拟视频信号经压缩编码、成帧后,利用城市轨道交通传输网的分组数据通道以总线方式传送视频信号,其主要优点为可以按需动态分配带宽。

在网络闭路电视网络中,带有编码器的网络摄像头和带有解码器的数字监视器以及数字录像硬盘均接入站点的 Ethemet 或 ATM 局域网,监视器可根据摄像头的 IP 地址调看图像,并用软件进行图像分割,省略了视频矩阵和图像分割等硬设备。各站点局域网与控制中心局域网通过城市轨道交通传输系统互连成广域网,控制中心可以根据摄像头 IP 地址直接选调全线各摄像点的监控画面。

5)有线广播系统(PA)

有线广播系统由正线广播和车辆段广播两个独立的系统组成。

(1)正线广播又分成控制中心广播和车站广播两级,该系统为控制中心调度员、车站值班员、车辆段值班员提供对相应区域进行有线广播的功能,同时也为控制中心大楼提供广播功能。

(2)有线广播系统具有自动和人工广播，以及相应的选择功能及优先级功能，采用车站和控制中心两级控制方式。平时以车站广播为主，控制中心可以插入；但在紧急情况下，则以控制中心广播为主。

6)时钟系统

时钟系统是为保证轨道交通运营准时、服务乘客、统一全线设备标准时间而设置的。城市轨道交通的两类时钟系统均同步于美国GPS(俄罗斯格林纳斯、欧洲伽利略、中国北斗一号做备用)时间信息。

其中提供时间信息的时钟系统分为一级母钟系统与二级母钟系统。一级母钟系统安装在控制中心，二级母钟系统安装在各车站、车辆段的通信机房内，用以驱动分布在站内及车辆段的各子钟以显示正确的时间，同时为通信设备提供基准频率。

7)乘客导乘信息系统(PIS)

乘客导乘信息系统与城市轨道交通信号系统相连接。PIS主要功能是及时为车站和列车上的乘客提供列车导乘信息，同时也可提供诸如时间、天气预报、新闻及广告等其他信息。

为了在列车上提供实时的导乘信息、新闻、赛事等，可以在城市轨道交通中建设符合我国数字电视地面广播标准(DMB—TH)的移动数字电视系统。

8)通信电源和接地系统

城市轨道交通通信的电源系统必须是供电设备独立、并具有集中监控管理的系统。通信电源系统应保证对通信设备不间断、无瞬变地供电，满足通信设备对电源的要求。

城市轨道交通通信设备应按一级负荷供电。由变电所引接双电源双回线路的交流电源至通信机房交流配电屏，当使用中的一路出现故障时，应能自动切换至另一路。

对要求直流供电的通信设备，采用集中方式供电。直流供电系统可由直流配电盘、高频开关型整流模块、直流变换器、逆变器、阀控式密闭铅蓄电池组等组成，并应具有遥信、遥测、遥控性能和标准的接口及通信协议。

对要求交流不间断供电的通信设备，可根据负荷容量确定采用逆变器供电或交流不间断电源(UPS)供电方式。

通信设备的接地系统设计，应做到确保人身、通信设备安全和通信设备的正常工作。城市轨道交通车站根据条件可采用合设接地方式，也可采用分设接地方式。分设接地方式由接地体、接地引入线、地线盘及室内接地配线组成。

2. 城市轨道交通信号系统

城市轨道交通信号系统是保证列车运行安全，实现行车指挥和列车运行现代化，提高运输效率的关键系统设备。

城市轨道交通信号系统通常由列车自动控制系统(Automatic Train Control，简称ATC)组成，ATC系统包括三个子系统：

(1)列车自动监控系统(Automatic Train Supervision，简称ATS)；

(2)列车自动防护子系统(Automatic Train Protection，简称ATP)；

(3)列车自动运行系统(Automatic Train Operation，简称ATO)。

三个子系统通过信息交换网络构成闭环系统，实现地面控制与车上控制结合、现地控制与中央控制结合,构成一个以安全设备为基础,集行车指挥、运行调整以及列车驾驶自动化等功能为一体的列车自动控制系统。

1)列车自动控制系统(ATC)分类

(1)按闭塞布点方式:可分为固定式和移动式。固定闭塞方式中按控制方式,又可分为速度码模式(台阶式)和目标距离码模式(曲线式)。

(2)按机车信号传输方式:可分为连续式和点式。

(3)按各系统设备所处地域可分为:控制中心子系统、车站及轨旁子系统、车载设备子系统、车场子系统。

2)固定闭塞 ATC 系统

固定闭塞 ATC 系统是指基于传统轨道电路的自动闭塞方式,闭塞分区按线路条件经牵引计算来确定,一旦划定将固定不变。列车以闭塞分区为最小行车间隔,ATC 系统根据这一特点实现行车指挥和列车运行的自动控制。固定闭塞 ATC 系统又可分为速度码模式和目标距离码模式。

(1)速度码模式(台阶式)。如北京地铁和上海地铁 1 号线分别引进的英国西屋公司和美国 GRS 公司的 ATC 系统均属此类 ATC 系统,该系统是 20 世纪 70 ~ 80 年代的产品,技术成熟、造价较低,但因闭塞分区长度的设计受限于最不利线路条件和最低列车性能,不利于提高线路运输效率。固定闭塞速度码模式 ATC 是基于普通音频轨道电路的,轨道电路传输信息量少,对应每个闭塞分区只能传送一个信息代码,从控制方式可分成入口控制和出口控制两种,从轨道电路类型划分可分为有绝缘和无绝缘轨道电路两种。

以出口防护方式为例,轨道电路传输的信息即该区段所规定的出口速度命令码,当列车运行的出口速度大于本区段的出口命令码所规定的速度时,车载设备便对列车实施惩罚性制动,以保证列车运行的安全。由于列车监控采用出口检查方式,为保证列车安全追踪运行,需要一个完整的闭塞分区作为列车的安全保护距离,限制了线路通过能力的进一步提高和发挥。能提供此类产品的公司有:英国 WSL 公司、美国 GRS 公司、法国 ALSTOM 公司、德国 SIEMENZ 公司等。

(2)目标距离码模式(曲线式)。目标距离码模式一般采用音频数字轨道电路(或音频轨道电路)加电缆环线或音频轨道电路加应答器,具有较大的信息传输量和较强的抗干扰能力。通过音频数字轨道电路发送设备或应答器向车载设备提供目标速度、目标距离、线路状态(曲线半径、坡道等数据)等信息,车载设备结合固定的车辆性能数据计算出适于列车运行的目标距离速度模式曲线(最终形成一段曲线控制方式),保证列车在目标距离速度模式曲线下有序运行。不仅增强了列车运行的舒适度,而且列车追踪运行的最小安全间隔缩短为安全保护距离,有利于提高线路的通过能力。如上海地铁 2 号线引进的美国 US&S 公司的 ATC 系统、明珠线引进的法国 ALSTOM 公司的 ATC 系统和广州地铁 1、2 号线引进的德国西门子公司的 ATC 系统均属此类。

3)移动闭塞 ATC 系统

移动闭塞方式的 ATC 系统通常采用无线通信、地面交叉感应环线、波导等媒体,向列控车载设备传递信息。列车安全间隔距离是根据最大允许车速、当前停车点位置、线路等信息计算得出的,信息被循环更新,以保证列车不间断收到即时信息。

移动闭塞 ATC 系统是利用列车和地面间的双向数据通信设备，使地面信号设备可以得到每一列车连续的位置信息，并据此计算出每一列车的运行权限，动态更新发送给列车，列车根据接收到的运行权限和自身的运行状态，计算出列车运行的速度曲线，实现精确的定点停车，实现完全防护的列车双向运行模式，更有利于线路通过能力的充分发挥。

移动闭塞 ATC 系统在我国还未有应用实例，国外能提供此类系统的公司有：阿尔卡特公司的交叉感应电缆作为传输媒介的 ATC 系统，在加拿大温哥华“天车线”和香港 KCRC 西部铁路等的应用，技术比较成熟，但交叉感应轨间电缆给线路日常养护带来不便。美国哈蒙公司基于扩频电台通信的移动闭塞系统应用在旧金山 BART 线，其系统结构、系统运用尚不成熟。阿尔斯通公司基于波导传输信息的移动闭塞系统正在新加坡西北线试验段安装调试。

4）信号系统基本功能

（1）列车自动监控子系统（ATS）由控制中心、车站、车场以及车载设备组成。ATS 系统在 ATP 系统的支持下完成对列车运行的自动监控，可以实现以下基本功能：

①通过 ATS 车站设备，能够采集轨旁及车载 ATP 提供的轨道占用状态、进路状态、列车运行状态以及信号设备故障等控制和监督列车运行的基础信息。

②根据联锁表、计划运行图及列车位置，自动生成输出进路控制命令，传送至车站联锁设备，设置列车进路、控制列车停站时分。

③列车识别跟踪、传递和显示功能。系统能自动完成正线区段内列车识别号（服务号、目的地号、车体号）跟踪，列车识别号可由中央 ATS 自动生成或调度员人工设定、修改，也可由列车经车—地通信向 ATS 发送识别号等信息。

④列车计划与实绩运行图的比较和计算机辅助调度功能。能根据列车运行实际的偏离情况，自动生成调整计划供调度员参考或自动调整列车停站时分，控制发车时间。

⑤ATS 中央故障情况下的降级处理，由调度员人工介入设置进路，对列车运行进行调整，由 ATS 车站完成自动进路或根据列车识别号进行自动信号控制，由车站人员人工进行进路控制。

⑥在计算机辅助下完成对列车基本运行图的编制及管理，并具有较强的人工介入能力。通过设在车辆段的终端，向车辆段管理及行车人员提供必要的信息，以便编制车辆运用计划和行车计划。

⑦列车运行显示屏及调度台显示器，能对轨道区段、道岔、信号机和在线运行列车等进行监视，能在行调工作站上给出设备故障报警及故障源提示。

⑧能在中央专用设备上提供模拟和演示功能，用于培训及参观。能自动进行运行报表统计，并根据要求进行显示打印。

⑨能在车站控制模式下与计算机联锁设备结合，将部分或所有信号机置于自动模式状态。

⑩向通信无线、广播、乘客导向系统提供必要的信息。

（2）列车自动防护子系统（ATP）由地面设备、车载设备组成，监督列车在安全速度下运行，确保列车一旦超过规定速度，立即施行制动，主要实现以下功能：

①动连续地对列车位置进行检测，并向列车发送必要的速度、距离、线路条件等信息，以

确定列车运行的最大安全速度；提供列车速度保护，在列车超速时提供常用制动或紧急制动，保证前行与后续列车之间的安全间隔，满足正向行车时的设计行车间隔和折返间隔，对反向运行列车能进行 ATP 防护。

②确保列车进路正确及列车的运行安全，确保同一径路上的不同列车之间具有足够的安全距离，以及防止列车侧面冲撞等。

③防止列车超速运行，保证列车速度不超过线路、道岔、车辆等规定的允许速度。

④为列车车门的开启提供安全、可靠的信息。

⑤根据联锁设备提供的进路上轨道区间运行方向，确定相应轨道电路发码方向。

⑥任何车—地通信中断以及列车的非预期移动（含退行）、任何列车完整性电路的中断、列车超速（含临时限速）、车载设备故障等均将产生安全性制动。

⑦实现与 ATS 的接口和有关的交换信息。

⑧实现系统的自诊断、故障报警和记录。

⑨可实现列车的实际速度、推荐速度、目标速度、目标距离等信息的记录和显示，具有人工或自动轮径磨耗补偿功能。

（3）列车自动驾驶子系统（ATO）是控制列车自动运行的设备，由车载设备和地面设备组成，在 ATP 系统的保护下，根据 ATS 的指令实现列车运行的自动驾驶、速度的自动调整、列车车门控制，可实现以下功能：

①自动完成对列车的启动、牵引、巡航、惰行和制动的控制，以较高的速度进行追踪运行和折返作业，确保达到设计间隔及旅行速度。

②在 ATS 监控范围的入口及各站停车区域（含折返线、停车线）进行车—地通信，将列车有关信息传送至 ATS 系统，以便于 ATS 系统对在线列车进行监控。

③控制列车按照运行图进行运行，达到节能及自动调整列车运行的目的。

④ATO 自动驾驶时实现车站站台定点停车控制、舒适度控制及节省能源控制。

⑤能根据停车站台的位置及停车精度自动地对车门进行控制。

⑥与 ATS 和 ATP 结合，实现列车自动驾驶、有人或无人驾驶。

5）信号系统运营模式

（1）ATS 自动监控模式。正常情况下 ATS 系统自动监控在线列车的运行，自动向联锁设备下达列车进路命令，列车在 ATP 的安全保护下由驾驶员按规定的运行图（时刻表）驾驶列车运行。控制中心行车调度员仅需监督列车和设备的运行状况。每天开班前，控制中心调度员选择当日的行车运行图（时刻表），经确认或作必要的修改，作为当日行车指挥的依据。

（2）调度员人工介入模式。调度员可通过工作站发出有关行车命令，对全线列车运行进行人工干预。调整列车运行计划包括对列车实施“扣车”、“终止站停”、改变列车进路、增减列车等。

（3）列车出入车场调度模式。车辆调度员根据当日列车运行图（时刻表）编制车辆运用计划和场内行车计划，并传至控制中心。车场信号值班员按车辆运用计划设置相应的进路，以满足列车出入段作业要求。

（4）车站现地控制模式。除设备集中站外，其他车站不直接参与运营控制，车站联锁和车站 ATS 系统结合实现车站和中央两级控制权的转换。在中央 ATS 设备故障或经车站值班员申请，中央调度员同意放权后，可改由车站现地控制。在现地控制模式下，车站值班员可直接操纵车站联锁设备，可将部分信号机置于自动模式状态，也可将全部信号机设为自动模式状态，控制中心行车调度员应通过通信调度系统与列车驾驶员、车站值班员保持联系。

(5)车场控制模式。列车出入场和场内的作业均由车场值班员根据用车计划，直接排列进路。车场与正线之间设置转换轨，出入场线与正线间采用联锁照查联系，保证行车安全。

(6)列车运行控制模式。列车在正线、折返线上运行作业时，常用 ATO 自动驾驶模式和 ATP 监督下的人工驾驶模式，限制人工驾驶和非限制人工驾驶模式均为非常用模式。

①ATO 自动驾驶模式。列车启动后，在 ATP 设备安全保护下，车载 ATO 设备自动控制列车加速、巡航、惰行、制动，并控制列车在车站的停车位置，开关车门，驾驶员仅需监督 ATP/ATO 车载设备运行状况。

②ATP 监督下的人工驾驶模式。列车启动后，车载 ATP 设备根据地面提供的信息，自动生成连续监督列车运行的一次速度模式曲线，实时监督列车运行。驾驶员根据 ATP 显示的速度信息驾驶列车，当列车运行速度接近限制速度时，提出报警；当列车运行速度超过限制速度时，ATP 车载设备将对列车实施制动。

③限制人工驾驶模式。驾驶员以不超过车载 ATP 的限制速度行车，列车运行安全由驾驶员负责。当列车超过该限制速度时，ATP 车载设备则对列车实施制动。

④非限制人工驾驶模式。在车载 ATP 设备故障状态下运用，ATP 将不对列车运行起监控作用。列车运行安全由驾驶员、调度员、车站值班员共同负责。

(7)列车折返模式。列车在 ATP 监督人工驾驶模式下折返时，列车由人工驾驶自到达股道牵出至折返线，由驾驶员转换驾驶端，并折返至发车股道。在 ATO 有人驾驶模式下折返时，列车能以较合理的速度从到达股道牵出至折返线，由驾驶员转换驾驶端和启动列车，然后从折返线进入发车股道。

二、通信信号安全管理

通信信号安全管理包括通信系统和信号系统的安全管理，其安全管理要点分别见表 17-17、表 17-18。

通信系统安全管理要点　　表 17-17

序　号	安全管理要点
1	地铁通信宜由下列主要子系统组成： (1)传输系统； (2)公务电话系统； (3)专用电话系统； (4)无线集群通信系统； (5)广播系统； (6)时钟系统； (7)闭路电视监控系统； (8)电源及接地系统； (9)乘客导乘信息系统
2	通信系统在灾害或事故的情况下应作为应急处理、抢险救灾的手段

续上表

<table>
<tr><th>序　号</th><th>安全管理要点</th></tr>
<tr><td>3</td><td>通信系统主要设备和模块应具有自检功能，并采取适当的冗余，故障时自动切换并撤警，控制中心可监测和采集车站设备运行和检测的结果</td></tr>
<tr><td>4</td><td>通信系统应能安全、可靠地传递语音、数据、图像、文字等信息，并应具有网络监控、管理功能；各轨道交通线路的通信系统应能互连互通，实现信息资源共享；通信系统各子系统应具有故障时降级使用功能，主要部件应具有冗余保护功能；通信系统应具有防止电机牵引所产生的谐波电流、外界电磁波、静电等对通信系统的干扰功能，并采取必要的防护措施</td></tr>
<tr><td>5</td><td>地铁隧道内托板托架的设置不应侵入设备限界，车载台无线天线的设置不应超出车辆限界</td></tr>
<tr><td>6</td><td>传输系统应配置传输网络管理系统和公务联络系统，传输网络管理中心设备应设置于控制中心</td></tr>
<tr><td>7</td><td>传输系统应是独立专用传输网络，必须有自保护功能</td></tr>
<tr><td>8</td><td>通信电缆、光缆在区间隧道内可采用沿墙架设方式，进入车站宜采用隐蔽敷设方式；高架区段电缆、光缆宜敷设在高架区间通信管道内；地面电缆、光缆宜采用直埋式或管道式。通信电缆、光缆应与强电电缆分开敷设。沿墙架设电缆、光缆与其他管线的最小净距应符合如下规定：
<table>
<tr><th rowspan="2">管线种类</th><th colspan="2">最小净距（m）</th></tr>
<tr><th>平行</th><th>垂直交叉</th></tr>
<tr><td>电力线</td><td>0.15</td><td>0.05</td></tr>
<tr><td>避雷引入线</td><td>1.00</td><td>0.30</td></tr>
<tr><td>保护地线</td><td>0.05</td><td>0.02</td></tr>
<tr><td>热力管(不包封)</td><td>0.50</td><td>0.50</td></tr>
<tr><td>热力管(包封)</td><td>0.30</td><td>0.30</td></tr>
<tr><td>给水管</td><td>0.15</td><td>0.02</td></tr>
<tr><td>煤气管</td><td>0.30</td><td>0.02</td></tr>
</table></td></tr>
<tr><td>9</td><td>隧道内的通信主干电缆、光缆宜采用阻燃、低毒、防腐蚀的防护层；站内配线电缆应采用带有屏蔽层的塑料护套电缆</td></tr>
<tr><td>10</td><td>在地铁沿线敷设的光缆、电缆等管线结构，应选择符合杂散电流腐蚀防护的材质、结构设计和施工方法</td></tr>
<tr><td>11</td><td>地铁敷设光缆不设屏蔽地线，但接头两侧的金属护套及金属加强件应相互绝缘，光缆引入室内应做绝缘接头</td></tr>
<tr><td>12</td><td>公务电话交换设备应具备综合业务数字网络(ISDN)功能</td></tr>
<tr><td>13</td><td>公务电话交换设备应具备完善的监控管理接口和功能，并设置维护终端。在控制中心宜设置集中网络管理设备，对全网内的公务电话交换设备进行统一管理</td></tr>
<tr><td>14</td><td>公务电话系统的特种业务呼叫应能自动转接到市话网的“119”、“110”、“120”，并可进行电话跟踪。公务电话系统应具有在线维护管理、安全保护措施、故障诊断和定位功能</td></tr>
<tr><td>15</td><td>专用电话系统主要包括：调度电话，站间行车电话，车站、车辆段、停车场内直通电话以及区间电话</td></tr>
<tr><td>16</td><td>调度电话应具有优先级，并具有录音功能。应具有在线维护管理、安全保护措施、故障诊断和定位功能</td></tr>
</table>

续上表

序　　号	安全管理要点
17	防灾、环境与设备监控系统调度电话分机应设置在各车站、车辆段综合控制室以及车辆段的消防控制室等地点
18	地铁调度电话应能满足如下要求： （1）调度电话终端能选呼、组呼和全呼分机，任何情况下均不能发生阻塞； （2）调度电话分机可对调度电话终端进行一般呼叫和紧急呼叫； （3）控制中心调度电话终端之间应有台间联络等功能； （4）调度电话系统应具有录音功能
19	站间行车电话是保证安全行车的专用电话设备，供相邻车站值班员间办理有关行车业务联系；站间行车电话应设在各车站行车值班室或车站综合控制室，在其回线上不得连接其他电话
20	地铁应设置无线通信系统为控制中心调度员、车辆段调度员、车站值班员等固定用户与列车驾驶员、防灾、维修、公安等移动用户之间提供通信手段。无线通信系统必须满足行车安全、应急抢险的需要
21	地铁无线通信系统应具选呼、组呼、全呼、紧急呼叫、呼叫优先级权限等调度通信功能，并应具有存储功能、监测功能等
22	无线通信系统应设置列车调度、事故及防灾、车辆综合基地管理及设备维护四个子系统，其容量和覆盖范围应满足轨道交通运营的要求。在地下车站及区间应设置公安、消防无线通信系统，满足市公安、消防统一调度要求。应能平滑稳定地升级和扩容，不得中断正常的运营
23	地铁广播系统应保证控制中心调度员和车站值班员向乘客通告列车运行以及安全、向导等服务信息，向工作人员发布作业命令和通知
24	地铁广播系统由控制中心广播设备和车站广播设备组成。控制中心和车站均应设置行车和防灾广播控制台。控制中心广播控制台可以对全线选站、选路广播；车站广播控制台可对本站管区内选路广播
25	行车和防灾广播的区域应统一设置，防灾广播应优先于行车广播
26	地铁广播系统负荷区宜按站台层、站厅层、上行隧道，下行隧道，与行车直接有关的办公区域等进行划分。声场强度不论室内、室外均应大于噪声级 10dB。负荷区各点的声场均匀度及混响指标应保证广播声音清晰、稳定
27	列车上应设置列车广播设备。列车广播设备应兼有自动和人工两种播音方式，同时可接受控制中心调度员通过无线通信系统对运行列车中的乘客进行语音广播
28	地铁时钟系统为各线、各车站提供统一的标准时间信息，为其他各系统提供统一的定时信号。时钟系统由中心母钟（简称一级母钟）、车站和车辆段母钟（简称二级母钟）、时间显示单元（简称子钟）组成
29	一级母钟设置在控制中心，二级母钟设置在各车站和车辆段，子钟设置在中心调度室、车站综合控制室、牵引变电所值班室、站厅、站台层及其他与行车直接有关的办公室等处所
30	一级母钟自走时精度应在 10^{-7} 以上，二级母钟自走时精度应在 10^{-6} 以上。
31	一级母钟、二级母钟应配置数字式及指针式多路输出接口，一级母钟应配置数据接口，以便向其他各系统提供定时信号
32	地铁闭路电视监控系统应为控制中心调度员、各车站值班员、列车驾驶员等提供有关列车运行、防灾、救灾及乘客疏导等方面的视觉信息
33	地铁闭路电视监控系统应由中心控制设备、车站控制设备、图像摄取、图像显示、录制及视频信号传输等部分组成

续上表

序　号	安全管理要点
34	地铁闭路电视监控系统在下列场所应设监控摄像机：售检票大厅、乘客集散厅、上下行站台、自动扶梯等公共场所以及设置消防设备及变电设备的地方
35	地铁闭路电视监控系统应在控制中心行车调度员、防灾调度员、车站行车值班员、车站防灾值班员等场所设置控制、监控装置。在上下行站台列车停车位置设置监控装置
36	地铁闭路电视监控系统的摄像机、监视器宜采用彩色或黑白PAL/D制式和隔行扫描方式。室外摄像机应设全天候防护罩，并应适应最低0.2 lx的照度；室内摄像机应适应最低10lx的照度
37	地铁闭路电视监控系统应具备监视、控制优先级、循环显示、任意定格与锁闭、图像选择、随时录像、摄像范围控制、字符叠加、远程电源控制等功能
38	图像信息系统应满足各级控制中心调度员、车站值班员、列车驾驶员对车站图像监视的功能要求。摄像机的安装部位应满足运营监视和公安监视的要求，并确保事故状态下摄像。应能对运营监视的图像进行录像，控制中心图像信息系统设备应能对各车站传来图像进行录像
39	通信电源系统必须是独立的供电设备并具有集中监控管理功能
40	通信电源系统应保证对通信设备不间断、无瞬变地供电。通信电源设备应满足通信设备对电源的要求
41	地铁通信设备应按一级负荷供电。由变电所引接双电源双回线路的交流电源至通信机房交流配电屏，当使用中的一路出现故障时，应能自动切换至另一路
42	控制中心、各车站及车辆段(停车场)的通信设备应按一级负荷供电，各通信机房应设置电源自动切换设备
43	不间断电源的蓄电池容量应保证向各通信设备连续供电不少于2h
44	对要求直流供电的通信设备，应采用集中方式供电。直流供电系统可由直流配电盘、高频开关型整流模块、直流变换器、逆变器、阀控式密闭铅酸蓄电池组组合机架组成。并应具有遥信、遥测、遥控性能和标准的接口及通信协议
45	对要求交流不间断供电的通信设备，可根据负荷容量确定采用逆变器供电或交流不间断电源(UPS)供电方式
46	通信设备的接地系统设计，应做到确保人身、通信设备安全和通信设备的正常工作
47	综合接地的接地电阻不大于1Ω，控制中心、各车站的综合接地宜与供电系统合设接地体。分设保护接地时，应采用供电系统的接地(TN－S制)，其接地电阻应不大于4Ω。 车辆段(停车场)宜设置独立的通信接地体，作为通信系统的联合接地，其接地体应与其他接地体的间隔不小于20m
48	通信机房与电力变电所宜分设于车站的两端
49	地铁通信机房的工艺要求应符合下列规定，其他辅助用房按一般办公用房工艺要求设计 <table><tr><td>内容</td><td>要求</td></tr><tr><td>室内最小净高(m)</td><td>2.8</td></tr><tr><td>地面均布荷载(kg/m²)</td><td>通信提供机架重量和平面布置，房建计算荷载值</td></tr></table>

续上表

序　　号	安全管理要点
50	通信系统的应建立检修制度和保养、巡检的记录台账。检修人员应具有上岗资格，并定期接受技术培训。通信系统故障信息有记录、有分析、有纠正和预防措施
51	通信系统应选择有资质的维修配件供货商，并建立维修配件检验制度。对维修配件的质量信息应有记录、有分析、有纠正和预防措施

信号系统安全管理要点　　表 17-18

序　　号	安全管理要点
1	地铁信号系统应由行车指挥和列车运行控制设备组成，并应设必要的故障监测和报警设备
2	涉及行车安全的设备及电路必须符合故障—安全的原则。安全系统必须经安全检测、认证并批准后方可采用
3	信号系统应满足地铁行车组织和运营管理的需要，保证列车运行安全，提高行车效率
4	地铁信号系统工程设计应满足大运量、高密度行车和不同列车编组的运营要求
5	信号系统应具有高可靠性和高可用性
6	信号系统必须具有良好的电磁兼容性
7	信号系统的车载设备不得超车辆限界，信号系统的地面设备不得侵入设备限界
8	ATC 系统应包括下列主要子系统： （1）列车自动监控（ATS）系统或调度集中（CTC）系统； （2）列车自动防护（ATP）系统； （3）列车自动运行（ATO）系统
9	ATC 系统应包括下列控制等级： （1）控制中心自动控制； （2）控制中心自动控制时的人工介入控制或利用 CTC 系统的人工控制； （3）车站自动控制； （4）车站人工控制。 以上控制等级应遵循的原则是：车站人工控制优先于控制中心人工控制、控制中心人工控制优先于控制中心的自动控制或车站自动控制
10	为保证行车安全，在 ATC 控制区域内使用限制模式或非限制模式时应有破铅封、记录或特殊控制指令授权等技术措施
11	ATC 系统应满足自系统设备和通信、供电等相关系统设备故障的特殊条件下安全行车的需要。ATC 系统应能降级运用，实现故障弱化处理，满足故障复原的需要
12	ATS 系统应具有下列主要功能： （1）列车自动识剎、跟踪，车次号显示； （2）时刻表编制及管理； （3）进路自动控制； （4）列车运行自动调整； （5）列车运行和设备状态自动监视； （6）操作与数据记录、输出及统计处理； （7）车辆修程及乘务员管理； （8）系统故障复原处理； （9）列车运行模拟及培训； （10）乘客向导信息显示

续上表

序　号	安全管理要点
13	ATS 系统的基本要求应符合下列规定： (1)同一 ATS 系统可监控一条或多条运营线路,监控多条运营线路时,应保证各条线路具有独立运营或混合运营的能力。 (2)ATS 的计算机系统及网络系统应采用冗余技术,应设调度员工作站、调度长工作站、时刻表编辑工作站和工程师工作站以及其他必要的设备。 (3)运营线路上的车站应纳入 ATS 系统监控范围,涉及行车安全的应急直接控制应由车站办理,车辆段、停车场可不全部列入系统监控范围。 (4)ATS 系统应满足列车运行交路的需要。凡有道岔的车站均应按具有折返作业处理。 (5)出入车辆段、停车场的列车不应影响正线列车的运行。 (6)系统故障或车站作业需要时,经控制中心调度员与车站值班员办理必要的手续后,可实现站控与遥控转换,车站值班员也可强行办理站控作业。站控与进控转换过程中,不应影响列车运行。 (7)列车进路控制应以联调表为依据,根据选行时刻表和列车识别号等条件实现控制。 (8)ATS 系统应具有良好的实时控制性能,系统处理能力、设备空间等应留有余量。信息采集周期宜小于 2.0s。 (9)ATS 系统与联锁设备接口应满足： ①ATS 系统可与计算机联锁或继电联锁设备接口； ②ATS 系统的进路控制方式应与联锁设备的进路控制方式相适应； ③ATS 系统控制命令的输出持续时间应保证继电联锁设备的可靠动作,其与安全相关的接口应有可靠的隔离措施。 (10)ATS 系统宜从时钟系统获取标准时钟信号
14	ATP 系统应具有下列主要功能： (1)检测列车位置,实现列车间隔控制和进路的正确排列； (2)监督列车运行速度,实现列车超速防护控制； (3)防止列车误退行等非预期的移动； (4)为列车车门、站台屏蔽门等的开闭提供安全监控信息
15	ATP 系统的基本要求应符合下列规定： (1)ATP 系统应由列车自动防护的轨旁设备、车载设备和控制区域内的联锁设备组成。 (2)地铁必须配置 ATP 系统,其系统安全失效率指标应优于 $10^{-9}h^{-1}$。ATP 系统内部设备之间的信息传输通道也必须符合故障—安全原则。 (3)闭塞分区的划分或列车运行安全间隔,应通过列车运行模拟确定。为保证行车安全,在安全防护地点运行方向的后方应设安全防护距离或防护区段,安全防护距离应通过计算确定。 (4)地铁的 ATP 系统应采用连续式控制方式,宜采用速度距离制动模式。列车位置检查可采用轨道电路、轨道环路等方式实现。 (5)地铁宜采用计算机联锁设备,也可采用继电联锁设备
16	ATP 车载设备在满足 ATP 系统基本要求外,还应符合下列规定： (1)ATP 系统导致列车停车为最高的安全准则。地—车连续通信中断、列车完整性电路断路、列车超速、列车的非预期移动、车载设备重要故障等均应导致安全性制动。 (2)ATP 车载设备的车内信号应是行车的主体信号。车内信号至少包括列车实际运行速度、列车运行前方的目标速度;在两端驾驶员室内均应装设速度显示、报警装置和必要的切换装置。 (3)ATP 执行强迫停车控制时,应切断列车牵引,列车停车过程不得中途缓解。 (4)车载信号设备与车辆接口电路的布线应与其主回路等环节的高压布线分开敷设并实施防护,与车辆电器的接口应有隔离措施

续上表

序　　号	安全管理要点
17	ATP 地面设备在满足 ATP 系统基本要求外，还应符合下列规定： (1)ATP 地面设备宜采用报文式无绝缘轨道电路或适用于其他准移动闭塞、移动闭塞 ATC 系统的地面设备，也可采用模拟式移频轨道电路。 (2)轨道电路应满足下列要求： ATC 控制区域宜采用无绝缘轨道电路，道岔区段、车辆段及停车场线路可采用有绝缘轨道电路；区间轨道电路应为双轨条回流方式；道岔区段、车辆段及停车场轨道电路可采用单轨条回流方式
18	联锁设备的基本要求应符合下列规定： (1)确保进路上道岔、信号机和区段的联锁，联锁条件不符时，禁止进路开通，敌对进路必须相互照查，不得同时开通； (2)装设引导信号的信号机因故不能开放时，应通过引导信号实现列车的引导作业； (3)联锁设备宜采用进路操纵方式； (4)进路解锁宜采用分段解锁方式。锁闭的进路应能随列车正常运行自动解锁、人工办理取消进路和限时解锁并应防止错误解锁。限时解锁时间应确保行车安全； (5)车站站台及车站控制室应设站台紧急关闭按钮。站台紧急关闭按钮电路应符合故障—安全原则； (6)联锁设备的操纵宜选用单元控制台。控制台上应设有意义明确的各种表示，用以监督线路及道岔区段占用、进路锁闭及开通、信号开放和挤岔、遥控和站控等； (7)车站联锁主要控制项目包括：列车进路、引导进路、进路的解锁和取消、信号机关闭和开放、道岔操纵及锁闭、区间临时限速，扣车和取消、遥控和站控、站台紧急关闭和取消； (8)地铁固定信号机、表示器等的设置应遵循下列原则： ①在 ATC 控制区域的线路上应设道岔防护信号机或道岔状态表示器。道岔防护信号机显示禁止信号为定位。 ②信号机应设在列车运行方向的右侧，特殊情况可设于列车运行方向的左侧或其他位置。 ③信号机等应采用白炽灯或其他光源构成的色灯式信号机。 ④车站应设发车指示器或发车计时装置
19	ATO 系统应具有下列主要功能： (1)站间自动运行； (2)车站定点停车； (3)ATO 或无人驾驶自动折返； (4)车门开、闭监督； (5)列车运行自动调整
20	ATO 系统的基本要求应符合下列规定： (1)根据线路条件、道岔状态、前方列车位置等，实现列车速度自动控制。列车在区间停车应尽量接近前方目的地。区间停车后，在允许信号的条件下列车自动启动。车站发车时，列车启动由驾驶员控制。 (2)ATO 应能提供多种区间运行模式，满足不同行车间隔的运行要求，适应列车运行调整的需要。 (3)ATO 定点停车精度应根据站台计算长度、列车性能和屏蔽门的设置等因素选定。站台定点停车精度宜在 ±0.25 ~ ±0.50m 范围内选择。 (4)ATO 控制过程应满足舒适度和快捷性的要求。 (5)ATO 应能控制列车实现车站通过作业

续上表

序　号	安全管理要点
21	车辆段和停车场的信号系统应满足下列要求： (1)车辆段设进、出段信号机,根据需要设调车信号机。进、出段信号机、调车信号机以显示禁止信号为定位,停车场各种信号机的设置,应根据其运营要求和控制方式等确定。 (2)进段信号机通常由车辆段控制,出段信号机由车站、控制中心监控;车辆段宜不全部纳入 ATS 监控;根据停车场的规模和作业特点,停车场可部分或全部纳入 ATC 控制范围。 (3)试车线信号系统地面设备的布置,应满足 ATP 或 ATO 等双向试车的需要。试车线地面信号设备应与 ATC 系统的控制区域的信号设备相同
22	信号系统供电应满足下列要求： (1)供电负荷等级应为一级负荷,设两路独立电源。车上设备应由车上直流电源直接供电或经变流设备供电。 (2)当交流电源电压的波动超过交流用电设备正常工作范围时,应设稳压设备。 (3)信号设备可由专用电源供电,宜选用不间断电源(UPS)设备。控制中心、包括电动转辙机和信号机在内的车站信号设备等的 UPS 电源后备时间应该相同。 (4)信号设备专用交、直流电源应对地绝缘
23	信号系统电线路应满足下列要求： (1)电缆宜采用阻燃、低毒、防腐蚀护套电缆。 (2)电缆敷设宜采用下列方式： ①地面电缆采用直埋或管道方式； ②隧道内电缆宜采用明敷方式,车站宜用隐蔽方式敷设； ③高架线路的电缆宜用隐蔽方式敷设。 (3)信号电线路应与电力线路分开敷设
24	信号设备的接地系统应满足下列要求： (1)信号设备应设工作地线、保护地线、屏蔽地线和防雷地线等； (2)地铁信号设备的接地宜接入综合接地系统,也可采用分设接地方式； (3)信号设备室应设主接地板,并通过主接地板接地； (4)车载信号设备的地线应经车辆的接地装置接地
25	信号设备防雷装置应符合下列规定：高架和地面线的室外信号设备、与外线连接的室内信号设备必须具有雷电防护措施
26	信号系统应能控制站台屏蔽门与列车车门的开、闭按预定顺序动作,并满足下列要求： (1)根据需要,信号系统可向站台屏蔽门等提供列车位置信息。 (2)车站设站台屏蔽门时,列车通过车站可不限速。车站不设站台屏蔽门时,列车通过车站的允许速度宜小于 50km/h
27	车辆应有列车自动防护系统(ATP)或列车自动防护系统(ATP)与自动驾驶系统(ATO),以及可保证行车安全的通信联络装置
28	转辙机及线路轨旁设备应有防进水设施
29	应建立使用涉及行车安全的产品的审批制度
30	应建立信号系统的保养制度、巡检制度
31	应建立保养、巡检的记录台账
32	检修人员应具有上岗资格,并定期进行技术培训

续上表

序　号	安全管理要点
33	对信号系统故障信息应有记录、有分析、有纠正和预防措施
34	应选择有资质的维修配件供货商
35	建立维修配件检验制度
36	对维修配件的质量信息应有记录、有分析、有纠正和预防措施

第六节　消防与应急设施设备

一、基本情况介绍

1. 火灾自动报警系统(FAS)

FAS 通过各种探测器、感温电缆、监视模块、手动报警器、破玻按钮、警铃、火警报警控制器和相关软件及全线网络设备,对车站、区间隧道、行车调度指挥中心、车辆段、变电所、材料库等与地铁运营有关的建筑和设施,实行全方位地实时监控,并将其状态监测信息实时的传送至各车站综合控制室,控制中心及 BAS、公共广播、乘客信息等各个子系统,以使地铁能正常有序地运行,避免或降低灾害情况下造成的人员伤亡与财产损失。

2. 环境与设备监控系统(BAS)

BAS 对全线各个车站的通风空调、给排水、自动扶梯、照明等地铁内所属各系统机电设备进行全面、有效的实时监控与管理,确保设备处于安全、高效、节能的最佳运行状态。系统要求具有开放性,所有硬件和软件应采用技术先进、可靠性高,布线简便、网络组成灵活,扩展方便、设备体积小,智能化程度高、可操作性强及易于维修和维护的设备,以降低运营成本。

3. 空调通风系统

空调通风系统可对全部车站及相应地下区间隧道内温度、湿度、风速、噪声和空气质量进行全面控制。在事故工况下,可为人员安全疏散提供新鲜空气,同时满足一定的排烟风速,以控制烟气流向和排除烟气;可提供满足设备管理用房要求的温度、湿度和噪声;维持乘务人员安全、舒适的工作环境。

地上车站或高架车站公共区采用自然通风。当设备管理用房采用自然通风无法满足其要求时,采用 VRV 空调系统。冬季管理用房常有人及有防冻要求的房间应设置采暖系统。

地下车站通风空调系统包括:区间隧道通风防排烟系统、车站公共区通风空调防排烟系统、车站设备及管理用房通风空调防排烟系统、空调水系统、备用 VRV 空调系统。

高架车站通风空调系统包括:公共区自然通风系统、工艺性通风空调系统、舒适性通风空调系统、通风系统。

4. 应急设施设备

城市轨道交通系统为能保证紧急情况下乘客的人身安全,在列车和车站都安装有相应的应急设备,当出现紧急情况时,乘客可以通过应急设备进行报警或自救。

1)列车应急设备

一般情况下,地铁列车上应配备的应急设备有:紧急报警按钮或紧急对讲器、紧急开门装置、灭火器、逃生装置。

图 17-1　列车的紧急报警按钮

列车的每节车厢至少要安装两个紧急报警按钮或紧急对讲器(如图 17-1、图 17-2 所示)。当车厢内发生意外事件、火警等紧急情况时,乘客可以立即使用该装置通知列车驾驶员,以便列车驾驶员及时采取相关措施进行处理。

在列车的每个车门上都安装有紧急开门装置和安全锤(如图 17-3、图 17-4 所示),其主要作用是列车在故障或紧急情况下,需要人工开门时使用。

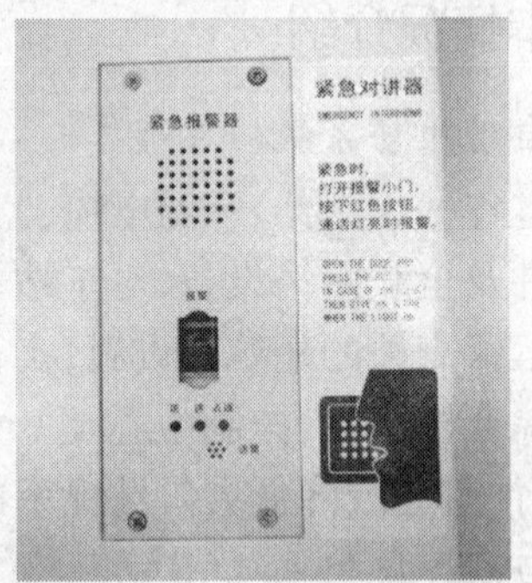

图 17-2　列车的紧急对讲器(不同列车型号对讲器形式不同)

图 17-3　列车车门紧急解锁手柄

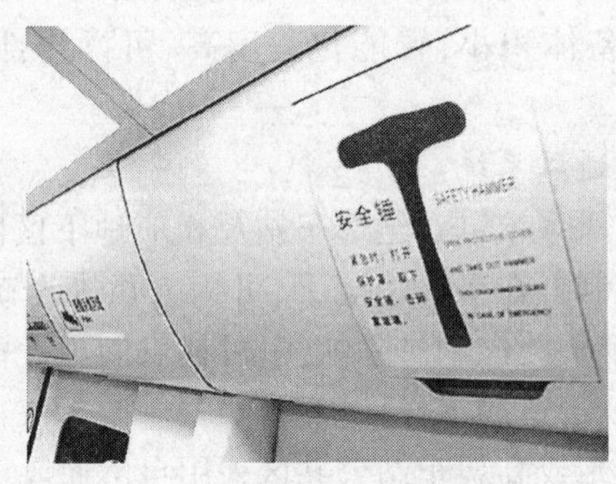

图 17-4　安全锤

灭火器是为预防地铁列车发生火灾情况配备的应急设备。每节车厢有两个灭火器,一个在车厢连接处,一个在车厢内座位下方(座位上有明确的指示标志,见图 17-5)。当列车发生火灾的初期,乘客除通过车厢内的紧急报警按钮或紧急对讲器通知列车驾驶员外,还可以用列车配备的灭火器灭火自救,尽量将火势控制、扑灭。

逃生装置一般安装在列车两端的驾驶员室。如果该城市的轨道交通系统采取疏散平台方式进行疏散,列车的逃生装置则为客室门。列车逃生装置一般在发生紧急情况下,必须通过人工疏散时才能使用。

a)灭火器位置指示标志

b)列车座椅下的灭火器

c)车厢连接处的灭火器

图 17-5　灭火器

2)车站应急设备

车站的应急设备分为:火灾紧急报警器、自动扶梯紧停装置、紧急停车按钮、屏蔽门紧急开关四类。其安装位置和数量均根据不同的城市轨道交通系统建设的要求而有所不同,但各类应急设备的启用电动机相同,就是必须在发生危及列车行车安全或危及人身安全时使用。

车站内的手动报警按钮(见图 17-6)、站台紧急停车按钮(见图 17-7),可帮助乘客应对地铁列车或车站火灾、列车故障等突发事件。

图 17-6　手动报警按钮位于消火栓旁的墙壁上

图 17-7　站台紧急停车按钮

屏蔽门手动解锁把手/推杆锁(见图 17-8)、自动扶梯紧急停梯按钮(见图 17-9)等应急装置可应对屏蔽门故障、扶梯紧急事故。

二、消防与应急设备设施安全管理

消防与应急设备设施包括消防系统、环境与设备监控系统,通风及排烟系统,其安全管理要点详见表 17-19 ~ 表 17-21。

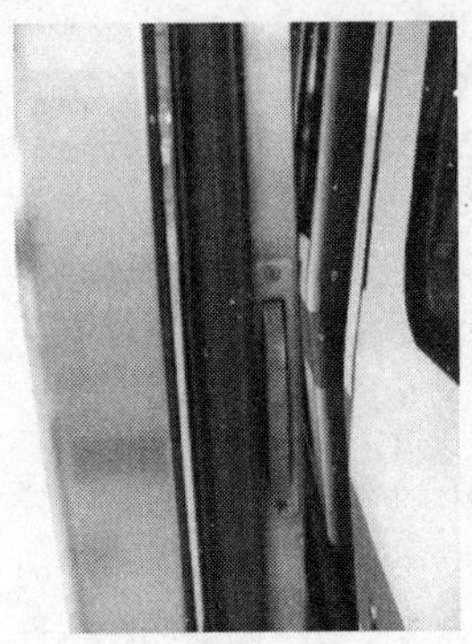

图 17-8 屏蔽门手动解锁把手(位于每档滑动门中部链接处)

图 17-9 自动扶梯紧急停止按钮

消防系统安全管理要点 表 17-19

序 号	安全管理要点
1	地下车站站厅、站台、设备及管理用房区域、人行通道、地下区间隧道应设室内消火栓,地面或高架车站室内消火栓的设置应符合现行国家标准《建筑设计防火规范》的规定。 (1)室内消火栓应设置在位置明显且易于操作的部位。栓口离地面或操作基面高度宜为 1.1m,其出水方向宜向下或与设置消火栓的墙面呈 90°角;栓口与消火栓箱内边缘的距离不应影响消防水带的连接。 (2)建筑的室内消火栓、阀门等设置地点应设置永久性固定标识
2	在地下车站出入口或通风亭的口部等处明显位置的设水泵接合器,并在 15 ~ 40m 范围内设置室外消火栓。地面或高架车站水泵接合器的设置应符合现行国家标准《建筑设计防火规范》的规定
3	地下车站的车站控制室、通信及信号机房、地下变电所应设置气体自动灭火装置。地上运营控制中心气体灭火装置的设置,应按现行《建筑设计防火规范》的规定执行
4	地铁工程应按现行国家标准《建筑灭火器配置设计规范》的规定配置灭火器
5	地下车站及区间隧道内必须设置防烟、排烟与事故通风系统
6	当防烟、排烟系统与事故通风和正常通风与空调系统合用时,通风与空调系统应采用可靠的防火措施,且应符合防烟、排烟系统的要求,并应具备事故工况下的快速转换功能
7	防烟、排烟系统与事故通风应具有下列功能: (1)当区间隧道发生火灾时,应能背着乘客疏散方向排烟,迎着乘客疏散方向送新风。 (2)当地下车站的站厅、站台或设备及管理用房发生火灾时应具备防烟、排烟和通风功能。 (3)当列车阻塞在区间隧道时,应能对阻塞区间进行有效通风
8	地铁公用通信的程控电话应具有火警时能自动转换到市话网的“119”的功能。同时,地铁内应配备在发生灾害时供救援人员进行地上、地下联络的无线通信设施
9	地铁车站应设消防对讲电话
10	应急照明的连续供电时间不应少于 1h。防灾用电设备的配电设备应有明显标志
11	下列部位应设置疏散应急照明: (1)站厅、站台、自动扶梯、自动人行道及楼梯口; (2)疏散通道及安全出口; (3)区间隧道

续上表

序　　号	安全管理要点
12	地铁车站、区间隧道、控制中心楼、车辆段、停车场、主变电所应设 FAS。FAS 设计除满足本规范规定外，尚应符合现行国家标准《火灾自动报警系统设计规范》的相关规定
13	车站控制室应能控制地铁消防救灾设备的启、停，显示运行状态
14	车站 FAS 必须显示气体自动灭火系统保护区的报警、放气、风机和风阀状态、手动/自动放气开关所处位置
15	车站 FAS 对车站屏蔽门和自动检票闸门应设置开启控制装置，并显示工作状态
16	车站 FAS 对消防泵和专用防烟、排烟风机除设自动控制外，还应设手动控制；对防烟、排烟设备，还应设手动和自动模式控制装置
17	站厅、站台、各种设备机房、库房、值班室、办公室、走廊、配电室、电缆隧道或夹层应设火灾探测器
18	设置火灾探测器的场所应设置手动报警按钮
19	FAS 应设主电源和直流备用电源，FAS 主电源应由地铁一级负荷或相当于一级负荷的电源供电

环境与设备监控系统安全管理要点　　表 17-20

序　　号	安全管理要点
1	地铁环境与设备监控系统（BAS）的设计应针对地铁的特点和各城市的气候环境、经济情况，设置不同水平的 BAS，以达到营造良好的舒适环境，降低能源消耗、节省人力、提高管理水平的目的
2	BAS 应遵循分散控制、集中管理、资源共享的基本原则
3	通风、空调、低压配电和 BAS 的设计应统一设计标准，协调各系统设计接口关系
4	BAS 宜采用分布式计算机系统，由中央管理级、车站监控级、现场控制级及相关通信网络组成
5	BAS 应具有以下基本功能：机电设备监控；执行防灾及阻塞模式；环境监控与节能运行管理；环境和设备的管理
6	执行防灾及阻塞模式应具有下列功能： （1）能接收 FAS 系统车站火灾信息，执行车站防烟、排烟模式； （2）能接收列车区间停车位置信号，根据列车火灾部位信息，执行隧道防排烟模式； （3）能接收列车区间阻塞信息，执行阻塞通风模式； （4）能监察车站逃生指示系统和应急照明系统； （5）能监视各排水泵房危险水位
7	车站级硬件应按下列要求配置： （1）配置工控计算机作为车站级操作工作站； （2）配置在线式不间断电源，后备时间不应小于 30min； （3）配置一台打印机兼作历史和报表打印机； （4）配置车控室紧急控制盘（IBP 盘），作为 BAS 火灾工况自动控制的后备措施，其操作权限高于车站和中央工作站，盘面应以火灾工况操作为主，操作程序应力求简便、直接； （5）操作工作站不应兼有网关功能
8	软件系统应与硬件系统配置相适应，应在成熟、可靠、开放的监控系统软件平台的基础上，按地铁功能需求开发应用软件

续上表

序　号	安全管理要点
9	网络结构应符合下列规定： (1)中央级与车站级之间的传输网络应由通信系统提供； (2)满足中央级和车站级监控的功能需要； (3)减少故障的波及面,实现“集中管理,分散控制”； (4)系统应具有良好的可靠性、开放性和可扩展性
10	BAS 管线布置应具有安全可靠性、开放性、灵活性、可扩展性及实用性
11	BAS 的信号线与电源线不应共用一条电缆,也不应敷设在同一根金属套管内
12	所有 BAS 现插机柜均应接地
13	BAS/EMCS 系统应具备机电设备监控、执行阻塞模式、环境监控与节能运行管理、环境和设备的管理功能
14	BAS/EMCS 系统应能接收 FAS 系统车站火灾信息,执行车站防烟、排烟模式；执行隧道防排烟模式；执行阻塞通风模式；能监控车站逃生指示系统和应急照明系统；能监视各排水泵房危险水位
15	环境与设备监控设备应设有明显的安全警示标志、使用标志和应急情况操作指示
16	设备运转的监控系统包括火灾自动报警系统(FAS)、环境与设备监控系统(BAS)、综合监控系统(ISCS),均应以功能需要,经济实用为原则配置相关设施,并以全线装备的整体水平均衡选择,并符合下列要求： (1)车站、控制中心、车辆段、停车场、主变电所应设 FAS。FAS 按全线同一时间发生一次火灾的原则,系统按中央级和车站级两级监控方式设置。车站内每个防烟分区为一个报警区域。 (2)FAS 实现对车站消防广播、警铃、消防水泵、防火卷帘等相关消防设备的自动控制；并由控制中心或车站及时发送火灾报警信息及控制命令。 (3)FAS 与通信系统公用广播及闭路电视监视系统互联,并具有火灾事故广播的优先级。 (4)BAS 监控的对象包括：车站公共区及主要设备管理用房的环境参数,隧道通风、车站采暖、通风空调、空调水系统及采暖热源、车站及区间给排水、自动扶梯及电梯、照明、事故电源等设备。 (5)正常运行工况由 BAS 监控的防排烟、送排风等设备及与消防相关的其他机电设备。在火灾发生时,BAS 接受 FAS 发送的火灾信号并启动相应的火灾运行模式,实现相关防排烟设备的联动。 (6)IBP 盘作为紧急情况下车站 BAS 系统的后备措施,可直接通过 BAS 控制器控制现场设备按规定的模式运行,并显示模式的运行状况,具有最高控制权。 (7)为适应轨道交通监控系统的发展趋势,宜将变电所自动监控 PSCADA、BAS、FAS 等子系统集成为综合监控系统,建立统一的监控层硬、软件平台,实现相关各子系统之间的信息共享和协调联动功能。 (8)综合监控系统面向的对象为控制中心的行调、电调、环调、维修调度及车站值班站长、值班员；系统采用两级管理、三级控制分层分布式结构；系统应由信息管理层、控制层及设备层构成。可将 3、4 个站作为一个区域,设区域数据服务器和数据库,其他车站仅设工作站。 (9)综合监控系统应具备对监控对象的模式控制、群组控制及重要设备的点控功能。相关的安全联锁功能由控制层实现,控制层应具有相对独立工作的能力。 (10)综合监控系统可采用工业以太网标准独立组网或共用通信骨干网通信级网络结构。 (11)弱电控制系统宜考虑 UPS 电源系统合理整合,以实现资源共享,降低电源系统的投资。

通风及排烟系统安全管理要点 表 17-21

序号	安全管理要点
1	地铁的内部空气环境应采用通风或空调系统进行控制
2	地铁的通风与空调系统应保证其内部空气环境的空气质量、温度、湿度、气流组织、气流速度和噪声等均能满足人员的生理及心理条件要求和设备正常运转的需要
3	地铁通风与空调系统应具有下列功能： (1)当列车在正常运行时,应保证地铁内部空气环境在规定标准范围内； (2)当列车阻塞在区间隧道内时,应保证阻塞处的有效通风功能； (3)当列车在区间隧道发生火灾事故时,应具备防灾排烟、通风功能； (4)当车站内发生火灾事故时,应具备防灾排烟、通风功能
4	地铁通风与空调系统的确定应符合下列规定： (1)地铁通风和空调系统分为通风系统(含活塞通风)和空调系统两种系统方式； (2)地铁通风和空调系统宜优先采用通风系统方式(含活塞通风)； (3)在夏季当地最热月的平均温度超过25℃,且地铁高峰时间内每小时的行车对数和每列车车辆数的乘积大于180时,可采用空调系统； (4)在夏季当地最热月的平均温度超过25℃,全年平均温度超过15℃,且地铁高峰时间内每小时的行车对数和每列车车辆数的乘积大于120时,可采用空调系统
5	地铁的通风与空调系统应按地铁预测的远期客流量和最大的通过能力设计,但设备应按近期和远期配置,分期实施
6	通风与空调系统的管材及保温材料、消声材料应采用不燃材料,当局部部位采用不燃材料有困难时,可以采用难燃材料。管材及保温材料应具有防潮、防腐、防蛀、耐老化和无毒的性能
7	地铁隧道正常通风应采用活塞通风,当活塞通风不能满足排除余热要求或布置活塞通风道有困难时,应设置机械通风系统
8	地铁隧道通风系统的进风应直接采自大气,排风应直接排出地面
9	地铁地下车站应设置通风系统,当条件符合相关规定时,可采用空调系统
10	地铁地下车站的进风应直接采自大气,排风应直接排出地面
11	当通风系统采用开式运行时,每个乘客每小时需供应的新鲜空气量不应少于30m^3;当采用闭式运行时,其新鲜空气量不应小于12.6m^3,且系统的新风量不应少于总送风量的10%
12	当采用空调系统时,每个乘客每小时需供应的新鲜空气量不应少于12.6m^3,且系统的新风量不应少于总送风量的10%
13	地下车站的出入口通道和长通道连续长度大于60m时,应采取通风或其他降温措施
14	地下车站的各类用房应根据其使用要求设置通风系统,必要时可设置空调系统;进风应直接采自大气,排风宜直接排出地面
15	厕所应设置独立的机械排风、自然进风系统,所排出的气体宜直接排出地面
16	设置气体灭火的房间应设置机械通风系统,所排除的气体必须直接排出地面
17	设在尽端线、折返线内的设备及管理用房,应设置机械排风、自然进风系统
18	地下车站设备及管理用房内每个工作人员每小时需供应的新鲜空气量不应少于30m^3,且新风量不少于总风量的10%
19	地面进风风亭应设在空气洁净的地方,任何建筑物距进、排风亭口部的直线距离应大于5m

续上表

序号	安全管理要点
20	当进、排风亭合建时，排风口应比进风口高出5m，或风口错开方向布置，且进、排风口最小间距应大于5m
21	进风亭格栅底部距地面的高度应大于2m，当布置在绿地内时，高度允许降低，但不宜低于1m
22	风亭出口处连接道口的3.5m宽的通道上禁止堆放物品
23	地铁的地下工程及出入口、通风亭的耐火等级为一级
24	地铁区间隧道通风系统宜设就地控制、车站控制、中央控制的三级控制
25	地下车站通风与空调系统宜设就地控制、车站控制、中央控制的三级控制
26	地下车站设备及管理用房通风与空调系统宜设就地控制、车站控制的两级控制
27	地面变电站宜采用自然通风降温，当自然通风不能达到设备对环境的要求时，采用机械排风、自然进风的方式
28	空调系统设置的压力容器必须由国家认可资质的质量技术监督部门出具压力容器使用证，并必须由国家认可资质的特种设备监察检验部门检验合格并出具有效期内压力容器检验报告和《安全检验合格》标志
29	地下车站及区间隧道内必须设置防烟、排烟与事故通风系统
30	当防烟、排烟系统与事故通风和正常通风与空调系统合用时，通风与空调系统应采用可靠的防火措施，且应符合防烟、排烟系统的要求，并应具备事故工况下的快速转换功能
31	防烟、排烟系统与事故通风应具有下列功能： (1)当区间隧道发生火灾时，应能背着乘客疏散方向排烟，迎着乘客疏散方向送新风； (2)当地下车站的站厅、站台或设备及管理用房发生火灾时应具备防烟、排烟和通风功能； (3)当列车阻塞在区间隧道时，应能对阻塞区间进行有效通风
32	地铁给水水源应优先采用城市自来水，当沿线无城市自来水时，应和当地规划等部门协商，采取其他可靠的供水水源。
33	地铁排水系统，除生活及粪便污水应单独排放外，结构渗漏水、冲洗及消防废水和口部雨水等可以按合流排放，但厕所生活及粪便污水的排放，必须符合当地和国家现行排水标准的规定
34	给水系统用水量定额应符合下列规定： (1)工作人员生活用水量为30～60L/(人·班)，小时变化系数为2.0～2.5； (2)冷水机组的水系统的补充水量为冷却循环水量的2%～3%； (3)车站公共区域冲洗用水量为2～4 L/(m^2·次)，每次按冲洗1h计算； (4)生产用水量按工艺要求确定； (5)消防用水量应符合《建筑给水排水设计规范》第19章的有关规定
35	给水系统的水质应符合下列规定： (1)生活用水的水质，应符合现行国家标准《生活饮用水卫生标准》的规定； (2)生产用水和消防用水的水质按工艺要求确定
36	给水系统的水压应符合下列规定： (1)生活用水设备和卫生器具的水压，应符合现行国家标准《建筑给水排水设计规范》的规定； (2)生产用水的水压按工艺要求确定； (3)消防用水的水压应符合本规范第19章的有关规定

续上表

序　号	安全管理要点
37	当车站生活和消防为独立的给水系统时,车站内生活用水宜设计为枝状管网,由城市自来水管引出一根给水管,与车站内生活给水管连接
38	地下车站的自来水引入管宜通过风道或人行通道与车站给水系统相接
39	给水管不应穿过变电所、通信信号机房、控制室、配电室等房间
40	寒冷地区设在出入线洞口附近、进风道内及无采暖措施的地面或高架站站厅、站台的给水管应采取防冻保温措施
41	洞口的雨水如不能自流排放时,必须在洞口适当位置设排水泵站,并在洞口道床的适当位置设横向截水沟,保证将雨水导流至泵站集水池。排水管渠或排水泵站的排水能力,按当地50年一遇的暴雨强度计算,集流时间按计算确定
42	地铁车站及沿线的各排水泵站、排雨泵站、排污水泵站应设有危险水位报警装置,各水位报警装置应运行正常

第七节　防护器材与设备

为保障企业员工的安全和职业健康,根据国家《劳动防护用品选用规则》、《劳动防护用品监督管理规定》、《劳动防护用品配备标准(试行)》等要求,企业应规范劳动防护用品的采购、验收、保管、发放、使用和管理。城市轨道交通企业应配备如下防护用品:

(1)头部护具类:安全帽。

(2)呼吸护具类:防尘口罩、活性炭防护口罩、过滤式防毒面具、自给式空气呼吸器、逃生呼吸器。

(3)眼(面)护具类:防护眼镜、护目镜、防护屏等。

(4)防护服类:防酸工作服、防静电工作服、阻燃防护服、防射线工作服。

(5)防护鞋类:防油与耐酸碱胶鞋、橡胶防砸安全鞋、防砸防穿刺鞋、绝缘安全鞋。

(6)防护手套:棉线防切割手套、棉手套、皮手套、尼龙手套、天然橡胶防化手套、绝缘手套、消防隔热手套。

第十八章　预防预控方法与应对措施

第一节　安全生产预防预控要点与方法

一、加强人员管理

(一)加强对驾驶员、检修人员的管理

(1)职业适应性检查。目前,各国地铁运营部门都作出了对行车人员就职前必须进行职业适应性检查,不合格者不得任用的规定。日本规定,铁路部门与行车有关的职工必须进行职业适应性检查,除在就职前必须进行职业适应性检查外,以后每隔两年还要定期检查一次。职业适应性检查的主要项目有:作业能力检查、识别能力检查、判断能力检查、注意力分配检查、机敏性检查、高速适应性检查以及性格、兴趣、意志力和生活调查等。

(2)加强对驾驶员和检修人员等的培训,建立各种培训基地,开发采用计算机的培训系统和各种模拟装置。

(3)完善奖惩机制,充分调动人的积极性和创造性,建立物质和精神激励机制,奖励保证行车安全的驾驶员和检修人员,对因工作失误发生经济损失的,应根据损失的程度和范围,按照法律的规定进行惩罚,并追究相应的责任。

(4)加强宣传教育,提高驾驶员和检修人员遵章守纪的自觉性,创造“安全第一,预防为主”的氛围。

(二)加强对行车指挥人员的管理

1)增强行车指挥人员安全意识

意识是行车指挥人员对客观事物的认识、思维和需求等心理活动发展到高级阶段时的心理沉淀,行车指挥人员的意识来自于实践,在实践中得到发展。意识的自觉性和能动性,具有改变客观现实的作用。牢固的安全意识是地铁运营安全的重要前提和保证,它是行车指挥人员对安全的认识、情感和态度发展到严于律己时的思维定式,是形成安全动机和行为的先决条件。

国外在这一方面采取了很多的措施。如苏联在处理人与设备关系的时候,始终把人的作用放在首位,因此,他们在日常的工作中,始终紧抓职工的思想教育,以提高全体职工的安全意识。加拿大太平洋铁路公司在招收新职工时,首先要观察其对铁路安全工作所持的态度,如员工在工作中不遵章守纪,就将其辞退。英国提出,严格的纪律和旺盛的士气是保证铁路安全的三个基本条件之一。美国运输安全委员会从1972年起,投入了很大的力量,对因职工疏忽造成的行车事故进行研究并找出了原因,而且据此制订了加强人的工作以确保行车安全的对策。日本的资料统计显示,52%的列车事故是由人为差错造成的,因此,确保行车安全的关键是防止人为差错。日本非常重视防止人为差错的安全意识教育和安全设备的研制与应用，为此采取了一系列的措施；日本还拥有专门的学校，根据每个人不同的工作经历进行不同的职业培训；日本国铁还对行车指挥系统的工作人员进行各种能力和心理测验，以判断他们对行车指挥工作的适应性，并分析考试成绩和事故之间的相关性，日本国铁正在继续开发和完善这些考试。

吸取外国的经验，针对地铁的实际情况，建议地铁在加强行车调度人员安全意识方面可以采取如下措施：

(1)坚持安全意识及能动性教育。不断进行安全教育和定期培训，使广大调度人员正确认识并处理好安全与效率、效益的关系；安全与国家、集体、行车指挥人员之间的关系，使其责任意识不断增强。

(2)强化三种安全管理意识。一是行车指挥人员的人本意识，调度人员是安全生产中最富有主观能动性、创造性和积极性的要素。二是长远意识，应警钟长鸣。长治久安是地铁运营的根本所在，容不得半点松懈和麻痹。三是辩证意识，硬性制度、严格检查和加大奖惩力度是必要的，但更需要在提高职工队伍综合素质及促进安全习惯行为的养成上下工夫。

(3)充分发挥班组优良作风和集体荣誉的作用，加大制度和纪律的约束力，增强群体一致向上的凝聚力，从“要我安全”变成“我要安全”，牢固树立“安全光荣，违章可耻”的观念，自觉为安全多作贡献。

2)提高行车指挥人员技术业务能力

行车指挥人员的能力，与知识、技能关系密切。知识是行车指挥人员的经验总结和概括，对行车指挥人员来说是学习的结果；技能是实际的操作技术，是训练的结果。知识和技能是行车指挥人员能力形成的基础，并能促进能力的发展。为了提高职工的技术业务能力，必须坚持教育和实践。

各国都针对行车指挥人员举办各种讲座和培训班，组织经验交流和观摩学习，并且结合具体的事故案例进行总结分析，在刊物上开辟专栏进行报道等。近年来，日本、法国、德国广泛采用实物训练模型和训练基地等办法，使职工结合有关运输设备，学习基本原理和操作方法，并且获得实地或模拟操作的机会，以提高实际操作的熟练程度，通过设置各种故障或模拟事故现场，提高行车指挥人员迅速而妥善处理问题的能力。

城市轨道交通企业可采取如下措施：

(1)持续开展全员业务知识、安全知识和安全技能教育，尤其要将新职工、班组长作为培训重点，强化非正常情况下的作业应变能力，进行系统超前培训，严格“先培训、后上岗”制度。

(2)对职工教育应坚持“重现场需要、重实际操作、重实际成效”的原则，大力改进培训方式、方法。借鉴国际劳工组织推出的先进的模块式技能培训方式(MES法)，结合实际，参照各地地铁实际情况，将实际操作技能分解成单项模块式教学内容，分别对行车调度员和车站值班员进行组合式培训。

(3)经常性地开展学标、对标、达标活动。对可能发生的各种情况进行模拟，反复学、反复教、反复练，直到熟知、熟练为止。调度所为了增强调度人员的工作能力，除了进行月考、季考外，还应组织不定期抽查，模拟现场发生的实际情况，让调度员处理，增强调度员的应变能力。

(三)加强对车站站务人员的管理

(1)通过培训和演练,加强对车站站务人员事故响应能力的培养和训练,使其通过平时的训练,掌握第一应急响应者应具备的能力。

(2)加强车站站务人员对消防器材的实际操作能力的训练,在火情刚刚发生时,及时控制火势,避免扩大为火灾事故。此外还应加强车站站务人员对逃生防护用品的认知和使用,提高车站职工对预案的掌握和应变能力。

(3)适当调整车站客运行车人员的性别、年龄比例,以增加整体应对意外事件、抢险等实力。

(四)加强对乘客的宣传教育

1)加强《城市轨道交通运营管理办法》的宣传

使尽可能多的乘客了解《城市轨道交通运营管理办法》,督促乘客自觉遵守办法,从起因上预防乘客掉/跳站台事件的发生。

(1)通过电视、报纸等媒体进行宣传,通过公益广告提示市民在站台候车时严禁跳下轨道,车辆进站时不要拥挤,切勿争抢上车,避免发生危险,鼓励市民争做文明乘客。

(2)在地铁车站的站台、站厅的广告灯箱、宣传画框内设置"严禁跳下轨道"的宣传标语或宣传画。使乘客一进入地铁就充分感受到安全乘车的氛围。

(3)加强站台广播宣传,在列车即将进站的 2 分钟内不断播放站台安全广播和自动广播,提醒站台乘客注意安全,勿将物品丢落入轨道。

(4)在车站明显处悬挂公共厕所提示牌和公共厕所指引路线,方便乘客找到厕所,避免乘客因找厕所而发生跳轨事件。

(5)车站在乘客候车对面的洞体上张贴醒目的提醒标志,并利用站台广播对乘客进行教育宣传。

2)企业运营管理部门应制订详细的站台安全控制方案

制订详尽的控制方案,是避免发生乘客掉/跳站台事件的有效方法。方案应包括站台的关键点,车站人员在站台、站厅的巡视范围。车站人员在运营时间按照预案,加强对站厅尤其是站台的巡视,及时制止超越黄色安全线和采用蹲姿候车的乘客,密切关注乘客动态,从乘客的表情、举动中及时发现异常情况,预防乘客掉/跳站台。

掉/跳站台事件的发生与地铁运营安全密切相关,所以此项工作必须常抓不懈。运营管理部门应定期组织员工进行相关的演练,不断提高职工的站台安全控制能力。

3)加强禁止携带违禁品的宣传

在重点车站加强禁止携带违禁物品的宣传工作,加大对乘客携带物品的检查力度,适量配备一些小型安检设备,防止乘客携带违禁物品进站乘车。

二、加强对设备设施的管理

(一)加强对地铁列车的管理

车辆是地铁运营所必备的重要基础条件。车辆的总体性能与运行质量是地铁运营安全的关键保障。具体建议如下:

(1)在地铁车辆驾驶室内,可以考虑安装安全监控设备,对地铁驾驶员操作的正确性进行监督，防止在地铁运营过程中由于人的精力不集中或体力不适应而造成行车事故，如防止机车冒进信号的列车自动报警、自动停车、速度监控设备，列车无线调度电话以及防止错办列车进路的红外线列车压标报警装置、列车进路监视器等。

参考铁路上的一些先进经验，在地铁车辆上安装车辆状态监控装置，如美国研制了能够发现轴箱和车轮过热，确定轴承类型、列车长度和速度、轴数和车数的监测系统；瑞士铁路部门开始采用能及时探查车轮擦伤的全自动传感器，发现故障可迅速处理。

（二）加强对地铁车站的管理

1）加强车站客运组织方案的制订

（1）在车站控制室加装电视监控设备，以便对站台、出入口、售检票口、人行楼梯和自动扶梯部位人流进行监控。

（2）应建立信息通告制度，车站周边大型活动的组织者在筹备阶段向地铁客运公司相关部门通报有关活动信息，以便地铁部门提早做好准备，保证大客流的安全运输。

（3）不断优化和完善客运组织方案，并定期对方案进行实地演练。

2）加强车站应急疏散及应对突发事件能力的建设

在现有车站结构下，最大限度地有效利用各出口步梯，进行最合理有效的组织疏导，及时有效地交流信息，提高车站的应急疏散能力。

（1）人员密度的变化对总疏散时间有绝对影响，随着人员密度的增加，上述三类措施发挥作用的空间会越来越小。所以，在特殊情况下，控制地铁车站内的人员密度（人群总数）是确保车站安全疏散的关键。

（2）通过培训和演练，提高车站工作人员对消防器材的实际操作能力。加强车站人员对车站逃生防护用品的认知和使用，提高车站职工对预案的掌握和应变能力。

3）加强车站防止意外伤害的措施

（1）站内设施设计不合理或摆放位置不当，容易绊倒或碰伤乘客。应及时更新不合理的设施，并将站内设施或用具摆放在适当的位置。

（2）站内设施维修更换不及时或站内一些尖锐物裸露在外，容易造成伤人事件。应定期检查站内设施完好性，及时维修、更换破损设备，将尖锐物进行包裹或处理。

（3）乘客乘坐扶梯方法不当是导致乘客乘坐扶梯摔倒的主要原因。在扶梯处悬挂乘梯注意事项，告知乘客乘坐扶梯的正确方法。

第二节 危险源辨识与监管

危险源辨识是控制和减少危险发生的有效手段。危险源是指可能造成人员伤害的职业病、财产损失、作业环境破坏或这些情况组合的根源或状态。危险源辨识是确认危险源的存在并确定其特性的过程。危险源辨识的目的是辨识与系统相关的主要危险危害因素；鉴别产生危害的原因；估计和鉴别危害对系统的影响；将危害分级，为安全管理、预防和控制事故提供依据。危险源辨识的实质是找出组织中存在的人的不安全行为、物的不安全状态、作业环境中存在的危害因素及管理缺陷。

一、危险源类别

危险源的主要类别有:物理性危险源(设备设施缺陷、防护缺陷、电危害、噪声危害、振动危害、电磁辐射、运动物危害、明火、能造成灼伤的高温物质、能造成冻伤的低温物质、粉尘与气溶胶、作业环境不良、信号缺陷、标志缺陷、其他物理性危险源),化学性危险源(易燃易爆性物质、自燃性物质、有毒物质、腐蚀性物质、其他化学危险源),生物性危险源(致病微生物、致害动物、其他生物危险源),心理或生理性危险源(负荷超限、健康状况异常、从事禁忌作业、心理异常、辨识功能缺陷、其他心理或生理性危险源),行为性危险源(指挥错误、操作失误、监护失误、其他错误、其他行为性危险源),其他危险源六方面。

二、危险源的辨识方法

在危险源的辨识中应关注的三种状态:一是常规状态。即正常生产过程中危险源的存在方式。二是非常规状态。主要是异于常规、周期性的或临时性的作业、活动;偶尔出现、频率不固定,但可预计出现的状态;由于外部的原因(如天气)导致的非常规状态,如启动、关闭,试车、停车,清洗、维修、保养三种情况。三是潜在的紧急情况。主要是往往不可预见其后果的情况或者后果是灾难性的、不可控制的情况,如火灾、爆炸、严重泄漏、碰撞及事故。

三、危险源辨识的程序

危险源辨识的程序分为辨识方法及辨识单元的划分、辨识和危害后果分析两个步骤。危险源辨识的工作程序包括以下几方面:

(1)对辨识对象应有全面和较为深入的了解。

(2)找出辨识区域存在的危险物质、危险场所。

(3)对辨识对象的全过程进行危险危害因素辨识。

(4)根据相关标准对辨识对象是否构成重大危险源进行辨识。

(5)对辨识对象可能发生事故的危害后果进行分析。

(6)对构成重大危险源的场所进行重大危险源的参考分级,为各级安全生产监管部门的危险源分级管理提供参考依据。

(7)划分辨识单元,并对所划分的辨识单元中的细节进行详尽分析。

(8)为应急源的制度制订、控制,预防事故发生,降低事故损失率提供基础依据。

四、危险源辨识的结果

危险源辨识的结果通常是列出可能引起危险情况的材料或生产条件清单,如表18-1所示。

危险源辨识结果 表18-1

序号	结果	序号	结果
1	可燃材料清单	3	危险反应清单
2	有毒材料和副产品清单	4	化学危险品释放到环境中可监测量清单

续上表

序号	结　果	序号	结　果
5	系统危险清单，如毒物、危险物	7	重大危险源(因素)清单
6	污染物和导致失控反应的生产条件清单		

分析人员可利用这些结果确定适当的范围和选择适当的方法开展安全评价或风险评估。评价的范围与复杂程度直接取决于辨识出危险的数量与类型以及对危险的了解程度。如果有些危险的范围不清楚，则在开展评价之前需要开展另外的研究或试验。

五、城市轨道交通危险源的辨识

城市轨道交通危险源辨识涉及员工的健康与安全、行车安全、设备安全、消防安全、交通安全、乘客及相关方安全、财产损失和列车延误等范畴。

(一)危险源辨识范围

危险源辨识范围包括城市轨道交通覆盖范围内工作区域及其他相关范围内的生产经营活动、人员、设施等。根据城市轨道交通管理及其他活动情况，有以下两种方法，一是按地点划分为轨道交通沿线各车站、车辆段、运营控制中心大楼、办公楼等；二是按活动划分为常规活动、非常规活动、潜在的紧急情况。

1. 常规活动

(1)运营服务活动：依据运营时刻表组织列车运营、客运服务过程。

(2)设备设施的设计、安装、调试、验收、接管、使用过程。

(3)公共活动：相关部门均有的活动，包含办公，电梯、叉车、消防设施、空调、空压机、抽风机使用，化学物品搬运储存、废气排放等。

(4)间接活动：为运营服务活动提供支持的活动，主要包括物资部仓库管理、检验、物料采购以及物料的使用管理、食堂管理等。

2. 非常规活动

非常规活动包括设备设施维护保养，消防及行车疏散演习，因公外出，合同方在总部的活动(如工地施工、维修、清洁等)。

3. 潜在的紧急情况

潜在的紧急情况包括火灾、爆炸、化学物品泄漏、中毒、台风、雷击、碰撞等事故、事件(潜在的紧急情况的危险源辨识，需考虑紧急情况发生时和发生后进行抢险救援过程中存在的危险)。

(二)确定危险源事故类型

在进行危险源辨识前必须先确定危险源事故类型，以防止危险源辨识不清晰、不全面，通过借鉴《企业职工伤亡事故分类标准》(GB 6441—86)及分析城市轨道交通运营过程可能发生的行车事故/事件、列车延误及财产损失等事故类别，对危险源事故类型可作如表 18-2 所示的划分。

危险源事故类型 表 18-2

类别编号	事故类别名称	备注	类别编号	事故类别名称	备注
1	物体打击	伤害事故	13	中毒和窒息	伤害事故
2	车辆伤害(指马路车辆)		14	其他伤害	
3	机械伤害		15	噪声聋	职业病
4	起重伤害		16	尘肺	
5	触电		17	视力受损	
6	淹溺		18	其他职业病	
7	灼烫		19	健康受损	健康危害
8	火灾		20	财产损失(2000 元及以上)	无伤害事件/事故
9	高处坠落		21	列车延误	无伤害的列车延误事件
10	坍塌		22	行车事件/事故	含人员伤亡的行车事故/事件
11	容器爆炸		23	可能引发行车事件/事故的设备缺陷和行为事件	引发行车事件/事故的危险源
12	其他爆炸		24	其他事故/事件	无伤害事故/事件

表 18-2 中“可能引发行车事件/事故的设备缺陷事件和行为事件”及“行车事件/事故”这两个事故类型是一种从属关系。即“可能引发行车事件/事故的设备缺陷事件和行为事件”事故类型的风险属于“行车事件/事故”事故类型风险的危险源。涉及这种从属关系的事故类型可把运营过程中可能产生的重要风险所涉及的危险源划归相关部门进行控制。

(三)划分危险源辨识对象

在各部门列出辨识范围内的活动或流程所涉及的所有方面后,选用合适的设备分析法、工艺流程分析法或其他划分方法,根据事故类型划分危害事件,并根据以下过程划分危险源辨识对象:

(1)对车辆设备大修的活动,可按照其工艺流程分析法划分辨识对象。

(2)对设备维护及保养的活动,可按照其工艺流程分析法,依据划分方法,将设备作为危险源辨识对象,并结合活动实施过程划分辨识对象。

(3)使用设备时可根据具体操作过程划分辨识对象。

(4)根据采购、存放、检测设备的过程划分辨识对象。

(5)根据行车组织、客运组织过程划分辨识对象。

(6)针对每个危险源辨识对象,参考危险源事故类型表,便得到可能存在的事故/事件,并登记在表 18-3 所示的危险源辨识与风险评价登记表中“危害事故/事件”栏以及“事故类型”栏内。

危险源辨识与风险评价登记表 表 18-3

序号	部门/地点	活动	设备/设施/物料	危害事故/事件	事故类型	危险源	危险源类别	风险评价			风险级别	控制措施	备注
								风险发生的可能性	事故后果的严重性	风险值			

注:资料来源:周小南.城市轨道交通运营安全[M].北京:中国劳动社会保障出版社,2008。

第三节　事故应急救援体系

一、制订事故应急预案

根据我国有关法律、法规的要求，企业和各级政府都应针对重大危险源制订有效的应急预案。

《中华人民共和国安全生产法》第五章“应急救援和事故调查处理”中指出：事故应急救援预案、应急救援体系对发生事故后及时组织抢救、防止事故扩大、减少人员伤亡和财产损失具有十分重要的作用。其中第六十八条规定，县级以上地方各级人民政府应当组织有关部门制订本行政区域内特大生产安全应急救援预案，建立应急救援体系。

《城市轨道交通运营管理办法》第四章“应急管理”也有相关的要求，其中第二十四条明确指出，城市人民政府轨道交通主管部门应当会同有关部门制订处理突发事件的应急预案；城市轨道交通运营单位应当根据实际运营情况制订地震、火灾、浸水、停电、反恐、防爆等分专题的应急预案，建立应急救援组织，配备救援器材设备，并组织演练。当发生地震、火灾或者其他突发事件时，城市轨道交通运营单位和工作人员应当立即报警和疏散人员，并采取相应的紧急救援措施。

2006 年 1 月 8 日，国务院发布了指导预防和处置各类突发公共事件的规范性文件——《国家突发公共事件总体应急预案》，明确了各类突发公共事件的分级分类和预案框架体系。随后，国务院又相继发布了《国家安全生产事故灾难应急预案》、《国家处置城市地铁事故灾难应急预案》等共九个事故灾难类突发公共事件专项应急预案。其中，《国家处置城市地铁事故灾难应急预案》的目的是：做好城市地铁事故灾难的防范与处置工作，保证及时、有序、高效、妥善地处置城市地铁事故灾难，最大限度地减少人员伤亡和财产损失，维护社会稳定，支持和保障经济发展。

二、应急救援机制

在城市轨道交通系统中，可能会发生或存在多种潜在的事故类型，例如，大面积停电、组织大型活动时也可能出现重大客流紧急疏散情况。因此，在建设城市轨道交通应急救援体系时，就必须进行合理规划。既要做到突出重点，准确反映城市轨道交通的重大事故风险，又要合理地编制各类预案，避免各类预案间相互独立、交叉和矛盾，从而使任何可能发生的事故局部化，尽可能地消除、减少事故造成的人员伤亡和财产损失，尽快恢复城市轨道交通的正常运营。

应急救援活动一般划分为应急准备、初级反应、扩大反应和应急恢复四个阶段。应急机制与这些应急活动密切相关。应急机制主要由统一指挥、分级响应、属地为主和公众动员四个基本机制组成。

1. 统一指挥

统一指挥是应急活动的最基本原则。应急指挥一般可分为集中指挥、现场指挥、场外指挥、场内指挥几种形式。无论采用哪一种指挥形式都必须实行统一指挥模式；无论应急救援活动涉及单位级别高低和隶属关系如何,都必须在救援指挥中心的统一组织协调下开展相关工作,使各参与单位既能充分发挥自己的作用,又能相互配合,提高整体效能。

2. 分级响应

分级响应是指在初级响应到扩大应急反应的过程中,根据事故的严重程度、发展趋势采取相匹配的应急预案。扩大或提高应急响应级别的主要依据是事故灾难的危险程度、事故灾难的影响范围、事故灾难的控制事态能力。而事故灾难的控制事态能力是“升级”的最基本条件,扩大应急救援响应级别主要是提高指挥级别,扩大应急范围等。

3. 属地为主

属地为主强调“第一反应”的思想,强化属地部门在应急救援体制管理工作中的主导作用,以提高应急救援工作的时效。

4. 公众动员

公众动员机制是应急机制的基础,也是最薄弱、最难以控制的环节,是当事故超出本单位的处置能力时,向本单位外寻求其他社会力量支援的一种方式。

三、应急救援的内容

安全生产是一项系统工程,需要从系统的整体性出发,科学地规划和设计。应急救援属于安全生产系统工程的一个组成部分,它包括以下主要内容。

1. 事故预防

许多事故的发生都是因为正常条件发生偏差而引起的,如能事先确定出某些特定条件及其潜在后果,就可利用相应手段减少事故的发生,或者减少事故对外界的影响,预防事故要比发生事故后再纠正重要得多。根据“安全第一,预防为主”的方针,在城市轨道交通新线设计及旧线改造中,必须设计必要的安全装置和设施,以提高城市轨道交通运营系统的安全程度。另外,事故预防工作也不可忽视操作规程、应急规程和管理策略的建立及定期的职工培训和设备维护。

2. 应急预案的准备

应急预案的准备包括:预测任何可能出现的紧急事故类型及其影响程度;制订紧急状态下的反应措施;确保系统在紧急情况下,做到准备充分和通信畅通,从而保证决策和反应过程有条不紊;救援人员应提前进行培训和演练;定期更新应急预案和重新评价其有效性。

3. 应急救援系统的组成

应急救援系统从功能上讲,可由应急指挥中心、事故现场指挥中心、后勤保障中心、媒体中心和信息管理中心五个运作中心组成。要做到快速、有序、高效地处理应急事故,需要应急救援系统各分中心相互之间的协调努力。

4. 应急培训与演习

主要测试应急救预案的充分程度、应急培训的有效性和员工的熟练程度、应急装置和设备供应的充分性,通过训练来识别和改正应急救援预案缺陷。

5. 应急救援行动

应急救援行动是在事故和灾害发生时,迅速调动并合理利用资源投入救援行动,针对事故灾害的具体情况,选择适当的应急对策和行动方案,从而及时有效地开展应急救援行动,使伤害和损失降低到最低程度和最小范围,并在最短时间内控制事故。

6. 事故的恢复与善后处理

重大事故、较大事故的恢复与善后处理包括事故现场清理、恢复期间的管理、事故调查、现场的警戒与安全、安全与应急系统的恢复、人员的救助、损失状况的评估、保险与索赔、相关数据收集、公共关系等。

四、应急预案的层次和文件体系

1. 应急预案的层次

城市轨道交通系统中可能发生的事故是多种多样的,合理划分应急预案层次,是将各种类型应急预案有机结合在一起的有效方法。

城市轨道交通事故灾害大致可分为安全事故、自然灾害、人为突发事件三类。针对每一类灾害的具体措施可能千差万别,但其导致的后果和产生的影响却是大同小异的。这就意味着可以制订一个基本的应急模式,有一个综合的标准化应急体系有效地应对不同类型危险所造成的共性影响。

城市轨道交通系统应急救援体系的总目标是控制事态发展、保障生命财产安全、恢复正常运营。可以针对不同事故的特点,如爆发速度、持续时间、范围和强度等,制订具有较强针对性的专项应急预案。为了保证各种类型预案之间的整体协调和层次清晰,实现共性和个性、通用型与专业性的结合,应采用分层次的综合应急预案。从保证预案文件体系的层次清晰及开放性角度考虑,可划分为三个层次,即综合预案、专项预案和现场预案,其结构如图18-1所示。

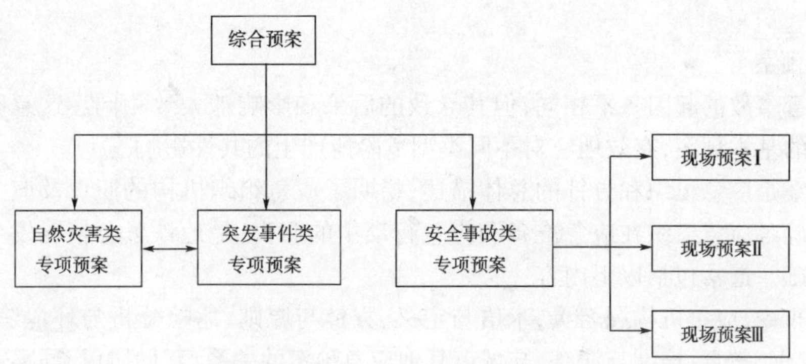

图18-1　应急预案的层次

城市轨道交通运营应急预案一般有:特殊气象及自然灾害应急预案、控制中心应急处理程序、疫情爆发应急预案、应急信息报告程序、大面积停电应急预案、保卫应急预案、消防应急预案、机电设备(电梯、给排水、事故照明装置)应急处理措施及程序、供电专业抢修应急预案、工建专业应急预案、车辆专业应急处理办法、车务安全应急处理程序、接触网(轨)附近有异物的应急处理程序等。以上都属于专项预案和现场预案的范畴。

2. 应急预案的文件体系

从广义上来说,应急预案是一个由各级预案构成的文件体系。它不仅包含应急预案本身,也包括针对某个特定的应急任务或功能所制订的工作程序等。一个完整应急预案的文件体系应包括预案、程序、指导书和记录,是一个四级文件体系。

五、城市轨道交通防灾应急预案

鉴于城市轨道交通运营环境复杂,灾害事故发生的危险性较高,并会造成重大的经济损失和人员伤亡,且灾害事故后果有可能激化,影响社会稳定。因而,若能有效地实施应急救援,就能尽快控制灾害事故的扩展,最大限度地降低灾害事故可能产生的后果。

应急救援工作作为公共安全系统的重要环节,其重要性日益突出。其准备工作的核心内容之一就是编制各级地铁灾害事故应急救援预案。通过对预案进行演习,不断修订完善应急预案,将预案真正落到实处,从而提高应急救援能力,防患于未然,确保人民生命财产的安全。

1.城市轨道交通防灾应急预案框架组成及其基本内容

灾害事故应急救援预案又可称作应急预案或应急计划,是针对可能发生的重大事故(件)或灾害,为保证迅速、有序、有效地开展应急与救援行动、降低灾害事故损失而预先制订的有关计划或方案。它是在辨识和评估潜在的重大危险、灾害事故类型、发生的可能性、发生过程、灾害事故后果及影响严重程度的基础上,对应急机构与职责、人员、技术、装备、设施(备)、物资、救援行动及其指挥与协调等方面预先作出的具体安排。

应急预案的目的主要有以下两个:

(1)使任何可能发生的紧急事件(情况)局部化,如有可能予以消除。

(2)减少灾害事故造成的人员伤亡、财产损失以及对环境产生的不利影响。

城市轨道交通应急预案的框架组成可分为基本预案、专项预案、功能附件和支持附件四个部分。

1)基本预案

尽管灾害事故的起因各不相同,但其导致的后果和影响却大致相同。这意味着可以通过制订合理的基本预案,有效地应对不同类型危险所产生的共性影响。

基本预案是应急组织和方针的总体描述,指明了应急组织机构的职责及应急行动的总体思路。明确各应急组织在应急准备和应急行动中的职责,是地铁紧急情况发生时应急救援工作的基础。通常包括以下内容:

预案发布令,应急机构署名页,术语与定义,方针与原则,危险分析与环境综述,应急资源,机构与职责,教育、培训与演练,与城市其他应急预案的关系,互助协议,预案管理。

2)专项预案

由于城市轨道交通可能面临多种类型的突发灾害事故,因此应针对不同灾害事故的特点,制订具有针对性的专项应急预案。

专项预案是在基本预案的基础上充分考虑了某些特定危险的具体情况,明确了相应职能部门的责任,对相应的应急功能的特殊要求和规定进行具体的补充,是基本预案的附录,是综合预案的一个必要组成部分。专项预案的特殊险情和事故内容应根据城市轨道交通所在地的具体情况来确定。

3)功能附件

应急功能附件是针对在各类灾害事故应急救援中通常都要采取的一系列基本的应急行

动和任务而编写的计划，如指挥和控制、通信、人群疏散等，其着眼点是响应突发灾害事故时所要实施的紧急任务。由于功能附件是围绕应急行动产生的，因此它们的主要对象是任务执行机构。应急预案中包含的功能附件的个数和类型主要取决于地铁潜在的各种事故危险类型以及地铁的应急组织方式和运行机制等具体情况。

功能附件一般不重复基本预案中已有的信息，通常包括以下几方面的内容：

(1)接警与通知。

(2)指挥与控制。

(3)警报与紧急公告。

(4)通信。

(5)事态监测与评估。

(6)警戒与治安。

(7)人群疏散。

(8)人群安置。

(9)医疗与卫生。

(10)公共关系。

(11)应急人员安全。

(12)消防和抢险。

(13)泄漏物控制。

(14)现场恢复。

4)支持附件

主要包括应急救援的有关保障系统的描述及附图表。应急预案中可能用到的附图表包括：

(1)重大危险源登记表、分布图。

(2)重大危害影响范围预测图。

(3)应急机构、人员通信联络一览表。

(4)外部机构通信联络一览表。

(5)作战指挥图。

(6)消防队等应急力量一览表、分布图。

(7)医院、急救中心一览表。

(8)消火栓、水源分布图。

(9)应急设备、物资一览表。

(10)疏散路线图。

(11)警报系统分布及覆盖范围图。

(12)重要防护目标一览表、分布图。

(13)电视台、广播电台等新闻媒体联络一览表。

(14)应急专家名录。

(15)应急物资供应企业名录。

(16)蔽护及安置场所一览表、分布图。

2. 灾害事故应急预案的编制

应急预案的编制过程可分为六个步骤:成立预案编制小组,查阅相关资料,进行危险分析和应急能力评估,编写应急预案,评审与发布应急预案,实施应急预案。

1)成立预案编制小组

灾害事故的应急救援行动涉及来自不同部门、不同专业领域的应急各方,而且需要应急各方在相互信任、相互了解的基础上进行密切的配合和相互协调,因此,仅仅由某个人或某个部门编制的应急预案是不实用的。应急预案的成功编制需要各个有关职能部门的积极参与,尤其是应寻求与危险直接相关的各方进行合作,这将有利于应急预案的编制,使预案更实用、更有效。成立预案编制小组是将各有关职能部门、各类专业技术有效结合起来的最佳方式,可有效地保证应急预案的准确性和完整性,而且为应急各方提供了一个非常重要的协作与交流机会,有利于统一应急各方的不同观点和意见。

预案保证小组成员一般应包括:意见管理部门行政负责人,消防、公安、环保、卫生、市政、医院、医疗急救、卫生防疫、邮电、交通运输管理部门工作人员,技术专家,广播、电视等新闻媒体,法律顾问,有关企业以及政府应急机构代表等。预案编制小组的成员确定后,必须确定小组领导,来推动、领导和管理整个预案的编制工作。

2)相关资料查阅

在应急预案编制工作开展之前,首先应收集和参阅现有的应急预案,查阅相关资料。以便使预案编制工作可以基于现有的应急预案和有关材料,或对其进行修订,以最大限度地减少工作量。同时,应确保与其他相关应急预案的协调和一致性。应尽可能地通过现有的应急预案满足要求,以避免应急预案的重复编制。

3)危险性分析和应急能力评估

危险分析是应急预案编制的基础和关键。危险分析包括危险识别、脆弱性分析和风险分析。危险分析的结果不仅有助于确定需要重点考虑的危险,提供划分预案编制优先级的依据,而且也为应急预案的编制、应急准备和应急响应提供必要的信息和资料。对一个城市地铁而言,要调查所有的危险,对其脆弱性和风险进行详细的分析是不可能的,因此,仅对主要危险进行调查是必要的。要做到准确分析灾害事故发生的可能性是不太现实的,一般不必过度将精力集中到对事故或灾害发生的可能性进行精确的定量分析上,可以用相对性的词汇(例如低、中、高)来描述发生灾害或事故的可能性,但关键是要在充分利用现有数据和技术的基础上进行合理的评估。

应急能力评估,就是依据危险分析的结果,对已有的应急资源和应急能力进行评估,包括城市地铁应急资源的评估和企业应急资源的评估,明确应急救援的需求和不足。应急资源包括应急人员、应急设施设备、装备和物资等,应急能力包括人员的技术、经验和接受的培训等。应急资源和能力将直接影响应急行动的快速有效性。预案制订时应当在评价与潜在危险相适应的应急资源和能力的基础上,选择最现实、最有效的应急策略。

4)应急预案编写

应急预案小组参阅现有的应急预案,完成危险识别和分析,对应急准备、预防措施和应急能力进行评估后,一方面应针对应急准备方面的不足提出改进建议,如改善警报系统、加强应急人员的应急训练等;另一方面可以编制应急预案或进一步修订和完善现有的应急预案。

5）应急预案的评审与发布

为保证应急预案的科学性、合理性以及与实际情况相符合，地铁事故应急预案必须经过评审，包括组织内部评审和专家评审，必要时请上级应急机构进行评审。应急预案经评审通过和批准后，按有关程序进行正式发布和备案。

6）应急预案的实施

应急预案经批准发布后，应急预案的实施便成了城市地铁应急管理工作的重要环节。应急预案的实施包括：开展预案的宣传贯彻，进行预案的培训，落实和检查各个有关部门的职责、程序和资源准备，组织预案的演练，并定期评审和更新预案，使地铁应急预案有机地融入城市的公共安全保障工作之中，真正将应急预案所规定的要求落到实处。

3. 国内地铁应急救援预案统计分析

通过考察北京地铁、南京地铁、日本部分地铁站、韩国（釜山）地铁等国内外运营较成熟的地铁以及查阅相关资料，发现各地铁公司均制订了较为完善的灾害事故应急救援预案，现对其主要内容进行总结，以供参阅。

1）主要应急预案汇总

目前，国内外地铁制订的应急预案主要有：《地铁防爆措施及应急处理办法》、《地铁火灾应急预案》、《防洪抢险应急预案》、《控制中心应急处理程序》、《突发事件应急处理办法》、《应急信息报告程序》、《屏蔽门故障应急处理程序》、《特殊气象应急预案》、《车辆部突发事件应急处理程序》、《车务部安全应急车辆程序》、《控制中心应急信息收发预案》、《自动检售票分部重大设备故障应急处理预案》、《维修工程应急处理程序》、《物资部消防处理程序》、《车队应急处理程序》、《电力事故抢修预案》、《公务应急抢险预案》、《车辆故障处理预案》、《大面积停电应急预案》、《破坏性地震应急预案》等。

2）应急设施及人员培训情况

为确保制订的应急预案能有效地实施，应配备相应的应急设备，并围绕应急准备和响应对应急人员进行培训教育，经考试合格后，方能授权从事该岗位工作。

3）应急预案的演练

为保证应急救援人员的技术水平和应急组织的整体能力，应定期组织各种应急训练演习活动，每次演习要提交演习方案，经审核后确认正式演习日期和参加人员。正式演习时，根据演习情况进行评价，并在演习后提交演习的总结报告，根据存在的不足提出改进建议，从而保证整体应急状况的持续改进。为保证应急硬件系统随时能进入应急状态，各应急设施、设备及物资情况需要定期自查或定期进行检查，对于应急至关重要的各种通信、广播系统等定期要进行试验，如应急出口指示灯、化学应急用品柜等不符合要求，要提交整改通知单，并保存相关记录。

第十九章　事故调查与处理

发生运营事故(事件)时,应积极采取措施,尽快抢救伤员,尽快恢复运营,尽量减少损失。在进行抢险救援的同时,事故调查处理相关工作也必须尽快启动。

一、事故报告

1. 事故(事件)汇报的原则

(1)迅速、准确、真实。

(2)逐级报告。

(3)内部、上级领导及协作单位并举。

(4)行车控制中心是城市轨道交通运营单位的信息收发中心和通信联络中心,负责收集、整理、分析和处理信息。

2. 重要应急信息报告时间要求

特别重大事故、重大事故、较大事故、一般事故以及重大治安情况、火灾事故等重要的应急信息,事故现场有关人员应当立即向本单位负责人及相关安全管理部门报告,城市轨道交通运营单位应当于1小时内向事故发生地人民政府安全生产监督管理部门和负有安全生产监督管理职责的有关部门报告。

安全生产监督管理部门和负有安全生产监督管理职责的有关部门接到事故报告后,应当依照下列规定上报事故情况,并通知公安机关、劳动保障行政部门、工会和人民检察院。

(1)特别重大事故、重大事故逐级上报至国务院安全生产监督管理部门和负有安全生产监督管理职责的有关部门。

(2)较大事故逐级上报至省、自治区、直辖市人民政府安全生产监督管理部门和负有安全生产监督管理职责的有关部门。

(3)一般事故上报至设区的市级人民政府安全生产监督管理部门和负有安全生产监督管理职责的有关部门。

安全生产监督管理部门和负有安全生产监督管理职责的有关部门依照前款规定上报事故情况,应当同时报告本级人民政府。国务院安全生产监督管理部门和负有安全生产监督管理职责的有关部门以及省级人民政府接到发生特别重大事故、重大事故的报告后,应当立即报告国务院。必要时,安全生产监督管理部门和负有安全生产监督管理职责的有关部门可以越级上报事故的情况。

安全生产监督管理部门和负有安全生产监督管理职责的有关部门逐级上报事故情况,每级上报的时间不得超过两个小时。

3. 事故报告的内容

(1)事故发生单位概况。

(2)事故发生的时间、地点以及事故现场情况。

(3)事故的简要经过。

(4)事故已造成或者可能造成的伤亡人数(包括下落不明的人数)和初步估计的直接经济损失。

(5)已经采取的措施。

(6)其他应当报告的情况。

自事故发生之日起30日内,事故造成的伤亡人数发生变化的,应当及时补报。道路交通事故、火灾事故自发生之日起7日内,事故造成的伤亡人数发生变化的,应当及时补报。

二、事故的应急救援及现场保护

事故发生单位负责人接到事故报告后,应当立即启动相应的应急预案,或者采取有效措施组织抢救,防止事故扩大,减少人员伤亡和财产损失。事故发生地有关地方人民政府、安全生产监督管理部门和负有安全生产监督管理职责的有关部门接到事故报告后,其负责人应当立即赶赴事故现场,组织事故救援。

事故发生后,有关单位和人员应当妥善保护事故现场以及相关证据,任何单位和个人不得破坏事故现场、毁灭相关证据。因抢救人员、防止事故扩大以及疏通交通等原因,需要移动事故现场物件的,应当作标记,绘制现场简图并作出书面记录,妥善保存现场重要痕迹、物证。城市轨道交通运营单位安全管理机构应立即组织调查小组,重点做好以下工作:

(1)保护、勘察现场,详细检查车辆、线路及其他设备,做好调查记录。绘制现场示意图、摄影录像,如技术设备破损故障时,应保存其实物。

(2)若事发地点的线路破坏严重,无法检查线路质量,则应对地点前后不少于50米的线路进行测量,并作为衡量事故(事件)地点线路质量的参考依据。

(3)对事故(事件)关系人员分别调查,由本人写出书面材料。

(4)检查有关技术文件的编制、填写情况,必要时将抄件附在调查记录内。

(5)提高警惕,注意是否有人为破坏的迹象。

(6)必要时召开调查会。

(7)根据调查结果,初步判定原因及责任,及时向上级部门汇报。

三、事故调查

处理事故(事件)要以事实为依据,以规章为准绳,按照“四不放过”原则(事故原因没有查清不放过,事故责任者没有严肃处理不放过,防范措施没有落实不放过,广大员工没有受到教育不放过)处理事故,认真调查分析,查明原因,分清责任,吸取教训,制定对策,防止同类事故(事件)再次发生。

1. 事故调查的组织

特别重大事故由国务院或者国务院授权有关部门组织事故调查组进行调查。

重大事故、较大事故、一般事故分别由事故发生地省级人民政府、设区的市级人民政府、县级人民政府负责调查。省级人民政府、设区的市级人民政府、县级人民政府可以直接组织事故调查组进行调查,也可以授权或者委托有关部门组织事故调查组进行调查。

未造成人员伤亡的一般事故,县级人民政府也可以委托事故发生单位组织事故调查组进行调查。

发生一般事故及以上事故的,可由城市轨道交通运营单位安全管理机构负责组织调查处理;若由上级部门组织调查处理,城市轨道交通运营单位安全管理机构负责组织相关配合工作。

险性事件由城市轨道交通运营单位安全管理部门负责组织调查处理;若上级部门组织调查处理,由安全管理部门负责组织相关配合工作;若险性事件只涉及一个部门时,安全管理部门可以授权事件部门调查处理,安全管理部门负责监督。

一般时间、事件苗头由事故(事件)发生部门负责调查处理,并将处理情况报城市轨道交通运营单位安全管理机构备案。

2. 事故调查组的组成

事故调查组的组成应当遵循精简、效能的原则。根据事故的具体情况,事故调查组由有关人民政府、安全生产监督管理部门、负有安全生产监督管理职责的有关部门、监察机关、公安机关以及工会派人组成,并应当邀请人民检察院派人参加。

事故调查组可以聘请有关专家参与调查。事故调查组成员应当具有事故调查所需要的知识和专长,并与所调查的事故没有直接利害关系。

事故调查组组长由负责事故调查的人民政府指定。事故调查组组长主持事故调查组的工作。

3. 事故调查组的职责

(1)查明事故发生的经过、原因、人员伤亡情况及直接经济损失。

(2)认定事故的性质和事故责任。

(3)提出对事故责任者的处理建议。

(4)总结事故教训,提出防范和整改措施。

(5)提交事故调查报告。

四、事故调查报告

事故调查组应当自事故发生之日起 60 日内提交事故调查报告;特殊情况下,经负责事故调查的人民政府批准,提交事故调查报告的期限可以适当延长,但延长的期限最长不超过 60 日。

事故调查报告应当包括下列内容:

(1)事故发生单位概况。

(2)事故发生经过和事故救援情况。

(3)事故造成的人员伤亡和直接经济损失。

(4)事故发生的原因和事故性质。

(5)事故责任的认定以及对事故责任者的处理建议。

(6)事故防范和整改措施。

事故调查报告应当附具有关证据材料。事故调查组成员应当在事故调查报告上签名。事故调查报告报送负责事故调查的人民政府后,事故调查工作即告结束。事故调查的有关资料应当归档保存。

五、事故处理

对事故责任者，应根据事故性质和情节，予以批评教育、经济处罚、行政处分直至追究法律责任。事故性质、情节严重的，要按有关规定逐级追究领导责任。

重大事故、较大事故、一般事故，负责事故调查的人民政府应当自收到事故调查报告之日起 15 日内作出批复；特别重大事故，30 日内作出批复，特殊情况下，批复时间可以适当延长，但延长的时间最长不超过 30 日。

有关机关应当按照人民政府的批复，依照法律、行政法规规定的权限和程序，对事故发生单位和有关人员进行行政处罚，对负有事故责任的国家工作人员进行处分。

事故发生单位应当按照负责事故调查的人民政府的批复，对本单位负有事故责任的人员进行处理。负有事故责任的人员涉嫌犯罪的，依法追究刑事责任。

事故发生单位应当认真吸取事故教训，落实防范和整改措施，防止事故再次发生。防范和整改措施的落实情况应当接受工会和职工的监督。安全生产监督管理部门和负有安全生产监督管理职责的有关部门应当对事故发生单位落实防范和整改措施的情况进行监督检查。

事故处理的情况由负责事故调查的人民政府或者授权的有关部门、机构向社会公布，依法应当保密的除外。

第三部分　出租汽车企业

第二十章　法 律 法 规

第一节　出租汽车企业安全生产相关法律法规

与出租汽车企业安全生产直接相关的法律法规主要有《中华人民共和国道路交通安全法》和《中华人民共和国道路交通安全法实施条例》。具体的相关规定请查阅第一部分城市公共汽车客运企业第四章第二节的相关内容。

第二节　出租汽车企业安全生产相关部委行政规章

一、《汽车旅客运输规则》

(一)概况

1988 年 1 月 26 日原中华人民共和国交通部发布了《汽车旅客运输规则》[(88)交公路字 201 号]。为加强汽车旅客运输的组织管理,明确经营者与旅客的权利、义务,维护正常的运输秩序,满足人民群众的旅行需要,根据国家政策、法律及公路运输的有关法规,特制订本规则。本规则强调凡从事营业性班车客运、旅游客运、出租车客运、包车客运、行包运输、客运服务(以下简称汽车客运)的单位和个人以及旅客,均须遵守本规则;汽车客运必须坚持社会主义方向,坚持为人民服务的宗旨,执行国家政策,遵守法律和有关规章,实行责任运输制度,为旅客提供安全、及时、方便、舒适的运输服务。

(二)相关的安全规定

第四条规定:汽车客运经营者必须办理有关手续,取得合法资格后方准予参加营业性汽车客运。

第六条规定:营运客车必须经车辆管理部门审验合格;保持良好的技术状况,制动、转向系统以及灯光、喇叭、刮水器齐全有效;保持车容整洁卫生;门窗、座椅、行李架(仓)、绳网、雨布符合使用要求;车内备有票价表和旅客意见簿;车外装置与营运方式、种类相符的标志,旅游车悬挂旅游车标志牌,出租车安装出租标志灯。

第十三条规定:客车驾驶员必须持有相应准驾车类的驾驶证,乘务人员应具备一定业务知识。驾、乘人员须遵守下列规定:

(1)严格遵守交通规则和操作规程,精心维护车辆,出车前、行车中、收车后,应认真做好车辆的安全检查。

(2)客车驾驶员应合理安排作息时间,保证充足睡眠,行车途中思想集中,每天驾驶时间不得过长，确保行车安全。

(3)遵守运输纪律，执行运行计划，服从调度和现场指挥，正点运行。

(4)客车行经险桥、渡口、危险地段和加油前，要组织旅客下车；事后以及中途就餐、停歇后均须核实人数，方能开车。途中遇非常情况或发生事故，应尽快呼救，抢救伤员，保护现场，必要时组织旅客疏散。

(5)讲究职业道德，文明服务，礼貌待客，重点照顾有困难的旅客。

二、《汽车运输业车辆技术管理规定》

(一)概况

1990年3月3日第二次原中华人民共和国交通部部长办公会议通过了《汽车运输业车辆技术管理规定》，于1990年10月1日起施行。为加强汽车运输业运输车辆(汽车和挂车)的技术管理，保持运输车辆技术状况良好，保证安全生产，充分发挥运输车辆的效能和降低运行消耗，制定了本规定。本规定适用于所有从事汽车运输的单位和个人。本规定强调车辆技术管理应坚持预防为主和技术与经济相结合的原则，对运输车辆实行择优选配、正确使用、定期检测、强制维护、视情修理、合理改造、适时更新和报废的全过程综合性管理；车辆技术管理应依靠科技进步，采取现代化管理方法，建立车辆质量监控体系，推广检测诊断和计算机应用等先进技术，开展多种形式的职工教育和专业培训，提高车辆管理水平和技术水平；运输单位各自的主管部门应把加强车辆技术管理列为运输单位经理(厂长)任期责任考核的一项重要内容。

(二)相关安全规定

第九条规定：运输单位车辆技术管理的主要职责是：

(1)贯彻执行交通运输管理部门和上级发布的有关车辆技术管理的各项方针、政策、规章和制度；

(2)制订本单位车辆技术管理的规章和制度，以及车辆技术管理目标和考核指标，并负责实施；

(3)大、中型运输单位，应建立由总工程师负责的车辆技术管理系统。小型运输单位要有一名副经理(副厂长)负责车辆技术管理工作。所属车间和车队应配备一定数量的专职技术管理人员，分别负责车辆各项技术管理工作；

(4)建立健全车辆技术管理的各级岗位责任制，明确车辆技术管理人员的职责和权限，充分发挥他们的作用，保持队伍的相对稳定；

(5)正确处理运输生产和技术管理的关系，保持运输车辆技术状况良好；

(6)正确使用车辆更新改造资金和大修理基金；

(7)推广现代化管理方法，应用新技术、新工艺和新材料；

(8)组织职工安全、法制教育和专业技术培训，提高职工素质；

(9)开展各种群众性爱车、节油、节胎等专业技术竞赛活动，总结推广先进经验。

第十三条规定：新车在接收和使用前应做到：

(1)接收新车时应按合同和说明书的规定，对照车辆清单或装箱单进行验收，清点随车工具及附件等；

(2)新车在投入使用前,应进行一次全面检查,并根据制造厂的规定进行清洁、润滑、紧固以及必要的调整;

(3)新型车辆在投入使用前,运输单位应组织驾驶员和维修工进行培训,在掌握车辆性能、使用和维修方法后方可使用;

(4)新车投入使用前,应建立车辆技术档案,配备必要的附加装备和安全防护装置;

(5)新车应严格执行走合期的各项规定,做好走合维护工作;

(6)在索赔期内,应严格按制造厂技术要求使用。车辆发生损坏,应及时作出技术鉴定,属于制造厂责任的,按规定程序向制造厂索赔。进口的新车,在索赔期内,不得对车辆进行改装,以便出现制造质量问题时对外索赔。

第十五条规定:车辆技术档案的建立与管理:

(1)车辆从购置到报废全过程的技术管理,应系统记入车辆技术档案。运输单位和个人必须逐车建立车辆技术档案。技术档案应认真填写,妥善保管,记载及时、完整和准确,不得任意更改。车辆办理过户手续时,车辆技术档案应完整移交;

(2)车辆技术档案的格式由各省、自治区、直辖市交通厅(局)统一制订。车辆技术档案应作为发放、审核营运证的依据之一;

(3)车辆技术档案的主要内容包括:车辆基本情况和主要性能、运行使用情况、主要部件更换情况、检测和维修记录以及事故处理记录等。

第十六条规定:车辆技术状况等级的鉴定:

(1)运输单位应按规定做好车辆技术状况等级的鉴定工作;

(2)车辆技术状况等级的鉴定,至少每半年进行一次。

第二十条规定:运输单位必须将车辆完好率、平均技术等级、新度系数等主要技术、经济指标,纳入经理(厂长)责任考核内容。

第二十一条规定:车辆的租赁、停驶和封存:

(1)租赁车辆的技术档案、技术经济指标完成情况和技术状况等级由出租与承租双方记录和考核;

(2)因部分总成和部件损坏,在较长时间内无法解决,但不符合报废条件的车辆,运输单位可作停驶处理;

(3)凡技术状况良好,因其他原因需要较长时间停驶的车辆,运输单位可作封存处理,报其上级主管部门备案。封存期间不进行指标考核,但应妥善保管,定期维护。启封使用时,应进行一次维护作业,经检验合格后,方可参加运行。

第三十一条规定:运输单位和个人应建立健全车辆技术检验和安全检查制度,做好出车前、行车中及收车后的车辆检查工作,发现故障及隐患,及时排除。

第三十六条规定:驾驶员须爱护车辆,严格遵守驾驶操作规程。行车前,做到预热启动、低速升温、低挡起步。行驶中,注意保持温度、及时换挡、保有余力、行驶平稳、安全滑行、合理节油。在拖带挂车时,加强主、挂车之间连接机构的检查,避免冲击。

第三十七条规定:车辆的日常维护是驾驶员必须完成的日常性工作。主要内容是:坚持三检,即出车前、行车中、收车后检视车辆的安全机构及各部机件连接的紧固情况;保持四清,即保持机油、空气、燃油滤清器和蓄电池的清洁;防止四漏,即防止漏水、漏油、漏气、漏电;保持车容整洁。

第三十八条规定:运输单位应及时总结推广安全节油驾驶操作和日常维护的经验。定期组织检查评比,并将检查评比结果作为考核驾驶员和衡量运输单位技术管理工作水平的依据之一。

第三十九条:车辆检测诊断技术,是检查、鉴定车辆技术状况和维修质量的重要手段,是促进维修技术发展,实现视情修理的重要保证。各地交通运输管理部门和运输单位应积极组织推广检测诊断技术。

第四十七条规定:车辆维护应贯彻预防为主,强制维护的原则。保持车容整洁,及时发现和消除故障、隐患,防止车辆早期损坏。

第四十八条规定:车辆维护作业,包括清洁、检查、补给、润滑、紧固、调整等,除主要总成发生故障必须解体时,不得对其进行解体。

第五十二条规定:运输单位和个人的运输车辆,应在交通运输管理部门认定的维修厂(场)进行维护,建立维护合作关系,确保车辆按期维护。

第五十七条规定:运输单位和个人的运输车辆,应根据其修理作业范围,送交通运输管理部门认定的修理厂进行修理。

第六十一条规定:运输单位应按规定,提取车辆大修理基金,用于保证车辆正常大修。

第七十六条规定:有下列行为之一的,由运输单位的主管部门或交通运输管理部门根据其情节轻重,对单位或个人给予批评教育或经济处罚:

(1)由于超负荷运行,严重失维失修等原因造成车况显著下降或重大机械事故的;

(2)违反驾驶操作规程,造成车辆严重损坏,影响运输生产的;

(3)技术管理混乱,玩忽职守,职责不清或无人管理,对车辆损坏不作及时处理,造成车辆技术状况严重下降的;

(4)对车辆事故隐瞒不报或弄虚作假的;

(5)违反检验维修规程,降低标准,以致维修质量低劣,造成经济损失或安全事故的。

三、《出租汽车客运服务规范》

(一)概况

1993 年 6 月 21 日原中华人民共和国交通部发布了《出租汽车客运服务规范》(交运发〔1993〕644 号)。为加强出租汽车客运管理,不断提高客运服务质量,使出租汽车客运服务工作逐步向标准化、规范化发展,制订本规范。本规范从经营服务、车容及仪容、业务受理及调度、运行服务四个方面对出租汽车客运做了明确的规定。

(二)相关安全规定

第 2.1 条规定:出租汽车客运经营者及全体从业人员必须坚持全心全意为人民服务的宗旨,努力钻研业务技术,为乘客提供安全、及时、方便、舒适的运输服务。

第 2.2 条规定:出租汽车客运经营者及全体从业人员必须认真学习和贯彻执行党和国家制订的各项方针政策,遵守国家有关法规,接受交通主管部门的监督、检查和指导。

第 2.4 条规定:出租汽车客运经营者必须服从交通主管部门的管理。在紧急情况下,听从调度,按时完成外事、抢险救灾等紧急运输任务。

第2.5条规定:出租汽车客运经营者必须建立健全安全行车制度和治安防范措施,做好各项治安保卫和安全预防工作。

第2.7条规定:出租汽车客运企业应根据有关行业管理规章建立和完善企业内部的服务质量标准、规范、工作人员守则、车辆维修、安全行车、费收管理等各项规章制度,并认真贯彻执行。

第2.8条规定:出租汽车客运企业应加强对本企业职工的法制教育、职业道德教育和业务培训,努力提高职工的素质,对工作作风差、服务态度恶劣的职工要坚决调离面向乘客服务的岗位。

第3.1条规定:出租汽车客运车辆在正常营运期间必须保持车辆技术状况良好,各项技术性能指标符合部颁标准,并装备相应的安全、服务设施。

第3.3.2条规定:驾驶员在营运时必须携带《道路运输证》、《驾驶证》等证件,并携带由交通主管部门发放的有本人照片、姓名、编号及单位名称、电话号码等内容的服务监督卡。

第4.1条规定:出租车站的调度员在受理预约租车业务时,必须根据乘客的要求,合理调度安排车辆,做到有车必供、及时派车;如站内车辆已经派完暂时无车时,要向乘客耐心解释,并要根据乘客的要求,妥善地作出安排。

第5.1条规定:乘客乘车时,驾驶员应提醒坐在前排的乘客系好安全带,注意乘车安全。

第5.6条规定:行车时,驾驶员要根据乘客要去的地点选择最近的路线行驶,不得舍近求远无故绕道,如因道路改造或其他原因确需绕道时,应主动向乘客说明情况,如乘客不同意绕行要求下车时,应按实乘里程收费,不得拒绝乘客下车或多收车费。

第5.11条规定:出租车在运行时,驾驶员要严格遵守交通规则和操作规程,集中精力,谨慎驾驶,礼貌行车,确保安全。

第5.12条规定:出租车在营运中一旦发生事故时,驾驶员应按规定保护好现场,及时组织抢救受伤乘客,并立即报告公安、交通、保险等有关部门,以便及时妥善处理善后事宜。

四、《城市出租汽车管理办法》

(一)概况

1997年12月23日,颁布了原中华人民共和国建设部、中华人民共和国公安部令第63号《城市出租汽车管理办法》。为加强城市出租汽车管理,提高出租汽车服务质量,保障乘客、用户和出租汽车经营企业、个体工商户及其从业人员的合法权益,促进城市客运交通事业的发展,根据国家的有关法律、法规,制定本办法。本办法所称的出租汽车,是指经主管部门批准的按照乘客和用户意愿提供客运服务,并且按照行驶里程和时间收费的客车。

(二)相关安全规定

第十七条第四款规定:不得将出租汽车交给无客运资格证件的人员驾驶。

第十七条第五款规定:未经客运管理机构批准,不得将出租汽车转让或者移作他用。

第十八条第一款规定:车辆技术性能、设施完好,车容整洁。

第十八条第三款规定:小型客车应当装置经公安机关鉴定合格的防劫安全设施。

第十九条规定:遇有抢险救灾,主要客运集散点供车严重不足、重大活动等特殊情况时,经营者应当服从客运管理机构调集车辆的统一指挥。

第二十二条第一款规定：携带客运资格证件。

第二十二条第二款规定：按照合理路线或者乘客要求的路线行驶，不得绕道和拒载；营运途中无正当理由不得中断服务。

第二十二条第四款规定：不得将车辆交给无客运资格证件的人员使用。

第二十二条第五款规定：不得利用车辆进行违法犯罪活动。

第二十二条第六款规定：发现违法犯罪嫌疑人员，应当及时报告公安机关，不得知情不报。

第二十八条规定：客运管理机构和出租汽车经营企业应当建立投诉受理制度，接受对违反本办法行为的投诉和社会监督。

第三十三条规定：对未经批准非法从事出租汽车经营活动的单位和个人，由城市客运管理机构责令停止违法行为，并处以 5000 元以上 30000 元以下罚款。

第三十四条规定：妨碍客运管理机构工作人员执行公务、违反第二十二条第（五）项、利用承租车辆从事非法活动触犯《中华人民共和国治安管理处罚条例》的，由公安机关给予行政处罚；构成犯罪的，依法追究其刑事责任。

五、《出租汽车驾驶员从业资格管理规定》

（一）概况

2011 年 12 月 26 日，中华人民共和国交通运输部发布了《出租汽车驾驶员从业资格管理规定》（中华人民共和国交通运输部令 2011 年第 13 号）。为了规范出租汽车驾驶员从业行为，提升出租汽车客运服务水平，根据国家有关规定，制定本规定。该规定强调国家对从事出租汽车客运服务的驾驶员实行从业资格制度。该规定从从业资格考试、从业资格证注册、继续教育、从业资格证件管理以及相关法律责任五个方面，对出租汽车驾驶员从业行为做了明确规定。

（二）相关安全规定

第九条规定：拟从事出租汽车客运服务的驾驶员，应当填写《出租汽车驾驶员从业资格证申请表》，向所在地设区的市级道路运输管理机构申请参加出租汽车驾驶员从业资格考试。

第十条规定：申请参加出租汽车驾驶员从业资格考试的，应当符合下列条件：

（1）取得相应的机动车驾驶证 3 年以上；

（2）近 3 年内无重大以上且负同等以上责任的交通事故。

第十一条规定：申请参加出租汽车驾驶员从业资格考试的，应当提供符合第十条规定的证明材料：

（1）机动车驾驶证及复印件；

（2）有关部门或者单位出具的近 3 年内无重大以上且负同等以上责任的交通事故记录证明；

（3）身份证明及复印件。

第十五条规定：出租汽车驾驶员到从业资格证发证机关核定的范围外从事出租汽车客运服务的，应当参加当地的区域科目考试。区域科目考试合格的，由当地设区的市级道路运输管理机构核发从业资格证。

第十六条规定:取得从业资格证的出租汽车驾驶员,应当经道路运输管理机构从业资格注册后,方可从事出租汽车客运服务。

出租汽车驾驶员从业资格注册有效期为3年。

第十七条规定:出租汽车经营者应当聘用取得从业资格证的出租汽车驾驶员,并在出租汽车驾驶员办理从业资格注册后再安排上岗。

第十八条规定:申请从业资格注册或者延续注册的出租汽车驾驶员,应当填写《出租汽车驾驶员从业资格注册登记表》,持其从业资格证及与出租汽车经营者签订的劳动合同或者聘用协议或者经营合同,到发证机关所在地的市、县级道路运输管理机构申请注册。

个体出租汽车经营者自己驾驶出租汽车从事经营活动的,持其从业资格证及车辆运营证申请注册。

第二十条规定:出租汽车驾驶员注册有效期届满需继续从事出租汽车客运服务的,应当在有效期届满30日前,向所在地市、县级道路运输管理机构申请延续注册。

第二十一条规定:出租汽车驾驶员不具有完全民事行为能力,或者受到刑事处罚且刑事处罚尚未执行完毕的,不予延续注册。

第二十二条规定:出租汽车驾驶员在从业资格注册有效期内,与出租汽车经营者解除劳动合同、聘用协议或者经营合同的,应当在20日内向原注册机构报告,并申请注销注册。

出租汽车驾驶员变更服务单位的,应当重新申请注册。

第二十三条规定:出租汽车驾驶员在注册期内应当按规定完成继续教育。

继续教育周期自出租汽车驾驶员从业资格注册之日起计算。

第二十四条规定:出租汽车驾驶员继续教育周期为3年。

出租汽车驾驶员在每个连续计算的继续教育周期内,应当接受不少于54学时的继续教育。出租汽车驾驶员累计注册时间满3年的,也应当接受不少于54学时的继续教育。

取得从业资格证超过3年未申请注册的,注册后应当在1年内完成不少于27学时的继续教育。

第二十六条规定:出租汽车驾驶员继续教育以出租汽车企业为主组织实施。

具备条件的出租汽车企业经市、县级道路运输管理机构备案后,组织开展出租汽车驾驶员继续教育工作。不具备条件的出租汽车企业和个体出租汽车驾驶员的继续教育工作,由其他继续教育机构承担,具体包括以下形式:

(1)交通运输部或者省级交通运输主管部门备案的网络远程继续教育;

(2)在县级以上道路运输管理机构备案的其他继续教育形式。

第二十七条规定:出租汽车驾驶员完成继续教育后,应当由出租汽车经营者向所在地市、县级道路运输管理机构报备,道路运输管理机构在出租汽车驾驶员从业资格证中予以记录。

第二十九条规定:出租汽车企业和继续教育机构应当建立学员培训档案,将继续教育计划、继续教育师资情况、参培学员登记表等纳入档案管理,并接受道路运输管理机构的监督检查。

第三十条规定:出租汽车企业和继续教育机构违反本规定,有下列情形之一的,由道路运输管理机构责令改正：

(1)未经备案擅自从事继续教育或者提供虚假继续教育资料的；

(2)未按照继续教育大纲要求组织相应继续教育的；

(3)发布继续教育虚假信息的。

第三十二条规定：出租汽车驾驶员从业资格证遗失、毁损的，应当到原发证机关办理证件补(换)发手续。

第三十三条规定：出租汽车驾驶员办理从业资格证补(换)发手续，应当填写《出租汽车驾驶员从业资格证补(换)发登记表》。道路运输管理机构应当对符合要求的从业资格证补(换)发申请予以办理。

第三十四条规定：出租汽车驾驶员在从事出租汽车客运服务时，应当携带从业资格证。

第三十五条规定：出租汽车驾驶员从业资格证不得转借、出租、涂改、伪造或者变造。

第三十六条规定：出租汽车经营者应当维护出租汽车驾驶员的合法权益，为出租汽车驾驶员从业资格注册、继续教育等提供便利。

第三十九条规定：出租汽车驾驶员有下列情形之一的，由发证机关注销其从业资格证。从业资格证被注销的，应当及时收回；无法收回的，由发证机关公告作废。

(1)持证人死亡的；

(2)持证人申请注销的；

(3)持证人达到法定退休年龄的；

(4)持证人机动车驾驶证被注销或者被吊销的；

(5)因身体健康等其他原因不宜继续从事出租汽车客运服务的。

第四十条规定：出租汽车驾驶员有下列不具备安全运营条件情形之一的，由发证机关撤销其从业资格证，并公告作废：

(1)持证人身体健康状况不再符合从业要求且没有主动申请注销从业资格证的；

(2)发生重大以上且负同等以上责任的交通事故的。

第四十一条规定：出租汽车驾驶员在运营过程中，应当遵纪守法、文明行车、优质服务。出租汽车驾驶员不得有下列行为：

(1)拒载；

(2)议价；

(3)途中甩客；

(4)故意绕道行驶。

出租汽车驾驶员有本条前款违法行为的，应当加强继续教育；情节严重的，道路运输管理机构应当对其延期注册。

第四十二条规定：违反本规定，有下列行为之一的人员，由县级以上道路运输管理机构责令改正，并处200元以上2000元以下的罚款；构成犯罪的，依法追究刑事责任：

(1)未取得从业资格证或者超越从业资格证核定范围，驾驶出租汽车从事经营活动的；

(2)使用失效、伪造、变造的从业资格证，驾驶出租汽车从事经营活动的；

(3)转借、出租、涂改从业资格证的。

第四十三条规定：违反本规定，出租汽车驾驶员有下列行为之一的，由县级以上道路运输管理机构责令改正，并处50元以上200元以下的罚款：

(1)不按照规定携带从业资格证的；

(2)未办理注册手续驾驶出租汽车从事经营活动的；

(3)拒载、议价、途中甩客或者故意绕道行驶的。

第四十四条规定：违反本规定，有下列行为之一的出租汽车经营者，由县级以上道路运输管理机构责令改正，并处1000元以上3000元以下的罚款：

(1)聘用未取得从业资格证的人员，驾驶出租汽车从事经营活动的；

(2)聘用未按规定办理注册手续的人员，驾驶出租汽车从事经营活动的；

(3)不按照规定组织实施继续教育的。

第四十六条规定：本规定实施前已取得出租汽车驾驶员从业资格的，可在原证件有效期内申请换发新的从业资格证，并按规定进行注册。

第三节　出租汽车企业安全生产相关技术标准

一、《机动车运行安全技术条件》

具体的相关规定请查阅第一部分城市公共汽车客运企业第四章第三节的相关的内容。

二、《出租汽车运行技术条件》

(一)概况

1993年5月18日，原中华人民共和国建设部发布了《出租汽车运行技术条件》(CJ/T 3003—1993)。该标准规定了出租汽车运行应具备的技术条件，从车型、级别，运行车辆技术要求，出租车其他要求，出租车标志与补充标志四个方面做了明确规定。

(二)相关的安全规定

第5.1条规定：出租汽车车辆的发动机、转向系、制动系、传动系、行驶系、车身及照明等技术要求均应符合GB 7258的规定。

第5.3条规定：车辆密封应良好。车窗玻璃完好，不眩目。车门开关灵活可靠。微型客车、轻型小型客车不宜用窗帘、滤光薄膜纸等物遮挡、阻视。

第5.4条规定：汽车的座椅、头靠、扶手、拉杆和原有保险带等完整、牢固、有效。

第5.5条规定：微型客车、轻型小型客车必须装置出租汽车顶灯、计价器。计价器必须满足有关标准规定。

第5.8条规定：无乘坐条件、无安全保障、客货两用的车辆严禁用作出租汽车。

第5.9条规定：二开门轿车、无行李舱的微型汽车等，若行驶年限(行驶公里)接近报废年限(公里)，则不宜用作出租汽车和车辆出租。

第5.10条规定：无厂牌车、拼装车和行驶年限(行驶公里)超过报废年限(公里)的车辆，严禁用于出租汽车运行和车辆出租运营。

第6.1条规定：微型客车、轻型客车应根据各地情况不同装置防劫车设施或报警装置。

第6.2条规定：出租汽车应配置灭火器材，并保持完好。

第 6.3 条规定:出租汽车的车厢应定期消毒,座套、枕套应定期换洗,确保车厢内清洁卫生。

第 6.4 条规定:出租汽车必须明码标价,车内应设置服务标志及乘车规则。

三、《出租汽车服务》

(一)概况

该标准于 2008 年 10 月 27 日发布,由中华人民共和国住房和城乡建设部提出并归口。该标准规定了出租汽车服务的术语和定义、服务方式、服务规范、服务设施、服务安全、服务评价等。

(二)相关的安全规定

第 4.1.1 条规定:服务组织(注:服务组织是指提供出租汽车客运服务的组织)应为乘客提供安全、快捷、舒适、文明和持续改进的服务。

第 4.1.3 条规定:服务组织应为乘客提供符合服务规范要求的车辆和服务设施。

第 4.1.5 条规定:服务组织应建立安全行车和治安防范制度,应为乘客提供必要的安全和乘车指导信息。

第 4.2.1 条规定:服务组织应具备安全、营运、车辆、劳动等管理体系,服务规范等规章制度,建立服务质量管理体系。

第 4.2.2 条规定:服务人员(注:服务人员是指在服务组织中,为乘客提供出租汽车服务的人员)上岗前应经过法制、职业道德、业务的岗位培训,并取得上岗资格,在岗人员应掌握本岗位业务技能,胜任本职工作。

第 4.2.3 条规定:服务组织应对驾驶员身体健康进行定期检查。

第 6.3.1 条规定:服务人员应持证上岗,证照齐全。服务证件放置在行业管理部门规定的位置。

第 6.3.11 条规定:乘客下车时,应提醒乘客开车门时注意行人、车辆安全。

第 6.4.1 条规定,服务组织应通过电讯网络提供 24h 租车服务和供车信息。调度员应在电话铃声响起 5 次内接听电话并回复。解释问题时做到内容准确、耐心。

第 6.4.2 条规定:驾驶员接受调度电话任务后,应准时到达乘客候车地点,超出预约时间乘客未出现时,应与调度员联系,经同意后方可离去。

第 6.4.3 条规定:驾驶员直接收到乘客求租电话时,应按约定的时间、地点提供服务。

第 6.6.1 条规定:运营中的出租汽车不应拒载、议价、绕路、甩客。

第 6.6.3 条规定:严禁将车辆交给无出租汽车从业资质的人员驾驶营运,不应驾驶无营运资质的车辆从事旅客运输。

第 7.2.2.1 条规定:必须取得当地公安部门核发的有效机动车牌照和行驶证。

第 7.2.2.2 条规定:运营车辆的各项技术指标应达到相应的国家标准。

第 7.2.2.3 条规定:应保持运营车辆技术状况良好,车辆的维护、检测、诊断应符合 GB/T 18344 的各项规定。

第 7.2.3.5 条规定:车辆年检审验合格证、车船使用费缴讫证、环保标志、经营权证、营运证,按行政管理部门要求摆放粘贴。

第 7.3 条规定:服务组织宜建立车辆调度中心,采用网络和调度电话进行调度。配置的电话线路接听席位应满足乘客及时要车的需要。

第 8.1.1 条规定:驾驶员应保证身体健康,并应定期体检。

第 8.1.2 条规定:管理部门、服务组织,应定期对驾驶员进行安全法规、规章制度、安全操作规程、职业道德的教育。

第 8.1.3 条规定:驾驶员严禁酒后驾车、疲劳驾车、带病驾车,行车途中不应接手机。应劝阻乘客提出的不利于安全行车的要求。

第 8.1.4 条规定:出省、市、县境或夜间去偏远、冷僻地区时,应向本单位和有关部门报告并办理相关手续。

第 8.1.5 条规定:载客时不应超过核定的载客人数,不应装载可燃、易爆等危险物品。

第 8.2.1 条规定:驾驶员应对车辆进行出车前、行车中、收车后的日常维护检查,保持车况良好。

第 8.2.2 条规定:车辆应配备适用的消防器材,应定期检查消防器材的有效日期。

第 8.2.3 条规定:车辆应安装防劫防盗装置。

第 8.2.4 条规定:应定期检查车况,车辆安全应符合 GB 7258 的有关规定。车辆内饰材料应符合 GB 8410 的规定。

第 8.3.1 条规定:一切问题的处置以乘客安全第一为原则,行驶中提醒乘客系好安全带。提醒乘客不要将头、手伸出车外。

第 8.3.2 条规定:乘客上下车时,车辆应与人行道平行停靠,并在右侧下车。在交通法规禁止上下乘客的地方,驾驶员应劝拒乘客上下车。

第 8.3.3 条规定:车内发生治安、刑事案件,应及时报警。

第 8.3.4 条规定:车辆发生火灾时,应立即停车,首先帮助乘客下车至安全区域,然后进行灭火。

第 8.3.5 条规定:乘客在交通事故中受伤时,服务组织应启动应急处理预案。

第 8.4.1 条规定:服务组织应建立乘客报失管理制度,公布报失途径,公布接待电话,对遗失物进行登记、保管,尽力寻找失主。

第 8.4.2 条规定:服务组织应在接到乘客遗失物查询电话后,及时与乘客对遗失物的查询进行沟通,在 72h 内,将遗失物查询情况答复乘客。

第 8.4.3 条规定:对涉嫌恶意侵占乘客财务的员工应依法处理。

第 9.1.2 条规定:服务组织应接受社会对服务的监督,设置服务监督机构,公布服务监督电话、通信地址,对乘客的投诉,48h 内调查处理,百分之百地回复。

第二十一章 企业安全管理概述

第一节 我国出租汽车企业经营模式

出租汽车企业的经营模式是指出租汽车企业采取何种形式进行经营，其实质是对经营企业和出租车驾驶员的责、权、利关系的描述。

一、经营模式分类

按照经营权、投资主体和管理权三方面进行分类，我国出租汽车行业现行的经营模式主要有：承包经营模式（租赁经营模式）、挂靠经营模式、个体经营模式和公车公营模式（直营模式）四种。

长期以来对出租汽车经营模式的分类存在着两个误区：①认为公司化经营等同于公车公营；②认为个人投资买车，公司将经营权承租给个人的承包模式是挂靠模式的一类。

误区一在于没有区分投资主体，公车公营模式的投资主体是公司；承包模式也是公司化经营，但其投资主体是个人，个人要么自己购买车辆，要么向公司交纳较高的风险抵押金，公司利用这部分钱贷款购车，并利用每月的承租费还贷，实际投资者仍是个人。

误区二在于未区分经营权的问题。挂靠模式是个体有经营权，将管理权挂靠在公司名下。承包模式，即使个人购买车辆，仍要通过承包方式取得经营权，并非将车辆挂靠于公司管理就能运营。

综上所述，承包模式投资主体是个人，而经营权和管理权属于公司；挂靠模式经营权、投资主体属于个人，而管理权属于公司；个体经营模式经营权、投资主体和管理权都属于个人；公车公营模式经营权、投资主体和管理权属于公司。

二、各种经营模式概述

1. 承包经营模式（租赁经营模式）

承包经营，即车辆产权、经营权均属出租汽车公司所有，或车辆产权属驾驶员所有，但经营权仍属于出租汽车公司，承租人通过承包租赁方式开展经营，并向出租汽车公司上缴承包费、经营使用费等费用（即通常所称的“车份钱”）。具体情况可以分为下面几种形式：

（1）由出租汽车公司出资购买出租车辆，进而无偿获得的特许经营权，与驾驶员签订相关合同，将车辆承包给驾驶员；驾驶员先缴纳一笔“风险抵押金”，然后按时间段向公司上交一定的承包金。在此模式下，出租汽车公司同时拥有产权和经营权，这种模式通常被称为全额风险承包。

（2）公司借转换经营体制之机，在不投资的情况下，利用车辆更新或续签合同，通过交纳高额“首期承包金”的方式把车辆的投资主体从驾驶员换成公司，产权和经营权都归公司所有,而车主作为车辆的真正购买者,却不享有产权,只通过交纳承包金获得营运权,这种模式通常被称为有限责任承包。

(3)公司首先通过竞价,以高价拍得出租汽车经营权,而后发包给驾驶员。公司投入全部购车费用,承包驾驶员承担的费用包括两部分:一是应先按合同缴纳一定的承包押金,二是交纳每月的费用,包括承包费、税费、规费和车辆检测费等。

(4)公司获得出租汽车经营权后租给驾驶员,由驾驶员全额出资购车,每月向公司缴纳各种税费。

2. 挂靠经营模式

挂靠经营,即车辆产权、经营权均归车主个人持有,但挂靠在出租汽车公司名下。车主定期向挂靠公司缴纳一定的服务费,出租汽车公司主要为车主提供代缴各种税费、组织相关培训、协助开展车辆年检等服务。在这种模式下,驾驶员与公司形成了挂靠关系,公司基本无偿获得政府的特许经营权,驾驶员全额投资购车或购买公司加价转卖的车辆后再拿到公司的经营权运营。在经营期内,驾驶员拥有车辆产权,一切经营费用都由驾驶员自己打理,并按月向公司和国家上交管理费和各项税收。

3. 个体经营模式

个体经营即车辆产权、经营权均归车主个人持有,车主以个体为单位开展运营,并按规定缴纳各种规费。其表现为自主经营,自负盈亏。在个体经营模式下,经营权、产权、运营权相对统一,与出租汽车交通的流动性和提供服务的独立性的特点相适应,坚持了让利于民的原则,保护了驾驶员的合法权益,并为出租汽车行业带来了公平和效率。

出租汽车个体经营模式可分为以下两种形式:

(1)原来出租汽车经营权指标行政审批制下的一次性买断经营。驾驶员以高价一次性从出租汽车公司那里买下车辆的所有权和经营权。每月向公司交纳少量管理费和其他各种规费、税费、保险费等。

(2)通过公开拍卖新增出租车经营权指标和以低于市场价的价格把指标出售给车主个人,实现驾驶员对出租汽车的产权和经营权的统一。

4. 公车公营模式

1)公车公营模式概述

公车公营是沿用了计划经济体制下国营公共交通企业的一个专用名词,但它与计划经济下的“国营”概念没有任何关系,与市场经济下的“国营”概念也没有必然联系。本文的公车公营是指出租汽车行业的一种经营模式,在这种经营模式下,出租汽车公司与出租车驾驶员之间的关系是劳动雇佣关系,双方签订劳动用工合同,驾驶员的收入按任务定额和服务质量等各项指标考核后确定,驾驶员严格按照企业的管理制度进行营运。作为出租汽车行业经营模式的一种,公车公营模式定义为:以管理人的人性假设为理论基础,在公车公营的经营模式下,对驾驶员实施制度管理和人本管理的一整套管理操作系统。公车公营模式车辆产权、经营权、投资主体和管理权都属于公司。公车公营模式的核心思想是“人+制度”。公车公营模式认为人(驾驶员)是公司中最重要的资源,是公司管理之本,制度是公司管理之法,人使公司能够存在,制度能使公司发展壮大。人和制度是公司两把永恒的管理利剑,企业中的一切管理矛盾源于人和制度,只有在完善的制度体系中才能真正做到尊重人性,才能真正解决人与制度的矛盾。

2)公车公营模式的特征

(1)公车公营模式最典型、最根本的特征就是"员工式管理"。出租汽车驾驶员与出租车公司所签订的是劳动用工合同,驾驶员和公司之间是雇佣关系,出租汽车驾驶员是公司的真正员工,他(她)不需要在公司投资,营运中所需的车辆及其经营权等都是公司投资购买,车辆的维修、加油、交通事故处理、投诉处理、收车检车等都是公司统一办理,驾驶员只需遵守公司有关管理制度,为广大乘客提供优质服务,按照公司的各项考核指标完成任务定额、领取劳动报酬,对违反公司有关管理制度的驾驶员照章处罚直至解聘。

(2)出租汽车公司与驾驶员之间的利益是一致的,这是显而易见的关系。

(3)出租汽车公司与驾驶员双方都有为乘客提供优质服务的动力。

(4)出租汽车公司之间竞争激烈。公车公营模式迫使公司为保证自身利益而展开竞争,努力提高服务质量,创名牌企业,否则将会失掉经营权、失掉消费者、失掉好的驾驶员、失掉经济效益。

第二节 出租汽车经营资质要求

出租汽车是城市公共交通的重要组成部分。出租汽车的发展,应当与城市建设和城市经济、社会发展水平相适应,并与其他公共交通客运方式相协调。出租汽车的发展规划和计划,由城市交通主管部门会同有关部门编制,纳入城市总体规划,报当地人民政府批准后实施。

我国对出租汽车经营实行审批制度。由国务院交通主管部门负责全国的城市出租汽车管理工作;县级以上地方人民政府城市交通部门负责本行政区域内出租汽车的管理工作;出租汽车的具体管理工作可以委托客运管理机构负责。

一、经营者资质

(一)出租汽车企业应具备的条件

(1)有符合规定要求的客运车辆和相应的资金;

(2)有符合规定要求的经营场所;

(3)有符合规定要求的管理人员和驾驶员;

(4)有与经营方式相配套的经营管理制度;

(5)有独立承担民事责任的能力;

(6)符合其他有关规定的条件。

(二)出租汽车个体工商户应具备的条件

(1)有符合规定要求的客运车辆和相应的资金;

(2)有符合规定要求的停车场地;

(3)符合其他有关规定的条件。

二、出租汽车经营许可申请

(1)书面申请;

(2)经营方案及可行性报告;

(3)资信证明;

(4)经营管理制度;

(5)有关经营场地、场所的文件和资料;

(6)符合其他有关规定的文件。

经核准允许的经营者,应当持客运管理机构核发的许可凭证,向有关部门办理营业执照、税务登记,车辆牌照等手续。

出租汽车经营的企业和个体工商户只有取得经营资格证书、车辆营运证和驾驶员客运资格证件后方可营业。

三、停业条件

出租汽车经营者要求停业,须提前一个月向原审批机关提出申请,经批准并缴销其经营许可证、营业执照、营运证以及未使用的票据后,方可停业。

第三节　出租汽车企业安全管理与责任制度

一、安全管理制度

出租汽车企业安全管理制度是指企业依据国家有关法律法规、国家和行业标准,结合生产、经营的安全生产实际,以企业名义起草颁布的有关安全生产的规范性文件。

出租汽车企业的安全管理制度主要包括:

1. 安全生产管理目标、指标和总体原则

应包括:企业安全生产的具体目标、指标,明确安全生产的管理原则、责任,明确安全生产管理的体制、机制、组织机构,安全生产风险防范、控制的主要措施,日常安全生产监督管理的重点工作等内容。

2. 安全生产责任制度

应包括:企业各级领导、各职能部门、管理人员及各生产岗位的安全生产责任权利和义务等内容。

3. 安全管理定期例行工作制度

应包括:企业定期安全分析会议、定期安全学习制度、定期安全活动、定期安全检查。

4. 承包和发包工程安全管理制度

应包括:企业承包和发包工程的条件、相关资质审查、各方的安全责任、安全生产管理协议、施工安全的组织措施和技术措施、现场的安全检查与协调等内容。

5. 安全措施和费用管理制度

应包括:企业安全措施的日常维护、管理;明确安全生产费用保障;根据国家、行业新的安全生产管理要求或季节特点,以及生产、经营情况等发生变化后,生产经营单位临时采取的安全措施及费用来源等。

6. 重大危险源管理制度

应包括:重大危险源登记建档、进行定期检测、评估、监控,相应的应急预案管理;上报有关地方人民政府负责安全生产监督管理的部门和有关部门备案内容及管理。

7. 隐患排查和治理制度

应包括：应排查的设备、设施、场所的名称，排查周期、人员、排查标准；发现问题的处置程序、跟踪管理等内容。

8. 事故调查报告处理制度

应包括：企业内部事故标准、报告程序、现场应急处置、现场保护、资料收集、相关当事人调查、技术分析、调查报告编制等；还应包括向上级主管部门报告事故的流程、内容等。

9. 消防管理制度

应包括：企业消防安全管理制度的原则、组织机构、日常管理、现场应急处置原则、程序；消防设施、器材的配置、维护更换、定期试验；定期防火检查、防火演练等内容。

10. 应急管理制度

应包括：企业的应急管理部门，预案的制订、发布、演练、修订和培训等；明确总体预案，专项预案和现场预案等内容。

11. 安全奖惩制度

应包括：企业安全奖惩的原则，奖励或处分的种类、额度等内容。

12. 安全教育培训制度

应包括：企业各级领导人员安全管理知识培训、新员工三级教育培训、转岗培训，新材料、新工艺、新设备使用培训，岗位安全操作规程培训，应急培训等内容。还应明确各项培训的对象、内容、时间及考核标准等。

13. 劳动防护用品发放使用和管理制度

应包括：企业劳动防护用品的种类、使用范围、领取程序、使用前检查标准、用品寿命周期等内容。

14. 安全工器具的使用管理制度

应包括：企业安全工器具的种类、使用前检查标准、定期检验、用品寿命周期等内容。

15. 岗位安全规范

应包括：保障作业岗位人身安全、健康，预防劫持、火灾等事故的一般安全要求。

16. 职业健康检查制度

应包括：企业职业禁忌的岗位名称、职业禁忌症，定期健康检查的内容、标准等，女工保护以及按照《职业病防治法》要求的相关内容等。

17. 现场作业安全管理制度

应包括：现场作业的组织管理制度，如调度、服务管理、违章管理等内容。

18. 定期巡视检查制度

应包括：企业所有设备、设施的种类、名称、数量，日常检查的责任人员，检查周期、标准，发现问题的处置等内容。

19. 定期维护检修制度

应包括：企业所有设备、设施的维护周期、维护范围、维护标准等内容。

20. 定期检测、检验制度

应包括：企业须进行定期检测的设备种类、名称、数量；有权进行检测的部门或人员；检测的标准及检测结果管理;安全使用证或者安全标志的取得和管理等内容。

21. 安全操作规程

应包括:企业涉及的电气、车辆等设备、装置的安全操作规程。

22. 安全标志管理制度

应包括:企业现场安全标志的种类、名称、数量;安全标志的定期检查、维护等内容。

当然,企业的所有制形式、组织形式、生产过程存在的危险、有害因素各不相同,上述的安全制度是原则性和指导性的,其中每个制度又可以分解成若干个制度分别制定。但是,只要每个制度能够做到目的明确、流程清晰、责任明确、标准明确,就能够用于规范管理或作业行为,就是一个好的安全规章制度。每个企业都应认真策划,建立起严密、完整、有效的安全规章制度体系,并按照体系的运行管理生产、经营过程的安全工作,企业的安全生产工作就有了基本保障。

二、安全责任制度

保护从业人员的安全和健康是企业管理人员的重要责任。《安全生产法》对安全生产责任进行了明确规定。落实安全生产责任制是安全生产管理的重要内容。

建立一个完善的安全生产责任制的总要求:横向到边、纵向到底,并由企业的主要负责人牵头组织建立。

安全生产责任制的内容应包括下列两方面:

一是纵向方面,即从上到下所有类型人员的安全生产职责。在建立责任制时,可首先将企业从主要负责人一直到岗位工人分成相应的层级;然后结合企业的实际工作,对不同层级的人员在安全生产中应承担的职责作出规定。

二是横向方面,即各职能部门的安全生产职责。在建立责任制时,可按照企业职能部门的设置,分别对其在安全生产中应承担的职责作出规定。

企业在建立安全生产责任制时,在纵向方面至少应包括下列几类人员。

(一)企业主要负责人

企业的主要负责人是企业安全生产的第一责任者,对安全生产工作全面负责。《安全生产法》第十七条将其职责规定为:

(1)建立、健全本单位安全生产责任制;

(2)组织制订本单位安全生产规章制度和操作规程;

(3)保证本单位安全生产投入的有效实施;

(4)督促、检查本单位的安全生产工作,及时消除生产安全事故隐患;

(5)组织制订并实施本单位的生产安全事故应急救援预案;

(6)及时、如实报告生产安全事故。

具体出租汽车企业可根据上述6个方面,并结合本单位的实际情况对主要负责人的职责作出具体规定。

(二)企业其他负责人

企业其他负责人的职责是协助主要负责人搞好安全生产工作。不同的负责人分管的工作不同,应根据其具体分管工作,对其在安全生产方面应承担的具体职责作出规定。

（三）企业各职能部门负责人及其工作人员

各职能部门都会涉及安全生产职责，需根据各部门职责分工作出具体规定。各职能部门负责人的职责是按照本部门的安全生产职责，组织有关人员做好本部门安全生产责任制的落实，并对本部门职责范围内的安全生产工作负责；各职能部门的工作人员则是在本人职责范围内做好有关安全生产，并对自己职责范围内的安全生产工作负责。

（四）车队队长、车间主任

车队队长、车间主任是本车队、车间安全生产第一责任人，对车队、车间的安全生产工作负全面的领导责任。车队队长、车间主任的主要职责是贯彻执行国家安全生产方针、政策和企业有关安全生产的指示、规章制度，搞好文明生产，贯彻安全生产"五同时"原则。组织落实对车队、车间职工的安全生产教育培训工作，组织落实新职工的安全教育，提高全员安全生产意识和自我保护意识。组织落实安全生产检查工作，消除隐患，严查"三违"（违章指挥，违章操作、违反劳动纪律）现象。

（五）班组长

班组是搞好企业安全生产工作的关键。班组长全面负责本班组的安全生产工作，是安全生产法律、法规和规章制度的直接执行则。班组长的主要职责是贯彻执行本单位对安全生产的规定和要求，督促本班组的工人遵守有关安全生产规章制度和安全操作规程，切实做到不违章指挥，不违章作业，遵守劳动纪律。

（六）从业人员

从业人员对本岗位的安全生产负直接责任。从业人员的主要职责是要接受安全生产教育和培训，遵守有关安全生产规章和安全操作规程，遵守劳动纪律，不违章作业。

第四节　出租汽车企业应急预案体系

应急管理是一项系统工程，出租汽车企业应结合本单位的实际情况，从股份公司、分公司、各职能部门到车间、车队、班组、岗位分别制订相应的应急预案，形成体系，互相衔接，并按照统一领导、分级负责、条块结合、属地为主的原则，同地方人民政府和相关部门应急预案相衔接。

一、基本要求

《生产经营单位安全生产事故应急预案编制导则》（AQ/T 9002—2006）规定了生产经营单位编制安全生产事故应急预案（以下简称应急预案）的程序、内容和要素等基本要求。

（一）应急预案的编制

1. 编制准备

编制应急预案应做好以下准备工作：

（1）全面分析本单位危险因素、可能发生的事故类型及事故的危害程度；

（2）排查事故隐患的种类、数量和分布情况，并在隐患治理的基础上，预测可能发生的事故类型及其危害程度；

（3）确定事故危险源，进行风险评估；

(4)针对事故危险源和存在的问题，确定相应的防范措施；

(5)客观评价本单位应急能力；

(6)充分借鉴国内外同行业事故教训及应急工作经验。

2. 编制程序

1)成立应急预案编制工作组

结合本单位或部门职能分工，成立以单位主要负责人为领导的应急预案编制工作组，明确编制任务、职责分工，制订工作计划。

2)资料搜集

搜集应急预案编制所需的各种资料（相关法律法规、应急预案、技术标准、国内外同行业事故案例分析、本单位技术资料等）。

3)危险源与风险分析

在危险因素分析及事故隐患排查、治理的基础上，确定本单位的危险源、可能发生事故的类型和后果，进行事故风险分析，并指出事故可能产生的次生、衍生事故，形成分析报告，分析结果作为应急预案的编制依据。

4)应急能力评估

对本单位应急装备、应急队伍等应急能力进行评估，并结合本单位实际，加强应急能力建设。

5)应急预案编制

针对可能发生的事故，按照有关规定和要求编制应急预案。应急预案编制过程中，应注重全体人员的参与和培训，使所有与事故有关人员均掌握危险源的危险性、应急处置方案和技能。应急预案应充分利用社会应急资源，与地方政府预案、上级主管单位以及相关部门的预案相衔接。

6)应急预案评审与发布

应急预案编制完成后，应进行评审。评审由本单位主要负责人组织有关部门和人员进行。外部评审由上级主管部门或地方政府负责安全管理的部门组织审查。评审后，按规定报有关部门备案，并经生产经营单位主要负责人签署发布。

(二)应急预案体系的构成

应急预案应形成体系，针对各级各类可能发生的事故和所有危险源制订专项应急预案和现场应急处置方案，并明确事前、事发、事中、事后的各个过程中相关部门和有关人员的职责。生产规模小、危险因素少的生产经营单位，综合应急预案和专项应急预案可以合并编写。

1. 综合应急预案

综合应急预案是从总体上阐述处理事故的应急方针、政策，应急组织结构及相关应急职责，应急行动、措施和保障等基本要求和程序，是应对各类事故的综合性文件。

2. 专项应急预案

专项应急预案是针对具体的事故类别、危险源和应急保障而制订的计划或方案，是综合应急预案的组成部分，应按照综合应急预案的程序和要求组织制订，并作为综合应急预案的附件。专项应急预案应制订明确的救援程序和具体的应急救援措施。

3.现场处置方案

现场处置方案是针对具体的装置、场所或设施、岗位所制订的应急处置措施。现场处置方案应具体、简单、针对性强。现场处置方案应根据风险评估及危险性控制措施逐一编制，做到事故相关人员应知应会，熟练掌握，并通过应急演练，做到反应迅速、处置正确。

(三)综合应急预案的主要内容

1.总则

1)编制目的

简述应急预案编制的目的、作用等。

2)编制依据

简述应急预案编制所依据的法律法规、规章，以及有关行业管理规定、技术规范和标准等。

3)适用范围

说明应急预案适用的区域范围，事故的类型、级别。

4)应急预案体系

说明本单位应急预案体系的构成情况。

5)应急工作原则

说明本单位应急工作的原则，内容应简明扼要、明确具体。

2.生产经营单位的危险性分析

1)生产经营单位概况

主要包括单位地址、从业人数、隶属关系、主要原材料、主要产品、产量等内容，以及周边重大危险源、重要设施、目标、场所和周边布局情况。必要时，可附平面图进行说明。

2)危险源与风险分析

主要阐述本单位存在的危险源及风险分析结果。

3.组织机构及职责

1)应急组织体系

明确应急组织形式，构成单位或人员，并尽可能以结构图的形式表示出来。

2)指挥机构及职责

明确应急救援指挥机构总指挥、副总指挥、各成员单位及其相应职责。应急救援指挥机构根据事故类型和应急工作需要，可以设置相应的应急救援工作小组，并明确各小组的工作任务及职责。

4.预防与预警

1)危险源监控

明确本单位对危险源监测监控的方式、方法，应采取的预防措施。

2)预警行动

明确事故预警的条件、方式、方法和信息的发布程序。

3)信息报告与处置

按照有关规定，明确事故及未遂伤亡事故信息报告与处置办法。

(1)信息报告与通知。明确24小时应急值守电话、事故信息接收和通报程序。

(2)信息上报。明确事故发生后向上级主管部门和地方人民政府报告事故信息的流程、内容和时限。

(3)信息传递。明确事故发生后向有关部门或单位通报事故信息的方法和程序。

5.应急响应

1)响应分级

针对事故危害程度、影响范围和单位控制事态的能力,将事故分为不同的等级。按照分级负责的原则,明确应急响应级别。

2)响应程序

根据事故的大小和发展态势,明确应急指挥、应急行动、资源调配、应急避险、扩大应急等响应程序。

3)应急结束

明确应急终止的条件。事故现场得以控制,环境符合有关标准,导致次生、衍生事故隐患消除后,经事故现场应急指挥机构批准后,现场应急结束。应急结束后,应明确:

(1)事故情况上报事项;

(2)需向事故调查处理小组移交的相关事项;

(3)事故应急救援工作总结报告。

6.信息发布

明确事故信息发布的部门和发布原则。事故信息应由事故现场指挥部及时准确向新闻媒体通报事故信息。

7.后期处置

主要包括污染物处理、事故后果影响消除、生产秩序恢复、善后赔偿、抢险过程和应急救援能力评估及应急预案的修订等内容。

8.保障措施

1)通信与信息保障

明确与应急工作相关联的单位或人员通信联系方式和方法,并提供备用方案。建立信息通信系统及维护方案,确保应急期间信息通畅。

2)应急队伍保障

明确各类应急响应的人力资源,包括专业应急队伍、兼职应急队伍的组织与保障方案。

3)应急物资和装备保障

明确应急救援需要使用的应急物资和装备的类型、数量、性能、存放位置、管理责任人及其联系方式等内容。

4)应急专项经费保障

明确应急专项经费来源、使用范围、数量和监督管理措施,保障应急状态时生产经营单位应急经费的及时到位。

5)其他保障

根据本单位应急工作需求而确定的其他相关保障措施(如交通运输保障、治安保障、技术保障、医疗保障、后勤保障等)。

9. 培训与演练

1）培训

明确对本单位人员开展的应急培训计划、方式和要求。如果预案涉及社区和居民，要做好宣传教育和告知等工作。

2）演练

明确应急演练的规模、方式、频次、范围、内容、组织、评估、总结等内容。

10. 奖惩

明确事故应急救援工作中奖励和处罚的条件和内容。

11. 附则

1）术语和定义

对应急预案涉及的一些术语进行定义。

2）应急预案备案

明确本应急预案的报备部门。

3）维护和更新

明确应急预案维护和更新的基本要求，定期进行评审，实现可持续改进。

4）制订与解释

明确应急预案负责制订与解释的部门。

5）应急预案实施

明确应急预案实施的具体时间。

（四）专项应急预案的主要内容

1. 事故类型和危害程度分析

在危险源评估的基础上，对其可能发生的事故类型和可能发生的季节及其严重程度进行确定。

2. 应急处置基本原则

明确应急处置安全生产事故应当遵循的基本原则。

3. 组织机构及职责

1）应急组织体系

明确应急组织形式、构成单位或人员，并尽可能以结构图的形式表示出来。

2）指挥机构及职责

根据事故类型，明确应急救援指挥机构总指挥、副总指挥以及各成员单位或人员的具体职责。应急救援指挥机构可以设置相应的应急救援工作小组，明确各小组的工作任务及主要负责人职责。

4. 预防与预警

1）危险源监控

明确本单位对危险源监测监控的方式、方法，应采取的预防措施。

2）预警行动

明确具体事故预警的条件、方式、方法和信息的发布程序。

5. 信息报告程序

信息报程程序主要包括：

(1)确定报警系统及程序;

(2)确定现场报警方式,如电话、警报器等;

(3)确定24小时与相关部门的通信、联络方式;

(4)明确相互认可的通告、报警形式和内容;

(5)明确应急反应人员向外求援的方式。

6. 应急处置

1)响应分级

针对事故危害程度、影响范围和单位控制事态的能力,将事故分为不同的等级。按照分级负责的原则,明确应急响应级别。

2)响应程序

根据事故的大小和发展态势,明确应急指挥、应急行动、资源调配、应急避险、扩大应急等响应程序。

3)处置措施

针对本单位事故类别和可能发生的事故特点、危险性,制订的应急处置措施。

7. 应急物资与装备保障

明确应急处置所需的物质与装备数量、管理和维护、正确使用等。

(五)现场处置方案的主要内容

1. 事故特征

事故特征主要包括:

(1)危险性分析,可能发生的事故类型;

(2)事故发生的区域、地点或装置的名称;

(3)事故可能发生的季节和造成的危害程度;

(4)事故发生前可能出现的征兆。

2. 应急组织与职责

主要包括:

(1)基层单位应急自救组织形式及人员构成情况;

(2)应急自救组织机构、人员的具体职责,应同单位或车间、班组人员工作职责紧密结合,明确相关岗位和人员的应急工作职责。

3. 应急处置

主要包括以下内容:

(1)事故应急处置程序。根据可能发生的事故类别及现场情况,明确事故报警、各项应急措施启动、应急救护人员的引导、事故扩大及同企业应急预案的衔接的程序。

(2)现场应急处置措施。针对可能发生的火灾、爆炸、危险化学品泄漏、坍塌、水患、机动车辆伤害等,从操作措施、工艺流程、现场处置、事故控制,人员救护、消防、现场恢复等方面制订明确的应急处置措施。

(3)报警电话及上级管理部门、相关应急救援单位联络方式和联系人员,事故报告的基本要求和内容。

4. 注意事项

主要包括:

(1)佩戴个人防护器具方面的注意事项；
(2)使用抢险救援器材方面的注意事项；
(3)采取救援对策或措施方面的注意事项；
(4)现场自救和互救注意事项；
(5)现场应急处置能力确认和人员安全防护等事项；
(6)应急救援结束后的注意事项；
(7)其他需要特别警示的事项。

(六)附件

1. 有关应急部门、机构或人员的联系方式

列出应急工作中需要联系的部门、机构或人员的多种联系方式,并不断进行更新。

2. 重要物资和装备的名录或清单

列出应急预案涉及的重要物资和装备名称、型号、存放地点、保管人员和联系电话等。

3. 规范化格式文本

信息接收、处理、上报等规范化格式文本。

4. 关键的路线、标志和图纸

主要包括:

(1)警报系统分布及覆盖范围；
(2)重要防护目标一览表和分布图；
(3)应急救援指挥位置及救援队伍行动路线；
(4)疏散路线、重要地点等标志；
(5)相关平面布置图纸、救援力量的分布图纸等。

5. 相关应急预案名录

列出直接与本应急预案相关的或相衔接的应急预案名称。

6. 有关协议或备忘录

与相关应急救援部门签订的应急支援协议或备忘录。

(七)应急预案编制格式和要求

1. 封面

应急预案封面主要包括应急预案编号、应急预案版本号、生产经营单位名称、应急预案名称、编制单位名称、颁布日期等内容。

2. 批准页

应急预案必须经发布单位主要负责人批准方可发布。

3. 目次

应急预案应设置目次,目次中所列的内容及次序如下:

——批准页；
——章的编号、标题；
——带有标题的条的编号、标题(需要时列出)；
——附件,用序号表明其顺序。

4. 印刷与装订

应急预案采用A4纸版面印刷,活页装订。

二、出租汽车企业应急预案体系编制

出租汽车企业应结合本单位的组织体系、管理模式、风险种类以及生产规模等特点，对上述基本要求中应急预案框架结构等要素进行调整，编制本单位的应急预案体系。出租汽车企业应急预案体系一般包括综合应急预案、专项应急预案和现场处置方案。

出租汽车企业综合应急预案应当包括本单位的应急组织机构及其职责、预案体系及响应程序、事故预防及应急保障、应急培训及预案演练等主要内容。

出租汽车企业专项应急预案应当包括危险性分析、可能发生的事故特征、应急组织机构与职责、预防措施、应急处置程序和应急保障等内容。

出租汽车企业专项应急预案一般包括停车场突发事件预案、内保突发事件预案、交通事故应急预案、火灾事故应急预案、机械事故应急预案、压力容器事故应急预案、自然灾害事故应急预案、运营应急保障预案、防汛工作应急预案、突发性群体上访应急工作预案等。

出租汽车企业现场处置方案应当包括危险性分析、可能发生的事故特征、应急处置程序、应急处置要点和注意事项等内容。

出租汽车企业编制的综合应急预案、专项应急预案和现场处置方案之间应当相互衔接，并与所涉及的其他单位的应急预案相互衔接。

出租汽车企业应急预案应当包括应急组织机构和人员的联系方式、应急物资储备清单等附件信息。附件信息应当经常更新，确保信息准确有效。

第五节　出租汽车企业安全管理机构

企业的安全生产管理必须有组织上的保障，否则安全生产管理工作就无从谈起。所谓组织保障主要包括两方面：一是安全生产管理机构的保障；二是安全生产管理人员的保障。

安全生产管理机构是指企业中专门负责安全生产监督管理的内设机构。安全生产管理人员是指在企业从事安全生产管理工作的专职或兼职人员。在企业专门从事安全生产管理工作的人员则是专职安全生产管理人员。在企业既承担其他工作职责，同时又承担安全生产管理职责的人员则为兼职安全生产管理人员。安全生产管理机构和安全生产管理人员的作用是落实国家有关安全生产的法律法规，组织企业内部各种安全检查活动，负责日常安全检查，及时整改各种事故隐患，监督安全生产责任制的落实等。

《安全生产法》第十九条对企业安全生产管理机构的设置和安全生产管理人员的配备原则作出了明确规定："矿山、建筑施工单位和危险物品的生产、经营、储存单位，应当设置安全生产管理机构或者配备专职安全生产管理人员。前款规定以外的其他生产经营单位，从业人员超过300人的，应当设置安全生产管理机构或者配备专职安全生产管理人员；从业人员在300人以下的，应当配备专职或者兼职的安全生产管理人员，或者委托具有国家规定的相关专业技术资格的工程技术人员提供安全生产管理服务。"

一、出租汽车企业安全管理机构的设置要求

根据《安全生产法》第十九条规定，出租汽车企业安全生产管理机构的设置应满足如下要求：

(1)从业人员超过300人的出租汽车企业，可以设置也可以不设置安全生产管理机构。具体是否设置安全生产管理机构应根据企业危险性的大小、从业人员的多少、生产经营规模的大小等因素确定。

(2)从业人员在300人以下的出租汽车企业，可以不设置安全生产管理机构，具体是否设置可由企业根据实际情况自行确定。

二、出租汽车企业安全生产管理人员的配备要求

根据《安全生产法》第十九条规定，出租汽车企业安全生产管理人员的配备应满足如下要求：

(1)从业人员超过300人的出租汽车企业，必须配备专职的安全生产管理人员。

(2)从业人员在300人以下的出租汽车企业，可以配备专职的安全生产管理人员，也可以只配备兼职的安全生产管理人员，还可以委托具有国家规定的相关专业技术资格的工程技术人员提供安全生产管理服务。

第六节　出租汽车企业安全资金投入与科技创新

一、出租汽车企业安全资金投入

(一)法律依据与责任主体

保证必要的安全资金投入是实现安全生产的重要基础。《安全生产法》第十八条规定，生产经营单位应当具备安全生产条件所必需的资金投入。生产经营单位必须投入适当的安全资金，用于改善安全设施，进行安全教育培训，更新安全技术装备、器材、仪器、仪表以及其他安全生产设备及设施，以保证生产经营单位达到法律、法规、标准规定的安全生产条件，并对由于安全生产所必需的资金投入不足导致的后果承担相应责任。

安全生产投入资金具体由谁来保证，应根据企业的性质而定。一般来说，股份制企业、合资企业等安全生产投入资金由董事会予以保证；一般国有企业由厂长或者经理予以保证；个体工商户等个体经济组织由投资人予以保证。上述保证人承担由于安全生产所必需的资金投入不足而导致事故后果的法律责任。

企业安全资金投入是一项长期性的工作，安全生产设施的投入必须有一个治本的总体规划，有计划、有步骤、有重点地进行，要克服盲目无序投入的现象。因此，企业切实加强安全资金投入的管理，要制订安全生产费用提取和使用计划，并纳入企业全面预算。

(二)安全资金投入的使用

出租汽车企业安全资金投入主要用于以下方面：

(1)停车场地维护；

(2)车辆的定期维护以及定期技术等级鉴定;

(3)增设和更新安全设备、器材、装备等以及这些安全设备的日常维护;

(4)重大安全生产课题的研究;

(5)职工的安全生产教育和培训;

(6)按照国家标准为员工配备劳动保护用品和设施;

(7)按照国家标准为员工参加工伤保险,为旅客投保承运人责任险;

(8)其他有关预防事故发生的安全技术措施费用,如用于制订安全生产事故应急救援预案以及演练等。

(三)违反行为行政处罚

国家安全生产监督管理总局发布的《安全生产违法行为行政处罚办法》(国家安全生产监督管理总局令第15号)对安全生产投入的行政处罚作出了明确规定:生产经营单位的决策机构、主要负责人、个人经营的投资人(包括实际控制人,下同)未依法保证下列安全生产所必需的资金投入,致使生产经营单位不具备安全生产条件的,责令限期改正,提供必需的资金,并可以对生产经营单位处1万元以上3万元以下罚款,对生产经营单位的主要负责人、个人经营的投资人处5000元以上1万元以下罚款;逾期未改正的,责令生产经营单位停产停业整顿:

(1)未按规定缴存和使用安全生产风险抵押金的;

(2)未按规定足额提取和使用安全生产费用的;

(3)国家规定的其他安全生产所必需的资金投入。

生产经营单位主要负责人、个人经营的投资人有前款违法行为,导致发生生产安全事故的,依照《生产安全事故报告和调查处理条例》的规定给予处罚。

二、出租汽车企业科技创新

(一)基本要求

为加强城市出租汽车管理,提高出租汽车服务质量,保障乘客、用户和出租汽车经营企业、个体工商户及其从业人员的合法权益,促进城市客运交通事业的发展。原中华人民共和国交通部1990年第13号令发布了《汽车运输业车辆技术管理规定》,原中华人民共和国建设部、公安部1997年第63号令发布了《城市出租汽车管理办法》,2008年颁布了国家标准《出租汽车服务》(GB/T 22485—2008)等均对出租汽车企业科技创新及信息化建设做了相关规定。

1.《汽车运输业车辆技术管理规定》相关要求

第四条规定:车辆技术管理应依靠科技进步,采取现代化管理方法,建立车辆质量监控体系,推广检测诊断和计算机应用等先进技术,开展多种形式的职工教育和专业培训,提高车辆管理水平和技术水平。

第九条规定:运输单位车辆技术管理的主要职责:

(1)推广现代化管理方法,应用新技术、新工艺和新材料;

(2)组织职工安全、法制教育和专业技术培训,提高职工素质;

(3)开展各种群众性爱车、节油、节胎等专业技术竞赛活动,总结推广先进经验。

2.《城市出租汽车管理办法》相关要求

第六条规定:国家鼓励和支持出租汽车行业的科学技术研究、推广和有计划地引进先进技术和设备,提高出租汽车管理科学技术水平。

3.《出租汽车服务》相关要求

第7.2.4.2条规定:营运车辆宜安装车载定位系统、无线电通信设施和车辆行动动态信息收集系统。

第7.3条规定:出租汽车企业宜建立车辆调度中心、采用网络调度电话进行调度。

(二)出租汽车企业科技创新与信息化

为落实相关法律法规、标准、规范的相关要求,出租汽车企业应从以下几个方面加强本单位的科技创新及信息化建设工作。

(1)企业在设备设施等选型方面,应优先考虑技术先进、安全性能可靠的设备设施等。

(2)企业可根据需要或自身情况,在运营管理、车辆性能、安全设备设施等方面,组织开展安全生产科技攻关或课题研究。

(3)企业可根据自身需要,建设相关的管理系统或平台,一般包括驾驶员信息、车辆信息、车辆违章信息、车辆调度、车辆定位以及车内视频等管理功能。

(4)企业可根据自身发展的需要,广泛采用先进科技手段,比如建立完善的企业管理信息系统或平台等,提升自身的安全管理水平。

(5)为提高企业运营调度效率,提高服务质量,企业应结合自身特点,建立科学的运营组织及调度系统,并加强系统的运行维护,保证系统稳定可靠运行。

(6)企业应对车辆进行实时动态监控,并进行规范化管理,建立相关制度,安排专人负责相关工作,实现对驾驶员安全驾驶行为以及车辆行驶路线的实时监控,以保证车辆的安全运行。

(7)由于企业所辖车辆较多,但靠人为管理,很难保证所有车辆能够及时地得到维修,也极易导致车辆相关记录不全或缺失,因此企业有必要引进先进的信息化管理手段,对车辆的相关信息进行系统化、自动化管理,从而保证所有车辆都能及时得到维修,使其安全性能符合要求。

(8)企业应保证其信息管理系统里的相关信息准确无误,并在企业情况发生变化的时候,能够及时更新相关信息,这样才能充分发挥信息系统的作用,提高运营管理水平。

(9)为及时发现车辆本体的缺陷以及驾驶员的不安全行为,企业需要对运营中的车辆及驾驶员的动态情况进行实时监控,并对采集到的不安全因素及时地进行统计分析,预测可能带来的不安全状态,以便对确定的不安全因素及时进行处理,消除安全隐患,保证运营安全。

(10)企业应对发现的危险性大的安全隐患及时地进行整改,根据违规情节严重程度,对相应的责任人进行处理,如批评教育或禁驾等,并记录违法违规驾驶员信息,至少保存3年时间。

(11)为便于相关信息的统计分析,用于指导企业的安全生产管理工作,企业应建立动态监控工作台账,并归档保存。

第七节　出租汽车企业安全教育与文化建设

一、出租汽车企业安全教育

(一)安全教育的基本要求

安全教育培训工作是贯彻"安全第一、预防为主、综合治理"安全生产方针,实现安全生产和文明生产,提高员工安全意思和安全素质,防止产生不安全行为,减少人为失误的重要途径。进行安全生产教育,首先要提高生产经营单位管理者及员工的安全生产责任感和自觉性,认真学习有关安全生产的法律、法规和安全生产基本知识;其次是普及和提高员工的安全技术知识,增强安全操作技能,强化安全意识,从而保护自己和他人的安全与健康。

《安全生产法》对安全生产教育培训作出了明确规定:

第二十条规定:生产经营单位的主要负责人和安全生产管理人员必须具备与本单位所从事的生产经营活动相应的安全生产知识和管理能力。

第二十一条规定:生产经营单位应当对从业人员进行安全生产教育和培训,保证从业人员具备必要的安全生产知识,熟悉有关的安全生产规章制度和安全操作规程,掌握本岗位的安全操作技能。未经安全生产教育和培训合格的从业人员,不得上岗作业。

第二十二条规定:生产经营单位采用新工艺、新技术、新材料或者使用新设备,必须了解、掌握其安全技术特性,采取有效的安全防护措施,并对从业人员进行专门的安全生产教育和培训。

第三十六条规定:生产经营单位应当教育和督促从业人员严格执行本单位的安全生产规章制度和安全操作规程;并向从业人员如实告知作业场所和工作岗位存在的危险因素、防范措施以及事故应急措施。

第五十条规定:从业人员应当接受安全生产教育和培训,掌握本职工作所需的安全生产知识,提高安全生产技能,增强事故预防和应急处理能力。

为了贯彻落实《安全生产法》,国家安全生产监督管理总局先后发布多个文件,如2006年国家安监总局令第3号发布了《生产经营单位安全培训规定》,2011年国家安监总局令第44号发布了《安全生产培训管理办法》等,对各类人员的安全培训内容、培训时间、考核等作出了具体规定。

(二)安全生产教育培训对象和内容

1)基本要求

出租汽车企业主要负责人应按照国家有关规定进行安全生产培训,经培训单位考核合格并取得安全培训合格证后方可任职;且任职后每年都应进行安全生产再培训。

2)培训的主要内容

(1)国家安全生产方针、政策和有关安全生产的法律、法规、规章及标准;

(2)安全生产管理基本知识、安全生产技术、安全生产专业知识;

(3)重大危险源管理、重大事故防范、应急管理和救援组织以及事故调查处理的有关规定；

(4)职业危害及其预防措施；

(5)国内外先进的安全生产管理经验；

(6)典型事故和应急救援案例分析；

(7)其他需要培训的内容。

3)培训时间

出租汽车企业主要负责人安全生产管理培训时间不得少于32学时；每年再培训时间不得少于12学时。

4)再培训内容

再培训的主要内容是新知识、新技术和新本领，包括：

(1)有关安全生产的法律、法规、规章、规程、标准和政策；

(2)安全生产的新技术、新知识；

(3)安全生产管理经验；

(4)典型事故案例。

(三)对企业安全生产管理人员的教育培训

1)基本要求

出租汽车企业安全生产管理人员必须按照国家有关规定进行安全生产培训，经培训合格后并取得安全资格证书后方可任职。且任职后，每年必须进行安全生产再培训。

2)培训内容

(1)国家安全生产方针、政策和有关安全生产的法律、法规、规章及标准；

(2)安全生产管理、安全生产技术、职业卫生等知识；

(3)伤亡事故统计、报告及职业危害的调查处理方法；

(4)应急管理、应急预案编制以及应急处置的内容和要求；

(5)国内外先进的安全生产管理经验；

(6)典型事故和应急救援案例分析；

(7)其他需要培训的内容。

3)培训时间

出租汽车企业安全生产管理人员培训时间不得少于32学时；每年再培训时间不得少于12学时。

4)再培训的主要内容

再培训的主要内容是新知识、新技术和新本领，包括：

(1)有关安全生产的法律、法规、规章、规程、标准和政策；

(2)安全生产的新技术、新知识；

(3)安全生产管理经验；

(4)典型事故案例。

(四)对企业其他从业人员的教育培训

企业对其他从业人员是指除主要负责人和安全生产管理人员以外，该企业从事生产经营活动的所有人员，包括其他负责人、管理人员、技术人员和各岗位的工人(主要指驾驶员)，以及临时聘用的人员。

新从业人员应接受必要的安全知识教育培训,未经培训或培训考核不合格的,不得上岗作业。教育培训学时可由企业根据具体情况确定,有相关规定的按照规定执行。

对与转岗或离岗一年以上重新上岗的员工,应进行安全生产教育培训,并考核合格。教育培训学时可由企业根据具体情况确定,有相关规定的按照规定执行。

企业采用新技术、新设备时,应对从业人员进行有针对性的安全生产教育培训。教育培训学时可由企业根据具体情况确定,有相关规定的按照规定执行。

所有的从业人员应每年进行安全生产再培训,再培训时间学时可由企业根据具体情况确定,有相关规定的按照规定执行。

企业应确立终身教育的观念和全员培训的目标,对在岗的从业人员应进行经常性的安全生产教育培训。其内容主要包括:安全生产新知识、新技术、安全生产法律法规,作业场所和工作岗位存在的危险因素、防范措施及事故应急措施、事故案例等。

二、出租汽车企业安全文化建设

安全标准化的实施是一个全员、全过程、全方位、全天候的过程,要想实施好安全标准化,必须重视企业的安全文化建设,而班组是企业的基本组成部分,班组安全文化更是企业文化的重要组成部分,是企业安全文化的基本细胞,也是企业安全工作的关键点。班组安全管理处在企业安全生产的最前端,是安全生产必须筑牢的第一道防线,由于它所处地位的特殊性,具有不可取代性,所以要想做好企业安全文化建设,促进生产安全运行,就必须从抓好班组安全文化建设开始,增强企业员工的活力,提高员工工作的积极性,更好地保证企业生产的安全运行。

(一)班组安全文化建设从员工抓起

员工是班组文化建设的主体,只有高素质的员工,班组安全文化才能建设好。所以推进班组安全文化,还要重视员工的技能培训工作。通过组织年度全员教育培训,使员工进一步掌握生产技术、安全技能。通过组织开展应急事故预案演练活动,提高员工的应急处置能力,使他们具有良好的安全文化技能素质,具备较高的安全素质、安全意识和安全责任感及爱岗敬业,以业为荣精神,并充分发挥安全生产的主观能动性和积极性,从思想上有主动我要安全的意识,从行动上具有我会安全的技能。从而使班组营造一个要安全、学安全、会安全、保安全、落实安全的文化氛围,把生产安全搞好,以班组安全文化建设提升企业的安全度。

(二)班组安全文化建设从班组长抓起

班组安全文化建设的好坏,关键是班组长素质的高低和责任是否落实。首先,要重视和加强对班组长的安全教育工作,经常性地由公司安全管理部门对他们进行相关安全教育活动,同时有条件的话,可以派出去接受正规专业的安全教育或参观同行们的安全活动,不断地提升班组长的安全意识和安全生产技能的整体素质。通过培训,使班组长树立教育为先意识、超前意识、监督意识以及事后总结意识,并具备两种能力:

(1)要有对危险因素的预知预防能力。班组长对班组中可能发生或导致危害安全的因素要有前瞻性和预见性。

(2)组织协调生产的能力,这样才能把班组安全生产搞好。

班组安全文化建设,还须强调重视班组长安全责任制的落实。班组是企业的细胞,是安全生产的主要贯彻落实者。为此,对班组长要采取多种措施和方法来落实安全责任制。一是做好交接班工作。班组长提前到达现场,检查各岗位的设备运行等是否正常,并认真做好记录,发现问题及时汇报处理。二是坚持岗位交接,岗位责任到人。三是做好生产运行监管和协调,保证生产有序安全运行。四是坚持考核综合管理,实行责任追究制。另外,在强调分清责任、落实到人的同时,也重视发挥员工的主观能动性。很多工作事无巨细,领导难免也有想不到或安排不到的地方,这就要求每名员工有主动、认真做好事情的精神和素质。尤其是班组长更应想到,做一个安全生产的有心人,责任落实的带头人。

(三)班组文化建设结合生产抓教育

如果班组长对班组安全文化建设认识不够,基层班组安全往往会是空空乏谈,讲些套话,久而久之,就会淡化职工的安全意识,埋下事故隐患。要扭转这种局面,建设好班组安全文化,必须把重点放在摈弃班组安全会上的空谈,在内容上贴近生产、贴近班组、贴近员工,突出安全重点;并结合具体实际生产情况,详细布置安全工作;同时根据各时期的思想倾向和季节变化,讲解安全注意事项。在形式上,力求做到灵活多样,使内容和形式统一,让职工乐于接受,真正了解工作的操作要点,激励大家共同筑牢安全生产防线,确保生产安全。

第二十二章　从业人员安全管理

第一节　出租汽车企业职业健康管理

一、职业健康管理基本要求

为了预防、控制和消除职业病危害，防治职业病，保护劳动者健康及其相关权益，促进经济社会发展，根据我国宪法制订了《中华人民共和国职业病防治法》（以下简称《职业病防治法》）。《职业病防治法》定义的职业病是指企业、事业单位和个体经济组织等用人单位的劳动者在职业活动中，因接触粉尘、放射性物质和其他有毒、有害因素而引起的疾病。

《职业病防治法》对用人单位在职业病防治方面的要求做了明确的规定。

第四条规定：劳动者依法享有职业卫生保护的权利。用人单位应当为劳动者创造符合国家职业卫生标准和卫生要求的工作环境和条件，并采取措施保障劳动者获得职业卫生保护。

第五条规定：用人单位应当建立、健全职业病防治责任制，加强对职业病防治的管理，提高职业病防治水平，对本单位产生的职业病危害承担责任。

第七条规定：用人单位必须依法参加工伤保险。

第二十一条规定：用人单位应当采取下列职业病防治管理措施：

（1）设置或者指定职业卫生管理机构或者组织，配备专职或者兼职的职业卫生管理人员，负责本单位的职业病防治工作；

（2）制定职业病防治计划和实施方案；

（3）建立、健全职业卫生管理制度和操作规程；

（4）建立、健全职业卫生档案和劳动者健康监护档案；

（5）建立、健全工作场所职业病危害因素监测及评价制度；

（6）建立、健全职业病危害事故应急救援预案。

第二十二条规定：用人单位应当保障职业病防治所需的资金投入，不得挤占、挪用，并对因资金投入不足导致的后果承担责任。

第二十三条规定：用人单位必须采用有效的职业病防护设施，并为劳动者提供个人使用的职业病防护用品。

第三十四条规定：用人单位与劳动者订立劳动合同时，应当将工作过程中可能产生的职业病危害及其后果、职业病防护措施和待遇等如实告知劳动者，并在劳动合同中写明，不得隐瞒或者欺骗。

第三十五条规定：用人单位的主要负责人和职业卫生管理人员应当接受职业卫生培训，遵守职业病防治法律、法规，依法组织本单位的职业病防治工作。用人单位应当对劳动者进行上岗前的职业卫生培训和在岗期间的定期职业卫生培训，普及职业卫生知识，督促劳动者遵守职业病防治法律、法规、规章和操作规程，指导劳动者正确使用职业病防护设备和个人使用的职业病防护用品。

第三十七条规定：用人单位应当为劳动者建立职业健康监护档案，并按照规定的期限妥善保存。

为贯彻落实《职业病防治法》，中华人民共和国卫生部和国家安全生产监督管理总局先后发布了多个文件，如2002年中华人民共和国卫生部第23号令发布了《职业健康监护管理办法》，2010年中华人民共和国卫生部发布了《用人单位职业病防治指南》(GBZ/T 225—2010)，2009年国家安全生产监督管理总局第23号令发布了《作业场所职业健康监督管理暂行规定》，2012年国家安全生产监督管理总局第47号令发布了《工作场所职业卫生监督管理规定》，2012年国家安全生产监督管理总局第49号令发布了《用人单位职业健康监护监督管理办法》等，对用人单位在职业病防治方面的要求做了更加具体的规定。

二、出租汽车企业职业性有害因素

在出租汽车企业所有的岗位中，能接触到职业有害因素的或接触职业有害因素较多的主要有两个岗位，一是机动车驾驶，二是机动车维修。

(一)驾驶作业的职业性有害因素

出租汽车企业的驾驶员属接触职业性有害因素的特殊职业，是从事对身体有特殊要求的职业人群，是职业病高发人群。驾驶员的工作无论是脑力还是体力方面，都是一项相当紧张的劳动，其操作过程中，可接触多种职业性有害因素，如汽油、一氧化碳、四乙基铅，噪声、振动等。

1. 驾驶作业对驾驶员神经行为功能的影响

驾驶员在驾车作业过程中，经常处于高度紧张状态。同时在驾驶室内接触多种职业病危害因素，均可损害中枢神经系统。但由于在驾驶过程中，上述有害因素的作用强度较低，故不至于产生较为严重的中枢神经系统损害。

2. 驾驶作业对机动车驾驶员心脑血管功能的影响

驾驶员由于精神紧张，且长期接触噪声、振动、一氧化碳等职业性有害因素，易引起植物神经功能混乱，造成外周和心脑血管收缩、心电传导性改变和心机缺血性改变，上述改变可降低驾驶员的思维能力、判断力，对行车安全产生障碍。

3. 一氧化碳对驾驶员注意力的影响

工作前和工作后驾驶室内的一氧化碳浓度测定结果显示，工作后驾驶室内的一氧化碳浓度为$6.82 \pm 5.69 \times 10^{-6}$，明显高于工作前的$3.40 \pm 1.55 \times 10^{-6}$，差异有非常显著性($P < 0.01$)。驾驶室中的一氧化碳主要来源于城市公路空气中的一氧化碳、汽车尾气中的一氧化碳及车内吸烟。由于吸入一氧化碳使人体血液中碳氧血红蛋白含量增高，可影响驾驶员的注意力。说明驾驶员的作业环境存在着一定的危害因素。

4. 噪声对驾驶员情绪的影响

行车过程中汽车驾驶室内噪声测定结果显示，平均噪声在规定标准85 dB(A)以下，但在鸣笛时为98.1 dB(A)，显然超过国家标准，可对人体产生有害作用；噪声频谱分析显示，驾驶室内较强噪声主要集中在低频段。驾驶员长期接触一定强度的噪声,可引起人的情绪变化,如引起抑郁、烦恼,易激动、疲劳、注意力不集中等。

5. 振动对驾驶员操作能力的影响

接触振动可使机体传导速度下降,导致操作能力降低,使手部运动的准确性受到一定影响。

6. 职业性紧张和疲劳对驾驶员的影响

从劳动过程的生理、心理与工效学角度考虑,驾驶员长期处于高度精神紧张状态,可引起职业性紧张和疲劳,如在驾驶作业中可能产生手、视觉、听觉等局部个别器官的疲劳及技术性疲劳等反应。

综上,驾驶员长期在各种有害因素的影响下,常见的职业病有胃病、肩周炎、腰痛、振动病、颈椎病、急性颈扭伤、耳聋、视力疲劳、高血压、前列腺炎、泌尿系统感染及功能性排尿障碍等疾病。

(二)汽车维修作业职业性危害因素

出租汽车企业汽车维修工作的种类较专业机动车维修企业可能不全,一般包括机修、电器维修调漆、喷漆、烘漆、焊接、清洗、打磨和钣金等工作。涉及的职业危害主要包括焊接、喷漆等,其中电焊作业的职业病危害因素主要有电焊烟尘、金属锰及其化合物、氮氧化物、氟化物、臭氧、紫外辐射等,可导致劳动者发生电焊工尘肺、锰中毒、中毒性呼吸系统疾病、电光性眼炎等多种职业病;喷漆作业的职业病危害因素主要有苯及其化合物、酯类化合物等有机溶剂,其中苯是国际公认的致癌物质,可引起白血病;另外还存在噪声、粉尘、汽油以及各类清洗剂等多种职业病危害因素,这些危害因素均不同程度地影响着劳动者的身体健康,职业危害情况不容忽视。

三、出租汽车企业职业健康管理要求

出租汽车企业存在着多种职业有害因素,特别是驾驶员和汽车维修工职业健康状况不容忽视。鉴于此,出租汽车企业应严格执行职业病防治相关法律法规、标准、规范的规定,严格遵守《职业病防治法》、《职业健康监护管理办法》、《用人单位职业病防治指南》、《作业场所职业健康监督管理暂行规定》、《用人单位职业健康监护监督管理办法》等对用人单位在职业病防治方面的相关要求,如设置或指定职业健康管理机构,配备专(兼)职管理人员;按规定对员工进行职业健康检查;为员工参加工伤保险;对从业人员进行职业健康宣传培训,使其了解其作业场所和工作岗位存在的危险因素和职业危害、防范措施和应急处理措施,降低或消除危害后果的事项;为从业人员提供符合职业健康要求的工作环境和条件,配备与职业健康保护相适应的设施、工具等。

第二节　安全管理人员职责

一、主要负责人

出租汽车企业的主要负责人一般是指董事长、总经理、分公司经理等。

(一)基本要求

企业主要负责人或实际控制人作为安全生产第一负责人,作为单位的主要领导者,对单位的生产经营活动全面负责,必须同时对单位的安全生产工作负责。主要负责人有责任和义务在搞好单位生产经营的同时,搞好单位的安全生产工作,摆正安全与生产的关系,做到不安全不生产,生产必须安全。《中华人民共和国安全生产法》第五条规定,生产经营单位的主要负责人对本单位的安全生产工作全面负责。第十七条规定,生产经营单位的主要负责人对本单位安全生产工作负有下列职责:

(1)建立、健全本单位安全生产责任制;

(2)组织制订本单位安全生产规章制度和操作规程;

(3)保证本单位安全生产投入的有效实施;

(4)督促、检查本单位的安全生产工作,及时消除生产中的安全事故隐患;

(5)组织制订并实施本单位的生产安全事故应急救援预案;

(6)及时、如实报告生产安全事故。

(二)出租汽车企业主要负责人主要安全生产职责

(1)认真贯彻执行政府关于安全生产工作的法令、政策,审定、颁布本企业的安全生产制度、规定。

(2)股份公司的安全生产工作应纳入经理工作的议事日程,要掌握企业每季度安全生产的概况,并且每年至少组织讨论一次本企业的安全生产工作。

(3)审定、批准企业年度安全措施费提取和使用计划。

(4)在计划、布置、检查、总结、评比本企业生产的同时,要有安全生产工作内容,每年要向股份公司董事会和职工代表大会报告企业安全生产概况,对所属各单位的领导人进行表彰和奖励时,要把安全生产工作作为重要考核条件之一。

二、分管安全生产的负责人

出租汽车企业分管安全生产的负责人一般指股份公司主管安全生产的副总经理,分公司副经理等。其他副(总)经理一般分管人力资源部(科)、资产部(科)、运营管理部(科)等。

(一)基本要求

企业分管安全生产的负责人协助履行安全生产管理职责,企业其他单位或部门的负责人对各自分管业务范围内的安全生产负领导责任。企业分管安全生产的负责人的安全管理职责包括:

(1)全面落实国家和地方颁布的安全生产法律法规和技术标准,建立健全本企业安全生产责任制;

(2)主持制订和修订完善本企业安全生产规章制度和操作规程;

(3)保证本企业安全生产所必需的资金投入和运营安全整改资金的落实,并确保资金的专款专用;

(4)定期研究安全生产问题;

(5)督促、检查本企业的安全生产工作,及时消除安全生产事故隐患;

(6)组织制订并督察实施本企业的安全生产事故应急救援预案;

(7)及时、如实报告安全生产事故。

(二)出租汽车企业分管安全生产负责人的主要职责:

1. 副(总)经理安全生产共同职责

(1)主管安全生产副(总)经理负具体的领导责任,其他副(总)经理对所主管工作中涉及的安全生产工作负相应的领导责任,并分别负责向本系统传达,贯彻政府的安全生产方针、政策和上级部门关于安全生产工作的指示。

(2)负责指导和布置本系统的安全生产工作,参加审批年度安全措施改造项目,参加审批年度安全措施费的使用计划。

(3)按时组织并参加重大节假日安委会的检查活动。

(4)本企业发生重大事故,应立即赶赴现场,并负责组织调查组,对事故进行调查和处理。

(5)负责组织并参加本系统、部门的安全生产工作会议,掌握所辖范围安全生产工作情况。并且定期向经理办公会汇报。

2. 其他副(总)经理安全生产职责

1)主管人力资源副(总)经理安全生产职责

(1)人力资源副总经理是股份公司安全生产、治安消防安全工作的主管领导。

(2)按国家有关规定负责成立股份公司各级安全组织机构,配备技安人员。

(3)负责审定安全生产、防火防爆工作计划,参加审议批准企业的重大事故隐患的治理方案,尘毒治理方案,指导和监督安全措施费按比例提取和落实。

(4)布置对股份公司所属各单位负责人的安全生产教育工作,掌握指导企业中特种作业人员的管理工作。

2)主管资产副总经理安全生产职责

(1)主管资产副总经理是所辖工作中安全生产的直接领导者,在管理生产的同时,必须管理安全生产工作。对所管辖工作中安全生产负领导责任。

(2)参加审批安全措施改造项目实施计划方案和更新、改造中的"三同时"方案等,参加审批年度安全措施费用的使用计划。

(3)负责审批股份公司车辆、锅炉、压力容器及其他重大机械设备的更新、改造,竣工验收等工作。

(4)参加审批股份公司安全生产,尘毒治理方案。

(5)定期组织召开各单位技术负责人参加的安全生产、文明生产会议。

(6)负责指导有关部门制定相应的安全生产制度。

3)工会主席安全生产职责

(1)宣传国家劳动保护政策、法令及股份公司安全生产规章制度,对职工进行遵章守纪和劳动保护科学技术知识的教育。

(2)对股份公司安全生产工作进行监督,以保证国家的方针、政策、法律、法规的落实,保证职工在劳动过程中的安全和健康。

(3)对股份公司职工文体活动中的安全工作负直接责任。

4)主管运营副总经理安全生产职责

主管运营副总经理是股份公司运营生产和交通安全的直接领导者，在管理生产的同时，必须管理运营生产和院内行车的劳动安全工作，对职工在运营生产和院内行车中的安全生产负领导责任。

三、安全生产管理人员

出租汽车企业安全生产管理人员一般是指股份公司各部室负责人，分公司各科室负责人以及车队负责人、班组长。部(科)室一般有人力资源部(科)、资产部(科)、策划部(科)、运营管理部(科)、安保部(科)等。

(一)基本要求

企业安全生产管理人员具体负责本企业安全生产管理工作。

(1)在主管安全生产负责人的直接领导下，对本企业安全生产工作负权限范围内的管理责任，对交办的工作任务要按时按质完成；

(2)履行安全生产检查职责并做好检查记录，及时纠正违反安全生产规章制度和安全操作规程的行为，发现安全隐患及时上报并督促整改；

(3)组织制定和修订完善本企业安全生产规章制度和操作规程，并贯彻实施；

(4)按照法律法规要求和企业规定，履行安全生产管理人员职责。

(二)出租汽车企业安全生产管理人员主要职责

1.经理办公室负责人安全生产职责

(1)协助经理做好有关安全生产文件的传递工作。

(2)协助经理处理和检查督促有关部门，对重大劳动安全技术课题进行研究，检查安全生产防护措施的落实情况。

(3)在编制企业规划、方针、目标及经营承包责任制协议书时，必须同时将安全生产工作纳入规划。

(4)协助组织安全生产工作综合检查，督促重大事故隐患的整改，并协调各部门开展工作。

2.人力资源部门负责人安全生产职责

人力资源部门是企业的安全生产监督部门，负责检查、督促、布置、协调本企业安全生产工作。

(1)监督检查本企业贯彻执行国家和总公司颁发的安全生产法律法规和文件，与有关部门制订本企业安全生产目标管理计划，定期研究分析企业安全生产情况，提出工作意见，年终向经理报告目标管理完成情况。

(2)监督本企业生产部门对职工进行安全生产教育和特种作业人员的安全技术培训及持证上岗情况。检查企业特种设备的建档登记，定期检验情况。

(3)督促有关部门做好女工和职工的劳动保护工作。

(4)负责对本企业伤亡事故报告、统计、分析工作，参与工伤事故调查，对事故责任者提出处理意见。并负责工伤事故的报告认定、确定伤残等级等工作。

(5)组织安全生产检查工作及对检查出的问题督促有关部门按期解决。

(6)按照劳动保护用品的发放规定负责劳动保护用品的发放，监督有关部门供应符合卫生要求的防暑降温饮料和物品。

(7)监督检查企业在生产过程中的安全生产工作,深入基层,了解生产现场,对安全生产工作情况提出整改意见,督促有关部门及时解决事故隐患。

(8)有权制止违章指挥、违章作业行为,对特别危险重大情况有权停止其作业,并立即向领导汇报。

(9)负责组织审、修订企业安全生产制度和参与审核安全操作规程的工作。

(10)组织安全生产竞赛活动,总结推广经验,对成绩突出的单位和个人给予表彰。

(11)参加审查新建、改建、扩建工程的设计、验收和试运行工作,发现不符合安全生产规定的问题有权要求解决,否则,有权提请劳动保护监察机构或上级部门制止施工或生产。

3. 资产部门负责人安全生产职责

(1)负责安全技术措施的制定。

(2)在推广新技术、新材料、新工艺时,在组织试验过程中,应制订相应的安全操作规程,在正式投产前,应作出安全技术鉴定。

(3)负责编制企业内部车辆和设备的维修制度,安全操作规程及安全管理制度,并督促检查执行情况。

(4)负责本企业起重设备、锅炉、压力容器、电梯、场内机动车、手持、移动式电动工具等各种电气和动力设备的管理及建档登记。加强设备的检查和定期维护,使设备保持良好的使用状态。

(5)负责劳动保护计划的实施和对安全隐患的整改。

(6)负责审查自制和改造设备的安全性能。

(7)在产品设计、工艺布置、工艺流程、工艺装备设计时,严格执行有关安全标准和规程,保证职工的安全和健康。

(8)参加检查新建、改建、扩建工程的设计验收和试运行工作,发现不符合技术标准、规范、要求及不符合安全生产规定的问题,有权要求解决,否则不予接管使用和运行。

(9)参与工伤、设备事故的调查分析,并从技术方面提出事故原因和防范措施。

(10)检查企业机械设备的安全防护装置,确保安全装置齐全、灵敏、有效。

(11)负责环境保护治理项目,要认真执行劳动保护"三同时"的规定,参加环保项目的设计、审查和竣工验收工作,环境保护治理项目,应符合安全技术和职业卫生的要求。

4. 行政部门负责人安全生产职责

(1)做好防止"食物中毒和煤气中毒"工作,消除中毒死亡事故。

(2)负责炊事机械、常压锅炉、取暖设备及浴室的安全管理,做到定期检查,保证设备处于良好状态。

(3)负责对本部门人员的安全生产教育及有关的安全生产工作,会同劳动部门对操作人员进行安全技术培训和考核。

(4)负责建全本部门机械设备操作规程,做好本部门特种设备的建档登记工作(取得质量技术监督部门核发的特种设备使用许可证),并定期检验。

(5)负责企业从事有职业危害职工的定期体检工作,发现禁忌症和职业病时应配合劳动部门提出处理意见。做好急性中毒、灼伤、触电等事故及职工伤病的救护工作。

(6)负责与有关单位、部门在基建中的锅炉等特种设备的报批、审验工作,工程竣工后取得质量技术监督部门的使用证明。

5. 安全保卫部门负责人安全生产职责

(1)负责本企业防火、防爆、防毒、防盗和治安等工作的具体领导、监督、检查工作,认真贯彻执行公安消防条例,协助经理做好消防工作,防止发生火灾事故。

(2)负责本企业的防火管理工作及定期组织防火、防盗和安全保卫的检查工作,对重大隐患及时报告有关领导后,督促有关部门限期解决。

(3)负责对本企业非运营驾驶员的安全行车教育,防止发生各种车辆交通事故。教育驾驶员严格按操作规程驾驶,严格遵守交通法规。

(4)发生企业场院内的车辆伤害事故,会同劳动部门共同处理。

6. 财务部门负责人安全生产职责

(1)监督企业按上级有关规定,保证提取的安全技术措施等经费专款专用。

(2)监督有关部门按审定的安全技术措施及劳动保护经费的合理使用。

(3)监督企业制定的年、季、月安全技术措施和劳动保护经费计划。

7. 工会部门负责人安全生产职责

(1)监督企业贯彻执行国家安全生产的各项法律法规、规章制度,协助企业不断改善劳动条件,解决影响职工安全和健康的问题及隐患。

(2)把安全生产工作纳入工会委员会的议事日程,负责组织和开展多种形式的安全生产方案的竞赛,并把安全生产作为评比先进的重要内容。

(3)参加企业的安全生产检查活动,对检查出的问题跟踪整改并督促解决,保证职工安全生产。

(4)监督企业执行国家有关女职工的劳动保护的相关规定。

(5)参加企业伤亡事故的调查、处理工作,并提出工会部门的意见。

(6)加强对所组织的各类文体、休养活动的安全管理、教育,防止发生各类伤亡事故。

8. 车队或车间负责人的安全生产职责

(1)车队或车间负责人是本车队或车间安全生产第一责任人,对车队或车间的安全生产工作负全面的领导责任,在(分)公司经理领导下工作,接受劳动部门的安全监察。

(2)认真贯彻执行国家安全生产方针,政策和公司有关安全生产的指示、规章制度,搞好文明生产,贯彻安全生产"五同时"原则。

(3)负责车队或车间的安全生产工作,保证车队或车间年度"安全生产目标管理责任书"中各项指标的落实。

(4)负责组织召开车队或车间每月一次的安全例会,组织落实每周的安全生产检查工作,参加(分)公司的安全生产例会和安全生产检查,消除隐患,对"三违"(违章指挥,违章操作、违反劳动纪律)现象从严处理。

(5)负责组织落实对车队或车间职工的安全生产教育工作,组织落实新职工的安全教育,提高全员安全生产意识和自我保护意识。

(6)负责组织落实车队或车间季节性安全生产的重点工作,做好夏季防暑降温、防食物中毒,防溺水,冬季防滑、防煤气中毒等工作的落实,防止发生车辆伤害、机械伤害、爆炸等恶性事故。

(7)发生因工伤亡事故要及时报告公司劳动部门,组织抢救,保护现场,参加事故调查,对事故按照“四不放过”的原则处理。

9. 车队工会负责人安全生产职责

(1)工会主席在车队队长的领导及工会等部门的业务指导下工作,接受劳动部门的安全监察,在分管工作中涉及安全生产内容的,应承担相应的领导责任。

(2)贯彻执行(分)公司安全生产管理制度,负责车队有关安全生产规章制度镶框上墙,并贯彻执行。

(3)负责落实本车队年度“安全生产目标管理责任书”中有关指标的完成,参加车队安全生产例会和安全生产检查,解决或督促有关部门及时解决安全隐患。

(4)负责车队干管人员、后勤人员的安全教育;负责落实新职工的车队级安全教育和职工的转岗、复工安全教育;负责建立、健全车队安全生产管理台账,实现安全生产规范化管理。

(5)负责车队生产、生活设施和机电设备的安全管理工作。防止发生煤气中毒、机械伤害、触电、火灾、爆炸等事故的发生。

(6)负责车队环境卫生、饮食卫生工作,教育职工严格执行食品卫生法,防止发生食物中毒事故。

(7)车队发生工伤事故,要及时报告队长和(分)公司劳动部门,做好事故现场保护工作,配合劳动部门做好事故调查,制定、落实整改措施。

10. 安全队长的安全生产职责

(1)安全队长在车队队长的领导和(分)公司安全部门的业务指导下,负责本车队的行车安全,是车队行车安全的责任人。在其分管工作中涉及劳动安全内容的,应承担相应的领导责任。

(2)贯彻执行(分)公司各项安全管理制度,保证安全生产制度的落实。

(3)协助队长落实“安全生产目标管理责任书”的规定指标。参加车队安全生产例会和安全生产检查,落实隐患整改措施。

(4)负责对驾驶员进行劳动安全教育,做好驾驶员的安全日活动,教育驾驶员遵章守纪,严禁危及安全的故障车上路运行。

(5)重大节假日或恶劣天气时,要对职工做好安全宣传教育和安全警示工作。

(6)协助工会主席做好安全生产台账的管理。

(7)发生工伤事故要及时报告队长和(分)公司劳动部门,做好事故现场保护工作,配合劳动部门做好事故调查和制订、落实整改措施。

四、安全技术人员

出租汽车企业安全技术人员主要是指车辆技术管理人员。

(一)基本要求

企业安全技术人员对本职业务范围的安全生产工作负责。

(1)负责本职业务范围内的安全技术把关,确保各项技术工作的安全可靠。

(2)负责编制本专业的安全技术规程及管理制度。在编制开、停工或设备检修、技术改造方案时,要有可靠的安全技术措施,并检查执行情况。

(3)在本专业范围内对员工进行安全操作技术与安全生产知识培训,组织技术练兵活动,并进行定期考核。

(4)开展现场安全检查,发现事故隐患及时提出并予以消除。制止违章作业,在紧急情况下对不听劝阻者,有权停止其工作。

(5)对工程和技术方案进行审查、验收,参加有关事故调查、分析,提出预防措施和建议。

(二)出租汽车企业安全技术人员主要职责

(1)贯彻执行公司安全生产管理制度和安全操作规程,执行车辆安全技术标准及公司有关规定。

(2)建立、健全车辆安全技术管理台账,掌握车辆安全状况,负责新车保养后的验收,加强车辆安全系统检查,做到检查制度化,保证车辆安全运营。

(3)协助车队队长落实"安全生产目标管理责任书"的规定指标。参加车队安全生产例会和安全生产检查,落实隐患整改措施。

(4)负责领导、检查驾驶员的安全教育,对驾驶员反映的车辆设备安全隐患和问题及时采取措施,并落实解决。

(5)负责对驾驶员进行车辆常规维护知识、常见故障分析等方面的安全技术教育。督促驾驶员认真执行出车前的检查规定。教育职工当车辆发生危及安全的故障时,必须停运,及时报修,保证运营车辆的完好状态。

(6)负责组织、协调故障车的报修、抢修工作,督促检修人员做好安全措施的落实,防止发生工伤事故。

(7)负责督促、检查各种修理工具、电器设备的安全使用,定期对手动、移动式电动工具送检。

(8)发生工伤事故要及时报告车队队长和(分)公司劳动部门,做好事故现场的保护,配合劳动部门做好事故调查和制定、落实整改措施。

第三节 现场管理人员职责

出租汽车企业现场管理人员主要包括班组长、安全员、调度员等。

一、班组长

班组是出租汽车企业最基层管理组织,主要包括车辆维修班组和车辆营运班组,班组长具体负责本组各项安全生产工作。

班组长的主要职责:

(1)认真执行有关安全生产的各项规定,教育督促本班组员工严格执行安全生产规章制度和安全操作规程,对本班组的员工在生产中的安全负责。

(2)负责对新调入、新换岗和临时参加生产的员工进行现场安全教育,并向员工如实告知作业场所和工作岗位存在的危险因素、防范措施以及事故应急措施。

(3)组织员工学习安全生产操作规程,检查执行情况,及时发现、制止违章操作行为,杜绝蛮干作业。对一般的安全隐患,要采取临时控制措施,并及时上报。对重大安全隐患,要立即停止作业和上报。

(4)负责对本班组区域内的安全设施、器材进行管理和维护,发现问题,及时报告。

(5)如发生安全事故,要立即组织人员抢救,保护现场,立即上报。

(6)对安全生产中的好人好事及时表扬和上报,把安全生产工作纳入到生产指标中一并考核。

(7)因工作需要交接班时,做好交接班记录。

二、安全员

出租汽车企业安全员主要职责:

(1)安全员在协助安全队长做好机动车维修、行车安全和交通事故的处理工作中,涉及安全生产内容的承担相应的责任,并对本岗位的安全生产负直接责任。

(2)熟悉掌握并贯彻执行车队或车间有关安全生产制度。

(3)配合安全队长做好对驾驶员、机动车维修人员、特种作业人员等的安全生产教育工作。

(4)遇有季节性天气变化或其他特殊情况,及时对驾驶员进行警示工作,防止车辆伤害事故的发生。

(5)当发生工伤事故时或接到驾驶员、机动车维修人员、特种作业人员等的事故报告时,应及时报告车队长或车间主任,并协助领导保护事故现场。

三、调度员

根据 GB/T 22485 的规定,出租汽车企业宜建立车辆调度中心,采用网络和电话进行车辆调度,配置的电话线路接听席位应满足乘客及时要车的需要;并应为乘客提供满足需要的饭店、机场、火车站的公共调度服务。上述两规定均需要出租汽车企业设置调度员,调度员应通过交通行政主管部门考核并取得调度员证件后持证上岗。

调度员主要职责:

(1)严格执行操作规程和安全生产作业规定,严禁违章指挥、违章操作、违反劳动纪律。

(2)掌握极端天气及路况信息,及时提示驾驶员谨慎驾驶,遇突发事件和恶劣天气,启动应急调度预案。

(3)按序派车,做好派车记录。

(4)维护营运秩序,对出租汽车驾驶员扰乱营运秩序的行为进行制止和纠正。

(5)对出省、市、县境或者夜间到偏远、冷僻地区营运的出租汽车进行登记。

(6)发现违法犯罪活动或者违法犯罪嫌疑人,应及时向公安机关报告。

(7)不得为出租汽车驾驶员私揽业务或者利用职务牟取私利。

第四节　作业人员安全管理

出租汽车企业的作业人员包括驾驶员、机动车维修人员(机修人员、电器维修人员、钣金维修人员、涂漆人员)、特种作业人员等。

一、驾驶员

(一)基本要求

按照《出租汽车驾驶员从业资格管理规定》的要求,出租汽车驾驶员应当具备以下五个基本条件:一是取得相应的机动车驾驶证3年以上;二是近3年内无重大以上且负同等以上责任的交通事故;三是通过出租汽车驾驶员从业资格考试,取得《中华人民共和国道路运输从业人员从业资格证》;四是满足其他规定(可参考地方法规的相关规定);五是取得从业资格证的出租汽车驾驶员。应当经道路运输管理机构从业资格注册后,方可从事出租汽车客运服务。

(二)出租汽车驾驶作业安全操作要点

1. 一般要求

(1)严格遵守道路安全法律、法规和道路运输驾驶操作规程,谨慎和安全驾驶,文明礼让,安全行车。

(2)出车前、行车中、收车后要做好车辆的日常检查和维护,确保车辆安全技术状况良好;保持车辆清洁和车内空气清新,保证车上消防等各项设备、设施齐全有效。

(3)出省、市、县境或夜间去偏远、冷僻地区时,应向本单位和有关部门报告并办理相关手续。

(4)严禁酒后驾车、疲劳驾车、带病驾车,行车途中不应接手机。应劝阻乘客提出的不利于安全行车的要求。

(5)载客时不应超过核定的载客人数,不应装载可燃、易爆等危险物品。

(6)行车中,要系好安全带,并提醒乘客系好安全带,不要将手和头部等身体部位伸出窗外。

(7)乘客上车坐稳后,确认车门关好后起步;起步或停车时,应尽可能平稳,以避免乘客在车上受伤。

(8)乘客上下车时,车辆应与人行道平行停靠,并在右侧下车。在交通法规禁止上下乘客的地方,驾驶员应劝拒乘客上下车。

(9)行车途中密切关注车辆技术状况,发现故障或不安全的隐患,应及时停车排除,不得驾驶带病车辆继续行驶。

(10)车内发生治安、刑事案件,应及时报警。

(11)车辆发生火灾时,应立即停车,首先帮助乘客下车至安全区域,然后进行灭火。

2. 行车安全要求

(1)进入驾驶室前,应观察停放的车辆附近可能有行人出现或有玩耍的儿童、其他停放的车辆,以及停车时没有发现的障碍等,确认安全后再起步。

(2)驾驶车辆起步前,应通过后视镜仔细观察左、后方道路交通情况,在不影响其他车辆和行人正常通行,确保安全的前提下顺利完成起步。车辆起步后,应注意观察车辆左侧道路情况,确认安全后再缓慢向左转向,安全驶入行车道。

(3)起步后汇入车流时,应先通过后视镜观察左、后方正常行驶的车辆,正确估计车流速度和安全距离，根据车流情况选择汇入的最佳时机，在不影响正常行驶车辆的情况下安全汇入车流。

(4)驾驶车辆在多车道的道路上超越车辆、避让障碍、转弯、掉头或停车需变更车道时，应注意观察道路交通流的状态，正确选择行驶车道和判断变更车道的时机，安全完成行驶车道的变更过程。

①变更车道时，首先要观察与判断车辆后方、侧方和准备变更的车道上的交通流情况；确认安全后，打开转向指示灯示意，并再次通过后视镜观察两侧道路上有无车辆超越，确认准备驶入的车道留有安全距离后。在不妨碍该车道内车辆正常行驶的情况下，平稳转向，驶往所需车道后，关闭转向指示灯；

②每次变更车道，只能变更到相邻的车道；若需变更到相邻以外的车道，应先变更到相邻的车道，行驶一段距离后，再变更到另一条车道。在车道分界线为实、虚线的路段，实线一侧的车辆严禁变更车道；

③在交叉路口变更车道，应提前观察道路交通标志和路面标线，根据需要行驶的方向选择行驶车道，按导向箭头方向在进入实线区前驶入导向车道；

④避让障碍变更车道时，应适当提前进行变道；防止相邻的车道有来车阻滞变道而造成制动停车或强行变更车道，发生碰撞事故；

⑤变更车道时，应避免突然急转转向盘驶入相邻的车道，防止与正常行驶的车辆相碰撞或因路面光滑引起车辆侧滑。但在向左或向右变更车道时不宜过于缓慢，长距离压线行驶会影响其他车辆行驶，一般情况应在 50 ~ 60m 的距离之间变更车道。

(5)驾驶车辆在道路上行车中，会频繁的与对方车辆进行交会；驾驶员应根据双方车型、车速及道路状况和交通情况，选择正确的会车地点和车速进行会车；

①在有中心线的道路上会车，观察道路两侧交通情况，若路面较宽且条件允许时，可不降速直接交会；

②在狭窄路面会车时，应根据路面的宽度降低车速，同时保持足够的横向安全距离，低速通过。会车有困难时，有让路条件的一方应让对方先行。在狭窄的坡路，下坡车让上坡车先行；下坡车已行至中途而上坡车未上坡时，下坡车先行；

③遇道路宽度仅能容纳一辆车通过的路段、窄桥时，距狭窄处距离近、车速快的一方先行，距离较远、车速慢的一方应主动让行，不可盲目抢行；

④弯道上会车，应以道路中心线为界；未划有中心线的弯道，保持一定的横向间距，两车均紧靠道路右侧低速交会。

(6)驾驶车辆超越前方同方向行驶的车辆前，必须认真观察道路前方情况，尤其是被超车前方的情况，正确地判断是否有影响超车的因素，正确预测超车所需的时间和距离，确保超车安全顺利进行。

适合超车的路段应是道路宽直、视线良好、对面无来车且道路两侧均无影响超车障碍物的路段。准备超车时，应与前车保持一定的安全距离，提前开启左转向灯、鸣喇叭，夜间还需变换使用远、近光灯示意；确认前车让超并有充足的安全距离后，从前车的左侧超越。超越过程中随时注意被超车动态，尤其是前车的转向灯、制动灯的变化；在超越被超车并与被超车辆拉开一定的安全距离后，开启右转向灯，驶回原车道。

超越停放在路边的机动车时，应减速鸣喇叭，随时观察其动态，并与其保持较大的侧向间距；防止车门突然打开或起步驶向车行道，尤其要警惕对被超车头前端的观察，注意是否突然有行人横穿道路。

超车时要注意后方有无车辆准备超车，后方情况不明，不得超车；以防向左行驶超车时，造成后方驶来的车辆无法躲避而发生刮碰事故。超车过程中有可能和对方来车交会时不得超车，避免因侵占对方车辆行驶路线而与对方来车或被超车辆发生剐碰事故。

(7)高速公路行车，应注意以下几个方面：

①驾驶员没有休息好或感到有点疲劳时，不要驾车进入高速公路。在高速公路上行车时，最好在 1.5 ~ 2h 到就近的服务区休息一下；若感觉有点疲倦或有睡意时不要再继续驾驶，最好立即休息。

②驾驶员在选择车道时，必须严格遵守规定，按要求各行其道。如果长时间非法侵占其他车道行驶，会影响高速公路车辆的行驶速度，无法保证道路畅通，甚至会造成高速公路拥堵。

③行车中应控制好车速和与同车道车辆的间距，不可过分地相信感觉，应依据车速表确认车速；充分利用行车间距确认路段，调整与前车的行车间距和速度；车速超过 100km/h 时，与同车道前车保持 100m 以上的距离，车速低于 100km/h 时，与同车道前车距离可以适当缩短，但最小距离不得少于 50m。

④车辆在高速公路意外撞击护栏的瞬间，驾驶员应握紧转向盘稳住方向，适当修正，极力控制车辆反弹；切忌紧急制动、猛转转向盘或迅速向相反方向转向躲避，以避免扩大事故。

⑤轮胎突爆时，车身迅速歪斜，转向盘向爆胎侧急转，此时驾驶员要保持镇静，切不可采取紧急制动，应全力控制住转向盘，松抬加速踏板，尽量保持车身正直向前，并迅速抢挂低速挡，利用发动机制动使车辆减速。在发动机制动作用尚未控制住车速前，不要冒险使用行车制动器停车，以免车辆横甩发生更大的危险。当前轮胎爆裂已出现转向时，驾驶员不要过度矫正，应在控制住行车方向的情况下，轻踏制动踏板，使车辆缓慢减速。

⑥驶入弯道时，应适当降低车速，高速行驶会失去对车辆的控制，造成事故；为了避免因转小弯与侧面车辆挂碰，禁止在弯度小的弯道上超车；在左转弯道行驶时，由于视距会变短，应尽量避免超车。

⑦当车辆在高速公路上发生事故或出现故障时，应立即开启危险报警闪光灯，设法把车辆停在路肩、紧急停车带等安全地段，并设置停车警告标志、拨打求救电话、报警；驾乘人员不要留在车内或车辆附近逗留，应迅速退到护栏以外等安全地带等待救援，尤其在雾天发生交通事故时，应立即停车，驾乘人员应尽快从右侧车门离开车辆，避免发生二次事故。

⑧雨中在高速公路上行车时，应及时降低车速，尽量避开易积水的凹地，尤其在弯道和斜坡路段要减速行驶。发生“水滑”现象时，不要慌张地转向、制动，应两手紧握转向盘，缓抬加速踏板，充分利用发动机制动，并冷静地等待减速，使轮胎与地面的摩擦作用恢复。

⑨雾天在高速公路上行驶时，由于能见度降低，无论是突然停车还是突然加速都很危险，往往会引发群车追尾的重大交通事故。当遇到高速公路起雾时，应及时打开雾灯和近光灯，降低速度。如果能见度过低时，应暂时驶离高速公路，将车停到附近的服务区。不能驶离高速公路时，应选择紧急停车带或路肩停车，并按规定开启危险报警闪光灯和放置停车警

告装置。

⑩高速公路穿山越岭，纵横延伸难免要穿越隧道，即便是照明条件好的隧道，隧道内与隧道外的光线也有差异，尤其在白天驶入、驶出隧道时都对视觉有很大的刺激，反应迟缓，易造成因对车速、行车间距的判断不准确或失误而导致事故。隧道是高速公路上行车的最危险路段之一。

为了确保安全通过隧道，驶入隧道前应在距隧道入口 50m 左右，开启前照灯、示宽灯、尾灯，以便观察前方情况以及引起后方车辆的注意；选择亮绿灯信号的隧道口作为入口，并按照隧道口标志上规定速度调整车速；同时注意车辆的装载高度是否在标志限定的高度之内。

进入隧道后，应将注视点放到隧道前方的远处，不要看两侧的隧道壁，以避免强烈的速度感；行驶中，控制好车速，注意保持足够的安全行车间距；严禁在隧道内变更车道、超车和随意停车；不宜在隧道内鸣喇叭，以防噪声影响其他车辆行驶；双向行驶的隧道内禁止使用远光灯。

驶出隧道前，应通过车速表确认行车速度，不能凭直觉判断车速；驶到出口时，握稳转向盘，以防隧道口处的横向风引起车辆偏离行驶路线；驶出隧道后，在亮适应过程中切勿盲目加速，以免因视力瞬时下降不适应而造成危险。

车辆如果在隧道内出现故障时，只要还能行驶，应尽可能地将车驶出隧道，严禁在隧道内停车。当车辆无法驶出隧道时，应设法将车移到特别停车点，开启示宽警示灯，在车后方 150m 处设警告标志，并通过紧急电话向高速公路管理中心报警。车上人员必须离开车辆站到安全的地方，等待救援。

(8)驾驶员在使用行车制动时，可根据不同的情况采用紧急制动、预见性制动、间歇制动(气压制动车辆)等方式，使车辆减速或停车。紧急制动是在紧急情况下不得已而采取的制动形式，具有一定的危险性，不到万不得已应避免使用。而预见性制动、间歇制动，是行车中减速和停车最常用的制动方法。驾驶员在行车中，应集中注意力，仔细观察，提前处理道路上的各种情况，及时预测险情，采取预见性制动，保证车辆安全平稳的行驶、减速或停车。

(9)驾驶员在行车中，要严格遵守法律法规的限速规定；没有限速规定的路段，应保持安全的行车速度，保证有足够的时间判断道路情况和处理险情；车速一定要控制在前车突然停车时，能及时停车而不会发生追尾事故；在夜间行车，要确保能在前灯所能照射到的距离内停车；在容易发生危险的路段，以及遇有沙尘、冰雹、雨、雪、雾、结冰等气象条件时，应当降低速度行驶，绝对不要超速行驶。

(10)为了避免转弯撞到保护栏上或飞出路外，当发现弯路标志、城镇的直角转弯路口或急转弯时，应及时充分减速，并根据弯道的情况确定车速；遇视线不良的弯道，应减速、鸣喇叭、靠右行；通过急转弯路时，必须低速，尽量沿弯道外侧平稳缓慢行驶；设有弯道镜的路口，还要仔细观察镜中的影像。转弯过程中，避免使用紧急制动；同时注意观察对面有无车辆行驶，严禁在弯道超车。

(11)驾驶员在行车中应时刻想到盲区的存在，在车辆起步、变换车道、交叉路口转弯时，要适时转头观察后再进行操作，避免事故发生。另外，尽量不要在其他车辆的盲区内行驶；尤其遇到大型车辆时，要小心谨慎，因为大型车的盲区范围要更大一些。

(12)车辆在道路上临时停车，应注意以下几个方面：

①在道路上临时停车，应选择道路平坦、坚实、视线开阔、不影响交通的安全地点，按顺行方向靠路边停放。停车后，要求车正、轮正，右侧车轮距离便道不得超过0.30m；

②在城市街道上临时停车，应在指定地点依次停放，不得在道路两侧并列停放或逆向停车；与其他车辆临近停放时，按顺行方向靠道路右侧依次停放，并保持适当的纵向间距，不得与其他车辆并排停放；

③在道路上临时停车后，驾驶员要认真观察后视镜及周围情况，当确认安全后再开车门下车，以防开车门时妨碍其他车辆、行人的安全；

④夜间或遇风、雨、雪、雾天临时停车时，须开启危险报警闪光灯、示宽灯、尾灯。

(13)行车中经常会遇到拥堵的路段，尤其在车辆通行的高峰时段，拥堵就更为明显。驾驶员在行车中发现前方道路拥堵时，应减速依次缓行，鸣喇叭催促根本不能解决已经形成的道路拥堵；寻找机会从车辆空间左右穿插通过，只能加剧拥堵，甚至导致交通事故。

(14)交叉路口的交通情况复杂，是事故的多发地点，经常出现突如其来的违法通行的车辆或行人。因此，在通过交叉路口时，应仔细观察前方及左右两侧的车辆和行人，谨慎驾驶，注意以下几个方面：

①行经交叉路口时，即便是绿色信号灯亮时也千万不能大意，应做好出现一些特殊情况的准备，预防其他方向的车辆和行人违法进入路口；

②在交叉路口左转弯时，注意预防迎面直行而来的车辆或自驾车背后可能有摩托车、助力车等，要加倍小心；

③在交叉路口右转弯时，要仔细观察右后视镜，必要时转头观察右侧交通状况，注意避让直行或者右转的摩托车、自行车和助力车，更要注意避让对面的左转车辆；

④在接近交叉路口时，应该注意前面的车辆，尤其是相邻两前车的动向，保持安全的车距。为了提醒后面车辆的注意，制动时应分几次踏制动踏板，以防追尾事故；

⑤通过交叉路口时要控制好车速，绿色信号灯亮后，通过交叉路口直行时，应以随时能停车的速度行驶；跟随前车右转时，应注意观察右侧情况，减速行驶；

⑥直行、左转弯通过没有交通信号灯控制的路口，应减速确认安全，在有优先权的道路上行驶，接近视线不好的交叉路口时，也应以能随时停车的速度行驶；

⑦为了避免路口堵赛，通过路口时一定要减速，即使是道路条件很好，也应在通过路口前换入低速挡，尽量避免在通过路口时换挡，避免因减挡不及时而熄火；

⑧通过没有交通信号控制的交叉路口时，应相互礼让。即使有优先通行权，也要慢行或暂停，注意避让行人和自行车。

(15)发现前方路口堵塞时，为了避免被卡在拥堵的路口内，应减速或停车，依次通行或等候，不要往前加塞，等前方路口疏通后，方可继续行驶。

(16)在驾驶车辆连续下长坡时，应用挡位控制速度，合理地使用行车制动，必要时可挂低速挡控制车速，始终将车速控制在能控制的范围内，严禁采用踏下离合器或空挡滑行，否则会有导致制动失效的危险。

(17)为防止与从支路突然驶入的车辆相撞，行至主支干道交汇口时，应提前减速，注意观察，谨慎驾驶。

(18)雨中行车，因路面与轮胎间的附着系数减小，影响制动效能，并且很容易发生横滑或溜滑的现象。大雨或暴雨时，风挡玻璃上形成溪水，有时靠刮水器也难以改善视线；刮水器片在雨中左右摆动，不同程度地影响着视线；大雨时，虽然道路条件比小雨天气有所改善，但能见度低，视线不良。为了确保雨天行车安全，行车中应主要注意以下几个方面：

①行车中应将车速控制在规定的范围内，并根据实际需要调整车速；能见度在50m以内时，最高时速不得超过30km/h；

②注意观察蒙蒙细雨中的行人和骑车者，由于行人头戴雨帽，致使视线、听觉都受到限制；一手握车把另一手撑伞骑自行车者更是左右摇晃，对交通情况不易看清，车辆临近时，应预防其突然转向或滑倒；

③遇到大暴雨或特大暴雨，刮水器的作用不能满足能见度要求时，不要冒险行驶，应选择安全地点停车，并开启危险报警闪光灯和示宽灯，待雨小或雨停时再继续行驶；

④根据车辆和道路的情况，特别是通过容易引起滑转的道路时，应严格控制车速；如果发生车辆横滑或侧滑情况，切不可急转转向盘或紧急制动，应利用发动机制动减速；

⑤雨中遇到行人时，要提前减速、鸣喇叭，严禁争道强行，不要从行人身边急速绕过，与其保持一定的安全距离，以免溅起的泥水弄脏行人的衣服；

⑥雨中跟车、超车、会车时，要与车辆及道路边缘适当加大安全距离；在傍山路、堤坝路或沿河边路上，不宜沿路边缘行驶；久雨天气或大雨中行车，要注意路基是否疏松和可能出现坍塌情况，尽量选择道路中间坚实的路面行驶。

(19)行车中经过积水路面时，应特别注意减速慢行；加速或保持正常车速通过，溅起的水花会冲击前风挡玻璃，阻挡驾驶员的视线，无法观察前方情况，极易导致车辆失控或交通事故。另外，驾驶车辆行经两侧有行人或非机动车行驶且有积水的路面时，更应减速慢行，以免泥水飞溅到行人或非机动车驾驶员身上。

(20)夜间控制行车速度对安全行车十分重要。因为夜间即使开着前照灯，可视距离也比白天短得多；遇到危险时，留给自己的反应和处置时间相对较短。所以，在夜间行车时，车速更应适当放慢，以保证车辆的制动距离在前照灯照亮的距离之内，从而能及时应对危险情况。由于夜间很难判断跟车距离是否可以超车，当发现前方有车辆时，应控制好车速，保持较大的车距，尽量不要超车。

夜间行车离不开灯光的照明，如果使用灯光不正确，不仅影响观察道路上的情况，而且还会发生交通事故。打开车灯不仅仅是为了照明，更重要的是让其他交通参与者能够观察到车的存在。前照灯的打开时间，应在灯光能显示出车的轮廓时就打开车灯，这样更为安全。

夜间在照明不好的地方尽量使用远光灯，对面有来车时，要及时把灯光切换成近光，不要使对面的驾驶员目眩。夜间在照明条件好的市区或路段行车，应使用近光灯，以安全的速度行驶，同时借助路灯，尽量把您的视野扩大到前照灯光以外的区域。

通过交叉路口、转弯、车道变换时，应提前开启转向指示灯，并在150m以外开、闭远近光灯示意路口左右方向来往的车辆和行人；右侧路口有来车时，应根据来车灯光的远近，确定是先行还是避让。在没有路灯或照明不良的道路上会车，应距对面来车150m以外两车交替使用远、近光灯，开远光灯是为了观察自己一侧道路上的交通情况；开近光灯的目的是让对方车辆开远光灯观察道路上的交通情况。

夜间会车时，在距对面来车150m以内，将远光灯改用近光灯，根据道路条件控制车速，使车辆靠道路右侧保持直线行进；眼睛不宜直视对方来车的灯光，可以注视路面的右侧，以避开对方来车的直射灯光的干扰。遇对面车辆不切换为近光灯时，须冷静对待，应在仔细观察道路右侧边缘的同时，用眼睛的余光观察来车。

上坡时提前加速，进行远、近光的变换，提醒对面来车注意；将驶近坡顶时，要合理的控制车速，将远光灯换为近光灯，以防对面来车眩目而造成车辆失控。

下坡时应使用远光灯，以增大视线范围。

夜间停车时，打开右转向指示灯，变换远、近光灯，选择停车地点；按交通法规的要求在安全地点停车后，打开小灯和尾灯；有危险报警信号灯的车辆，应将危险报警信号灯打开，以提示前后来往的车辆、行人及非机动车辆。车内灯尽量不要打开，因为夜间行驶，眼睛会逐渐适应黑暗的环境；若打开车内灯，则会使已经适应黑暗环境的视力突然下降，影响驾驶员的视力。

(21)提前预测和及时处置险情，能有效地预防和避免交通事故。有些时候，看不见的危险可能会潜伏在驾驶员的视线死角里。很多交通事故的发生就是因为驾驶员没有预测到险情，在可能发生危险的地方没有做到提前预防。

行车中遇到道路前方有玩耍、上学或放学的儿童，要及时减速，以随时能够停车的速度行驶，预防儿童突然跑向路中央。前方突然有皮球滚入路中时，应立即减速，皮球后面随时可能有儿童出现，必须及时减速或停车。

当发现前方车辆减速靠右停下时，应留出横向安全间距，并减速行驶，以防前车突然起步或突然打开车门。行车前方有其他出租汽车时，应减速并稍靠近中心线行驶，出租汽车随时可能停车。驶近停靠车站的公共汽车时，要减速慢行，行人可能从车前突然横穿出来。跟在大型车辆后面时，应保持安全距离，尽量避免在大型车尾部盲区内行驶。

通过没有信号灯的路口，即使有优先通行权，也一定要减速慢行，以防其他没有优先通行权的车辆抢行。在交叉路口时，即使是绿灯亮，也要减速慢行，预防看不到的违法的车辆和行人突然出现。行至视线被遮挡的急转弯处，要减速慢行，因为无法看清被挡住的交通路况。

夜间行车，遇对面来车不关闭远光灯时，驾驶员会看不清道路情况，应减速或停车让行，并随时注意后方车辆。

(22)雾天是最为恶劣的气象条件，发生交通事故的概率比平常高出几倍，甚至几十倍。因浓雾造成几十辆车辆连续追尾的事故屡见不鲜，损失惨重。因此，保证雾中行车安全显得尤为重要。

雾刚生成时，浓度在不知不觉中逐渐增加，视线虽然能逐渐适应，但能见度却在渐渐的缩短；雾气使挡风玻璃外形成小水珠，驾驶室内的热气同样使挡风玻璃内凝成水珠，影响视线，浓雾时能见度更低；低洼的路面上分布一层厚度为1m左右的浓雾时，虽不影响透视距离，但却看不清路面上的石块、沟坎、凹坑等障碍物。雾形成后会逐渐的增浓，冬天会使路面上形成薄霜或薄冰，极易产生侧滑。

雾中帮助驾驶员判断方向和车速的路标以及树木等参照物，变得难以看清；驾驶员的速度感迟钝，对车速的判断往往要比实际车速低；受尽快冲出浓雾包围的急切心理支配，会无意中提高车速；由于路边参照物模糊不清，往往与前方车辆保持的距离太近，甚至会误将前车停车时开着的尾灯误认为是行驶车辆的尾灯，紧跟而导致撞车。

雾天行车中驾驶员应打开防雾灯及示宽灯，严格遵循靠右侧通行的原则缓慢行驶，车辆之间及行人之间都要保持充分的安全距离，严格根据能见度控制车速，适时鸣喇叭，以引起行人和车辆注意；并密切注意路面及地理环境，尤其是通过村庄、路口、车站及行驶于山路转弯处时，应仔细观察周围情况，做好避让停车的准备，以免发生碰撞和刮擦。

雾较大时，可间歇使用刮水器，以便把风挡玻璃上因雾气凝成的小水珠刮干净，以改善视线；驾驶室内的热气在风窗玻璃内侧凝成的小水珠，可用风窗玻璃除霜功能清除或用干毛巾擦干；进入浓雾区前，应谨慎行驶，必须把车速控制在能及时停车的范围内。

雾天能见度较低时，应先将车开到路边安全地带或停车场，等能见度好转时再继续行驶。如果一定要在雾中行车，就要根据雾天的能见度情况，选择遇到情况时能迅速停车的行驶速度行驶（视距必须大于制动停车距离）。

雾中会车尽量选择宽阔的路段和地点会车；会车时，应关闭防雾灯，以免给对方造成眩目；适当鸣喇叭提醒对面车辆注意，发现可疑情况，应立即停车让行。

发现对面来车车速较快，没有让道意图时，应主动减速让行，必要时靠边停车；前方有障碍物时会车，要留出提前量和安全间距；会车后打开防雾灯。

雾天严禁超越正在行驶的车辆；发现前方车辆靠右边行驶时，不可盲目绕行，要考虑到此车是否在避让对面来车；超越路边停放的车辆时，要在确认其没有起步的意图而且对面确无来车后，适时鸣喇叭，从左侧低速绕过。

雾天行车，能见度在30m以内时，车速不得超过20km/h；浓雾能见度减至5m以内时，应及时靠边选择安全地点停车，并开启危险报警灯、尾灯和示宽灯，待浓雾散开后再继续行驶。

雾天跟车行驶时，应密切注意前车动态，保持较大的跟车距离，适当控制车速，切不可急转转向盘、猛踏或快松加速踏板，以防侧滑。

雾中避免开前照灯行驶，强光照在雾上会引起散射，影响视线，造成视距缩短，甚至看不清前方的路面和交通情况。

(23)冰雪天气行车，有条件时可更换防滑轮胎或安装防滑链，也可用钢丝绳绕在车轮上做短距离行驶；在驱动轮上装防滑链，左右要对称，松紧要适度，通过冰雪路段后，立即拆除，以免损坏路面和轮胎。

没有安装防滑链的车辆在雪地起步时，可采用比平时高一挡位起步，利用离合器半联动和轻踏加速踏板的办法实现平稳起步；起步困难时，可在驱动轮下铺垫干草、炉渣、沙子等物辅助起步。

在雪地行车中，积雪覆盖着道路，有时沟壑被积雪掩盖，道路的轮廓难以辨别；行车时应根据道路两旁的树木、电杆等参照物判断行驶路线，用发动机的牵阻控制车速，低速行驶；有车辙的路段应循车辙行驶，转向盘不可急打急回，以防车辆侧滑偏出道路。

会车时应选择比较安全的地段靠右侧慢行，适当增大两车的横向间距，且与路边保持一定距离，必要时，可在较宽的地段停车让行。跟车行驶应与前车保持较大的纵向距离，一般为正常道路条件的1.5~3倍；遇前车放慢速度，后车需要减速时，可采用间歇缓踏制动踏板，同时使用驻车制动器的方法，切忌将行车制动器一脚踏到底或使用驻车制动器过急过猛。

当车辆行至弯道、坡道及河谷等危险地段时，要提前缓抬加速踏板，平稳降速，适当加大转弯半径，转向盘不可猛打猛回，做到早转或少转，以防车轮侧滑。

需要停车时，应提前减速或换用低速挡，缓慢地制动；前方遇有情况时，应提前降低车速，必要时换入低速挡控制，尽量避免使用行车制动器制动。

冰雪天气行车应注意以下事项：

①雪地长时间行车，应佩戴有色眼镜，以防造成眩目而影响行车安全；

②气压制动的车辆，应预防储气筒控制阀和制动管路中产生结冰而致使制动失效；

③结冰山路上行车，必须安装防滑链；通过结冰路段后应及时拆除，以免损坏路面和轮胎；在有积雪的坡道上行驶，应提前换入低速挡，加速时不可过急，中途避免换挡；

④傍山险路降雪结冰后，应根据冰雪厚度、坡道大小、弯道急缓及路面宽窄等情况，决定能否通过，必要时停车勘察，不可盲目冒险行驶；

⑤在冰雪路面较长时间停车时，应选择适当地点，可在轮胎下垫以木板、树枝或柴草等物；

⑥在弯路、坡道及河谷等危险地段行驶时，更应注意选择好行驶路线；路况稍有可疑应立即停车，待察看清楚确认安全后再继续行驶。

(24)山区道路行车，由于坡陡、急弯较多，视线经常被遮挡，无法预料到前方可能存在的危险。当车辆接近坡顶或者弯道的时候，一定要降低车速，尽量靠路右侧行驶，以便在遇到危险时能及时处置。车辆进入山区道路后，要特别注意“连续转弯”标志，并主动避让车辆及行人，适时减速和提前鸣喇叭。在通过山区道路弯道时，要做到“减速、鸣号、靠右行”；临近一面临崖弯道，必须提前降低车速，同时应尽量避免靠临崖一侧太近。下坡时由于惯性作用，车速会越来越快，应及时根据坡道情况减挡行驶，充分利用发动机制动控制车速，千万不能高速行驶或踏下离合器踏板滑行，更不能空挡滑行。下长坡时尽量避免长时间连续使用行车制动，以避免因制动器温度升高而使制动效果急剧下降。下坡中途停车时，踏制动踏板要比在平路时提前。车辆上坡行驶，要提前观察路况、坡道长度，及时、准确、迅速减挡，使车辆保持充足的动力。上陡坡时，应在坡底提前减挡，加速冲坡。车辆在山区上坡路驾驶，减挡要及时，避免拖挡行驶导致发动机动力不足。

(25)通过桥梁时，应及时降低行驶速度，注意桥头限制载质量或限制轴载质量标志所限定的数值或提示，严格遵守通行规定，根据桥面的宽度，选择安全的通过方法，做到减速、礼让、慢行，尽量避免在窄桥上换挡、制动、会车和停车。

通过漫水桥时，应停车观察水情，确认安全后，让乘客下车步行过桥，车辆在引导下低速通过；行驶中视线应尽量避开水流，避免在中途变速、急剧转向和停车。若遇洪水或河水漫过桥面时，不得冒险通过。

通过立交桥前，应注意观察立交桥的形式，并注意指路标志和指示标志所指引的行驶方向，根据需要按标志所引导的方向确定行驶路线；通过立交桥时，按规定或限速标志限定的速度行驶，确保行车安全。

通过木桥、吊桥、浮桥和便桥前时，应首先停车检查能否通过，确认可以通过时，用低速挡匀速平稳缓慢行驶,中途不可变速、制动、停车和起步,以免引起对桥梁的冲击而发生意外。

(26)车辆遇险时,应在确保安全和尽量减少损失的前提下,避开损失较重或危害较大的一方,尽可能减少危害;宁可财产受损失,也要确保人的安全。车辆遇险前的一瞬间,应先使用制动降速,在确认安全的情况下,平稳转动转向盘,并果断采取一切有效措施保护乘车人不受伤害或少受伤害,要尽量避免车辆发生倾覆。车辆遇刮碰或制动失效时,应迅速告知乘客向车厢中部或没有被刮碰的安全一侧挤靠,并抓住车内固定物,避免车身变形挤伤身体。遇到非常情况或者发生事故时,应力所能及地将损失降到最低限度,决不能因应急避险造成二次事故或更大的损失。

(27)遇转向失控时,要沉着冷静判明险情程度,应尽快减速,在采取制动措施的同时,注意及时将危险警示信息传递出去,提醒道路上的其他车辆以及行人注意避让。车速较高时,不可紧急制动降速,否则车辆容易发生侧滑,甚至倾翻。

(28)行车中突然发现制动失效时,最重要的是握稳转向盘,设法避开交通复杂、人员较多的地段,并视情况抢挂低挡或使用驻车制动进行减速;使用驻车制动操纵杆时应逐渐用力,不可一次拉紧,一次拉紧容易将驻车制动盘"抱死",损坏传动机件而丧失制动能力。同时可利用上坡道或天然障碍迫使车辆降速、停车。

下坡遇制动突然失效时,首先观察路边是否有可利用的坡道,若有可将车辆驶向坡道,以阻止车辆前进,帮助停车;若没有可利用的坡道时,应果断地利用天然障碍物,给车辆造成阻力,必要时可把车靠向路旁的岩石或树林,利用天然障碍达到停车脱险之目的,以减少损失和伤亡。

二、机动车维修人员

出租汽车企业一般有配套的机动车维修厂(车间),不对外开放,为本单位车辆提供维修等业务。工作人员一般包括:机修人员、电器维修人员、钣金人员、涂漆人员等。

(一)基本要求

按照《机动车维修从业人员从业资格条件》(GB/T 21338—2008)规定,机修人员是指机动车维修企业中从事机动车机械及其控制系统维修作业的人员。机修人员应具备两个基本条件:一是具有初中(含)以上文化程度;二是连续从事机修工作3年以上,或本专业中职毕业连续从事机修工作2年以上,或本专业高职(含)以上毕业连续从事机修工作1年以上。

按照《机动车维修从业人员从业资格条件》(GB/T 21338—2008)规定,电器维修人员是指机动车维修企业中从事机动车电器系统维修作业的人员。电器维修人员应具备两个基本条件:一是具有初中(含)以上文化程度;二是连续从事机动车电器维修工作3年以上,或本专业中职毕业连续从事机动车电器维修工作2年以上,或本专业高职(含)以上毕业连续从事机动车电器维修工作1年以上。

按照《机动车维修从业人员从业资格条件》(GB/T 21338—2008)规定,钣金(车身修复)人员是指机动车维修企业中从事车身修复作业(涂装作业除外)的人员。钣金(车身修复)人员应具备三个基本条件:一是具有初中(含)以上文化程度;二是连续从事车身修复工作3年(含)以上,或相关专业中职毕业连续从事车身修复工作2年以上,或相关专业高职毕业连续从事车身修复工作 1 年以上；三是应持有相关部门发放的具有焊工初级以上的职业资格证书。

按照《机动车维修从业人员从业资格条件》(GB/T 21338—2008)规定，涂漆(车身涂装)人员是指机动车维修企业中从事车身涂装作业的人员。涂漆(车身涂装)人员应具备三个基本条件：一是具有初中(含)以上文化程度；二是连续从事车身涂装工作 3 年(含)以上，或相关专业中职毕业连续从事车身涂装工作 2 年以上，或相关专业高职毕业连续从事车身涂装工作 1 年以上；三是具有与从事本岗位工作需求相适应的身体条件。

(二)机动车维修人员安全操作要点

(1)装卸汽车发动机和起动机时，应将汽车电源总开关断开，切断电源后进行。未装电源总开关的，卸下的蓄电池电线接头应包扎好；

(2)需要起动发动机检查电路时，应注意车底有无他人工作，预先打招呼、拉紧驻车制动器操纵杆、使变速器挂空挡，然后起动发动机，不熟练人员及学员不得随便起动发动机；

(3)汽车内部线路接头必须接牢并用胶布包扎好。穿孔而过的线路要加胶护套；

(4)拆装蓄电池时，应用蓄电池吊带；

(5)蓄电池架发现损坏时，应立即修理，不得凑合使用；

(6)装蓄电池时，应在底部垫以橡皮胶料，蓄电池之间以及周围也应用木板塞紧；

(7)蓄电池桩头、导线夹应安装可靠，不准用铁丝代用；

(8)清洗发电机、起动机及其他电器设备，应使用不带添加剂的工业汽油，并注意防火。

(9)清洗零件应在专设的洗件盆或洗件池内进行。非必要，禁止使用汽油清洗零件。

(10)某些零件如发电机、起动机、离合器片、制动摩擦片等需用汽油清洗时，必须使用无添加剂的工业洗涤汽油，并严禁烟火，用后的汽油应集中处理，不得随便乱放、乱倒，以免引起火灾。

(11)拆装汽车时应使用专门的拉压机具成套工具，禁止采用手锤、錾子代替扳手使用。

(12)拆下半轴、传动轴等轴类长零件，不可竖在车身旁，应当平方在座架上，以防倒下伤人和刮伤车身。

(13)禁止用扳手接套管来增加其扭矩，应选择使用特制扳手。

(14)禁止使用无手柄的锉刀和手柄不牢的锤子。不能使用手锤直接敲打淬火零件，而必须通过铜棒之类的软金属，以免铁碎片伤人。

(15)使用砂轮机必须遵守砂轮机的使用规程，并戴上防护眼睛。

(16)使用移动式电动工具和风动工具，须熟悉其安全操作规程。将电动工具移到工作地点后，才能接电使用。工作完毕后，不准用拉拽电线的粗暴办法拔插头，而应该先把开关拉下，用手把插头拔下。

(17)使用电动轮胎螺母拆装机时，应该用冲击次数来控制螺母的扭矩，切勿过松或过紧。对于滑角的套筒应及时更换，拧紧螺母时应对称进行。

(18)使用电动钢板骑马螺栓拆装机时，其扭力的控制全凭经验。边上紧边注意钢板的位置是否对正，一个钢板总成的骑马螺栓应对称逐步拧紧。

(19)使用钻床时，须遵守其安全操作规程，工件应牢固地夹持在工作台钳中。

(20)在帮助焊工焊接工件时，须戴上防护眼睛和手套。

(21)在车底下工作时,必须使用卧板。

(22)装钢板销子绝对禁止用手指伸入销孔检查是否对正,应用对孔工具校对。

(23)禁止将工具零件放在驾驶室顶上或发动机及叶子板上,应放在工具托架上。

(24)禁止正在试验制动系统和离合器工作状况时,人在车底下工作。

(25)禁止在维修车辆上随意摆弄变速杆和起动机开关等操纵件。

(26)进行发动机维修作业和传动系维修作业前,必须把总电源开关断开(未装电源总开关的应拆下蓄电池电缆并包扎好)。

(27)修理油箱需要放油时,周围应严禁烟火,停止气、电焊作业。抽油机应是密封式,盛油桶应加盖密封放在安全地方。

(28)车间所用一切油料及易燃物品应放在安全地方,禁止油污落地,禁止油污沾在轮胎上。

(29)凡有弹簧垫圈、开口销、保险垫片等易损防松装置的,复装时务必如数装上,不准凑合使用。

(30)无驾驶证者严禁驾驶汽车。需要起动发动机时应以班长为主,或者由班组长指派比较熟悉汽车性能的主修技工起动发动机。

(31)双班时,当班人员将工作中所发现的各种问题及未修好的部件报告组长或通知接班人员。

(32)工作后主动整理自己的工作位置,将工具擦净收拾好,清扫场地。

(33)防治水污染:

①禁止任何人将污水、含有有毒化学药品的废水排放到水沟中;

②禁止任何人将垃圾、废油、废渣、有毒废弃物排放下水道;

③禁止使用渗井、渗坑处理工业三废;

④一切含油废液严禁倒入下水道;

⑤严禁用稀释方法排放废液。

(34)防止大气污染:

①禁止在厂内燃烧沥青、油毡、橡胶、塑料、废油渣及其他可产生毒性气体的废物;

②经炉必须有消烟、除尘设备,以减少烟尘对大气的污染;

③汽车喷漆必须在厂房内进行,喷漆间要安装排风扇;

④喷漆作业采用硝基稀释剂,并采用电动喷涂机;

⑤工厂储藏的油漆及稀释剂,应经常进行检查,防止漏失并妥善保管。

(35)防止其他污染:

①切实做好各种设备的维护工作;

②加强废油管理,凡是更换下来的废油一律储存在专门的容器内(桶),统一管理、统一回收。

③砂轮机等产生较大噪声的设备,经常注意检修,以减少噪声污染,确保安全。

三、特种作业人员

出租汽车企业涉及的特种作业人员一般包括电工、焊工、电梯工、司炉工、厂内机动车驾驶员、压力容器操作工、起重工等。

(一)基本要求

按照《特种作业人员安全技术培训考核管理规定》的要求,特种作业人员应具备以下六个基本条件:一是年满18周岁,且不超过国家法定退休年龄;二是经社区或者县级以上医疗机构体检健康合格,并无妨碍从事相应特种作业的器质性心脏病、癫痫病、美尼尔氏症、眩晕症、癔病、震颤麻痹症、精神病、痴呆症以及其他疾病和生理缺陷;三是具有初中及以上文化程度,危险化学品特种作业人员应当具备高中或者相当于高中及以上文化程度;四是具备必要的安全技术知识与技能;五是相应特种作业规定的其他条件;六是必须经专门的安全技术培训并考核合格,取得《中华人民共和国特种作业操作证》后方可上岗作业。

(二)特种作业人员安全操作要点

1. 电工安全操作要点

(1)低压维修电工必须经过专门的技术、安全培训,经考试合格持有《操作证》者才能上岗作业。

(2)作业前必须戴好工作帽,穿好工作服、工作鞋等劳动防护用品,必要时应穿绝缘鞋和戴绝缘手套;检查工具、测量仪表和防护用具是否完好。

(3)凡裸露的导线、绝缘损坏的导线在未确定是否带电情况下,一律按有电处理;凡裸露于电器外的接头,应及时作绝缘处理,并置于人不易触及的位置。

(4)检修电气设备和线路时,必须将电源开关切断并上锁,挂上安全警示牌,不得带电操作。如确需带电操作时,必须采取安全措施(如人应站在绝缘板上,或穿绝缘鞋、戴绝缘手套等),并且有专人监护,以防发生事故。

(5)检修或维护工作中断后,再次开始工作前,必须重新检查电源是否断开,所作的安全措施有无变动,并验明无电后方可重新开始工作。

(6)动力配电箱的闸刀开关,禁止带负荷拉开;带电装卸熔断器时,要戴防护目镜和绝缘手套,必要时使用绝缘夹钳,站在绝缘垫上。

(7)所有电气设备的金属外壳都必须有专用的接零导线或接地保护。

(8)在同一电力网中,不允许一部分设备接地而另一部分设备接零。

(9)拆除用电设备或线路后,可能来电的线头必须用绝缘胶布包扎好。

(10)行灯、机床照明灯等,应使用36V以下的安全电压;在特别潮湿的场所,应使用不高于12V的电压。

(11)各种用电设备、线路、回路的配制和安装,必须遵守电气设备安装标准;临时用电设备和线路的敷设必须向有关部门申报批准后方可实施,并应符合临时线路安装的有关规定。

(12)当有人触电时,如在开关附近,应立即切断电源;如附近无开关,应尽快用干燥木棍等绝缘物体打断导线或挑开导线,使之脱离触电者,绝不能用手去接触触电者。

(13)电气设备发生火灾时,应立即切断电源,并使用“干粉”“1211”或二氧化碳灭火器灭火。严禁用水或泡沫灭火器灭火。

(14)从事高空作业,应当在停电后进行,高空作业必须扎好安全带,戴好安全帽。高处工作传递物件不得上下抛掷。

(15)使用梯子时,与地面之间的角度以60℃左右为宜;在湿滑地面应有防滑措施;无搭勾的梯子应有人扶住梯子。不准使用钉子钉成的梯子。

(16)严禁带电测量电阻,测电阻时必须切断电源。

2. 焊工安全操作要点

(1)电气焊工必须经过专门的技术、安全培训,经考试合格持有《操作证》者才能上岗作业。

(2)严格遵守一般焊工安全操作规程,熟练掌握、遵守《焊接作业安全操作规定》。

(3)金属焊接作业人员,工作前必须穿好工作服,戴好工作帽、手套、劳保鞋。工作服口袋应盖好,并扣好纽扣。工作时用面罩。

(4)启动焊机前检查电焊机和闸刀开关,外壳接地是否良好。检查焊接导线绝缘是否良好。在潮湿地区工作应穿胶鞋或用干燥木板垫脚。

(5)每隔3个月对电焊机进行一次检查,保障设备及性能良好。

(6)搬动电焊机要轻,以免损坏其线路及部件。

(7)禁止在储有易燃、易爆的场所或仓库附近进行焊接。在可燃物品附近进行焊接时,必须距离10m以上,在露天场所焊接必须设置挡风装置,以免火星飞溅引起火灾。在风力五级以上,不宜在露天场所焊接。

(8)在高空焊接时,必须扎好安全带,焊接下方须放遮板,以防火星落下引起火灾或灼伤他人。

(9)拆卸或修理电焊设备的接连导线时,应由电工进行。必须焊工自己修理时,在切断电源后,才能进行。

(10)焊接中停电,应立即关闭电焊机。工作完毕后应立即关闭电焊机并断开电源。

(11)焊接时,注意周围同志以免被电弧光灼伤眼睛。

3. 电梯工安全操作要点

(1)电梯工必须经过专门的技术、安全培训,经考试合格持有《操作证》者才能上岗作业。

(2)电梯使用前,应检查电梯各类开关及机械、电气部分和安全装置是否正常,同时要空载往返运行数次检查滑道、限位开关、停层是否灵敏可靠,确认无误时方可使用。

(3)运行前,护门必须关好。工作者和乘客的手不准把门,脚禁止伸出门外。轿厢内装运物件,应使其受力均匀、不偏斜,确认稳定安全后方可开动电梯。

(4)运行中,操作者要精力集中,不准与其他人员谈话,以免分散精力造成失误。

(5)轿厢负载不得超过其额定载质量。不得打开应急舱口运载超长物件。

(6)货梯用于提升或下降货物,允许载人的,装卸人员可随同货物上下,不得单独载乘人员。非允许载人电梯不得载人。

(7)电梯运行前和运行中,轿厢中必须打开照明设备,运行前应按电铃以示警告。

(8)电梯在运行中不准任何人打开防护门,如发现防护门打开时,电梯工应立即停车,将防护门关好后,方可开车。运行中如果发现不正常声音时,应停车立即找有关部门进行检修,未修复前不准开动。

(9)电梯在工作时,严禁擦拭、润滑和修理机件。

(10)电梯运行中不得任意改变运行方向,应待电梯完全停稳后再改变,不得以忽开忽停地接通电源的方式来驾驶电梯,电梯在上面时,任何人不得进入底层。

(11)电梯在行驶中,如电源突然中断,不能继续行驶时,应将手柄开关置于零位,待恢复后再开动行驶。无法恢复使用时,不得扒门或撬门,应通知电梯维修人员,采取安全措施,设法使乘客安全退出轿厢。

(12)电梯无论在停止时还是行驶中,如发现有失控现象,应立即将安全开关断开,使轿厢停车。

(13)发现电梯有漏电现象时,应立即停用检修,不得带病运行。

(14)工作结束后,电梯必须降到底层停放,离开电梯时,防护门必须加锁。

4. 司炉工安全操作要点

(1)司炉工应经过专业培训,持证上岗。

(2)操作过程中佩戴安全防护用具,保持操作间的通风良好。

(3)设备投入运行前,应对锅炉的安全附件进行仔细检查,一切正常后方可投入运行。

(4)锅炉周围应保持清洁,严禁堆放杂物。

(5)司炉工应认真做好当班运行记录。

(6)司炉工交接班时,必须进行详细记录,临接班前和当班中不得喝酒,患有疾病者不得上岗。

(7)发生事故不要惊慌失措,应立即查明原因;正确处理;如不能判断事故原因,应采取紧急停炉措施,立即报告有关领导,司炉人员不得离开岗位。

(8)定期对水质进行化验,符合使用标准。

(9)保持锅炉房内外环境的整洁。

5. 厂内机动车驾驶员安全操作要点

(1)厂内机动车驾驶员必须持有政府安全主管部门颁发的厂内机动车安全驾驶证,做到持证驾驶,严禁无证驾驶。

(2)按机动车要求,认真做好车辆的维护工作。每天开车前,必须详细检查车辆各部件,特别是制动、轮胎、喇叭等,做好日常维护记录。

(3)严格遵守交通法规和安全操作规程,熟悉机动车辆的结构,掌握一般的电路故障的排除技术。严禁车辆带病作业。

(4)夜间行驶时要检查灯光是否有效,严禁在前照灯失效时用手电筒代替等其他办法。

(5)行驶中发现制动、转向系统有故障时必须立即停车,待修复后方可行驶。下雨、下雪天刮水器失效时也必须停车修复后方准行驶。

(6)驾车前严禁饮酒,行驶中不准吸烟、饮食及闲谈,行驶中严禁单手操纵转向盘驾驶。

(7)装载货物严禁超长、超宽、超高,载客车辆严禁超员,装运危险品货物要严格遵守有关规定。

(8)在厂区道路上机动车最高行驶速度不得超过5km/h。

(9)机动车辆必须钉上车辆牌照,驾驶员离开车辆时,必须拔出并妥善保管好车钥匙。

6. 压力容器操作工安全操作要点

(1)压力容器操作人员必须取得当地质监部门颁发的《特种设备作业人员资格证件》后,方可独立承担压力容器操作。

(2)压力容器操作人员要熟悉本岗位的工艺流程,有关容器的结构、类别、主要技术参数和技术性能,严格按操作规程操作。掌握处理一般事故的方法,认真填写有关记录。

(3)压力容器要平稳操作,容器开始加压时,速度不易过快,要防止压力的突然上升。

(4)压力容器严禁超温超压运行。发现温度、压力异常时,应及时停机检查。排除故障后方可重新开机。

(5)严禁带压拆卸压紧螺栓。维修时必须停泵、排气卸压后方可进行。

(6)开始操作前,应首先检查气泵、储气罐、管道、阀门及安全附件是否处于良好状态。

(7)坚持压力容器日巡检制度,储气罐每日至少排水一次,及时发现不正常状态,并采取相应措施调整和排除。

(8)随时检查压力容器及相关管道和附件,及时处理"跑、冒、漏"现象。

(9)每月应对安全阀进行全面检查。手动排气以防阀芯与阀座粘死卡滞。

(10)安全阀和压力表每年至少校验一次。

(11)发现下列情况时,必须及时更换安全阀:

①安全阀的阀芯和阀座密封不严且无法修复的。

②安全阀的阀芯和阀座粘死或弹簧严重腐蚀、生锈的。

(12)保持压力表洁净,随时注意压力表的工作情况。有下列情况时,及时更换压力表:

①无压力时,指针不能归零的。

②表盘玻璃破裂或表盘刻度模糊不清的。

③封印损坏或超过校验有效期的。

④压力表指针松动或断裂的。

⑤有其他影响压力表准确指示缺陷的。

7.起重工安全操作要点

(1)起重工应经专业安全培训,并考试合格持有操作证者,方能参加起重操作。

(2)工作前必须戴好安全帽,严格检查各种设备、工具、索具是否完好可靠。不准超负荷使用。麻绳不准用于机械传动。

(3)现场动力设备必须接地可靠、绝缘良好,移动灯具要使用安全电压。

(4)多人操作要有专人负责指挥,统一信号,交底清楚。严格按总指挥命令或信号工作。如遇操作者看不清指挥手势时,应设中转助手,准确传递信号。

(5)起吊工作物,应先检查捆缚是否牢固,绳索经过有棱角缺口处应设垫衬,然后试吊离地面0.5米,经检查确认稳妥可靠后方能起吊。

(6)使用起重吊杆定位要正确,封底要牢靠,必要时采用缆绳拉紧固定,不许在受力后产生扭、曲、沉、斜等现象。

(7)操作卷扬机必须听从指挥,看清信号,正确操作。严格做到:信号不明、钢丝绳跑偏、超负荷、制动不灵不开车。用卷扬机作牵引时,中间不经过滑轮不准作业。

(8)使用千斤顶时,底基要坚实,安放要平稳,顶盖与重物间应垫木块,缓速顶升,随顶随垫,多台顶升时,要动作一致。

(9)使用缆风绳应不少于三根,固定位置要牢靠,不准系结在电线杆、机电设备和管道支架等处。缆风绳拉紧后与地面夹角应小于45°。需要固定在现场建筑构件上时,须经有关部门同意。

(10)卧式滚移重物时,地面必须平整,枕木垫要硬,钢管要圆直。需要用手扳动钢管时,手指应放在管内,物件前后不准站人。

(11)起重区域周围应设置警戒线,严禁非工作人员通行。遇6级以上大风时,严禁进行露天起重吊装。

(12)在起重物件就位固定前,不得离开工作岗位。不准在索具受力或吊物悬空的情况下中断工作。

(13)吊物悬空时,禁止在吊物或吊臂下停留或通过,在卷扬机滑轮前及牵引钢丝绳边不准站人。

(14)高处作业或使用其他机电设备时,应遵守有关安全操作规程。

第五节　应急救援人员职责

为保障事故状态下,应急预案的有效实施,企业应建立与本单位安全生产特点相适应的专兼职应急救援队伍,或指定专兼职应急救援人员。为了保证事故状态下,应急救援工作的顺利开展,及时控制事态的发展,企业应加强应急队伍的日常训练,使其具备过硬的应急处理能力。

出租汽车企业应根据行业特点,应加强驾驶员、车辆维修人员、车间主任、车队队长、班组长、安全员、调度人员等一线工作人员和现场管理人员应急处理能力的培训工作,开展应急预案的宣传教育及培训活动,普及生产安全事故预防、避险、自救和互救知识;使有关人员了解应急预案内容,熟悉应急职责、应急程序和应急处置方案。

出租汽车企业应急救援队伍一般由指挥组、通信组、疏导组、抢救组、后勤保障组、统计分析组等6个核心应急响应工作小组组成。

(1)遇有突发事件,股份公司立即启动相应的应急预案,各工作小组要根据总指挥部的命令立即赶赴现场,并在现场指挥组的统一协调下,根据分工迅速展开各项救援工作。

(2)指挥组任务职责——立即对现场情况进行了解,迅速掌握第一手资料,指挥各工作小组迅速进入工作状态,同时要边处置、边汇报,及时向指挥部提出控制事件、事态发展的建议和措施。现场指挥组要保证与总指挥的通信联络,随时向总指挥汇报事态发展情况和现场处置情况,保证信息畅通。

(3)通信组任务职责——根据现场情况,随时与外界保持正常的通信联系,要及时按总指挥部的命令报警,可立即拨打110、119、120、122联网报警电话中的任何一个号码。及时为总指挥提供现场准确的信息,积极与当地有关公安、司法机关或有关医疗机构取得联系,必要时求得支援与帮助。遇有新闻媒体的现场采访,首先要征得总指挥部的批准,并由总指挥部确定统一答复口径。

(4)疏导组任务职责——积极疏导现场中心和周边围观群众,劝说无关人员离开现场,维护现场秩序,积极协调有关人员努力开通应急通道,疏散车辆;保证消防、急救、公安等部门的急救车辆能及时顺利到达中心现场。同时,要注意现场周围警戒,防止坏人趁机哄抢、破坏。

(5)抢救组任务职责——根据现场情况迅速组织工作人员,积极抢救受伤人员和贵重物资,并迅速与当地急救中心或就近医疗机构联系,协助有关部门妥善安置受伤人员,抢救物资。

(6)后勤保障组任务职责——要根据事件性质和发展情况,迅速筹集现场急需救急物资,征集调配救急车辆,协助有关工作小组做好疏导、抢救等各项善后工作。

(7)统计分析组职责——做好日常信息的收集、分类、汇总、上报工作,并及时将有关信息反馈指挥部。日常工作中要做好不安全、不稳定因素的捕捉、预测、分析、情况通报。

第二十三章　设备设施安全管理

第一节　营运车辆安全管理

出租汽车企业的营运车辆按使用的燃料分，一般可分为液体燃料汽车、气体燃料汽车、两用燃料汽车、双燃料汽车、电动汽车等。

按营运车辆的车型分，一般包括微型客车、轻型小客车、轻型中客车、中型客车、大型客车。按营运车辆的级别分，一般包括普及级、中级、中高级、高级。

一、燃料

液体燃料汽车是指装备以柴油、汽油等液体为燃料的发动机的汽车。

气体燃料汽车是指装备以液化石油气、天然气或煤气等气体为燃料的发动机的汽车。

两用燃料汽车是指具有两套相互独立的燃料供给系统，一套供给天然气或液化石油气，另一套供给天然气或液化石油气之外的燃料，两套燃料供给系统可分别但不可共同向汽缸供给燃料的汽车，如汽油/压缩天然气两用燃料汽车、汽油/液化石油气两用燃料汽车等。

双燃料汽车是指具有两套燃料供给系统，一套供给天然气或液化石油气，另一套供给天然气或液化石油气之外的燃料，两套燃料供给系统按预定的配比向汽缸供给燃料，在缸内混合燃烧的汽车，如柴油—压缩天然气双燃料汽车，柴油—液化石油气双燃料汽车等。

电动汽车是纯电动汽车、混合动力（电动）汽车和燃料电池电动汽车的总称。

二、车型

微型客车：车长不大于3.5m的一、二厢的机动客车。

轻型小客车（轿车）：车长大于3.5m不大于7m的二、三厢形式的机动客车。

轻型中客车：车长大于3.5m不大于7m的一厢形式的机动客车。

中型客车：车长大于7m不大于10m的一厢形式的机动客车。

大型客车：车长大于10m的一厢形式的机动客车。

三、级别

（1）微型客车的级别：

普及级：发动机排量小于1L。

中级：发动机排量小于1L、有空调、汽车用收放音机。

（2）轻型小客车的级别：

普及级：发动机排量大于1L不大于1.6L。

中级：发动机排量大于1.6L小于2.5L，有冷热空调和汽车用收放音机。

中高级:发动机排量大于等于2.5L小于4L,有冷热空调,中高级汽车用收放音机。

高级:发动机排量不小于4L,有冷热自动温控空调、音响设施及特殊的舒适性和安全性设施。

(3)轻型中客车、中型客车及大型客车的级别:

普及级:无空调,有汽车用收音机或放音机。

中级:有冷热空调、汽车用收放音机。

高级:有冷热可调式管道空调、换气器、中高级音响设施。

四、车辆技术要求

出租汽车客运车辆在正常营运期间必须保持车辆技术状况良好,各项技术性能指标符合相关要求。

(1)出租汽车车辆的发动机转向系、制动系、传动系、行驶系、车身及照明等技术要求均应符合GB7258的规定。

(2)车内外蒙皮平整完好,装饰条件光亮。全车车身涂层应符合GB11380的要求。

(3)车辆密封应良好。车窗玻璃完好、不眩目。车门开关灵活可靠。微型客车、轻型小客车不宜用窗帘、滤光薄膜纸等物遮挡阻视。

(4)汽车的座椅、头枕、扶手、拉杆和原有保险带等完整、牢固、有效。

(5)有冷热空调、自动温控设施的车辆,应保持冷热空调、自动温控设施完好、有效。

(6)车辆装有的收音机或收放音机,应功能完好,效果良好。

(7)无乘坐条件、无安全保障、客货两用的车辆严禁用作出租汽车。

(8)两开门小轿车、无行李厢的微型汽车等,若行驶年限(行驶公里)接近报废年限(公里),则不宜用作出租汽车和车辆出租。

(9)无厂牌车、拼装车和行驶年限(行驶公里)超过报废年限(公里)的车辆严禁用于出租汽车运行和车辆出租运营。

五、车辆维护

(一)一般要求

按照《汽车维护、检测、诊断技术规范》(GB/T 18344)的规定,车辆维护分为日常维护、一级维护、二级维护。

日常维护是指出车前、行车中、收车后,以清洁、补给和安全检视为作业中心内容,由驾驶员负责执行的车辆维护作业。

一级维护是指除日常维护作业外,以清洁、润滑、紧固为作业中心内容,并检查有关制动、操纵等安全部件,由维修企业负责执行的车辆维护作业。

二级维护是指除一级维护作业外,以检查、调整转向节、转向摇臂、制动蹄片、悬架等经过一定时间的使用容易磨损或变形的安全部件为主,并拆检轮胎,进行轮胎换位,检查调整发动机工作状况和排气污染控制装置等,由维修企业负责执行的车辆维护作业。

具体的维护内容、维护周期应按照《汽车维护、检测、诊断技术规范》的规定执行。

(二)特殊要求

1.压缩天然气(CNG)汽车维护

(1)日常维护。驾驶员应在出车前、行车中和收车后对车辆进行日常维护,并重点观查CNG专用装置有无泄漏和异常情况。

除GB/T 18344规定外还需进行的作业内容:

①检视CNG专用装置各功能部件、系统的工作状态及其连接和密封,要求状态正常且无松动、泄漏、损坏。气瓶及固定支架固定牢固、无损伤,必要时更换;CNG管线不得与其他部件擦碰;

②检查CNG储气量,降至规定值以下时应立即加充CNG;

③对于CNG/汽油两用燃料汽车,油箱中存有的汽油应符合车辆使用规定及油品质量要求。当长期使用燃油时,应把储气瓶的燃气用完;当使用CNG时,应按规定定期转换燃料运行,确保两种燃料供给及其转换系统工作正常;

④行车中,应随时观察车辆各系统工作状况,当发现CNG专用装置有过热、过冷、异味等异常现象时,应立即关闭CNG储气瓶截止阀,并及时送CNG汽车维修企业进行维修。

(2)一级维护增加了CNG专用装置的检查,并由CNG汽车维修企业负责执行的车辆维护作业。具体维护内容应按照GB/T 18344和JT/T 512—2004规定执行。

(3)二级维护增加了CNG专用装置的紧固、密封及其性能保持,并由CNG汽车维修企业负责执行的车辆维护作业。具体维护内容应按照GB/T 18344和JT/T 512—2004规定执行。

2.液化石油气(LPG)汽车维护

(1)日常维护。驾驶员应在出车前、行车中和收车后对车辆进行日常维护,并重点观察LPG专用装置有无泄漏和异常情况。

除按GB/T 18344规定执行外还需进行的作业内容:

①检视LPG专用装置各功能部件、系统的工作状态及其连接和密封,要求状态正常且无松动、泄漏、损坏。气瓶及固定支架固定牢固、无损伤,必要时更换;LPG管线不得与其他部件擦碰;

②检查LPG储气量,降至规定值以下时应立即加充LPG;

③对于LPG/汽油两用燃料汽车,油箱中存有的汽油应符合车辆使用规定及油品质量要求。当长期使用燃油时,应把储气瓶的燃气用完;当使用LPG时,应按规定定期转换燃料运行,确保两种燃料供给及其转换系统工作正常;

④行车中,应随时观察车辆各系统工作状况,当发现LPG专用装置有过热、过冷、异味等异常现象时,应立即关闭LPG储气瓶截止阀,并及时送LPG汽车维修企业进行维修。

(2)一级维护。一级维护增加了LPG专用装置的检查,并由LPG汽车维修企业负责执行的车辆维护作业。具体维护内容应按照GB/T 18344和JT/T 511—2004规定执行。

(3)二级维护。二级维护增加了LPG专用装置的紧固、密封及其性能保持,并由LPG汽车维修企业负责执行的车辆维护作业。具体维护内容应按照GB/T 18344和JT/T 511—2004规定执行。

六、车辆安全、服务设施

(1)车门上喷有所属企业或代管单位的名称；

(2)出租汽车应当固定装置统一的顶灯和显示空车待租的明显标志；

(3)出租汽车应当装置由客运管理机构批准的，并经技术监督部门鉴定合格的计价器；

(4)车内应当装置经公安机关鉴定合格的防劫安全设施；

(5)前排座位备有安全带；

(6)车上配备三角木、警示牌、防滑链、有效灭火器；

(7)在车身明显部位标设经营者全称及投诉电话，张贴标价牌；

(8)携带交通运输部统一样式的营运证正本。

(9)符合客运服务规范的其他要求。

七、车辆车容标准

(1)设施、设备齐全有效，卫生清洁无异味，行李舱内无杂物。

(2)车身外观保护良好，无脏物、无严重锈斑和脱漆；前后车辆牌照号整洁、清晰；车门、车窗开闭自如、锁止可靠，玻璃齐全明净。

八、车辆日常管理

出租汽车企业应从以下几个方面加强出租汽车的日常管理。

(1)制订车辆技术管理制度，设置专职部门或配备专职人员负责车辆技术管理，并在岗位职责里有明确规定，以保证车辆能定期维护修理。

(2)重视车辆安全检查工作，设置专职部门或配备专职人员负责车辆安全定期检查工作，并在岗位职责里有明确规定。

(3)明确由专职部门或专职人员负责每日出车前的安全检查，或有当日的驾驶员负责出车前的车辆安全检查，并做相关记录。

(4)为保证车辆按期维护及维护质量，企业应到交通运输管理部门认定的汽车维修企业进行车辆的维护作业，建立维护合作关系。

(5)企业应在车辆技术管理制度里明确车辆技术档案的内容，并为每一辆车建立一簿技术档案，记录车辆安全性能参数及维护修理等情况。车辆技术档案应以纸质和电子文档两种形式保存。

第二节　特种及辅助设备安全管理

出租汽车企业涉及的特种及辅助设备主要有锅炉、压力容器、电梯、起重设备、场(厂)内专用机动车辆、汽车举升机、空气压缩机、焊割设备、手持电动工具、千斤顶和砂轮机等。该章节请参考第一部分城市公共汽车客运企业第八章第五节内容。

第三节 营运设施安全管理

出租汽车企业主要的营运辅助设施主要包括营业站、停车场，根据《城市公共交通站、场、厂设计规范》的相关规定，简单介绍如下。

一、营业站

客流较大而又繁忙的火车站、航运和公路客运站、医院、大型宾馆、商业中心、文化娱乐和游览活动中心、大型居住区和交通枢纽等地方应设置出租汽车营业站，其服务半径以1.5km为宜，宜在街头设置若干呼叫出租汽车的专线电话，以方便群众就近日夜租车。营业站的车位一般设置50个左右为宜。

营业站的占地面积规划用地宜按每辆车占地不小于32m^2计算(其中停车场用地宜不小于每辆车26m^2，建筑用地宜不小于每辆车6m^2)。

营业站的建筑项目一般包括：营业室、驾驶员休息室、蒸饭茶水间、候车室、厕所等，每个项目的建筑面积据每个站的实际情况酌情确定。营业站的建筑式样、色彩、风格应具有鲜明的地区及出租汽车特点。

二、停车场

出租汽车停车场的设置以位于所辖营业站的中心处、空驶里程最少、调度方便、进出口面向交通流量较少的次干道为原则。出租汽车停车场的规模一般以100辆为宜，最大不超过200辆，主要用以停放车辆、低级维护和小修。大城市可以根据所拥有的出租汽车数量，分别在全市设立若干停车场。在车辆不超过100辆的中小城市，可在停车场内另建一座担负二级维护以上任务的维修车间，不再另建维修场。

出租汽车停车场不宜采用露天停车坪停放车辆，宜建有防冻和防曝晒的停车库。在用地紧张的市中心区可建多层停车库。出租汽车停车场的平面布置包括停车库、低级维护小修工间、办公及生活区、绿化(包括死角)机动及预留发展用地。停车场规划用地宜按50m^2每辆出租汽车计算。

停车场的进出口由车辆进出口和人员出入口组成，两者必须分开设置，严格各行其道。停车场的进出口应设在其用地范围内永久性停车坪一端，其方向要朝向场外交通路线。车辆的进口和出口应分开设置，另外应再设一个备用进出口。在条件不允许的情况下，进出口不得不合用时，其通道宽度应不小于10～12m；同时应有备用进出口。在停车数小于50辆时，如无条件设置备用进出口时可不设。

车辆进出口的使用宽度应不小于标准车宽的3～4倍，若站外道路的车行道宽度小于14m时，进出口宽度应增加20%～25%。当需要断开与进出口相对应的道路上的隔离带、绿化带、人行道时其断开宽度宜不小于标准车最小转弯半径的2～3倍。车辆进出口门的净高应不小于3.6m。调度室宜设在进出口的适中位置上，采用广角多方位窗户。

停车场内的交通路线应采用与进出口行驶方向相一致的单向行驶路线，避免互相交叉。同时进出口必须有限速、禁止停放车辆、禁止鸣笛和停车线等标志，应有夜间显示装置和不小于11lx的灯光照明。

人员出入口可在车辆进出口的一侧或两侧设置,其使用宽度应大于两人同时步行宽度的1.6m。

第四节　消防、环保与应急设施设备安全管理

一、消防器材的配备和使用

(一)车辆、营业站、停车场及维修厂(车间)消防器材的配置

根据车辆、营业站、停车场及维修厂(车间)的防火要求应本着实用、有效、经济的原则配置消防器材,针对防火控制面积、物品、对象等配备消防器材。有条件的停车场及维修厂,有消火栓的就可以多考虑用水灭火。无消火栓的营业站、停车场及维修厂可以从周围环境考虑借用消防设施,如利用河、湖取水和工程用水井、水池、工程用水车等,但对重点部位必须使用质量符合国家标准的灭火器材。

(二)常用消防器材的使用方法

(1)车辆、营业站、停车场及维修厂(车间)常用的灭火器材有干粉灭火器、泡沫灭火车、消防水龙带。我们指常用的灭火器,主要是干粉灭火器。干粉灭火器是将以干粉为灭火剂,二氧化碳或氮气为驱动气体的灭火器。干粉灭火器用来灭火的粉末,一般由灭火剂和添加剂组成。由于干粉能迅速覆盖燃烧面,使可燃物与空气隔离,进而窒息灭火。以驱动气体储存方式可分为储气式和储压式两种类型,按充入的干粉灭火剂种类分,有碳酸氢钠干粉灭火器,也称BC干粉灭火器和磷酸铵盐干粉灭火器,也称ABC干粉灭火器两种。

(2)使用方法:灭火时,可手提或肩扛灭火器快速奔赴火场,在距燃烧处5m左右放下灭火器。如在室外,应选择上风方向喷射。使用的干粉灭火器是外挂式储气瓶,操作者一手紧握喷枪,另一手提起储气瓶上的开启提环。如果储气瓶上的开启提环是轮式的,则按逆时针方向旋开,并旋到最高位置,随即提起灭火器,当干粉喷出后,迅速对准火焰的根部扫射。使用的干粉灭火器若是内置式储气瓶或者是储压式的,操作者先将开启把上的保险销拔下,然后握住喷射软管前端喷嘴根部,另一只手将开启压把压下,打开灭火器进行喷射灭火。有喷射软管的灭火器或储压式灭火器,在使用时,一手应始终压下压把不能放开,否则,会中断喷射。干粉灭火器扑救可燃、易燃液体火灾时,应对准火焰根部扫射。如被扑救的液体流淌燃烧时,应对准火焰根部由近而远,并左右扫射,直到火焰全部扑灭。

(三)应当采取的消防安全措施

(1)企业应建立消防安全责任制度,确定消防安全责任人,制订用火、用电、使用易燃易爆材料、车辆驾驶等各项消防安全管理制度和操作规程,设置消防通道、消防水源,配备消防设施和灭火器材,并在营业站、停车场及维修厂(车间)入口处设置明显标志。

(2)在设有车间或者仓库的建筑物内,不得设置员工宿舍。

(3)进入生产、储存易燃易爆危险物品的场所,必须执行国家有关消防安全的规定,禁止携带火种进入生产、储存易燃易爆危险物品的场所。禁止在具有火灾、爆炸危险的场所使用明火;因特殊情况需要使用明火作业的,应当按照规定事先办理审批手续。

(4)进行电焊、气焊等具有火灾危险的作业人员和自动消防系统的操作人员,必须持证上岗,并严格遵守消防安全操作规程。消防产品的质量必须符合国家标准或者行业标准。

(5)电器产品、燃气用具的质量必须符合国家标准或者行业标准。任何单位、个人不得损坏或者擅自挪用、拆除、停用消防设施、器材,不得埋压、圈占消火栓,不得占用防火空间,不得堵塞消防通道。

二、安全、环保、应急物资配备

(1)安全生产事故应急预案的编写应当根据本单位生产运营的特点、范围,针对工作场所易发生重大事故的部位、环节进行监控,制订符合本单位实际的安全生产事故应急救援预案并配备必要的安全、环保、应急物资。

(2)为保障安全生产应急管理制度的有效实施,必须具备如下保障措施:

①通信与信息保障。明确与应急工作相关联的单位或人员通信联系方式和方法,并提供备用方案。建立信息通信系统及维护方案,确保应急期间信息通畅。

②应急队伍保障。明确各类应急响应的人力资源,包括专业应急队伍、兼职应急队伍的组织与保障方案。

③应急物资装备保障。明确应急救援需要使用的应急物资和装备的类型、数量、性能、存放位置、管理责任人及其联系方式等内容。

④资金的保障。明确应急专项经费来源、使用范围、数量和监督管理措施,保障应急状态时生产经营单位应急经费的及时到位。

⑤其他保障。根据本单位应急工作需求而确定的其他相关保障措施(如:交通运输保障、治安保障、技术保障、医疗保障、后勤保障等)。

(3)工作场所应根据实际情况配置必要的应急救援物资。主要包括:

①安全防护用品:防护服(衣、帽、鞋、手套、眼镜),安全网、安全带、防护面罩等。

②电气设备:发电机、变压器、电缆、配电箱、电焊机,切割机、照明设备等。

③给排水设备:水泵、水带、水管、阀门等。

④检测设备:有毒有害检测仪器。

⑤通信设备:对讲机、手机等。

⑥通风设备:通风机、强力风扇、鼓风机。

⑦水工设备:抽水机、潜水泵、深水泵。

⑧消防器材:灭火器、灭火弹等。

⑨垃圾清理:垃圾箱(车、船),垃圾袋。

⑩急救药箱:现场简单救助所用药品、器具。

⑪其他设备、物资、材料。

第二十四章　现场作业安全管理

第一节　车辆营运及维修流程

一、出租汽车营运流程

(一)服务方式

(1)扬手招车服务:处于待租状态的出租汽车在允许停靠的路段上,应停车满足扬手招车乘客租车的需求;

(2)预约租车服务:应能满足乘客通过电讯、网络等途径提出的预约租车要求,并准时提供服务;

(3)站点租车服务:在设有出租汽车营运站点的地方,应按乘客要求,提供出租汽车服务;

(4)包车服务:在协议时间内,应为乘客提供满足其对出租汽车特定的需求服务。

(二)车辆检查

驾驶员应每天对车辆进行出车前、行驶中、收车后的日常维护检查,保持车况良好。出车前应检查车辆燃油,备好发票。

(三)现场作业流程

(1)乘客乘车时,驾驶员应主动开启车门,照顾乘客上车,帮助乘客提拿放置行包,提醒坐在前排的乘客系好安全带及其他安全乘车注意事项(如天然气或液化石油气车,提醒乘客不要吸烟)。

(2)开车前,驾驶员应检查车门是否关牢,问清乘客的去向及乘车要求,同时开启计价器。如乘客不知目的地的详细地址时,要主动热情地帮助查找;如乘客单程去郊区、外地需加收空驶费、过路和过桥费时应事先向乘客说明情况,使乘客心中有数。

(3)行车时,驾驶员要根据乘客要去的地点选择最近的路线行驶,不得舍近求远无故绕道,如因道路改造或其他原因确需绕道时,应主动向乘客说明情况,如乘客不同意绕行要求下车时,应按实乘里程收费,不得拒绝乘客下车或多收车费。

(4)乘客要求留车等候时,如无预约租车任务和其他事情,一般不应拒绝,可先收前段车费和预约等时费,与乘客对好时间,未到约定时间不得擅自开车离开。

(5)乘客下车时,驾驶员应主动向乘客道别,并提醒乘客拿好随身携带物品和注意安全。

(6)乘客下车后,驾驶员应立即检查车内有无乘客遗失的物品,发现有时,应及时归还给失主;如一时找不到失主,则应送交主管部门或公安部门协助查找,不得私自留用。

二、汽车维修流程

出租汽车企业维修厂(车间)一般不对外服务,只负责本单位车辆的维修,车间负责人应建立科学、便捷的维修流程，并实施计算机管理。应关注维修作业与质量检验这两个关键环节，以保证车辆的维修质量。

出租汽车企业车辆维修的一般流程：

(1)驾驶员发现车辆出问题及时到营运部车队处填写(车辆维修申请单)并与调度沟通。

(2)将表中原因、类别、鉴别填写好后，向上级请示，请上级批示、签字。

(3)通过后让驾驶员填写车辆维修申报单，然后与维修处联系，并通知驾驶员在约定的时间去进行检查和维修。

(4)如需更换车辆的零件，需提前请示并开出相对应的单据。

(5)如车辆更换零件要作出记录，了解以前的更换时间和行驶公里数等。

(6)维修好后在申报单上记录好修理时间和价格。文件做好备份，交给上级审查。

(7)回收好更换的零件和票据，向上级汇报。

(8)在电脑中记录下修理时行驶的公里数、时间、价格等信息。每月做好统计，月底打成表格供公司备份、检查。

(9)对于不在企业内维修的车辆，修车时要选择正规的修理场所。驾驶员要索取维修清单和票据并对更换零件进行核实，以便以后对修理质量进行核实和检查。并且车辆维修时要执行驾驶员跟车制度。

第二节　作业现场安全要求

一、驾驶员作业现场安全要求

(一)营运车辆

(1)营运车辆应符合《出租汽车运行技术条件》和《机动车运行安全技术要求》，以及其他相关规定的要求。

(2)微型客车、轻型小客车应根据各地情况不同装置防劫车设施或报警装置。

(3)出租汽车应配置灭火器材，并保持完好。

(4)出租汽车的车厢应定期消毒，座套、枕套应定期换洗，确保车厢内清洁卫生。

(5)出租汽车必须明码标价，车内应设置服务标志及乘车规则。

(6)微型客车、轻型小客车的顶灯应装置在驾驶室顶部，顶灯正面标设“TAXI”或“出租”，反面标设企业简称“XX”字样。顶灯正视面积应不小于200cm^2，夜间行驶时车辆顶灯应与示宽灯及尾灯齐亮。

(7)轻型中客车、中型客车、大型客车的车身两侧应设置出租汽车标志与补充标志，补充标志包括“TAXI”和企业名字。出租汽车标志与补充标志宜按GB5845的有关规定制作，并保持清晰、完整。

(8)以压缩天然气、液化天然气、吸附天然气和液化石油气为原料的出租汽车应按照GB/T 17676《天然气汽车和液化石油气汽车标志》的规定，在车辆前端醒目位置和车辆后端醒目位置放置相应的标志。

（二）驾驶员作业

根据 GB/T 22485 相关规定，对驾驶员现场作业的要求如下：

（1）出租汽车在运行时，驾驶员要严格遵守交通规则和操作规程，集中精力，谨慎驾驶，礼貌行车，确保安全。

（2）驾驶员严禁酒后驾车、疲劳驾车、带病驾车，行车途中不应接打手机，并应劝阻乘客提出的不利于安全行车的要求。

（3）出省、市、县境或夜间去偏远、冷僻地区时，应向本单位和有关部门报告并办理相关手续。

（4）载客时不应超过核定的载客人数，不应装载可燃、易爆等危险物品。

（5）出租汽车在营运中一旦发生事故时，驾驶员应按规定保护好现场，及时组织抢救受伤乘客，并立即报告公安、交通、保险等有关部门，以便及时妥善处理善后事宜。

（6）出租汽车驾驶员营运中如与乘客发生矛盾和纠纷时，态度要冷静，要虚心听取乘客的批评意见，做到以理服人，得理让人，不强词夺理。如双方不能协商解决时应请有关部门出面调解，妥善处理。

二、维修作业现场安全要求

（一）作业场所

（1）作业现场清洁卫生，工位划分清楚，特殊作业场所（钣金、涂漆等）单独设置。

（2）作业现场各岗位处张贴相应的操作规程和安全注意事项。

（3）作业场所实行定置管理，工具、物料摆放整齐，标志清楚，做到“三清”（工作台、配件、工具清洁）、“三防”（防止空调冷媒、制动液、冷却液泄漏）、“三不落地”（工具、配件、废料油污不落地）。

（4）对存储有毒、易燃、易爆物品和腐蚀剂及易发生危险的工位、部位等，应有明显的警示、禁止标志和长期有效的防护装置与措施。

（5）维修过程中使用的危险化学品和产生的各种废弃物应当合理放置与处置。

（二）个体防护

维修人员应穿戴棉质工作服、工作鞋进入维修场所，并根据维修工序的特点和产生职业病危害因素的种类，应做好呼吸、眼部及皮肤防护，其中：

（1）进行喷漆操作的作业人员，应佩戴过滤式（或供气式）防毒面罩、橡胶手套、护发帽、防静电工作服、防冲击眼护具；

（2）进行调漆操作的作业人员，应佩戴过滤式（或供气式）防毒面罩、橡胶手套、防静电工作服、防冲击眼护具；

（3）进行电焊、气焊、二氧化碳保护焊、切割操作的作业人员，应佩戴焊接眼面防护具、焊接服、焊工防护手套、防尘口罩（供气式防尘面罩）、耳塞（或耳罩）、防冲击眼护具；

（4）进行打磨操作的作业人员，应佩戴防尘口罩、防护手套（棉纱/乳胶）、防冲击眼护具；

（5）进行机动车整形（使用介子机）操作的作业人员，应佩戴防尘口罩、防护手套、防冲击眼护具；

(6)进行抛光操作和装卸轮胎操作的作业人员,应佩戴耳塞(或耳罩)、防冲击眼护具;

(7)进行废溶剂(稀释剂)、废油液转运操作的作业人员,应佩戴橡胶耐油手套、防冲击眼护具。

第三节 现场作业安全管理

一、现场作业安全保障

(1)出租汽车企业制定并落实车辆技术管理制度,落实专人负责车辆技术管理,按国家规定的技术规范对车辆进行定期维护;

(2)驾驶员应保证身体健康,并应定期体检;

(3)驾驶员出车前,对车辆进行安全检查,保证车辆处于良好状态。

(4)机动车维修人员应严格按照操作规程进行各项作业。

(5)特种作业人员应严格按照操作规程进行作业。

(6)出租汽车企业应定期对驾驶员、维修人员及特种作业人员进行安全法规、规章制度、安全操作规程、应急预案、职业道德教育。

二、现场作业安全管理

"安全才能生产,不安全不生产"是企业作为安全生产责任主体基本法律义务。国务院《关于进一步加强企业安全生产工作的通知》要求,企业要健全完善严格的安全生产规章制度,坚持不安全不生产。出租汽车企业在现场作业过程中应注重以下几点:

(1)企业安全员应加强现场的安全监督检查,以保证操作规程和安全生产作业规定的落实,以防违章指挥、违章操作、违反劳动纪律"三违"现场的出现。

(2)企业应加强作业现场安全隐患的排查治理,特别要注重车辆安全隐患及时排查整改,保证营运安全。

(3)调度人员应及时掌握极端天气及路况信息,及时提示驾驶员谨慎驾驶,遇突发事件和恶劣天气,启动应急调度预案;

(4)企业应加强或配合营业站的管理,加强对本单位驾驶员的现场监督,以保证驾驶员文明排队,车内等候,按序走车,服从营业站调度人员的引导调派,不得私自揽客。

(5)企业应公开投诉方式,加强对驾驶员现场服务的监督,接到投诉,一经核实,按照规定对违规驾驶员进行严肃处理,并将处理情况及时反馈给投诉人。

(6)企业应落实安全生产奖惩制度,建立奖惩机制,以营造良好的安全生产氛围。

第四节 驾驶员现场作业特别规定

出租汽车企业应为乘客提供安全、快捷、舒适、文明的服务,驾驶员现场作业应满足如下特殊要求:

(1)驾驶员要主动关心和帮助乘客,对老、弱、病、残、孕等特殊乘客要服务热情,照顾周到。

(2)乘客上车后,驾驶员要准确、耐心地解答乘客提出的有关问题,做到有问必答。

(3)驾驶员在营运过程中,要正确使用计价器,不得私自调校计价器和里程表。

(4)出租汽车在营运途中如计价器发生故障,驾驶员应立即向乘客说明情况,并提醒乘客按里程表显示里程计收车费,乘客下车后应立即向有关部门报修,不得继续营运。

(5)出租汽车在营运途中如发生故障不能行驶时,驾驶员应向乘客说明原因,请乘客等候,及时检修排除故障;如故障一时无法排除,应请乘客改乘其他车辆,少收或免收车费。

(6)出租汽车在营运途中,未经乘客同意,驾驶员不得再招揽他人同乘。

(7)出租汽车驾驶员应自觉维护行业信誉,不得向乘客索要物品和小费,不违章使用票据。

(8)出租汽车驾驶员在营运时应根据乘客的要求使用空调、音响等设备,不得无故拒绝。

(9)出租汽车载客到达目的地时,驾驶员应按乘客要求,在规定允许停车的地段内就近停车。

(10)出租汽车驾驶员在与乘客结算车费时应报计价器显示车费数额,唱收唱付,将车票和找补零钱同时交到乘客手中,并向乘客致谢。

第二十五章 预防预控方法与应对措施

第一节 安全生产预防预控要点与方法

一、出租汽车行业经营模式存在的问题

1. 出租汽车公司和驾驶员责、权、利关系不统一，劳动关系处于模糊状态

在公司制经营模式下，出租汽车驾驶员要与公司签订两份合同，一份是《营运任务承包书》，另一份是《劳动合同》，出租汽车公司与驾驶员形成了不同于一般标准劳动关系的特殊劳动关系，这使得原来仅依靠合同维系的驾驶员与公司的承包关系变为手执两份合同，即劳动合同和承包合同。这样出租汽车行业目前形成了一个极大的难题，即出租汽车公司与驾驶员之间建立的究竟是劳动关系还是承包关系。同时，“转包”现象中具有经营权和车辆所有权的转包人与驾驶员之间的关系也难以界定，这又是出租汽车行业目前面对的另一个难题。

2. 出租汽车公司规模小，集约化经营难以实现，管理水平难以提高

目前国内许多城市的出租汽车企业存在多、小、散、弱等问题，集约化经营难以实现。此外，为了获取较大的利润，很多出租汽车企业几乎没有投入相应的管理成本。相反，管理支出反而一定程度的压缩。那么，对于一些更小规模的企业，其只拥有几十辆出租汽车，而投入的管理成本就会变得更低，更甚至于出现只包不管、以包代管的现象，这不利于管理水平的提高，最终影响整个出租汽车行业的服务质量。

3. 出租汽车驾驶员的合法权益难以得到有效保障

在挂靠经营和承包经营模式下，驾驶员有着经营者和投资者双重身份，驾驶员在运营过程中除了要承担投资风险外，还要承担经营风险和安全风险。此外，在具体经营过程中，驾驶员的劳动报酬权、休假权、休息、社会保障权等合法权益难以得到有效保障。而作为企业，事实上基本不承担投资风险和经营风险，但每月仍向驾驶员收取固定的所谓“管理费”。

4. 驾驶员与公司关系不平等

公司凭借其对经营权的垄断，成为“食利”阶层，变相剥削驾驶员。驾驶员和公司之间不平等的关系主要表现在以下两个方面：

1）风险抵押金问题

出租汽车公司与驾驶员通过订立劳动合同建立劳动关系的同时，又收取抵押金，违反了《劳动法》的基本原则。从调查的情况来看，在公司制经营模式下，出租车公司大都收取风险抵押金。据出租车驾驶员反映：出租车驾驶员在合同到期，或者要换工作时，公司会找各种借口与理由随意克扣风险抵押金；还有许多打算辞职的出租车驾驶员由于风险抵押金的束缚，不得不继续干下去，从而限制了出租车驾驶员的自由。

2)“车份钱”问题

1996年,某些地方政府交通主管部门为加强行业管理出台了相关政策,统一规定了“车份钱”的收取标准。“车份钱”到底该不该收,应如何确定其收取标准,并没有一个明确的衡量标准和原则。这个不合理的“车份钱”给出租车行业带来了很多弊病,即出租车的营运收益被固化下来,无论驾驶员经营效益如何,公司和管理部门都能得到“车份钱”,从而将所有的经营风险都转嫁给了驾驶员。

5.“个体驾驶员”和“公司驾驶员”净收入差价较大

在某地方政府严格限制个体出租车之后,获得出租车经营牌照的企业成为出租车市场中的垄断力量,凭借手中掌握的牌照资源赚取高额的“车份钱”。某地方个体出租车驾驶员每月的纯收入为6300元,而出租车公司驾驶员每月的平均收入1817.5元,两者相差4482.5元;毫无疑问,获得垄断地位的出租汽车企业是出租车行业管制下的直接与最大受益者。某地方出租车单车的纯利润每月可以达到6000元。由某地方车管局委托制作的《某地方出租汽车行业劳动标准研究及测算结果》的调查报告显示,“在现行的出租汽车运营体制下,要切实保障出租汽车驾驶员的合法劳动权益,出租汽车的“车份钱”理论上应不超过2533.1元”,而现实是“车份钱”高达4000~6000元,两班制的甚至达7000多元,驾驶员要将每月收入的60%~70%交给公司。驾驶员为了获得相当的收入,不得不加班加点,每天工作时间超过十二三个小时,疲劳工作。

二、出租汽车行业营运特点

出租汽车客运是城市公共交通的一个组成部分,较地铁、轻轨、公共汽(电)车等定线、定站以及群体运输、多户一厢的交通方式,出租汽车营运有以下特点。

(1)租乘手续简便,可以在路上招呼上车,或在营业点乘车,也可以电话要车或预约订车;

(2)在道路条件和交通法规允许的情况下,可为乘客提供“门到门”的全程服务,乘客可任意选择行车路线,也可以要求中途停车;

(3)除载客外,还可以为乘客载运随身携带的行李或货物;

(4)租用方式有包车与合乘车两种;

(5)收费方式有计程与计时两种,收费标准高于其他公共交通工具。

三、出租汽车行业安全生产预防预控要点

公安部2011年第8期交通管理工作简报《2010年全国道路交通事故情况》的统计信息显示:2010年,全国共接报道路交通事故3906164起,同比上升35.9%。其中,涉及人员伤亡的道路交通事故219521起,造成65225人死亡、254075人受伤,直接财产损失9.3亿元。从总体上来看,涉及人员伤亡的道路交通事故数量和死亡人数连续几年均在下降,这与我国加大道路交通安全治理是密不可分的。在2010年的道路交通事故中有几个特点是值得我们注意的:营运客车重特大事故多;超速行驶肇事突出;逆向行驶、疲劳驾驶等肇事致人死亡增多;6年以上驾龄驾驶员肇事增多。

出租车作为营运客车,是城市交通运输不可缺少的重要组成部分,为人们的出行带来了

极大的便利。但是,由于出租车在交通运行中随意性强、流动性大而且比较分散,违法行车和交通事故频频发生,其安全隐患不容忽视。出租车和出租车驾驶员也正符合2010年道路交通事故中值得我们注意的几个肇事增多、重特大事故多的特点。出租车在各个地区的数量分布不尽相同,其交通事故发生率也有较大差异,但出租车交通事故居高不下,是个不争的事实。总的说来,出租车的交通事故发生率远远高于其他机动车的事故发生率。

出租汽车行业除了存在发生出租车交通事故可能外,还可能存在车辆火灾爆炸事故、维修及特种作业事故等,另外,还存在发生突发群体性事件(如罢运事件)和治安事件等的可能。

1. 交通事故

引发出租车交通事故的因素很多,最主要是人的因素,特别是出租车驾驶员的因素。在"人—车—路"系统中,由出租车驾驶员的责任造成的道路交通事故占95%以上,而车、路、行人、乘车人的责任仅为极低比例。在引起出租车的交通事故的原因中,除少部分是出租车驾驶员无法左右的原因外,大部分是驾驶员的自身因素引起的。

1)受利益最大化驱使

人的动机是决定行为的内在动力,是行为发生的驱动力。无论是出租车公司、车主,还是出租车驾驶员,围绕出租车产生活动的驱动力就是利益的最大化,也是各方追求的目标。对于出租车驾驶员而言,先要跑足公司或车主的份钱,才谈得上自己的利润,所以出租车驾驶员一般都有"时间就是金钱"的紧迫感,在有限的时间内赚到更多的利润就是他们最大的利益诉求,这一驱动力便成了违规、违章、疲劳驾驶、事故频发最主要原因。出租车驾驶员们为了多拉快跑,极易发生超速抢行,不按规定分道行驶,争道抢行,行车时不开转向指示灯,紧急制动,逆向行驶,乱停乱靠,随意停车上下客人,越线或压线超车、掉头、倒车,人行道不减速,甚至闯红灯等种种违法违章,让其他交通参与者无所适从,险象环生。稍有危险情况,采取措施不力,就会造成交通事故。

驾驶是以感知和信息处理为主的作业,是中等强度的劳动,出租车驾驶员在紧迫感的驱使下,不停地工作,几个小时下来,疲劳是在所难免的,疲劳驾驶所致的交通事故不在少数。驾驶疲劳是驾驶员作业行为变化和生理变化的多种形式的表现。驾驶员在疲劳的作用下引起的作业能力下降,使驾驶行为目的与实际驾驶行为效果不一致,造成驾驶失误。驾驶员在疲劳状态下表现为体力变差,体现为视力、听力水平降低、速度判断能力降低、反应时间延长、注意品质下降、操作失误增多。

2)安全意识与侥幸心理的博弈

出租车驾驶员的安全意识是提高交通安全的决定性因素。安全意识就是工作人员在生产过程中,对各种各样可能对自己及他人造成人身伤亡和损害的外在环境条件的一种戒备和警觉的心理状态。它主要包括两个方面的心理活动,一是对外在客观世界的认识、评价和判断;另一方面是在认识、评价和判断的基础上,决定个体的行为,并对其进行适当的心理调节,以保证安全。出租车驾驶员在取得从业资格的时候,有关于遵守法律法规、具备相应的安全意识和安全技能的相应要求。大部分从业人员是具有相当的安全意识,但安全意识淡薄的不乏其人,主要表现在:一是对可能造成损伤的外在环境条件的戒备和警觉水平不够;二是对行车环境和条件(包括自身)的认识、评价和判断存在偏差;三是即使对行车环境和条件的认识、评价和判断准确,但心理调节不足以影响行为,无法保证安全。安全意识与侥幸心理是交互抑制的,安全是拒绝侥幸心理的。但出租车驾驶员的侥幸心理常常在挑衅安全意识。侥幸心理是违背事物发展的本质规律,个体想根据自己的需要或者好恶来行事就能使事物按着自己的愿望发展,取得希望的结果的一种心理现象。出租车驾驶员的侥幸心理来自多方面,譬如自认为驾驶技术高超、对车况熟悉、乐观估计安全形势等,其中车辆的第三者责任险是出租车驾驶员在事故中能够免赔付的主要侥幸心理。第三者责任险是指被保险人或其允许的驾驶员在使用保险车辆过程中发生意外事故,致使第三者遭受人身伤亡或财产直接损毁,依法应当由被保险人承担的经济责任,保险公司负责赔偿。出租车都买了第三者责任险,出了事故,无论责任在哪一方,驾驶员甚至不必在事故中赔付一分钱,正因为如此,一些出租车驾驶员把赌注押在了第三者责任险上,怀着"出了事故由保险公司赔偿"的侥幸心理开车,大大降低了安全意识水平。

3)搜寻客源,致行车的注意集中度降低

注意是心理活动对一定事物或活动的选择性和集中性。注意的基本功能是对信息选择,使心理活动选择有意义的、符合需要的和与当前活动任务相一致的各种刺激。人在同一时间能够清楚地观察到的对象的数量和范围为注意广度,人的注意广度是有限的,视觉的注意广度大约是"7±2"。出租车驾驶员在等待或寻找乘客时一般有两种方式:一是停车等待,在晚上比较常见,多集中在酒店外、娱乐场所外等地方;二是在移动中搜寻客源,白天非客流高峰期较为常见。在移动中搜寻客源,必然影响自己的注意广度,降低注意集中度,减少了视觉对正前方路面状况的感知量,即在车辆行进时过多注意路旁,正前方反倒成了半盲区。并且在搜寻到可能的客人时,要在良好的注意分配条件下完成一系列的动作,由于注意广度的有限性,驾驶员不可能在短时间内从车里观察到方方面面,特别是在车速较快的情况下就更难把握,等无力掌控时,事故的发生在所难免。

4)过于自信与麻痹大意共存

自信是人对自身力量的一种确信,深信自己一定能做好、胜任、完成某件事或某个活动。自信总是建立在个体对自身力量和对所要完成的活动的评估较为良好的基础上,与自己过去的经验有关,经验越丰富自信心越强。出租车驾驶员在行车方面是有充分的理由自信的:一是娴熟的驾驶技巧,从俗语"公交车驾驶员的脾气,出租车驾驶员的手艺"中就可看出他们的驾驶技巧非同一般;二是对城市的地理分布、行车线路熟悉,穿街走巷,来去自由;三是对交警部门的监控设备和人员的分布情况比较熟悉,该躲得时候躲,该绕的时候绕。有了这些自信,出租车的驾驶员觉得行车的内外条件都在自己的掌控之中,形成了过于自信的心态。过于自信在于过高估计自己的掌控能力或过低估计外在条件,正因为如此,出租车驾驶员行车时极为大胆,别人不敢过的他敢过,别人不敢超的他敢超,别人不敢闯的他敢闯,别人减速行驶的时候他要加速,甚至与前车不保持安全车距,有恃无恐。殊不知,2010年道路交通事故中一个突出的特点便是6年以上驾龄的驾驶员肇事增多,经验丰富的驾驶员也有无法掌控的时候。

麻痹大意也是引起交通事故的突出问题。由于行业的特点,出租车的使用频率高、运行时间长,驾驶员若疏于管理,其车辆的性能自然无法保证安全驾驶。虽然出租车公司有严格的要求,但在实际操作中,主驾、副驾之间的配合存在问题,交车时不进行车辆安全检查(譬如检查车辆油路、电路、制动、轮胎、灭火器等是否安全齐全等)的情况比比皆是,车辆技术问题不能及时发现,自然也就容易引发交通事故。另外,乘客下车时,驾驶员或乘客不注意车辆周围状况,随意开车门,影响过往车辆引发交通事故的现象也不少。

5)不良情绪影响行车安全

不良情绪主要包括两种情绪体验形式:一种是持久性的消极情绪体验,是指在引起悲、忧、恐、惊、怒、躁等消极情绪的因素消失之后,个体仍数日、数周、甚至数月沉浸在消极状态中,不能自拔;另一种是过度性的情绪体验,是指心理体验过分强烈,超出了一定限度,如狂喜、过分激动等。不良情绪会影响到日常行为,影响到动作的稳定性和准确性,也会影响到工作效率,还会影响身体健康。出租车驾驶员的不良情绪会影响到驾驶动作的稳定性和准确性,影响到驾车安全。出租车驾驶员的不良情绪的形成受多个方面因素影响,与职业有关的因素主要有:由长期驾驶带来的职业疾病、从业环境和条件不佳、心理健康等问题。

作为一个特殊的职业群体,出租车驾驶员因其工作环境和条件的限制,饮食不规律、膳食结构不合理、生活方式不健康成为其健康的主要影响因素,颈椎病、肠胃病和肾脏病等相关"职业病"在该群体中呈多发趋势,"亚健康"状态成为普遍现象。有调查研究表明,出租车驾驶员腰背部疾患、关节炎、胃肠炎的患病率较高;头昏、头痛、疲乏无力、记忆力减退、易激动烦躁、咽干、咳嗽、咳痰、消化不良、便秘、腰酸痛自觉症状的发生率亦较高。诸多生理上的不良状况,影响到出租车驾驶员的心理状态,产生不良情绪,导致不安全的驾驶行为。就从业环境而言,在现行的出租车管理体制和社会环境条件下,部分地区黑车多、份钱高、加气难、罚款多、运价低、公司化剥削、经营垄断等问题是严重影响出租车驾驶员的心理状态的负面因素。各种因素的影响,使出租车驾驶员的心理健康也成为一个问题,他们脾气有时有些火爆,表现出"路怒症"倾向,即带着愤怒的情绪行车。长时间上路,长时间在一个狭小的空间里,驾驶员的精神也长时间处于紧张状态。遇到一些突发情况,很容易激发驾驶员的不良情绪。

6)其他原因

(1)驾驶员患有立体盲,正常的眼睛可识别三维空间的物体,而立体盲的驾驶员因为缺乏立体视觉,常常会对物体之间的距离、深度、前后和凹凸等出现判断失误,以致行车过程中自身感觉精力很集中,却总是出现判断失误而使车辆事故频发。

(2)驾驶员易患感冒。人患感冒时,常伴有头痛、头晕、咳嗽、疲劳等症状,不仅影响驾驶员的精神与体力,也会成为肇事的潜在隐患。有时只因一个喷嚏、一滴鼻涕,也会令驾驶员措手不及而发生事故。另一个值得重视的是,许多驾驶员服用感冒药,也是导致车祸的原因。因为多数感冒药都有一定的镇静催眠作用,影响人体的中枢神经系统,使驾驶员的测距、辨色等能力下降,并削弱驾驶员的应变能力。因此,患感冒或服用感冒药物的驾驶员应尽量避免出车。

(3)部分出租汽车公司重经济利益,疏于对驾驶员的管理和教育。部分出租汽车公司对驾驶员上岗资格把关不严,致使一些驾驶技术差、素质不高的人员进入公司从事运营;同时,由于驾驶员长期在外从事运营活动且人员流动频繁,导致公司对制度的落实以及对驾驶员的教育流于形式。

通过上述分析,从表面上看,出租车交通事故的高发,主要由出租车驾驶员自身的原因造成,但究其深层次原因,不难看出与目前的出租车经营模式及出租营运自身的特性不无关系。

2. 车辆火灾爆炸事故

引起汽车火灾的主要原因有:

(1)直接供油,即当汽车的油路发生故障时,采用桶、盆等容器盛装汽油直接向化油器内供油。

(2)"电路加载",即当电路熔断丝熔断后,未及时排除故障,而用其他物件代替熔断丝继续行驶,或绕开熔断器装置乱拉乱接电线等造成车上的线路过载短路,将电器烧毁引发火灾。

(3)低压线路陈旧、维护不当,绝缘层破损搭铁形成明火,导线绝缘老化等原因造成线路短路产生火花,点燃车上燃料或可燃物,引起火灾。

(4)有的驾驶员改换大容量的蓄电池,致使较长的连接线摩擦受损产生火花引起火灾。

(5)吸烟引发的火灾,驾乘人员携带的火源如打火机、烟头等,以及在吸烟过程中遗留的燃烧烟头未熄灭引燃可燃物;打火机受热爆裂点燃可燃物质等。

(6)新洁净能源汽车着火,如天然气或液化石油气汽车,燃料供给系统泄漏,在高温或有点火源的情况发生火灾爆炸事故;电动汽车由于供电系统漏电或线路短路等产生火花引发火灾等。

(7)搭载危险化学品引发火灾爆炸事故,乘客携带了易燃易爆危险化学品,在行使过程中,由于车辆晃动,或者有点火源存在的情况下,引燃了化学品,从而发生火灾爆炸。

(8)交通肇事造成的火灾,车辆发生撞击时,直接碰撞燃料供给系统,造成火灾爆炸。

3. 维修及特种作业事故

出租汽车企业维修及特种作业中一般会涉及锅炉、压力容器、电梯、起重设备、场(厂)内专用机动车辆、汽车举升机、空气压缩机、焊割设备、手持电动工具、千斤顶和砂轮机等设备;另外,还可能会涉及汽油、乙炔、油漆、润滑油等有毒、有害、易燃、易爆等危险品。因此,在维修及特种作业过程中,可能发生物体打击、车辆伤害、机械伤害、起重伤害、触电、火灾、高处坠落、锅炉爆炸、容器爆炸、其他爆炸、中毒和窒息、其他伤害等事故。

4. 罢运事件

据统计,2001 年至 2008 年 12 月,我国一共发生出租车集体罢运事件 50 件,涉及 20 多个省市,50 个县市,7 万多辆出租车,直接经济损失近 80 多亿元。特别是 2008 年,这一年我国共发生出租车集体罢运事件 22 件,涉及大约 1.5 万辆出租车,约 1.5 ~ 3 万名驾驶员,最突出的是 2008 年的 11 月份,在一个月内,全国共发生 18 起出租车集体罢运事件,涉及约 13000 辆出租车,约 1.3 ~ 2.6 万名驾驶员。出租车罢运事件集中爆发,除了受 2008 年世界性金融危机的影响外,其主要原因如下。

(1)直接原因:着火点多。

①黑车多。所谓"黑车"就是没有合法运营资格而从事非法运营的各类车辆。黑车多是重庆、北京、上海、广州等地的普遍问题。出租车车主及驾驶员对黑车多、罚款多、收费多有颇多意见。黑车冲击正常运营问题由来已久,但被驾驶员和运管部门列为首要解决的问题却是这一两年的事情,原因是黑年快速"发展",已引起全行业的忧虑和不满。根据运管部门

粗略统计,黑车数量决不少于正常运营的车辆。北京市黑车约有6.5万辆,其中城区约2万辆。而在上海,深圳等地,黑车数量已远远超过出租车和公交车的总和。重庆主城区共有两三千辆违法运营的黑车,这些黑车长期与出租车抢生意,严重扰乱了客运市场秩序。莆田市同样存在一些非法营运车辆。

②份儿钱高。"份儿钱"就是出租车驾驶员上交的租金等有关费用。在公司制运营体制下,驾驶员通过自购车挂靠公司获取营运资格,或交付保证金租用公司车辆营运,而后每月向公司交纳一定金额的管理费用,即份儿钱。份儿钱高是众多地区普遍问题:重庆擅自提高份儿钱;同样因份儿钱高的问题,湖南、河南、内蒙古等地城市出租车行业近年来也多次发生过罢运、停驶等类似事件;三亚份儿钱高达每辆车7200元/月。

③加气难。加气主要是加天然气。加气难是部分地区问题,如重庆、湖北荆州、陕西周至县等。出租车车主及驾驶员对加气难颇多意见。重庆出租车基本上都使用天然气,加气难这个令出租车驾驶员最头痛的问题已持续了好几年,出租车加气最少等1个小时,最多等3个小时,这使出租车营运收入受到严重影响,同时也加剧了"打的难"。荆州市区仅有两座加气站,而全城1500余辆出租车、600余辆公交汽车和一部分私家车均使用天然气,面对如此庞大的"烧气"车族,站点少、气源偏紧致使加气难在当地日趋严重,大多要等候两三个小时,才能加到天然气。

④罚款多。罚款多是出租车驾驶员反映最多的问题。交警和交通执法人员是罚款的主体,驾驶员反映他们大多数平均每月要接到10张交警罚款单。重庆出租车落客点非常少,有时不违规不行,但交警对这种随意停车处罚起来很严,一张单子就是200元,其实并不影响交通。既有重复罚款,也有交叉罚款。罚款凭心情,驾驶员无可奈何。

⑤运价低。运价低是一个客观现象,是一项重要诉求。重庆出租汽车多年来起步价维持在5元,广州的起步价为7元,这与北京、杭州和上海相比,价格都是偏低的,这三个城市分别为10元、10元、11元。重庆、广州等一些出租车驾驶员反映,由于所挂靠的出租汽车公司收取的管理费相当高,加上油价不断上涨。因此,他们迫切要求提高运价。

⑥收入低。这虽是局部性问题,但也应重视。重庆出租车驾驶员年平均收入2万多元,每月收入仅约2000元左右。一些驾驶员反映:过去刚经营出租车时,每天能收入100多元,现在收入越来越低,每天收入只有40~50元。汕头出租车驾驶员说,他们平均每人每天要开车12小时,一个月做下来,仅仅只够温饱,根本无法支付家里的正常开销,远低于非法营运者收入。甘肃永登县目前每天营业收入只有30~50元左右,只能维持基本生活。

⑦收费过高过乱。这是普遍性问题。出租车行业各类收费名目繁多。在重庆主要有:预收营运款、月营收定额、各类管理规费、保险费、各类罚款、车内统一配置费、车辆维修费、捐款等。其中,出租车营运权证管理费(即特许指标费)为每年1.5万元;预收营运款为15万元;全款承包车30~40万元;月营收定额为7600~12000元;各类规费为每月1700~2000元等。据不完全统计,涉及出租车企业和驾驶员负担各类收费项目主要有:行政事业性收费、政府性基金、政府性集资、摊派、经营服务性收费和其他费用;道路运输年检费、道路运输经营许可证工本费、营运驾驶员从业资格考试费;运输管理费、客运管理费、治安费、特殊行业审验费、机动车辆排污费、城市公用事业附加费。费用如此多,让广大出租车驾驶员应接不暇。

(2)深层次原因:公司化剥削。

重庆、三亚等地出租车罢运事件,暴露出租车管理的主要症结"公司化剥削"。色彩浓厚的公司化剥削普遍存在,这是出租车公司发财的商业秘密。出租车公司是出租车行业特许经营的产物,通过特许经营制度,出租车公司获取了运营牌照、经营权与驾驶员选派权,由此形成出租车公司化格局与模式。出租车公司通过拍卖获得特许经营指标,再转包给小公司,小公司转包给主驾驶员,主驾驶员分包给副驾驶员,副驾驶员分包给顶班驾驶员。每转包一次,就盘剥一次利润。驾驶员成为"金字塔"最底层,一辆出租车通常由主驾驶员、副驾驶员和顶班驾驶员分班驾驶。公司化经营是一个"层层转包,层层盘剥"的畸形模式,使部分出租车公司成为"全世界投资回报率最好的企业",并衍生出专靠"公司化剥削"牟取暴利的"食利阶层"。

(3)根本性原因:行政垄断体制。

行政垄断包括两个方面:一是特许经营垄断。特许经营垄断是一种法定垄断;二是牌照垄断,包括牌照数量、牌照所有权垄断。北京、上海等城市采取的出租车公司化管理体制行业垄断性太强,这是引起公众强烈不满的主因,并直接导致两方面问题:一是出租车管理公司的经营收入与利润率过高,驾驶员为上交份儿钱疲于奔命;二是运行成本相对低廉的黑车大幅增加,这从目前北京黑出租泛滥,与正规出租车拥有同样规模的现象中可得到印证。垄断控制下的多层次、不透明操作,造成出租车行业畸形的高利润。通过行政垄断措施,出租车管理公司拿走了大部分报酬,处于弱势地位的广大驾驶员只能获得微薄收入。

5. 其他事件

(1)治安事件:出租汽车驾驶员被劫持、抢劫或被害事件时有发生,一般发生在夜间或较偏僻的地方,或出城、跑长途等情况下。另外,因车费等问题与乘客发生冲突等事件也时有发生。究其原因主要是驾驶员在平时营运中存在着侥幸麻痹的思想,特别是出城、跑长途或搭载可疑人员时,没有按照相关规定,去有关部门如出租车治安管理服务站进行登记,从而使人身财产受到损害。

(2)重大疫情事件:在发生重大疫情时,由于出租车驾驶员缺乏相关知识,搭乘了疫情患者,驾驶员本身无相关防护措施,乘客下车后,也未对车辆消毒处理,接着营运。首先,驾驶员本身可能被传染,以后的乘客也可能被传染,从而加快了疫情的传播。

四、出租汽车行业安全生产预防预控方法

(一)行业预防预控方法

1. 行业体制对策

尽快理顺出租汽车管理体制,建立适应经济发展需要的运营体制,为出租汽车行业健康发展提供体制保障。

一是政府主管部门应从出租汽车行业利益中脱身,不要与民争利。2008 年 11 月之所以连续发生多起出租汽车集体罢运事件,其原因之一是一些地方政府及相关部门与民争利。一些地方政府片面强调经济发展,片面维护企业与自身利益,漠视广大出租汽车驾驶员的权利要求与利益诉求,忽略了应有的服务职能,不重视人民群众的生活与保障,扭曲了出租汽车行业应有的行政管理体制的真正面目。为此,要进一步改革现行的出租汽车分散的管理

体制,要让利于民,不要与民争利。

二是要妥善处理政府、公司与驾驶员三者的相互关系。要健全完善出租汽车管理体制,必须处理好两个关系:一方面要处理好政府管理部门与出租汽车公司之间的关系,核心问题是市场准入和经营权配置问题。政府管理部门应以质量信誉考核为基础,积极推行服务质量招投标,建立科学合理的出租汽车市场准入制度和经营权配置办法。另一方面要处理好出租汽车公司和驾驶员之间的关系,核心问题是出租汽车产权和利益分配问题。出租汽车公司应当积极发展产权清晰的股份制公司,对挂靠车辆、承包车辆,按照"谁出资、谁所有"的原则,明晰车辆产权。

2. 行业制度对策

建立健全出租汽车行业运营基本制度,进一步完善出租汽车行业管理制度体系。

一是建立份钱调价听证制度,确保出租汽车驾驶员运营的合法权益。听证内涵是"听取当事人的意见",尤其是在作出不利于当事人的决定之前,应听取当事人意见。听证制度目前已成为各国行政程序法一项共同制度。但各国在使用这个词时,所指范围有所不同。份钱调价听证制度就是在确定份钱提高或降低价格前,由政府价格主管部门组织社会有关方面对制定价格的必要性、可行性进行论证的过程。要保证听证会的科学性、合理性,可从三个方面即申请方提供的资料真实性问题,选择什么样的听证代表,听证会不能"听而不证"来把关。

二是建立准入淘汰择优制度,提高公司与驾驶员队伍的整体素质与竞争力。出租汽车行业作为公共资源的特许经营行业,应有公平的准入制度和必要的退出制度。要健全出租汽车运营公司与出租汽车驾驶员资格准入制度、淘汰择优制度等。在目前条件下,出租汽车企业应具备的条件:经营与接受委托管理服务的出租汽车不少于一定数量,与经营规模相适应的办公场所和固定停车场地,良好的银行资信、财务状况及相应的责任承担能力,与经营业务相适应的由公司所雇用并签订劳动合同的驾驶员,与经营业务和规模相适应的技术、财务和经营管理人员等。从事出租汽车经营的驾驶员,也应当符合从事这项工作所必需的包括年龄、身体和其他标准等条件。

三是建立安全管理制度,实行安全生产车主负责制度。建立出租汽车行业安全管理制度,将逐步构建起以预防为主的安全生产管理的长效机制,推进出租汽车行业安全生产管理工作的制度化、规范化、标准化。该制度内容包括:出租汽车客运企业作为本单位安全生产的责任主体,应建立安全生产管理机构和安全生产管理制度,建立起完善的车辆档案、出租汽车驾驶员档案、行车安全档案等。

四是建立税费定期更新公示制度。实践证明,乱收费、违规收费绝非一次性清理整顿就万事大吉了。一方面要严格执法,立案查处,决不姑息迁就,以切实减轻出租汽车驾驶员的负担,维护出租汽车行业稳定。另一方面,必须实行税费定期更新公示制度,内容包括:时间、地点、税费课目、收费单位、投诉电话等。出租汽车企业必须按规定在醒目位置公示国家地方合法的各类收费标准,让广大出租汽车驾驶员一目了然;同时也能起到监督该公司遵纪守法的作用。

3. 行业机制对策

搭建出租汽车运营的群体利益冲突解决协调机制,及时应对政府、公司与驾驶员三方之间的运营矛盾。

一是搭建诉求应对协调机制。罢运过程中,出租汽车驾驶员往往提出种种内容不尽相同的诉求,希望有关部门解决。建议建立有政府主管部门、出租汽车公司、行业协会及工会等组成的定期联席会议制度,以便及时处理罢运事件。

二是搭建谈判对话协调机制。出租汽车罢运突现谈判对话机制缺失,由于没有正常的谈判对话渠道,而上访也无效,最后不得已只有集体罢运,企求通过该方式解决问题。现实中,只有在投诉无门、问题久拖不决的情况下,出租汽车驾驶员们才会采取罢运这种无奈之举。退一步说,即使不排除事件背后有极少数人的别有用心,但如果没有严重损害广大出租汽车驾驶员切身利益的因素存在,个别人即使借机闹事,也无法找到发力点。所谓谈判对话协调机制,一是谈判机制,二是对话机制。谈判对话协调机制必须在各方达成共识的基础上才能进行。

三是搭建油价运价联动协调机制。燃油价格涨跌与经济发展好坏密切相关,就需要出租汽车行业建立起出租汽车油价运价联动协调机制,科学合理地确定运价调整的建议性方案,并提交当地交通管理部门,通过法定程序来做最后决定。油价运价联动协调机制以当地的出租汽车运营成本、物价水平、乘客的消费能力作为运价方案制订的依据,最终推出一个适合本城市实际情况的调价公式,通过该公式来计算城市的出租汽车运价方案。要充分考虑到企业、驾驶员、乘客三方利益,建立长效的运价调节机制,为出租汽车行业的发展创造良好环境。建议尽快研究实施油价与运价的联动政策,建立应对油价变动的长效机制。

四是搭建份钱淡旺季动态协调机制。出租汽车驾驶员的月总收入在一年中的淡季与旺季是不一样的:淡季收入少,旺季收入多。因此,出租汽车的份钱在一年中的淡季与旺季的缴纳也应不一样。淡季可适当少收一部分,旺季可适当多收一部分,不应该淡季与旺季一个标准。科学合理的办法是,实行淡旺季出租汽车驾驶员上缴企业月定额动态协调机制,以准确反映驾驶员的收入状况,尽量平衡协调出租汽车公司与驾驶员之间的利益冲突关系。

4. 行业组织对策

建立健全出租汽车行业组织,通过中介桥梁纽带,逐步完善行业规范化管理与自律监管制度。

一是建立健全出租汽车企业工会,维护出租汽车驾驶员的合法权益,解决出租汽车行业空心化问题。①进一步完善各地城市交通工会。对已组建的出租汽车行业工会,将其纳入城市交通工会的领导。加大城市交通工会对出租汽车企业组建工会督促和指导的力度。②加快出租汽车企业工会建设步伐。③成立个体出租汽车工会。对个体出租汽车从业者,以区县为单位成立个体出租汽车工会,受区县总工会领导,接受上级产业工会工作指导。工会筹建期间经费有困难的,可由所在地总工会予以补助。④充分发挥各地出租汽车企业工会的应有作用。各级总工会是各出租汽车企业工会坚实的后盾。

二是建立健全出租汽车行业协会,通过行业协会构建行业道德准则,规范行业运营标准,提高出租汽车运营质量。①及时修改完善现行的《出租汽车行业协会章程》,剔除不合时宜的内容。成立专门的中国出租汽车行业协会,以统一各地出租汽车行业协会。②逐步健全出租汽车行业协会基本制度。出租汽车行业协会是政府、公司与驾驶员之间的桥梁与中介。出租汽车行业协会包括出租汽车业、汽车租赁业、宾馆内部接待车的经营者及其相关单位，属于非营利性社会团体。出租汽车行业协会是一个中介组织，重点解决出租汽车行业的服务标准和行业自律标准，具有规范引导约束作用。

三是充分发挥工会、协会的疏导作用，缓解压力，及时沟通，排解各类矛盾。要正确认识诉求渠道不畅的根源与危害；要发挥工会、协会疏导缓解压力的重要作用；进一步完善疏导压力的渠道体系。

5. 行业法制对策

清理业已过时的政策文件，及时修订现行仍在使用的政策法规，建立健全出租汽车行业法律法规体系。

一是及时清理修改有关的出租汽车管理的法律法规。如 1985 年以来政府先后出台了《城市出租汽车管理暂行办法》、《出租汽车旅游汽车客运管理规定》、《出租汽车客运服务规范(试行)》、《机动出租汽车驾驶员个人所得税征收管理暂行办法》等 20 多个文件，这些办法已使用了 20 余年，很多内容早已过时，很多问题无法解决。因此，有必要对国家的、地方的出租汽车法规政策进行全面、彻底的废改立。

二是尽快出台适应现实需要的全国性出租汽车管理运营法律法规。一方面要尽快制订专门的法规性的全国性的《出租汽车管理条例》，明确主管部门，明确出租汽车经营权归属转移内容，制订政府、公司与出租汽车驾驶员的权利与义务。同时，各地要尽快制定本地的各类各级别的《出租汽车管理办法》等规章性文件，以适应中国国情的需要。通过立法从法规层面对出租汽车行业进行管理，进一步规范和促进出租汽车行业健康发展。

三是要严格执行有关出租汽车的法律法规，保护合法经营，打击黑车非法经营。进一步规范出租汽车企业经营管理行为，尤其是对企业乱收费等侵害驾驶员合法权益的不规范经营行为依法予以严厉处罚，责成问题企业依法为驾驶员缴纳社保和工伤保险。公安交通部门要加大整治客运市场非法营运力度。各地要开展整治客运市场非法营运专项行动，明确整治目标，抓住重点对城市边缘与重点地区，从严从快惩处。

(二)企业预防预控方法

(1)建立健全并落实驾驶员招录、交通安全教育、奖惩、考核以及出租汽车维修等制度。

(2)提高出租汽车从业资格的门槛，出租汽车驾驶员不仅需要高超的驾驶技术，还需要较好的安全意识和较高的道德水准。

(3)加强对驾驶员的法制宣传教育，提高出租汽车驾驶员的安全意识及遵守交通法规的自觉性，并不定期对驾驶员进行安全意识的测评。

(4)按照《职业病健康监护管理办法》(2002 年 5 月 1 日起实施)附件 1 中对机动车驾驶员的要求，严把岗前检查，定期对在岗驾驶员进行健康检查，包括心理健康，并建立驾驶员健康档案。

(5)按照相关规定加强车辆日常维护，定期对车辆进行一、二级维护，并严格执行安全检查制度，问题车辆不准上路。

(6)加强驾驶员驾驶技术培训工作，建立各种培训基地，开发采用计算机的培训系统和各种模拟装置。从典型道路安全驾驶，恶劣气象和复杂道路条件下的安全驾驶，行驶中出现突然情况的应急措施，车辆发生事故时的应急措施及消防知识，危险物品常识及重大疫情情况患者症状等方面加强培训教育。

(7)完善奖惩机制,充分调动人的积极性和创造性,建立物质和精神的激励机制,鼓励和奖励行车安全驾驶员,对因工作失误发生事故造成人员伤亡或经济损失的,应根据事故严重程度,按照法律的规定进行惩罚,并追究相应的责任。

(8)加强对乘客乘车安全须知的宣传,一是在出租汽车营业站和车辆内张贴乘客安全须知;二是通过电视、报纸等媒体进行宣传,做一些公益广告,通过广告内容提示市民租车、打车、乘车注意事项。

第二节　隐患排查治理方式与措施

隐患是指出租汽车企业在营运过程中违反安全生产法律法规、规章、标准规程和安全管理制度的规定,或因其他原因导致的工作环境恶劣、从业人员(主要指一线工作人员:驾驶员、维修及特种作业人员等)的不安全行为、车辆或设备的不安全状态和管理上的缺陷。根据隐患整改难易程度和危险程度,分为一般隐患和重大隐患。

一、一般隐患和重大隐患的界定

一般隐患是指在营运过程中存在的危害和整改难度较小,发现后能够立即整改排除的隐患。

重大隐患是指在营运过程中存在的危害程度和整改难度较大,可能导致群死群伤事故的发生或造成重大经济损失的安全生产隐患。

重大隐患按照其可能造成人员伤亡程度和经济损失情况分为三级:

一级重大隐患,是指可能造成30人以上死亡,或者100人以上重伤,或者1亿元以上直接经济损失的事故隐患。

二级重大隐患,是指可能造成10人以上30人以下死亡,或者50人以上100人以下重伤,或者5000万元以上1亿元以下直接经济损失的事故隐患。

三级重大隐患,是指可能造成3人以上10人以下死亡,或者10人以上50人以下重伤,或者1000万元以上5000万元以下直接经济损失的事故隐患。

二、隐患排查的重点部位和危险环节

(1)车辆隐患包括漏水、漏油、漏气、漏电、制动及操纵失灵、LNG、CNG及LPG专用装置松动、泄漏,电动车线路老化,日常维护缺失,不定期进行一、二级维护,未经审验,临近报废或已报废等。

(2)车辆维修及特种作业过程中可能存在物体打击、车辆伤害、机械伤害、起重伤害、触电、火灾、高处坠落、锅炉爆炸、容器爆炸、其他爆炸、中毒和窒息、其他伤害等事故隐患。

(3)驾驶员在驾驶车辆的过程中,存在疲劳驾驶、情绪不稳定、感冒、心脏病、立体盲等事故隐患。

(4)特种设备隐患包括:使用非法生产、安装的特种设备;特种设备缺少安全附件,或者附件失灵;特种设备超期、超参数使用;特种设备超期不检验;特种设备有明显故障、异常情况,或责令整改而未整改;特种设备发生事故未向上级报告,而继续使用。

三、安全隐患排查的方法

安全隐患排查流程如图 25-1 所示。

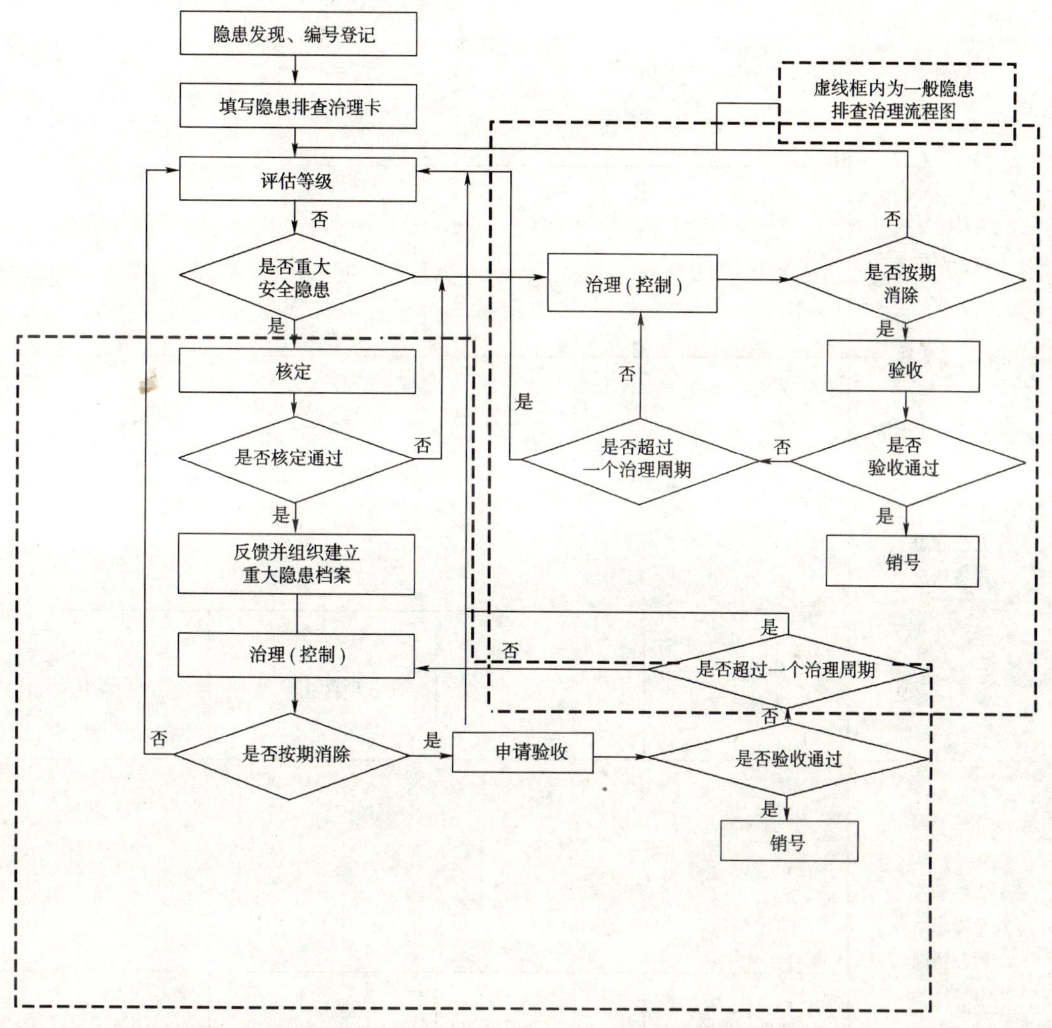

图 25-1 安全隐患排查治理工作流程

四、安全隐患治理措施

(一)一般安全隐患治理措施

通过建立安全隐患排查治理卡(表 25-1)及安全隐患排查治理台账(表 25-2),进行动态治理。

安全隐患排查治理卡 表25-1

<table>
<tr><td>单位</td><td colspan="4"></td></tr>
<tr><td>编号</td><td colspan="4"></td></tr>
<tr><td>检查部位</td><td colspan="4"></td></tr>
<tr><td rowspan="2">安全隐患
排查情况</td><td colspan="4"></td></tr>
<tr><td>隐患排查
人员签字</td><td></td><td>排查日期</td><td></td></tr>
<tr><td rowspan="2">安全隐患治理
验收情况</td><td colspan="4"></td></tr>
<tr><td>隐患治理验
收人员签字</td><td></td><td>验收日期</td><td></td></tr>
<tr><td>备注</td><td colspan="4"></td></tr>
</table>

表 25-2

安全隐患排查治理台账

单位：　　　　　　　　　　　　　　　　日期：

序号	日期	隐患编号	隐患性质	隐患部位	隐患内容	整改措施	整改期限	整改结果	责任人	验收人	销号文件

制表：　　　　　　审核：　　　　　　批准：

(二)重大隐患治理

重大隐患通过建立重大隐患档案进行治理。重大隐患档案含隐患报告及隐患治理方案两方面内容:

1. 隐患报告

(1)隐患的现状及其产生原因;

(2)隐患的危害程度和整改难易程度分析;

(3)拟采取的隐患的治理方案;

(4)已采取的防范措施;

(5)其他需要报告的内容。

2. 隐患治理方案

(1)治理的目标和任务;

(2)采取的方法和措施;

(3)经费和物资的落实;

(4)负责治理的机构和人员;

(5)治理的时限和要求;

(6)安全措施和应急预案。

第三节　危险源界定与监管

一、危险源及重大危险源定义

危险源是指一个系统中具有潜在能量和物质释放危险的、可造成人员伤害、在一定的触发因素作用下可转化为事故的部位、区域、场所、空间、岗位、设备及其位置。它的实质是具有潜在危险的源点或部位,是爆发事故的源头,是能量、危险物质集中的核心,是能量从那里传出来或爆发的地方。危险源存在于确定的系统中,不同的系统范围,危险源的区域也不同。

重大危险源是指在营运过程中,风险等于或超过临界量,从而可能造成人员伤亡、财产损失、环境破坏以及这些情况组合的工作单元。

二、危险源识别方法

(1)询问、交谈法:与生产现场的管理、作业人员和技术人员交流讨论、获取危险源资料。

(2)现场观察法:观察各类设备、设施、场地,分析操作行为、安全管理状况等,获取危险源资料。

(3)事故树分析法:可针对各类事故进行分析,并按事故树分析要求展开和绘图,获取危险源资料。

(4)安全检查表法:采用预先设计好的安全检查表或制度与规程,到现场进行检查,发现安全隐患问题及时记录和分析,并据此获取危险源资料。

三、危险源的评价

危险源采用“作业条件危险性分析法”（简称 *LECD* 法）进行危险性评价。“*L*”表示事故或危险事件发生的可能性，“*E*”表示暴露于危险环境中的频率，“*C*”表示危险可能造成的后果的严重程度，“*D*”表示危险源的危险性。采用计算式“$D = L \times E \times C$”评价危险源的危险性。

（一）事故或危险事件发生的可能性，按如下情况取值：

（1）完全可能，会被预料到时，*L* 值为 10。

（2）相当可能，*L* 值为 6。

（3）不经常，但可能，*L* 值为 3。

（4）完全意外，极少可能，*L* 值为 1。

（5）可以设想，但高度不可能，*L* 值为 0.5。

（6）极不可能，*L* 值为 0.2。

（7）实际上不可能，*L* 值为 0.1。

（二）暴露于危险环境中的频率，按如下情况取值：

（1）连续暴露于危险或潜在危险环境中，*E* 值为 10。

（2）经常在工作时间内暴露，*E* 值为 6。

（3）每周一次或偶然地暴露，*E* 值为 3。

（4）每月暴露一次，*E* 值为 2。

（5）每年几次出现在潜在危险环境，*E* 值为 1。

（6）非常罕见地暴露，*E* 值为 0.5。

（三）危险可能造成的后果的严重程度，按如下情况取值：

（1）灾难性后果，10 人以上死亡，50 人以上重伤，*C* 值为 100。

（2）非常严重的后果，3 人以上死亡，10 人以上重伤，*C* 值为 40。

（3）严重后果，1 人以上死亡，3 人以上重伤，*C* 值为 15。

（4）较为严重后果，3 人以下重伤，*C* 值为 7。

（5）一般性后果，3 人以上轻伤，*C* 值为 3。

（6）轻微后果，3 人以下轻伤，*C* 值为 1。

注：“以上”含本数，“以下”不含本数。

四、危险源的界定

（1）*D* 值大于等于 160 的为重大危险源，为不可接受风险，应对其进行风险控制，并要制定书面的控制措施对危险源进行严格控制和管理。

（2）*D* 值小于 160 的为一般危险源，为可接受风险。也需进行控制，但可以不必制定书面的控制措施，应在日常工作和有关会议中进行安排和布置。

五、危险源的控制

（1）各级安全管理部门为生产性危险源的管理部门，各级办公室为办公、生活环境的危险源管理部门。在危险源的识别、评价和控制等阶段,可根据需要邀请工会、运营、资产、人力资源等相关部门共同参与。

(2)危险源的管理采取分级管理的原则,各单位对本单位的危险源进行管理,对于本级单位难以处置的重大危险源,下级单位可以提请上级单位协助采取控制措施。对于 D 值大于 300 的危险源,应报送到上一级单位安全管理部门进行备案。

(3)危险源识别、评价过程应留下书面记录,危险源控制措施应经主管部门负责人审核,由安全主管领导批准执行。重大危险源控制措施应经上级单位主管部门负责人审核,由上级单位安全主管领导批准执行。

第二十六章 事故调查与处理

第一节 事故信息报告

一、事故等级划分

根据生产安全事故(以下简称事故)造成的人员伤亡或者直接经济损失,事故一般分为以下等级:

(1)特别重大事故,是指造成30人以上死亡,或者100人以上重伤(包括急性工业中毒,下同),或者1亿元以上直接经济损失的事故;

(2)重大事故,是指造成10人以上30人以下死亡,或者50人以上100人以下重伤,或者5000万元以上1亿元以下直接经济损失的事故;

(3)较大事故,是指造成3人以上10人以下死亡,或者10人以上50人以下重伤,或者1000万元以上5000万元以下直接经济损失的事故;

(4)一般事故,是指造成3人以下死亡,或者10人以下重伤,或者1000万元以下直接经济损失的事故。

二、事故报告程序

事故报告应当及时、准确、完整,任何单位和个人对事故不得迟报、漏报、谎报或者瞒报。

(1)事故发生后,事故现场有关人员应当立即向本单位负责人报告;单位负责人接到报告后,应当于1小时内向事故发生地县级以上人民政府安全生产监督管理部门和负有安全生产监督管理职责的有关部门报告。

情况紧急时,事故现场有关人员可以直接向事故发生地县级以上人民政府安全生产监督管理部门和负有安全生产监督管理职责的有关部门报告。

(2)安全生产监督管理部门和负有安全生产监督管理职责的有关部门接到事故报告后,应当依照下列规定上报事故情况,并通知公安机关、劳动保障行政部门、工会和人民检察院:

①特别重大事故、重大事故逐级上报至国务院安全生产监督管理部门和负有安全生产监督管理职责的有关部门;

②较大事故逐级上报至省、自治区、直辖市人民政府安全生产监督管理部门和负有安全生产监督管理职责的有关部门;

③一般事故上报至设区的市级人民政府安全生产监督管理部门和负有安全生产监督管理职责的有关部门。

安全生产监督管理部门和负有安全生产监督管理职责的有关部门依照前款规定上报事故情况,应当同时报告本级人民政府。国务院安全生产监督管理部门和负有安全生产监督管理职责的有关部门以及省级人民政府接到发生特别重大事故、重大事故的报告后，应当立即报告国务院。

必要时，安全生产监督管理部门和负有安全生产监督管理职责的有关部门可以越级上报事故情况。

(3)安全生产监督管理部门和负有安全生产监督管理职责的有关部门逐级上报事故情况，每级上报的时间不得超过2小时。

三、事故报告信息

(1)报告事故应当包括下列内容：

①出租汽车企业概况；

②事故发生的时间、地点以及事故现场情况；

③事故的简要经过；

④事故已经造成或者可能造成的伤亡人数(包括下落不明的人数)和初步估计的直接经济损失；

⑤已经采取的措施；

⑥其他应当报告的情况。

(2)事故报告后出现新情况的，应当及时补报。

自事故发生之日起30日内，事故造成的伤亡人数发生变化的，应当及时补报。道路交通事故、火灾事故自发生之日起7日内，事故造成的伤亡人数发生变化的，应当及时补报。

第二节　事故处理

一、现场处置

出租汽车企业负责人接到事故报告后，应当立即启动事故相应应急预案，或者采取有效措施，组织抢救，防止事故扩大，减少人员伤亡和财产损失。

事故发生地有关地方人民政府、安全生产监督管理部门和负有安全生产监督管理职责的有关部门接到事故报告后，其负责人应当立即赶赴事故现场，组织事故救援。

事故发生后，有关单位和人员应当妥善保护事故现场以及相关证据，任何单位和个人不得破坏事故现场、毁灭相关证据。

因抢救人员、防止事故扩大以及疏通交通等原因，需要移动事故现场物件的，应当作出标志，绘制现场简图并作出书面记录，妥善保存现场重要痕迹、物证。

二、事故调查

特别重大事故由国务院或者国务院授权有关部门组织事故调查组进行调查。

重大事故、较大事故、一般事故分别由事故发生地省级人民政府、设区的市级人民政府、县级人民政府负责调查。省级人民政府、设区的市级人民政府、县级人民政府可以直接组织事故调查组进行调查，也可以授权或者委托有关部门组织事故调查组进行调查。

未造成人员伤亡的一般事故,县级人民政府也可以委托出租汽车企业组织事故调查组进行调查。

上级人民政府认为必要时,可以调查由下级人民政府负责调查的事故。

自事故发生之日起30日内(道路交通事故、火灾事故自发生之日起7日内),因事故伤亡人数变化导致事故等级发生变化,应当由上级人民政府负责调查的,上级人民政府可以另行组织事故调查组进行调查。

特别重大事故以下等级事故,事故发生地与出租汽车企业不在同一个县级以上行政区域的,由事故发生地人民政府负责调查,出租汽车企业所在地人民政府应当派人参加。

事故调查组的组成应当遵循精简、效能的原则。根据事故的具体情况,事故调查组由有关人民政府、安全生产监督管理部门、负有安全生产监督管理职责的有关部门、监察机关、公安机关以及工会派人组成,并应当邀请人民检察院派人参加。如有需要可以聘请有关专家参与调查。

事故调查组成员应当具有事故调查所需要的知识和专长,并与所调查的事故没有直接利害关系。事故调查组组长由负责事故调查的人民政府指定。事故调查组组长主持事故调查组的工作。事故调查组履行下列职责:

(1)查明事故发生的经过、原因、人员伤亡情况及直接经济损失;

(2)认定事故的性质和事故责任;

(3)提出对事故责任者的处理建议;

(4)总结事故教训,提出防范和整改措施;

(5)提交事故调查报告。

事故调查组有权向有关单位和个人了解与事故有关的情况,并要求其提供相关文件、资料,有关单位和个人不得拒绝。

出租汽车企业的负责人和有关人员在事故调查期间不得擅离职守,并应当随时接受事故调查组的询问,如实提供有关情况。

事故调查中发现涉嫌犯罪的,事故调查组应当及时将有关材料或者其复印件移交司法机关处理。

事故调查中需要进行技术鉴定的,事故调查组应当委托具有国家规定资质的单位进行技术鉴定。必要时,事故调查组可以直接组织专家进行技术鉴定。技术鉴定所需时间不计入事故调查期限。

事故调查组成员在事故调查工作中应当诚信公正、恪尽职守,遵守事故调查组的纪律,保守事故调查的秘密。未经事故调查组组长允许,事故调查组成员不得擅自发布有关事故的信息。

事故调查组应当自事故发生之日起60日内提交事故调查报告;特殊情况下,经负责事故调查的人民政府批准,提交事故调查报告的期限可以适当延长,但延长的期限最长不超过60日。事故调查报告应当包括下列内容:

(1)出租汽车企业概况;

(2)事故发生经过和事故救援情况;

(3)事故造成的人员伤亡和直接经济损失;

(4)事故发生的原因和事故性质;

(5)事故责任的认定以及对事故责任者的处理建议;

(6)事故防范和整改措施。

事故调查报告应当附具有关证据材料。事故调查组成员应当在事故调查报告上签名。事故调查报告报送负责事故调查的人民政府后,事故调查工作即告结束。事故调查的有关资料应当归档保存。

三、事故处理

重大事故、较大事故、一般事故的处理,负责事故调查的人民政府应当自收到事故调查报告之日起 15 日内作出批复;特别重大事故的处理,30 日内作出批复,特殊情况下,批复时间可以适当延长,但延长的时间最长不超过 30 日。

有关机关应当按照人民政府的批复,依照法律、行政法规规定的权限和程序,对出租汽车企业和有关人员进行行政处罚,对负有事故责任的国家工作人员进行处分,负有事故责任的人员涉嫌犯罪的,依法追究刑事责任。

出租汽车企业应当按照负责事故调查的人民政府的批复,对本单位负有事故责任的人员进行处理,负有事故责任的人员涉嫌犯罪的,依法追究刑事责任。

出租汽车企业应当认真吸取事故教训,落实防范和整改措施,防止事故再次发生。防范和整改措施的落实情况应当接受工会和职工的监督。

安全生产监督管理部门和负有安全生产监督管理职责的有关部门,应当对出租汽车企业落实防范和整改措施的情况进行监督检查。

事故处理的情况由负责事故调查的人民政府或者其授权的有关部门、机构向社会公布,依法应当保密的除外。

下篇　考 评 知 识

第二十七章　考评员执业规范

第一节　概　　述

一、企业安全生产标准化考评工作的背景

企业安全生产标准化是安全生产工作的重要手段和抓手，目的是通过建立安全生产责任制，制定安全管理制度和操作规程，排查治理隐患和监控重大危险源，建立预防机制，规范生产行为，使各生产环节符合有关安全生产法律法规和标准规范的要求，并持续改进、完善和提高，使企业的人、机、物始终处于良好的安全状态下运行，从而提升企业安全管理水平，促进企业在安全的前提下健康快速发展。

企业安全生产标准化建设工作的提出最早可追溯到2004年国务院文件《关于进一步加强安全生产工作的决定》(国发〔2004〕2号)。国发2号文件明确提出了在全国所有的工矿、商贸、交通、建筑施工等企业普遍开展安全质量标准化活动的要求。但当时标准化工作还处于探索阶段，重点是安全质量环节，没有形成通过规范安全生产各个环节使人、机、物、环处于良好的生产状态，并持续改进，不断提升企业安全生产综合管理水平全面、系统的要求。

国务院关于企业安全生产标准化工作是以国发〔2010〕23号和国发〔2011〕40号文件在全国范围内进行部署的。23号和40号文件明确要求要深入开展以岗位达标、专业达标和企业达标为内容的安全生产标准化建设，对在规定期限内未实现达标的企业，要依据有关规定责令停产整顿；对整改逾期仍未达标的，要依法予以关闭。国务院安委会安委〔2011〕4号文件《关于深入开展企业安全生产标准化建设的指导意见》则对全国企业安全生产标准化工作作了进一步细化和部署，要求以工矿商贸、交通运输等行业(领域)为重点深入开展安全生产标准化建设。

为贯彻落实国务院关于开展企业安全生产标准化建设工作部署，交通运输部在国务院安委〔2011〕4号文件下发后，迅速制订了《关于印发交通运输企业安全生产标准化建设实施方案的通知》(交安监发〔2011〕322号)，对交通运输企业安全生产标准化建设工作进行了全面部署，要求从事客运、危险化学品和烟花爆竹等重点运输企业在2013年底前实现达标，其他交通运输企业在2015年前实现达标。交通运输企业安全生产标准化建设工作正式启动。

二、企业安全生产标准化考评工作的管理

根据国务院《关于进一步加强企业安全生产工作的通知》(国发〔2010〕23号)、《关于坚持科学发展安全发展促进安全生产形势持续稳定好转的意见》(国发〔2011〕40号)精神和《关于深入开展企业安全生产标准化建设的指导意见》(安委〔2011〕4号)的部署，交通运输部起草了《交通运输企业安全生产标准化考评管理办法》和《交通运输企业安全生产标准化

达标考评指标》。

2012 年 4 月 20 日,《交通运输企业安全生产标准化考评管理办法和达标考评指标》(交安监发〔2012〕175 号)颁发,标志着旨在通过规范企业安全生产管理及行为,提升企业安全生产能力和水平的交通运输企业安全生产标准化建设工作进入了全面实施阶段。

为规范交通运输企业安全生产标准化考评发证、考评机构和考评员的管理,根据《交通运输企业安全生产标准化考评管理办法》(交安监发〔2012〕175 号),交通运输部制订了《交通运输企业安全生产标准化考评发证实施办法》、《交通运输企业安全生产标准化考评机构管理实施办法》、《交通运输企业安全生产标准化考评员管理实施办法》(见交通运输部办公厅文件(厅安监字〔2012〕134 号)《关于印发交通运输企业安全生产标准化相关实施办法的通知》)。这些办法对交通运输企业安全生产标准化和考评员的管理进行了规范与安排。

本章主要针对交通运输企业安全生产标准化考评员管理和执业规范进行论述,有关考评发证和考评机构的管理放入第 13-15 章来说明。

考评员是指在规定职业工种、等级和类别范围内,按照统一考核方法、职业标准及考核要求,对鉴定对象进行考核、评审的人员。安全生产考评员则是在规定的安全生产培训类别范围内,按照国家有关部门考核大纲要求,对安全生产培训对象进行考核后的人员。

为保证交通行业安全生产标准化考核工作的科学性、公正性、客观性,建设一支政策水平高、业务能力强的职业安全生产考评员(以下简称考评员)队伍,以规范交通行业安全生产考核工作,根据《中华人民共和国安全生产法》、《关于坚持科学发展安全发展促进安全生产形势持续稳定好转的意见》(国发〔2011〕40 号)及其他有关规定和要求,明确考评员的职业道德、作用和地位、具备条件、完善考评员注册制度等,以加强对考评员的管理及考评执业规范。

第二节　考评员的职业道德

一、职业道德概述

职业道德是随着社会分工的深化而逐渐形成和发展起来的特殊的道德规范体系,它的社会功能,在于改善企业员工的工作态度,调节员工之间及其与社会各方面的人际关系,使企业运营能够朝着有利于改善个人福利、推动企业发展、促进社会进步的目标努力。

现代职业道德,则以有效协调群体活动中个人与组织的关系为基本前提。对于企业内部一个岗位上的员工来说,基本的作业技能是他必备的能力,此时,能否正确地做事就看他的态度了,这个态度也就是我们这里所强调的“职业道德”。职业道德的好与坏,直接决定了工作绩效的优与劣,决定了企业的成败。我们常说,“干得怎么样是能力问题,干不干是态度问题”,说到底,还是在强调职业道德的重要性。

作为安全生产标准化考评员,无论身在何处,行在何时,其言行举止都应该符合现代社会、现代企业和现代员工的行为操守。现代职业道德集中体现为员工的责任观念,应尽到下面三种职责:

(1)对自己的职责:要尽其所能履行分内工作的任务和责任,你的一生都成就于你工作中的每一时刻。

(2)对企业的职责:在完成既定目标过程中,你要时刻牢记尽力增强企业实力,以保持企业持续发展。

(3)对社会的职责:时刻不要忘记你的工作正关系着他人的生命健康和人生幸福,关系着人类繁荣和社会进步。

二、现代职业道德建设的基础

由于文化传统、社会制度和发展程度的差异,决定我国的现代职业道德建设,不能完全照搬西方的观念和规范,而应立足于本国文化传统,结合企业实际情况、符合社会经济发展规律、借鉴别人成熟的先进经验,逐步形成和完善具有中国本土特色、符合现代经营理念和企业自身特点的独特的职业道德体系。

1. 忠于职守、合作敬业

敬业乐业是任何历史时期的任何一个在岗从业人员都必须秉持的职业道德精神,它是所有在岗人员做好本职工作的基本前提。对此,我国传统道德观念早就给出了一系列相应的道德规范,大力提倡敬业、乐业、勤业、精业意识。在传统儒家思想中,孔子很早就提出了“敬业乐群”的主张。所谓“敬业”指的是聚精会神、全心全意地做好自己的本职工作。这正是从业人员搞好本职工作所应具备的基本的思想品格。

2. 遵纪守法、诚实守信

“诚实守信”是任何社会成员安身立命的道德准绳,是一切从业人员做好本职工作的道德前提,更是我们中华民族代代相传的美德。诚实是指对人对事要真实无欺;守信是指不食言、不违约,坚守诺言,说到做到。“诚信”二字合起来,就是要求人们在相互交往中,做到真诚实在,不失信誉。这是我们从事任何职业都应有的道德意识。

3. 坚持原则、顾全大局

“办事公道,顾全大局”是从事任何职业,既要对社会尽义务,享有社会赋予的权力,又要遵纪守法。例如,法官有审判案件的权力,医生有开处方、拿手术刀的权力等;但从职业道德规范来说,作为从业人员就要办事公道,顾全大局,遵纪守法。我们古代思想家们对此有许多精辟的论述,提倡正直无私的道德规范。“正直”,就是办事持平,不偏不倚;“无私”,就是要出以公心。为此,我们在行使职业权力时,一定不能以权谋私、假公济私、枉法徇私,要顾全大局、办事公道、遵纪守法。

4. 以义取利、开拓创新

职业作为一种谋生的手段,不能不讲利益。但是,从业人员要取利,又必须受道德制约,这就是要遵循“以义制利”或“见利思义”的原则。孔子说过:富裕和尊贵,是每个人都渴望得到的,但如果是靠不择手段得来的,宁愿不要。贫穷与低贱,是所有人都厌恶的,但如果不是靠正当手段去改变它,还不如安于贫贱好。所以,以义取利早已成为我们民族的道德价值取向。这种道德价值取向告诉我们,对于“利”要有一种理性的制约,不苟取,不妄得,拒受不义之财。这对于目前社会转型期出现的许多贪赃枉法、巧取豪夺的不正当风气更是一种警醒和匡正。但是,单单讲以义取利是不够的,会导致顾小利而失大义。在守法经营的同时,更要具备开拓创新,着眼长远的职业精神,否则只能是个人修养,称不上职业道德。

综上所述,我们可以看到,现代职业道德的内涵,不是传统伦理道德观念所能完全涵盖的,还蕴含着与现代市场经济运营密切相关的全新内容,不仅要从民族传统的道德土壤中汲取养分,还要努力吸收全人类的优秀品质。现代职业道德的建设,是造就具有现代市场视野、法律意识、伦理情操和时代精神的一代代新人的伟大事业。

三、行业职业道德的表现形态

职业道德是一种针对职业行为的社会化角色道德,它与行业有非常密切的关系,它的深刻基础在于从业人员与其职业利益的关系。同时,职业道德的基本精神作为时代精神的一个组成部分,必然反映时代的内容。在改革开放和市场经济条件下,职业结构的调整和职业内容的变化也会提出与其相适应的职业道德精神。最后,在市场经济条件下,职业道德精神的培养还必须注意层次性。基于上述考虑,针对现代交通运输业,职业道德的基本精神都应该包括责业守则精神、精业求实精神、创业拼搏精神、敬业爱岗精神。

1. 责业守则精神

所谓的责业守则精神,就是从业人员对于其所从事的职业要有一定的责任心,要有对本职工作认真负责的态度和精神,要能够充分理解、正确执行职业规则,包括经济的、行政管理的和业务技术方面的规则,这些规则通常表现为必要的规章制度和程序等。责业守则是维系职业和岗位正常实现其功能的基本条件,也是职业道德对从业人员的最起码的要求。责业守则精神是每个职业组织,每一个从业人员所应有的最起码的职业道德精神。在高度规范的市场经济中,如果从业人员和职业组织连这点最起码的职业道德精神都没有的话,那么就根本谈不上什么发展社会主义市场经济了。

2. 精业求实精神

精业求实精神,就是从业人员在责业守则精神的基础上,对本职工作精益求精,不断开拓创新,讲究效率,达到业务纯熟,以至于把它当作一门学问,力求精通,遵循工作对象本身的客观规律,求真务实,努力钻研科学知识,依靠科技进步来提高工作效率。也就是“钻研业务,讲究效率”。精业求实精神是实现职业的社会职能和效益的保证。

3. 创业拼搏精神

所谓创业拼搏精神,是指面对职业上的困难和挑战时,不是被困难和挑战所吓倒,而是敢于面对它,通过艰苦奋斗,顽强拼搏去克服它、战胜它,在不断开创新事业、创造崭新价值的过程中去实现职业价值,实现从业人员的个人利益。

4. 敬业爱岗精神

敬业爱岗精神,就是从业人员在责业、精业、创业的基础上,在职业生活中逐渐形成的一种对自身职业崇敬、热爱的心理。它表现为职业的尊严感和荣誉感,表现为从业人员将自身的价值和名誉与自身职业的价值和名誉结合在一起,在职业活动中,不仅不允许自己有有损于本职业的行为,也不能容忍他人做有损于自身职业的事情。

敬业爱岗精神的形成,首先是责业守则精神、精业求实精神、创业拼搏精神长期实践并逐渐同化的结果。从业人员最初在职业活动中,其责业守则、精业求实、创业拼搏,主要是由于职业规范的约束、市场竞争的压力、职业所面对的困难和挑战而自然生发的反应,这种思想行为在这个阶段上本质上不是自己真心愿意的行为,而是只有在外在的压力和奖惩制度的保障下才表现出来和继续下去。随着外在压力和奖惩制度的继续，从业人员渐渐在职业活动中被责业守则、精业求实、创业拼搏精神所同化。进人这个阶段后，从业人员对责业守则、精业求实、创业拼搏精神能够自愿地接受和履行，已经感受到这些职业道德精神是作为一个从业人员本应具备的基本精神，使外部要求与自己的要求趋于一致。

四、企业安全生产考评员职业道德守则

考评员职业道德的学习有利于考评员人生价值的实现；有利于促进安全生产标准化考核工作的发展；有利于改善社会道德风尚；有利于高技能人才队伍建设。

1. 爱岗敬业

考评人员应热爱自己的工作岗位，敬重自己所从事的职业，尽职尽责对待考评工作，要树立职业荣誉感和强烈的职业责任感。要有奉献精神，奉献是考评员职业道德的内在精神体现；在社会主义职业道德中，奉献社会是其中的重要内容，也是职业道德的最高境界。

2. 诚实守信

考评人员应诚实守信，通过获取客观证据，给出公正客观的考评分值和评价，信守承诺，讲求信誉。技术要精湛，考评员的知识（技能）结构是考评员自身的知识结构，也是考评员的考核鉴定技术和能力。

3. 办事公道

考评人员在考评过程中应做到公平、公正，不谋私利，不徇私情，不以权谋私，不以私害民，不假公济私。其核心就是公正，公正是考评员最基本的行为特征。考评员公正与否取决于四个方面的素质：一是法制观念；二是道德素质；三是专业素质，即技术水平；四是考评员的心理素质，即考评员心态对鉴定误差的控制能力。

4. 优质服务

考评人员在考评过程中应尽量减少企业负担，对企业提出的合理请求应酌情予以考虑，考评过程应尽量做到务实、有序、高效，为企业安全标准化建设提供良好服务。要强化服务意识，由被动式服务变为主动式服务。同时要做到文明礼貌，仪表端庄，语言规范，举止得体。

五、企业安全生产考评员廉政准则

考评员廉政准则就是要求其在考评过程中做到“廉洁公正”。所谓廉洁，就是清白不贪；所谓公正，就是公道正直，不徇私情。要做到廉洁公正，考评员必须做到如下几点：

（1）素质过硬，要经得起考验。

（2）实事求是，坚持原则。

（3）公平公正，公私分明。

（4）按程序办事，刚直不阿。

禁止考评人员利用考评权利和影响谋取不正当利益。不准有下列行为：

（1）索取、接受或者以借为名占用管理和服务对象以及其他与行使职权有关系的单位或者个人的财物。

（2）接受可能影响公正考评的礼品、宴请以及旅游、健身、娱乐等活动安排。

(3)在考评活动中接受礼金和各种有价证券、支付凭证。

(4)以交易、委托理财等形式谋取不正当利益。

(5)利用知悉或者掌握的内幕信息谋取利益。

第三节　考评员的权利与义务

一、考评员的作用与地位

(1)考评员在经主管部门批准成立的考评机构或咨询机构中,依据《中华人民共和国安全生产法》及其他有关规范和要求,对交通运输企业安全生产情况进行评价与鉴定。

(2)考评员是安全生产标准化活动的主导因素,其考核行为直接影响考核质量,考评员素质的高低是安全生产标准化考核工作成败的关键。

(3)考评员是实施安全生产标准化考核的技术力量,由交通运输部统一进行资格管理和实施业务指导。

二、考评员的权利与义务

1. 权利

(1)独立实施考评权。考评员应在考评规定的范围内独立实施考评活动,有权拒绝任何单位和个人更改考核结果的非正当要求。

(2)独立处置权。考评员对考评现场发生的违纪行为,应视情节轻重给予警告或终止考核,考评员对可能发生人员伤害和设备毁损的行为有采取紧急处置的权力。

(3)保护自身合法权益。各级主管机关应维护考评员的合法权益;考评员自身权益受到侵害时,可以向上级行政主管部门进行申诉。

2. 义务

(1)核查场地义务。考评员应严格执行考评员工作守则和考核规则。按照安全生产标准化指标和相关规定的要求,对考核场地、设备、材料、工具和检测仪器等进行核查和检验。对不符合安全生产标准化指标或不能满足考核要求的,应通知考评机构予以调整或更换场地。考评机构不予采纳的,考评人员有权拒绝执行考评任务,并在考评报告中予以记录。

(2)评分义务。考评员应严格按照规定的考核方式、方法和评分标准,完成评分任务,填写考评记录。考评组长负责考评工作的组织、协调和最终裁决。每次考评工作完成后,在规定的时间内向考评机构提交考评报告。

(3)回避义务。考评员在执行考评任务时,实行回避制度。考评员与考核对象存在近亲属关系或其他利害工作关系的,考评员应主动向考评机构申请回避或由考核对象及其他人员提出回避申请。

(4)接受监督义务。考评员执行考评任务,必须佩戴考评员资格证卡,并接受考核对象、考评机构督导人员、考评机构和主管机关的监督。

(5)业务提升义务。考评员应加强业务知识和考评技术与方法的学习及研究,提高自身的安全生产理论知识、法律法规知识和实际业务操作技能的水平。

(6)自律义务。考评员应加强职业道德修养,廉洁自律、公平公正,自觉维护考评的公正性、严肃性和权威性。

(7)接受培训考核义务。考评员应参加主管机关组织的培训和考核活动,接受考评机构的派遣,执行考评任务,不得无故缺席。

三、考评员的职责

考评员的主要职责如下:

(1)熟悉许可考评范围内的考核内容、考核要求及评分标准。

(2)负责对申请考核企业提交的材料进行审查,并进行现场考评或咨询服务。

(3)对考评结果或咨询服务质量负责,并对聘用单位负责。严格遵守聘用单位制定的考评员工作守则,执行考核纪律,工作认真负责,坚持公平、公正、公开的原则,不弄虚作假,不滥用职权,不徇私舞弊。考核结束后,要如实填写考核记录。

(4)不接受企业或任何相关方的回扣、佣金、礼品或其他任何形式的好处,也不应在知情时允许同事接受。

(5)遵守法律法规及相关规章制度,忠于职守,客观公正。除非有法律要求或经企业和考评机构书面授权,不透露任何有关考评或咨询服务的信息。

(6)每年至少参加2次以上的考评服务项目。

(7)考评员在注册有效期内,每年应接受至少8学时的再教育培训。

(8)考评员被考评机构聘用后尚无特殊情况不得变更考评机构。

(9)考评员有权对考核工作中存在的问题向考评机构提出改进的意见或合理化建议。

第四节　考评员的培训、考核与办证

一、考评员培训

1.参加考评员培训的人员应具备的条件

(1)热爱安全生产工作,具有良好的职业道德和工作责任心,廉洁奉公、办事公道、作风正派。

(2)熟悉交通运输企业安全生产标准化有关政策和规章,掌握安全生产标准化考核标准和安全生产相关技术。

(3)具有交通运输相关专业大专以上学历或中高级职称,至少有5年以上从事与安全相关的技术或管理等工作经历。

(4)身体健康,能够胜任安全生产标准化考评工作。

(5)由本人提出申请,经所在单位推荐,地市级交通运输主管部门审核同意,省交通运输主管部门批准。

2.培训目的

通过培训使学员熟悉《交通运输企业安全生产标准化考评管理办法》、《交通运输企业安全生产标准化达标考评指标》等的具体要求,掌握安全生产标准化考评的依据、原则和方法;选聘安全生产标准化考评员。

3. 培训对象

各省市交通运输主管部门负责交通运输安全监管的人员,拟从事安全标准化达标考评人员;交通运输企业安全生产主管及拟从事安全标准化自评的安全管理人员;有关中介机构相关业务人员。

4. 培训形式与内容

(1)培训形式:专家讲授,集中培训和考试,通过考试选拔交通运输企业安全生产标准化考评员。

(2)培训内容:

考评人员培训内容包括公共知识要求和专业技能两部分。公共知识要求以国家法律法规、政策、考评人员道德规范、工作守则等为主要内容。专业技能培训以相关的行业标准、新工艺、新技术、新的考试方法为主要内容。具体如下:

①交通行业安全生产标准化评审办法、考评员职业道德、考评员的权利与义务等基本要求和考评员管理等通用要求;

②基础管理规范要求及考评方法;

③通用安全技术和现场规范考评方法;

④交通运输企业安全生产标准化考评管理办法;

⑤交通运输企业安全生产标准化达标考评指标;

⑥交通运输企业安全生产标准化考评员统一考试。

二、考评员的资格考核与办证

考评员的考核应按照国家有关法律、法规和培训考核的要求,由省交通运输主管部门组织。根据需要,也可委托专业考评机构进行培训,省交通运输主管部门组织考核。

考评人员的考核分为公共理论知识和专业技能两个部分进行。公共理论知识的考核,由交通运输部统一命题,采取笔试方式进行。专业技能的考核由省交通运输主管部门或其委托机构组织命题,结合行业和个人实际进行。两项考试均合格的,报经省交通运输主管部门核准,由省交通运输主管部门在网上予以公布,并颁发交通运输从业单位安全生产标准化考评员培训合格证,取得考评员任职资格。

第五节　考评员的注册制度

一、初始注册

(1)申请人应在取得考评员培训证书3个月内向所在地受聘的安全标准化考评机构提出申请,经考评机构同意并签署意见后,向省交通运输主管部门申报考评员初始注册申请。

(2)省交通运输主管部门自收到提交的申请材料之日起15个工作日完成审查工作。经审查合格,颁发考评员资格证,予以公告。不合格的,不予颁发考评员资格证,并书面说明理由。

(3)考评员初始注册申请应提供下列材料：
①考评员注册申请表；
②学历证书复印件；
③考评员培训证书复印件；
④工作简历的书面证明；
⑤近期一寸彩色免冠照片4张；
⑥与考评机构签订的聘用协议复印件。

二、续期注册

(1)考评员资格证卡有效期为5年。有效期届满时，考评员应在有效期满前3个月向考评机构提出续期注册换证申请，经考评机构同意并签署意见后，向省交通运输主管部门或其委托机构办理续期注册申请。对符合换证条件的换发新证卡，对不符合换证条件的收回原有考评员证卡。

(2)续期注册须提交以下申请材料：
①考评员续期注册申请表；
②考评员证书复印件；
③5年内的再教育培训证明、考评经历记录；
④近期1寸免冠彩色照片4张；
⑤与考评机构签订的聘用协议复印件。

三、注销注册

考评员有下列行为之一的，省交通运输主管部门予以注销注册，并公告。
(1)以不正当手段取得考评员证卡。
(2)在申请注册过程中，隐瞒真实情况，弄虚作假。
(3)未按规定办理续期注册或变更聘用单位。
(4)允许他人以本人名义执业。
(5)因工作失误，造成重、特大事故或重大经济损失。
(6)利用工作之便，贪污、索贿、受贿或牟取不正当利益。
(7)与委托人串通或故意出具虚假证明、报告。
(8)法律、法规规定应当给予处罚的其他行为。

第六节　考评员的执业规范

考评员应当遵守下列规定：
(1)严格执行国家有关法律法规，客观公正，实事求是，保证考评工作质量和真实性；
(2)遵守考评纪律，恪守职业道德，保守考评企业技术和商业秘密；
(3)对考评工作负责；
(4)对考评结论持有异议的，可向考评机构报告，如对考评机构的认定仍有异议的，可向相应的主管机关报告；

(5)与申请考评的企业存在利害关系的，应当主动回避；

(6)自觉接受主管机关、考评机构的监督管理；

(7)年度继续教育时间不少于8学时。

考评员职业资格管理：

(1)未取得考评员资格证书的人员不得独立承担考评任务或咨询工作。

(2)各省交通运输主管部门或其委托机构负责全省考评员的资格申报受理与材料审核、培训、考核和日常管理工作。

(3)考评机构要与考评员签订劳动合同，明确双方的职责和权利。考评机构应依法维护考评员的合法权益。

(4)考评员只能在一家安全生产考评机构任职。

(5)考评员资格证卡不得转借给其他机构或者个人。

(6)各考评机构应对聘用(任)的考评员进行上岗前培训和定期业务培训，使考评员熟练掌握考核方法、评分标准以及考场组织管理等规定。

(7)考评员应服从考评工作安排，因故不能参加考评工作的，应提前告知并说明原因。

(8)考评员在执行考评任务时，应佩戴考评员资格证卡，主动执行亲属、师生、师徒回避制度。

(9)考评员应接受交通运输主管部门和考评机构委派的督考员(或巡考员)监督检查。

(10)各考评机构要建立考评员档案管理制度，并按年度向交通运输主管部门备案。其内容包括；考评员资格申报相关材料、考评员资格证卡复印件、考评员劳动合同或聘任协议、考评员工作记录等。

(11)考评员有下列行为之一者，各考评机构可予以解除劳动合同或聘任协议，并上报省、市交通运输主管部门：①有违法违纪行为，玩忽职守，不能履行职责者；②业务水平低，不胜任工作者；③经常无故不参加考评或长期未参加考评的；④不服从主管部门和聘用单位监督管理的。

(12)考评员出现严重违法违纪行为构成犯罪的，由司法机关依法追究其法律责任。

(13)对在考评工作中作出突出贡献的考评员，交通运输主管部门将予以表彰奖励。

第二十八章　城市客运企业安全生产标准化达标考评指标

第一节　概　　述

根据《关于进一步加强企业安全生产工作的通知》（国发〔2010〕23 号）、《关于坚持科学发展安全发展促进安全生产形势持续稳定好转的意见》（国发〔2011〕40 号）精神和《关于深入开展企业安全生产标准化建设的指导意见》（安委〔2011〕4 号）的部署，交通运输部起草了《交通运输企业安全生产标准化考评管理办法》和《交通运输企业安全生产标准化达标考评指标》。

交通运输企业安全生产标准化达标等级分为一级、二级、三级，其中城市轨道交通企业安全生产达标标准等级分为一级、二级。评为一级达标企业的考评分数不低于 900 分（满分 1000 分，下同）且完全满足所有达标企业必备条件；评为二级达标企业的考评分数不低于 700 分且完全满足二、三级达标企业必备条件；评为三级达标企业的考评分数不低于 600 分且完全满足三级达标企业必备条件。

交通运输部主管全国交通运输企业安全生产标准化工作并负责一级达标企业的考评工作。省级交通运输主管部门负责本管辖范围内交通运输企业安全生产标准化工作和二、三级达标企业的考评工作。长江航务管理局、珠江航务管理局分别负责长江干线、西江干线跨省航运企业安全生产标准化工作和二、三级达标企业的考评工作。

交通运输企业安全生产标准化达标考评指标根据经营内容差异，分为五个个类别，分别是道路运输企业、水路运输企业、港口码头企业、城市客运企业和交通运输工程建设企业。每个类别根据其业务特点，进一步细分，如城市客运企业分为城市轨道交通运输企业、城市公共汽车客运企业和出租汽车企业三类。每一类企业的安全生产标准化达标考评指标都明确了考评内容、考评要点以及分值。

第二节　考评指标构成与特点

考评指标由包括安全目标、管理机构和人员、安全责任体系、法规和安全管理制度、安全投入、装备设施、科技创新与信息化、队伍建设、作业管理、危险源辨识与风险控制、隐患排查与治理、职业健康、安全文化、应急救援、事故报告调查处理、绩效考核与持续改进等十六项内容构成，其中每一项内容又分解为若干子项，以针对考评对象的特性及行业安全生产要求，细化每一个考评要点，并赋予一定分值，各项考评得分的总和为企业安全生产标准化达标考评得分。

城市公共汽车客运企业评分标准共有16项一级要素、52项二级要素及129项企业达标标准，城市轨道交通运输企业评分标准共有16项一级要素、54项二级要素及132条企业达标标准，出租汽车企业评分标准共有16项一级要素、51项二级要素及128条企业达标标准。一级要素的分值分配见表28-1、表28-2和表28-3。

安全生产标准化达标等级共分为一级、二级、三级，其中一级为最高级。

评为一级达标企业的考评分数不低于900分（满分1000分，下同）且满足所有必备条件，评为二级达标企业的考评分数不低于700分且满足二、三级必备条件，评为三级达标企业的考评分数不低于600分且满足三级必备条件。

考评指标中部分考评要点被标注为相应等级达标企业必须完全满足的指标项："★"为一级必备条件；"★★"为二级必备条件；"★★★"为三级必备条件。必备条件为考评指标中申请相应达标级别的企业。

城市公共汽车客运企业安全生产标准化达标考评指标一级要素分值分配 表28-1

一级要素	分值
一、安全目标	35分
二、管理机构和人员	40分
三、安全责任体系	45分
四、法规和安全管理制度	70分
五、安全投入	50分
六、装备设施	115分
七、科技创新与信息化	85分
八、队伍建设	90分
九、作业管理	125分
十、危险源辨识与风险控制	45分
十一、隐患排查与治理	70分
十二、职业健康	25分
十三、安全文化	35分
十四、应急救援	85分
十五、事故报告调查处理	50分
十六、绩效考核与持续改进	35分
合计	1000分

城市轨道交通运输企业安全生产标准化达标考评指标一级要素分值分配 表28-2

一级要素	分值
一、安全目标	35分
二、管理机构和人员	40分
三、安全责任体系	45分
四、法规和安全管理制度	70分
五、安全投入	50分

续上表

一级要素	分值
六、装备设施	130分
七、科技创新与信息化	80分
八、队伍建设	90分
九、作业管理	115分
十、危险源辨识与风险控制	45分
十一、隐患排查与治理	70分
十二、职业健康	25分
十三、安全文化	35分
十四、应急救援	85分
十五、事故报告调查处理	50分
十六、绩效考核与持续改进	35分
合计	1000分

出租汽车企业安全生产标准化达标考评指标一级要素分值分配 表28-3

一级要素	分值
一、安全目标	35分
二、管理机构和人员	40分
三、安全责任体系	45分
四、法规和安全管理制度	70分
五、安全投入	50分
六、装备设施	90分
七、科技创新与信息化	90分
八、队伍建设	90分
九、作业管理	145分
十、危险源辨识与风险控制	45分
十一、隐患排查与治理	70分
十二、职业健康	25分
十三、安全文化	35分
十四、应急救援	85分
十五、事故报告调查处理	50分
十六、绩效考核与持续改进	35分
合计	1000分

企业安全生产标准化内审人员应认真学习城市客运企业安全生产标准化达标指标和指标释义，根据考评指标释义的相关要求，针对企业实际情况，如实进行得分及扣分点说明、描述，并在自评扣分点及原因说明汇总表中逐条列出。安全生产标准化达标考评员应从考评指标体系出发，依据释义内容，对提出安全生产标准化达标考评申请的企业进行客观考评。

第三节　考评评分基本原则与要点

城市客运企业安全生产标准化考评以国家有关安全生产的方针、政策和法律、法规、标准为依据，运用定量和定性的方法对交通运输企业存在的隐患、危险源等有害因素进行辨识、分析和评价，提出预防、控制、治理对策措施，为交通运输企业减少事故发生的风险，为政府主管部门进行安全生产监督管理提供科学依据。考评工作不但具有较复杂的技术性，而且还有很强的政策性，做好这项工作，必须以申请考评企业的具体情况为基础，以国家安全法规及有关技术标准为依据，用严肃的科学态度，认真负责的精神，强烈的责任感和事业心，全面、仔细、深入地开展和完成考评任务。

考评机构人员在对城市客运企业进行考评时，应秉持客观、公正、公开、透明的基本原则，全面了解并掌握企业安全生产总体状况，可采用资料核对、人员询问、现场考评等方法，对照考评内容及要点，逐一详细检查企业内部安全管理目标和应急预案的制订、各项安全管理制度和操作规程的执行情况、相关工作台账以及档案的记录与存档、安全生产责任落实情况等。每项检查要点得分达到满分分值的60%为合格，未通过考评的或经主管机关审核不合格的，企业应采取纠正措施并可在3个月后重新申请考评。

考评工作过程中，应注意以下几个方面的问题。

一、考评目的的把握

城市客运企业安全生产标准化达标考评的根本目标不仅是为了取得达标证书，而是通过安全生产标准化考评来发现城市客运企业安全生产管理中存在的不足，并通过有效整改措施，完善制度，消除隐患，有效监控应对重大风险源，实现安全生产管理水平的提升。简而言之，不断改进安全生产管理、提高安全管理效益，推动安全生产管理的良性循环。

城市客运企业安全生产标准化考评活动的开展是针对城市客运行业安全生产工作存在的问题和不足，考评指标和等级划分标准体现了交通运输部对于城市客运企业安全生产管理工作改进的方向和目标。考评指标的展开和具体化服务于交通运输部安全生产“十二五”规划的总体目标。考评过程应牢牢把握这一基本原则。

二、考评过程的客观、公正、公开、透明

考评过程每一项工作都要做到客观和公正，既要防止评价人员主观因素的影响，又要排除外界因素的干扰，避免出现不合理、不公正的评价结论。

客观考评。真实、准确地反映被考评企业安全生产标准化工作中的成绩和缺点，有利于被考评企业改进管理、提高安全管理的质量和水平；遵循客观性原则，注重对安全生产标准化绩效的考核，有利于激励先进、教育后进，提升城市客运企业参与安全管理的热情，起到积极向上的作用。

公正考评。安全生产标准化达标证书将逐步成为行业准入的门槛，如果考评过程违背公正原则，将极大损害城市客运企业安全生产标准化工作的权威性和严肃性，使得愿意改进安全生产管理，努力实现安全生产标准化达标的企业信心受挫，最终阻碍城市客运行业安全

生产标准化建设的深入。在涉及一些部门、集团、个人的某些利益时,应以国家和城市客运行业整体利益为重,以企业员工的安全与健康为重,以旅客安全、环境安全、货物安全等为重,依据有关法规、标准、规范作出考评结论,确保考评指标体系的一致性和有效性。

考评应做到公开、透明,不搞暗箱操作,对于考评过程中发现的问题应及时指出,对于考评的结果应及时公布。公开透明的考评,将有助于企业安全生产标准化考评过程接受社会监督,取得考评对象及政府部门的信任;公开透明的考评,对不达标企业形成一定压力,有助于达标企业提升企业信誉,获得市场客户、合作伙伴及相关者更多信任,提高市场竞争力。通过安全生产标准化达标工作实现合理的市场淘汰机制,提升整个城市客运行业的安全生产管理水平。

因此,对于考评流程的管理、考评机构的管理以及考评员管理也应遵循这样的思路。

三、考评的科学性

企业安全生产标准化达标考评涉及学科范围广,影响因素复杂多变。为保证考评结果和达标等级能准确地反映被考评企业的客观实际,确保结论的正确性,在开展安全生产标准化达标考评的全过程中,必须采用科学的方法、程序,以严谨的科学态度全面、准确、客观地进行工作,提出科学的对策措施,作出科学的结论。

确保考评的科学性,首先要求考评机构和考评员具备相应的专业资质和能力,对安全生产管理的客观规律有一定程度的掌握,了解城市客运行业的营运特征,对相关领域隐患、危险源的种类、程度、产生的根源及出现事故险情、突发事件的条件及其后果有深入认识,才能为考评的科学性提供坚实基础。

其次需要考评机构和考评员对各种考评方法的局限性有清醒认识。评价员应全面、仔细、科学地分析各种考评方法的原理、特点、适用范围和使用条件,必要时,还应采用多种方法进行分析综合,互为补充,互相验证,提高考评的准确性;考评时,切忌生搬硬套、主观臆断、以偏概全。同时还需要考评机构和考评员从收集资料、调查分析直至作出考评结论,提出对策措施与建议要求等。每个环节都必须用科学的方法和可靠的数据,按科学的工作程序一丝不苟地完成各项工作,努力在最大限度上保证考评结论的正确性和对策措施的合理性、可行性和可靠性。

四、考评的权威性和严肃性

企业安全生产管理是国家法律提出的强制性要求。随着安全生产标准化工作的逐步深入,企业安全生产标准化也会成为强制性要求。考评机构和考评员在考评过程中,应在国务院安委会、交通运输部安监司及省市交通运输主管部门的指导、监督下,严格执行国家、行业及地方颁布的有关安全生产的方针、政策、法规和标准,在评价过程中主动接受主管部门的监督和检查,确保考评结果合法、合规,具有科学性和可验证性,为企业安全生产管理提供科学建议,从而体现城市客运企业安全生产标准化达标考评的权威性。

企业安全生产标准化达标考评对于城市客运企业的正常营运和可持续发展意义重大,更牵涉企业员工的安全健康,相关者的安全,以及环境的安全,是一项十分严肃的工作,考评机构和考评员必须以强烈的责任心和事业心来进行考评工作。

考评过程中，为确保考评结论完整反映被考评企业的实际情况，考评机构和考评员应认真细致地对所有必需的各种书面材料进行逐一核对和查验，对相关安全生产台账和档案进行仔细分析，对相关应急预案进行全面考察；对书面材料无法确认的情况应积极采取人员询问和现场查验方式进行进一步验证，确保考评工作的严肃性。

第二十九章 考评流程与监督管理

第一节 考评管理

根据交通运输部《交通运输企业安全生产标准化考评管理办法》和《交通运输企业安全生产标准化达标考评指标》要求。从事道路水路运输(含客货运输企业、客货运站场、港口经营企业)、城市客运(含公交、轨道交通、出租汽车企业)、交通运输建设施工、机动车维修等企业必须进行交通运输企业安全生产标准化考评。

交通运输企业安全生产标准化达标等级分为一级、二级、三级,其中城市轨道交通企业安全生产达标标准等级分为一级、二级。

评为一级达标企业的考评分数不低于900分(满分1000分,下同)且完全满足所有达标企业必备条件,评为二级达标企业的考评分数不低于700分且完全满足二、三级达标企业必备条件,评为三级达标企业的考评分数不低于600分且完全满足三级达标企业必备条件。

交通运输部主管全国交通运输企业安全生产标准化工作并负责一级达标企业的考评工作。省级交通运输主管部门负责本管辖范围内交通运输企业安全生产标准化工作和二、三级达标企业的考评工作。长江航务管理局、珠江航务管理局分别负责长江干线、西江干线跨省航运企业安全生产标准化工作和二、三级达标企业的考评工作。以上部门和单位统称为主管机关。

交通运输企业安全生产标准化考评包括初次考评、换证考评和附加考评等三种形式。

交通运输企业安全生产标准化考评工作应坚持客观、公正、公开、透明的原则,由主管机关按照《交通运输企业安全生产标准化考评管理办法》组织实施。主管机关应向社会公告交通运输企业安全生产标准化考评结果。

第二节 考评流程

交通运输企业安全生产标准化建设流程包括策划准备及制订目标、教育培训、现状梳理、管理体系文件制修订、实施运行及整改、企业自评、考评申请、考评实施与管理八个阶段。

1. 策划准备及制订目标

策划准备阶段首先要成立领导小组,由企业主要负责人担任领导小组组长,所有相关的职能部门的主要负责人作为成员,确保安全生产标准化建设组织保障;成立执行小组,由各部门负责人、工作人员共同组成,负责安全生产标准化建设过程中的具体问题。

制订安全生产标准化建设目标,并根据目标来制订推进方案,分解落实达标建设责任,明确在安全生产标准化建设过程中确保各部门按照任务分工,顺利完成各阶段工作目标。

2. 教育培训

安全生产标准化建设需要全员参与。教育培训首先要解决企业领导层对安全生产标准化建设工作重要性的认识，加强其对安全生产标准化工作的理解，从而使企业领导层重视该项工作，加大推动力度，监督检查执行进度；其次要解决执行部门、人员操作的问题，培训评定标准的具体条款要求是什么，本部门、本岗位、相关人员应该做哪些工作，如何将安全生产标准化建设和企业日常安全管理工作相结合。

同时，要加大安全生产标准化工作的宣传力度，充分利用企业内部资源广泛宣传安全生产标准化的相关文件和知识，加强全员参与度，解决安全生产标准化建设的思想认识和关键问题。

3. 现状梳理

对照相应专业评定标准（或评分细则），对企业各职能部门及下属各单位安全管理情况、现场设备设施状况进行现状摸底，摸清各单位存在的问题和缺陷；对于发现的问题，定责任部门、定措施、定时间、定资金，及时进行整改并验证整改效果。现状摸底的结果作为企业安全生产标准化建设各阶段进度任务的针对性依据。

企业要根据自身经营规模、行业地位、工艺特点及现状摸底结果等因素及时调整达标目标，注重建设过程，真实有效可靠，不可盲目一味追求达标等级。

4. 管理体系制修订

安全生产标准化对安全管理制度、操作规程等要求，核心在其内容的符合性和有效性，而不是对其名称和格式的要求。企业要对照评定标准，对主要安全管理文件进行梳理，结合现状摸底所发现的问题，准确判断管理文件亟待加强和改进的薄弱环节，提出有关文件的制修订计划；以各部门为主，自行对相关文件进行修订，由标准化执行小组对管理文件进行把关。

5. 实施运行及整改

根据制修订后的安全管理文件，企业要在日常工作中进行实际运行。根据运行情况，对照评定标准的条款，按照有关程序，将发现的问题及时进行整改及完善。

6. 企业自评

企业在安全生产标准化系统运行一段时间后，依据评定标准，由标准化执行小组组织相关人员，开展自主评定工作。申请达标等级的交通运输企业应对照《交通运输企业安全生产标准化达标考评指标》进行自评，逐项给出自评分值，形成自评报告。企业对自主评定中发现的问题进行整改，整改完毕后，着手准备安全生产标准化评审申请材料。

7. 考评申请

企业完成自评后，通过"交通运输企业安全生产标准化管理信息系统"向相应的主管机关提出考评申请（申请表格式见附件），并根据经营类别分别申请达标等级；主管机关收到企业申请后确定考评机构，受理考评。

8. 考评实施与管理

考评机构应在5个工作日内完成对企业申请材料的真实性和符合性的核查，对核查通过的企业启动考评；核查不通过的，应及时告知主管机关和企业，并说明原因。

考评机构应组织3名以上（含3名）具有相应资质的考评人员成立考评组，制订具体考评计划，告知企业后实施。考评机构应在接到申请后25个工作日内完成对企业的考评。

企业在考评过程中，应积极主动配合，由参与安全生产标准化建设执行部门的有关人员参加考评工作。企业应对考评报告中列举的全部问题，形成整改计划，及时进行整改，并配合考评机构上报有关考评材料。考评机构考评时，可邀请属地安全监管部门派员参加，便于安全监管部门监督考评工作，掌握考评情况，督促企业整改考评过程中发现的问题和隐患。

考评工作流程如图 29-1 所示。

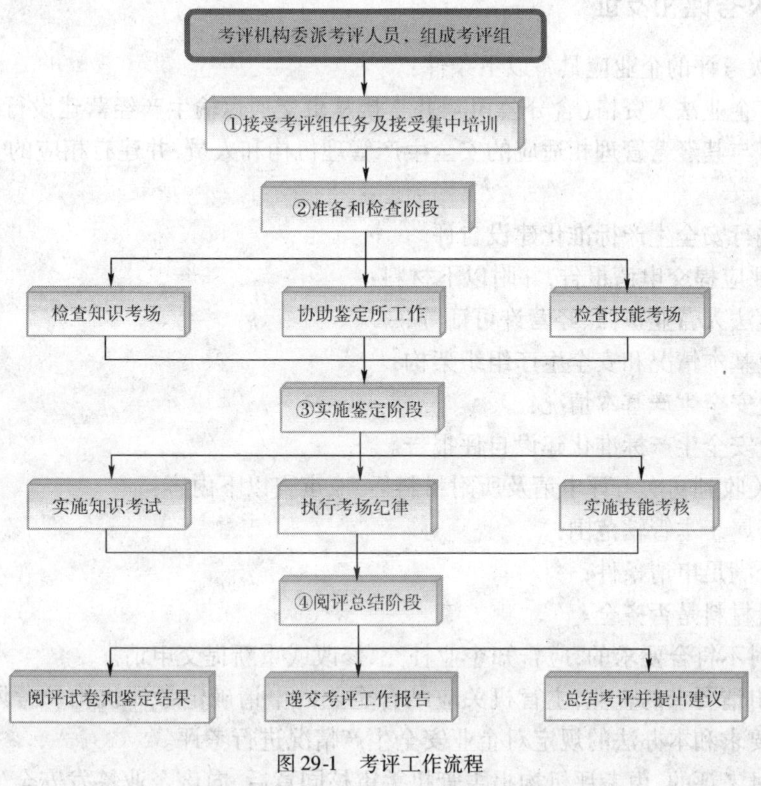

图 29-1　考评工作流程

第三节　考评申请与发证

一、考评申请

申请考评的企业应向主管机关提交申请。企业安全生产标准化达标考评申请表（见本章附件）。

交通运输部主管全国交通运输企业安全生产标准化工作并负责一级达标企业的考评工作；省级交通运输主管部门负责本管辖范围内交通运输企业安全生产标准化工作和二、三级达标企业的考评工作；长江航务管理局、珠江航务管理局分别负责长江干线、西江干线跨省航运企业安全生产标准化工作和二、三级达标企业的考评工作。

不同级别的达标考评企业分别向上述相应的主管机关提出申请；主管机关审核合格后由考评机构组织考评。

企业安全生产标准化考评包括初次考评、换证考评和附加考评等三种形式。

企业安全生产标准化考评工作应坚持客观、公正、公开、透明的原则，由主管机关按照本办法组织实施。主管机关应向社会公告交通运输企业安全生产标准化考评结果。

在接受考评过程中,企业应提供所需的工作便利,以确保考评员充分有效地实施考评;如实提供相关资料和证据;与考评员合作,以保证考评工作顺利完成。

二、初次考评和发证

申请初次考评的企业应具备以下条件:

(1)具有企业法人资格(含分公司),并直接从事交通运输生产经营建设行为的实体;

(2)具有与其经营管理相适应的安全生产管理机构和人员,并建有相应的安全生产管理制度;

(3)已进行安全生产标准化建设自评。

初次考评应提交申请报告,并附以下材料:

(1)企业法人营业执照、经营许可证等;

(2)企业基本情况和安全生产组织架构;

(3)企业安全生产基本情况;

(4)企业安全生产标准化建设自评报告。

主管机关收到初次考评申请及所附材料后,应审查以下内容:

(1)是否属于本管辖范围;

(2)是否满足申请条件;

(3)申请材料是否齐全。

申请材料不符合要求的,应告知企业补充、修改或重新提交申请。

对满足申请要求的企业,主管机关应结合企业的申请确定考评机构。考评机构应按照主管机关的要求和本办法的规定对企业安全生产情况进行考评。

企业通过考评的,由考评机构报主管机关审核同意后,向该企业签发安全生产标准化达标证书。未通过考评的或经主管机关审核不合格的,企业应采取纠正措施并可在3个月后重新申请考评。

企业安全生产标准化达标证书有效期为3年。

已取得相关机构颁发的安全生产管理体系证书(证明)的企业,连续3年未发生重特大事故的,经主管机关对必备条件审核后,可颁发二级或三级安全生产达标证书。

企业申请高一级别安全生产标准化达标考评,考评及发证的内容、范围和方法按照初次考评的有关规定执行。

新组建企业应于正式运营6个月后提出初次考评申请。

三、换证考评与发证

换证考评申请应在企业安全生产标准化达标证书有效期届满之日前3个月内提出。

换证考评申请应附送以下材料:

(1)企业法人营业执照、经营许可证等;

(2)安全生产标准化达标证书;

(3)企业基本情况和安全生产组织架构;

(4)企业安全生产管理情况。

换证考评及发证的内容、范围和方法参照初次考评的有关规定执行。

换证考评和发证应在现有企业安全生产标准化达标证书有效期届满前完成。

换证考评未通过的,企业应在原证书期满后3个月内提出重新考评申请。

企业安全生产标准化达标证书遗失的,可以向原考评发证机构申请补发。

企业法人代表、名称、地址等变更的,应在变更后1个月内,向相应的主管机关提供有关材料,申请对企业安全生产标准化达标证书的变更。

主管机关向企业、考评机构、考评人员发放证书不得收取任何费用。

四、附加考评

有下列情况之一的,主管机关或其指定的考评机构应对持有企业安全生产标准化达标证书的企业实施附加考评:

(1)企业发生重大及以上安全责任事故;

(2)企业一年内连续发生二次及以上较大安全责任事故;

(3)企业被举报并经核实其安全生产管理存在重大安全问题;

(4)企业发生其他可能影响其安全生产管理的重大事件或主管机关认为确实必要的。

上述事故等级按照《生产安全事故报告和调查处理条例》(国务院第493号令)确定。

附加考评应针对引发附加考评的原因进行。在考评中发现有严重问题的,可扩大考评范围,直至实施全面考评。

通过附加考评并经主管机关审核合格的,维持企业安全生产标准化达标证书的有效性。

未通过附加考评或经主管机关审定认为其安全生产管理存在重大问题的,主管机关应责令其整改,整改合格的,企业应在3个月内再次申请初次考评。

第四节　后期监督与管理

一、达标后企业的监督与管理

考评机构应严格按照相关安全生产标准化评定标准的要求开展考评的相关工作,确保安全生产标准化考评工作的质量,并对考评结果负责。

取得安全生产标准化证书后,企业应每年对本单位安全生产标准化的实施情况至少进行一次自我评定,并形成自评报告,及时发现和解决生产中的安全问题,持续改进,不断提高安全生产水平。

安全生产标准化企业证书和牌匾有效期3年,有效期满后应按交通运输部《交通运输企业安全生产标准化考评管理办法》的规定重新申请。

二、证书撤销条件

对获得安全生产标准化称号的企业,各级安全生产监督管理部门视情况组织日常检查、抽查,并对检查、抽查情况进行通报。企业在考评过程中弄虚作假、申请材料不真实的,不接受检查或抽查的，发生生产安全事故符合下述情况的，撤销其安全生产标准化企业称号。

取得安全生产标准化证书的企业，在证书有效期内发生生产安全事故累计造成的人员伤亡或经济损失符合下列规定，或发生其他造成较大社会影响的生产安全事故、存在隐瞒事故行为的，由原考评机构撤销其安全生产标准化企业称号：

一级达标企业，大型企业集团发生较大以上生产安全事故，或集团所属成员企业20%以上发生死亡生产安全事故；上市公司或行业领先企业发生人员死亡生产安全事故；

二级达标企业生产安全事故死亡超过2人；

三级达标企业生产安全事故死亡超过3人。

被撤销安全生产标准化称号的企业，应向原发证机构交回证书和牌匾。

附件

交通运输企业安全生产标准化达标考评

申

请

表

申请日期：　　年　　月　　日

中华人民共和国交通运输部制

交通运输企业安全生产标准化达标考评申请表

<table>
<tr><td>企业名称</td><td colspan="3"></td></tr>
<tr><td>经营范围</td><td colspan="3"></td></tr>
<tr><td>法人代表</td><td></td><td>注册地</td><td></td></tr>
<tr><td>注册时间</td><td></td><td>申请记录</td><td>有□　　年　月　　无□</td></tr>
<tr><td>申请类别</td><td></td><td>申请等级</td><td></td></tr>
<tr><td>主管机关</td><td colspan="3"></td></tr>
<tr><td rowspan="7">相关附件</td><td colspan="3">1. 企业法人营业执照、经营许可证等　□</td></tr>
<tr><td colspan="3">2. 企业基本情况和安全生产组织架构　□</td></tr>
<tr><td colspan="3">3. 企业安全生产基本情况　□</td></tr>
<tr><td colspan="3">4. 相关安全生产管理体系证书(证明)及近3年安全事故情况　□</td></tr>
<tr><td colspan="3">5. 企业自评报告　□</td></tr>
<tr><td colspan="3"></td></tr>
<tr><td colspan="3"></td></tr>
<tr><td>主管机关
意　　见</td><td colspan="3">(电子签名)　　年　月　日</td></tr>
<tr><td>备　　注</td><td colspan="3"></td></tr>
</table>

说明:如有申请记录请在该栏填写最近一次申请时间。

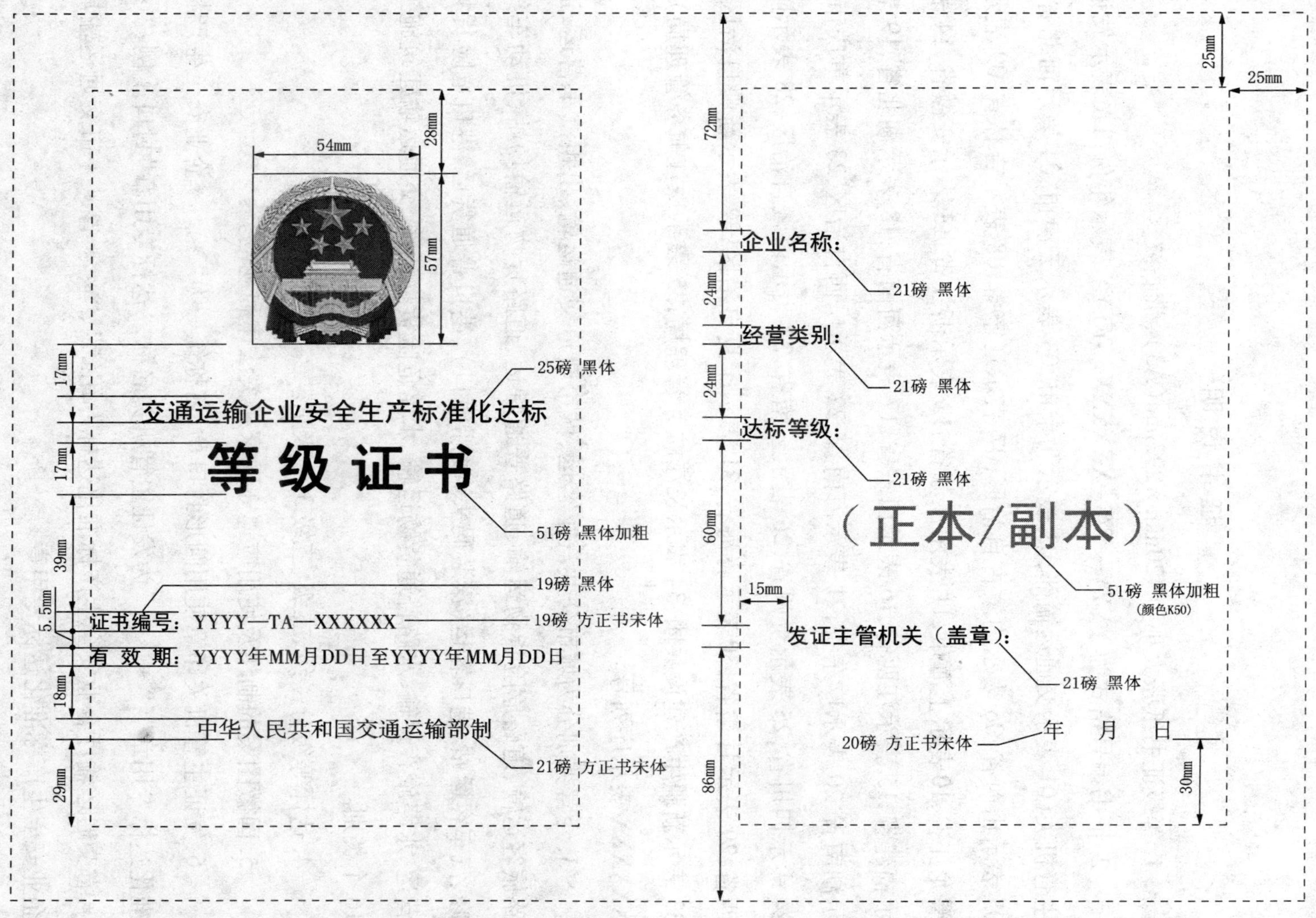
28mm
54mm
57mm
17mm
交通运输企业安全生产标准化达标
25磅 黑体
17mm
等级证书
51磅 黑体加粗
39mm
19磅 黑体
5.5mm
证书编号：YYYY—TA—XXXXXX
19磅 方正书宋体
有 效 期：YYYY年MM月DD日至YYYY年MM月DD日
18mm
中华人民共和国交通运输部制
21磅 方正书宋体
29mm
25mm
25mm
72mm
企业名称：
21磅 黑体
24mm
经营类别：
21磅 黑体
24mm
达标等级：
21磅 黑体
60mm
（正本/副本）
51磅 黑体加粗
(颜色K50)
15mm
发证主管机关（盖章）：
21磅 黑体
20磅 方正书宋体
年 月 日
30mm
86mm

证书说明

1. 等级证书纸张大小为420mm×297mm(A3),带底纹。

2. 证书编号格式为 YYYY—TA—XXXXXX。YYYY 表示年份;TA 表示发证主管机关(01 表示交通运输部,02 表示北京市,03 表示天津市,04 表示河北省,05 表示山西省,06 表示内蒙古自治区,07 表示辽宁省,08 表示吉林省,09 表示黑龙江省,10表示上海市,11 表示江苏省,12 表示浙江省,13 表示安徽省,14 表示福建省,15 表示江西省,16 表示山东省,17 表示河南省,18 表示湖北省,19 表示湖南省,20 表示广东省,21 表示海南省,22 表示广西自治区,23 表示重庆市,24 表示四川省,25 表示贵州省,26 表示云南省,27 表示西藏自治区,28 表示陕西省,29 表示甘肃省,30表示青海省,31 表示宁夏自治区,32 表示新疆自治区,33 表示新疆生产建设兵团,34 表示长江航务管理局,35 表示珠江航务管理局);XXXXXX 表示序列号。

3. 经营类别分为城市公共汽车客运、城市轨道交通运输、出租汽车营运、道路旅客运输、道路危险货物运输、道路普通货运、道路货物运输场站、机动车维修、汽车客运站、港口客运(滚装码头、渡船渡口)、港口普通货运、港口危险货物营运、水路旅客运输、水路普通货物运输、水路危险货物运输、交通运输建筑施工16 个类别。

4. 达标等级分一级、二级、三级 3 个级别。

5. 国徽图案的制作及使用应遵守国家相关法律和规范。

6. 发证主管机关印章使用圆形封口章,名称统一为"＊＊＊企业安全生产标准化达标专用章","＊＊＊"为发证主管机关名称,"达标专用章"封口。例:"＊＊省交通运输厅企业安全生产标准化达标专用章"、"＊＊省＊＊市交通运输局企业安全生产标准化达标专用章"。

7. 证书电子模板可在交通运输企业安全生产标准化管理信息系统下载。

8. 证书正本 1 份,副本 3 份。

第三十章 现 场 考 评

第一节 考评机构和考评员的资质

一、考评机构的资质

1. 概述

根据《交通运输企业安全生产标准化考评管理办法》等有关规定，为做好交通运输企业安全生产标准化考评工作，规范交通运输企业安全生产标准化考评机构（以下简称考评机构）考评行为，各级交通运输主管部门及长江航务管理局、珠江航务管理局（简称主管机关）对考评机构以及考评活动进行监督管理。

考评机构是指经主管机关认定，从事企业安全生产标准化达标考评的单位。主管机关或其认定的考评机构负责对交通运输企业实施考评。

2. 考评机构类别与资质

考评机构资质类型分为道路运输、水路运输、港口营运、城市客运、交通运输工程建设五类。

道路运输资质类型含道路旅客运输、道路危险货物运输、道路普通货运、道路货物运输站场、机动车维修、汽车客运站等经营类别；水路运输资质类型含水路旅客运输、水路普通货物运输、水路危险货物运输等经营类别；港口营运资质类型含港口客运（滚装码头、渡船渡口）、港口普通货运、港口危险货物营运等经营类别；城市客运资质类型含城市公共汽车客运、城市轨道交通运输、出租汽车营运等经营类别；交通运输工程建设资质类型含交通运输建筑施工经营类别。

考评机构的资质分为一、二、三级。同一级别考评机构最多只能申请两种专业类型。

一级考评机构由交通运输部认定，二级、三级考评机构由各省市交通运输主管部门和长江航务管理局、珠江航务管理局认定，并报交通运输部。一级、二级、三级考评机构分别负责相应交通运输企业的达标考评工作。

考评机构应取得主管机关颁发的交通运输企业安全生产标准化考评机构资质证书（以下简称“资质证书”，样式见本章附件1）。资质证书包含考评机构的资质类型和资质等级，有效期5年。已认定的考评机构由主管机关向社会公布。

资质证书有效期满需要换证的，应于期满前3个月内向主管机关提出换证申请，经主管机关审查合格的可以换发证书；不合格的，不予换发证书。

3. 考评机构资质条件

考评机构应具备的一般条件：

(1)交通运输事业单位或经批准注册的交通运输系统社团组织；

(2)具备固定办公地点和必要的设备;

(3)具有一定数量从事相关领域考评工作需要的管理人员及考评员;

(4)建有相应的管理制度。

考评机构应经主管机关认可,接受主管机关的监督管理,并按照主管机关赋予的权限开展工作,建立企业考评档案。

一级考评机构应当具备下列条件:(1)从事交通运输业务的事业单位或经批准注册的交通运输社团组织;(2)具有相适应的固定办公场所、设施和必要的技术条件;(3)从事专职管理和取得相应类别考评资格且未在其他考评机构从事考评工作的人员不少于7名(其中具有高级技术职称的不少于3名);(4)从事相关业务领域管理、咨询、服务工作;(5)制订了完善的考评管理制度。

二级、三级考评机构应当具备下列条件:

(1)从事交通运输业务的事业单位或经批准注册的交通运输社团组织;

(2)具有相适应的固定办公场所、设施和必要的技术条件;

(3)从事专职管理和取得相应类别考评资格且未在其他考评机构从事考评工作的人员,二级不少于5名(其中具有高级技术职称的不少于2名),三级不少于3名(其中具有高级技术职称的不少于1名);

(4)从事相关业务领域管理、咨询、服务工作;

(5)制订了完善的考评管理制度。

4.监督管理

主管机关应当根据其管辖范围内交通运输企业数量、经营类别以及具备开展安全生产标准化考评条件的机构等情况,合理认定考评机构。

申请考评机构资质的应按照相关规定,通过交通运输企业安全生产标准化管理信息系统向相应的主管机关提交电子申报材料(申请表格式见附件)。

考评机构应当建立考评员档案,并将下列材料汇总后报主管机关。

(1)考评员汇总表、登记表;

(2)专职考评员聘用证明;

(3)考评员培训合格证明;

(4)其他相关材料。

考评机构应对企业考评工作资料、现场审查记录、音像资料及相关证明材料及时归档,妥善保管,不得泄露被考评企业的技术和商业秘密。档案存档时间不得低于5年,并至少包括下列材料:

(1)被考评企业的基本情况;

(2)被考评企业安全生产相关文件目录;

(3)现场抽查情况;

(4)考评组及考评员对企业的考评意见和相关整改意见;

(5)考评员资格证复印件。

考评机构应当依照相关法律、法规、标准的规定,独立开展考评工作,如实反映被考评企业的安全生产状况,严禁弄虚作假,并对考评结论承担责任。与申请考评的企业存在利害关系的，应当回避。

考评机构有下列情形之一的，应当申请变更：

（1）机构名称和法定代表人变更的；

（2）停业、破产或有其他原因终止业务的；

（3）从事专职管理和考评工作的人员发生重大变化的。

考评机构对企业进行考评前，应告知企业所在省市主管机关。考评机构的考评工作不得以营利为目的，不得利用考评工作谋取其他利益。考评机构应进行年度考评工作总结，并于次年 1 月底前报主管机关。

主管机关及其工作人员应当坚持公开、公平、公正的原则，严格按照法律法规和本办法规定，对考评机构和考评员进行监督管理。主管机关应当采取专家评议、征求被评审企业意见、抽查考评文件等方式，对其认定的考评机构的考评活动进行监督、检查和指导。主管机关发现考评机构存在问题的，应向考评机构下达整改通知书，要求考评机构及时整改。整改结束后，考评机构应向主管机关提交整改报告。

任何单位和个人有权向主管机关实名举报考评机构。主管机关应当及时受理、组织调查处理，并为举报人保密。

考评机构有下列情形之一的，原发证主管机关应当撤销其考评资质，并收回资质证书：

（1）违反有关考评规定和违法违规行为，不宜继续从事考评工作的；

（2）考评机构未按照主管机关整改通知书要求整改或整改不合格的；

（3）资质证书有效期满未申请换证或申请换证但未获得认可的；

（4）按照有关法规、规定，应予以撤销的。

二、考评员的任职条件

1. 概述

根据《交通运输企业安全生产标准化考评员管理实施办法》（厅安监字〔2012〕134 号）的规定，企业安全生产标准化考评员是指经专业培训并考试合格、取得资格证书的人员。也就是说，考评员在参加考评工作之前，首先需要经过主管部门的考核和资格认定；只有通过了主管部门安排的学习培训、考试和资格认定，获得由省级交通运输主管部门、长江航务管理局、珠江航务管理局核发交通运输企业安全生产标准化考评员资格证，才能从事考评员工作。

考评员按照专业分为道路运输、水路运输、港口营运、城市客运、交通运输工程建设五种类型，每位考评员最多只能申请两种专业类型的资格。

交通运输部负责指导全国考评员的管理，省级交通运输主管部门、长江航务管理局、珠江航务管理局负责其管辖范围内的考评员管理工作。

为加强交通运输企业安全生产标准化考评员的管理，规范其考评行为，交通运输部制订了《交通运输企业安全生产标准化考评员管理实施办法》。本办法所称考评员是指经专业培训并考试合格、取得资格证书的人员。考评员的分类、资格认定、考评活动以及对考评员的监督管理适用本办法。

2. 考评员的资格条件

考评员应具有交通运输相关学历和工作经历，并经专业培训、考试合格取得资格。主管机关负责考评员适任条件的审核、考试发证、注册登记等管理工作,并建立档案。考评机构应建立考评员日常管理档案,并按年度向主管机关备案。

凡中华人民共和国公民,遵守法律、法规和规章,恪守职业道德,符合下列条件的,均可报考考评员。

(1)具有大学专科以上学历,相关专业技术职称,且从事交通运输相关工作5年以上;

(2)熟悉交通运输安全生产法律法规及相关规定;

(3)有较强的组织协调能力和文字语言表达能力;

(4)年龄原则上不得超过60周岁,身体健康。

报考考评员的人员应通过交通运输企业安全生产标准化管理信息系统向户籍所在地或常住地主管机关提交申请,并附下列材料:

(1)申请表(见本章附件2);

(2)相关证明文件(包括身份证明、学历证明、培训合格证明等的电子文档)。

考评员资格最多只能申请两种专业类型。

3. 考评员的培训考试与登记

交通运输部负责组织制订考试大纲和编写培训教材。省级交通运输主管部门、长江航务管理局和珠江航务管理局按管辖范围负责组织实施培训、考试工作。

培训和考试应包含以下内容:

(1)安全生产相关法律法规;

(2)交通运输企业安全生产标准化相关规定;

(3)相关专业技术知识和考评技能;

(4)其他相关知识。

取证培训时间不少于24个学时。

经培训考试合格的人员,由省级交通运输主管部门、长江航务管理局、珠江航务管理局核发交通运输企业安全生产标准化考评员资格证。

直接从事交通运输安全生产管理工作10年以上,熟练掌握交通运输安全生产相关法规和企业安全生产标准化规定,身体健康,经本人申请、所在单位推荐、发证主管机关核准,可直接颁发考评员资格证。

从事交通运输企业安全生产标准化考评工作的考评员应受聘于考评机构开展考评活动。

省级交通运输主管部门和长江航务管理局、珠江航务管理局应将管辖范围内的考评员登记信息报交通运输部。

4. 考评员资格证的管理

交通运输部统一规定考评员资格证样式(见本章附件2),省级交通运输主管部门、长江航务管理局和珠江航务管理局负责资格证的印制和发放等工作。

考评员个人信息变动应及时向发证主管机关报告。

交通运输部建立全国统一的资格证书管理信息系统。该系统包括考评员基本信息、证书信息和其他电子文档内容。

考评员资格证有效期为5年。有效期满继续从事考评工作的,应在有效期满前3个月内向发证主管机关提出换证申请。

考评员申请换证应提交以下材料：

(1)申请表(见本章附件2)；

(2)继续教育证明；

(3)所在考评机构出具的工作业绩证明。

考评员应妥善保管考评员资格证,不得损毁、涂改或转借他人。考评员资格证遗失者,应及时向主管机关申请补发。

5. *考评员管理*

考评员应当遵守下列规定：

(1)严格执行国家有关法律法规,客观公正,实事求是,保证考评工作质量和真实性；

(2)遵守考评纪律,恪守职业道德,保守考评企业技术和商业秘密；

(3)对考评工作负责；

(4)对考评结论持有异议的,可向考评机构报告,如对考评机构的认定仍有异议的,可向相应的主管机关报告；

(5)与申请考评的企业存在利害关系的,应当主动回避；

(6)自觉接受主管机关、考评机构的监督管理；

(7)年度继续教育时间不少于8学时。

考评员在考评企业时,应当出示考评员资格证。

考评员从事考评工作,应认真做好考评记录,保证考评工作规范、有序开展。

主管机关应对考评员的考评活动进行监督检查,其方式可采取现场检查、企业反馈意见搜集、询问等。

考评员有下列行为之一的,主管机关应当撤销考评员资格：

(1)隐瞒企业重大安全问题的；

(2)考评工作中弄虚作假的；

(3)泄露企业技术和商业秘密的；

(4)收受企业财物或者为企业谋取不正当利益的；

(5)不服从主管机关监督管理的；

(6)资格证逾期不申请换证的；

(7)其他不能胜任考评工作的。

因上述第(1)至(4)条原因被撤销资格证的,终身不得从事考评工作；因上述其他原因被撤销资格证的,2年内不得申请考评员资格。

考评员常住地发生省际变更的,应申请换发资格证。

第二节 现场考评内容与方法

一、现场考评的一般要求

主管机关或其认定的考评机构负责对交通运输企业实施考评。

申请考评的企业应向主管机关提交申请,考评机构应在接到申请后25个工作日内完成对企业的考评。

考评组实施考评可采取提问、交谈、查阅文件和记录、资料核对、现场检查与抽查等方式。若有必要,可以进行现场检测与测量。考评组在企业从事考评活动,按下列程序进行:

(1)考评启动。考评组应提前与企业协调确认考评计划及考评进度表,考评前应介绍考评流程、考评方法及保密承诺等。企业应向考评组介绍企业的组织构架和安全生产工作等情况。

(2)实施考评。考评组成员按照考评计划和任务分工实施考评,获取真实数据,给出公正客观的考评分值和评价。

(3)考评组内部评议。考评组应进行内部评议,具体审核汇总各考评人员提交的考评依据和考评结果,研究确定综合考评结论。

(4)交换意见。考评组应向企业通报考评情况,交换考评结果,并就考评过程中发现的问题向企业提出整改建议。

企业对考评机构提出的整改意见,1个月内能按要求整改到位的,经考评机构核实后,可视为达到考评要求。

企业对考评结论存有异议的,可向同级主管机关、直至上级主管机关提出复核申请。主管机关应及时组织复核。

考评组考评工作结束后,应向考评机构提交考评报告,考评报告包含下列内容:

(1)考评组人员组成;

(2)考评综述;

(3)考评材料(含考评员考评结果原件等);

(4)考评结论;

(5)对企业的相关整改建议;

(6)其他需说明的问题。

考评机构收到考评组的考评报告并按程序审查后,向主管机关提交考评结论及达标等级意见。

二、现场考评程序

现场考评工作是考评工作的重要组成部分,考评机构可采取召开首次会议、现场考评、内部会议及沟通、末次会议等程序进行。现场考评前,按照申请企业所涉及评定标准中的管理、技术、工艺等要求,配足相应的考评人员,组成现场考评组。

1)首次会议

在企业开展现场考评前,需召开首次会议。首次会议应包括介绍现场考评的目的、依据、介绍考评组成员、听取企业基本情况及安全生产标准化建设情况的介绍、确定现场考评的方法与具体安排等内容。首次会议要求考评组全体成员和企业主要负责人及相关人员参加,并进行签到。同时有必要时可以邀请所在地安全监管部门负责人参加首次会议。

考评组要做好首次会议的相关记录。

2)现场考评

现场考评组至少由3名以上(一般不超过7名)考评人员组成,其中至少包括1至2名由考评机构备案的考评专家;指定1名考评员担任考评组长,负责现场考评工作;按照企业规模、生产工艺情况及考评人员专业情况,进行考评分组,至少分为资料组和现场组,现场组应配有至少2名考评专家。在分组确定后,要求考评人员在考评分组表上进行签字。

现场考评采用资料核对、人员询问、现场考核和查证的方法进行。现场考评时各考评小组应由企业相关人员进行陪同或见证。

现场考评前,应由申请单位相关人员对考评组人员进行进入现场前的相关安全培训或安全告知,并提供相应的安全防护装置。

3)内部会议及沟通

现场分组考评结束后,考评组需要独立召开内部会议。各小组分别召开碰头会,完成小组考评意见;各小组将意见汇总后,对照适用的评定标准及有关规定,对得分点、扣分点、不符合项等进行汇总,形成一致的、公正客观的考评组意见,并给出现场考评结论和等级推荐意见。企业须为考评组提供独立的会议场所。

在考评组内部会议形成了现场考评结论后、末次会议前,根据需要,考评组可就现场考评结论与企业主要负责人进行沟通;若在现场考评中发现存在较大原则性问题而导致无法通过现场考评时,由考评组组长与接受考评企业主要领导充分沟通后,达成一致意见。

4)末次会议

末次会议主要是由各小组组长宣布小组考评意见及考评组组长宣读现场考评结论以及对下一步工作安排。参加首次会议的人员应全部参加。

宣读现场考评结论后,考评组全体成员须在现场考评结论上签字,并要求企业在规定时间内制订整改计划报考评机构备案。

考评组应对整改计划的有关内容是否满足整改效果进行材料验证。

三、现场考评报告和总结

现场考评全部结束后,由考评组向考评考评机构提交考评报告、考评工作总结、考评结论原件、考评得分表、考评人员信息及企业整改计划等考评相关材料。

1)考评报告

考评报告应按照有关要求,如实进行编写,包含考评报告表和考评报告。考评报告应对考评企业概况、考评内容等进行描述:考评企业概况应包含企业基本情况、年经营收入、主体工艺流程、从业人员数量等内容;考评内容应表述企业安全生产标准化建设工作的内容、成效,将每个一级要素进行有针对性的概括描述。

2)考评工作总结

考评工作总结包括考评情况概况、资料考评综述、现场考评综述、其他需说明的问题等内容。

3)考评结论

考评结论应能体现企业是否通过申请等级的现场考评,企业不符合评定标准要求的扣分项及建议项。

4)考评得分表

考评得分表为企业实得分数和扣除分数的汇总表,根据各评定标准制订。

5)考评人员信息

考评人员信息为实际参加现场考评人员基本信息及分工情况,考评人员应为由相应考评组织单位进行备案的有关人员,并按照其专业情况从事考评工作。

6)企业整改计划

企业整改计划为企业针对安全生产标准化现场考评末次会议中提出的扣分项及建议项的整改计划。

四、考评发证与日常管理

1)初次考评和发证

申请初次考评的企业应具备以下条件:①具有企业法人资格(含分公司),并直接从事交通运输生产经营建设行为的实体;②具有与其经营管理相适应的安全生产管理机构和人员,并建有相应的安全生产管理制度;③已进行安全生产标准化建设自评。

初次考评应提交申请报告,并附以下材料:①企业法人营业执照、经营许可证等;②企业基本情况和安全生产组织架构;③企业安全生产基本情况;④企业安全生产标准化建设自评报告。

主管机关收到初次考评申请及所附材料后,应审查以下内容:①是否属于本管辖范围;②是否满足申请条件;③申请材料是否齐全。申请材料不符合要求的,应告知企业补充、修改或重新提交申请。

对满足申请要求的企业,主管机关应结合企业的申请确定考评机构。考评机构应按照主管机关的要求和本办法的规定对企业安全生产情况进行考评。

企业通过考评的,由考评机构报主管机关审核同意后,向该企业签发安全生产标准化达标证书。未通过考评的或经主管机关审核不合格的,企业应采取纠正措施并可在 3 个月后重新申请考评。

已取得相关机构颁发的安全生产管理体系证书(证明)的企业,连续 3 年未发生重特大事故的,经主管机关对必备条件审核后,可颁发二级或三级安全生产达标证书。

企业申请高一级别安全生产标准化达标考评,考评及发证的内容、范围和方法按照初次考评的有关规定执行。

新组建企业应于正式运营6 个月后提出初次考评申请。

2)换证考评与发证

换证考评申请应在企业安全生产标准化达标证书有效期届满之日前 3 个月内提出。

换证考评申请应附送以下材料:①企业法人营业执照、经营许可证等;②安全生产标准化达标证书;③企业基本情况和安全生产组织架构;④企业安全生产管理情况。

换证考评及发证的内容、范围和方法参照初次考评的有关规定执行。换证考评和发证应在现有企业安全生产标准化达标证书有效期届满前完成。

换证考评未通过的,企业应在原证书期满后 3 个月内提出重新考评申请。

企业安全生产标准化达标证书遗失的,可以向原考评发证机构申请补发。

企业法人代表、名称、地址等变更的,应在变更后 1 个月内,向相应的主管机关提供有关材料，申请对企业安全生产标准化达标证书的变更。

主管机关向企业、考评机构、考评人员发放证书不得收取任何费用。

3）附加考评

有下列情况之一的，主管机关或其指定的考评机构应对持有企业安全生产标准化达标证书的企业实施附加考评：①企业发生重大及以上安全责任事故；②企业一年内连续发生二次及以上较大安全责任事故；③企业被举报并经核实其安全生产管理存在重大安全问题；④企业发生其他可能影响其安全生产管理的重大事件或主管机关认为确实必要的。上述事故等级按照《生产安全事故报告和调查处理条例》（国务院第493号令）确定。

附加考评应针对引发附加考评的原因进行。在考评中发现有严重问题的，可扩大考评范围，直至实施全面考评。

通过附加考评并经主管机关审核合格的，维持企业安全生产标准化达标证书的有效性。

未通过附加考评或经主管机关审定认为其安全生产管理存在重大问题的，主管机关应责令其整改，整改合格的，企业应在3个月内再次申请初次考评。

4）公示与发证

主管机关收到考评机构提交的考评结论后，应对企业拟达标的等级进行公示（公示期7天），公示期间没有实名举报的应向企业颁发安全生产标准化达标等级证书，并向社会公布。公示期间如有实名举报，主管机关应进行核查，举报不属实和举报属实但不影响考评结论的应予以发证；举报属实且影响考评结论的不予发证。企业安全生产标准化达标证书有效期为3年。

省级交通运输主管部门和长江航务管理局、珠江航务管理局应将二、三级达标企业发证情况报交通运输部。

企业安全生产标准化达标证书应按照交通运输部规定的统一样式（见附件）制发。

获得安全生产达标等级证书的企业每年应进行自评，并在次年1月底前将年度自评报告报发证主管机关。上级主管机关应对下级主管机关和考评机构的考评工作进行监督检查。

附件 1

交通运输企业安全生产标准化考评机构

申

请

表

申请日期：　　年　月　日

中华人民共和国交通运输部制

交通运输企业安全生产标准化考评机构申请表

<table>
<tr><td>单位名称</td><td colspan="4"></td></tr>
<tr><td>业务范围</td><td colspan="4"></td></tr>
<tr><td>何时成立</td><td colspan="2"></td><td>批准单位</td><td></td></tr>
<tr><td>法人代表</td><td colspan="2"></td><td>单位类别</td><td></td></tr>
<tr><td>申请类别</td><td colspan="2"></td><td>申请级别</td><td></td></tr>
<tr><td colspan="2">拟从事考评人数</td><td></td><td>其中高级职称人数</td><td></td></tr>
<tr><td colspan="2">从事相关业务经历</td><td>年</td><td>申请从事业务地域</td><td></td></tr>
<tr><td colspan="2">主 管 机 关</td><td colspan="3"></td></tr>
<tr><td>主要业绩</td><td colspan="4"></td></tr>
<tr><td rowspan="5">相关附件</td><td colspan="4">1. 单位基本情况 □</td></tr>
<tr><td colspan="4">2. 考评管理制度______个 □</td></tr>
<tr><td colspan="4">3. 拟从事专职考评人员情况(含劳务意向协议) □</td></tr>
<tr><td colspan="4"></td></tr>
<tr><td colspan="4"></td></tr>
<tr><td>主管机关
意　　见</td><td colspan="4">(电子签名)　　年　月　日</td></tr>
<tr><td>备　　注</td><td colspan="4"></td></tr>
</table>

说明:拟从事考评人数,应填写已获取考评员培训、考试资格,并与本单位签订专职劳务意向协议的人员数量。拟从事专职考评人员情况,应含其个人关键信息。

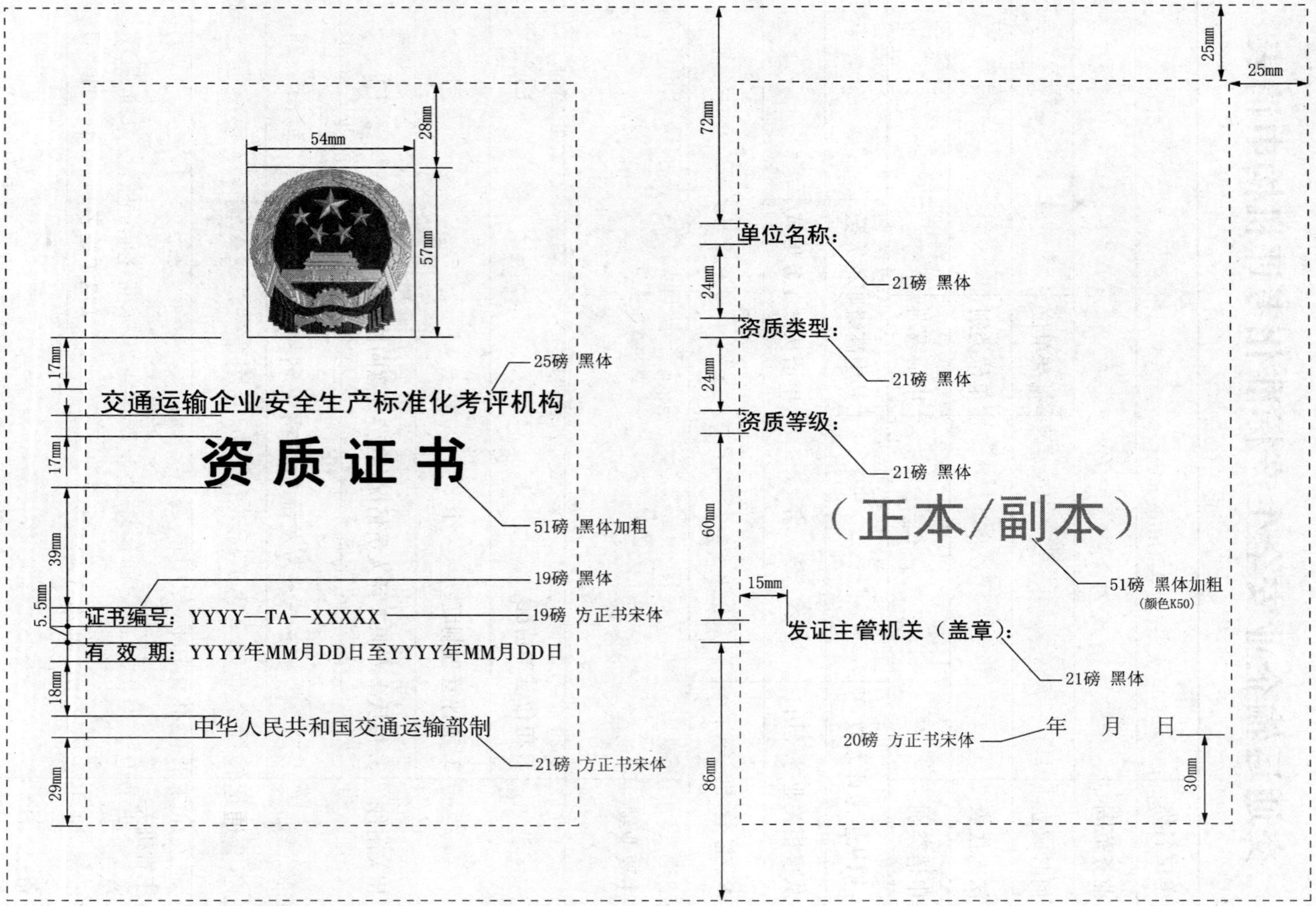

25mm
25mm
54mm
28mm
57mm
17mm
交通运输企业安全生产标准化考评机构 25磅 黑体
17mm
资质证书 51磅 黑体加粗
39mm
19磅 黑体
5.5mm
证书编号：YYYY—TA—XXXXX 19磅 方正书宋体
有 效 期：YYYY年MM月DD日至YYYY年MM月DD日
18mm
中华人民共和国交通运输部制 21磅 方正书宋体
29mm

72mm
单位名称： 21磅 黑体
24mm
资质类型： 21磅 黑体
24mm
资质等级： 21磅 黑体
60mm
（正本/副本） 51磅 黑体加粗（颜色K50）
15mm
发证主管机关（盖章）： 21磅 黑体
年 月 日 20磅 方正书宋体
30mm
86mm

证书说明

1. 资质证书纸张大小为420mm×297mm(A3),带底纹。

2. 资质证书编号格式为YYYY—TA—XXXXX。YYYY表示年份;TA表示发证主管机关(01表示交通运输部,02表示北京市,03表示天津市,04表示河北省,05表示山西省,06表示内蒙古自治区,07表示辽宁省,08表示吉林省,09表示黑龙江省,10表示上海市,11表示江苏省,12表示浙江省,13表示安徽省,14表示福建省,15表示江西省,16表示山东省,17表示河南省,18表示湖北省,19表示湖南省,20表示广东省,21表示海南省,22表示广西自治区,23表示重庆市,24表示四川省,25表示贵州省,26表示云南省,27表示西藏自治区,28表示陕西省,29表示甘肃省,30表示青海省,31表示宁夏自治区,32表示新疆自治区,33表示新疆生产建设兵团,34表示长江航务管理局,35表示珠江航务管理局);XXXXX表示序列号。

3. 资质类别分为道路运输、水路运输、港口码头、城市客运、交通运输工程建设5个类型。

4. 资质等级分一级、二级、三级3个级别。

5. 国徽图案的制作及使用应遵守国家相关法律和规范。

6. 发证主管机关印章使用圆形封口章,名称统一为"＊＊＊企业安全生产标准化达标专用章","＊＊＊"为发证主管机关名称,"达标专用章"封口。例:"＊＊省交通运输厅企业安全生产标准化达标专用章"、"＊＊省＊＊市交通运输局企业安全生产标准化达标专用章"。

7. 证书电子模板可在交通运输企业安全生产标准化管理信息系统下载。

8. 证书正本1份,副本3份。

附件2

交通运输企业安全生产标准化考评员

申

请

表

申请类别:□道路运输　□水路运输　□港口码头
　　　　　□城市客运　□交通运输工程建设

主管机关:______________________________

申请日期:______________________________

中华人民共和国交通运输部制

交通运输企业安全生产标准化考评员申请表

<table>
<tr><td>姓　　名</td><td></td><td>性别</td><td></td><td>出生年月</td><td></td><td rowspan="5">照　片(电子版)</td></tr>
<tr><td>身份证号</td><td colspan="5"></td></tr>
<tr><td>工作单位</td><td colspan="3"></td><td>职务/职称</td><td></td></tr>
<tr><td>常住地址</td><td colspan="3"></td><td>邮　　编</td><td></td></tr>
<tr><td>联系电话</td><td colspan="3"></td><td>传真号码</td><td></td></tr>
<tr><td>手机号码</td><td colspan="3"></td><td>电子邮箱</td><td colspan="2"></td></tr>
<tr><td>文化程度</td><td></td><td colspan="2">所学专业</td><td></td><td>现从事专业</td><td></td></tr>
<tr><td>申请类别</td><td colspan="6"></td></tr>
<tr><td>主要学习
（培训）
经历</td><td colspan="6"></td></tr>
<tr><td>主要工作
简　　历</td><td colspan="6"></td></tr>
<tr><td>主管机关
意　　见</td><td colspan="6">（电子签名）　年　月　日</td></tr>
<tr><td>备　　注</td><td colspan="6"></td></tr>
</table>

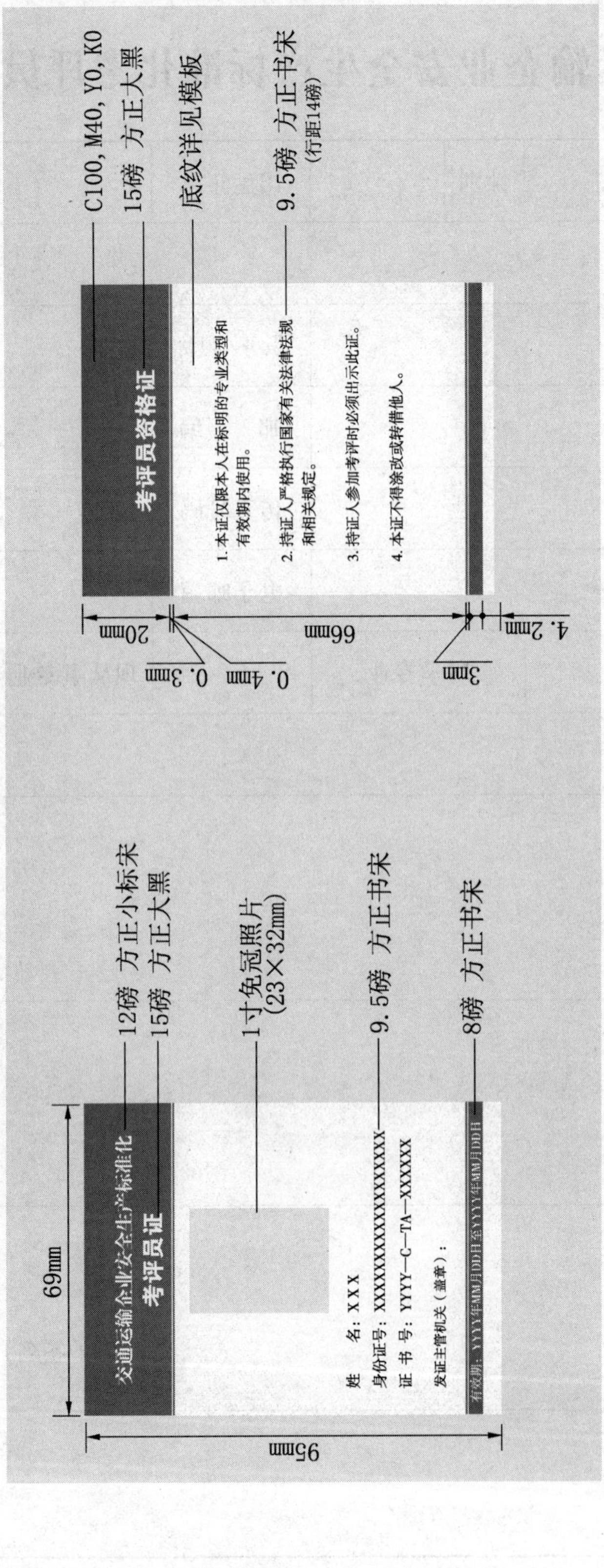

交通运输企业安全生产标准化
考评员证
姓　　名：XXX
身份证号：XXXXXXXXXXXXXXXXXX
证 书 号：YYYY—C—TA—XXXXXX
发证主管机关（盖章）：
有效期：YYYY年MM月DD日至YYYY年MM月DD日

12磅　方正小标宋
15磅　方正大黑
1寸免冠照片
(23×32mm)
9.5磅　方正书宋
8磅　方正书宋
69mm
95mm

考评员资格证
1. 本证仅限本人在标明的专业类型和有效期内使用。
2. 持证人严格执行国家有关法律法规和相关规定。
3. 持证人参加考评时必须出示此证。
4. 本证不得涂改或转借他人。

C100, M40, Y0, K0
15磅　方正大黑
底纹详见模板
9.5磅　方正书宋
(行距14磅)
20mm
0.3mm
0.4mm
66mm
3mm
4.2mm

证书说明

1. 考评员证尺寸为69mm×95mm，带底纹。

2. 考评员证编号格式为YYYY—C—TA—XXXXXX。YYYY表示年份；C表示资质类型（1表示道路运输，2表示水路运输，3表示港口营运，4表示城市客运，5表示交通运输工程建设）；TA表示发证主管机关（01表示交通运输部，02表示北京市，03表示天津市，04表示河北省，05表示山西省，06表示内蒙古自治区，07表示辽宁省，08表示吉林省，09表示黑龙江省，10表示上海市，11表示江苏省，12表示浙江省，13表示安徽省，14表示福建省，15表示江西省，16表示山东省，17表示河南省，18表示湖北省，19表示湖南省，20表示广东省，21表示海南省，22表示广西自治区，23表示重庆市，24表示四川省，25表示贵州省，26表示云南省，27表示西藏自治区，28表示陕西省，29表示甘肃省，30表示青海省，31表示宁夏自治区，32表示新疆自治区，33表示新疆生产建设兵团，34表示长江航务管理局，35表示珠江航务管理局）；XXXXXX表示序列号。

3. 发证主管机关印章使用圆形封口章，名称统一为“＊＊＊企业安全生产标准化达标专用章”，“＊＊＊”为发证主管机关名称，“达标专用章”封口。例：“＊＊省交通运输厅企业安全生产标准化达标专用章”。

4. 考评员资格证电子模板可在交通运输企业安全生产标准化管理信息系统下载。

参考文献

[1] 何宗华,汪松滋,何其光. 城市轨道交通运营组织[M]. 北京:中国建筑工业出版社,2003.

[2] 李慧玲,刘兵. 城市轨道交通安全管理[M]. 北京:人民交通出版社,2011.

[3] 连义平. 城市轨道交通安全管理[M]. 成都:西南交通大学出版社,2011.

[4] 秦进,高桂凤. 城市轨道交通安全管理[M]. 北京:人民交通出版社,2012.

[5] 李宇辉. 城市轨道交通应急处理[M]. 北京:人民交通出版社,2011.

[6] 马国龙. 城市轨道交通安全管理[M]. 北京:中央广播电视大学出版社,2010.

[7] 周小南. 城市轨道交通运营安全[M]. 北京:中国劳动社会保障出版社,2008.

[8] 中国标准化研究院. 中国标准化发展研究报告[M]. 北京:中国标准出版社,2009.

[9] 田水承,景国勋. 安全管理学[M]. 北京:机械工业出版社,2009.

[10] 马小明,田震,甄亮. 企业安全管理[M]. 北京:国防工业出版社,2007.

[11] 王新泉,邬燕云. 安全生产标准化教程[M]. 北京:机械工业出版社,2011.

[12] 余明阳, 张慧彬. 危机管理战略[M]. 北京:清华大学出版社,北京交通大学出版社,2009.

[13] 刘铁民,李克荣. 安全生产管理知识[M]. 北京:中国大百科全书出版社,2008.

[14] 蒋军成,郭振龙. 工业装置安全卫生预评价方法[M]. 北京:北京工业出版社,2003.

[15] 交通运输部道路运输司. 地方出租汽车管理法规汇编[M]. 北京:人民交通出版社,2011.

[16] 交通运输部道路运输司. 出租汽车驾驶员从业资格管理规定释义[M]. 北京:人民交通出版社,2012.